FUNDAMENTOS DO DIREITO CIVIL

VOLUME 4

RESPONSABILIDADE CIVIL

Grupo Editorial Nacional

O GEN | Grupo Editorial Nacional – maior plataforma editorial brasileira no segmento científico, técnico e profissional – publica conteúdos nas áreas de concursos, ciências jurídicas, humanas, exatas, da saúde e sociais aplicadas, além de prover serviços direcionados à educação continuada.

As editoras que integram o GEN, das mais respeitadas no mercado editorial, construíram catálogos inigualáveis, com obras decisivas para a formação acadêmica e o aperfeiçoamento de várias gerações de profissionais e estudantes, tendo se tornado sinônimo de qualidade e seriedade.

A missão do GEN e dos núcleos de conteúdo que o compõem é prover a melhor informação científica e distribuí-la de maneira flexível e conveniente, a preços justos, gerando benefícios e servindo a autores, docentes, livreiros, funcionários, colaboradores e acionistas.

Nosso comportamento ético incondicional e nossa responsabilidade social e ambiental são reforçados pela natureza educacional de nossa atividade e dão sustentabilidade ao crescimento contínuo e à rentabilidade do grupo.

GUSTAVO **TEPEDINO**
ALINE DE MIRANDA VALVERDE **TERRA**
GISELA SAMPAIO DA CRUZ **GUEDES**

FUNDAMENTOS DO DIREITO CIVIL

VOLUME 4

RESPONSABILIDADE CIVIL

6ª edição
revista, atualizada e ampliada

gen
Editora FORENSE

- Fechamento desta edição: *04.02.2025*

- **Atendimento ao cliente: (11) 5080-0751 | faleconosco@grupogen.com.br**

Editora Forense Ltda.
Uma editora integrante do GEN | Grupo Editorial Nacional
Travessa do Ouvidor, 11 – Térreo e 6º andar
Rio de Janeiro – RJ – 20040-040
www.grupogen.com.br

- Capa: Aurélio Corrêa

CIP-BRASIL. CATALOGAÇÃO NA PUBLICAÇÃO
SINDICATO NACIONAL DOS EDITORES DE LIVROS, RJ

T292f
6. ed.

Tepedino, Gustavo
Fundamentos do direito civil : responsabilidade civil / Gustavo Tepedino, Aline de Miranda Valverde Terra, Gisela Sampaio da Cruz Guedes. - 6. ed., rev., atual. e reform. - Rio de Janeiro : Forense, 2025.
424 p. ; 24 cm. (Fundamentos do direito civil ; 4)

ISBN 978-85-3099-673-4

1. Direito civil - Brasil. 2. Responsabilidade (Direito) - Brasil. I. Terra, Aline de Miranda Valverde. II. Guedes, Gisela Sampaio da Cruz. III. Título. IV. Série.

25-96282 CDU: 347.51(81)

Meri Gleice Rodrigues de Souza - Bibliotecária - CRB-7/6439

Aos nossos alunos, que nos estimulam
e ensinam diariamente.

SOBRE OS AUTORES

Gustavo Tepedino (Coordenador e Autor)

Professor Titular de Direito Civil e ex-diretor da Faculdade de Direito da Universidade do Estado do Rio de Janeiro (UERJ). Livre-docente pela mesma Universidade. Doutor em Direito Civil pela Universidade de Camerino (Itália). Membro titular da Academia Internacional de Direito Comparado. Membro da Academia Brasileira de Letras Jurídicas (ABLJ). Presidente do Instituto Brasileiro de Direito Civil (IBDCivil). Sócio fundador do escritório Gustavo Tepedino Advogados.

Aline de Miranda Valverde Terra

Professora da Faculdade de Direito da Universidade do Estado do Rio de Janeiro (UERJ) e da Pontifícia Universidade Católica do Rio de Janeiro (PUC-Rio). Mestre e Doutora em Direito Civil pela UERJ. *Master of Laws* pela Queen Mary University of London em International Dispute Resolution. Coordenadora editorial da *Revista Brasileira de Direito Civil – RBDCivil*. Sócia fundadora do escritório Aline de Miranda Valverde Terra Consultoria Jurídica.

Gisela Sampaio da Cruz Guedes

Professora da Faculdade de Direito da Universidade do Estado do Rio de Janeiro (UERJ) e dos cursos de pós-graduação da Pontifícia Universidade Católica (PUC-Rio). Coordenadora do Programa de pós-graduação *stricto sensu* em Direito da UERJ (PPGD-UERJ). Mestre e Doutora em Direito Civil pela UERJ. Coordenadora acadêmica dos cursos do Instituto Brasileiro de Direito Civil (IBDCivil). Diretora de Arbitragem do Centro Brasileiro de Mediação e Arbitragem – CBMA. Sócia do escritório Barbosa, Müssnich e Aragão Advogados.

SOBRE OS AUTORES

AGRADECIMENTOS À 6ª EDIÇÃO

Agradecemos ao Dr. Vitor Paiva e à Mestre Dra. Danielle Tavares Peçanha por sua contribuição com a atualização doutrinária, legislativa e jurisprudencial.

APRESENTAÇÃO GERAL DA OBRA

Diante de uma biblioteca jurídica repleta de manuais, cursos, compilações, esquemas didáticos impressos e eletrônicos, o leitor se perguntará qual a justificativa para mais uma obra sistematizadora como estes *Fundamentos do Direito Civil*.

Fruto de longos anos de pesquisa e de experiência didática de seus autores, os *Fundamentos* se contrapõem a dois vetores que ameaçam, constantemente, o mercado editorial. O primeiro deles é a repetição acrítica da dogmática tradicional, haurida dos postulados históricos do direito romano, com cosméticas adaptações, em suas sucessivas edições, à evolução legislativa. O segundo é a aderência casuística a soluções jurisprudenciais de ocasião, que aparentemente asseguram feição prática e abrangente aos manuais, sem aprofundar, contudo, a justificativa doutrinária dos problemas jurídicos e a forma de solucioná-los.

A coleção ora trazida a público, em sentido oposto, encontra-se inteiramente construída a partir do sistema instaurado pela Constituição da República de 1988, que redefiniu os modelos jurídicos com os princípios e valores que se incorporam às normas do Código Civil e à legislação infraconstitucional, estabelecendo, assim, novas bases dogmáticas que, unificadas pelo Texto Constitucional, alcançam coerência sistemática apta à compreensão dos problemas jurídicos e de seus alicerces doutrinários.

Para os estudantes e estudiosos do direito civil, pretende-se oferecer instrumento de conhecimento e de consulta a um só tempo didático e comprometido com o aprofundamento das teses jurisprudenciais mais atuais, voltado para a interpretação e a aplicação do direito em sua contínua transformação.

No sentido de facilitar a leitura, as ideias-chave de cada capítulo encontram-se destacadas na margem das páginas. Ao iniciar cada capítulo, o leitor terá acesso a um *QR Code*, que o conduzirá ao vídeo de apresentação do capítulo. Adicionalmente, também foram incluídos, ao final de cada capítulo, problemas práticos relacionados aos temas estudados, acompanhados por um *QR Code* para acesso a vídeos com comentários dos autores sobre alguns dos temas mais emblemáticos, bem como o acesso a material jurisprudencial e bibliográfico de apoio ao debate e ao aprofundamento teórico.

O leitor perceberá, certamente, que a metodologia do direito civil constitucional se constitui na mais genuína afirmação do direito civil, revitalizado em suas possibilidades aplicativas mediante a incorporação de valores e normas da Constituição Federal à totalidade dos institutos e categorias, na formulação da legalidade constitucional.

VOLUMES DA COLEÇÃO

Coleção
Fundamentos do Direito Civil

Vol. 1 – Teoria Geral do Direito Civil
Autores: Gustavo Tepedino e Milena Donato Oliva

Vol. 2 – Obrigações
Autores: Gustavo Tepedino e Anderson Schreiber

Vol. 3 – Contratos
Autores: Gustavo Tepedino, Carlos Nelson Konder e Paula Greco Bandeira

Vol. 4 – Responsabilidade Civil
Autores: Gustavo Tepedino, Aline de Miranda Valverde Terra e Gisela Sampaio da Cruz Guedes

Vol. 5 – Direitos Reais
Autores: Gustavo Tepedino, Carlos Edison do Rêgo Monteiro Filho e Pablo Renteria

Vol. 6 – Direito de Família
Autores: Gustavo Tepedino e Ana Carolina Brochado Teixeira

Vol. 7 – Direito das Sucessões
Autores: Gustavo Tepedino, Ana Luiza Maia Nevares e Rose Melo Vencelau Meireles

VOLUMES DA COLEÇÃO

APRESENTAÇÃO DO VOLUME 4 – RESPONSABILIDADE CIVIL

A responsabilidade civil é um dos temas mais suscetíveis aos influxos das mudanças sociais. O desenvolvimento de novas tecnologias e de modelos de negócios inovadores e o estabelecimento de diferentes práticas sociais e formas de relacionamento humano provocam, não raro, danos injustos à esfera jurídica de diversos sujeitos, a requerer resposta rápida e eficaz tanto do Poder Judiciário, inexorável porta de entrada dos conflitos interpessoais, como do Poder Legislativo, chamado a disciplinar, e quiçá prevenir, referidas contendas. Por essa razão, torna-se imprescindível revisitar, constantemente, os institutos e as categorias da responsabilidade civil, relendo seus tradicionais elementos à luz de perspectiva renovada, comprometida com sua ontológica função, consistente no integral ressarcimento da vítima. Esse é, precisamente, o escopo desta obra que ora se apresenta.

A partir da metodologia civil-constitucional, o presente volume se propõe a enfrentar clássicos temas da responsabilidade civil com lentes contemporâneas, como a fronteira cada vez mais nebulosa entre a responsabilidade contratual e extracontratual, o dicotômico conceito de dano e sua necessária distinção da noção de situação lesiva, o papel atribuído à culpa, as características do risco como fator de imputação da responsabilidade objetiva, as inúmeras controvérsias acerca da teoria do nexo causal adotada pela legislação brasileira, a responsabilidade de profissionais liberais, como o advogado, o médico e o profissional da construção civil, a responsabilidade dos pais pelos danos causados pelos filhos menores diante dos mais variados arranjos familiares, entre outros.

Questões atualíssimas são aqui enfrentadas de forma técnica e sistemática, a exemplo da responsabilidade civil na Lei Geral de Proteção de Dados e dos danos causados por provedores de aplicação – disciplinados pelo Marco Civil da Internet –, dos chamados novos danos – como o dano de privação do uso, o dano por desvio produtivo do tempo e o dano decorrente de violência obstétrica –, do seguro de responsabilidade civil como mecanismo de socialização dos riscos.

Os estudantes e estudiosos rapidamente perceberão, ao já lerem as primeiras páginas deste livro, que se trata de obra inovadora: são oferecidos ao leitor conceitos precisos e fundamentais à compreensão dos problemas enfrentados, conjugando-se a densidade própria da dogmática civil com a didática indispensável à fácil apreensão da matéria, e a funcionalidade necessária à solução de questões práticas.

SUMÁRIO

Capítulo I

FUNÇÃO, FUNDAMENTO E ELEMENTOS DA RESPONSABILIDADE CIVIL

Acesse o *QR Code* e assista ao vídeo sobre o tema.

> *https://uqr.to/1ofgs*

Sumário: 1. Função da responsabilidade civil – 2. Fundamento da responsabilidade civil: da culpa ao risco – 3. Elementos da responsabilidade civil: noções introdutórias – Problemas práticos.

1. FUNÇÃO DA RESPONSABILIDADE CIVIL

Evolução da responsabilidade civil

A noção de direito se encontra intimamente vinculada à noção de composição dos conflitos de interesses, com vistas ao atendimento das finalidades essenciais de justiça e segurança. A norma jurídica funciona, assim, a um só tempo, como dissipadora de divergências e como regra de conduta, servindo de parâmetro para o comportamento futuro da coletividade.[1] Os pressupostos, critérios e mecanismos voltados à obrigação de reparar o dano sofrido por uma pessoa revelam a trajetória da responsabilidade civil ao longo do tempo.

Responsabilidade civil e penal

Nas sociedades primitivas, a regra de Talião – olho por olho, dente por dente –, absorvida pela Lei das XII Tábuas, determinava o ***nexus*** corporal do violador perante o ofendido, e estabelecia uma equivalência da punição do mal com o mal. Encontravam-se, aí, vestígios da vingança privada, embora marcada pela intervenção do poder público, com o intuito de discipliná-la. Nessa fase, não há diferença entre a responsabilidade civil e a responsabilidade penal.

Responsabilidade patrimonial

A Lex Poetela Papilia (326 a.C.) consagrou, enfim, a contenção da responsabilidade civil à responsabilidade patrimonial – o Senado romano teria se sensibilizado

---

1 V., sobre o tema, a lição de San Tiago Dantas, *Programa de direito civil*, Rio de Janeiro: Forense, 2001 (ed. rev. e atual.), p. 13 e ss.

com a comoção popular suscitada pelos castigos corporais impostos ao jovem Caio Publilio, em estado de ***nexus*** em virtude de débito contraído por seu pai, segundo registra o historiador Livio.[2] Os ritos corporais macabros, relatados pelo antigo direito romano, são, enfim, banidos das legislações dos povos civilizados, e a obrigação civil adquire feição unicamente patrimonial, delineando-se, então, o arcabouço teórico que rege até hoje a responsabilidade civil.

Função reparatória

Pouco a pouco, separa-se a responsabilidade civil da criminal. A ideia de responsabilidade civil deixa, gradativamente, de se vincular à punição do agente ofensor, e passa a se relacionar ao princípio elementar de que o dano injusto, assim entendida a lesão a interesse jurídico merecedor de tutela, deve ser reparado, consagrando a função precípua que se passou a atribuir ao instituto: a reparação patrimonial do dano sofrido.

Proteção da vítima

Na atualidade, o afastamento da função sancionatória da responsabilidade civil se torna ainda mais contundente à luz da Constituição da República de 1988 que, além de ratificar sua função reparatória, consolida o papel central da reparação civil na proteção à vítima ao prever, em seu art. 1º, III, a dignidade da pessoa humana como fundamento da República Federativa do Brasil, e consagrar, no art. 3º, I, o princípio da solidariedade social. Desloca-se, em definitivo, o foco da responsabilidade civil do agente causador do dano para a vítima, revelando que seu escopo fundamental não é a repressão de condutas negligentes, mas a reparação de danos.

Elementos

A tendência, com efeito, é que se atribua cada vez menos importância à identificação do responsável pelo dano, e se passe apenas a cuidar de como a vítima será indenizada, o que impõe, a um só tempo, a elaboração de mecanismos que ofereçam novas garantias ao ofendido, bem como a releitura dos tradicionais pressupostos da responsabilidade civil: a) o dano, cuja indenização passa a ser medida exclusivamente pela repercussão da lesão na vítima, a despeito de qualquer consideração acerca da pessoa ou do patrimônio do ofensor; b) o nexo causal, que é flexibilizado pelo conceito de fortuito interno, permitindo a reparação da vítima que, de outra forma, restaria irressarcida; e c) a culpa, cuja concepção subjetiva clássica é abandonada em favor de conceito normativo, vinculado à ideia de erro de conduta, afastando-se o viés moralizador de comportamentos que tradicionalmente lhe era atribuído.

Função punitiva e risco

Ao propósito, contemporaneamente, o reconhecimento do risco, ao lado da culpa, como fundamento da responsabilidade civil subverteu a antiga coerência do sistema, superando completamente, em diversos casos, o objetivo de identificação do culpado – o responsável – pela responsabilidade sem culpa, a corroborar a inadequação de se atribuir ao instituto caráter punitivo. A partir da nova conotação dada à noção de "acidente", não mais um evento sempre atribuível ao acaso ou à fatalidade, foi preciso abandonar a ideia, até então axiomática, de que a responsabilidade só poderia ser invocada como sanção por falta cometida.

---

2 A passagem é descrita por Alberto Trabucchi, *Istituzioni di diritto civile*, Padova: Cedam, 2013, 46ª ed. a cura di Giuseppe Trabucchi.

Função preventiva ou precaucional

Costuma-se, ainda, atribuir à responsabilidade civil pretensa função preventiva[3] ou precaucional[4] autônoma, que atuaria em momento prévio ao dano por meio da imposição de medidas ao agente com a finalidade de evitar a ocorrência da lesão a interesse juridicamente tutelado.

Em rigor, a chamada função preventiva ou precaucional vem na esteira do reconhecimento de que, mais importante do que reparar danos, é evitar que eles ocorram. De fato, o ordenamento jurídico só oferece a adequada salvaguarda aos interesses juridicamente relevantes quando é capaz de protegê-los de lesões ilegítimas, mantendo-os hígidos em benefício de seus titulares. E mais, para efetivamente tutelar de forma ampla referidos interesses, não basta a adoção de instrumentos de tutela negativa, impondo-se o desenvolvimento de instrumentos que promovam sua máxima realização. Nada disso, todavia, se alcança por meio da responsabilidade civil, mas por outros institutos jurídicos.

Nesse cenário, assume especial relevância a instituição de deveres de conduta, materializados, em regra, por meio de normas legais ou regulamentares. As agências reguladoras desempenham papel de destaque nesse contexto, regulando e fiscalizando inteiros setores da economia, impondo, aos agentes que neles atuam, a adoção de diversas medidas voltadas não só a reparar os danos causados, mas, sobretudo, a evitar a sua produção.

No Brasil, por exemplo, a Agência Nacional de Telecomunicações (ANATEL), no desempenho de sua função institucional de implementação de medidas necessárias para o desenvolvimento das telecomunicações brasileiras, atua tanto no sentido de reparar os danos sofridos pelos usuários dos serviços de telecomunicação, quanto de forma preventiva, impondo deveres aos agentes e estabelecendo direitos aos consumidores, todos voltados a evitar a produção de danos. Chama a atenção, a propósito, no Regulamento Geral de Direitos do Consumidor de Serviços de Telecomunicações,[5] o art. 3º, que confere ao consumidor, de um lado, os direitos "à reparação pelos danos causados pela violação dos seus direitos" e "a ter restabelecida a integridade dos direitos relativos à prestação dos serviços, a partir da quitação do débito, ou de acordo celebrado com a Prestadora" (incisos XI e XII, respectivamente), instrumentos de reparação de danos, e, de outro, o direito "à não suspensão do serviço sem sua solicitação, ressalvada a hipótese do Capítulo VI do Título V ou por descumprimento de deveres constantes do art. 4º da LGT, sempre após notificação prévia pela Prestadora" (inciso VI do art. 3º), exemplo eloquente de tutela preventiva.

Oportuno observar ainda quanto ao papel das agências reguladoras, e na esteira da afirmação feita anteriormente a respeito da inadequação de se atribuir à responsabilidade civil caráter punitivo, que a ANATEL desempenha importante função

---

3 Teresa Ancona Lopez, Responsabilidade civil na sociedade de risco, *Revista da Faculdade de Direito da Universidade de São Paulo*, v. 105, São Paulo: USP, 2010, p. 1230.

4 Felipe Peixoto Braga Netto, Cristiano Chaves de Farias, Nelson Rosenvald, *Novo tratado de responsabilidade civil*, São Paulo: Saraiva Educação, 2019, p. 67.

5 Anexo I à Resolução nº 632, de 7 de março de 2014.

sancionatória das infrações praticadas pelas prestadoras do serviço. No desempenho desse mister, confere-se à ANATEL o poder de aplicar multas, cuja base de cálculo leva em consideração, entre outros aspectos, a quantidade de usuários atingidos pela infração, o dano por ela causado, o seu tempo de duração e a gravidade.[6]

Como se nota, embora a prevenção de danos e a punição às condutas lesivas sejam relevantes medidas voltadas à proteção de interesses merecedores de tutela, referidas funções são desempenhadas por meio de outros instrumentos, diversos da responsabilidade civil, cuja função precípua é a reparação dos danos.

Lucro ilegítimo

Tampouco ostenta a responsabilidade civil a função de retirar do patrimônio do agente os lucros eventualmente auferidos por meio de conduta lesiva a direitos. O instituto se volta, como já destacado, para a proteção da vítima, razão pela qual nenhuma relevância assume a conduta do ofensor ou a repercussão da ofensa em sua esfera patrimonial. Por essa razão, a atuação isolada da responsabilidade civil pode acabar permitindo que o agente conserve em seu patrimônio os benefícios obtidos, sempre que o dano patrimonial se revelar menor do que o proveito embolsado.

Enriquecimento sem causa

Se, tecnicamente, a responsabilidade civil não se presta a retirar o lucro ilegitimamente obtido do patrimônio do ofensor, o enriquecimento sem causa, é o instituto, no ordenamento jurídico brasileiro, que se mostra apto para desempenhar referida função.[7]

Lucro da intervenção

Para a configuração do enriquecimento sem causa exige-se, dentre outros requisitos, o ***enriquecimento***, isto é, o incremento patrimonial do sujeito obrigado a restituir. O enriquecimento pode decorrer de atribuição patrimonial – vale dizer, de ato pelo qual alguém aumenta o patrimônio de outrem à sua custa –, ou de exploração de bens, trabalho ou direitos alheios. E é justamente esta segunda modalidade de enriquecimento, designada enriquecimento por intervenção, ou lucro da intervenção, que viabiliza, de forma mais ampla, a retirada do lucro ilegitimamente auferido do patrimônio do agente. O lucro da intervenção consiste, pois, "no incremento patrimonial obtido por aquele que, sem autorização, interfere em situação jurídica subjetiva alheia, e pode resultar tanto de efetivo aumento do ativo, quanto de diminuição do passivo ou poupança de certa despesa".[8] A essa altura, importa apenas sublinhar que, diante do enriquecimento por intervenção, o ordenamento jurídico impõe a retirada dos valores ilegitimamente obtidos do patrimônio do enriquecido – restituindo-o ao ***status quo ante*** –, com a consequente entrega do montante ao titular do direito objeto da intervenção.

---

6 Resolução Interna ANATEL 219, de 15 de junho de 2023, Anexo I "Metodologia de cálculo do valor-base das sanções de multa relativas às infrações a direitos e garantias dos usuários previstas na regulamentação", item 4.1.

7 Para análise detida do instituto do enriquecimento sem causa, confira-se o volume 1 destes *Fundamentos.*

8 Aline de Miranda Valverde Terra, Gisela Sampaio da Cruz Guedes, Considerações acerca da exclusão do lucro ilícito do patrimônio do ofensor. In: *Revista da Faculdade de Direito – RFD-UERJ*, Rio de Janeiro, n. 28, dez. 2015, p. 8.

Distinções funcionais

Resta, assim, evidente que a responsabilidade civil difere do enriquecimento sem causa, sobretudo, pela função que ambos os institutos desempenham: enquanto a primeira se dirige a reparar integralmente o dano sofrido pela vítima, a segunda visa remover o enriquecimento do patrimônio do enriquecido, situando-se no âmbito da reprovabilidade perante os princípios do sistema.

2. FUNDAMENTO DA RESPONSABILIDADE CIVIL: DA CULPA AO RISCO

Controvérsia

Na ocorrência de dano injusto, material ou moral, a ordem jurídica procura imputar a alguém a obrigação de reparar. Se não há dúvidas de que a vítima deve ser ressarcida, a mesma certeza não existe em relação à razão pela qual o causador do dano é responsável. Uma das mais profundas controvérsias no âmbito da responsabilidade civil consiste, precisamente, na identificação de seu fundamento: de um lado, erige-se a doutrina subjetiva ou teoria da culpa, e, de outro, a doutrina objetiva, também designada teoria do risco.

Sob inspiração do Código Napoleão, o Código Civil de 1916 fundou o seu sistema de responsabilidade na teoria subjetiva, centrada no ato ilícito, que tem a culpa ***lato sensu*** como elemento nuclear. Assim, para que fizesse jus à indenização pelos danos sofridos, requeria-se da vítima a dificílima prova da culpa, que, fortemente contaminada por caráter moral, revelava-se na conduta negligente, imprudente ou imperita. Nesse cenário, três são os pressupostos da responsabilidade civil subjetiva: conduta culposa do agente; dano; e nexo causal entre a conduta e o dano.

Insuficiência da culpa

Ainda no século XIX, entretanto, Raymond Saleilles, em obra intitulada ***Les accidents du travail et la responsabilité civile***,[9] observou que em determinados casos, como nos acidentes de trabalho, exigir da vítima a prova da culpa importava em não responsabilizar o agente causador do dano. A constatação se tornava ainda mais evidente diante da crescente complexidade das práticas industriais e do progressivo aumento dos riscos de acidentes de toda espécie. Os efeitos da ***era do maquinismo*** passaram a dificultar não apenas a demonstração da culpa, mas a própria identificação do agente causador do dano, a conduzir ao aumento significativo das vítimas não ressarcidas.

Presunção de culpa

Como observou Georges Ripert, em página clássica, "quanto mais as forças de que o homem dispõe são multiplicadas por meio de mecanismos complicados suscetíveis de agir à distância, quanto mais os homens vivem amontoados e próximos dessas máquinas perigosas, mais difícil se torna descobrir a verdadeira causa do acidente e estabelecer a existência da falta que o teria causado. Na expressão de Josserand, o acidente torna-se ***anônimo***. A prova, aliás, só pode ser feita perante o juiz;

9 Raymond Saleilles, *Les acidentes du travail et la responsabilité civile*. Essai d'une théorie objetive de la responsabilité délictuekke, Paris: Librairie Nouvelle de Droit et de Jurisprudence, Arthur Rousseau Éditeur, 1897.

torna-se necessário, pois, intentar uma ação de êxito sempre problemático".[10] Pouco a pouco, inicia-se, no Brasil, contínuo e irrefreável processo de superação da necessidade de prova da culpa, inaugurado com a previsão de diversas hipóteses de presunção, a exemplo da edição do velho Decreto-lei nº 2.681, de 7 de dezembro de 1912, cujo art. 17 estabeleceu a culpa presumida das estradas de ferro pelos danos causados aos viajantes, estendida, paulatinamente, pela jurisprudência, para outras modalidades de transporte, como o rodoviário. Os Tribunais cuidaram, ainda, de expandir as situações de presunção de culpa, admitindo-a em circunstâncias sequer cogitadas em lei, a fim de fugir aos inconvenientes da chamada prova diabólica, como se passou no âmbito da responsabilidade indireta ou por fato de terceiros.[11] A evolução social fez com que a tradicional responsabilidade subjetiva, informada pela teoria da culpa e por um princípio de imputabilidade moral, se revelasse insuficiente para a tutela das relações jurídicas na sociedade de massa. No novo contexto social, a culpa perde gradativamente sua importância; a reparação da vítima não poderia depender da prova, quase impossível, que identificasse quem, de fato, agiu de forma negligente.

Responsabilidade objetiva

Em etapa sucessiva, o legislador, mediante expressa disposição legislativa, passou a impor o dever de indenizar independentemente da identificação da conduta culposa do ofensor, associando a reparação não ao seu comportamento, mas ao risco da atividade da qual resultou o dano. A propagação da responsabilidade derivada de fonte legislativa (***ex lege***), adotada progressivamente no campo dos acidentes nucleares (Lei nº 6.453/1977), das atividades lesivas ao meio ambiente (Lei nº 6.938/1981) e do transporte aéreo (Lei nº 7.565/1986), reforça, a um só tempo, a derrocada do individualismo jurídico como concepção informadora da responsabilidade civil, e a consequente ascensão de doutrinas lastreadas na solidariedade social.

Giro solidarista

Foi, contudo, a Constituição da República de 1988 que consolidou, definitivamente, a perspectiva solidarista da responsabilidade civil, fincando novas bases sobre as quais o instituto deve ser aplicado. Com efeito, os princípios da solidariedade social e da justiça distributiva, capitulados no art. 3º, incisos I e III, da Constituição, segundo os quais constituem objetivos fundamentais da República a construção de uma sociedade livre, justa e solidária, bem como a erradicação da pobreza e da marginalização e a redução das desigualdades sociais e regionais, passam a moldar os novos contornos da responsabilidade civil.

Socialização dos riscos

Do ponto de vista legislativo e interpretativo, referidos princípios retiram da esfera meramente individual e subjetiva o dever de repartição dos riscos da atividade econômica e da autonomia privada, cada vez mais exacerbados na era da tecnologia. Impõem, como linha de tendência, o caminho da intensificação dos critérios objetivos de reparação e do desenvolvimento de novos mecanismos de seguro social, dirigidos à socialização, à repartição dos riscos entre todos os beneficiários da atividade,

---

10 Georges Ripert, *O Regímen Democrático e o Direito Civil Moderno*, São Paulo: Editora Saraiva, trad. J. Cortezão, 1937, p. 331.

11 Sobre a evolução da responsabilidade indireta ou por fato de terceiro, confira-se o Capítulo VIII, *infra*.

entrevendo-se uma espécie de ***securitização*** das atividades produtivas, que garante a indenização da vítima, sem obstaculizar o exercício da atividade.[12]

Justifica-se, pois, a preocupação do constituinte em prever, ele próprio, certas hipóteses de responsabilidade objetiva e de seguro social (art. 7º, XXVIII; art. 21, XXIII, "d"; art. 37, § 6º), abrindo caminho para o trabalho do legislador, cujo exemplo mais emblemático é o Código de Defesa do Consumidor (Lei nº 8.078/1990), que estabeleceu a responsabilidade objetiva do fornecedor de produtos ou serviços, assim como de toda a cadeia produtiva, criando um sistema de responsabilização livre do fator subjetivo da culpa e abrangente de amplíssimo campo das relações sociais contemporâneas.

Hipóteses

O Código Civil Brasileiro de 2002, a seu turno, consolidando a orientação constitucional, implementou relevantes alterações na disciplina da responsabilidade civil, convertendo em objetiva a responsabilidade em diversas situações antes regidas pela culpa presumida, como se passou com a responsabilidade por fato de terceiro, e criando novas hipóteses de responsabilidade objetiva, a exemplo daquela relativa à responsabilidade empresarial "pelos danos causados pelos produtos postos em circulação" (art. 931). Diversas situações antes vinculadas à culpa passaram a prescindir da aferição da conduta negligente, imprudente ou imperita do agente ou da violação de dever jurídico, impondo-se a reparação, em homenagem à axiologia constitucional, mesmo diante de danos (injustos) causados por atos lícitos.

Cláusula geral

A mais expressiva inovação, no entanto, encontra-se no parágrafo único do art. 927, que instituiu a cláusula geral de responsabilidade objetiva para atividades de risco, conferindo ao Poder Judiciário discricionariedade na avaliação das hipóteses de incidência da responsabilidade sem culpa. A teoria objetiva se descola de previsões legais casuísticas, perde seu caráter excepcional, e exsurge como previsão autônoma positivada por meio da técnica das cláusulas gerais, a permitir que a norma se adapte às particularidades do caso concreto, imprevisíveis em abstrato.[13] Cabe ao intérprete, portanto, valendo-se de juízos discricionários, preencher o conteúdo da disposição normativa, definindo as atividades sujeitas à sua incidência.

Elementos

Cuida-se, em síntese, de regra de imputação de responsabilidade que prescinde da análise da conduta do ofensor, a possibilitar ao magistrado invocá-la sempre que presentes seus três elementos: exercício habitual de determinada atividade – consi-

---

12 Cf. Antonino Procida Mirabelli di Lauro, *La riparazione dei danni alla persona*, Napoli: ESI, 1993, p. 105 e ss.

13 Sobre os múltiplos fundamentos da responsabilidade objetiva e seu fundamento constitucional, veja-se: Maria Celina Bodin de Moraes, Risco, solidariedade e responsabilidade objetiva, *Revista dos Tribunais*, vol. 854, São Paulo: RT, dez./2006, pp. 22-24. Nas palavras da autora: "O fundamento ético-jurídico da responsabilidade objetiva é unitário e deve ser buscado na concepção solidarista de proteção dos direitos de qualquer pessoa injustamente lesada, fazendo-se incidir o seu custo na comunidade, isto é, em quem quer que com o ato danoso esteja vinculado. No fundo, no sistema solidarista, invertem-se os termos do problema e a responsabilidade subjetiva nada mais é do que uma outra hipótese de imputação de responsabilidade" (p. 26).

derada capaz de, por natureza, gerar risco para terceiros –, dano e nexo causal entre o resultado danoso e a referida atividade.

Modelo dualista

Consolida-se, por conseguinte, o modelo dualista que já se delineava no sistema anterior, fazendo conviver, lado a lado, a norma geral de responsabilidade civil subjetiva, do art. 186 do Código Civil, que tem como fonte o ato ilícito, e as normas reguladoras da responsabilidade objetiva, informadas por fonte legislativa específica e pela cláusula geral contemplada no parágrafo único do art. 927 do Código Civil. A rigor, é a tutela prioritária da vítima, prevista em sede constitucional, que impõe a ampliação dos mecanismos de imputação de responsabilidade, incrementando suas chances de obter o ressarcimento pelo dano sofrido. Não se trata, pois, de fundamentar a teoria da responsabilidade civil na culpa ou risco; trata-se, sim, de reconhecer, tanto numa quanto noutro, processos técnicos diversos voltados à reparação dos danos sofridos.

Culpa normativa

E na esteira desse processo evolutivo, mesmo a teoria subjetiva se altera significativamente, abandonando a concepção clássica da culpa em favor de conceito objetivo, identificado como culpa normativa. Esta se consubstancia na ideia de erro de conduta do ofensor em face do padrão de comportamento considerado socialmente aceitável nas mesmas condições fáticas, o que é aferido por meio da comparação do comportamento do agente com o modelo de comportamento que um sujeito, nas mesmas condições do agente, deveria adotar. A realidade dinâmica, marcada pela criatividade humana e crescente especialização das diversas atividades desenvolvidas, torna insuficiente a figura genérica do ***bonus pater familias*** como parâmetro de comparação para as mais variadas atividades desempenhadas, e passa-se a adotar tantos ***standards*** de diligência quantos forem os tipos de conduta verificáveis no trato social, a viabilizar a análise mais precisa e objetiva do comportamento no caso concreto. Há, com efeito, tantos modelos de conduta quantas sejam as atividades e funções desempenhadas pela pessoa: o padrão de comportamento do médico, do dentista, do advogado, do engenheiro, do motorista etc. Uma vez demonstrado o desvio da conduta caracterizada pela boa-fé objetiva e pela diligência média, resta configurada a culpa. A culpa normativa dispensa, em definitivo, investigações concernentes à intenção do agente, divorciando-se de qualquer imputação de ordem moral.

Standards de conduta

Duplo fundamento

A rigor, a revolução por que passa, ainda hoje, a responsabilidade civil decorre, em grande medida, da alteração da própria função do instituto, que deixa de ser, definitivamente, a moralização ou a punição de condutas, e passa a ser a proteção da vítima, de acordo com a máxima segundo a qual, verificado o dano injusto, a vítima não deve ficar irressarcida. Volta-se a responsabilidade civil para as consequências do dano, não já para suas causas.

É inegável, portanto, o profundo impacto que o reconhecimento da referida função, consagrada na solidariedade constitucional, produz no estudo da responsabilidade civil, já que capaz de alterar não apenas a sua estrutura – a exemplo do que ocorre com o nexo causal, que se flexibiliza com o desenvolvimento da teoria do fortuito interno –, mas também de contribuir para a perda de nitidez das fronteiras que separam a responsabilidade civil contratual e extracontratual, como se verá no próximo Capítulo. Por ora, impõe-se analisar, suscintamente, os elementos da responsabilidade civil, que serão objeto de investigação mais detida nos capítulos específicos.

3. ELEMENTOS DA RESPONSABILIDADE CIVIL: NOÇÕES INTRODUTÓRIAS

Contemporaneamente, apontam-se três elementos para a responsabilidade civil: ato culposo ou atividade objetivamente considerada, dano e nexo de causalidade.

O ato culposo encerra elemento da responsabilidade civil subjetiva. Entendida em sua acepção normativa, a culpa se revela na ideia de desvio de conduta, vale dizer, de inadequação da conduta do agente ao padrão de comportamento esperado em concreto. Cuida-se, com efeito, de comparar a conduta concretamente adotada pelo ofensor com aquele *standard* de comportamento desejado em situação equivalente. Culpa

Já a atividade objetivamente considerada assume relevância no âmbito da responsabilidade civil objetiva. Assim, tratando-se de atividade de risco, nos termos do parágrafo único do art. 927 do CC, ou de hipótese específica em que o legislador imputa ao agente responsabilidade objetiva pelos danos causados, não se perquirirá de sua culpa, bastando verificar se o sujeito praticou, de fato, a atividade legalmente vinculada ao dever de indenizar. Atividade objetivamente considerada

Elemento central da responsabilidade civil, o dano sofreu profunda transformação nos últimos anos. Em primeiro lugar, abandonou-se noção cunhada a partir da chamada *Teoria da Diferença* em favor de noção normativa, e passou-se a entendê-lo como a lesão a qualquer interesse jurídico merecedor de tutela. Reconheceu-se, assim, a necessidade de conceber a responsabilidade civil como um sistema aberto, assumindo especial relevância, nesse cenário, a análise da injustiça do dano, de modo a atribuir o dever de indenizar não só àquele que violasse modelos legais predeterminados, mas também aos que, praticando condutas lícitas, causassem lesão a interesse juridicamente tutelado. Dano

No ordenamento jurídico brasileiro, duas são as categorias de dano: o patrimonial e o moral. O primeiro distingue-se em danos emergentes, assim entendido o que efetivamente se perdeu – seja em razão da diminuição do ativo ou do aumento do passivo –, e lucros cessantes, definido como aquilo que razoavelmente se deixou de ganhar. O dano moral, por sua vez, é a lesão a qualquer aspecto da dignidade da pessoa humana.

O nexo de causalidade, a seu turno, exsurge como o elemento de ligação entre os dois elementos anteriores, determinando a quem se deve atribuir o resultado danoso. O Código Civil brasileiro consagrou, em seu art. 403, a *teoria da interrupção do nexo de causalidade*, também designada como *teoria da causalidade direta e imediata*, de acordo com a qual apenas se consideram causas aquelas vinculadas ao dano *direta e imediatamente*. No entanto, tendo em vista a insuficiência da referida teoria Nexo de causalidade para explicar a admissão do dano indireto ou remoto, expressamente admitido no art. 948, II, do Código Civil, interpretação evolutiva permite reconhecer que o legislador de 2002 adotou, em verdade, a *subteoria da necessariedade da causa*, que considera sinônimas e reforçativas as expressões *dano direto* e *dano imediato*, ambas identificadas com a ideia da necessariedade do liame entre causa e efeito. Em outros termos, deve-se atribuir o dever de reparar quando o evento danoso é efeito necessário de certa causa. Afigura-se possível identificar, assim, na mesma série causal, danos indiretos, passíveis de ressarcimento, desde que sejam consequência direta, porque necessária, de uma conduta culposa ou de uma atividade objetivamente considerada.

PROBLEMAS PRÁTICOS

1. Qual a repercussão do afastamento de função sancionatória da responsabilidade civil na configuração de seus pressupostos?
2. No que consiste o modelo dualista de responsabilidade civil no ordenamento brasileiro?
3. É correto identificar, no risco, o principal fundamento da responsabilidade civil?

Acesse o *QR Code* e veja a Casoteca.

> *https://uqr.to/1ofhd*

Capítulo II

RESPONSABILIDADE CIVIL CONTRATUAL E EXTRACONTRATUAL

Acesse o *QR Code* e assista ao vídeo sobre o tema.

> https://uqr.to/1ofgt

Sumário: 1. Responsabilidade contratual e extracontratual – 2. Responsabilidade pré-contratual por ruptura injustificada das negociações – 3. Responsabilidade pós--contratual – Problemas práticos.

1. RESPONSABILIDADE CONTRATUAL E EXTRACONTRATUAL

Fontes do direito

Classifica-se tradicionalmente a responsabilidade civil em contratual e extracontratual. A distinção se assenta na teoria das fontes de direito, segundo a qual o comportamento humano não é pautado apenas pela lei, mas por outras manifestações de vontade diversas da estatal. Sob tal perspectiva, Pietro Perlingieri sustenta serem fontes do direito os atos ou fatos de cuja interpretação se determina a norma aplicável, destacando o papel da autodisciplina não mais como aspecto acessório na teoria das fontes, mas verdadeiramente ontológico.[1]

Fonte do dever violado

Reconhecida, então, a declaração de vontade como fonte do direito, seja ela heterônoma, emanada de órgão estatal, seja autônoma, decorrente do poder de autorregulamentação dos interesses, impõe-se que a conduta individual seja por ela orientada. O comportamento que contraria o disposto em norma jurídica estatal ou negocial faz nascer para o agente o dever de reparar os danos causados. Dir-se-ia extracontratual ou aquiliana – por remontar à ***Lex Aquilia*** –, a responsabilidade decorrente da inobservância de deveres gerais impostos pelo Estado, e contratual aquela proveniente de infração à autorregulamentação. É de se salientar, contudo, que

---

[1] Pietro Perlingieri, *O direito civil na legalidade constitucional*, Rio de Janeiro: Renovar, 2008, p. 308-316.

muito embora a expressão responsabilidade ***contratual*** se tenha estabelecido com sucesso, não é necessário que a obrigação cujo descumprimento lhe dá azo tenha por fonte precisamente o contrato; pode ela residir em outro negócio jurídico do qual decorram obrigações.

Reexame da distinção

Contemporaneamente, a distinção há de ser mais bem examinada. Se, no modelo liberal clássico, o direito, confiando plenamente no jogo livre das vontades individuais, esteadas na liberdade em sentido apenas formal, abdicava de intervir nos clausulados negociais, erigindo-se a autonomia privada como a única fonte dos deveres contratuais, no Estado Social de Direito, voltado à solidariedade, à igualdade, ao respeito à pessoa e à promoção de sua dignidade, reconhece-se que é a atuação do legislador e do poder público que garante, em sociedades desiguais, a efetiva liberdade da pessoa humana. Exsurge, assim, ao lado da autonomia privada, a boa-fé objetiva como fonte (heterônoma) de deveres para as partes. Mesmo no âmbito de relações paritárias, impõem-se aos contratantes, a despeito de sua vontade, deveres de conduta que permeiam todo o desenvolvimento da relação contratual, a promover a expansão das fontes dos deveres obrigacionais: a boa-fé objetiva "concorre na criação da ***regula iuris*** do caso concreto".[2]

Nesse cenário, já não se pode afirmar que a responsabilidade contratual nasce necessariamente da violação de dever preexistente específico, estipulado por convenção entre as partes, em contraposição à responsabilidade extracontratual, que se originaria da infração à lei ou a princípio geral de direito. Se assim fosse, a violação, pelo contratante, de deveres de conduta impostos pela boa-fé objetiva encerraria hipótese de responsabilidade extracontratual, o que não se sustenta.[3]

Relação obrigacional

A distinção entre responsabilidade contratual e extracontratual deixa, assim, de tomar por base a fonte do dever violado – autonomia privada ou lei, respectivamente –, e passa a se assentar na preexistência de relação contratual válida entre as partes, bem como no fato de o dano resultar do descumprimento de dever oriundo daquele vínculo, independentemente de este dever decorrer de fonte autônoma ou heterônoma. O traço característico da responsabilidade civil contratual reside, por conseguinte, na aproximação peculiar, prévia à ocorrência do dano, entre a vítima e o agente causador da lesão, consubstanciada na relação contratual em cujo bojo se dá a infração geradora do dever de indenizar.

Deveres anexos

Se o parâmetro distintivo entre as duas categorias de responsabilidade já não é a fonte do dever, é possível que a violação de deveres de conduta impostos pela boa-fé objetiva conduza ora à responsabilidade contratual, ora à extracontratual. Quan-

---

2 Pietro Perlingieri, *Manuale di diritto civile*, Napoli: Edizioni Scientifiche Italiane, 2005, p. 461.

3 De acordo com a 2ª Seção do STJ, "o conteúdo da obrigação contratual (direitos e obrigações das partes) transcende as 'prestações nucleares' expressamente pactuadas (os chamados deveres principais ou primários), abrangendo, outrossim, deveres secundários (ou acessórios) e fiduciários (ou anexos). Sob essa ótica, a violação dos deveres anexos (ou fiduciários) encartados na avença securitária implica a obrigação de reparar os danos (materiais ou morais) causados, o que traduz responsabilidade civil contratual, e não extracontratual" (STJ, 2ª S., REsp n. 1.303.374/ES, Rel. Min. Luis Felipe Salomão, julg. 30.11.2021).

do os deveres são impostos no âmbito da relação estabelecida por um contrato ou outra espécie de negócio jurídico, os danos resultantes dessa violação devem ser tutelados por meio da responsabilidade contratual; do contrário, quando os deveres decorrem apenas de um contato social qualificado entre as partes, incidem as regras da responsabilidade extracontratual, a exemplo do que se passa no rompimento injustificado das tratativas, como se verá adiante.

Inadimplemento

Em definitivo, para a configuração da responsabilidade contratual, mostra-se mais e mais reduzida a importância da origem do dever violado, vale dizer, se se trata de dever de conduta decorrente da boa-fé objetiva imposto pela sistemática obrigacional, ou de dever de prestação estabelecido a partir da autonomia privada dos contratantes. O que releva é que o dano resulte do inadimplemento absoluto ou relativo da prestação, independentemente da classificação do dever cuja inexecução conduziu ao resultado danoso.

Em última análise, a dicotomia entre responsabilidade contratual e extracontratual perde, cada vez mais, a importância de outrora, embora o Código Civil tenha dedicado dispositivos distintos para disciplinar a matéria: os arts. 186 e 187 relativos aos atos ilícitos, referem-se à responsabilidade extracontratual, e o art. 389 e seguintes cuidam da responsabilidade contratual. Por outro lado, a aproximação entre os sistemas de responsabilidade é reforçada não apenas pela unidade conceitual genérica da responsabilidade civil e pelos idênticos efeitos produzidos por ambas as espécies de responsabilidade – sujeição do agente ao dever de ressarcir os prejuízos causados –, mas também pela dinâmica distribuição da carga probatória, relativizando uma das principais diferenças até então apontadas.

Ônus da prova

Tradicionalmente, afirma-se que na responsabilidade extracontratual incumbe à vítima a demonstração de culpa (negligência, imperícia ou imprudência) do agente causador do dano, ao contrário da responsabilidade contratual, em que o descumprimento da obrigação, só por si, gera a presunção de responsabilidade do devedor, a quem (diante da mera existência da relação contratual descumprida) cabe o ônus de provar a ausência de culpa para o inadimplemento.[4] De todo modo, mesmo nesse cenário, a peculiaridade da responsabilidade contratual – presunção de culpa a partir do inadimplemento – sofre significativa atenuação a depender da natureza da obrigação a que o devedor se vinculara. Cuidando-se de obrigação de resultado, considera-se inadimplente o devedor que não entrega ao credor o resultado prometido, bastando, portanto, provar-se o não recebimento do resultado para se presumir a culpa do devedor. No entanto, tratando-se de obrigação de meio, em que incumbe ao devedor envidar os seus melhores esforços para que seja reputado adimplente, o inadimplemento não pode consistir na não obtenção do propósito perseguido pelo credor, consubstanciando-se, outrossim, no desvio do padrão de conduta esperado

---

4 Sobre o ponto, v., dentre outros, Miguel Maria de Serpa Lopes, *Curso de direito civil* – obrigações em geral, Rio de Janeiro: Freitas Bastos, 1995, 6ª ed., p. 342 e ss., vol. II, e Arnoldo Wald, *Curso de direito civil brasileiro* – obrigações e contratos, 13. ed, São Paulo: Editora Revista dos Tribunais, 1998, p. 139 e ss.

do devedor, análise que acaba por equivaler à aferição da culpa normativa no âmbito da responsabilidade aquiliana. Com efeito, em presença de obrigação de meio, a presunção de culpa a partir do inadimplemento não assume a mesma utilidade identificada no âmbito de obrigação de resultado, esmaecendo, já por isso, a ***summa divisio*** entre as duas tradicionais categorias de responsabilidade.

Exemplo eloquente da perda do valor da distinção tem-se com a atividade médica, no âmbito da qual se atribui ao profissional da saúde obrigação de meio. Não obstante inserir-se a responsabilidade do médico na seara da responsabilidade contratual – salvo se o atendimento se der na rede pública de saúde –, não se lhe atribui, de ordinário, o ônus da prova de que sua conduta foi diligente e de que cumpriu todas as suas obrigações. Não há culpa presumida do médico em decorrência da existência de contrato, incumbindo ao credor insatisfeito, diante do evento danoso, demonstrar, além da existência do contrato e da lesão, o desvio do ***standard*** de conduta legitimamente esperado do profissional, vale dizer, a sua culpa.[5]

Portanto, no atendimento médico, cuidando-se, no comum dos casos, de obrigações de meio, o ônus probatório incumbirá ao prejudicado.[6] Observe-se, de toda sorte, que embora se intensifique a doutrina tendente a considerar a obrigação do médico sempre como obrigação de meio, em razão da álea que persiste em qualquer intervenção cirúrgica, resultante das peculiaridades orgânicas de cada paciente e da reação individual do organismo diante dos procedimentos médicos, algumas espécies de atividades são consideradas, pela jurisprudência dominante, como obrigações de resultado.[7] É o caso, por exemplo, de tratamentos odontológicos em que o ortodontista informa ao paciente que lhe entregará certo resultado, ou de cirurgias estéticas em que o cirurgião promete ao paciente o desfecho desejado.[8] De todo modo, nota-se que a qualificação da obrigação como de resultado, nesses casos, depende muito mais da informação oferecida pelo médico ao paciente do que efetivamente de característica ontológica da prestação.

A distinção entre obrigação de meio e de resultado se torna ainda mais tormentosa diante da contemporânea conformação da relação obrigacional, necessariamente

---

5 Sergio Cavalieri Filho, neste sentido, ensina que "a obrigação assumida pelo médico é de meio, e não de resultado, de sorte que, se o tratamento realizado não produziu o efeito esperado, não se pode falar, só por isso, em inadimplemento contratual". E remata: "Disso resulta que a responsabilidade médica, embora contratual, é subjetiva e com culpa provada. Não decorre do mero insucesso no diagnóstico ou no tratamento, seja clínico ou cirúrgico". (Sergio Cavalieri Filho, *Programa de responsabilidade civil*, São Paulo: Malheiros Editores, 2003, 4ª ed., p. 369).

6 Entretanto, conforme será abordado no Capítulo XIII, ao autor não será imputado o ônus da prova quando o juiz o inverter por estar caracterizada a hipossuficiência ou a verossimilhança das alegações aliada à constatação de que ao médico é mais fácil a produção da prova demonstrativa da inexistência do fato culposo ou do nexo de causalidade entre sua conduta e o dano.

7 Sobre a distinção entre obrigações de meio e de resultado em matéria de responsabilidade médica, v. Teresa Ancona Lopez, *O dano estético* – responsabilidade civil, São Paulo: Editora Revista dos Tribunais, 1999, 2ª ed., com ampla bibliografia e jurisprudência.

8 A questão é, contudo, controvertida, havendo julgados que consideram as cirurgias estéticas obrigação de meio e outros que as consideram obrigação de resultado. O tema será mais bem desenvolvido no Capítulo XIII.

complexa, a revelar a imprescindibilidade dos deveres de conduta para a produção do resultado útil programado. Significa dizer que, ao lado dos deveres de prestação, inseridos na relação pela autonomia privada, emergem para ambas as partes, por força da cláusula geral de boa-fé objetiva, deveres que permeiam todo o desenvolvimento do vínculo obrigacional, dirigidos à perfeita realização dos interesses da contraparte, isto é, à exata satisfação dos interesses envolvidos na relação obrigacional concreta.[9]

Se assim o é, ao resultado esperado pelo credor, mesmo nas chamadas obrigações de meio, não pode ser alheio o devedor. E, de outro lado, o insucesso na obtenção do fim proposto, nas chamadas obrigações de resultado, não pode acarretar a responsabilidade ***tout court***, desconsiderando-se o empenho do devedor e os fatores supervenientes que, não raro, geram o desequilíbrio objetivo entre as prestações, tornando excessivamente oneroso o seu cumprimento pelo devedor. Tampouco, ainda, mesmo no âmbito de uma obrigação tradicionalmente classificada como de resultado, poderá o devedor ser considerado adimplente com a simples entrega da prestação principal, ou seja, do resultado estruturalmente previsto no contrato, já que se lhe exige, também, a observância de todos os deveres de conduta decorrentes da boa-fé objetiva que se façam concretamente necessários para a efetiva satisfação do interesse do credor. A análise do resultado esperado deixa de ser estrutural e passa a ser funcional, a depender da consecução do ***resultado útil programado***, para a qual a observância dos deveres de conduta se faz imperativa.

Em definitivo, não basta, para a aferição de responsabilidade do devedor, analisar se a obrigação é de meio ou de resultado: mesmo no âmbito de obrigação de meio, o devedor não pode descurar do interesse concreto e legítimo do credor na prestação, assim como diante de obrigação de resultado, a entrega da prestação principal pode não ser suficiente a afastar o inadimplemento.

Contribui, ainda, decisivamente para a superação da rígida dicotomia entre obrigações de meio e de resultado a disciplina estabelecida pelo Código de Defesa do Consumidor, que possibilita a inversão do ônus da prova, em benefício do consumidor, nos termos do art. 6º, VIII, desde que presentes os pressupostos da hipossuficiência ou da verossimilhança da alegação. O Código de Processo Civil de 2015, no art. 373, § 1º, por sua vez, consagrou, também no âmbito de relações paritárias, a teoria da carga dinâmica da prova, segundo a qual o ônus da prova incumbe a quem tem melhores condições de produzi-la, diante das circunstâncias fáticas presentes no caso concreto. Logo, seja no âmbito de relações de consumo ou mesmo de relações paritárias, a distribuição do ônus da prova como fator distintivo entre as chamadas obrigações de meio e de resultado perde grande parte de sua importância, a revelar, em verdade, o desprestígio dessa própria classificação.

Não apenas a distinção entre obrigação de meio e de resultado tornou-se tênue com a edição do Código de Defesa do Consumidor, mas a própria dicotomia entre CDC

9 Para análise mais detida da noção de relação obrigacional complexa, remete-se o leitor para o Volume 2, destes *Fundamentos*.

responsabilidade contratual e extracontratual foi posta em xeque por duas razões principais: primeiro, porque se responsabilizou objetivamente pelos serviços defeituosos não somente os contratantes (comerciantes e consumidores), mas todos os partícipes do ciclo de produção e distribuição (art. 12, CDC: fabricante, produtor, construtor nacional ou estrangeiro e importador);[10] e, segundo, porque, nos termos do art. 17, permitiu-se a aplicação das regras previstas para a responsabilidade civil por acidentes de consumo em favor de todas as vítimas dos eventos danosos, sejam consumidores ou não (designados consumidores por equiparação ou ***bystanders***).[11]

Termo *a quo* dos juros de mora

Aponta-se, de ordinário, como relevante diferença entre as duas espécies de responsabilidade o termo ***a quo*** dos juros de mora. Em rigor, a definição do termo ***a quo*** não deve ser estabelecida com base na classificação da responsabilidade (em contratual e extracontratual),[12] mas em razão da forma pela qual a mora é constituída. Assim, cuidando-se de mora ***ex personae,*** contam-se os juros (i) da interpelação judicial ou extrajudicial para o cumprimento da dívida contratual sem termo ajustado (parágrafo único do art. 397 do CC) ou ilíquida, ou, ainda, na ausência de interpelação, (ii) da citação (art. 405 do CC);[13] seja como for, cuidando-se de obrigação ilíquida, não se saberá em nenhum desses momentos, evidentemente, o valor sobre o qual incidirão os juros, mas tão logo o montante seja definido por sentença judicial, arbitramento ou acordo, os juros de mora passam a ser devidos pelo inteiro período da mora (art. 407 do CC). De outro lado, se a mora é ***ex re,*** estabelecida em decorrência do próprio fato que a originou, conta-se o termo inicial (i) desde a data do vencimento da obrigação contratual (art. 397, ***caput***, do CC), ou (ii) desde a prática do ato ilícito extracontratual (art. 398 do CC).[14]

De todo modo, a distinção, apesar de aparentemente bem delimitada, causa, por vezes, perplexidades. É o que se observa nos julgamentos proferidos pelo Superior Tribunal de Justiça no caso de acidente ferroviário: em atropelamento de pedestres por composições ferroviárias, por exemplo, fluem os juros a partir do evento danoso;[15] de forma bastante diversa, tratando-se de queda de passageiro nos trilhos do trem, a

---

10 STJ, 4ª T., Rel. Min. Luis Felipe Salomão, REsp. 1365609/SP, julg. 28.4.2015.

11 O STJ considera, por exemplo, consumidor por equiparação o pedestre atropelado por ônibus de empresa que presta serviço de transporte por fretamento (STJ, 3ª T., REsp n. 2.026.602/ES, Rel. Min. Nancy Andrighi, julg. 25.4.2023, publ. *DJ* 27.4.2023).

12 O STJ, por sua vez, decidiu, no REsp. 1884887/DF, relatado pela Ministra Nancy Andrighi, que o termo inicial dos juros de mora em caso de responsabilidade contratual é a citação (STJ, 3ª T., REsp 1884887/DF, Rel. Min. Nancy Andrighi, julg. 10.8.2021). Quanto à responsabilidade extracontratual, a Corte Especial reafirmou que, "quanto ao termo inicial dos juros de mora incidentes sobre os danos morais, (...) os juros moratórios fluem a partir do evento danoso" (STJ, CE, AgInt nos EAREsp 1469104/DF, Rel. Min. Maria Isabel Gallotti, julg. 21.9.2021).

13 É o que também dispõe o Enunciado da Súmula 163 do STF, editada em 1963 em interpretação do art. 1.536, § 2º, do CC de 1916.

14 Na mesma direção, confira-se o Enunciado da Súmula 54 do STJ: "Os juros moratórios fluem a partir do evento danoso em caso de responsabilidade extracontratual".

15 STJ, 3ª T., REsp 1325034/SP, Rel. Min. Marco Aurélio Bellizze, julg. 16.4.2015, publ. *DJ* 11.5.2015.

gerar obrigação ilíquida, os juros de mora correm apenas da citação.[16] Ora, semelhantes decisões distinguem situações que o Código de Defesa do Consumidor equiparou ao submeter ao mesmo regime todas as vítimas de acidentes de consumo, tenham ou não celebrado contrato com o prestador do serviço, o que já é suficiente, ***tout court***, para aplicar o mesmo termo ***a quo*** para os juros de mora a ambas as situações. De todo modo, em reforço à previsão consumerista, não parece haver razão legítima que sustente o estabelecimento de termos iniciais diversos para o passageiro que efetivamente contratou o serviço de transporte (citação) e para o ***bystander*** (evento danoso), a resultar em tratamento mais favorável a este último, que contará com maior período de juros a seu favor. Afinal, se o legislador consumerista equiparou o regime jurídico aplicável a ambas as situações – e o fez tendo em vista a origem comum do dano (fato do produto ou do serviço) – o termo inicial para a fluência dos juros de mora também deveria ser o mesmo.

Por fim, cumpre pontuar que, a despeito da reiterada mitigação da distinção entre os regimes da responsabilidade civil extracontratual e contratual, a Corte Especial do Superior Tribunal de Justiça, partindo de análise estrutural, decidiu aplicarem-se prazos prescricionais diferentes às espécies: a primeira seria regida pelo prazo de 3 anos, nos termos do art. 206, § 3º, V do Código Civil, e a segunda, pelo prazo geral de 10 anos, constante do art. 205. De acordo com a decisão, a expressão "reparação civil" presente naquele dispositivo refere-se exclusivamente à responsabilidade aquiliana. Ademais, segundo a controvertida posição adotada, por maioria, pela Corte Especial do STJ, "o caráter secundário assumido pelas perdas e danos advindas do inadimplemento contratual, impõe seguir a sorte do principal (obrigação anteriormente assumida). Dessa forma, enquanto não prescrita a pretensão central alusiva à execução da obrigação contratual, sujeita ao prazo de 10 anos (caso não exista previsão de prazo diferenciado), não pode estar fulminado pela prescrição o provimento acessório relativo à responsabilidade civil atrelada ao descumprimento do pactuado".[17]

2. RESPONSABILIDADE PRÉ-CONTRATUAL POR RUPTURA INJUSTIFICADA DAS NEGOCIAÇÕES

O desenvolvimento dogmático da responsabilidade pré-contratual encontra suas bases na obra de Rudolf von Jhering publicada em 1861. A consagrada construção de Jhering corresponde atualmente a apenas uma das hipóteses que se apresentam no âmbito da responsabilidade pré-contratual, qual seja, a responsabilidade decorrente da celebração de contrato frustrado por culpa de uma das partes. A formulação da Origens

16 STJ, 4ª T., AgRg no AREsp 106718/SP, Rel. Min. Maria Isabel Gallotti, julg. 4.9.2014, publ. *DJ* 17.9.2014.

17 Lê-se na ementa "(...) A unidade lógica do Código Civil permite extrair que a expressão 'reparação civil' empregada pelo seu art. 206, § 3º, V, refere-se unicamente à responsabilidade civil aquiliana, de modo a não atingir o presente caso, fundado na responsabilidade civil contratual. Corrobora com tal conclusão a bipartição existente entre a responsabilidade civil contratual e extracontratual, advinda da distinção ontológica, estrutural e funcional entre ambas, que obsta o tratamento isonômico" (STJ, Corte Especial, Rel. p/ Acórdão Min. Félix Fisher, REsp 1.281.594/SP, julg. 15.5.2019).

culpa in contrahendo associava-se, em rigor, à tutela da confiança na celebração do contrato, tendo por objeto a questão da "responsabilidade em que podia incorrer quem causasse a invalidade de um contrato".[18]

Como já se depreende da designação ***culpa in contrahendo***, o fundamento do dever de indenizar, na origem, era a culpa, sendo pressuposto, ainda, a celebração de contrato. Nota-se, nessa perspectiva, que a construção da ***culpa in contrahendo*** não comporta a complexidade das hipóteses abarcadas atualmente no contexto da responsabilidade pré-contratual, cujo ***punctum saliens*** passou a ser (não já a responsabilidade por erro culposo que gera a invalidade do contrato, mas) a proteção contra a ruptura injustificada das tratativas.

Com efeito, o desenvolvimento da responsabilidade pré-contratual na experiência brasileira denota alteração profunda em relação às bases teóricas apresentadas por Jhering no Século XIX. A partir da concepção da relação obrigacional como processo que expressa a "totalidade de efeitos jurídicos"[19] interligados em unidade ontológica repleta de relações recíprocas de instrumentalidade ou interdependência, adquirem proeminência na dinâmica das relações contratuais os princípios da função social do contrato, do equilíbrio contratual e, sobretudo, da boa-fé objetiva.

A boa-fé objetiva apresenta, no direito brasileiro contemporâneo, ao menos três funções que podem ser didaticamente separadas em: i) função interpretativa (art. 113 do CC); ii) função restritiva do exercício de direitos (art. 187 do CC); e iii) função geradora de deveres anexos às obrigações contratuais (art. 422 do CC)[20]. Mercê da força normativa da boa-fé, a violação dos deveres associados a qualquer uma das aludidas funções no curso da execução do contrato enseja responsabilidade civil de natureza contratual, deflagrando o dever de reparação.

O Código Civil impõe a observância dos deveres decorrentes da boa-fé "na conclusão do contrato, como em sua execução" (art. 422), não mencionando a hipótese de responsabilidade pré-contratual pelos danos oriundos do descumprimento de tais deveres. Coube, assim, à doutrina, a construção dos contornos e dos limites dessa responsabilidade, decorrência do princípio da solidariedade constitucional, a suscitar a expansão da eficácia da boa-fé objetiva precedentemente à formalização do negócio jurídico, justificada em razão do contato social qualificado entre as partes em negociação, que se aproximam com vistas à formação de contrato futuro. O elevado grau de proximidade entre os negociantes lhes impõe especiais deveres de proteção e preservação da "integridade da esfera jurídica e da confiança que os uniu".[21] O desafio reside, justamente, em identificar o equilíbrio entre a liberdade, fundamental na fase das tratativas, e a proteção da confiança das partes.

---

18 Ana Prata, *Notas sobre responsabilidade pré-contratual*, Coimbra: Almedina, 2002, pp. 8-9.

19 Judith Martins-Costa, *A boa-fé no direito privado*: critérios para a sua aplicação, São Paulo: Marcial Pons, 2015, p. 382.

20 Sobre a possível coincidência das duas últimas funções, confira-se o Volume 2, destes *Fundamentos*.

21 Judith Martins-Costa, *A boa-fé no direito privado*: critérios para a sua aplicação, cit., p. 384.

Nesse cenário, a fase de negociações prévias à celebração do contrato apresenta-se, por sua própria natureza, híbrida, entre a liberdade (de decidir por contratar) e o compromisso (gradativamente assumido), sendo-lhe ínsita a possibilidade de ruptura sem que o negócio seja, afinal, formalizado. Suprimir, em abstrato, a possibilidade de ruptura das negociações equivaleria a negar existência à fase das tratativas, pressupondo vínculo contratual desde o primeiro contato entre as partes. Por outro lado, não se pode afirmar que qualquer ruptura imotivada das negociações configure prerrogativa legítima das partes. Em verdade, o ordenamento assegura, além do controle de ilicitude, a tutela contra a abusividade na quebra das tratativas, especialmente quando se tenha despertado a legítima expectativa na outra parte quanto à conclusão do negócio. Resta, desse modo, identificar parâmetros para a qualificação da ruptura como abusiva, a ensejar o dever de indenizar.

A ruptura das tratativas há de ser, com efeito, injustificada, indevida, violadora da legítima confiança despertada na outra parte em que o contrato seria efetivamente concluído. O recurso às funções da boa-fé e às figuras parcelares bem como a utilização dos usos e costumes em cotejo com as circunstâncias concretas relacionadas às tratativas, a fim de verificar o grau de comprometimento das partes e a densidade das negociações até então implementadas, compõem instrumentário de que deve se valer o intérprete na tarefa de verificar se a ruptura frustrou a confiança legítima gerada na outra parte.

Nessa direção, assumem particular relevância os deveres de informação e de lealdade. Comina-se o dever de informação com o objetivo precípuo de evitar a formação da legítima confiança na celebração final do contrato; trata-se, portanto, do dever de informar adequadamente a contraparte de seus reais objetivos e dos prognósticos das tratativas. No entanto, uma vez despertada a confiança quanto à celebração do contrato, impõe-se o dever de lealdade em proteção àquela confiança, a exigir que a parte aja em consonância com a expectativa criada.[22] A confiança que é protegida, como se nota, não se refere à efetiva celebração do contrato em formação, mas à conduta proba e leal das partes durante a negociação.[23]

---

22 Menezes Cordeiro sintetiza precisamente o papel da boa-fé objetiva e dos deveres de informação e lealdade dela decorrentes, no caso de interrupção injustificada das negociações: "(...) não há aí (...) um desrespeito pelos escopos da autonomia privada, que, por definição, exigem apenas uma orientação de actos com vistas à formação do contrato como possível e não como necessário; tão pouco existe uma violação do dever de contratar, que a boa-fé, contra a autonomia privada, não iria, neste caso, estabelecer; verifica-se, antes, uma protecção concedida à confiança da parte que, perante o comportamento da outra, acreditou, com justificação, no concretizar do contrato projetado e, por isso, suportou danos. (...) Trata-se de uma ocorrência potencialmente perigosa; por isso, a boa-fé comina deveres de informação, que a evitem, em termos preventivos, quanto à partida, seja injustificada, e deveres de lealdade que, uma vez formada, a prescrevem" (Menezes Cordeiro, *A boa fé como regra de conduta*, Lisboa: Almedina, 2001, pp. 650-651).

23 Como explica Renata Steiner, "isso quer dizer que a formação ou não do contrato dependerá da evolução das negociações e não é mandatória; mas é mandatória a observância do dever de conduzir as negociações de forma correta e, em especial, de não criar expectativas de que o contrato será concluído para, posteriormente, a violar abusivamente" (Renata Steiner, Responsabilidade pré-contratual: método para definição do dano indenizável. In: AGIRE | Direito Privado em Ação, n.º 62, 2023.

Por conseguinte, tem-se que a ruptura das negociações gera responsabilidade apenas quando injustificada, abrupta e arbitrária, porque violadora da confiança despertada no caso concreto,[24] não já quando decorrente do legítimo exercício de liberdade econômica, a exemplo do que ocorre quando a outra parte modifica inesperadamente sua posição, e pretende impor condições mais gravosas para a celebração do contrato.[25] Em hipóteses como essa, não há, por conseguinte, injustificada ruptura das tratativas, pelo que não há que se cogitar de responsabilidade civil pelos eventuais danos que o rompimento das negociações eventualmente acarrete à outra parte. Não se cuida, com efeito, de danos injustos.

Configurada, com efeito, a ruptura injustificada das tratativas e a consequente violação da expectativa legítima da parte, impõe-se o dever de reparar os danos experimentados,[26] tradicionalmente calcado no interesse negativo.[27] Denomina-se *interesse negativo*, ou dano derivado da confiança,[28] o prejuízo que o credor evitaria se não tivesse confiado, legitimamente, que o devedor cumpriria com suas obrigações e (sejam as obrigações principais e secundárias decorrentes do contrato, sejam os deveres anexos derivados da boa-fé, sobretudo o dever de lealdade – no que a noção importa especialmente para a hipótese de responsabilidade pré-contratual). Pelo ressarcimento do interesse negativo, busca-se conduzir as partes ao *status quo ante*, vale dizer, ao estado jurídico em que se encontrariam caso sequer houvessem iniciado negociações (na responsabilidade pré-contratual) ou caso o contrato jamais tivesse sido celebrado (na responsabilidade contratual). Indenizam-se, assim, os danos emergentes (investimentos efetuados e prejuízos sofridos com vistas à celebração do contrato – responsabilidade pré-contratual – e ao seu cumprimento – responsabili-

---

Disponível em: https://agiredireitoprivado.substack.com/p/agire62?utm_source=publication-search. Acesso em 18 nov. 2024).

24 Nessa perspectiva, a jurisprudência brasileira tem admitido a responsabilidade pré-contratual sempre que, durante as tratativas, há quebra da confiança legítima comprovadamente despertada na contraparte, gerando danos. V., nessa direção: STJ, 3ª T., REsp 1.051.065/AM, Rel. Min. Ricardo Villas Bôas Cueva, julg. 21.2.2013; TJRJ, 14ª C.C., Ap. Cív. 1649105-77.2011.8.19.0004, Rel. Des. José Carlos Paes, julg. 18.9.2013; TJRJ, 5ª C.C. Ap. Cív. 0104285-03.2004.8.19.0001, Rel. Des. Suimei Meira Cavalieri, julg. 4.3.2008; TJSP, 36ª CDPriv., Ap. Cív. 1005560-41.2016.8.26.0002, Rel. Des. Milton Carvalho, julg. 8.2.2017; TJSP, 33ª CDPriv., Ap. Cív. 0063620-60.2012.8.26.0100, Rel. Des. Sá Moreira de Oliveira, julg. 29.8.2016; TJSP, 3ª CDPriv., Ap. Cív. 3000674-79.2013.8.26.0095, Rel. Des. Marcia Dalla Déa Barone, julg. 16.6.2016; TJSP, 1ª CDPriv., Ap. Cív. 0112743-61.2011.8.26.0100, Rel. Des. Francisco Loureiro, julg. 10.5.2016.

25 Enzo Roppo, *O contrato*, tradução Ana Coimbra e M. Januário C. Gomes, Coimbra: Almedina, 1988, p. 107.

26 Evidentemente, se a ruptura injustificada não causa danos à parte, não há dever de indenizar, já que ausente um dos elementos da responsabilidade civil.

27 Judith Martins-Costa, *A boa-fé no direito privado*: critérios para a sua aplicação, cit., p. 404. Sobre o tema, veja-se Renata Steiner, *Reparação de danos:* interesse positivo e interesse negativo, São Paulo: Quartier Latin, 2018, p. 329 e ss. Confira-se, a jurisprudência: STJ, 3ª T., REsp 1641868/SP, Rel. Min. Moura Ribeiro, julg. 5.6.2018.

28 A designação, amplamente difundida e atribuída a Larenz (Karl Larenz, *Derecho de obligaciones,* t. I, Madri: Editorial Revista de Derecho Privado, p. 106), não ignora, evidentemente, que o interesse juridicamente relevante do credor que se denomina "negativo" equivale, na verdade, não ao dano em si, mas à forma de seu ressarcimento.

dade contratual) e, ainda, o lucro que, em média, poderia ter sido obtido com outras oportunidades contratuais, das quais o credor poderia ter se beneficiado se não as tivesse enjeitado em prol da celebração ou do cumprimento daquele negócio específico.

Não se afasta, em tese, a possibilidade de a indenização abranger os interesses positivos, hipótese em que os valores a serem ressarcidos decorrem do conteúdo contratual que deixou de se realizar. Avalia-se o que se perdeu e o que se deixou de ganhar tendo por parâmetro a comutatividade contratual. Aqui o lucro cessante é valorado pelo que razoavelmente se deixou de obter no contrato cuja celebração foi frustrada, ainda que a ruptura tenha ocorrido na fase das tratativas que se viram injustamente interrompidas pela outra parte. Em outras palavras, o interesse positivo busca remeter as partes ao estado jurídico em que se encontrariam caso o contrato viesse a ser celebrado.

Acórdão pioneiro no âmbito da responsabilidade pré-contratual, da lavra do Ministro Ruy Rosado de Aguiar Júnior, quando ainda atuava no TJRS,[29] definiu a reparação com base no interesse positivo. No caso, determinada comunidade de pequenos agricultores do Rio Grande do Sul mantinha com a Companhia Industrial de Conservas Alimentícias (Cica) relação comercial em que a empresa fornecia a totalidade das sementes a serem utilizadas, por intermédio de caminhoneiros, aos produtores de tomate da região. No período da colheita, adquiria os frutos, que eram recolhidos e transportados pelos mesmos caminhoneiros, para integrar sua produção industrial. Tal prática foi reiterada ao longo de muitos ciclos produtivos, sem interrupção. A empresa, entretanto, desistiu de adquirir a safra de 1987-1988, alegando despesas operacionais adicionais.[30]

Inconformado, um dos camponeses ajuizou ação de cobrança pleiteando indenização pelas despesas decorrentes da perda da produção. O juízo de primeira instância deu total provimento à pretensão indenizatória, condenando a empresa-ré ao pagamento do equivalente a 40.000 (quarenta mil) quilos de tomate, no valor de Cr$ 1,20 por quilo, atualizados monetariamente. A ré apelou ao TJRS, cabendo à 5ª Câmara Cível enfrentar a questão. O acórdão, de relatoria do então Des. Ruy Rosado de Aguiar Júnior, concluiu pela procedência parcial do recurso – a reduzir o *quantum* indenizatório pela metade, tendo em vista que parte da produção não se perdeu, mas foi, ao revés, comercializada.

O caso apresenta algumas peculiaridades. Em reunião com os aludidos transportadores dos tomates, a Cica, declarando sua falta de interesse na aquisição dos frutos daquela safra, indicou que uma segunda empresa, de nome Agapê, ficaria responsável pela aquisição dos produtos, bem como pelo pagamento do frete aos caminhoneiros. A primeira carga de tomates chegara a ser transportada até a Cica para pesagem,

---

29 TJRS, 5ª C.C., Ap. Cív. 591.028.295, Rel. Des. Ruy Rosado de Aguiar Júnior, julg. 6.6.1991.

30 Para a análise da repercussão do acórdão no direito obrigacional brasileiro, v. Gustavo Tepedino, Formação progressiva dos contratos e responsabilidade pré-contratual: notas para uma sistematização. In: *Direito, cultura, método*: leituras da obra de Judith Martins-Costa, Rio de Janeiro: Editora GZ, 2019, pp. 584-602.

antes de ser encaminhada à Agapê; após a referida reunião, as cargas seguintes foram encaminhadas diretamente à segunda empresa. A Cica forneceu, ainda, caixas para a embalagem dos tomates.

A empresa Agapê acabou por não absorver a integralidade da produção dos colonos, motivando a ação indenizatória por perdas e danos em face da Cica, com quem mantinham sua atividade negocial, e que havia indicado a segunda empresa como compradora. A Agapê, porém, adquiriu cerca de metade de toda a safra da região, o que motivou o juízo de segunda instância a reduzir o valor da indenização a 50%, uma vez que não havia nos autos elementos seguros para a determinação da quantidade de tomates entregues por cada agricultor individualmente. O acórdão proferido ganhou notoriedade em razão de sua fundamentação inovadora,[31] reconhecendo a possibilidade de a indenização se pautar pelo interesse positivo.

A admissão de interesses positivos pode se revelar plausível desde que se considere, em relação a certas obrigações, o contrato (ou parte autônoma dele) já formado, extrapolando-se, portanto, a fase pré-contratual. Desse modo, admitir-se-ia, nessa hipótese, a indenização pelo interesse positivo, mesmo no caso de ruptura injusta das negociações. Para o desenvolvimento de construção dessa envergadura mostra-se valiosa a recuperação dos subsídios doutrinários oferecidos pela doutrina das atividades sem negócio e dos comportamentos sociais típicos, que poderiam demonstrar a possibilidade de produção de efeitos do contrato antecedente ou independentemente no negócio jurídico que o constitui.[32]

Com efeito, a partir da constatação de que há inúmeras atividades legítimas sem negócio, que configuram as chamadas relações de fato ou comportamentos sociais típicos,[33] ampliam-se as possibilidades de qualificação contratual e abre-se caminho para a vinculação obrigacional progressiva, a partir do *contato social* estabelecido por todo o período das tratativas e da assunção de obrigações pré-contratuais.[34]

Tal entendimento, em última análise, permite a superação da estreitíssima alternativa entre interesses negativos e positivos como forma de ressarcimento oriunda de

---

[31] Em plena vigência do Código Civil de 1916, quando ainda não se havia difundido o princípio da boa-fé objetiva, afirmou o ilustre Relator: "Decorre do princípio da boa-fé objetiva, aceito pelo nosso ordenamento jurídico (...), o dever de lealdade durante as tratativas e a consequente responsabilidade da parte que, depois de suscitar na outra a justa expectativa da celebração de certo negócio, volta atrás e desiste de consumar a avença".

[32] Sobre o tema, passando em revista a evolução das teorias que admiram, ao longo do tempo, a eficácia contratual de tais relações jurídicas, Juliana Pedreira da Silva, *Contratos sem negócio jurídico:* crítica das relações contratuais de fato, São Paulo: Atlas, 2011.

[33] Karl Larenz, O estabelecimento de relações obrigacionais por meio de comportamento social típico (texto original de 1956). In: *Revista Direito GV*, São Paulo: FGV Direito SP, 2006, pp. 55-63, vol. 2, nº 1. Afirma que o reconhecimento das relações obrigacionais oriundas de comportamentos sociais típicos "exige uma certa ampliação do nosso sistema, mais precisamente das fontes de relações obrigacionais, mas não contradiz os princípios fundamentais da autonomia privada." (p. 61).

[34] Nessa direção, Gustavo Tepedino, Evolução da autonomia privada e o papel da vontade na atividade contratual. In: Erasmo Valladão Azevedo e Novaes França; Marcelo Vieira von Adamek (orgs.), *Temas de direito empresarial e outros estudos:* em homenagem ao Professor Luiz Gastão Paes de Barros Leães, São Paulo: Malheiros, 2014, pp. 316-335.

danos sofridos na fase pré-contratual e contratual. Na mesma linha de entendimento, é possível entrever hipóteses em que, na presença de negócio jurídico, sua eficácia vai gradualmente liberando os contratantes de deveres recíprocos. O intérprete há de definir, uma vez efetuada a qualificação da atividade contratual, a causa do contrato traduzida na unidade de efeitos essenciais, identificando, então, a intensidade qualitativa e quantitativa dos deveres assumidos, como forma de estabelecer a execução específica de certas obrigações e o dever de reparar proporcional aos deveres contratuais dotados de eficácia por conta da atividade efetivamente desenvolvida.

Índole expansiva

A responsabilidade pré-contratual não se limita, além disso, à ruptura injustificada das negociações, mas é chamada a atuar sempre que, durante as tratativas, uma das partes causa dano à outra por violar dever decorrente da boa-fé objetiva, a exemplo do que ocorre quando são reveladas informações sigilosas de uma das partes nesta fase preliminar, ou quando o *accipiens* não informa imediatamente o proponente sobre o recebimento da proposta a destempo, nos termos do art. 430 do Código Civil. Da mesma forma, configura suporte fático da responsabilidade pré-contratual: (i) a celebração de contrato inválido, quando a invalidade é consequência da violação dos deveres de lealdade, de informação ou de diligência da contraparte, como se verifica em casos de anulação por vícios do consentimento, bem como (ii) a celebração de contrato válido, mas com conteúdo indesejado, como se passa nas hipóteses de dolo acidental. Trata-se, com efeito, de teoria com índole expansiva,[35] tendo em vista os inúmeros e variáveis deveres de conduta impostos pela boa-fé objetiva na fase pré-contratual, insusceptíveis de enumeração exaustiva em abstrato e, consequentemente, sujeitos à identificação casuística.

3. RESPONSABILIDADE PÓS-CONTRATUAL

Deveres pós-contratuais

Se o contato social qualificado e a mencionada formação progressiva dos contratos permitiram atrair para o momento anterior à celebração do negócio a incidência de deveres de conduta decorrentes da boa-fé objetiva, no outro extremo, a concepção da obrigação como processo, reveladora do caráter dinâmico da relação obrigacional,[36] consente exigir, mesmo após a extinção dos deveres prestacionais, a observância de deveres de conduta dirigidos à preservação dos interesses promovidos pelo negócio. Trata-se, aqui, da chamada responsabilidade ***post factum finitum***, expressão em rigor imperfeita, a despeito de sua eloquência expositiva, em razão do reconhecimento de deveres incidentes no contrato (que o integram, portanto) para além das prestações avençadas.

Com efeito, por vezes, a própria lei impõe expressamente a observância de certos deveres após a extinção dos deveres prestacionais, como se passa, por exemplo, no contrato de mandato, no âmbito do qual o art. 686 do CC determina que "a revogação

[35] Dário Moura Vicente, *Da responsabilidade pré-contratual em direito internacional privado*, Coimbra: Almedina, 2001, p. 250.

[36] Clóvis do Couto e Silva, *A obrigação como processo*, Rio de Janeiro: Editora FGV, 2006, p. 20.

do mandato, notificada somente ao mandatário, não se pode opor aos terceiros que, ignorando-a, de boa-fé com ele trataram; mas ficam salvas ao constituinte as ações que no caso lhe possam caber contra o procurador". Como se observa, mesmo extintos os deveres prestacionais, subsistem, para o mandante, os efeitos típicos da representação, a revelar uma espécie de extinção progressiva do contrato de mandato.

Em outras situações, os próprios contratantes preveem deveres secundários cuja eficácia se estende além da extinção dos deveres prestacionais. Alguns deles são exigíveis já durante a relação contratual e se mantêm após sua extinção, enquanto outros só se tornam exigíveis com a extinção do contrato, como ocorre, respectivamente, com o dever de sigilo, a impedir que as partes revelem informações sobre a contraparte obtidas em razão do contato qualificado que o contrato proporciona, e, frequentemente, com o dever de não concorrência, a obstar o desvio de clientela.[37]

Violação de deveres anexos

Em rigor, em nenhuma dessas hipóteses se poderia aludir à chamada responsabilidade ***post factum finitum***, uma vez que o inadimplemento de tais deveres já encontra resposta adequada no regime da responsabilidade civil convencionado. Dito de outro modo, quando a fonte dos deveres violados é diretamente a previsão legal específica ou a autonomia privada, não tem lugar a chamada responsabilidade civil pós-contratual. O suporte fático da teoria estaria adstrito ao descumprimento de deveres anexos emanados da boa-fé objetiva ou mesmo da função social do contrato e incidentes após o cumprimento das prestações avençadas, com o objetivo fundamental de garantir a conservação do resultado útil obtido pelas partes com o adimplemento da prestação.[38] Há, também aqui, a extinção progressiva do contrato: embora os deveres prestacionais tenham sido cumpridos, mantém-se uma relação obrigacional com a imposição heterônoma de deveres de conduta às partes, impedindo que o escopo contratual seja frustrado ao argumento de que a obrigação principal foi efetuada.[39]

Nota-se, a propósito, que, apesar de se designar a hipótese como responsabilidade ***pós-contratual***, não se trata, efetivamente, de situação em que o contrato se extinguiu, como já se apontou; extintos estão os deveres de prestação, mas a relação obrigacional se mantém, vinculando as partes à observância de deveres de conduta voltados à preservação da utilidade que os deveres de prestação conferem aos contratantes. Nesse cenário, remeter a chamada responsabilidade pós-contratual à ***extinção do contrato*** revelaria adoção de concepção ultrapassada da relação obrigacional, analisada exclusi-

---

[37] A propósito, o STJ já se manifestou favoravelmente à legalidade da cláusula de não concorrência, "desde que limitadas espacial e temporalmente, porquanto adequadas à proteção da concorrência e dos efeitos danosos decorrentes de potencial desvio de clientela – valores jurídicos reconhecidos constitucionalmente" (STJ, 3ª T., REsp. 1.203.109/MG, Rel. Min. Marco Aurélio Bellizze, julg. 5.5.2015, publ. *DJ* 11.5.2015).

[38] Nessa direção, afirma Maurício Jorge Pereira Mota que "a pós-eficácia das obrigações constitui um dever acessório de conduta, no sentido de que a boa-fé exige, segundo as circunstâncias, que os contratantes, depois do término da relação contratual, omitam toda conduta mediante a qual a outra parte se veria despojada ou essencialmente reduzida as vantagens oferecidas pelo contrato" (Maurício Jorge Pereira Mota, A pós-eficácia das obrigações. In: Gustavo Tepedino (org.), *Problemas de direito civil constitucional*, Rio de Janeiro: Renovar, 2000, p. 226).

[39] Menezes Cordeiro, *Da boa-fé no direito civil*, Coimbra: Almedina, 2001, p. 630.

vamente sob aspecto estrutural, que vincula o adimplemento – e, consequentemente, a extinção do contrato – exclusivamente ao cumprimento da prestação principal.

A teoria foi inserida no direito brasileiro graças à atuação corajosa da jurisprudência. Um dos primeiros julgados sobre o tema retrata com perfeição sua hipótese de incidência. Cuidava-se de situação em que o vendedor, logo depois de vender uma simples habitação de madeira, expulsou a compradora do local e lhe devolveu o preço pago, para, então, prometer vender o imóvel a terceira pessoa e retirar a casa do lugar em que estava instalada. Nos termos do voto do relator, assim agindo, o réu descumpriu com o dever de "não tomar nenhuma medida suficiente e capaz de inviabilizar para a compradora o uso e o gozo do bem adquirido. O vendedor que ameaça a compradora de morte e a faz abandonar o prédio está descumprindo uma obrigação anexa, pois tornou inviável, com o seu procedimento futuro, a perfectibilização do negócio, na sua continuidade".[40] Apesar de a atuação do vendedor ocorrer depois da extinção dos deveres de prestação, quando já havia recebido o dinheiro e entregado a casa, reconheceu o relator tratar-se de verdadeiro inadimplemento do contrato por violação de deveres acessórios de conduta impostos pela boa-fé objetiva, inserindo-se a questão no âmbito da chamada culpa ***post factum finitum***. Jurisprudência

O precedente serve, ainda, a corroborar a natureza contratual da responsabilidade pós-contratual. Não obstante a incidência dos deveres anexos em referência após o cumprimento dos deveres prestacionais, a já mencionada concepção da obrigação como processo, segundo a qual a relação obrigacional é formada por uma série de atos que se ligam entre si com interdependência, orientados a certo fim,[41] permite qualificar como contratuais todos os deveres cuja finalidade seja não apenas garantir a consecução do fim almejado pelas partes, mas resguardar a sua preservação quando alcançado. Natureza contratual

Em outros termos, se a relação obrigacional é, de fato, um "processo evolutivo temporal",[42] e compreende os variados poderes e deveres de ambas as partes, que se vão constituindo como algo que se encadeia e se desenvolve em direção à satisfação dos interesses das partes, afigura-se inevitável reconhecer que, se o escopo de tais deveres é garantir a produção do resultado útil programado ou a conservação do resultado já alcançado, sua natureza é contratual, ainda que imposto heteronomamente – por força da boa-fé objetiva –, e incidente quando já extinto formalmente o contrato. O que releva, ao fim e ao cabo, para a definição da natureza contratual do dever anexo é que sua prescrição tenha como pano de fundo a relação contratual: é, pois, a pré-existência do contrato que justifica a incidência de referidos deveres. Deveres anexos

Tratando-se, pois, de deveres contratuais, sua violação atrai, necessariamente, a incidência das regras da responsabilidade contratual, qualquer que seja o momento

[40] TJRJ, 5ª C.C., Ap. Cív. 588042580, Rel. Des. Ruy Rosado de Aguiar Júnior, julg. 16.8.1988.

[41] Clóvis do Couto e Silva, *A obrigação como processo,* cit., p. 20.

[42] A expressão é de Luís Manuel Teles de Menezes Leitão, *Direito das Obrigações*, vol. I, Coimbra: Almedina, 2006, 5ª ed., p. 87.

em que sejam cominados. Daí a possibilidade, explicitada no acórdão mencionado, de o devedor se tornar inadimplente mesmo após o cumprimento dos deveres prestacionais, a atrair a disciplina específica prevista no Código Civil.

O cumprimento dos deveres prestacionais não conduz, em suma, à concomitante extinção da relação obrigacional inaugurada entre as partes pela celebração do contrato. Assim como se identifica, na origem, a formação progressiva do contrato, com a paulatina assunção de obrigações antes da efetiva celebração da avença, constata-se, no extremo oposto, a extinção progressiva do contrato, a revelar a conservação da relação obrigacional e a consequente presença de deveres contratuais após a extinção formal do pacto.

Além disso, na mesma esteira expansiva da disciplina das relações contratuais, pode-se dizer que, muitas vezes, por força da autonomia privada ou por opção legislativa, como ocorre nas relações de consumo ou nos interesses alcançados pela função social dos contratos, a incidência da proteção contratual não se limita aos contratantes, como ocorre no caso dos consumidores por equiparação,[43] das vítimas de lesão a interesses coletivos atingidos pela violação da função social, ou dos participantes de tratativas vinculantes. Em todas essas hipóteses, a despeito de inexistir contrato entre as partes, tutela-se a posição jurídica de titulares de interesses alcançados pela relação contratual previamente estabelecida.

PROBLEMAS PRÁTICOS

1. Quando a ruptura das tratativas prévias à celebração de contrato ensejará dever de indenizar?
2. Qual o suporte fático da responsabilidade civil pós-contratual?
3. Diante de ruptura injustificada das tratativas, pode a parte frustrada pleitear judicialmente a indenização pelo interesse positivo? Justifique.

Acesse o *QR Code* e veja a Casoteca.

> *https://uqr.to/1ofhe*

Acesse o *QR Code* e assista ao vídeo do Problema n. 3.

> *https://uqr.to/ntno*

[43] Nessa direção: STJ, 3ª T., AgInt no AREsp 1734648/RJ, Rel. Min. Ricardo Villas Bôas Cueva, julg. 19.4.2021.

Capítulo III
DANO

Acesse o *QR Code* e assista ao vídeo sobre o tema.

> *https://uqr.to/1ofgu*

1. A NOÇÃO JURÍDICA DE DANO

No campo da responsabilidade civil, o dano apresenta-se como elemento central, sem o qual não se configura o dever de indenizar. A importância do dano para a responsabilidade civil é tão grande que, nos países de língua espanhola, o Direito de Responsabilidade Civil foi reduzido à expressão *Derecho de Daños*. A noção jurídica de *dano ressarcível*, entretanto, nunca coincidiu – nem mesmo poderá coincidir, por ser muito mais restrita – com a acepção corrente ou comum da palavra "dano", que compreende qualquer forma de modificação pejorativa. Afinal, para o Direito, nem todo dano é ressarcível; nem todo dano é, por assim dizer, injusto.

Dano como elemento da responsabilidade civil

Tradicionalmente, a definição de dano encontra-se ligada à ideia de diminuição do patrimônio, mas, nesse sentido, reflete tão só a noção meramente naturalista de prejuízo, fundada na chamada *Teoria da Diferença*, segundo a qual o dano nada mais é do que o resultado da diferença entre a situação do lesado antes do evento danoso e aquela que se verifica após a sua ocorrência. A despeito da sua importância, esta teoria é objeto de duras críticas da doutrina porque não consegue explicar todas as categorias de dano, nem mesmo se presta a indicar qual é o dano considerado indenizável pelo ordenamento jurídico.

Teoria da Diferença

Noção normativa de dano

Mais recentemente, esta ideia foi ultrapassada pela noção normativa de dano, pela qual dano é a lesão a qualquer interesse jurídico digno de tutela.[1] O dano passa a ser, então, dimensionado segundo o legítimo interesse daquele que sofreu a repercussão no bem jurídico lesado – interesse este estabelecido nos limites da imputação.

O vocábulo dano, na generalidade dos casos, traduz-se também em duas acepções que por vezes se confundem: dano tanto pode significar a lesão, quer de ordem material, quer de ordem moral, como também a consequência jurídica desta lesão.[2] Assim é que, quando se diz que uma pessoa sofre um dano, normalmente se está a referir à lesão, que pode gerar efeitos patrimoniais ou extrapatrimoniais, conforme o caso. Já quando se afirma, em complementação, que o dano que a pessoa sofreu é de tal monta, e que este *quantum* deve ser reparado pelo agente que o causou, faz-se referência ao dano como consequência jurídica (já no plano da reparação). Ambas as acepções são relevantes porque o Direito se preocupa não só com a atribuição da responsabilidade (quem responde), mas também com a definição das verbas indenizatórias (com quanto responde).

Para além disso, há ainda outro elemento qualificador que representa, em realidade, toda a mudança de perspectiva por que passou a responsabilidade civil nos últimos anos, definida por Orlando Gomes como "giro conceitual" do ato ilícito para o dano injusto.[3] Trata-se do que se convencionou chamar de "injustiça do dano", expressão cuja origem está ligada ao art. 2.043 do Código Civil italiano,[4] cláusula geral que fundamenta o sistema aberto de responsabilidade civil, baseado na atipicidade das hipóteses de dano. A partir dessa mudança de perspectiva, a discussão em torno da reparação civil centra-se não mais no descumprimento estrutural da lei (direito subjetivo), mas, sim, na violação dos valores e interesses tutelados pelo orde-

Dano injusto

---

1 Segundo Clóvis V. do Couto e Silva, a importância da noção jurídica de "interesse" reside no fato de determinar "(...) a extensão do dano que alguém esteja obrigado a indenizar. Se a noção de dano fosse simplesmente um conceito naturalista, seriam as leis da física que dariam as regras próprias para a fixação dos limites do dano indenizável. Entretanto, há uma noção física de dano e uma noção jurídica. Como sucede muitas vezes, a norma jurídica seleciona uma fração do fato social para transformá-lo numa situação jurídica. Alude-se a esse propósito à noção de interesse violado" (Clóvis V. do Couto e Silva, O conceito de dano no direito brasileiro e comparado. In: *Revista dos Tribunais*, v. 667, São Paulo: RT, mai./1991, p. 8).

2 Cf. Carlos Edison do Rêgo Monteiro Filho, Limites ao princípio da reparação integral no direito brasileiro. *Civilistica.com*, Rio de Janeiro, a. 7, n. 1, 2018, pp. 21-22. E também, do mesmo autor, O conceito de dano moral e as relações de trabalho. In: *Civilistica.com*, Rio de Janeiro, a. 3, n. 1, jan.-jun./2014, pp. 10-11. Disponível em: <http://civilistica.com/o-conceito-de-dano-moral-nas--relacoes-de-trabalho/>. Acesso em: 26.06.2019.

3 Orlando Gomes, Tendências modernas da reparação de danos. In: José Roberto Pacheco di Francesco (org.), *Estudos em Homenagem ao Professor Silvio Rodrigues*, Rio de Janeiro: Forense, 1980, p. 293.

4 Código Civil italiano: "Art. 2.043. *Risarcimento per fatto illecito. Qualunque fatto doloso o colposo, che cagiona ad altri un danno ingiusto, obbliga colui che ha commesso il fatto a risarcire il danno*". Em tradução livre: "Ressarcimento por fato ilícito. Qualquer fato doloso ou culposo, que causa a outrem um dano injusto, obriga aquele que cometeu o ato a ressarcir o dano".

namento, de modo a se verificar, concretamente, se o interesse lesionado será considerado merecedor de tutela e permitirá o surgimento do dever de indenizar.[5]

Assim, com o progressivo desenvolvimento do Direito Civil e, consequentemente, de um novo panorama metodológico, passou-se a sustentar a inconformidade de a reparação civil estar restrita às hipóteses de violação de modelos legais predeterminados, deflagrando-se o dever de indenizar da injustiça do dano. Amplia-se, portanto, o conceito de dano ressarcível, que passa a ser todo dano injusto. E essa ampliação ocorre a partir de dois vetores legislativos: a culpa normativa[6] e a expansão de hipóteses de responsabilidade objetiva.

Além do dano injusto, o ordenamento prevê a figura do abuso do Direito e também reconhece que há situações lícitas que perdem proteção na colisão com outra situação jurídica prevalente no caso concreto. Nesses casos – tanto no de abuso, quanto no de não merecimento de tutela –, poderá não haver propriamente dano injusto, afastando-se a responsabilidade civil, e ainda assim haver antijuridicidade a ser simplesmente apartada.

2. AS FACETAS DO DANO PATRIMONIAL: DANO EMERGENTE E LUCRO CESSANTE

Na esfera patrimonial, a noção jurídica de dano abrange tanto os denominados danos emergentes quanto os lucros cessantes, empregando-se, assim, o conceito comum – dano – para abranger estas duas realidades que constituem as chamadas facetas do dano patrimonial.

Afirma-se, de maneira geral, que dano emergente é o que efetivamente se perdeu, mas tal faceta do dano patrimonial não se reduz à diminuição do ativo, abrangendo também o aumento do passivo. Em razão disso, já advertia Agostinho Alvim: sofre

Dano emergente

---

5 Nesses termos, assim como o dano indenizável não é qualquer prejuízo, o interesse que compõe o seu núcleo conceitual não é qualquer interesse. Como explica a doutrina: "Para o efeito consistente na atribuição de responsabilidade civil, o que conta é identificar o interesse legítimo, imediatamente tutelado. O 'dano que lesa um interesse indiretamente tutelado não pode ser considerado um dano em sentido jurídico, porque não produz um verdadeiro e próprio efeito jurídico', explicou Adriano De Cupis, leitor atento de Carnelutti. Diz-se tutelado diretamente o interesse quando, compreendido como interesse próprio do sujeito, é protegido em si e por si, vale dizer, é em si mesmo considerado. Ademais, o interesse legítimo é aquele avaliado, de acordo com o ensinamento de Aguiar Dias, segundo o critério objetivo, é dizer: não a avaliação pelo sujeito acerca de qualquer necessidade que o satisfaça, mas a relação entre o sujeito e o objeto apto a satisfazer essa necessidade. A palavra indica, pois, o significado de relação, objetivamente apreciada, entre o sujeito de uma necessidade e um elemento de que necessita, capaz de satisfazê-la, em regra, 'por meio de bens (em sentido estrito) e pelo contato com outros seres humanos'" (Judith Martins-Costa, O conceito de dano na responsabilidade civil. *AGIRE | Direito Privado em Ação*, n. 84. Disponível em: <https://agiredireitoprivado.substack.com/p/agire84>. Acesso em: 10.10.2023).

6 Noção de culpa que analisa a responsabilidade subjetiva a partir de padrões de comportamentos socialmente reprovados no caso concreto. Como explica Paula Greco Bandeira: "a culpa normativa afasta o subjetivismo inerente à concepção psicológica da culpa, fortemente atrelada à intenção e às circunstâncias pessoais do agente, provocando o seu divórcio com a moral, e facilitando, em última análise, a prova da culpa" (Paula Greco Bandeira, A evolução do conceito de culpa e o artigo 944 do Código Civil. *Revista da EMERJ*, v. 11, n. 42, 2008, p. 232).

também dano emergente "aquele que, em virtude do fato de terceiro, incide em cláusula penal e fica obrigado a pagar",[7] por ver aumentado o seu passivo. Logo, tanto a diminuição do ativo quanto o aumento do passivo integram a ideia de dano emergente.

Em se tratando de dano patrimonial, doutrina e jurisprudência são unânimes: o dano precisa ser necessariamente provado, tanto mais quando a faceta do dano patrimonial que está em discussão é a do dano emergente. Não é à toa que, na redação do art. 402 do Código Civil, os advérbios que o legislador utilizou para se referir às duas facetas do dano patrimonial são bem diferentes: enquanto dano emergente é o que *efetivamente* se perdeu, lucro cessante é o que *razoavelmente* se deixou de lucrar.

Como explica a doutrina, "o dano afirmado pela própria vítima ou ofendido deve ser demonstrado estreme de dúvida na fase de conhecimento, sob pena de ser julgada improcedente a ação, pois a prova da sua existência há de ficar definida na fase de cognição".[8] Nesses termos, não há como se proferir sentença condenando a ressarcir prejuízos, se não se apurou que esses efetivamente hajam ocorrido, não se podendo apelar para meras presunções ou conjecturas hipotéticas, especialmente se a faceta do dano patrimonial for a dos danos emergentes.

Lucro cessante

Já os lucros cessantes associam-se à noção mais abstrata. Na redação do art. 402 do Código Civil, representam aquilo que "razoavelmente" se deixou de lucrar. Tradicionalmente, diz-se que, na reparação dos lucros cessantes, tem-se de abstrair de tudo que seria apenas possível, pois é preciso considerar o lucro frustrado tomando-se por base o curso normal das coisas e as circunstâncias especiais, determináveis no caso concreto. Assim, fazendo-se um paralelo com o dano emergente, lucro cessante não é apenas "o não aumento do ativo", mas também "a não diminuição do passivo": "(...) se deixa de aumentar o activo ou de diminuir o passivo, há um lucro cessante (*lucrum cessans*)".[9] Além disso, os lucros cessantes não se resumem àquele ganho que se estancou, mas envolvem também aquilo "que o credor não obterá, ainda que não viesse obtendo antes".[10]

Reparação dos lucros cessantes

A reparação dos lucros cessantes suscita diversas discussões e está mais sujeita a incertezas, já que não é possível se reconstruir o ciclo do dano, para se chegar aos exatos termos em que se estaria se o evento danoso não tivesse ocorrido. A reparação dos lucros cessantes impõe que o intérprete reconstrua toda a sequência dos acontecimentos, com base em juízo de probabilidade, a fim de verificar qual teria sido a evolução patrimonial provável do prejudicado. Há de se tratar de ganho frustrado que, com certa probabilidade, seria de se esperar do curso normal das coisas ou, pelo

---

7 Agostinho Alvim, *Da inexecução das obrigações e suas consequências* [1949], São Paulo: Saraiva, 1955, 2ª ed., p. 191.

8 Rui Stocco, *Tratado de Responsabilidade Civil*, São Paulo: Revista dos Tribunais, 2011, 8ª ed., p. 1400. No mesmo sentido: Arnaldo Rizzardo, *Responsabilidade Civil*, Rio de Janeiro: Forense, 2019, 8ª ed., p. 129; Antonio Lindberg C. Montenegro, *Ressarcimento de danos*, Rio de Janeiro: Lumen Iuris, 2005, 8ª ed., p. 210; Humberto Theodoro Júnior. In: Sálvio de Figueiredo Teixeira (Coord.), *Comentários ao novo Código Civil*, vol. 3, t. 2, Rio de Janeiro: Editora Forense, 2003, p. 37.

9 Inocêncio Galvão Telles, *Direito das obrigações*, Coimbra: Coimbra Editora, 1982, 4ª ed., p. 295.

10 Agostinho Alvim, *Da inexecução das obrigações e suas conseqüências* [1949], cit., pp. 190-191.

menos, das circunstâncias especiais do caso concreto (estas sim, precisam ser comprovadas). É por isso que, enquanto o dano emergente deve ser objetivamente demonstrado, o lucro cessante não comporta essa prova tão precisa, valendo-se normalmente de presunções.[11]

Assim, quando se trata de danos emergentes, a qualificação do prejuízo como certo não suscita tantas dúvidas. Isso porque o dano emergente, em regra, é suscetível de quantificação objetiva, já que constitui diminuição do patrimônio do lesado. Impõe-se, então, ao ofendido o ônus de provar a repercussão do evento danoso em seu patrimônio, de modo a transmitir ao julgador a noção exata da extensão do dano. Quando se discute lucro cessante, entretanto, este requisito da certeza encontra-se mitigado. Afinal, referem-se os lucros cessantes a algo que não aconteceu – vantagens que deixaram de ser auferidas em virtude do evento danoso. A indenização deve ser fixada, portanto, conforme o que razoavelmente se deixou de perceber, mas não se reclama certeza, porque a ninguém é dado prever – e, muito menos, comprovar – a sequência futura dos acontecimentos.

Prova do dano patrimonial

Nessa direção, assinala Agostinho Alvim que "o que deve existir é uma probabilidade objectiva que resulte do curso normal das coisas, e das circunstâncias especiais do caso concreto".[12] Na sequência desse raciocínio, observa o autor que, no caso dos lucros cessantes, dificilmente será possível estabelecer com precisão o nexo de

Probabilidade objetiva

---

11 Nessa linha, destaque-se o Tema 996 do STJ, que prevê os chamados "lucros cessantes presumidos" pelo atraso na entrega de unidades autônomas do programa "Minha Casa, Minha Vida", firmado no julgamento do REsp n. 1.729.593, pela 2ª Seção. Diante do atraso na entrega de imóvel adquirido na planta, durante a construção, a Segunda Seção entendeu ser exigível, antes de mais nada, que o contrato estabeleça de forma clara, expressa e inteligível, prazo certo para a entrega do bem, independentemente do prazo do financiamento ou de qualquer outro contrato. No caso analisado pela Corte, considerou-se presumido o lucro cessante, identificado na injusta privação do uso do bem, com base no valor do aluguel mensal praticado por imóvel semelhante. Para o STJ, o inadimplemento viola a justa expectativa do comprador em usufruir do bem na data aprazada. Por isso, admitiu-se a figura dos lucros cessantes presumidos, mesmo no caso de aquisição realizada em programa social, sem que ao adquirente fosse necessário demonstrar a finalidade especulativa da compra. Nessa mesma perspectiva protetiva, observado o prazo contratual de tolerância, considerou-se ilícita a cobrança ao adquirente de juros de obra ou outro encargo equivalente após o prazo estabelecido para a entrega das chaves (STJ, 2ª Seção, REsp n. 1.729.593/SP, Rel. Min. Marco Aurélio Bellizze, julg. 25.9.2019). Em caso mais recente, todavia, se entendeu que, se, por conta do atraso na entrega de imóvel pela construtora, o comprador requer a resolução contratual, as perdas e danos daí decorrentes, quando não pactuada cláusula penal, deverão ser comprovadas, para que sejam demonstrados os danos emergentes ou o que se deixou razoavelmente de auferir por conta da extinção do negócio. Esse foi o entendimento da 4ª Turma do STJ que, por maioria de votos, distinguiu essa hipótese de outros precedentes da Corte em que, em virtude da preservação do vínculo contratual pelo comprador, presumem-se os lucros cessantes, com base no valor do aluguel da unidade, até a sua efetiva entrega. Para a Corte, se o adquirente ainda espera receber o imóvel contratado, vendo-se, contudo, privado da posse do bem na data combinada, necessitará custear outra moradia ou alugar o imóvel durante o período de atraso, razão pela qual presumem-se os lucros cessantes. Em contrapartida, de acordo com Ministra Isabel Gallotti, que liderou a divergência, se "o autor escolheu a rescisão do contrato, não terá o bem em seu patrimônio, de forma que sua pretensão resolutória é incompatível com o postulado ganho (ou interesse positivo) relacionado à renda mensal que seria gerada pelo imóvel". (STJ, 4ª T., AgInt no REsp 1.881.482, Rel. Min. Isabel Gallotti, julg. 6.2.2024).

12 Agostinho Alvim, *Da inexecução das obrigações e suas conseqüências* [1949], cit., p. 204-206.

causalidade entre a conduta do ofensor e o prejuízo. Sempre se poderá dizer que tal dano poderia ter ocorrido, da mesma forma, por outro motivo qualquer que não o fato que se lhe imputa causador.

Suponha-se, por exemplo, que o médico fique impedido de clinicar por algum tempo em virtude de certo acidente do qual foi vítima. Poderia o causador do dano alegar que talvez não tivesse o médico clientes naquele período; ou que, por alguma razão, os lucros poderiam não ser os esperados. Na concepção de Agostinho Alvim, a solução do problema está, precisamente, no advérbio "razoavelmente" utilizado pelo legislador. O que se deve indenizar é, portanto, não aquilo que certamente lucraria o credor, mas o que razoavelmente lucraria (isto é, o que razoavelmente se pode dizer que lucraria). Presume-se, então, que o desenrolar dos acontecimentos obedeceria a seu curso normal, tendo em vista os antecedentes – ou, na ausência ou inadequação destes, a partir de outros parâmetros. Com efeito, considerar que não haveria qualquer cliente naquele lapso temporal seria cair no hipotético, assim como também o seria, da mesma forma, alegar que os lucros teriam sido extraordinários naquela ocasião – salvo, em ambos os casos, se fosse evidenciada a ocorrência de alguma circunstância particular que fundamente esta ou aquela conclusão. Ao comentar tal exemplo, segundo Agostinho Alvim bastaria demonstrar os lucros que, em média, o médico obtinha até o acidente, para que, com base neles, se fixasse o valor da indenização. Ora, a média dos lucros não constitui prova da certeza da extensão do prejuízo. Mais uma vez o que se faz é presumir que as circunstâncias não se alterariam de forma substancial, a ensejar grandes variações nos rendimentos.

Experiência pretérita como critério de reparação

Assim é que, se os lucros cessantes representam a diminuição "potencial" do patrimônio da vítima, não se pode, simplesmente, situá-los no passado, como aquilo que se deixou de lucrar. Quando o lesado se coloca no momento da propositura da ação indenizatória, ele pode referir-se, no pretérito, aos lucros que deixou de ganhar, ou, no futuro, aos lucros que irá deixar de ganhar; por outro lado, quando se posiciona ao tempo do fato causador, então, sim, os lucros cessantes serão sempre futuros, já que sua extensão depende ainda do desenrolar dos acontecimentos. É uma questão de ponto de vista, conforme salienta ainda Agostinho Alvim. Não é por outra razão que a doutrina clássica afirma que os lucros cessantes constituem o prejuízo futuro (futuro em relação ao evento danoso) que, não obstante, autoriza condenação atual, porque vêm a ser a evolução do fato prejudicial já devidamente verificado.

Prejuízo futuro que autoriza condenação atual

O problema é que, apesar de toda essa construção doutrinária em torno da prova dos lucros cessantes, bastante eficiente em termos teóricos, na prática jurisprudencial reduz-se à percepção subjetiva do intérprete. A expressão "o que razoavelmente deixou de lucrar", constante do art. 1.059 do Código Civil de 1916, e repetida no art. 402 do Código Civil atual, costuma ser traduzida como admissão de que o credor "haveria de lucrar aquilo que o bom senso indica que obteria". Acontece que o "bom senso" não pode ser considerado, evidentemente, critério jurídico, já que se submete com frequência a valorações subjetivas extremamente díspares.

Daí já se vê que o Código Civil brasileiro, ao empregar a expressão "o que razoavelmente deixou de lucrar" (art. 402), apresenta-se como fonte permanente de controvérsia. O advérbio "razoavelmente" suscita, à primeira vista, a ideia de quantidade, de preço razoável, moderado, comedido.[13] Da inteligência do dispositivo, entretanto, desponta que o legislador quis referir-se a todos os elementos que integram a composição do dano, a título de lucros cessantes, considerado em sua existência, e não, simplesmente, em sua quantidade. Na reparação dos lucros cessantes, a razoabilidade nem sempre está no meio-termo.

Razoabilidade na perspectiva qualitativa

Lucro do agente

Seja como for, não encerra critério para a quantificação dos lucros cessantes o eventual benefício econômico auferido pelo agente com a conduta danosa. Todos os parâmetros de quantificação da indenização se voltam para a lesão patrimonial sofrida pela vítima, de tal sorte que eventual proveito obtido pelo ofensor não deve ser levado em conta pelo instituto da responsabilidade civil, mas, sim, pelo do enriquecimento sem causa, como já se apontou no Capítulo I.

Os Tribunais, todavia, se utilizam, por vezes, do lucro obtido com a conduta lesiva como critério de quantificação do dano material. A título exemplificativo, tome-se a decisão proferida pelo Superior Tribunal de Justiça, nos autos do Recurso Especial nº 521.697, em que as filhas de Garrincha pleiteavam danos morais e materiais pela publicação de biografia de seu pai, sem sua autorização, sob alegação de violação do direito de imagem, nome, intimidade, vida privada e honra. O Tribunal condenou a editoria a pagar, além de danos morais, danos materiais correspondentes a cinco por cento sobre o preço de capa de cada livro vendido.[14]

Na mesma linha, ao julgar o caso em que se discutia a utilização da imagem do cantor Tim Maia por fabricante de roupas para estampar camisetas sem a necessária autorização de seus familiares, o Tribunal de Justiça do Rio de Janeiro decidiu que, "tendo o réu obtido proveito econômico na comercialização do produto, caracterizado está o dano material, que reside no lucro auferido, a ser apurado em liquidação de sentença. (...)".[15]

Lei de Propriedade Industrial

A despeito, contudo, da impropriedade da utilização do proveito ilegítimo como parâmetro de quantificação do dano material, o art. 210 da Lei de Propriedade In-

---

13 No julgamento da Apelação Cível 2006.001.56265, por exemplo, o Tribunal de Justiça do Estado do Rio de Janeiro entendeu por bem fixar, a título de lucros cessantes, 1 (um) salário mínimo para a dentista que, ao tomar banho em hotel, sofrera várias queimaduras, ficando, assim, impossibilitada de exercer sua profissão por trinta dias (TJRJ, 18ª C.C., AC 2006.001.56265, Rel. Des. Cássia Medeiros, julg. 06.02.2007). Neste caso, como a dentista não havia acostado aos autos sua declaração de imposto de renda, mas apenas a declaração unilateral do seu contador, o tribunal entendeu que deveria manter a sentença de primeira instância que havia adotado o salário mínimo como critério. Em matéria de lucro cessante, entretanto, deve-se presumir o que normalmente acontece, porque esta faceta do dano patrimonial não comporta provas absolutas. Significa dizer, por outras palavras, que tudo o que fuja da normalidade deve ser, efetivamente, comprovado, mas o que for consequência regular daquela atividade pode (e deve) ser presumido. Aplicando-se tais ideias ao caso da dentista, ora analisado, bem se vê que o julgador de primeira instância deveria, em vez de arbitrar os lucros cessantes em 1 (um) salário mínimo, ter presumido um valor maior, porque, no geral, os rendimentos mensais de um dentista ultrapassam em muito esse montante.

14 STJ, 4ª T., REsp 521.697/RJ, Rel. Min. Cesar Asfor Rocha, julg. 16.2.2006. Cumpre advertir que não se discute, nesta seara, o mérito da decisão, mas apenas se questiona a legitimidade do critério de quantificação do dano material utilizado pelo Tribunal.

15 TJRJ, 4ª CC, Ap. Cív. 0107626-90.2011.8.19.0001, Rel. Des. Paulo Maurício Pereira, julg. 15.5.2013.

dustrial (Lei nº 9.279/1996) permite a aplicação de referido critério para o cálculo dos lucros cessantes, a excepcionar o art. 402 do Código Civil.

Essa forma singular de calcular os lucros cessantes surge no âmbito da propriedade industrial como resultado da dificuldade, quase insuperável, de a vítima provar, violada a patente, o modelo de utilidade ou a marca, a extensão de seus lucros cessantes.[16] O dispositivo tem sido amplamente aplicado pela jurisprudência, como ocorreu nos autos do Recurso Especial nº 710.376/RJ, em que certa fabricante de móveis e artigos mobiliários, titular da marca "ATTIVA", buscava indenização em face de empresa que, aproveitando-se de seu prestígio e tradição, colocou no mercado produtos concorrentes, utilizando-se da expressão "ACTIVA", a induzir o consumidor em erro e se locupletar com violação da marca da autora. O Superior Tribunal de Justiça determinou que se entregassem à lesada os lucros efetivamente percebidos pelo ofensor.[17]

Trata-se, contudo, de norma peculiar à violação da propriedade industrial, aplicável nos exatos termos previstos em lei, e não extensível a outras situações em que o agente se locupleta com sua conduta danosa.[18]

Outro caso recente em que o STJ discutiu o montante compensatório em matéria relacionada à propriedade industrial, notadamente decorrente de violação aos direitos autorais, foi julgado no REsp nº 2.121.497/RJ.[19] Na oportunidade, a Terceira Turma do STJ reconheceu que viola os direitos autorais dos titulares das composições musicais de Tim Maia a comercialização de camisetas estampadas do Grupo Reserva com as frases "Guaraná & Suco de caju & Goiabada & Sobremesa" e "Você & Eu & Eu & Você". O acordão traz reflexões pertinentes quanto aos critérios para a quantificação da compensação. Nesse sentido, o STJ entendeu que a Lei de Direitos Autorais dispõe de forma superficial sobre o tema, nos arts. 102 e 103, pelo que se deve considerar, para fins de quantificação, o art. 944 do Código Civil, segundo o qual a indenização se mede pela extensão do dano. Contudo, destaca-se que o art. 103 da Lei dos Direitos Autorais, que estabelece que "[q]uem editar obra literária, artística ou científica, sem autorização do titular, perderá para este os exemplares que se apreenderem e pagar-lhe-á o preço dos que tiver vendido", não faz referência a critérios de quantificação de danos, como prevê

---

16 João da Gama Cerqueira. *Tratado da Propriedade Industrial,* vol. I, São Paulo: Revista dos Tribunais, 1982, 2ª ed. p. 284.

17 STJ, 4ª T., REsp 710.376/RS, Rel. Min. Luís Felipe Salomão, julg.15.12.2009. Confira-se, ainda, na mesma direção: TJSP, 10ª CDPriv., Ap. Cív. 0159157-25.2008.8.26.0100, Rel. Des. Coelho Mendes, julg. 29.11.2011. Sobre o ponto, aliás, a 3ª Turma do STJ já professou o entendimento de que a concessão do direito de propriedade industrial pelo Instituto Nacional da Propriedade Industrial (INPI) é pressuposto indispensável para a propositura de ação indenizatória por violação de patente, visto que é o registro que garante ao seu titular o direito de impedir que terceiro, sem o seu consentimento, produza, use, coloque à venda ou importe o produto patenteado. Com esse entendimento, negou-se o pedido de indenização feito por uma empresa contra a concorrente, por uso não autorizado de um produto objeto de patente, uma vez que o processo ainda está em análise no INPI (STJ, 3ª T., REsp 2.001.226/RS, Rel. Min. Nancy Andrighi, julg. 21.3.2023).

18 Tais situações devem ser regidas pelo instituto do enriquecimento sem causa, sob o viés do lucro da intervenção, consoante já esclarecido no Capítulo I destes *Fundamentos.*

19 STJ, 3ª T., REsp 2.121.497/RJ, Rel. Min. Marco Aurélio Bellizze, julg. 10.09.2024.

o art. 210, II da Lei de Propriedade Industrial, bem como "a finalidade ressarcitória como também a punitiva, de modo que haja o desencorajamento do infrator, inibindo novas práticas semelhantes", nas palavras do Ministro Relator. A partir daí surgem questionamentos quanto ao âmbito da aplicação do art. 103 da Lei de Direitos Autorais: trata-se de dispositivo que deve ser aplicado no contexto da responsabilidade civil, ou se trata de previsão atinente a outro efeito decorrente da violação de direitos autorais?[20]

É preciso também ter cuidado ao se cumular lucros cessantes com outras verbas de natureza indenizatória. Durante anos, a cumulação da indenização por lucros cessantes com a cláusula penal moratória foi admitida pelo Superior Tribunal de Justiça.[21] Entretanto, no que tange aos contratos de aluguel, este posicionamento sofreu pequena alteração a partir do julgamento dos REsps 1.635.428/SC e 1.498.484/DF, em que se fixou, por meio do Tema 970, a seguinte tese: "a cláusula penal moratória tem a finalidade de indenizar pelo adimplemento tardio da obrigação, e, em regra, estabelecida em valor equivalente ao locativo, afasta-se sua cumulação com lucros cessantes". Contudo, nos casos em que o valor da multa estipulada no contrato não possui equivalência com os locativos, o STJ tem admitido a cumulação, uma vez que a multa, nesses casos, não seria apta a reparar os prejuízos sofridos.[22]

Outro ponto que merece atenção são os marcos temporais que devem ser considerados na reparação dos lucros cessantes. Por vezes, o termo inicial do qual deve partir o cálculo dos lucros cessantes coincide com a data em que ocorre o próprio evento danoso. No entanto, dependendo das circunstâncias do caso concreto, é possível que o marco temporal que define a fluência dos lucros cessantes esteja descolado da data em que ocorre a lesão ao interesse juridicamente tutelado ou mesmo da data de início da mora, sendo estabelecido em momento futuro.[23]

Da mesma forma, essa dificuldade surge no momento de se fixar o seu termo final. Reconstruir o ciclo de desenvolvimento dos lucros cessantes é sempre um desafio, já que não é possível prever com exatidão como os fatos se desenrolariam; mas definir o seu termo final é um desafio duplo, porque a decisão precisa não só estar em harmonia com suas condições externas de aplicação, sendo necessário também analisar se a cadeia causal sofreu algum tipo de interrupção.[24] Deve-se, portanto, prestar muita atenção para que no cálculo dos lucros cessantes seja considerado o período correto.

---

20 Para a análise desta e de outras reflexões decorrentes do precedente de forma mais aprofundada, v. Aline de Miranda Valverde Terra. Na pauta do STJ: "Você & Eu & Eu & Você" In: *AGIRE | Direito Privado em Ação,* n.º 128, 2024. Disponível em: <https://agiredireitoprivado.substack.com/p/agire128>. Acesso em 12.11.2024.

21 STJ, 3ª T., AgRg no AREsp 847.358/MG, Rel. Min. Moura Ribeiro, julg. 18.5.2017.

22 STJ, 4ª T., AgInt no REsp 1.917.837/RJ, Rel. Min. Luis Felipe Salomão, julg. 29.6.2021, publ. 2.8.2021.

23 Para exemplos concretos, extraídos da jurisprudência, cf. Gisela Sampaio da Cruz Costa Guedes, O termo inicial dos lucros cessantes. *AGIRE | Direito Privado em Ação*, n. 2. Disponível em: <https://agiredireitoprivado.substack.com/p/2-o-termo-inicial-dos-lucros-cessantes>. Acesso em: 10.10.2023.

24 Sobre a definição do termo final dos lucros cessantes, cf. Gisela Sampaio da Cruz Costa Guedes, O termo final dos lucros cessantes. *AGIRE | Direito Privado em Ação*, n. 11. Disponível em: <https://agiredireitoprivado.substack.com/p/11-o-termo-final-dos-lucros-cessantes>. Acesso em: 10.10.2023.

3. DANO PATRIMONIAL: INTERESSE NEGATIVO E INTERESSE POSITIVO

No âmbito de relações contratuais, o dano patrimonial causado ao credor pelo inadimplemento absoluto ou pela mora pode ser calculado de duas formas diversas: com base no interesse positivo ou o interesse negativo.[25]

Interesse positivo

Ensina Paulo Mota Pinto que o "interesse" a que se referem aquelas expressões "é a situação hipotética em que estaria o lesado sem o evento lesivo".[26] O interesse positivo corresponde, então, à situação em que o credor estaria caso o devedor tivesse cumprido perfeitamente sua obrigação. Trata-se, pois, do interesse no cumprimento, consubstanciado no dano surgido em razão do não cumprimento da obrigação, na "vantagem proveniente do contrato, na mais valia que aproveita o contratante".[27] O credor que reclama indenização pelo interesse positivo demanda a execução do contrato, o que se verifica nos casos de mora, quando a prestação ainda é possível de ser adimplida pelo devedor e útil para o credor, ou de inadimplemento absoluto quando o credor pretende obter a execução pelo equivalente pecuniário da prestação do devedor.

Interesse negativo

Ao interesse positivo se contrapõe o interesse negativo, correspondente ao dano sofrido com a celebração do contrato. O lesado deve, nesses termos, ser colocado na situação em que estaria caso o contrato não tivesse sido celebrado, sendo-lhe ressarcidas as despesas realizadas para a conclusão do negócio e tornadas inúteis, bem como os lucros que perdeu por ter desviado seus recursos e sua atividade de outras aplicações, de outros contratos, para celebrar o contrato inadimplido.[28] O interesse negativo engloba, com efeito, o prejuízo que o lesado evitaria se não tivesse confiado que a manifestação de vontade do ofensor produziria o efeito que dela se esperava: o adimplemento da obrigação.

Resolução e interesse negativo

No Brasil, doutrina e jurisprudência[29] se inclinam por admitir a indenização pelo interesse negativo uma vez resolvida a relação obrigacional por inadimplemen-

---

25 Há certo consenso, ao menos, no que tange à impossibilidade de cumular-se a indenização pelo interesse positivo com aquela pelo interesse negativo: Ruy Rosado Aguiar Júnior, *Comentários ao novo Código Civil*: da extinção do contrato, vol. 6, t. 2. Coordenação de Sálvio de Figueiredo Teixeira. Rio de Janeiro: Forense, 2011, p. 703; Pietro Trimarchi, Interesse positivo e interesse negativo nella risoluzione del contrato per inadempimento. In: *Rivista di Diritto Civille*, Padova, vol. 48, n. 5, p. 644, set./out. 2002; Marco Rossetti, *La risoluzione per inadempimento*. Milano: Giuffrè, 2012, p. 272.

26 Paulo Mota Pinto, *Interesse contratual positivo e interesse contratual negativo*, vol. 2, Coimbra: Coimbra Editora, 2008, p. 886.

27 Araken de Assis, Dano positivo e negativo na dissolução do contrato. In: *Revista do Advogado*, n. 44, out. 1994, p. 21.

28 Paulo Mota Pinto, *Interesse contratual positivo e interesse contratual negativo*, cit., pp. 876-877.

29 A Terceira Turma do STJ, ao acolher pedido de rescisão do contrato de promessa de compra e venda de imóvel comprado na planta, em virtude de atraso na conclusão da obra, afastou o direito à indenização pela valorização de imóvel, rejeitando assim os danos pelos interesses positivos. Segundo o voto do Relator, o Ministro Ricardo Villas Bôas Cueva, "o incremento do valor do imóvel pleiteado não decorre, de forma direta e imediata, da inexecução do contrato, mas de fatores extrínsecos, de ordem eminentemente econômica". O acórdão enfatizou que o comprador poderia ter aguardado

to absoluto.[30] De acordo com Judith Martins-Costa, "outorgar ao credor, no caso de desfazimento do vínculo, pela resolução, indenização pelo interesse positivo (isto é: o interesse de cumprimento) importaria em enriquecimento sem causa, pois o credor receberia o já pago e, cumulativamente, o lucro do negócio", o que lhe permitiria retornar ao mercado e buscar novo parceiro para celebrar outro contrato e obter o lucro almejado.[31]

De fato, afigura-se mais coerente com a função da resolução que o ressarcimento se paute pelo interesse negativo.[32] Quando o credor resolve a relação obrigacional, não almeja obter a prestação que lhe é devida, não pretende ser colocado na situação em que se encontraria se o contrato tivesse sido perfeitamente adimplido. Em verdade, "pretende o credor, com a resolução, libertar-se de relação obrigacional disfuncionalizada, liberar-se de cumprir sua prestação e recuperar o que prestou, colocando-se, assim, na posição econômico-jurídica em que estaria se o contrato não tivesse sido celebrado. A indenização deve, então, atuar na mesma direção, e conduzir o credor à situação patrimonial em que estaria se não tivesse concluído o contrato (interesse negativo)".[33]

A admissão, como regra, de indenização pelo interesse positivo na resolução conduziria a incontestável incoerência: pleitearia o credor a extinção do contrato com a volta ao *status quo* anterior e, concomitantemente, requereria indenização que

---

a conclusão da obra, tendo direito, nesse caso, ao recebimento de aluguéis durante todo o período, e, ao final, a incorporar ao seu patrimônio o eventual incremento do valor venal do imóvel. Optou, contudo, por evitar o risco da variação do valor do imóvel, descabendo, em consequência, a pretendida indenização pela valorização. Assim decidindo, a Corte reafirma o entendimento de que somente os interesses negativos devam ser indenizados, ou seja, os danos emergentes e lucros cessantes (como o valor do aluguel do imóvel durante o atraso) que permitam restaurar o *status quo* anterior à resolução; não admitindo, todavia, a indenização por interesses positivos, que abrangeria o resultado almejado com o contrato frustrado (STJ, 3ª T., REsp n. 1.750.585/RJ, Rel. Min. Ricardo Villas Bôas Cueva, julg. 1.6.2021)

30 Pontes de Miranda, *Tratado de direito privado*, Rio de Janeiro: Borsoi, 1959, t. 25, 2.ed., pp. 244-355. Em sentido contrário, Ruy Rosado de Aguiar Júnior, para quem "a valoração do dano na extensão do interesse contratual positivo responde a um critério mais justo e equitativo" (Ruy Rosado Aguiar Júnior, *Comentários ao novo Código Civil*: da extinção do contrato. Coordenação de Sálvio de Figueiredo Teixeira, Rio de Janeiro: Forense, vol. 6, t. 2, 2011, p. 704).

31 Judith Martins-Costa, Responsabilidade civil contratual. Lucros cessantes. Interesse positivo e interesse negativo. Distinção entre lucros cessantes e lucros hipotéticos. Dever de mitigar o próprio dano. Dano moral e pessoa jurídica. In: Renan Lotufo; Giovanni Ettore Nanni; Fernando Rodrigues Martins, *Temas relevantes do direito civil contemporâneo*: reflexões sobre os 10 anos do Código Civil, São Paulo: Atlas, 2012, p. 564.

32 Não se afasta, contudo, eventualmente, diante das peculiaridades do caso concreto, a indenização pelo interesse positivo, na esteira do que sustenta, no direito português, Brandão Proença que, conquanto entenda cabível, de regra, a indenização pelo interesse negativo, ressalva a não definitividade de sua posição, "até porque certo casuísmo poderá infirmar estas conclusões (não será justo privar o credor dos danos positivos, quando se viu comprometida uma revenda, uma troca já acordada ou uma prestação de serviços?) e, sobretudo, pensamos que a jurisprudência poderá flexibilizar o critério defendido, quando assim for exigido pelos interesses em presença" (José Carlos Brandão Proença, *A resolução do contrato no direito civil*: do enquadramento e do regime, Coimbra: Coimbra Editora, 2006, p. 196).

33 Aline de Miranda Valverde Terra, *Cláusula resolutiva expressa*, Belo Horizonte: Fórum, 2017, p. 202.

o colocasse na mesma situação em que estaria se o contrato tivesse sido cumprido.[34] A incoerência decorre, na realidade, da incompatibilidade funcional entre o efeito restitutório da resolução e a indenização pelo interesse positivo.

Danos emergentes

O interesse negativo não se confunde com os lucros cessantes. A indenização pelo interesse negativo abrange tanto os danos emergentes quanto os lucros cessantes. O lesado deverá recuperar as diminuições de valores por ele suportadas com a celebração do contrato, bem como os benefícios que por isso deixou de obter. Os danos emergentes correspondem, então, a todas as despesas em que o credor incorreu para celebrar o negócio: em contrato de campanha publicitária, seriam, por exemplo, os gastos com gravações, contratação de atores, projetos, honorários de artistas etc.; em contrato de transporte de coisa, os gastos com seguro, armazenamento e acondicionamento da mercadoria. Os lucros cessantes, por sua vez, não são o que o credor razoavelmente deixou de ganhar com o negócio inadimplido, mas, sim, o que deixou de auferir por ter celebrado dito contrato, vale dizer, "o que ele ganharia se tivesse, por exemplo, dado continuidade a outro negócio já em curso, ou, então, com o próprio investimento financeiro do capital".[35] Configura, outrossim, lucros cessantes o valor, devido ao credor, correspondente ao uso do bem por parte do devedor inadimplente, durante a vigência do contrato.[36]

Lucros cessantes

4. DANO PATRIMONIAL E EQUIVALENTE PECUNIÁRIO DA PRESTAÇÃO

Equivalente pecuniário

Cuida-se o equivalente pecuniário da prestação de verba de natureza diversa do dano patrimonial. Por vezes, todavia, o legislador utiliza os conceitos de forma distinta, confundindo os institutos. É o que se passa, por exemplo, no art. 182 do Código Civil, segundo o qual "anulado o negócio jurídico, restituir-se-ão as partes ao estado em que antes dele se achavam, e, não sendo possível restituí-las, serão indenizadas com o equivalente".

Sub-rogação objetiva

A toda evidência, o dispositivo transcrito não está a tratar de eventual efeito indenizatório da anulação do negócio jurídico, mas sim de sub-rogação objetiva, vale dizer, de substituição do bem a ser restituído pelo seu valor pecuniário. Outros dispositivos do Código Civil corroboram referido entendimento, a exemplo dos arts. 234 e 239, que tratam da perda da coisa por culpa do devedor nas obrigações de dar e nas de restituir, respectivamente, nos seguintes termos: "se, no caso do artigo antecedente, a coisa se perder, sem culpa do devedor, antes da tradição, ou pendente a condição suspensiva, fica resolvida a obrigação para ambas as partes; se a perda re-

---

[34] Gisela Sampaio da Cruz Guedes, *Lucros cessantes*: do bom senso ao postulado normativo da razoabilidade. São Paulo: Revista dos Tribunais, 2011, pp. 139-140.

[35] Gisela Sampaio da Cruz Guedes, *Lucros cessantes*: do bom senso ao postulado normativo da razoabilidade, cit., p. 145.

[36] Em sentido contrário, sustentando que tal verba está compreendida no efeito restitutório, confira-se: Ruy Rosado Aguiar Júnior, *Comentários ao novo Código Civil*: da extinção do contrato. cit. pp. 639-640.

sultar de culpa do devedor, responderá este pelo equivalente e mais perdas e danos" (art. 234); "se a coisa se perder por culpa do devedor, responderá este pelo equivalente, mais perdas e danos" (art. 239). Na mesma direção, o legislador, ao disciplinar a impossibilidade da prestação por culpa de um dos devedores solidários, determinou, no art. 279, que "subsiste para todos o encargo de pagar o equivalente; mas pelas perdas e danos só responde o culpado".

Equivalente e indenização

Os dispositivos revelam que a responsabilidade que segue ao inadimplemento do débito é gênero, do qual a responsabilidade civil é espécie. Tratando-se de relação contratual, o pagamento do equivalente exsurge como um dos instrumentos de tutela colocados à disposição do credor, ao lado da resolução da relação obrigacional, diante do inadimplemento absoluto da prestação, nos termos do art. 475 do Código Civil, sem prejuízo da cobrança concomitante de indenização pelas perdas e danos.[37] Cuida-se, com efeito, o pagamento do equivalente e a indenização das perdas e danos, de verbas distintas, com funções diversas, o que impede compreender o equivalente abarcado pelo montante pago a título de dano patrimonial.

Relevância da distinção

O reconhecimento da diversidade funcional permite admitir que, mesmo em presença de cláusulas de não indenizar,[38] o credor poderia fazer jus ao valor do equivalente se por ele optasse. O mesmo raciocínio se aplica, evidentemente, para as cláusulas limitativas de responsabilidade: reconhecendo-se a autonomia do equivalente em relação às perdas e danos, a opção do credor por este remédio poderia autorizá-lo a perseguir o pagamento do valor da prestação a despeito da cláusula limitativa. Nesse cenário, diante da diversidade funcional, afigura-se possível "que o credor some ao eventual montante máximo de indenização previsto na referida cláusula o valor equivalente da prestação devida".[39] Na prática, frequentemente as partes não atentam para a referida distinção de funções e acabam mesmo compreendendo, na cláusula de não indenizar e na limitativa, tanto os danos quanto o equivalente. Diante dessa hipótese, cabe ao intérprete, a partir da compreensão sistemática e teleológica, bem como das circunstâncias contratuais, identificar, em concreto, a abrangência das cláusulas. De todo modo, no exercício pleno de sua autonomia privada, contratantes partidários sempre poderão definir expressamente o escopo dessas disposições, deixando claro se pretendem abranger o valor equivalente da prestação.

5. O CONCEITO DE DANO MORAL

A reparação do dano extrapatrimonial, no sistema brasileiro, encontra guarida, em primeiro lugar, na Constituição Federal de 1988, que tem como princípios fun-

---

37 Aline de Miranda Valverde Terra, Execução pelo equivalente como alternativa à resolução: repercussões sobre a responsabilidade civil. In: *Revista Brasileira de Direito Civil – RBDCivil*, Belo Horizonte, v. 18, out./dez. 2018, p. 56.

38 Sobre cláusulas limitativas de responsabilidade e cláusulas de não indenizar, confira-se o Capítulo XIX destes *Fundamentos*.

39 Aline de Miranda Valverde Terra, Execução pelo equivalente como alternativa à resolução: repercussões sobre a responsabilidade civil. In: *Revista Brasileira de Direito Civil – RBDCivil*, cit., p. 69.

Fundamento legal do dano moral

damentais a dignidade da pessoa humana (art. 1º, III) e a solidariedade social (art. 3º, I), ambos a impor que a responsabilidade civil não tenha por objetivo castigar comportamentos negligentes, mas, sim, proteger a vítima do dano injusto; em segundo lugar, no Código Civil (art. 186[40]). Tanto o texto da Constituição quanto o do Código Civil referem-se à expressão "dano moral" para abranger todas as espécies de dano extrapatrimonial.

No Direito brasileiro, o dano extrapatrimonial, como gênero, e o dano moral, em particular, enfrentam vários desafios, a começar pelas suas próprias definições, que nem sempre são bem compreendidas. Na jurisprudência, por vezes se distingue o dano moral em sentido estrito, o dano psíquico, o dano estético[41] e, mais raramente, até o dano ao projeto de vida (nem sempre nesses termos). Como já observou Judith Martins-Costa, "[e]m regra o dano estético é de palmar constatação, mas o dano psíquico e o dano ao projeto de vida o são por inferência: o juiz tem o dever de ponderar sobre o que 'comumente acontece', porém, examinando os dados concretos, a singularidade da pessoa atingida, a vítima em todas as suas circunstâncias, pautando-se, sempre, pelo dever de razoabilidade".[42]

Diante de conceito assim tão amplo, as confusões terminológicas não demoraram a aparecer, o que até hoje dificulta a compreensão do "dano moral", que consiste, de forma geral, na lesão a direitos de conteúdo não pecuniário ou não comercialmente redutível a dinheiro, como é o caso dos direitos da personalidade.

Chega-se a invocar, com frequência, os denominados dano estético e dano existencial como categorias autônomas à categoria do dano moral, o que, contudo, não se justifica no direito civil brasileiro, fiel à classificação dos danos indenizáveis em danos morais ou patrimoniais. Sob a categoria do dano estético, alude-se à injusta lesão a aspectos corporais exteriores da vítima, como ocorre com as cicatrizes e as mutilações. De outra parte, sob a designação de dano existencial, configuram-se hipóteses produtoras de deterioração da qualidade de vida da vítima, prejudicando-se a realização dos mais diversos interesses da pessoa em suas áreas de atuação. Tais figuras bem ilustram que a expansão da ressarcibilidade do dano se dá de forma quantitativa e qualitativa. Contudo, não se deve perder de vista que qualquer lesão reconduzir-se-á, necessariamente, a uma das duas espécies de dano (patrimonial ou extrapatrimonial), e somente a partir da análise do caso concreto se poderá indicar se se trata de uma ou outra categoria.[43]

---

40 Código Civil: "Art. 186. Aquele que, por ação ou omissão voluntária, negligência ou imprudência, violar direito e causar dano a outrem, ainda que exclusivamente moral, comete ato ilícito".

41 No caso do "dano estético", a distinção é feita com frequência por força do Enunciado da Súmula 387 do Superior Tribunal de Justiça, segundo o qual "[é] lícita a cumulação das indenizações de dano estético e dano moral".

42 Judith Martins-Costa, Do inadimplemento das obrigações (arts. 389 a 420), cit., p. 342.

43 Nessa direção, cfr. Gustavo Tepedino, Rodrigo da Guia Silva, Notas sobre o dano moral no direito brasileiro. In: *Revista Brasileira de Direito Civil – RBDCivil*, Belo Horizonte, v. 30, out./dez. 2021, pp. 33-60.

O reconhecimento da possibilidade de o dano moral ser indenizável veio, no Brasil, com a Constituição Federal de 1988, e, logo em seguida, com o Código de Defesa do Consumidor, que ampliou e difundiu a repercussão prática do dano moral.[44] Assistiu-se, no Direito brasileiro, a verdadeira enxurrada de ações individuais (tanto na Justiça Estadual comum quanto, principalmente, no âmbito dos Juizados Especiais) e – posteriormente – coletivas. O dano moral se transformou, de modo inquietante, em verdadeira panaceia para demandas sociais até então não resolvidas pelo Judiciário.

Reconhecimento do dano moral no Brasil

Paralelamente a isso, a caracterização do dano moral dependerá da noção que se adote para identificá-lo. Tomado como sinônimo de dano extrapatrimonial em sua acepção mais ampla, o conceito de dano moral não é simples – e, nesse campo, existem tantos matizes que a sua própria definição se tornou, para a responsabilidade civil brasileira, questão de particular controvérsia, sendo este o primeiro desafio a ser enfrentado pelo dano extrapatrimonial. Afinal, o que configura "dano moral" no Direito brasileiro?

De modo geral, pode-se dizer que existem, pelo menos, duas grandes correntes a respeito do tema – a subjetiva e a objetiva – que, tomando por base a acepção ampla de dano moral, chegam a conclusões distintas. Para a primeira corrente, seguida tradicionalmente pelo Superior Tribunal de Justiça, o dano moral configura-se nas situações que ultrapassam "os limites do mero desconforto ou aborrecimento".[45] Isto é, o mero aborrecimento (dissabor, contrariedade ou irritação) não configura dano moral, porque corriqueiro, próprio das relações humanas. Em contrapartida, tudo o que ultrapasse esse limite pode vir a configurá-lo. Nessa linha, o dano moral restaria conformado, portanto, a partir da constatação de sofrimento mais acentuado, levando-se em consideração a dor psicológica sofrida pelo indivíduo. A crítica dirigida a essa primeira corrente é a sua subordinação à percepção subjetiva do magistrado, já que atribui relevância aos efeitos psíquicos do dano moral sobre a vítima.

Corrente subjetiva de dano moral

Já para a segunda corrente o dano moral deve ser objetivamente configurado, surgindo a partir da lesão a direito da personalidade, independentemente do impacto que tenha causado nos sentimentos da vítima. Ao desenvolver essa ideia, ainda em linha objetiva, afirma-se também que "[c]onstitui dano moral a lesão a qualquer dos aspectos componentes da dignidade humana – dignidade esta que se encontra fundada em quatro substratos e, portanto, corporificada no conjunto dos princípios da

Corrente objetiva de dano moral

---

44 "Como se sabe, de acordo com o art. 6º, VI, do CDC, é direito básico do consumidor a efetiva prevenção e reparação de danos patrimoniais e morais, individuais, coletivos e difusos. Sublinhe-se a significativa alusão do legislador à efetividade da tutela, acentuando desse modo não somente a integralidade de eventual indenização – danos emergentes e lucros cessantes –, mas, principalmente, a sobreposição conceitual do conteúdo sobre a forma, ou seja, o preceito refuta qualquer classificação formal – espécies de dano ou de ritos – que pudesse sacrificar o resultado reparatório pretendido" (Gustavo Tepedino, A responsabilidade civil por acidentes de consumo na ótica civil-constitucional. *Temas de direito civil*, t. 1. Rio de Janeiro: Renovar, 2008, 4ª ed., p. 283).

45 Cf., dentre outras decisões, STJ, 4ª T., AgRg. no AREsp 299221/SP, Rel. Min. Raul Araújo, julg. 17.10.2013, publ. *DJe* 29.11.2013; STJ, 3ª T., REsp 1234549/SP, Rel. Min. Massami Uyeda, julg. 01.12.2011, publ. *DJe* 10.02.2012.

igualdade, da integridade psicofísica, da liberdade e da solidariedade familiar e social".[46] Segundo tal entendimento, não será o grau do sofrimento imposto à vítima, mas a caracterização de violação dos direitos da personalidade, notadamente da dignidade humana, que deflagrará o dever de indenizar.[47]

Apesar de, em diversas situações, o dano moral vir acompanhado de sofrimento, angústia, indignação e dor, não parece que esses sentimentos devam ser reputados inerentes à concepção de dano moral. Nota-se que essa inerência obstaria que pessoas incapazes de compreender a situação de forma concreta fossem suscetíveis de sofrer determinados danos morais, o que impediria a proteção efetiva à dignidade da pessoa humana. Embora não raras vezes os tribunais brasileiros adentrem em aspectos subjetivos para a análise do dano moral, é possível notar relevante tendência no sentido de não se atribuir à repercussão psicológica caráter essencial para a configuração do dano moral, justamente para não se negar a proteção de valores extrapatrimonial quando sua violação não vem necessariamente acompanhada de abalo psicológico.[48]

---

46 Maria Celina Bodin de Moraes. *Danos à pessoa humana*: uma leitura civil-constitucional dos danos *morais*, Rio de Janeiro: Renovar, 2003, p. 327.

47 Ilustrando o afastamento da compreensão subjetiva do dano moral, e aproximando-se da perspectiva objetiva, a Segunda Seção do Superior Tribunal de Justiça reconheceu o dano moral no caso de corpo estranho encontrado em alimento industrializado, considerando irrelevante a efetiva ingestão do alimento contaminado (ou do próprio corpo estranho) para a caracterização do dano. A Relatora, Ministra Nancy Andrighi, entendeu que a eventual ingestão do alimento, assim como o efetivo comprometimento da saúde do consumidor, só terão repercussão no plano da quantificação da indenização, não já no plano da caracterização do dano moral. Nas palavras da Relatora, a só presença do corpo estranho se mostra capaz de violar a "razoável expectativa de segurança do consumidor adquirente", não havendo como deixar de "reconhecer a caracterização do dano extrapatrimonial, fruto da exposição de sua saúde e incolumidade física e psíquica a risco concreto, em nível excedente ao socialmente tolerável, acarretando violação do seu direito fundamental à alimentação adequada" (STJ, 2ª S., REsp 1.899.304, Rel. Min. Nancy Andrighi, julg. 25.8.2021).

48 No REsp 910.794, por exemplo, o STJ julgou caso envolvendo a reparação de danos morais sofridos por recém-nascido que teve seu braço amputado por erro médico. Enquanto o acordão recorrido não reconheceu o dano pelo fato de que, em sua opinião, o recém-nascido não possuiria capacidade intelectiva para avaliá-lo e sofrer os prejuízos psíquicos dele decorrentes, o STJ entendeu que houve, no caso, uma lesão objetiva à dignidade humana, não devendo o dano moral "ser visto tão-somente como de ordem puramente psíquica – dependente das reações emocionais da vítima –, porquanto, na atual ordem jurídica-constitucional, a dignidade é fundamento central dos direitos humanos, devendo ser protegida e, quando violada, sujeita à devida reparação (STJ, 1ª T., REsp 910.794. Rel. Min. Denise Arruda, julg. 21.10.2008, publ. *DJe* 4.12.2008). Ainda sobre a perspectiva objetiva dos danos morais, v. os seguintes precedentes do STJ: "Importante salientar que a ocorrência do dano moral não reside exatamente na simples ocorrência do ilícito em si, de sorte que nem todo ato desconforme com o ordenamento jurídico enseja indenização por dano moral. O importante é que o ato ilícito seja capaz de irradiar-se para a esfera da dignidade da pessoa, ofendendo-a de forma relativamente significante" (STJ, 4.ª T., REsp 1.110.505/SP, Rel. Min. Luis Felipe Salomão, julg. 18.06.2013); "A configuração de dano moral deve ser concebida, em linhas gerais, como a violação, a transgressão a quaisquer bens personalíssimos que irradiam da dignidade da pessoa humana, não se afigurando relevante, para tal, a demonstração, necessariamente, de dor ou sofrimento. Tais sentimentos são consectários, e não causas determinantes da ofensa a algum dos aspectos da personalidade. (...) Os direitos da personalidade abrangem todas as situações jurídicas existenciais que se relacionam, de forma indissociável, aos atributos essenciais do ser humano. Segundo a doutrina mais moderna sobre o tema, não há um rol, uma delimitação de tais direitos. Tem-se, na verdade, uma cláusula geral de tutela da pessoa humana, que encontra fundamento no princípio da dignidade da pessoa humana, norteador do Estado democrático de direito" (Trecho do voto-vista do Min. Marco Buzzi

Assim, apesar de ainda ser prevalente na jurisprudência, a noção subjetiva de dano moral tem sido relativizada, devendo-se buscar o seu afastamento, de modo que o abalo psicológico não mais seja tido como elemento fundamental ao dano moral – ainda que possa, de certa forma, ser considerado para fins de quantificação. Deve-se, portanto, buscar privilegiar a caracterização objetiva da lesão, independentemente da repercussão psíquica do dano, garantindo-se, com isso, a tutela e reparação mais amplas das violações a bens existenciais.

Por outro lado, no que tange à liquidação, afirma-se que a reparação do dano moral há de ser *in re ipsa*, isto é, dano que não precisa ser provado, decorrendo antes da própria lesão de forma presumida.[49] Essa técnica de presunção do dano moral não consiste em imperativo ontológico relacionado à natureza imaterial da lesão, mas em mecanismo que visa, em determinadas situações, a facilitar a reparação. No entanto, para a corrente objetiva, a rigor, não haveria necessidade desse artifício do *in re ipsa*. Afinal, "inexiste dualidade entre o fato lesivo e o dano moral, este configurado objetivamente". Por isso mesmo, "valorado determinado evento como injusto e violador

---

no REsp 1376449/SP, 4ª T., Rel. Min. Luis Felipe Salomão, Rel. p/ Acórdão Min. Antonio Carlos Ferreira, julg. 18.6.2013).

49 Recentemente, o Superior Tribunal de Justiça reconheceu o dano moral *in re ipsa* em cinco diferentes situações: (i) no REsp 1.899.304 (Rel. Min. Nancy Andrighi, julg. 25.8.2021, publ. *DJe* 4.10.2021), a 2ª Seção entendeu que cabe dano moral em caso de compra de alimento contaminado com corpo estranho, considerando indiferente a efetiva ingestão do alimento – ou do próprio corpo estranho – para a caracterização do dano moral, pois a compra do produto dito insalubre já é potencialmente lesiva ao consumidor; (ii) os REsp 1.643.051 (Rel. Min. Rogerio Schietti Cruz, julg. 28.2.2018, publ. *DJe* 8.3.2018) e REsp 1.675.874 (Rel. Min. Rogerio Schietti Cruz, julg. 20.2.2018, publ. *DJ* 8.3.2018) deram origem ao Tema Repetitivo 983, em que se firmou a seguinte tese: "Nos casos de violência contra a mulher praticados no âmbito doméstico e familiar, é possível a fixação de valor mínimo indenizatório a título de dano moral, desde que haja pedido expresso da acusação ou da parte ofendida, ainda que não especificada a quantia, e independentemente de instrução probatória". Segundo o relator dos recursos, o ministro Rogerio Schietti Cruz, a Lei Maria da Penha – complementada pela Lei n.º 11.719/2008, que alterou o Código de Processo Penal – permitiu que um único juízo, o criminal, decida sobre o valor de indenização, o qual, "relacionado à dor, ao sofrimento e à humilhação da vítima, de difícil mensuração, deriva da própria prática criminosa experimentada"; (iii) no AgInt no AREsp 1.839.506 (Rel. Min. Ricardo Villas Bôas Cueva, julg. 26.10.2020, publ. *DJ* 3.11.2020), a 3ª Turma reformou acórdão que havia negado a indenização a um paciente cujo tratamento ocular quimioterápico, prescrito por seu médico, não havia sido autorizado pelo plano de saúde, sob a justificativa de que ele não preencheria os requisitos estabelecidos pela Agência Nacional de Saúde Suplementar para a cobertura do exame e do tratamento postulados. O relator, ministro Ricardo Villas Bôas Cueva, lembrou que a jurisprudência do STJ reconhece que, em algumas situações, há dúvida razoável na interpretação da cláusula contratual de cobertura do plano, não cabendo nesses casos dano moral, mas essa não era a hipótese dos autos; (iv) no REsp 1.642.318 (Rel. Min. Nancy Andrighi, julg. 7.2.2017, publ. *DJ* 13.2.2017), a 3ª Turma estabeleceu que o reconhecimento do dano moral sofrido por criança vítima de agressão não exige o reexame de provas do processo – o que seria inviável na discussão de recurso especial –, sendo suficiente a demonstração de que o fato ocorreu. Para a relatora, ministra Nancy Andrighi, "a sensibilidade ético-social do homem comum, na hipótese, permite concluir que os sentimentos de inferioridade, dor e submissão sofridos por quem é agredido injustamente, verbal ou fisicamente, são elementos caracterizadores da espécie do dano moral *in re ipsa*"; (v) no REsp 1.758.799 (Rel. Min. Nancy Andrighi, julg. 12.11.2019, publ. *DJ* 19.11.2019), a 3ª Turma entendeu que a disponibilização ou a comercialização de informações pessoais do consumidor em banco de dados, sem o seu conhecimento, configura hipótese de dano moral *in re ipsa*.

de interesses extrapatrimoniais, identificado está o dano, sem que seja necessária uma segunda operação hermenêutica para justificar a reparação".[50] Diante disso, a construção do dano moral *in re ipsa* não deve afastar a essencial aferição em concreto do dano moral, a qual permite apurar a extensão do dano.[51]

Como se vê, ultrapassada a discussão em torno de sua reparação em pecúnia – hoje plenamente admitida –, a doutrina ainda encontra dificuldades na própria definição de dano moral, que deve ser compreendido como dano ressarcível em concepção objetiva, surgindo a partir da lesão a direito da personalidade, independentemente do impacto que tenha causado nos sentimentos da vítima. Mas as dificuldades não param por aí; ao contrário, acentuam-se na medida em que se passa a discutir a sua reparação que, como se verá a seguir, submete-se a arbitramento. No Brasil, as decisões judiciais costumam ser criticadas porque não especificam os critérios utilizados no arbitramento (ou se especificam, assim o fazem apenas genericamente), atendo-se tão somente ao resultado final, isto é, à indicação do montante indenizatório.

6. A REPARAÇÃO DO DANO EXTRAPATRIMONIAL

Este é o mais dramático desafio do dano extrapatrimonial (e do dano moral, em particular): os montantes indenizatórios variam brutalmente de tribunal para tribunal, e dentro do mesmo tribunal, oscilam em função do magistrado ou do árbitro. Por outro lado, definir, aprioristicamente, o valor do dano moral em função da espécie da lesão sofrida também não parece uma boa solução. Por isso mesmo, todas as tentativas de tabelamento do dano extrapatrimonial receberam, com razão, críticas da doutrina. Afinal, se o dano moral é próprio da pessoa humana, isso evidencia "a necessidade de individualizar, avaliando *in concreto*, o acto de qualificação de uma dada lesão orgânica ou funcional como uma incapacidade permanente".[52] O mesmo raciocínio vale para todas as espécies de dano extrapatrimonial (e não apenas para o chamado "dano corporal"), embora as lesões corporais sejam, de fato, emblemáticas da insuficiência de tabelamentos nessa seara.[53]

---

50 Assim, Milena Donato Oliva, que ainda acrescenta: "Trata-se simplesmente de liquidar os danos de acordo com sua extensão, apreendida com base nas peculiaridades concretas da lesão e da vítima. Por isso que a doutrina alerta para a desnecessidade do recurso ao *in re ipsa* quando se adota o conceito objetivo de dano moral" (Dano moral e inadimplemento contratual nas relações de consumo. *Revista de Direito do Consumidor*, vol. 93, São Paulo: Editora Revista dos Tribunais, mai./jun. 2014, p. 21).

51 No comum dos casos, o expediente *in re ipsa* restringe o montante da liquidação, "sem exigir do julgador a avaliação de todas as nuances do caso concreto, a fim de efetivar a reparação integral; em outros, reconhece um dano moral inexistente, quando este sequer está configurado. E é exatamente isso o que não se deve admitir: que a reparação do dano moral ocorra, como vem ocorrendo, 'no nível do senso comum'" (Gisela Sampaio da Cruz Guedes, Na pauta do STJ: o chamado "dano moral presumido". In: *AGIRE | Direito Privado em Ação*, n. 34. Disponível em: <https://agiredireitoprivado.substack.com/p/na-pauta-do-stj-o-chamado-dano-presumido>. Acesso em: 10.10.2023).

52 João António Álvaro Dias, *Dano corporal*: quadro epistemológico e aspectos ressarcitórios, Coimbra: Almedina, 2004, p. 257, nota 595.

53 Cfr., sobre o tema, Gustavo Tepedino; Rodrigo da Guia Silva, Desafios atuais em matéria de dano moral. In: Gustavo Tepedino; Rodrigo da Guia Silva (orgs.), *Relações Patrimoniais*: contratos, titularidades e responsabilidade civil, São Paulo: Editora Fórum, 2021, pp. 239-274.

Cada lesão provoca reação peculiar, particularizada, que resulta da individualidade da própria vítima, de suas características pessoais e do contexto em que está inserida. Lesões aparentemente idênticas no seu diagnóstico podem repercutir de formas diferentes, a depender de quem seja a vítima a sofrer o dano e suas circunstâncias. Daí a inafastável conclusão de que as lesões produzem consequências que não podem ser estendidas ou generalizadas[54], o que inevitavelmente ocorreria se fosse feito o tabelamento. A título ilustrativo, não há como comparar a situação do pianista, que tem seu dedo amputado em função de acidente, com a do motorista de táxi, que, com a perda do mesmo dedo, tem a sua vida profissional, em tese, muito menos afetada. É evidente que a lesão se reflete de forma diferente em um e em outro caso. Pelo fato de a lesão repercutir não apenas na sua integridade física, mas também em sua vida de relação, o pianista, para além de sofrer a lesão corporal, deixa de se desenvolver e se realizar integralmente como pessoa.

Dano moral é personalíssimo

Exemplo do pianista

Na ausência de critérios legais e parâmetros fixos para a quantificação do dano moral, caberá ao juiz arbitrar seu valor. Nesse amplo espaço de atuação, nota-se que alguns específicos critérios objetivos são utilizados e aplicados pelos magistrados brasileiros, quais sejam: (i) o grau de culpa ou a intensidade do dolo do ofensor; (ii) a situação econômica do ofensor e da vítima; (iii) a intensidade do sofrimento da vítima; (iv) o lucro auferido pelo agente ofensor; (v) as condições pessoais do ofendido e (vi) a dimensão do dano. A conveniência na utilização de tais critérios, no entanto, não é pacífica.

O critério que leva em consideração a dimensão da culpa contraria o princípio da reparação integral da vítima (art. 944, *caput,* do Código Civil), e atribui o caráter punitivo ao sistema de responsabilidade civil, o qual deve ser afastado. Também se torna critério punitivo aquele que leva em consideração a situação econômica do ofensor. Já o que leva em consideração o nível socioeconômico da vítima traz mais iniquidades do que benefícios, não sendo consentâneo com a noção de dignidade humana o uso de elementos patrimoniais para o juízo de reparação.[55] O critério relacionado à intensidade do sofrimento do ofendido decorre da equivocada admissão de que é o sentimento da vítima que precisa ser avaliado para fins de estipulação do dano moral. Por fim, o critério referente ao lucro auferido pelo agente ofensor tampouco merece prosperar. Trata-se, uma vez mais, de atribuir caráter punitivo/pedagógico à responsabilidade civil.[56]

---

54 Cf., mais uma vez, João António Álvaro Dias, *Dano corporal*: quadro epistemológico e aspectos ressarcitórios, cit., p. 257, nota 595.

55 Pietro Perlingieri, *Perfis de direito civil*, Rio de Janeiro: Renovar, 1997, 3ª ed., p. 174.

56 Paradigmática, nesse sentido, foi a decisão proferida em março de 1995, pela 5ª Câmara Cível do Tribunal de Justiça do Rio de Janeiro, nos autos da Apelação Cível nº 6.913, relatada pelo Desembargador Murillo Fábregas, em que se discutia a violação do direito de imagem de jogadores de futebol pela Confederação Brasileira de Futebol – CBF, que não teria obtido as autorizações necessárias para a impressão e venda de álbuns e figurinhas. O Tribunal fixou a indenização aos jogadores, a título de danos morais, com base em percentual do lucro obtido pela infratora. A decisão foi reformada pelo STJ justamente na parte em que utilizou o lucro do ofensor como

Por outro lado, a dimensão do dano e as condições pessoais da vítima podem servir, de fato, para o estabelecimento de critério objetivo para a estipulação do dano moral, o qual deve levar em consideração primordialmente o princípio da reparação integral do dano e o da dignidade da pessoa humana. Para a correta valoração, deve-se, inicialmente, diferenciar os interesses merecedores de proteção do ordenamento jurídico daqueles interesses que representam meros aborrecimentos.[57] Em seguida, a lesão aos interesses merecedores de tutela deve ser configurada, em toda a sua extensão, a partir de suas consequências na esfera material ou imaterial da vítima, independentemente de a conduta do ofensor ter sido mais ou menos grave. Uma vez configurada a lesão, a tutela dos interesses violados deve se dar quando a consequência da lesão na esfera do lesado for resultado de uma violação a um dever de respeito, isto é, de não lesar (*alterum non laedere*).

E daqui também se extrai a necessidade de se distinguir, no âmbito da liquidação dos danos, diversos patamares de violação,[58] admitindo-se, por um lado, que a repercussão patrimonial das lesões à personalidade pode ser traduzida em pecúnia e se sujeita, em regra, a prazos prescricionais; e, de outro, que certas lesões, por sua gravidade extrema, se perpetuam ao longo da existência da vítima, justificando a sua imprescritibilidade, como na hipótese vislumbrada no Enunciado nº 647 da Súmula do STJ, de que se extrai que "São imprescritíveis as ações indenizatórias por danos morais e materiais decorrentes de atos de perseguição política com violação de direitos fundamentais ocorridos durante o regime militar."

Para que a reparação do dano moral, em toda a sua extensão, seja realizada respeitando seu fundamento principal, a dignidade humana, as condições pessoais da vítima revelam-se como importante critério para a valoração do montante indenizatório. Isso porque, desde que essas condições pessoais representem aspectos do patrimônio moral do ofendido, deverão ser atentamente analisadas, de modo que a reparação seja estipulada de acordo com a singularidade de quem sofreu o dano, sob a égide do princípio de isonomia substancial.

---

critério para fixação do dano moral (STJ, 4ª T., REsp 100764/RJ, Rel. Min. Ruy Rosado de Aguiar Junior, julg. 16.3.1998).

[57] A Quarta Turma do STJ, ao reformar condenação por danos morais estabelecida pelo Tribunal de origem em favor de um cliente que ficou frustrado na compra de um automóvel, definiu balizas para a configuração da ofensa real aos chamados interesses existenciais – aquela que, segundo o colegiado, pode efetivamente dar margem a indenização. Na ocasião, entendeu-se que são interesses existenciais aqueles tutelados pelo instituto da responsabilidade civil por dano moral. Na visão dos ministros, não estão abrangidos – ainda que possam ser lamentáveis – os aborrecimentos ou as frustrações na relação contratual, ou mesmo os equívocos cometidos pela administração pública, ainda que demandem providências específicas, ou mesmo o ajuizamento de ação. Nesse sentido, destacou o relator, o Min. Luis Felipe Salomão: "Essas situações, em regra, não têm a capacidade de afetar o direito da personalidade, interferindo intensamente no bem-estar do consumidor (equilíbrio psicológico, isto é, saúde mental)" (STJ, 4ª T., 1.406.245, Rel. Min. Luis Felipe Samolão, julg. 24.11.2020, *DJ* 10.2.2021).

[58] Gustavo Tepedino; Rodrigo da Guia Silva, Desafios atuais em matéria de dano moral. In: Gustavo Tepedino; Rodrigo da Guia Silva (orgs.), *Relações Patrimoniais*: contratos, titularidades e responsabilidade civil, São Paulo: Editora Fórum, 2021, pp. 239-274.

Nada impede que o direito à indenização por danos morais seja transmitido aos herdeiros do falecido, que teve seu direito violado, conforme dispõe o art. 943 do Código Civil.[59] Esclareça-se, contudo, que os direitos de personalidade do falecido não se transmitem com a herança, em razão de seu caráter personalíssimo e indisponível. O que se transmite é a pretensão indenizatória, como valor patrimonial transmissível. Ou seja, a liquidação de ação de indenização por dano moral tem natureza patrimonial e, como tal, transmite-se aos sucessores. Uma vez ocorrida a lesão, surge imediatamente o direito de ressarcimento, tanto no caso de danos materiais quanto morais, cujo crédito há de ser liquidado após a morte de quem sofreu o dano, tenha ou não a vítima iniciado em vida a ação indenizatória.

No Direito brasileiro, emprega-se normalmente a locução *dano moral* para abarcar todo o conteúdo do dano extrapatrimonial. Em face da dificuldade de se quantificar o dano moral, dissecar o conteúdo do dano moral pode ajudar na sua avaliação e, em consequência, na própria fundamentação das decisões, evitando discrepâncias de tribunal para tribunal. Do contrário, o imperativo da reparação integral dos danos extrapatrimoniais será transformado em "autêntico sofisma",[60] dificultando significativamente a tarefa do intérprete e alongando sobremaneira a duração dos processos judiciais. É que, em se tratando de dano extrapatrimonial, na maioria dos casos é a experiência, a sensibilidade, certos elementos extra positivos e, por vezes, até o puro subjetivismo, sob a alcunha de pretenso bom senso, que fundamentam a reparação.

Para além do problema de quantificação, o remédio tradicional das "perdas e danos", além de estimular sentimentos mercenários por parte da vítima, induz à conclusão de que a lesão a interesses existenciais é a todos autorizada, embora mediante o pagamento de um preço (*a priori*, indeterminado). Em verdadeira inversão de princípio, traduz, então, a ideia equivocada de que é possível lesionar, desde que se indenize *a posteriori*. Some-se a isso o fato de que os sistemas indenizatórios, exatamente porque não foram mesmo pensados para a tutela dos danos extrapatrimoniais, não se adéquam à sua reparação: a chamada fórmula da equivalência, própria do dano patrimonial, por exemplo, dá ensejo a uma série de conhecidas controvérsias quando se trata de reparar o dano extrapatrimonial.

Diante disso, a jurisprudência brasileira, acompanhando a tendência de outros ordenamentos jurídicos, vem paulatinamente experimentando, ainda que de forma acanhada, um movimento de despatrimonialização – agora já não mais do dano, mas de sua reparação. A reparação *in natura* nada mais é do que a tentativa de se recolocar

---

59 Código Civil, "Art. 943. O direito de exigir reparação e a obrigação de prestá-la transmitem-se com a herança". Nessa direção, a Corte Especial do Superior Tribunal de Justiça aprovou o Enunciado n. 642 de sua Súmula, com a seguinte redação: "O direito à indenização por danos morais transmite-se com o falecimento do titular, possuindo os herdeiros da vítima legitimidade ativa para ajuizar ou prosseguir a ação indenizatória". Na mesma linha, o Enunciado n. 454 da V Jornada de Direito Civil do CJF já admitia que o direito de exigir reparação pelos herdeiros, no âmbito do art. 943, "abrange inclusive os danos morais, ainda que a ação não tenha sido iniciada pela vítima".

60 João Antônio Álvaro Dias, *Dano corporal*: quadro epistemológico e aspectos ressarcitórios, cit., p. 352.

o lesado no mesmo estado em que estaria se o evento danoso não tivesse ocorrido, restituindo-lhe, por exemplo, bem semelhante ao subtraído, destruído ou danificado para recomposição do seu patrimônio.

No Brasil, a reparação *in natura* se mostra particularmente eficaz tendo em vista os valores relativamente baixos das indenizações arbitradas para os danos extrapatrimoniais, sobretudo nos casos mais graves, o que faz com que a vítima não se sinta devidamente reparada. Com a reparação *in natura*, o pagamento da indenização pode eventualmente ser substituído ou cumulado com medidas de retratação ou da publicação da sentença de procedência do pedido de indenização por dano moral,[61] tornando mais efetiva a compensação[62] e desestimulando a difusão das ações meramente mercenárias.

Tão sedutora é a reparação *in natura*, que se chega mesmo a afirmar o caráter subsidiário da "reparação" (compensação) pecuniária, que só seria chamada a atuar quando a reparação *in natura* se revelasse insuficiente para tutelar a vítima. O que se tem observado, contudo, é ainda o contrário: a reparação pecuniária tem sido a regra, e a *in natura,* a exceção, tendo em vista, especialmente, os mecanismos insuficientes por vezes adotados para essa modalidade de reparação, que não oferecem tutela satisfatória à compensação de diversos danos extrapatrimoniais.[63]

Assim é que, nos casos em que a reparação *in natura* é posta em prática, as decisões, de regra, se limitam a condenar o agente ofensor a alguma medida de retratação, quando viável, ou a providenciar a publicação da sentença, o que pode mesmo criar

---

61 O que não necessariamente precisa ocorrer no Diário de Justiça; a depender do caso, a reparação será mais efetiva se a sentença for publicada em informativo local, que circule mais entre público diante do qual o lesado ficou exposto.

62 Na legislação brasileira, a Lei de Imprensa (Lei n.º 5.250/1967) já previa algumas formas de reparação *in natura*, como a retratação do ofensor, o desmentido, a retificação da notícia injuriosa, a divulgação da resposta e, até mesmo, a publicação da sentença condenatória. Vale observar que, em 30 de abril de 2009, o Supremo Tribunal Federal brasileiro, por maioria, julgou procedente a Arguição de Descumprimento de Preceito Fundamental - ADPF n.º 130/DF, ajuizada pelo Partido Democrático Trabalhista - PDT em face da Lei de Imprensa, declarando que a referida lei não havia sido recepcionada pela ordem constitucional de 1988, por ferir os princípios da Constituição da República. Apesar disso, tais formas de reparação *in natura*, ali previstas, continuaram a ser aplicadas na prática. Atualmente, o tema é tratado pela Lei n.º 13.188, de 11 de novembro de 2015, que dispõe sobre o direito de resposta ou retificação do ofendido em matéria divulgada, publicada ou transmitida por veículo de comunicação social. A doutrina também indica como exemplo de reparação *in natura* a retirada do mercado do livro supostamente ofensivo à honra de uma pessoa pública (para outros exemplos, cf. Araken de Assis, Liquidação do dano. *Revista dos Tribunais*, São Paulo, v. 759, jan. 1999, pp. 14-23). Na opinião do Min. Paulo de Tarso Vieira Sanseverino, tais "(...) medidas previstas na nossa legislação ou indicadas pela doutrina não constituem propriamente casos de reparação natural, pois não se consegue apagar completamente os prejuízos extrapatrimoniais, sendo apenas tentativas de minimização dos seus efeitos por não ser possível a recomposição dos bens jurídicos sem conteúdo econômico atingido, como ocorre com os direitos da personalidade" (Paulo de Tarso Vieira Sanseverino, *Princípio da reparação integral*, São Paulo: Saraiva, 2010, pp. 34-40/275-277).

63 Assim, "[n]ão obstante seu caráter subsidiário, a indenização em dinheiro é mais frequente, dadas as dificuldades opostas, na prática, à reparação natural pelas circunstâncias e, notadamente, em face do dano, pela impossibilidade de restabelecer a rigor a situação anterior ao evento danoso" (José de Aguiar Dias, *Da responsabilidade civil*, Rio de Janeiro: Renovar, 2006, 11. ed., pp. 985-988).

efeito reverso (ou perverso) para a vítima. Pense-se, por exemplo, na situação da pessoa cuja vida privada tenha sido exposta em matéria jornalística falsa.[64] A depender das circunstâncias do caso concreto, a publicação da sentença de procedência do pedido de indenização por dano moral pode submeter a vítima a nova exposição na mídia, trazendo, uma vez mais, à tona assunto já adormecido aos olhos do grande público. Em casos como esse, a reparação pecuniária, à míngua de outro mecanismo de reparação *in natura* mais eficiente, parece o melhor instrumento de compensação dos danos sofridos.

7. FUNÇÃO PUNITIVA?

Assiste-se, nas últimas décadas, à tentativa de se lhe atribuir à responsabilidade civil, ao lado da função reparatória, a função punitiva, inspirada nos *punitive damages* da *common law*. Embora se reconheça que a importação de institutos concebidos naquele sistema para ordenamentos jurídicos da *civil law* não seja incomum, é preciso reconhecer também, por outro lado, o perigo da importação acrítica de práticas incompatíveis com o ordenamento jurídico brasileiro, sob pena de se criarem figuras híbridas e sem amparo legal, a exemplo do que se passa, justamente, com o alegado caráter punitivo da responsabilidade civil. *Punitive damages*

No Brasil, costuma-se atribuir função punitiva à responsabilidade civil incorporando-se, para tanto, valor adicional à indenização por dano moral. O valor atribuído ao caráter punitivo da condenação tornou-se gradualmente mecanismo corriqueiro de majoração do dano moral: por vezes, os tribunais reconhecem expressamente a função punitiva;[65] noutras ocasiões, sem admitir-se textualmente o referido caráter, atribuem-se valores tipicamente punitivos, com a invocação, por exemplo, do grau de culpa do ofensor, do benefício econômico por ele auferido, e da situação econômica das partes, sempre com o objetivo de aumentar a indenização.[66] Experiência brasileira

A despeito, contudo, dessa prática judicial crescente, o ordenamento jurídico, *de lege lata*, não admite a condenação do ofensor à verba punitiva, seja como parcela

---

[64] O Supremo Tribunal Federal fixou critérios para responsabilizar civilmente empresas jornalísticas por divulgação de acusações falsas. A tese de repercussão geral fixada foi a seguinte: "1. A plena proteção constitucional à liberdade de imprensa é consagrada pelo binômio liberdade com responsabilidade, vedada qualquer espécie de censura prévia. Admite-se a possibilidade posterior de análise e responsabilização, inclusive com remoção de conteúdo, por informações comprovadamente injuriosas, difamantes, caluniosas, mentirosas, e em relação a eventuais danos materiais e morais. Isso porque os direitos à honra, intimidade, vida privada e à própria imagem formam a proteção constitucional à dignidade da pessoa humana, salvaguardando um espaço íntimo intransponível por intromissões ilícitas externas. 2. Na hipótese de publicação de entrevista em que o entrevistado imputa falsamente prática de crime a terceiro, a empresa jornalística somente poderá ser responsabilizada civilmente se: (i) à época da divulgação, havia indícios concretos da falsidade da imputação; e (ii) o veículo deixou de observar o dever de cuidado na verificação da veracidade dos fatos e na divulgação da existência de tais indícios." (STF, Tribunal Pleno, RE 1075412, Min. Marco Aurélio, julg. 17.5.2018, publ. *DJe* 22.6.2018).

[65] STF, 1ª T., ARE 825150/MG, Rel. Min. Luiz Fux, julg. 9.9.2014; STJ, 2ª T., REsp. 487749/RS, Rel. Min. Eliana Calmon, julg. 3.4.2003.

[66] STJ, 4ª T., AgRg. no REsp. 1457651/RJ, Rel. Min. Luis Felipe Salomão, julg. 4.12.2014.

do dano moral, seja como verba autônoma. Os incisos V e X do art. 5º da Constituição da República impõem a plena compensação do dano moral. O art. 944, a seu turno, em patente comprovação da mudança de escopo da responsabilidade civil, determina que a indenização se mede pela extensão do dano, consagrando o princípio da equivalência entre dano e reparação. Da interpretação conjunta dos dispositivos conclui-se que a compensação integral do dano moral requer a utilização de critérios de quantificação que convirjam para a dimensão da lesão e suas repercussões na pessoa da vítima, a excluir a adoção de parâmetros diversos.

Equivalência entre dano e indenização

A única circunstância na qual se autoriza a consideração de critério distinto consta do parágrafo único do mesmo art. 944: "se houver excessiva desproporção entre a gravidade da culpa e o dano", o juiz poderá reduzir, equitativamente, a indenização. Ao propósito, note-se que o dispositivo indica o grau de culpa como critério de quantificação válido exclusivamente para a *redução* da indenização, não já para a majoração do *quantum* compensatório, a proscrever essa possibilidade. Além disso, mesmo neste caso, o fato de o procedimento de liquidação dos danos tomar por base o grau de culpa é controvertido, já que a medida da indenização é a extensão do dano sofrido, independentemente da culpabilidade. Ou seja: da conduta praticada com dolo pode decorrer dano irrelevante, assim como a ação efetuada com culpa levíssima pode ocasionar danos de grandes proporções.[67] Diante disso, percebe-se que referido dispositivo há de ser aplicado tendo-se em conta não propriamente o grau de culpabilidade do agente, mas, sim, a causalidade. É dizer: o legislador do parágrafo único do art. 944 mostra-se sensível ao fato de que certos efeitos danosos extrapolam o grau de causalidade razoavelmente esperado para certos comportamentos, admitindo-se, em hipóteses excepcionais, que o magistrado circunscreva o dever de reparar aos valores compatíveis com os efeitos normalmente esperados para o tipo de comportamento praticado pelo agente.[68]

Redução equitativa da indenização

Deve-se, ainda, recusar a utilização de eventual benefício econômico obtido pelo ofensor que não corresponda, na mesma medida, ao dano sofrido pela vítima, como critério de quantificação do dano moral. Na hipótese de o lucro auferido pelo agente ser superior ao dano causado, não cabe à responsabilidade civil o papel de impedir que o agente o conserve em seu patrimônio, e outro instituto deverá ser chamado a atuar. O instituto que melhor desempenha referida função de forma mais abrangente é o enriquecimento sem causa por lucro da intervenção, cujo escopo reside, precisamente, na retirada, do patrimônio do interventor, do lucro obtido a partir da intervenção injustificada em direitos ou bens alheios. Na tentativa de eliminar esse cená-

Lucro por intervenção

67 "Não se leva em conta, dominada a regra por uma preocupação sentimental, que o dano é o desfalque de patrimônio do lesado e que a indenização se destina a recompor esse patrimônio, não se justificando que a recomposição não se opere porque o desfalque foi produzido por culpa leve. Pequenas faltas podem produzir grandes danos, como mostra a fábula da guerra perdida em consequência da ferradura que se soltou do cavalo do guerreiro" (José de Aguiar Dias, *Da responsabilidade civil*, Rio de Janeiro: Renovar, 2006, 11ª ed., p. 47).

68 "A gravidade da culpa não serve, frise-se, como 'medida' da indenização, nem mesmo é, a nosso ver, adequada para determinar a distribuição do prejuízo entre os agentes corresponsáveis pelo dano. É o nexo causal o elemento da responsabilidade civil que deve exercer essa função" (Gisela Sampaio da Cruz, *O problema do nexo causal na responsabilidade civil*, Rio de Janeiro: Renovar, 2005, p. 325).

rio, a jurisprudência, lastreada em parte da doutrina, lança mão da responsabilidade civil, e atribui ao dano moral caráter punitivo/pedagógico, utilizando o benefício ilegitimamente auferido pelo agente como um dos parâmetros para a quantificação da indenização. Referida solução, todavia, conquanto imbuída das melhores intenções, mostra-se incompatível com a estrutura e a função contemporâneas da responsabilidade civil no direito brasileiro, qual seja, a reparação da vítima.

Ausência de norma que fundamente danos punitivos

Além, portanto, de o dano moral bem como seus critérios de quantificação serem inconciliáveis com o caráter punitivo que se lhe tem pretendido conferir, não há, no ordenamento jurídico brasileiro, norma que permita a condenação do ofensor ao pagamento de verba autônoma a título de danos punitivos. A rigor, o legislador já teve a oportunidade de adotar ambas as possibilidades, ao menos em dois momentos distintos, tendo-as deliberadamente rejeitado. Na redação original do Código de Defesa do Consumidor - seara na qual se verifica com maior frequência o emprego da indenização punitiva -, havia dispositivo que criava multa civil autônoma, cuja única função residia em apenar o ofensor, na hipótese de restar comprovada a alta periculosidade do produto ou serviço causador do dano, ou grave negligência, imprudência ou imperícia do fornecedor. A norma, contudo, foi excluída por veto presidencial, sob o fundamento, em primeiro lugar, de o art. 12 e outras normas já disporem de modo cabal sobre a indenização do dano sofrido pelo consumidor, e, ademais, de os dispositivos vetados criarem a figura da multa civil sem, todavia, definir sua destinação e validade.

Código de Defesa do Consumidor

Posteriormente, por ocasião da elaboração do Código Civil, tentou-se atribuir ao dano moral função punitiva. Tratava-se do Projeto de Lei nº 6.960 de 12.06.2002, apresentado pelo Deputado Ricardo Fiúza, que previa a inclusão de um § 2º no art. 944 do Código Civil, com o seguinte conteúdo: "A reparação do dano moral deve constituir-se em compensação ao lesado e adequado desestímulo ao lesante". O relatório que deu origem ao substitutivo ao referido projeto rejeitou a proposta, sob o argumento de a indenização por dano moral ser incompatível com o conceito de pena que se lhe pretendia atribuir com a inclusão do referido parágrafo, bem como de que o critério para a quantificação do valor da indenização do dano, tanto para o material quanto para o moral, é apenas a sua extensão.

Projeto de Lei n.º 6.960/2002

A pretendida alteração legislativa conduz à inquestionável conclusão: a função punitiva do dano moral se equipara à pena privada. Após longo período de obscuridade das penas privadas, sobretudo na Modernidade, em que se empreendeu considerável esforço para expurgar do direito civil todas as restrições à livre iniciativa e à autonomia privada, assiste-se à sua redescoberta pelos aplicadores do direito, impulsionada pela insuficiência dos institutos tradicionais de tutela. E é justamente nesse cenário que a função punitiva do dano moral é concebida: reaviva-se a ideia de pena privada, a fim de superar a aparente ineficácia do instrumento compensatório.[69]

[69] Gustavo Tepedino; Anderson Schreiber, As penas privadas no direito brasileiro. In: Flávio Galdino; Daniel Sarmento (Org.), *Direitos Fundamentais*: estudos em homenagem ao Professor Ricardo Lobo Torres, Rio de Janeiro: Renovar, 2006.

De fato, é inegável a dificuldade de quantificar o dano moral. A confusão existente no uso de diferentes parâmetros objetivos torna a tarefa ainda mais tormentosa, e cria terreno fértil para que a função punitiva surja como válvula de escape ao sistema, tornando possível, sem aprofundamento dos critérios adotados, fixar o *quantum* indenizatório reputado "justo", sobretudo quando o montante da indenização originalmente arbitrado se mostra desproporcionalmente baixo se comparado à reprovabilidade social da conduta do ofensor.

Tal prática, todavia, acaba por imputar pena privada sob a rubrica do dano moral, sem revelar às partes os parâmetros e os fundamentos utilizados para a condenação; e sem esclarecer o valor da pena e o valor da compensação, a impedir qualquer discussão acerca da legalidade e da extensão da punição, em detrimento do direito de ampla defesa do ofensor e do contraditório em sede recursal.

Enriquecimento sem causa

A quantificação do dano moral com base em função punitiva vai de encontro, ainda, à vedação ao enriquecimento sem causa. Contraditoriamente, algumas decisões judiciais mencionam, de maneira reiterada, a proibição do enriquecimento sem causa como importante limite à fixação do *quantum* compensatório, sem atentar para o fato de que a atribuição de função punitiva ao dano moral promove, *tout court*, o locupletamento do lesado.[70] Ora, conferir à compensação um *plus*, que não guarda qualquer relação com o dano e tampouco com as suas consequências, e que não se fundamenta em qualquer título jurídico que o justifique, promove o ilegítimo incremento patrimonial da vítima.

A despeito do louvável propósito de proteção da vítima e prevenção contra reincidências, a seara para essa pretendida atuação punitiva ou pedagógica do dano moral deveria ficar restrita ao campo das políticas públicas e aos âmbitos administrativo e da regulação, por meio da estipulação de sanções administrativas, criação de fundos de interesses sociais para a recomposição dos bens lesados etc. Tal finalidade punitiva extrapola o campo e a dogmática da responsabilidade civil.

Por fim, vale registrar que, no campo específico do Direito Concorrencial, a Lei nº 14.470/2022 recentemente alterou a Lei nº 12.529/2011 ("Lei de Defesa da Concorrência") para prever novas disposições aplicáveis à repressão de infrações à ordem econômica. Uma das alterações mais significativas foi incluir, no art. 47 da Lei de Defesa da Concorrência, um parágrafo com a seguinte redação: "Os prejudicados terão direito a ressarcimento em dobro pelos prejuízos sofridos em razão de infrações à ordem econômica previstas nos incisos I e II do § 3º do art. 36 desta Lei, sem prejuízo das sanções aplicadas nas esferas administrativa e penal" (§ 1º). Esse dispositivo é uma exceção à regra geral de que a indenização se mede pela extensão dos danos e, como tal, deve ser interpretado, ou seja, sempre restritivamente. Trata-se de exceção que confirma a regra geral e a vocação eminentemente reparatória da responsabilidade civil.

---

70 STJ, 3ª T., REsp. 445858/SP, Rel Min. Castro Filho, julg. 29.11.2005.

8. A ATRIBUIÇÃO DO DANO MORAL À PESSOA JURÍDICA

Relevante controvérsia gira em torno da possibilidade de a pessoa jurídica ser sujeito passivo de dano moral. As construções que pretendem aplicar às pessoas jurídicas a ideia de dano moral decorrem da dificuldade de se quantificarem (e provarem) os lucros cessantes, nos casos em que a pessoa jurídica sofre abalo em sua imagem ou em sua chamada honra objetiva. Embora a jurisprudência brasileira, por razões práticas, admita a aplicabilidade do dano moral nesses casos – já tendo inclusive o Superior Tribunal de Justiça sumulado entendimento neste sentido[71]–, a reparação dos danos morais deve ser, em regra, afastada.

De um lado, a vertente teórica que conceitua o dano moral objetivamente, relacionando-o à lesão a qualquer um dos aspectos da dignidade da pessoa humana – e este parece, de fato, o melhor entendimento –, não se alinha à ideia de reparação de danos morais às pessoas jurídicas, já que a tutela da dignidade protege tão somente as pessoas físicas. Isso porque a lógica das pessoas jurídicas é diversa, fundamentada essencialmente em relações patrimoniais, inconciliáveis, portanto, com à lesão à dignidade.[72]

Nota-se que a Constituição Federal de 1988 antepõe as situações jurídicas patrimoniais às situações jurídicas existenciais. A dignidade da pessoa humana torna-se o objetivo central da República, funcionalizando em sua direção a atividade econômica privada, a empresa, a propriedade, as relações de consumo. Daí a necessidade de reelaboração dogmática, a partir do Texto Constitucional, de molde a subordinar a lógica patrimonial àquela existencial, estremando, de um lado, as categorias da empresa, informadas pela ótica do mercado e da otimização dos lucros e, de outro, as categorias atinentes à pessoa humana, cuja dignidade é o princípio basilar posto ao vértice hierárquico do ordenamento.

Sem tal premissa metodológica, não se poderá dar efetividade aos princípios constitucionais. A partir de então, verifica-se como os direitos da personalidade se ressentem de elaboração teórica compatível com a sua essencial e inafastável vinculação aos valores da pessoa humana. Não se pode concebê-los nos moldes engendrados pela

---

71 STJ, Enunciado da Súmula 227, de 8 de outubro de 1999: "A pessoa jurídica pode sofrer dano moral". Em especial, sobre a possibilidade de a pessoa jurídica de direito público ser indenizada por dano moral, mesmo após a edição da aludida súmula, destaque-se o Informativo nº 125 do Jurisprudência em Teses do STJ, que afirmou: "a pessoa jurídica de direito público não é titular de direito à indenização por dano moral relacionado à ofensa de sua honra ou imagem, porquanto, tratando-se de direito fundamental, seu titular imediato é o particular e o reconhecimento desse direito ao Estado acarreta a subversão da ordem natural dos direitos fundamentais". Em sentido oposto, contudo, no aludido "caso Jorgina de Freitas", a segunda turma do STJ, por unanimidade, decidiu pela possibilidade de indenização por danos morais em face do Instituto Nacional do Seguro Social (INSS), pessoa jurídica de direito público, na hipótese em que a credibilidade institucional da autarquia federal previdenciária teria sido ofendida, bem como e a existência de dano reflexo sobre os demais segurados da Previdência, ambos passíveis de tutela judicial. (STJ, 2ª T., REsp 1.722.423/RJ, Rel. Min. Herman Benjamin, julg. 24.11.2020).

72 Tal posição crítica encontra-se originariamente exposta em Gustavo Tepedino, Prefácio à Alexandre Assumpção, *A pessoa jurídica e os direitos da personalidade*, Rio de Janeiro: Renovar, 1998.

doutrina do direito subjetivo, tradicionalmente elaborada à luz (e sempre à sombra) do direito de propriedade. Tampouco se pode tomar de empréstimo a ótica individual e patrimonialista para a solução de conflitos inerentes à tutela da pessoa humana – permeados por outros valores. A empresa privada, na esteira de tal perspectiva, deve ser protegida não apenas pelas cifras que movimenta ou pelos índices de rendimento econômico por si só considerados, mas na medida em que se torna também instrumento de promoção dos valores sociais e não patrimoniais.

Com base em tais premissas metodológicas, percebe-se o equívoco de se imaginar os direitos da personalidade e o ressarcimento por danos morais como categorias neutras, tomadas de empréstimo pela pessoa jurídica para a sua tutela (tida como maximização de seu desempenho econômico e de sua lucratividade). Ao revés, o intérprete deve estar atento para a diversidade de princípios e de valores que inspiram a pessoa natural e a jurídica, e para que esta, como comunidade intermediária constitucionalmente privilegiada, seja merecedora de tutela jurídica apenas e tão somente como um instrumento (privilegiado) para a realização social das pessoas que, em seu âmbito de ação, é capaz de congregar.

De mais a mais, mesmo a corrente subjetiva do dano moral – que toma em consideração os efeitos extrapatrimoniais da lesão na pessoa do ofendido, relacionando-os à ideia de dor, sofrimento ou humilhação – não se coaduna com as pessoas jurídicas pelo fato de estas serem ficções criadas pelo Direito, inaptas a experimentar sentimentos próprios de pessoas humanas. O dano moral, ligado nesta linha de maneira indissociável à aferição da dor e do sofrimento – fenômenos psicofísicos exclusivos dos seres humanos –, não seria passível de conhecimento pelas pessoas jurídicas.

Argumentos a favor da possibilidade de PJ sofrer dano moral

Entre os argumentos lançados em socorro da tese favorável à reparação dos danos morais supostamente sofridos pela pessoa jurídica, está o de que o art. 5º da Constituição Federal (incisos V e X) não distingue a pessoa física e a jurídica quanto ao direito à indenização por dano moral. Assim, se o próprio legislador constituinte não distinguiu, não caberia ao intérprete fazê-lo. Além disso, invoca-se, em defesa da tese, o inciso VI do art. 6º do Código de Defesa do Consumidor – que enumera como um dos direitos básicos do consumidor a reparação pelos danos morais sofridos –, combinado com o disposto no art. 2º do mesmo diploma legal, que estabelece que consumidor pode ser tanto pessoa física quanto jurídica. A interpretação sistemática destes dois dispositivos permitiria, segundo os partidários dessa corrente, estender ao consumidor pessoa jurídica a proteção contra danos morais sofridos. Com o advento do Código Civil de 2002, o legislador estabeleceu, no seu art. 52, que "[a]plica-se às pessoas jurídicas, no que couber, a proteção dos direitos da personalidade", dispositivo que veio a ser utilizado em reforço desta tese, embora na redação do artigo conste a expressão "no que couber".[73]

---

[73] O Enunciado n.º 286 da IV Jornada de Direito Civil do Conselho da Justiça Federal, referindo-se ao art. 52, concluiu que "[o]s direitos da personalidade são direitos inerentes e essenciais à pessoa humana, decorrentes de sua dignidade, não sendo as pessoas jurídicas titulares de tais direitos".

O texto do art. 52 parece reconhecer que os direitos da personalidade constituem categoria voltada para a defesa e para a promoção da pessoa humana. Tanto assim que não assegura às pessoas jurídicas os direitos subjetivos da personalidade, admitindo, tão somente, a extensão da técnica dos direitos da personalidade, por empréstimo, para a proteção da pessoa jurídica. Qualquer outra interpretação, que pretendesse encontrar no art. 52 o fundamento para a admissão dos direitos da personalidade das pessoas jurídicas, contraria a dicção textual do dispositivo e se choca com a informação axiológica indispensável à concreção da aludida cláusula geral.

A rigor, mostram-se distintos os fundamentos que orientam a pessoa natural e a jurídica, razão pela qual não seria possível se conceber o dano à honra desta última. Estar-se-ia, neste caso, a cometer grave equívoco metodológico, pois se considerariam os direitos da personalidade e o ressarcimento de danos morais como categorias neutras, passíveis de serem adotadas na tutela da pessoa jurídica. E esta, em geral, é informada pela ótica do mercado e da otimização dos lucros, não abrangendo valores existenciais.

As lesões atinentes às pessoas jurídicas, quando não atingem, diretamente, as pessoas dos sócios ou acionistas, repercutem exclusivamente no desenvolvimento de suas atividades econômicas, estando a merecer, por isso mesmo, técnicas de reparação específicas e eficazes, não se confundindo, contudo, com os bens jurídicos traduzidos na personalidade humana (a lesão à reputação de uma empresa comercial atinge — mediata ou imediatamente — os seus resultados econômicos, em nada se assemelhando, por isso mesmo, à chamada honra objetiva, com os direitos da personalidade).

Descartada a equiparação dos direitos tipicamente atinentes às pessoas naturais (integridade psicofísica, pseudônimo etc.) vê-se que não é propriamente a honra da pessoa jurídica que merece proteção, nem em vertente subjetiva tampouco em caráter objetivo. A tutela da imagem da pessoa jurídica - atributo mencionado, assim como a honra, pelo art. 20 do Código Civil - tem sentido diferente da tutela da imagem da pessoa humana. Nesta, a imagem é atributo de fundamental importância, de inspiração constitucional inclusive para a manutenção de sua integridade psicofísica. Já para a pessoa jurídica com fins lucrativos, a preocupação, também legítima, refere-se aos aspectos pecuniários derivados de eventual ataque à sua atuação no mercado. O ataque que na pessoa humana atinge a sua dignidade, ferindo-a psicológica e moralmente, no caso da pessoa jurídica repercute em sua capacidade de produzir riqueza, no âmbito da atividade econômica por ela legitimamente desenvolvida.

Daí se vê que, no caso das pessoas jurídicas, ou bem se demonstra o lucro cessante sofrido, com os critérios próprios desta faceta do dano patrimonial, ou bem não se faz tal prova, caso em que a pessoa jurídica não fará jus à indenização a esse título, nem mesmo à compensação por dano moral.

Já nos casos em que as pessoas jurídicas sem fins lucrativos estiverem sujeitas a danos - na hipótese, por exemplo, de entidade sem fins lucrativos ver sua credibilidade abalada -, o que se poderia alvitrar é a criação de uma nova categoria de dano, aventada pela doutrina como dano institucional. Assim, na medida em que o dano

Dano institucional

às pessoas jurídicas não pode ser considerado de ordem existencial ou moral, pelas razões já expostas, essa nova categoria de dano seria capaz de suprir essa lacuna.

A própria utilidade de uma nova figura, contudo, precisa ser bem sopesada. Isso porque o julgador deve sempre ponderar se, nesses casos, ao lado de danos materiais representados pela interrupção de atividades econômicas, ainda que não lucrativas, desenvolvidas pela entidade, não haveria dano moral da pessoa responsável pela atividade desenvolvida pela entidade. Vale dizer, em geral, os danos ressarcíveis são relacionados aos prejuízos causados à atividade desenvolvida pela pessoa jurídica (danos materiais) e a lesão à personalidade do titular da instituição, eventualmente atingido pelo ato danoso (danos morais).

9. A ACEITAÇÃO DO DANO EXTRAPATRIMONIAL POR INADIMPLEMENTO CONTRATUAL

Doutrina clássica: inadimplemento não gera dano moral

A jurisprudência do Superior Tribunal de Justiça, reiteradamente, considerava que o inadimplemento contratual não dava ensejo a dano moral. Essa era também a posição da doutrina clássica, segundo a qual o dano decorrente da ruptura do contrato seria, necessariamente, patrimonial (já que o contrato regula interesses patrimoniais), razão pela qual se limitaria às já conhecidas figuras do dano emergente e do lucro cessante.

Admissibilidade do dano moral se o inadimplemento atingir direito existencial

Mais recentemente, influenciado pela crítica da doutrina,[74] a jurisprudência brasileira tem, paulatinamente, admitido a configuração de dano moral em razão do descumprimento de contrato, o que tradicionalmente considerava-se uma espécie de tabu, que restringia a incidência de dano moral ao campo da responsabilidade extracontratual. De fato, quando o inadimplemento contratual extrapola os lindes da avença, atingindo interesse existencial, é preciso reconhecer o direito do lesado de ser indenizado. Do contrário, a responsabilidade civil não repararia os danos na sua integralidade, como determina o princípio da reparação integral.[75] Isso porque a patrimonialidade inerente ao vínculo contratual não significa que o inadimplemento do contrato fique restrito ao campo patrimonial. Apesar da patrimonialidade da prestação existente na relação, "interesses extrapatrimoniais podem ser a razão preponderante do contrato. Além disso, o contrato pode garantir o acesso a bens essenciais para uma vida digna, como água e luz, de maneira que o descumprimento do fornecedor acaba por obstar o acesso a condições mínimas para a existência digna".[76]

Nessa direção, existem contratos que guardam, em sua estrutura, situações jurídicas subjetivas existenciais, como ocorre com o contrato de disposição da própria

---

[74] Cf., a título de exemplo, Carlos Edison do Rêgo Monteiro Filho, *Danos extrapatrimoniais na responsabilidade civil contratual*. Tese apresentada ao Programa de Pós-graduação da Faculdade de Direito da Universidade do Estado do Rio de Janeiro. Orientador: Gustavo Tepedino, 2005.

[75] STJ, 3ª T., REsp nº 270.730/RJ, Rel. Carlos Alberto Menezes Direito, Rel. p/ Acórdão Min. Nancy Andrighi, julg. 19.12.2000, publ. *DJ* 07.05.2001.

[76] Milena Donato Oliva, Dano moral e inadimplemento contratual nas relações de consumo. In: *Revista de Direito do Consumidor*, São Paulo: Revista dos Tribunais, mai./jun. 2014, p. 18.

imagem e o contrato de cessão de direitos autorais. Por meio de seu inadimplemento é naturalmente possível que se verifique uma violação à dignidade de uma das partes envolvidas na relação. Em caso julgado pelo STJ, o dano moral restou configurado pelo fato de a imagem da autora ter sido publicada em veículo diverso do pretendido, o que foi considerado uma ofensa à imagem e honra da pessoa exposta.[77]

Por outro lado, há, também, aqueles contratos que não são constituídos, diretamente, por situações jurídicas existenciais, mas que servem como instrumento para a satisfação de interesses existenciais, a exemplo do seguro de saúde.[78] Nesses casos, seu inadimplemento atingirá, muito provavelmente, valores existenciais.[79] Tais danos decorrem da lesão a um dos aspectos da dignidade, o que, no mais das vezes, daria ensejo, de fato, à responsabilidade extracontratual. No entanto, se isso ocorrer em razão do descumprimento do contrato, os danos daí decorrentes assumem a natureza contratual.

PROBLEMAS PRÁTICOS

1. Na responsabilidade civil contratual, os lucros cessantes se confundem com o interesse positivo do credor?
2. Pode o eventual benefício econômico obtido pelo ofensor ser utilizado como parâmetro para a fixação do dano moral?
3. O equivalente pecuniário se confunde com o valor pago a título de perdas e danos?

Acesse o *QR Code* e veja a Casoteca.

> *https://uqr.to/1ofhf*

Acesse o *QR Code* e assista ao vídeo do Problema n. 1.

> *https://uqr.to/ntny*

---

[77] STJ, 3ª T., REsp. 1.411.293/SP, Rel. Min. Nancy Andrighi, julg. 03.12.2013, publ. *DJ* 12.12.2013.

[78] Sobre o tema, o Superior Tribunal de Justiça já afirmou "que, nos casos em que a recusa indevida de cobertura de tratamento médico-hospitalar impõe ao usuário de plano de saúde um grau de sofrimento físico/psíquico que extrapola aquele decorrente do mero inadimplemento contratual, atingindo direito da personalidade, fica demonstrada a ocorrência de danos morais e caracterizado o direito à reparação" (STJ, 3ª T., AgInt no REsp n. 2.020.342/SP, Rel. Min. Moura Ribeiro, julg. 21.8.2023, publ. *DJe* 23.8.2023). O Superior Tribunal de Justiça também costuma entender razoável a incidência de danos morais em casos envolvendo contratos de compra e venda de imóveis, em que se observa um longo atraso na entrega do imóvel. Nessa linha, afirma-se que: "O simples inadimplemento contratual em razão do atraso na entrega do imóvel não é capaz, por si só, de gerar dano moral indenizável. Entretanto, sendo considerável o atraso, alcançando longo período de tempo, pode ensejar o reconhecimento de dano extrapatrimonial" (STJ, 4ª T., AgInt nos EDcl no AREsp n. 676.952/RJ, Rel. Min. Raul Araújo, julg. 27.3.2023, publ. *DJ* 3.4.2023).

[79] Rose Melo Vencelau Meireles, *Autonomia privada e dignidade humana*, Rio de Janeiro: Renovar, 2009, pp. 291-294.

Capítulo IV

OS CHAMADOS NOVOS DANOS

Acesse o *QR Code* e assista ao vídeo sobre o tema.

> https://uqr.to/1ofgv

SUMÁRIO: 1. Novos danos? – 2. Privação do uso: entre o dano e o enriquecimento por intervenção – 3. Desvio produtivo de tempo – 4. Violência obstétrica – 5. Danos causados por provedores de aplicação: o Marco Civil da Internet – Problemas práticos.

1. NOVOS DANOS?

Evolução da responsabilidade civil

Já se observou no Capítulo I destes *Fundamentos* que a ênfase outrora atribuída ao ofensor se deslocou, nas últimas décadas, para o ofendido, ampliando-se consideravelmente as hipóteses de reparação. Por outro lado, superou-se gradualmente a noção subjetiva de culpa, associada à intenção do agente, consolidando-se, cada vez mais, o fenômeno conhecido como objetivação da responsabilidade civil. Tal alteração conceitual abrangeu não apenas a identificação de novas hipóteses de responsabilidade objetiva, alvitradas pelo legislador especial e pelo Código Civil de 2002, mas igualmente a construção – doutrinária e jurisprudencial – que procura definir a noção de culpa a partir de critérios objetivos relacionados ao padrão de comportamento exigível em determinadas circunstâncias histórica e geograficamente determinadas.

Tal tendência esteia-se na Constituição da República de 1988, que erigiu a dignidade da pessoa humana a fundamento da República Federativa do Brasil (art. 1º, III, CR) e consagrou a reparação dos danos morais, autonomamente considerados em relação aos danos materiais (art. 5º, V e X, CR), estabelecendo, com base nos princípios da solidariedade social e da justiça distributiva (arts. 3º, I e III, CR), os novos contornos da responsabilidade civil, associados à seguridade social, no sentido de ampliar os confins do dever de reparar e da repartição social dos danos (arts. 7º, XXVIII, art. 21, XXIII, "d"; art. 37, § 6º, art. 190 e ss.).

Expansão do dever de reparar

O novo panorama legislativo, em cotejo com o progresso científico – catalizador da expansão de riscos e de danos na vida social –, polarizou o discurso jurídico entre aqueles que identificam na ampliação do dever de reparar uma vitória em si mesma, atribuindo ao Estado e aos empresários praticamente todos os ônus decorrentes da atividade produtiva; e, de outra parte, os que denunciam verdadeira indústria de danos, que se reflete no âmbito do Poder Judiciário por meio de inúmeras ações que visam obter indenizações em grande parte infundadas.

"Novos danos"

Seja como for, parece não haver dúvidas de que se vive a *era dos danos*,[1] e assiste-se ao surgimento de formidável tipologia de novos danos, travando-se verdadeira "guerra de etiquetas", como já observado pelo saudoso Prof. Ruy Rosado de Aguiar Júnior.[2] Fala-se, por exemplo, em dano de nascimento indesejado, dano por abandono afetivo, dano à vida de relação, dano sexual, dano à capacidade laborativa, dano de afirmação pessoal, dano por rompimento de noivado, dano de férias arruinadas, dano biológico, dano à identidade pessoal, dano hedonístico, dano de *mobbing*, dano de *mass media*, dano de brincadeiras cruéis, dano de privação do uso, desvio produtivo do tempo etc. São tantos os chamados "novos danos" e tão rápida é a sua proliferação que qualquer tentativa de enumerá-los se tornaria rapidamente obsoleta. A inventividade observada nessa seara apenas ratifica o que há tempos já se constatou: "[a] jurisprudência tem sido criativa em diversos setores do Direito, mas em matéria de responsabilidade civil ela é mais notável".[3]

Dano de nascimento indesejado

Alguns desses "novos danos" suscitam viva controvérsia. Na França, por exemplo, causou alarde na comunidade jurídica o chamado *affaire Perrouche*, no qual a *Cour de Cassation* reconheceu o direito do filho da Sra. Perrouche, portador de grave deficiência em razão de rubéola contraída (e não detectada) durante a gravidez, de ser indenizado pelos danos decorrentes de seu próprio nascimento indesejado.[4] Neste caso, a gestante havia expressamente declarado seu desejo de interromper a gestação se o diagnóstico de rubéola fosse realmente confirmado. O mero receio de que, no entendimento da referida corte, o nascimento de criança com deficiência pudesse ser considerado dano ressarcível gerou infindáveis polêmicas, que culminaram com a adoção de medida legislativa específica no ordenamento francês.[5]

---

1 A expressão se refere ao surgimento, no Brasil e alhures, de diversas espécies de demandas ressarcitórias. Confira-se, ao propósito, Genevieve Viney, *De la codification du Droit de la responsabilité civile*: l'experience Francaise. Disponível em: http://www.cslf.gouv.qc.ca. Acesso em: 1.9.2019.

2 STJ, 4ª T, REsp. 226190/RJ, Rel. Min. Ruy Rosado de Aguiar Jr., publ. *DJ* 1.2.2000.

3 Clóvis do Couto e Silva, O conceito de dano no direito brasileiro e comparado. In: *Revista dos Tribunais*, São Paulo, vol. 667, mai. 1991, p. 8.

4 No entendimento da *Cour de Cassation*: "Considerando que os erros cometidos por um médico e por um laboratório no momento da execução de um contrato celebrado com uma mulher grávida impediram-na de decidir pela interrupção de sua gravidez no intuito de evitar o nascimento de uma criança deficiente, poderá esta última pleitear a reparação do prejuízo causado pela deficiência em função daqueles erros cometidos" (Cass. Ass. Plén., 17 nov. 200, Bull. Civ. Ass. Plén., n.º 9, tradução livre).

5 Trata-se da Lei n.º 2002-303, de 4 de março de 2002, que determinou, no art. 1º: "A ninguém é lícito aproveitar-se de um prejuízo causado apenas pelo seu nascimento. Aquele que nasce com uma deficiência gerada por erro médico poderá obter a reparação do prejuízo apenas quando o ato danoso provocou diretamente a deficiência, agravou-a ou ainda quando não permitiu que as

Dano por "abandono afetivo"

No Brasil, causou polêmica o caso do pai condenado pelo Tribunal de Alçada de Minas Gerais a indenizar seu filho em duzentos salários-mínimos por "ausência de amor e carinho".[6] O rapaz alegou que até os seis anos de idade levara uma vida normal, quando seu pai, já no segundo casamento, teve outro filho. Foi, então, que o menino passou a ser rejeitado pelo genitor, que passou a ignorá-lo mesmo em datas importantes como aniversários e formatura no colégio. O pai, que já pagava ao filho pensão alimentícia equivalente a vinte por cento dos seus rendimentos, recorreu da decisão. O caso, que correu em segredo de justiça, trouxe à tona questões complexas, como a eventual existência de um "dever de amar" os filhos que, uma vez descumprido, geraria dever de indenização. Em novembro de 2005, por sua vez, o Superior Tribunal de Justiça rejeitou a configuração de dano decorrente do chamado "abandono afetivo",[7] voltando ao tema em 2012, quando sublinhou que a questão não diz respeito, de fato, à violação de um suposto dever de amar, mas sim do descumprimento dos deveres de cuidado impostos aos genitores, "exsurgindo, daí, a possibilidade de se pleitear compensação por danos morais por abandono psicológico".[8]

Mais recentemente, ainda, a 3ª Turma do Superior Tribunal de Justiça acolheu a pretensão de pagamento de indenização de 30 mil reais por danos morais em decorrência de abandono afetivo.[9] Na hipótese examinada, constatou-se que o desamparo paterno, após a dissolução de união estável dos genitores, suscitou na filha, segundo laudo pericial, numerosos problemas psicofísicos. Segundo o entendimento da Corte, restaram comprovados os requisitos do dever de indenizar, quais sejam: a prolongada omissão paterna; o dano psicológico, que resultou em longos anos de tratamento; e o nexo causal entre o abandono e o dano identificado.

Nessa esteira, ainda, em 2022, o Superior Tribunal de Justiça entendeu que a desistência tardia dos pais adotivos, que devolveram a criança a uma instituição acolhedora após permanecer por quase 8 anos sob sua guarda, "causou ao adotando dor, angústia e sentimento de abandono, sobretudo porque já havia construído uma identidade em relação ao casal de adotantes e estava bem adaptado ao ambiente familiar, possuindo a legítima expectativa de que não haveria ruptura da convivência". Reconheceu-se que a conduta dos adotantes configurou abandono afetivo e causou dano moral indenizável à criança.[10]

---

medidas cabíveis para a atenuar fossem tomadas. Quando se configura a responsabilidade de um profissional da saúde ou de um estabelecimento médico diante dos pais de uma criança nascida com uma deficiência não verificada durante a gravidez em função de uma culpa caracterizada, os pais poderão demandar uma indenização apenas a título de seu prejuízo pessoal. Tal prejuízo não deverá incluir as despesas específicas decorrentes da deficiência da criança ao longo de toda a vida desta. A compensação deste último prejuízo diz respeito à solidariedade nacional" (tradução livre).

6 TAMG, 7ª C.C., Ap. Cív. 408.550-5, Rel. Des. Unias Silva, julg. 29.4.2004.

7 STJ, 4ª T., REsp 757.411, Rel. Min. Fernando Gonçalves, julg. 29.11.2005, publ. *DJ* 27.3.2006.

8 STJ, 3ª T., REsp. 1.159.242/SP, Rel. Min. Nancy Andrighi, julg. 24.4.2012. No mesmo sentido, confira-se: STJ, 3ª T., REsp 1.887.697/RJ, Rel. Min. Nancy Andrighi, julg. 21.9.2021.

9 STJ, 3ª T., Resp 1.887.697/RJ, Rel. Min. Nancy Andrighi, julg. 21.9.2021.

10 STJ, 3ª T., REsp 1.981.131/MS, Rel. Min. Paulo de Tarso Sanseverino, julg. 8.11.2022.

Causas da expansão dos danos indenizáveis

Em rigor, toda essa miríade de danos indenizáveis, que, sob diferentes designações e desígnios, surgem a cada instante, aqui e alhures, pode ser atribuída à interação concomitante de alguns fatores, entre os quais se destacam a identificação de novos interesses juridicamente tutelados, bem como a configuração de novas situações lesivas, muitas delas decorrentes das inovações tecnológicas.

Irreparabilidade de certos danos

Daqui decorrem ao menos duas observações. Em primeiro lugar, não há como estabelecer critérios para a solução do problema da reparação de danos com base exclusivamente nas normas do Código Civil. Torna-se indispensável a busca de balizas que, fundadas nos princípios e valores constitucionais, sirvam para unificar o sistema de responsabilidade, discriminando-se os chamados danos ressarcíveis e reconhecendo a irreparabilidade de inúmeros danos do cotidiano.

Dever de reparar, dano e nexo de causalidade

Em segundo lugar, por mais louvável que seja a ampliação do dever de reparar, protegendo-se as vítimas de uma sociedade cada vez mais sujeita a riscos – decorrentes das novas tecnologias, dos bancos de dados pessoais, dos aparatos industriais, da engenharia genética, e assim por diante –, não se pode desnaturar a finalidade e os elementos da responsabilidade civil. O dever de reparar não há de ser admitido sem a presença efetiva do dano e do nexo de causalidade entre a atividade e o evento danoso, tendo por escopo o ressarcimento da vítima.

Duas categorias de dano: patrimonial e moral

Do ponto de vista dogmático, não há que se falar propriamente em "novos danos", vale dizer, em expansão das espécies autônomas de danos, que se restringem a duas categorias fundamentais:[11] o dano moral, entendido como a lesão à dignidade da pessoa humana, a compreender todos os danos extrapatrimoniais; e o dano patrimonial, subdividido em dano emergente, relativo à efetiva diminuição do ativo ou incremento do passivo patrimonial, e lucro cessante, definido como o não aumento do ativo ou a não diminuição do passivo. Portanto, *tertium non datur:* ou a lesão ocorre no patrimônio da vítima, a acarretar dano patrimonial, ou há lesão à dignidade da pessoa humana, a gerar dano moral. Qualquer lesão, por conseguinte, reconduzir-se-á, necessariamente, a uma dessas duas espécies de dano, e apenas a análise do caso concreto poderá indicar se se trata de uma e/ou outra categoria.

2. PRIVAÇÃO DO USO: ENTRE O DANO E O ENRIQUECIMENTO POR INTERVENÇÃO

Privação do uso de internet

Em janeiro de 2013, a Corte Federal de Karlsruhe, na Alemanha, proferiu decisão segundo a qual os consumidores têm direito à indenização perante provedores de internet pela privação do uso do serviço, sob o argumento de a internet consistir em bem essencial à vida. O tribunal alemão julgava o caso de usuário que ficou impossibilitado de usar sua conexão DSL, que incluía telefone e fax, por dois meses. O consumidor já havia sido indenizado pelos danos materiais consistentes nos gastos com celular, mas buscava reparação também pela privação do uso da internet, uma

[11] Ressalva-se, contudo, a já mencionada do Enunciado n. 387 da Súmula do Superior Tribunal de Justiça. Sobre o tema, confira-se o Capítulo III destes *Fundamentos*.

vez que a legislação alemã admite que a privação do uso de bens essenciais seja objeto de compensação. Segundo afirmou o porta-voz da Corte à emissora alemã ARD, "a internet desempenha um importante papel hoje e afeta a vida privada de um indivíduo de diversas maneiras decisivas. Portanto, a privação do uso da internet é comparável à privação do uso de um automóvel".[12]

Em sentido semelhante, o Tribunal de Justiça do Rio Grande do Sul, por exemplo, já decidira, em 2012, que telefonia e internet encerram serviço essencial, razão pela qual a privação do uso deve ser indenizada.[13] Em outra oportunidade, o mesmo tribunal reconheceu que a privação do uso de caminhão, apreendido por autoridade policial em razão da adulteração do chassi pelos vendedores, configura dano ressarcível.[14] O Tribunal de Justiça de São Paulo, por sua vez, entendeu que a privação do uso do imóvel, decorrente do atraso na entrega pela construtora, lesa interesse legítimo dos promitentes compradores, a merecer indenização.[15]

Suporte fático da privação do uso

As situações descritas, identificadas como *privação do uso*, revelam hipóteses em que o titular do bem impedido de exercer os atos inerentes ao domínio, e deixa de auferir os benefícios que sua utilização lhe proporciona. De regra, a privação do uso decorre de condutas ilegítimas dos agentes: ou estão em mora na entrega ou devolução do bem a seu titular – como ocorre nas hipóteses de mora do construtor na entrega do imóvel, ou na mora do fornecedor no conserto e devolução do bem defeituoso –, ou praticaram algum ato danoso ao bem, para cuja reparação foi necessário privar o titular de usá-lo – como nas hipóteses de abalroamento de veículos. Nesses casos, não há interesse legítimo do causador do dano a justificar sua conduta, razão suficiente a reconhecer o merecimento de tutela ao interesse do titular do bem.

Privação legítima do uso

Não se pode, todavia, deixar de considerar as situações em que a conduta do agente é legítima e merecedora de tutela, e eventuais danos sofridos pelo titular do bem não serão injustos e, tampouco, ressarcíveis. Pense-se na apreensão de veículo por autoridade policial por descumprimento de normas de trânsito. Ainda que a privação do uso impeça seu titular de auferir as vantagens pretendidas, não fará jus à indenização, uma vez que o interesse resguardado pela conduta da autoridade policial, consistente na segurança no trânsito, afigura-se legítimo, e sobrepõe-se ao interesse do proprietário de usar seu bem.

Mera privação do uso e dano patrimonial

Uma das mais acirradas controvérsias em torno do tema reside na existência, ou não, de dano pela mera privação do uso. Em Portugal, identifica-se tendência de

[12] Informações disponíveis em: http://www.reuters.com/article/2013/01/24/us-germany-internet-id USBRE90N15H20130124?feedType=RSS&feedName=oddlyEnoughNews. Acesso em 13.8.2019.

[13] TJRS, 2ª Turma Recursal Cível, Recurso Cível nº 71003329612, Rel. Des. Alexandre de Souza Costa Pacheco, julg. 18.7.2012.

[14] TJRS, 13ª C.C., Ap. Cív. 70022155618, Rel. Des. Carlos Alberto Etcheverry, julg. 17.10.2008.

[15] TJSP, 9ª CDPriv., Ap. Cív. 0000501-92.2010.8.26.0457, Rel. Des. Mauro Conti Machado, julg. 2.3.2015. Ademais, já decidiu a 3ª Turma do STJ que havendo atraso na entrega de imóvel adquirido na planta, e se a cláusula penal moratória do contrato tiver valor inferior ao do aluguel do bem, o consumidor pode cobrar lucros cessantes, sem que precise exigir também a multa contratual (STJ, 3ª T., REsp 2.025.166, Rel. Min. Ricardo Villas Boas Cueva, julg. 13.12.2022).

conceber a mera privação do uso como causadora de dano de natureza patrimonial. Nesse sentido, afirma-se que o simples uso do bem constitui vantagem susceptível de avaliação pecuniária, pelo que sua privação acarreta naturalmente um dano, já que representa "o corte definitivo e irrecuperável de uma 'fatia' dos poderes inerentes ao proprietário", a configurar causa adequada de modificação negativa na relação entre o lesado e seu patrimônio.[16]

O raciocínio, portanto, é este: como o direito de propriedade compreende os direitos de uso e fruição da coisa, e destas faculdades é privado o titular do bem, resta afetado o próprio direito de propriedade; como as faculdades inerentes ao domínio ostentam cariz patrimonial, não podem deixar também de ter um preço, de modo que sua violação produz dano patrimonial. Nessa esteira, afirma-se que o dono do veículo, ao ser privado do uso, sofre lesão em seu patrimônio, uma vez que dele faz parte o direito de utilização das coisas próprias.[17]

Mera privação do uso e dano moral

Encontram-se também em Portugal orientações segundo as quais a simples privação do uso gera dano de natureza moral, porque impõe ao lesado a alteração da sua rotina diária para atingir os mesmos resultados alcançados antes da privação. Nesse sentido, decidiu o Supremo Tribunal de Justiça daquele país que a "simples impossibilidade de dispor do veículo constitui para o lesado um dano não patrimonial, sendo certo que a regra é assente em direito que a privação ilícita do uso de qualquer bem constitui um dano de que o lesado deve ser compensado".[18]

No Brasil, a discussão mostra-se também intensa. Não parece exato que a supressão temporária do bem acarrete lucros cessantes ou danos emergentes no montante correspondente ao valor locatício se não houver prova da destinação do bem à sua exploração econômica. Entretanto, há que se levar em conta o valor do conteúdo econômico do bem (composto pelas faculdades de usar, fruir e dispor), cuja vida útil determina depreciação ao longo do tempo. O valor de tal conteúdo econômico não pode ser estabelecido em abstrato, já que depende de suas características, natureza e destinação, a serem avaliadas de acordo com as circunstâncias concretas em que se insere. Por isso, há de se afastar presunções absolutas de que a privação abstrata de uso gera sempre e necessariamente dano ressarcível.[19] Vale dizer, embora a privação

---

16 António Santos Abrantes Geraldes, *Temas da Responsabilidade Civil. Indemnização do Dano da Privação do Uso*, vol. I, Coimbra: Almedina, 2007, 3ª ed. rev. e atual., p. 71. No mesmo sentido, Mário Júlio Almeida Costa, *Direito das Obrigações,* Coimbra: Almedina, 2000, 8ª ed., p. 534.

17 A favor da tese, Menezes Leitão afirma: "entre os danos patrimoniais inclui-se naturalmente a privação do uso das coisas ou prestações, como sucede no caso de alguém ser privado da utilização de um veículo seu ou ser impedido de realizar uma viagem turística que tinha contratado. Efectivamente, o simples uso constitui uma vantagem susceptível de avaliação pecuniária, pelo que a sua privação constitui naturalmente um dano" (Luís Manuel Teles de Menezes Leitão, *Direito das Obrigações*, vol. I, Coimbra: Almedina, 2006, 5ª ed., p. 333).

18 3ª Secção, Relator Oliveira Mendes, processo nº 2511/07.8 TACSC.L2. S1, julg. 28.9.2011. Disponível em http://www.dgsi.pt. Acesso em: 20.10.2013.

19 O Superior Tribunal de Justiça, por sua vez, entendeu, em sede de Recurso Repetitivo, que, "(...) no caso de descumprimento do prazo para entrega do imóvel incluído no período de tolerância, o prejuízo do comprador é presumido, consistente na injusta privação do uso do bem, ensejando

do uso, como faculdade inerente ao domínio, constitua evento lesivo passível de deflagrar o dever de ressarcir, deve este ser confirmado, podendo ser ampliado, reduzido e até afastado, à luz das peculiaridades do caso concreto.[20] A partir de tal valoração poderá ser identificado o suporte fático de dano, vale dizer, de situação passível de causar dano injusto.[21]

Por outro lado, independentemente da autonomia da privação do uso para a deflagração do dever de indenizar, a jurisprudência brasileira tem se mostrado sensível à admissão da privação do uso como suporte fático de dano moral ou material, e às vezes de ambos, simultaneamente, consoante o interesse lesado. Nessa direção, o Tribunal de Justiça do Rio Grande do Sul entendeu que a privação do uso de centrífuga de roupa, adquirida pela consumidora com defeito não reparado pelo fornecedor após três envios do produto para conserto, configura dano moral. A solução da controvérsia decorreu de análise minuciosa das características da vítima e dos efeitos da privação do uso do bem em sua vida. De acordo com o Relator, "via de regra, tal situação, ainda que configure descumprimento na relação contratual, não daria ensejo à indenização por danos morais. Contudo, tendo em vista que a parte autora comprovou, de forma robusta (...), ser portadora de doença cardíaca, para a qual o esforço físico proveniente dos afazeres domésticos é nocivo, é de se entender excepcionalmente configurado os danos à personalidade da autora, tendo em vista que a privação do uso do eletrodoméstico possui relação direta com o maior esforço despendido para a realização das tarefas do lar".

Dano moral

Em outras ocasiões, a supressão de vantagens do titular pode ensejar a configuração de dano patrimonial. É o que se verifica, de regra, quando taxista sofre abalroamento em seu veículo, e se vê privado indevidamente de usá-lo para o desempenho de sua atividade profissional, situação em que se impõe a indenização dos valores que

Dano patrimonial

---

pagamento de indenização, na forma de aluguel mensal, com base no valor locatício de imóvel assemelhado, com termo final na data da disponibilização da posse direta ao adquirente da unidade autônoma" (STJ, 3ª T., REsp 1.729.593/SP, Rel. Min. Marco Aurélio Bellizze, julg. 25.9.2019).

20 Entendeu a 19ª Câmara Cível do TJRJ, ao examinar a privação do uso das cadeiras perpétuas no Estádio Jornalista Mário Filho (Maracanã), tratar-se de objeto de tutela autônoma: "Com efeito, inicialmente, convém o destaque de que a prerrogativa de uso integra o patrimônio jurídico de seu titular, recebendo tutela autônoma dentro do escopo da situação proprietária, a justificar que sua privação possa ensejar o dever de indenizar" (TJRJ, 19ª C.C., Ap. Cív. 0180701-89.2016.8.19.0001, Rel. Des. Sérgio Nogueira de Azeredo, julg. 31.10.2017). Em sentido contrário, a 2ª Turma Recursal Cível do TJRS afirmou que "a privação do uso do produto somente ensejaria indenização por danos morais se comprovado algum prejuízo extrapatrimonial efetivamente vivenciado pela ora recorrente, o que não se extrai dos autos" (TJRS, 2ª Turma Recursal Cível, Recurso Inominado 71007607278, Rel. Des. Roberto Behrensdorf Gomes da Silva, julg. 16.5.2018).

21 Na perspectiva do direito português, observa Paulo da Mota Pinto: "Pensamos, pois, que a privação dessas concretas vantagens, e não logo a perturbação da faculdade de utilização que integra o direito de propriedade, é que importará já um dano, autonomizável da ilicitude por afectação da abstracta possibilidade de uso – um dano, portanto, bem mais próximo da ideia de vantagens que teriam podido ser fruídas depois do evento lesivo, e, assim, de vantagens ou de um 'lucro' (em sentido amplo) cessante, do que de uma perda ou dano emergente em posições actualizadas do lesado" (*Interesse contratual positivo e interesse contratual positivo*, vol. I, Coimbra: Coimbra Editora, 2008, pp. 594-596).

deixa de receber durante o período de conserto do automóvel, a título de lucros cessantes.[22]

Dano patrimonial e moral

É possível, ainda, a configuração simultânea de danos materiais e morais pela privação do uso, como pode ocorrer quando passageiro tem sua bagagem extraviada, e fica impossibilitado de usar suas roupas e objetos pessoais. Note-se que algumas circunstâncias, como características peculiares do passageiro – estado de saúde e idade[23] –, e o momento em que o extravio se verifica – no voo de ida ou de volta de viagem –, contribuem para a configuração dos danos.[24]

Substituição do bem

De todo modo, se a supressão das faculdades que configuram o conteúdo econômico do bem é passível de gerar dano, sua substituição por outro de igual natureza e função pode afastar a configuração da lesão: se ao titular é oferecido pelo agente ofensor bem equivalente àquele do qual se utilizava, permitindo-lhe propiciar benefício econômico equivalente à disponibilidade do bem original, não há dano pela privação do uso. Nessa linha, se a compradora da centrífuga mencionada na decisão anterior recebesse produto equivalente, com as mesmas características do que fora adquirido, para usar durante o tempo de reparo do eletrodoméstico defeituoso, não haveria configuração de dano injusto, já que assim obteria todos os benefícios franqueados pelo aludido eletrodoméstico. Do mesmo modo, se ao taxista fosse oferecido, em substituição ao táxi abalroado, outro veículo com as mesmas características do seu carro, tampouco haveria dano material, desde que fosse possível extrair do uso do veículo substituto iguais benefícios que auferiria com o de sua propriedade. No entanto, só resta afastado o dano se o titular conseguir usufruir, de fato, por meio da substituição do bem, de todas as vantagens que lhe proporcionava aquele de cujo uso foi privado.

"Privação do uso e enriquecimento sem causa"

Nada obstante, embora algumas hipóteses de privação do uso não encontrem na responsabilidade civil a tutela adequada, isso não significa que o ordenamento jurídico não contemple solução satisfatória para o caso; de regra, tais hipóteses promovem o enriquecimento sem causa do agente que causou a privação, a permitir o manejo da *actio in rem verso* pelo titular do bem, a qual não se confunde com o dever

---

22 TJRJ, 4ª C.C., AI 0059073-10.2014.8.19.0000, Rel. Des. Reinaldo P. Alberto Filho, julg. 4.11.2014.

23 "(...) Ausente prova em sentido contrário, deve a reparação por danos materiais corresponder ao valor pleiteado pelo consumidor, amparado em relação de pertences extraviados dirigida à companhia aérea, por se mostrar compatível com o conteúdo normal de bagagens de passageiros, dentre os quais um bebê de 04 meses, para uma viagem de duração semelhante à feita pelos autores. Demonstrada a privação de uso de roupas e objetos pessoais em viagem, por falha da empresa ré, revela-se nítida a ofensa moral suportada pelos viajantes que tiveram violados direitos fundamentais da personalidade. (...)" (TJMG, 18ª C.C., Ap. Cív. 1.0024.11.212144-7/001, Rel. Des. João Câncio, julg. 3.9.2013).

24 "(...) A privação imposta aos viajantes do uso de suas roupas e objetos pessoais, por falha da empresa ré gera nítida a ofensa moral, passível de indenização. O arbitramento do valor dos danos morais deve assegurar indenização suficiente e adequada para compensação das ofensas suportadas pelas vítimas e para desestimular-se a prática reiterada da conduta lesiva pelo ofensor, devendo ser considerada, no caso, a circunstância de que o extravio da bagagem do passageiro, fato gerador dos danos morais, ocorreu na ida à outro país, sendo consideráveis os transtornos gerados pelas circunstâncias vividas pelos viajantes" (TJMG, 18ª C.C., Ap. Cív. 1.0518.13.009810-7/001, Rel. Des. João Câncio, julg. 3.3.2015).

de reparar, circunscrevendo-se à parcela relativa ao lucro obtido pelo agente com a intervenção no bem alheio.[25]

O enriquecimento sem causa difere da responsabilidade civil não apenas pela diversidade de situações que permitem a aplicação de uma ou outra disciplina, mas, sobretudo, pela função de cada uma delas: enquanto a responsabilidade civil visa à reparação do dano sofrido pela vítima, o enriquecimento sem causa se destina à remoção da vantagem ilegitimamente auferida pelo agente e sua consequente transferência a quem de direito pertencer, a abarcar situações não cobertas pela responsabilidade civil. Os casos de enriquecimento sem causa se situam, por conseguinte, no âmbito da reprovabilidade perante os princípios do sistema, e sua função precípua é remover o enriquecimento do patrimônio do enriquecido, pelo que pouco importa a situação patrimonial do titular do bem.

Desse modo, a privação do uso encerrará suporte fático do enriquecimento sem causa, não já de responsabilidade civil, quando, inexistindo dano, restar configurado: a) o *enriquecimento por intervenção*, isto é, o incremento patrimonial do agente por meio da intervenção em bens jurídicos alheios, a privar o verdadeiro titular do uso desses bens; b) que o enriquecimento *se deu à custa de outrem*, ou seja, que o agente se enriqueceu pelo uso de bens alheios cujos benefícios, de acordo com a ordenação substancial dos bens aprovada pelo Direito, deveria pertencer a seu titular; e c) a ausência de causa justificadora do enriquecimento (art. 885 do CC),[26] ou seja, ausência de título jurídico, legal ou convencional, que justifique o incremento patrimonial a partir do uso do bem do qual seu titular está privado.

Situação diversa se verifica quando há exploração de bem alheio com aferição de benefício econômico. Com efeito, também neste caso, o instituto capaz de excluir o proveito econômico ilegitimamente obtido pelo agente que explora o direito de propriedade alheio, ou seja, o lucro da intervenção, é o enriquecimento sem causa.

Pense-se no sujeito que passa a explorar economicamente, para atividade turística, cachoeira que, de boa-fé, pensa estar localizada em seu terreno. Ele realiza uma série de melhoramentos no local, constrói banheiros, área de piquenique, estacionamento, a fim de melhor atender os turistas. Evidentemente, não fosse a cachoeira, nenhum lucro obteria o interventor. Contudo, parte desse lucro se liga diretamente à atuação e ao esforço do agente, já que a estrutura oferecida aos usuários se revelou fundamental para o sucesso do empreendimento, pelo que deve ser mantida em seu patrimônio, ainda que seja desdobramento da intervenção. Imprescindível, portanto, analisar o liame de causalidade entre o enriquecimento e o objeto da intervenção e o esforço do agente, a fim de identificar o montante a ser restituído e aquele a ser retido pelo interventor de boa-fé.

Em qualquer caso, esteja o interventor de boa ou de má-fé, o destino das construções seguirá as regras referentes à edificação em terreno alheio, nos termos do art. 1.255 e seguintes do Código Civil.

---

25 Sobre enriquecimento sem causa, confira-se o volume 3, Contratos, destes *Fundamentos*.

26 "Art. 885. A restituição é devida, não só quando não tenha havido causa que justifique o enriquecimento, mas também se esta deixou de existir."

3. DESVIO PRODUTIVO DE TEMPO

Reparo de linha telefônica

Proliferam-se no país demandas dirigidas ao ressarcimento pelo chamado desvio produtivo do tempo. Nesse sentido, o Tribunal de Justiça de São Paulo condenou empresa de telefonia a indenizar os danos causados pela "perda do tempo livre" do consumidor que tentou, por diversas vezes ao longo de três meses, sem sucesso, regularizar linha telefônica indevidamente bloqueada.[27] No Tribunal de Justiça do Rio de Janeiro, prestadora de serviços educacionais foi condenada a indenizar os danos sofridos por aluna que, a despeito das inúmeras tentativas ao longo de um ano, não obteve a restituição de parte da mensalidade paga após o cancelamento de sua matrícula, conforme contratualmente previsto. De acordo com o tribunal, "a perda de tempo da vida do consumidor em razão do mau atendimento de um fornecedor não é mero aborrecimento do cotidiano, mas verdadeiro impacto negativo em sua vida, que é obrigado a perder tempo de trabalho, tempo com sua família, tempo de lazer, em razão de problemas gerados pelas empresas".[28]

Fila de banco

Já o Superior Tribunal de Justiça decidiu que, sob o prisma individual, a demora no atendimento em fila de bancos e "a mera invocacção de legislação municipal que estabelece tempo máximo de espera" não são suficientes para ensejar o direito à indenização, afigurando-se necessário a comprovação de alguma intercorrência que "pudesse abalar a honra do autor ou causar-lhe situação de dor, sofrimento ou humilhação".[29] De outro lado, o mesmo Tribunal estabeleceu, também a respeito da longa espera em filas de banco, que "a proteção à perda do tempo útil do consumidor deve ser, portanto, realizada sob a vertente coletiva, a qual, por possuir finalidades precípuas de sanção, inibição e reparação indireta, permite seja aplicada a teoria do desvio produtivo do consumidor e a responsabilidade civil pela perda do tempo".[30]

---

27 TJSP, 19ª CDPriv., Ap. Cív. 9057469-36.2009.8.26.0000, Rel. Des. Ricardo Negrão, julg. 15.8.2011; TSJP, 12ª CDPriv, Ap. Cív. 1003498-80.2020.8.26.0004, Rel. Des. Tasso Duarte de Melo, julg. 10.9.2021.

28 TJRJ, 27ª C.C., Ap. Cív. 0460569-74.2012.8.19.0001, Rel. Des. Fernando Antônio de Almeida, julg. 27.1.2014. No mesmo sentido, TJRJ, 6ª C.C., Ap. Cív 0020369-71.2018.8.19.0004, Rel. Des. Claudia Pires dos Santos Ferreira, julg. 7.4.2021.

29 STJ, 4ª T., AgRg no AREsp 357.188/MG, Rel. Min. Marco Buzzi, julg. 3.5.2018. Confira-se, ainda, o seguinte trecho do julgado proferido pelo STJ, 4ª T., REsp 1.647.452/RO, Rel. Min. Luis Felipe Salomão, julg. 26.2.2019: "Logo, a espera em fila de banco, supermercado, farmácia, como também para atendimento por profissionais liberais (médico, advogado, dentista, manicure), bem assim em repartições públicas, entre outros setores, em regra, é mero desconforto que, segundo entendo, a toda evidência não tem o condão de afetar direito da personalidade, tampouco de interferir intensamente no bem-estar do consumidor (equilíbrio psicológico, isto é, saúde mental). (...) É claro que há situações-limite, a exemplo da demora para atendimento médico emergencial de paciente em estado grave, com exposição de direito da personalidade a risco (saúde, incolumidade física, ou mesmo a vida), em que se poderia cogitar em dano moral indenizável. Ainda assim, na verdade, essa indenização não seria para reparação pelo tempo desarrazoado decorrido até o atendimento médico, mas, sim, como visto, pela lesão a direito da personalidade". Já o Tribunal de Justiça do Paraná reconheceu a lesão causada ao consumidor pela espera por 51 minutos em fila de banco; nos termos do acórdão, "o autor sofreu também o prejuízo do tempo desperdiçado, em razão da demora em ser atendido, o qual poderia ter sido utilizado de maneira mais benéfica e proveitosa" (TJPR, 10ª C.C., Ap. Cív. 1.094.389-0, Rel. para o acórdão Arquelau Araújo Ribas, julg. 12.12.2013).

30 STJ, 3ª T., REsp 1.737.412/SE, Rel. Min. Nancy Andrighi, julg. 5.2.2019.

As decisões mencionadas revelam a relevância do tempo na sociedade contemporânea, a suscitar discussões acerca dos aspectos jurídicos relativos ao chamado "desvio produtivo de tempo", centrando-se a controvérsia, sobretudo, em torno da existência, ou não, de nova categoria autônoma de dano.

Categoria autônoma

Afirma-se, por um lado, que o dano por desvio produtivo ou perda de tempo útil "poderá se consolidar como *categoria autônoma* de dano em decorrência do sistema aberto de tutela da dignidade humana, da tutela da liberdade e de responsabilização civil".[31] Nesse sentido, o chamado desvio produtivo de tempo encerraria nova espécie de dano, ao lado do moral e do patrimonial. Entretanto, diante da subtração da disponibilidade de tempo, ou bem haverá dano moral, se resultar de lesão à dignidade da pessoa humana;[32] ou material, se houver diminuição do patrimônio da vítima, por comprometer sua atividade produtiva. Em uma das duas categorias o dano há de ser enquadrado.

Perda do tempo não é categoria autônoma

Não se trata, propriamente, de novo interesse juridicamente tutelado,[33] embora se reconheça a contemporânea ampliação qualitativa dos interesses dignos de tutela, sobretudo, daqueles existenciais, na esteira da ascensão da dignidade da pessoa humana a princípio fundamental da República brasileira. Na tentativa de garantir ao lesado, sobretudo ao consumidor, a tutela mais efetiva possível, tem-se procurado ampliar as hipóteses de danos indenizáveis.[34] Embora louvável a intenção, a construção requer análise cuidadosa. A configuração do dano injusto não prescinde da identificação de interesse jurídico merecedor de tutela, já que a injustiça do dano está, precisamente, na violação desse interesse que, no caso em tela, outro não é senão a liberdade para dispor do próprio tempo. A novidade, contudo, parece estar mais na velocidade e assoberbamento da vida contemporânea, a conduzir à maior valorização

Não há novo interesse juridicamente tutelado

[31] Maurilio Casas Maia, O dano temporal indenizável e o mero dissabor cronológico no mercado de consumo: quando o tempo é mais que dinheiro – é dignidade e liberdade. In: *Revista de Direito do Consumidor*, vol. 92, p. 170, mar./abr. 2014, grifos no original.

[32] O Tribunal de Justiça de São Paulo condenou administradora de cartão de crédito a indenizar, por danos morais, "autora que, apesar de não ter o nome indevidamente negativado, teve o cartão bloqueado para compras, procurou auxílio em entidade de proteção ao consumidor e despendeu idas e vindas ao estabelecimento empresarial de um dos réus em busca de solução para o problema, sem resultado. (...) Não se cuida efetivamente de mero aborrecimento, mas de verdadeira frustração causada pela falha na prestação do serviço. Tem plena aplicação aqui a teoria do desvio produtivo do tempo do consumidor. Afinal, a autora poderia estar dedicando seu tempo a seus afazeres habituais ou a atividades de lazer, mas, em vez disso, pôs-se a tentar solucionar, infrutiferamente, o problema que lhe foi causado pelos réus" (TSJP, 12ª CDPriv, Ap. Cív. 1004754-56.2017.8.26.0362, Rel. Des. Sandra Galhardo Esteves, julg. 23.7.2019). No mesmo sentido: TJSP, 31ª CDPriv, Ap. Cív. 1012840-42.2021.8.26.0405, Rel. Des. Rosangela Telles, julg. 13.12.2021.

[33] Em sentido semelhante, Carlos Edison do Rêgo Monteiro Filho afirma que o direito ao tempo livre "se mostra interesse merecedor de tutela à luz da dignidade da pessoa humana", mas reconhece que "tal interesse representa uma concretização da liberdade, no tocante ao ofendido, e um dever de respeito ao consumidor, imposto pela solidariedade social, em relação ao ofensor" (Carlos Edison do Rêgo Monteiro Filho, Lesão ao tempo: configuração e reparação nas relações de consumo. In: *Revista da AJURIS*, Porto Alegre, v. 43, n. 141, dez./2016, p. 92).

[34] Marcos Dessaune, Dano moral decorrente de tempo produtivo desperdiçado pelo consumidor em inúmeras tentativas de sanar o vício do produto. *Revista de Direito do Consumidor.* vol. 93, p. 402, mai./jun. 2014.

do tempo das pessoas, do que propriamente na identificação de um novo interesse merecedor de tutela. Cuida-se, enfim, de jogar luzes a certo aspecto da liberdade, identificado em razão da valorização do tempo, e revelador de interesse merecedor de tutela.

Lesão à liberdade

Pense-se no vício de qualidade do produto, consistente na inadequação objetiva que lhe retira a possibilidade de satisfazer a confiança que o consumidor nele depositou. Dispõe o art. 18 do Código de Defesa do Consumidor que o vício deve ser sanado no prazo de 30 dias, sob pena de ser conferido ao consumidor o poder de escolher, alternativamente, entre a substituição do produto, a restituição da quantia paga ou o abatimento proporcional do preço. O prazo de 30 dias conferido pelo legislador não é, portanto, o período durante o qual o consumidor deve, incansável e obstinadamente, buscar a solução do vício, mas sim o prazo para o fornecedor, ciente do problema, resolvê-lo satisfatoriamente. Ao consumidor basta advertir o fornecedor sobre a inadequação do produto, e ao fornecedor compete atender o consumidor e diligenciar o reparo no prazo determinado.[35] Se o fornecedor, contudo, impõe ao consumidor dispêndio de tempo superior ao necessário para pleitear a solução adequada ao vício do produto, obrigando-o a se dirigir diversas vezes à loja ou a despender tempo excessivo em ligações telefônicas para *call center*, para o que deixa de se dedicar a qualquer outra atividade que mais lhe apraz, restará violada a sua liberdade, que lhe garante a possibilidade de decidir o que fazer com o próprio tempo disponível, mesmo que seja o período de ócio deliberado, popularmente chamado de *dolce far niente*.

Repita-se, uma vez mais, que não se trata aqui da hipótese de demora do fornecedor em sanar o vício, superando os 30 dias acima mencionados, o que poderia configurar privação do uso, consoante já examinado. A lesão à liberdade pressupõe que o consumidor se desvie de suas atividades rotineiras, quaisquer que sejam elas, e empregue tempo excessivo no desempenho de certa atividade em razão da inobservância de dever imputado ao contratante, qualquer que seja a sua natureza.

Inobservância de dever de conduta

Por vezes, a lei fixa o tempo máximo a ser despendido pelo contratante no exercício de certa atividade, como o fez a Lei nº 4.223/2003, do Estado do Rio de Janeiro, que estabeleceu, com a nova redação conferida ao art. 1º pela Lei estadual nº 7.720/2017, "que agências bancárias e dos correios, situadas no âmbito do Estado do Rio de Janeiro, deverão colocar, à disposição dos seus usuários, pessoal suficiente e necessário, no setor de caixas e na gerência, para que o atendimento seja efetivado no prazo máximo de 20 (vinte) minutos, em dias normais, e de 30 (trinta) minutos, em véspera e depois de feriados", sob pena de pagamento de multa nos termos do Código de Defesa do Consumidor. Note-se, todavia, que não se afigura necessária a presença de norma legal ou contratual específica definidora do referido lapso temporal para, apenas diante de sua superação, configurar-se lesão à sua liberdade. Semelhante exi-

---

[35] Ressalte-se que, tratando-se e produto essencial, impõe-se a substituição imediata, nos termos do art. 18, § 3º, do CDC.

gência "seria retrocesso incompatível com o quadro atual da ciência do Direito pátria, além de se mostrar injustificável apego formalista".[36] Isso porque a boa-fé objetiva impõe às partes deveres de conduta voltados à atuação diligente, proba e colaborativa, de modo a exigir dos contratantes que adotem as medidas necessárias a não impor à outra parte dedicação de tempo excessivo à execução de certa tarefa, tolhendo sua liberdade de se dedicar a outras atividades.

Perda de tempo em situações corriqueiras

Note-se que nem toda e qualquer perda do tempo que configura violação à liberdade. Diversas atividades diárias acabam por demandar mais tempo do que se desejaria a elas dedicar. No entanto, a vida em grandes centros urbanos, não raro, impõe certos contratempos, que devem ser tolerados. É o que se passa quando se espera atendimento em consultório médico, ou quando se espera na fila do supermercado que está mais cheio do que de costume naquele dia. Cuida-se de situações corriqueiras, que não decorrem da violação de deveres de conduta, ou de deveres contratuais ou legais expressamente imputados ao contratante.

Dano patrimonial ou moral

A perda do tempo útil pode, de fato, gerar dano moral ou dano patrimonial, desde que haja efetivamente dano injusto, tendo-se por irrazoável a subtração de tempo imposta pelo agente à vítima.[37] Nesse caso, no mais das vezes, configura-se dano moral, tendo em vista a lesão causada à liberdade da parte. Não se afasta, todavia, a possibilidade de configuração de dano patrimonial, o que se verifica quando, em razão do tempo excessivo despendido com certa atividade, o sujeito sofre perda patrimonial. Por esse motivo, há de se examinar, sempre, a situação concreta, a fim de verificar se há causalidade necessária entre o tempo excessivamente perdido no desempenho de referida tarefa e o desfalque patrimonial.

Desnecessidade de relação contratual

Ademais, posto as reflexões acerca do desvio produtivo do tempo tenham surgido no âmbito das relações de consumo, o dano à liberdade em decorrência da perda do tempo útil pode ocorrer também no contexto de relações civis.[38] Em verdade, nem sequer se afigura necessária à configuração do dano a existência de relação contratual

---

36 Carlos Edison do Rêgo Monteiro Filho, Lesão ao tempo: configuração e reparação nas relações de consumo. In: *Revista da AJURIS*, Porto Alegre, v. 43, n. 141, dez./2016, p. 100.

37 Conforme explica Carlos Edison do Rêgo Monteiro Filho, "a perda de tempo não é nem um *tertium genus* de dano, ao lado do material e do moral, nem tampouco uma espécie ou hipótese de dano moral. Na esteira do que, em outra sede, já se disse acerca do chamado dano estético, a caracterização do dano decorre do efeito que ele produz na vítima, e não da natureza do interesse juridicamente tutelado. Ou seja, a sua real qualificação variará conforme os reflexos da lesão ao interesse juridicamente protegido, os quais, no sistema brasileiro, podem ser de duas ordens: patrimonial ou moral" (Carlos Edison do Rêgo Monteiro Filho, Lesão ao tempo: configuração e reparação nas relações de consumo. In: *Revista da AJURIS*, Porto Alegre, v. 43, n. 141, dez./2016, p. 106).

38 Partindo de concepção mais restrita da análise da relevância do tempo, o STJ entendeu, diversamente, que a "Teoria do Desvio Produtivo do Consumidor, como se infere da sua origem, dos seus fundamentos e dos seus requisitos, é predisposta a ser aplicada no âmbito do direito consumerista, notadamente em razão da situação de desigualdade e de vulnerabilidade que são as notas características das relações de consumo, não se aplicando, portanto, a relações jurídicas regidas exclusivamente pelo Direito Civil" (STJ, 3ª T., REsp 2.017.194/SP, Rel. Min. Nancy Andrighi, julg. 25.10.2022). Destaque-se, todavia, que, a despeito da justa preocupação com a vulnerabilidade do consumidor, a lesão ao tempo, em si considerado, não se circunscreve à seara consumerista, podendo caracterizar-se esse tipo de violação mesmo na inexistência de assimetria entre as partes.

entre vítima e agente ofensor; basta que se verifique o contato social qualificado entre as partes, a exemplo do que se verifica na fase das tratativas contratuais, no âmbito da qual também incidem os deveres de conduta decorrentes da boa-fé objetiva.

4. VIOLÊNCIA OBSTÉTRICA

Aumentam exponencialmente os relatos de violência praticada contra a gestante, realidade que atinge uma em cada quatro mulheres no Brasil.[39] Em 2006, por exemplo, Eva entrou para a estatística. Aos sete meses de gestação, sua bolsa estourou. Eva se dirigiu à maternidade, onde ficou internada por dois dias, ao final dos quais foi encaminhada para casa. Ao retornar ao hospital, três dias depois, de acordo com a orientação que recebera, foi recebida com acusações e agressões: "Por que não veio mais cedo?", "Queria forçar um parto normal?", "Quem manda no procedimento sou eu". Eva foi encaminhada à sala de cirurgia, onde prosseguiram as ameaças proferidas pelos profissionais que a atendiam, que chegaram a dizer que ela iria "arcar com as consequências" de suas escolhas. A equipe médica tentou realizar a manobra de Kristeller (procedimento pelo qual o profissional de saúde "empurra" a barriga da gestante a fim de acelerar a expulsão do feto), e uma das enfermeiras se deitou sobre sua barriga sem a consultar. Por reagir ao procedimento, Eva teve suas mãos amarradas. O bebê não sobreviveu. A mãe ainda ouviu que a morte de seu filho era culpa sua, pois ocorrera por ela ter "forçado" o parto.[40]

Definição

Nos termos de cartilha informativa lançada pela Defensoria Pública do Estado de São Paulo (DPGE-SP) em 2013, a violência obstétrica se caracteriza pela "apropriação do corpo e processos reprodutivos das mulheres pelos profissionais de saúde, através do tratamento desumanizado, abuso da medicalização e patologização dos processos naturais, causando a perda da autonomia e capacidade de decidir livremente sobre seus corpos e sexualidade, impactando negativamente na vida das mulheres".[41]

---

39 "25% das mulheres entrevistadas afirmaram ter sofrido alguma forma de violência institucional, desatacando-se a realização de exame de toque doloroso e negativa para alívio da dor (10%), ausência de explicação quanto aos procedimentos adotados e gritos de profissionais durante o atendimento (9%), negativa de atendimento (8%) e xingamento e humilhações (7%). Ainda, a pesquisa apontou que cerca de 23% das entrevistadas sofreram coação verbal pelos profissionais, por meio de frases como 'não chora que ano que vem você está aí de novo' (15%), 'na hora de fazer não chorou, não chamou a mamãe' (14%), 'se gritar eu paro e não vou te atender' (6%), 'se ficar gritando vai fazer mal pro neném, ele vai nascer surdo' (5%)" (Fundação Perseu Abramo, 2010, p. 173 e ss., *on-line*).

40 O episódio é narrado em reportagem da Revista Época, sob o título "Vítimas da violência obstétrica: o lado invisível do parto" (Thais Lazzarei, Vítimas da violência obstétrica: o lado invisível do parto. In: *Época*, São Paulo, 4.8.2015. Disponível em: https://epoca.globo.com/vida/noticia/2015/08/vitimas-da-violencia-obstetrica-o-lado-invisivel-do-parto.html. Acesso em: 7.10.2019).

41 Violência obstétrica: você sabe o que é? Disponível em: <https://www.defensoria.sp.def.br/dpesp/repositorio/41/Violencia%20Obstetrica.pdf>. Acesso em: 5.9.2018. Em sentido semelhante, a Lei nº 7.461, de 28 de fevereiro de 2024, do Distrito Federal, que estabelece diretrizes para prevenir e combater a violência obstétrica, define, em seu art. 2, inciso II, violência obstétrica como "qualquer ato praticado por profissional de saúde que cause constrangimento, dor, sofrimento físico ou psicológico à mulher no momento do parto ou do pré-natal, incluindo a recusa de atendimento, a realização de procedimentos desnecessários, o uso excessivo de medicamentos, a não informação sobre os procedimentos realizados, entre outros".

O tratamento desumanizado resta configurado sempre que a dignidade da mulher é aviltada, o que se verifica não apenas quando se praticam atos que violam sua integridade psíquica, como se passa quando a equipe médica lhe dirige tratamento degradante, xingando-a ou depreciando-a, mas também quando se viola sua integridade física, a exemplo do que ocorre quando se adotam procedimentos sem o seu consentimento, como lavagem intestinal, imobilização física, exames de toques constantes e desnecessários, manobra de Kristeller, episiotomia (corte cirúrgico na região do períneo para ampliar o canal de parto) de rotina e mesmo cesariana sem anestesia. Tais práticas afiguram-se flagrantemente abusivas, muitas delas despidas de qualquer respaldo científico, adotadas por decisão exclusiva do médico, sem o consentimento livre e esclarecido da parturiente.[42] Trata-se, no entanto, de procedimentos rotineiros nos hospitais brasileiros, ineficazes ou pouco eficazes, alguns reconhecidamente inseguros, e que causam desconforto, dor, humilhação ou constrangimento.[43] Tratamento desumanizado

42 "Consentimento esclarecido é aquele que tem como base o integral cumprimento do dever médico de explicar ao doente, de modo compreensível e leal, o tratamento que se propõe fazer, quais os prováveis efeitos e quais os riscos possíveis, ainda que pouco usuais. Do mesmo modo exige-se que o médico explique ao doente quais as possibilidades de tratamento" (João Álvaro Dias, *Procriação assistida e responsabilidade médica*, Coimbra: Coimbra Editora, 1996, p. 292).

43 Tal realidade tem sido enfrentada pelos tribunais brasileiros. V., nessa direção, TJRJ, 20ª C.C., Ap. Cív. 0106193-95.2004.8.19.0001, Rel. Des. Mônica de Faria Sardas, julg. 16.8.2017, publ. *DJ* 21.8.2017, em que restou configurado o dever de indenizar do Município, diante de realização de parto normal em hospital público da rede municipal com episiotomia que implicou em fístula retovaginal. Também o Tribunal de Justiça de São Paulo já destacou que: "Direito ao parto humanizado é direito fundamental. Direito da apelada à assistência digna e respeitosa durante o parto que não foi observado. As mulheres têm pleno direito à proteção no parto e de não serem vítimas de nenhuma forma de violência ou discriminação. Privação do direito à acompanhante durante todo o período de trabalho de parto. Ofensas verbais. Contato com filho negado após o nascimento deste. Abalo psicológico *in re ipsa*. Recomendação da OMS de prevenção e eliminação de abusos, desrespeito e maus-tratos durante o parto em instituições de saúde. Prova testemunhal consistente e uniforme acerca do tratamento desumano suportado pela parturiente. Cada parturiente deve ter respeitada a sua situação, não cabendo a generalização pretendida pelo hospital réu, que, inclusive, teria que estar preparado para enfrentar situações como a ocorrida no caso dos autos. Paciente que ficou doze horas em trabalho de parto, para só então ser encaminhada a procedimento cesáreo. Apelada que teve ignorada a proporção e dimensão de suas dores. O parto não é um momento de 'dor necessária'" (TJSP, 5ª CDPriv., Ap. Cív. 0001314-07.2015.8.26.0082, Rel. Des. Fábio Podestá, julg. 11.10.2017, publ. *DJ* 11.10.2017). Reconhecendo, igualmente, o direito ao parto humanizado, decidiu o Tribunal de Justiça de São Paulo ser devida a indenização por danos morais à autora que "não teve garantidos os direitos de facilitação ao parto natural, espaço adequado e privativo e presença do seu acompanhante durante o trabalho de parto. Consentimento para realização de parto cesariano que não foi obtido de forma adequada. Médico obstetra e hospital que são solidariamente responsáveis pela violação aos direitos e garantias da parturiente" (TJSP, 7ª CDPriv., Ap. Cív. 1020520-73.2014.8.26.0001, Rel. Des. Mary Grun, julg. 17.3.2021). O Superior Tribunal de Justiça já confirmou o dever de indenizar de ente municipal diante da utilização da manobra de Kristeller, ocasião em que se afirmou: "A ineficácia das técnicas empregadas, juntamente com a omissão no atendimento, ensejaram as complicações do parto e tiveram como consequência as sequelas apresentadas pelo autor. Merece ser responsabilizado, portanto, o ente público, com fulcro no art. 37, § 6º, da CRFB" (STJ, 1ª T., AgRg no Ag em REsp nº 628.542/RJ, Rel. Min. Sérgio Kukina, julg. 5.2.2015, publ. *DJe* 13.2.2015). Ainda, sobre a aludida manobra, v. STJ, Decisão Monocrática, AREsp 1374952, Rel. Min. Marco Aurélio Bellizze, julg. 13.6.2019, publ. *DJ* 25.6.2019. Na ocasião, o uso da técnica resultou, ainda, na morte do recém-nascido, razão pela qual a autora pleiteava indenização a título de danos morais. Ressaltou-se na ocasião: "A manobra de Kristeller é con-

Medicalização

Identifica-se o abuso da medicalização sempre que se realizam intervenções médicas desnecessárias, adotadas, no mais das vezes, para beneficiar o próprio médico ou o hospital onde o parto é realizado, e cujos resultados poderiam ser alcançados por meios menos gravosos para a gestante, como quando se realiza cesárea sem indicação clínica, contrariando a vontade da gestante de realizar parto normal, por simples conveniência de agenda do obstetra.[44]

Patologização

A patologização dos processos naturais se caracteriza, a seu turno, pela utilização de procedimentos, por vezes também dispensáveis e desproporcionais, com o objetivo de promover maior segurança para a gestante e para o bebê, a exemplo do que se passa quando se realiza cesárea porque a gestante ainda não alcançou a dilatação suficiente.

Referidas práticas foram, durante anos, consideradas naturais, em grande medida, em razão da atribuição aos profissionais da saúde do absoluto controle sobre todas as etapas da gestação, desde a fase anterior à concepção até o pós-parto, colocando-se em suas mãos todas as decisões relativas ao processo gestacional, bem como da disseminação da percepção segundo a qual os profissionais de saúde teriam o direito de ter acesso livre e irrestrito ao corpo feminino. Referida postura, somada à perpetuação do ensino acrítico aos estudantes de medicina de procedimentos dolorosos e, não raro, prescindíveis, acaba por tornar normais aquelas práticas, estabelecendo cultura institucional que não as reconhece como violações aos direitos da gestante. Nesse cenário, o desrespeito aos desejos e às vontades da gestante se tornou corriqueiro e institucionalizado de tal forma que, muitas vezes, a paciente sequer consegue se perceber vítima de violência obstétrica.

OMS

A fim de combater semelhantes ofensas, a Organização Mundial de Saúde (OMS) publicou, em 23 de setembro de 2014, declaração oficial para prevenção e eliminação da violência obstétrica, que qualificou como violação dos direitos humanos fundamentais. De acordo com a OMS, os relatos sobre os abusos praticados incluem "violência física, humilhação profunda e abusos verbais, procedimentos médicos coercivos ou não consentidos (incluindo a esterilização), falta de confidencialidade, não obtenção de consentimento esclarecido antes da realização de procedimentos, recusa em administrar analgésicos, graves violações da privacidade, recusa de internação nas instituições de saúde, cuidado negligente durante o parto levando a complicações

---

traindicada pela Organização Mundial de Saúde, sendo procedimento proibido pelo Ministério da Saúde, pelos Conselhos Regionais de Medicina e por diversos Hospitais, exatamente porque é causa de inúmeros traumas materno – fetais. A referida manobra de Kristeller consiste em pressionar a barriga da mulher com força para agilizar o parto e isso configura ato de violência obstétrica."

44 Confira-se: TJRJ, 22ª C.C., Ap. Cív. 0006315-22.2008.8.19.0014, Rel. Des. Marcelo Lima Buhatem, julg. 25.6.2019, publ. *DJ* 27.6.2019: "atendimento desumano e negligente que fez com que parturiente e filho corressem risco de morte – criança que nasceu com problemas cardíacos e precisou de cuidados urgentes logo após o nascimento, como oxigenoterapia e antibióticos e ficou internado na UTI – mãe exposta a sofrimento intenso e desnecessário, quando a cesárea, desde o início, era indicada para o seu caso, haja a vista a ausência de dilatação, em que pese o uso de ocitocina para indução de parto normal". Ainda, TJRS já considerou haver negligência e imperícia da atuação dos médicos, diante da demora na constatação de que o parto deveria ser realizado por cesárea, da qual resultou o nascimento de criança com graves intercorrências, como asfixia neonatal e hematomas, gerando sofrimento desnecessário à recém-nascida e a seus genitores. (TJRS, 10ª C.C., Ap. Cív, 700796911788, Rel. Des. Cataruba Rita Krieger Martins, julg. 25.4.2019, publ. *DJ* 10.5.2019).

evitáveis e situações ameaçadoras da vida, e detenção de mulheres e seus recém-nascidos nas instituições, após o parto, por incapacidade de pagamento".[45]

Direito fundamental

Descortina-se, assim, para o direito civil prática que, embora há muito verificada, passou a ser censurada pela ordem jurídica,[46] na esteira da reconhecimento do direito fundamental ao parto humanizado,[47] garantidor à gestante da escolha de modelo não padronizado de parto, que atenda à sua singularidade e personalidade, conferindo-lhe poder de decisão sobre os procedimentos a serem seguidos e aqueles que não deseja que sejam adotados, retomando o protagonismo feminino.[48] Nessa direção, a Organização Mundial da Saúde corrobora a proposta de parto humanizado, reconhecendo à gestante o direito de ser acompanhada por pessoa de sua escolha durante o trabalho de parto e o nascimento de seu bebê, de receber tratamento respeitoso e informações necessárias dos profissionais de saúde, de ter sua privacidade protegida, bem como de decidir sobre a adoção de procedimentos voltados à administração da dor, ao trabalho de parto, ao estímulo de contrações, dentre outros.[49]

Parto humanizado

Plano de parto

Nesse contexto, assume especial relevância o plano de parto, negócio jurídico unilateral existencial elaborado durante o pré-natal, que estabelece os procedimentos aos quais a gestante aceita se submeter e aqueles aos quais não aceita.[50] Trata-se, com efeito, de importante instrumento por meio do qual a gestante manifesta expressamente sua vontade a respeito de questões relativas à gestação, ao parto e ao próprio corpo, no exercício de seus direitos e liberdades existenciais.

Responsabilidade médica

O reconhecimento do direito à observância do plano de parto, ao parto humanizado e à autonomia da gestante como interesses juridicamente tutelados permite, diante de sua violação, a configuração de dano injusto, a deflagrar responsabilidade civil.[51] Significa, em síntese, que, inobservada a vontade da gestante – corporificada

---

45 OMS. *Prevenção e eliminação de abusos, desrespeito e maus-tratos durante o parto em instituições de saúde*. Suíça, 2014. Disponível em: <http://apps.who.int/iris/bitstream/handle/10665/134588/WHO_RHR_14.23_por.pdf;jsessionid=C49D2B650CF14F6CBFB75244721125D6?sequence=3>. Acesso em: 1.10.2019.

46 Sobre o tema, confira-se Thamis Dalsenter Viveiros de Castro (coord.), *Violência obstétrica em debate*: diálogos interdisciplinares, Rio de Janeiro: Lumen Juris, 2019.

47 Reconhecendo tratar-se o parto humanizado de direito fundamental, confira-se TJSP, 5ª CDPriv., Ap. Cív. 00013140720158260082, Rel. Des. Fábio Podestá, julg. 11.10.2017.

48 "Parto humanizado é essencialmente aquele parto centrado na mulher, com respeito à autonomia e ao protagonismo feminino. Parto natural é o parto que acontece sem intervenções, como ocitocina, analgesia e fórceps. É possível se ter um parto humanizado não inteiramente natural, porque algumas intervenções podem ser necessárias. Por isso, o fundamental é essa retomada do protagonismo feminino no parto" (Melania Amorim, A retomada do protagonismo feminino no parto. In: *Revista do Instituto Humanitas Unisinos*, Porto Alegre, n. 396, 2012, p. 11. Disponível em: <http://www.ihuonline.unisinos.br/media/pdf/IHUOnlineEdicao396.pdf>. Acesso em: 1.10.2019).

49 WHO. *Individualized, supportive care key to positive childbirth experience, says WHO*. Switzerland, 2018. Disponível em: <https://www.who.int/mediacentre/news/releases/2018/positive-childbirth-experience/en/>. Acesso em: 1.10.2019.

50 Aline de Miranda Valverde Terra, Ana Carla Harmatiuk Matos, Violência obstétrica contra a gestante com deficiência. In: *Pensar*, Fortaleza, jan./mar. 2019, p. 9, vol. 24, n. 1.

51 "Demanda movida por gestante em face do Município de Armação dos Búzios. Autora que, tendo elaborado plano de parto, como lhe autoriza a Lei Estadual 7.191/2016, com vistas a ter garantido um

ou não no plano de parto –, poderá o profissional de saúde ser responsabilizado por violência obstétrica, observados os pressupostos da responsabilidade civil médica.[52]

5. DANOS CAUSADOS POR PROVEDORES DE APLICAÇÃO: O MARCO CIVIL DA INTERNET

Perfil falso

Em julho de 2006, certa Procuradora do Estado de São Paulo recebeu telefonema de usuário de antiga rede social denominada *Orkut* que desejava contratá-la como garota de programa. Para sua surpresa, havia sido criada página falsa com seu nome, fotografia, números de telefone e endereço eletrônico, na qual "seus" serviços de prostituição eram oferecidos. A autora enviou e-mail para o *Orkut*, noticiando os fatos e solicitando a remoção da página, e recebeu, em 5 de julho de 2006, a seguinte resposta, também por e-mail: "Obrigado pela sua mensagem. Levamos a sério todas as informações de atividade ilegal no Orkut e investigamos cada notificação individualmente. Essa resposta é para informá-lo de que recebemos sua mensagem. Apesar de não enviarmos uma mensagem de acompanhamento de sua informação, tenha certeza de que investigamos cada relatório e tomaremos as medidas necessárias quando apropriado (...)". Nada, todavia, foi feito. Em 10 de agosto de 2006, enviou-se ofício para o Google Brasil Internet Ltda., mantenedora da rede social da qual provieram as ofensas, pela Procuradoria Regional dos Direitos dos Cidadãos, reiterando a solicitação de retirada imediata do perfil falso do sítio eletrônico do *Orkut*. A autora também cuidou de providenciar a instauração de inquérito policial junto à Delegacia de Crimes Eletrônicos. O falso perfil só foi retirado do ar 1 (um) ano depois de a vítima ter cientificado o provedor acerca dos fatos lesivos, após a concessão de liminar no âmbito de ação cautelar.[53]

Avanços tecnológicos

O caso relatado revela o que já se denunciou linhas acima: o desenvolvimento tecnológico suscita diversas novas situações lesivas, e o ambiente digital se afigura particularmente propício para a produção de danos. Uma das hipóteses mais corriqueiras é a veiculação de conteúdo inverídico ou difamatório na internet, que se torna ainda mais tormentosa quando levada a cabo por terceiros, a suscitar se, e em que termos, responde o provedor de aplicação. A matéria, posto disciplinada pela Lei nº 12.965/2014, conhecida como Marco Civil da Internet, desperta viva controvérsia e, por sua relevância, será objeto do Capítulo XVI.

---

parto humanizado, pretende estar acompanhada de seu companheiro no momento dos atendimentos médicos relacionados à gravidez e no próprio momento do parto. Recusa por parte do representante do hospital municipal, que alega ter um protocolo próprio a seguir. Decisão interlocutória que defere o pedido de acompanhamento pelo companheiro em tutela antecipada. Irresignação do Município, que invoca a necessidade de redução de movimentação de pessoas no ambiente hospitalar, em decorrência da pandemia de COVID-19. Município que, no entanto, não indica nenhuma norma que o autorize a impedir que a gestante seja acompanhada por seu companheiro, direito que lhe é garantido, na esfera legislativa federal, pelo art. 19-J, da Lei n. 8.080/1998. Decisão interlocutória que se mantém. Recurso a que se nega provimento" (TJRJ, 23ª C.C., AI 0041734-28.2020.8.19.0000, Rel. Des. Celso Silva Filho, julg. 8.12.2020).

52 Sobre a responsabilidade civil do médico, confira-se o Capítulo XIII.

53 TJSP, 3ª CDPriv., Ap. Cív. 0144738-34.2007.8.26.0100, Rel. Des. Viviani Nicolau, julg. 27.11.2012.

Anteriormente ao advento da Lei, a jurisprudência brasileira caminhava em direção à superação da tese da irresponsabilidade das sociedades empresariais proprietárias de redes sociais e sites de relacionamento, as quais vinham sendo condenadas pelos danos causados por conteúdos postados pelos usuários de seus sites por diversos fundamentos.

Provedores de aplicação

Por vezes, fundamentava-se a responsabilidade no parágrafo único do art. 927, sob a alegação de que a exploração de rede social encerra atividade de risco, como decidiu o Tribunal de Justiça do Rio de Janeiro quando da análise da realização de ofensas inseridas na já mencionada rede social Orkut, de domínio da Google.[54] O Relator chegou a afirmar que "se a recorrente permite a criação de sites com conteúdos ofensivos, onde qualquer um pode registrar informações, escondendo-se através do anonimato, é clara a sua responsabilidade e o dever de reparar o dano sofrido pela requerente".

Risco proveito

Em outras oportunidades, fundava-se a responsabilidade das empresas nos ganhos econômicos por elas auferidos, a exemplo do que decidiu o Tribunal de Justiça do Rio Grande do Sul,[55] ao analisar a criação de perfil falso com vistas à difamação e ofensa à honra da parte autora da ação que, acusada de corrupção e lavagem de dinheiro, ingressou com pedido de indenização por danos morais em face de Google Brasil Internet Ltda., mantenedora da rede social da qual provieram as ofensas. Aplicaram-se, no caso em tela, os pressupostos próprios da teoria do risco-proveito, aludindo-se aos ganhos e benefícios obtidos pela provedora.

Defeito do serviço

Havia ainda hipóteses em que se calcava a responsabilidade das sociedades empresárias na identificação de defeito do serviço prestado (CDC, art. 14), qualificando-se a relação estabelecida entre a vítima e a empresa como de consumo. Foi o que decidiu o Tribunal de Justiça do Rio Grande do Sul, entendendo por aplicar o diploma consumerista, mesmo na ausência de remuneração direta decorrente da relação estabelecida entre o provedor e a usuária de certa rede social.[56]

---

54 TJRJ, 6ª C.C., Ap. Cív. 2008.001.18270, Rel. Des. Benedicto Ultra Abicair, julg. 11.6.2008. Na ocasião, afirmou-se que: "É certo que ainda não existem leis adequadas às características do universo virtual, no entanto o parágrafo único do art. 927 do Código Civil adota, em termos genéricos de conduta, a teoria da responsabilidade civil objetiva, estabelecendo que haverá obrigação de reparar o dano, independentemente de culpa, nos casos especificados em lei, ou quando a atividade normalmente desenvolvida pelo autor do dano implicar, por sua natureza, risco para os direitos de outrem". Nessa direção, também: TJSP, Processo n° 583.00.2006.243439-5, Rel. Des. Ulysses de Oliveira Gonçalves Junior, julg. 6.3.2008.

55 "Tratando-se de atividade de risco – com a qual a ré aufere lucro, destaque-se –, em que qualquer pessoa pode facilmente criar falsos perfis, causando, assim, dano à honra e imagem de outrem, é caso de responsabilidade civil objetiva, nos termos do art. 927, parágrafo único, do CPC. Ou seja, se este risco é inevitável e a ré o assume, diante dos benefícios que obtém, responde pelos prejuízos." (TJRS, 9ª C.C., Ap. Cív. 70039828488, Rel. Des. Iris Helena Medeiros Nogueira, julg. 15.12.2010).

56 TJRS, 9ª C.C., Ap. Cív. 70046198040, Rel. Des. Leonel Pires Ohlweiler, julg. 29.2.2012, publ. *DJ* 2.3.2012. Destacou-se que: "a responsabilidade do réu, ainda que provedor de serviço de internet, é objetiva, nos termos do art. 14, do Código de Defesa do Consumidor. Logo, para eximir-se do dever de indenizar, caberia demonstrar que, tendo prestado o serviço, o defeito inexiste ou a culpa exclusiva do consumidor ou de terceiro, conforme art. 14, §3º, I e II, do CDC." Por outro lado, o Superior Tribunal de Justiça já afirmou também que: "No que tange à fiscalização do conteúdo das informações postadas por cada usuário, não se trata de atividade intrínseca ao serviço prestado, de modo que não se pode reputar

Dificuldades técnicas

De uma forma geral, os Tribunais ressaltavam as dificuldades técnicas relativas ao monitoramento antecipado do conteúdo postado nas redes sociais, o que, todavia, não era suficiente para afastar a responsabilidade das empresas, que ficava condicionada, contudo, à omissão diante da comunicação, ainda que extrajudicial, acerca da veiculação do material lesivo, não adotando as medidas necessárias à retirada do conteúdo do site. O Superior Tribunal de Justiça firmou seu entendimento justamente nesse sentido, decidindo que os provedores de conteúdo: "(i) não respondem objetivamente pela inserção no site, por terceiros, de informações ilegais; (ii) não podem ser obrigados a exercer um controle prévio do conteúdo das informações postadas no site por seus usuários; (iii) devem, assim que tiverem conhecimento inequívoco da existência de dados ilegais no site, removê-los imediatamente, sob pena de responderem pelos danos respectivos; (iv) devem manter um sistema minimamente eficaz de identificação de seus usuários, cuja efetividade seráavaliada caso a caso".[57]

Notificação e dever de agir

Nesse cenário, a notificação encerrava inequívoca fonte específica do dever de agir, antes inexistente em razão da alegada dificuldade técnica de monitoramento prévio. Embora, portanto, os provedores de internet não tivessem a obrigação de monitorar todo o conteúdo veiculado pelo seu site, tão logo notificados acerca da existência de conteúdo ilícito, passavam a ter o dever de removê-lo imediatamente, sob pena de responder pelos danos respectivos. O gerador do conteúdo, de outro lado, raramente era responsabilizado, seja porque anônimo,[58] seja porque não localizável.[59]

---

defeituoso, nos termos do art. 14 do CDC, o site que não examina e filtra o material nele inserido". (STJ, 3ª T., REsp 1.308.830/RS, Rel. Min. Nancy Andrighi, julg. 8.5.2012, publ. *DJe* 19.6.2012).

[57] STJ, 3ª T., REsp. 1.308.830/RS, Rel. Min. Nancy Andrighi, julg. 8.5.2012. No mesmo sentido, STJ, 4ª T., AgRg no REsp 1395768/RJ, Rel. Min. Raul Araújo, julg. 22.4.2014, publ. *DJe* 22.5.2014, em que se sublinhou: "1. Este Tribunal Superior, por seus precedentes, já se manifestou no sentido de que: I) o dano moral decorrente de mensagens com conteúdo ofensivo inseridas em site por usuário não constitui risco inerente à atividade desenvolvida pelo provedor de busca na internet, que não realiza controle prévio de conteúdo inserido e disponibilizado por usuários, pelo que não se lhe aplica a responsabilidade objetiva, prevista no art. 927, parágrafo único, do CC/2002; II) a fiscalização prévia dos conteúdos postados não é atividade intrínseca ao serviço prestado pelo provedor de mera busca. 2. Haverá responsabilidade subjetiva do provedor de busca, quando: I) ao ser comunicado de que determinado texto ou imagem tem conteúdo ilícito, por ser ofensivo, não atua de forma ágil, retirando o material do ar imediatamente, passando a responder solidariamente com o autor direto do dano, em virtude da omissão em que incide; II) não mantiver um sistema ou não adotar providências, que estiverem tecnicamente ao seu alcance, de modo a possibilitar a identificação do usuário responsável pela divulgação ou a individuação dele, a fim de coibir o anonimato. 3. O fornecimento do registro do número de protocolo (IP) dos computadores utilizados para cadastramento de contas na internet constitui meio satisfatório de identificação de usuários."

[58] TJRJ, 20ª C.C., Ap. Cív. 0000374-72.2007.8.19.0064, Rel. Des. Marco Antonio Ibrahim, julg. 5.3.2008. Afirmou-se: "não há qualquer dúvida de que constavam do Orkut referências infamantes à parte autora, cuja responsabilidade primária é do terceiro, anônimo ofensor. Entretanto, na hipótese dos autos, a ré agiu de forma culposa por manifesta desídia em não suprimir da internet as ofensas irrogadas contra a apelante. E tanto isso é verdade que apenas após a decisão judicial a página que continha a chula expressão foi retirada da internet. Por tudo isso se vê que a parte ré, embora não tenha responsabilidade objetiva, agiu de forma desidiosa e, portanto, culposa, ao não atender aos reclamos da autora para que se retirasse da internet página que a qualificava como puta."

[59] O Tribunal de Justiça do Rio de Janeiro já afirmou não ser possível responsabilizar os provedores de correio eletrônico por eventual conteúdo ofensivo de mensagens eletrônicas enviadas por seus

A prática dos Tribunais revela a concretização da chamada teoria do *notice and takedown* que, inspirada no *Digital Millennium Copyright Act,* foi concebida para afastar a responsabilidade dos provedores por violação de direitos autorais na internet se, uma vez notificados da irregularidade, retirassem prontamente o conteúdo do ar. *Notice and takedown*

A edição da Lei 12.965/2014 acabou por positivar a teoria no art. 19, segundo o qual "com o intuito de assegurar a liberdade de expressão e impedir a censura, o provedor de aplicações de internet somente poderá ser responsabilizado civilmente por danos decorrentes de conteúdo gerado por terceiros se, após ordem judicial específica, não tomar as providências para, no âmbito e nos limites técnicos do seu serviço e dentro do prazo assinalado, tornar indisponível o conteúdo apontado como infringente, ressalvadas as disposições legais em contrário". Marco Civil

De um lado, o preceito é louvável, por pretender assegurar a ampla liberdade de expressão, a qual, todavia, não pode ser exercida de modo a causar danos injustos. No entanto, a previsão de "ordem judicial específica" como formalidade necessária ao surgimento do dever específico de retirar o conteúdo lesivo do ar vulnera ainda mais a vítima já atingida pelo dano. Isso porque burocratiza o caminho a percorrer para tutelar o seu direito e fazer cessar o dano injusto, dificultando sua proteção em comparação à prática já consolidada anteriormente na jurisprudência. Ademais, subordina o dever de agir da empresa à obtenção de providência jurisdicional nem sempre célere como a hipótese requer. A velocidade sem precedentes com a qual as informações circulam na internet, aumentando exponencialmente a exposição da vítima e, consequentemente, o dano sofrido, parece não se coadunar com a morosa opção legislativa de condicionar o dever do provedor de acesso de retirar o conteúdo lesivo à sua notificação judicial. Além disso, o mecanismo adotado pelo Marco Civil acaba por condicionar a proteção da vítima ao dispêndio dos custos necessários à propositura da ação judicial, muitas vezes excessivos diante de sua realidade econômica.[60] Ordem judicial específica

O legislador pareceu tentar mitigar os embaraços criados para a vítima prevendo, no § 3º do art. 19, que "as causas que versem sobre ressarcimento por danos decorrentes de conteúdos disponibilizados na internet relacionados à honra, à reputação ou a direitos de personalidade, bem como sobre a indisponibilização desses conteúdos por provedores de aplicações de internet, poderão ser apresentadas perante os Juizados especiais

usuários, porquanto a correspondência eletrônica possui proteção constitucional similar à correspondência convencional (art. 5º, XII, da CR/88). Desse modo, a esfera obrigacional destes provedores se restringiria "à viabilização da identificação e localização do computador conectado à internet de onde partiram as mensagens ditas ofensivas". Na ocasião, embora se tenha localizado o IP, não se entendeu ser necessário apontar com veemência o ofensor gerador do conteúdo. (TJRJ, 13ª C.C., Ap. Cív. 0013070-54.2007.8.19.0028, Rel. Des. Gabriel de Oliveira Zefiro, julg. 21.7.2010).

60 Para crítica contundente ao dispositivo, confira-se: Anderson Schreiber. A Responsabilidade Civil por Dano Derivado do Conteúdo Geral por Terceiro. In: Newton de Lucca; Adalberto Simão Filho; Cíntia Rosa Pereira de Lima. (Org.). *Direito e Internet III*: Marco Civil da Internet (Lei 12.965/2014) – Tomo II. São Paulo: Quartier Latin, 2015, vol. 1, pp. 277-304.

juizados especiais". Cuida-se, a toda evidência, de paliativo, que não oferece, de fato, solução para os entraves que o sistema criado pelo Marco Civil criou em desfavor da tutela da vítima.

Inversão da ótica da responsabilidade civil

O mecanismo, a rigor, acaba por inverter a ótica da responsabilidade civil, ao contrário da tendência contemporânea de proteção prioritária e integral do ofendido. Na tentativa, por parte do legislador, de não cercear o direito à informação, ignorou-se o dano sofrido pela vítima a partir da simples divulgação do conteúdo lesivo, impondo-lhe formalidades morosas e custosas, o que não apenas prolonga o dano, mas o agrava exponencialmente durante o período precedente à notificação, tendo em vista as peculiaridades do meio da divulgação do conteúdo lesivo.

Diante desse inquietante cenário, deve-se adotar interpretação que não exclua a responsabilidade civil nos casos em que, após notificação extrajudicial, o provedor não retire informação manifestamente ofensiva, na linha do que os Tribunais já decidiam anteriormente. Dessa forma, o texto legislativo servirá a consolidar o entendimento de que, uma vez tendo recebido notificação judicial, somente ocorrerá a responsabilidade civil se o provedor não retirar a informação ilícita. O que não significa, todavia, que, por idêntico motivo, na hipótese de não atendimento de notificação extrajudicial, o dever de reparar deixaria de ser imputado. Cuida-se de interpretação que se coaduna com a Constituição da República, que erige a dignidade da pessoa humana a fundamento da República e impõe a tutela plena e integral dos direitos da personalidade, nos termos dos arts. 1º, III e 5º, X, respectivamente.

Responsabilidade subjetiva e solidária

Seja como for, o mecanismo adotado pelo Marco Civil da Internet revela cuidar-se a responsabilidade do provedor de aplicação, em regra, de responsabilidade subjetiva e solidária.[61] Considerando-se que a sociedade só responde se, uma vez notificada, deixar de excluir o conteúdo lesivo do sítio eletrônico, resta inequívoco que sua responsabilidade decorre da violação de dever gerado a partir da notificação, ou seja, de sua omissão na retirada do material infringente gerado por terceiro, a revelar conduta culposa.[62]

Note-se, todavia, que em casos de disponibilização de conteúdo gerado por terceiros consistente em imagens, vídeos ou outros materiais contendo cenas de

---

61 Caitlin Mulholland, Responsabilidade civil indireta dos provedores de serviço de Internet e sua regulação no Marco Civil da Internet. In: José Renato Gaziero Cella, Aires Jose Rover, Valéria Ribas Do Nascimento. (Org.). *Direito e novas tecnologias*, Florianópolis: CONPEDI, 2015, vol. 1, p. 489. O Superior Tribunal de Justiça, por sua vez, já decidira, em 2012, a favor da responsabilidade solidária: "ao ser comunicado de que determinado texto ou imagem possui conteúdo ilícito, deve o provedor agir de forma enérgica, retirando o material do ar imediatamente, sob pena de responder solidariamente com o autor direto do dano, em virtude da omissão praticada" (STJ, 3ª T., Rel. Min. Nancy Andrighi, REsp 1308830/RS, julg. 08.05.2012).

62 "(...) A jurisprudência do Superior Tribunal de Justiça define que (a) para fatos anteriores à publicação do Marco Civil da Internet, basta a ciência inequívoca do conteúdo ofensivo pelo provedor, sem sua retirada em prazo razoável, para que este se torne responsável e, (b) após a entrada em vigor da Lei nº 12.965/2014, o termo inicial da responsabilidade solidária do provedor é o momento da notificação judicial que ordena a retirada do conteúdo da internet (...)" (STJ, 3ª T., AgInt no REsp 1591179/CE, Rel. Min. Ricardo Villas Bôas Cueva, julg. 12.8.2019).

nudez ou de atos sexuais de caráter privado, o Marco Civil admite que a notificação para indisponibilização do conteúdo seja realizada pelo próprio participante ou seu representante legal, nos termos do art. 21.[63] Nesse caso, todavia, o legislador previu expressamente que o provedor de aplicações de internet responde apenas subsidiariamente pela violação da intimidade.

PROBLEMAS PRÁTICOS

1. A compreensão da existência de "novos danos" implica, do ponto de vista dogmático, a criação de novas categorias de dano?
2. No que consiste a privação de uso e qual o seu suporte fático?
3. Em que consiste a violência obstétrica, apta a gerar dano indenizável?

Acesse o *QR Code* e veja a Casoteca.

> *https://uqr.to/1ofhg*

---

63 "Excepcionalmente, em casos de divulgação, sem consentimento, de cenas de nudez ou de atos sexuais de caráter privado, há possibilidade de remoção de conteúdo mediante simples notificação da vítima. Inteligência do art. 21 do Marco Civil da Internet que, em excepcional sistema de *notice and take down*, prevê a responsabilidade do provedor pela omissão diante de simples notificação do ofendido para retirada do conteúdo ofensivo" (STJ, 3ª T., REsp 1.840.848/SP, Rel. Min. Paulo de Tarso Sanseverino, julg. 26.04.2022).

Capítulo V

NEXO DE CAUSALIDADE

Acesse o *QR Code* e assista ao vídeo sobre o tema.

> *https://uqr.to/1ofgw*

1. A DUPLA FUNÇÃO DO NEXO DE CAUSALIDADE NA RESPONSABILIDADE CIVIL

Responsabilidade subjetiva no CC/1916

Tradicionalmente, a noção de responsabilidade civil ligava-se à ideia de que o dano causado pelo descumprimento de um dever jurídico deveria ser reparado. Eis aí a expressão da responsabilidade subjetiva, no âmbito da qual a culpa servia como critério seguro para a deflagração do dever de reparar. No direito brasileiro, o Código Civil de 1916 consagrou, por meio do art. 159,[1] a responsabilidade subjetiva como regra geral de todo o sistema, a suscitar reparação de atos *culposos* que causassem dano.

Contudo, como se sabe, pouco a pouco constatou-se a insuficiência da técnica subjetivista. Com efeito, a explosão tecnológica e a crescente complexidade das práticas industriais, ao mesmo tempo em que trouxeram tantos benefícios para a humanidade, ampliaram o potencial de danos e acarretaram o progressivo incremento dos riscos de acidentes.

---

1 A regra encontra-se atualmente no art. 186 do Código Civil de 2002, o qual dispõe: "Aquele que, por ação ou omissão voluntária, negligência ou imprudência, violar direito e causar dano a outrem, ainda que exclusivamente moral, comete ato ilícito".

Desenvolvimento da responsabilidade objetiva

Nesse cenário, o legislador passa a prever hipóteses em que se impõe o dever de reparar independentemente da conduta culposa do agente, associando-o não já a seu comportamento, mas ao risco provocado pela atividade da qual resultou o dano. Desenvolveu-se, assim, a partir do final do século XIX e por todo o século XX, fenômeno conhecido como *objetivação da responsabilidade civil*, retirando-se da esfera individual e subjetiva o dever de repartição dos riscos da atividade econômica e da autonomia privada.

Concepção normativa da culpa

Tal processo de objetivação não se limita ao crescimento paulatino das hipóteses legais de responsabilidade objetiva, indicando, também, mais recentemente, a formulação, no âmbito da responsabilidade subjetiva, da concepção normativa da culpa,[2] vale dizer, da valoração do ato ilícito não a partir de elementos intencionais do agente, senão com base em padrões de comportamento considerados razoáveis para o fato concreto – *standards* de conduta. Nessa perspectiva, consideram-se culpados os agentes causadores de danos em razão da desconformidade de sua atuação com padrões de comportamento exigíveis na situação concreta.

Cláusula geral de responsabilidade objetiva

O Código Civil de 2002, como expressão da longa evolução jurisprudencial levada a cabo no regime anterior, consagrou sistema dualista de responsabilidade civil, ao fixar, juntamente com a cláusula geral de responsabilidade civil subjetiva, que tem como fonte o ato ilícito (arts. 186 e 927, *caput*, do CC),[3] cláusula geral de responsabilidade civil objetiva (parágrafo único do art. 927),[4] a qual convive com as hipóteses específicas de responsabilidade civil objetiva previstas pelo legislador.

Requisitos da responsabilidade civil

No regime atual, considerando-se ambos os regimes de responsabilidade – subjetiva e objetiva – pode-se identificar, como requisitos da responsabilidade civil: i) ato culposo ou atividade objetivamente considerada; ii) dano; iii) nexo de causalidade, o qual consiste em elemento de ligação entre a atividade do agente – responsabilizado por culpa ou por determinação legal – e o dano produzido.

Importância do nexo causal

Diante disso, com o desprestígio impressionante do papel da culpa, inapta a servir de critério seguro ao julgador na determinação do dever de reparar, em todos os casos assume extraordinária importância o estudo do nexo de causalidade. Na medida em que a demonstração da ocorrência da atividade danosa, do dano e do

---

[2] Como explica Anderson Schreiber, "a apreciação em abstrato do comportamento do agente, imune aos aspectos anímicos do sujeito, justifica a expressão *culpa objetiva*, sem confundi-la com a responsabilidade objetiva, que prescinde de culpa. Para evitar confusões, contudo, parte da doutrina passou a reservar a tal concepção a denominação de culpa normativa, por fundar-se em juízo normativo entre a conduta concreta do sujeito e o modelo abstrato de comportamento. Seja qual for a terminologia empregada, a ideia de culpa como desnível de conduta, aferido em abstrato, afigura-se, hoje, como a mais amplamente aceita na maior parte dos ordenamentos jurídicos" (Anderson Schreiber, *Novos paradigmas da responsabilidade civil*: da erosão dos filtros da reparação à diluição dos danos, São Paulo: Atlas, 2015, 6.ª ed., p. 35).

[3] Veja-se a dicção do art. 927, *caput*, do Código Civil: "Aquele que, por ato ilícito (arts. 186 e 187), causar dano a outrem, fica obrigado a repará-lo".

[4] Parágrafo único do art. 927 do Código Civil: "Haverá obrigação de reparar o dano, independentemente de culpa, nos casos especificados em lei, ou quando a atividade normalmente desenvolvida pelo autor do dano implicar, por sua natureza, risco para os direitos de outrem".

nexo de causalidade parecem suficientes para a deflagração do dever de reparar – fenômeno que resulta em notória expansão de danos ressarcíveis –, a identificação da causalidade torna-se o cerne da reflexão.[5]

Dupla função do nexo causal

No campo da responsabilidade civil, o nexo causal cumpre uma dupla função: por um lado, permite determinar a quem se deve atribuir o resultado danoso; por outro, é indispensável na verificação da extensão do dano a se indenizar, pois serve como medida da indenização. É, portanto, o nexo causal que determina até onde vai a responsabilidade do autor do dano, e não a culpa.[6]

Importância do nexo causal na delimitação da extensão do dano

Durante muito tempo, predominou o entendimento de que era a culpabilidade, e não a causalidade, que determinava a medida da responsabilidade. No entanto, para a determinação da extensão do dano indenizável, o que importa não é tanto a gravidade ou o peso da culpa, mas o nexo de causalidade.[7] A culpa não tem essa função: "(...) apenas suscita a incidência da regra jurídica de concorrência de culpa, que melhor se exprimiria como regra jurídica de concorrência de causação pelo ofendido".[8]

Com efeito, exige-se a demonstração do nexo de causalidade em todas as espécies de responsabilidade civil. Na responsabilidade objetiva, em face da ausência dos parâmetros da culpa, o nexo causal assume particular relevo (até mesmo na responsabilidade objetiva por risco integral, o nexo de causalidade é elemento indispensável, como tem sido reiteradamente afirmado pelo Superior Tribunal de Justiça).[9]

---

5 Assinalando a importância do nexo de causalidade para a imposição do dever de reparar, cfr. o Enunciado n. 659, aprovado na IX Jornada de Direito Civil do CJF: "O reconhecimento da dificuldade em identificar o nexo de causalidade não pode levar à prescindibilidade da sua análise".

6 Luis Díez-Picazo, *Derecho de daños*, Madrid: Civitas, 1999, p. 332.

7 "A culpa não deve servir como medida de indenização, cabendo esta função ao nexo causal. Nesse sentido, é a eficácia causal de cada conduta (e não o grau de culpa do agente) que deve definir as parcelas do prejuízo que serão de responsabilidade de cada um dos agentes" (Gisela Sampaio da Cruz Guedes e Naomi Fiszon Zagarodny, 'Atrasos concorrentes e simultâneos' em disputas de construção: um problema de causalidade. In: Gustavo Ventura, Mario Godoy, Cleodon Fonseca e Roberto Paulino (coords.), *Direito civil na contemporaneidade*: estudos em homenagem a Sílvio Neves Baptista, t. 1, Recife: Editora Império, 2024, p. 399).

8 Pontes de Miranda, *Tratado de direito privado*, tomo XXII, Rio de Janeiro: Editor Borsoi, 1971, 3ª ed., p. 202.

9 Nesse sentido, em inúmeras oportunidades, o STJ já ressaltou que, "[e]m que pese a responsabilidade por dano ambiental seja objetiva (e lastreada pela teoria do risco integral), faz-se imprescindível, para a configuração do dever de indenizar, a demonstração da existência de nexo de causalidade apto a vincular o resultado lesivo efetivamente verificado ao comportamento (comissivo ou omissivo) daquele a quem se repute a condição de agente causador" (STJ, 2ª S., REsp 1596081/PR, Rel. Min. Ricardo Villas Bôas Cueva, julg. 25.10.2017, publ. *DJe* 22.11.2017). De fato, mesmo em matéria ambiental, o STJ tem entendido, reiteradamente, que a ausência de nexo causal afasta a responsabilidade objetiva, ainda que o seu fundamento seja a teoria do risco integral: STJ, 4ª T., REsp 1414803/SC, Rel. Min. Luis Felipe Salomão, julg. 4.5.2021, publ. *DJe* 4.6.2021; STJ, 3ª T, AgInt no REsp 1903407/RO, Rel. Min. Marco Aurélio Bellizze, julg. 12.4.2021, publ. *DJe* 15.4.2021; STJ, 4ª T., AgInt no AREsp 1624918/SP, Rel. Min. Marco Buzzi, julg. 28.9.2020, publ. *DJe* 1.10.2020; STJ, 4ª T., AgInt no AREsp 1450883/SP, Rel. Min. Antonio Carlos Ferreira, julg. 9.3.2020, publ. *DJe* 16.03.2020; STJ, 2ª S., REsp 1596081/PR, Rel. Min. Ricardo Villas Bôas Cueva, julg. 25.10.2017, publ. *DJe* 22.11.2017. Na doutrina, também se reconhece que "(...) mesmo as aplicações mais rigorosas da responsabilidade objetiva por risco integral não dispensam o nexo de causalidade" (Paulo de Bessa Antunes, O conceito de poluidor indireto e a distribuição de combustíveis. In: *Revista SJRJ*,

Importância do nexo causal na responsabilidade objetiva e na responsabilidade por omissão

A importância do nexo causal não se restringe, porém, aos casos de responsabilidade objetiva. Por meio do nexo de causalidade, delimita-se a extensão do dano a indenizar em todas as espécies de responsabilidade civil. O nexo causal é indispensável até mesmo na responsabilidade civil por omissão. Diz-se, por vezes, que a omissão não pode ser causa de efeitos, porque a inação não muda o mundo exterior. No entanto, essa concepção da causalidade só entre fatos positivos, como adverte Pontes de Miranda, levaria a consequências totalmente equivocadas.[10]

No que tange à determinação do nexo causal, dois desafios desde logo se impõem: (i) a identificação do fato que constitui a verdadeira causa do dano; e (ii) a dificuldade de sua comprovação. Trata-se de tarefa por vezes complexa, especialmente quando se está diante de múltiplas possíveis causas, cabendo ao intérprete determinar qual delas deve ser elevada à categoria de causa juridicamente relevante, de modo a imputar a responsabilidade ao agente ofensor.

Causalidade múltipla

A matéria relativa ao nexo causal ganha relevo sobretudo nas hipóteses de *causalidade múltipla*, tecnicamente denominadas de *concausas*. Na complexidade da vida contemporânea, torna-se difícil estabelecer uma única causa para os danos considerados injustos, e, portanto, ressarcíveis, sendo comum a associação de determinado evento danoso a múltiplas fontes possíveis.[11] Por consequência, afigura-se indispensável estabelecer a relação de causa e efeito entre o evento ao qual se pretenda imputar o dever de reparação e o dano.

2. TEORIAS SOBRE O NEXO DE CAUSALIDADE

Muitas são as teorias que pretendem definir os limites do nexo causal na ordem jurídica. Definiu-o Adriano De Cupis como "vínculo que se interpõe entre dois fenômenos distintos, assumindo um a posição de efeito em relação ao outro: quando um fenômeno existe em razão da existência de um outro fenômeno, aquele se diz 'causado' por esse, a indicar que uma relação de causalidade se estabelece entre ambos. Mais precisamente, relação de causalidade é o nexo etiológico material (ou seja, objetivo e externo) que liga um fenômeno a outro; no que concerne ao dano, esse se constitui no fator da sua imputação material ao sujeito humano".[12] A clareza da definição contrasta

vol. 21, n.º 40, Rio de Janeiro, ago./2014, p. 231. Disponível em: https://www.jfrj.jus.br/sites/default/files/revista-sjrj/arquivo/581-2427-1-pb.pdf. Acesso em: 15.12.2022).

[10] Pontes de Miranda, *Tratado de direito privado*, cit., p. 193.

[11] Cite-se, à guisa de exemplo, hipótese elaborada por Caio Mário da Silva Pereira: "Quando um indivíduo vai desmontar um revólver e o detona, ferindo alguém, ocorre um fato simples, e a relação causal é estabelecida da maneira direta, entre o fato e o dano. Mas nem sempre as coisas se passam de maneira tão singela. O dono da arma retira-a da gaveta, e a empresta a outrem que a deixa sobre a mesa; um terceiro a encontra e, supondo-a descarregada, vai manuseá-la; o cômodo está vazio, porém um quarto personagem entra inopinadamente e pretende assustar o que está segurando o revólver; este se volta e no momento aciona o gatilho; a arma dispara e o projétil, através da porta, vai ferir a sua secretária na sala ao lado" (*Responsabilidade civil*, Rio de Janeiro: Forense, 2016, 11.ª ed., p. 108).

[12] Adriano De Cupis, *Il danno*, vol. I, Milano: Giuffrè, 1979, p. 215, tradução livre. No original: "(...) il legame che intercede tra due diversi fenomeni, per cui l'uno assume figura di effetto rispetto all'altro:

com as numerosas dificuldades práticas que surgem na aferição do nexo causal. A respeito da matéria, advertiu Caio Mário da Silva Pereira que o nexo de causalidade consiste no "mais delicado dos elementos da responsabilidade civil e o mais difícil de ser determinado".[13]

Com o escopo de estabelecer os limites da noção jurídica de causa, desenvolveram-se diversas teorias, de maior ou menor aplicação prática, dentre as quais se destacam: (i) a teoria da equivalência das condições, (ii) a teoria da causalidade adequada, (iii) a teoria da causalidade eficiente e (iv) a teoria da causa direta e imediata, também denominada teoria da interrupção do nexo causal, a qual, sob a vertente da subteoria da necessariedade, prevalece na jurisprudência brasileira – que, não raro, trata a matéria de forma intuitiva.

Teoria da equivalência das condições

Pela teoria da equivalência das condições, formulada pelo penalista alemão Von Buri, em 1860, reputava-se como causa, para fins de responsabilização, qualquer evento considerado, por si só, capaz de gerar o dano. De acordo com esta teoria, entende-se que o dano não teria ocorrido se não existisse cada uma das condições que foram identificadas anteriormente ao resultado danoso (*conditio sine qua non*). Não se considera a maior ou a menor proximidade ou importância de todas as condições das quais dependeram a produção do resultado, haja vista que todas são reputadas, para fins de responsabilidade, equivalentes. A crítica que se faz a esta teoria funda-se na ilimitada ampliação da cadeia causal, em infinita espiral de concausas, por ela gerada, de maneira a imputar a um sem-número de agentes o dever de reparar, levando a exageros inaceitáveis e soluções injustas.[14] Nesta direção, afirmou-se, com fina ironia, que a fórmula tenderia a tornar *cada homem responsável por todos os males que atingem a humanidade.*[15]

Teoria da causalidade adequada

Já nos termos da teoria da causalidade adequada, concebida no final do século XIX pelo filósofo alemão Von Kries, procura-se identificar, na presença de mais de uma possível causa, qual delas, em tese, independentemente das demais circunstâncias que também operam em favor de determinado resultado, é potencialmente apta a produzir o efeito danoso. De acordo com essa teoria, quanto maior é a probabilidade com que determinada causa se apresente para gerar um dano, tanto mais adequada é em relação a esse dano.

Não basta, então, que um fato seja condição de um evento; é preciso que se trate de uma condição tal que, normal ou regularmente, provoque o mesmo resultado. Esse

---

quando un fenomeno sussiste in ragione dell'esistenza di un altro fenomeno, esso si dice 'causato' da questo, ad indicare che un rapporto di causalità si inserisce tra entrambi. Più precisamente, rapporto di causalità è il nesso eziologico materiale (ovverosia, oggettivo od esterno) che lega un fenomeno ad un altro; esso, per quanto concerne il danno, costituisce il fattore della sua imputazione materiale al soggetto umano".

13 Caio Mário da Silva Pereira, *Responsabilidade civil*, cit, p. 105.

14 Sobre o tema, v. Gisela Sampaio da Cruz, *O problema do nexo causal na responsabilidade civil*, Rio de Janeiro: Renovar, 2005, pp. 37-47.

15 Agostinho Alvim, *Da inexecução das obrigações e suas consequências*, São Paulo: Saraiva, 1972, 4ª ed., pp. 369-370.

é o chamado "juízo de probabilidade", realizado em abstrato – e não em concreto, considerando os fatos como efetivamente ocorreram. Assim, diante de uma pluralidade de concausas, indaga-se qual delas, em tese, poderia ser considerada apta a causar o resultado. Respondida essa primeira pergunta, questiona-se se essa causa, capaz de provocar o dano, é também hábil segundo as leis naturais.

A chamada "prognose póstuma"

É necessário que o julgador, em sua análise, retroaja mentalmente até o momento da ação ou omissão para estabelecer se essa era ou não adequada para produzir o dano. Realiza-se, assim, uma "prognose póstuma", já que o julgador se coloca no momento da ação, como se o resultado não tivesse ocorrido, a fim de determinar sua probabilidade. A causalidade adequada, portanto, verifica "o comportamento do lesante para ver se, em abstrato, ele é ou não idóneo a produzir um dano daquele tipo".[16]

Concepções objetiva e subjetiva da teoria da causalidade adequada

Nesse juízo ou prognóstico *a posteriori* de adequação abstrata, deve-se atender – e essa foi a opinião que prevaleceu – tanto às circunstâncias cognoscíveis à data da produção do fato, por uma pessoa normal (concepção objetivista ou prognóstico objetivo), como àquelas conhecidas do agente (concepção subjetivista ou prognóstico subjetivo); "Exemplo: C agride D com um pequeno encontrão, o qual, em todo o caso, lhe ocasiona a morte, devido a uma sua grave lesão craniana. A agressão de C a D não é, em princípio, adequada a pôr em perigo a vida deste último. Porém, se a deficiência de D era conhecida de C, ou este tinha obrigação de conhecê-la, já existirá um nexo de causalidade adequado entre a agressão e a morte".[17]

A construção, embora reduza consideravelmente o espectro de causas a ser considerado pelo magistrado, também foi, em sua essência, afastada, já que nem sempre a causa que em abstrato se mostra a mais apta revela-se, no caso concreto, como a geradora do dano. Ademais, o caráter *adequado* da causalidade associa-se ao grau de probabilidade do dano, o que não representa certeza para fins de imposição do dever de reparar.[18]

As críticas formuladas à teoria da causalidade adequada

Assim, até mesmo os autores que a defenderam com convicção admitem hoje que é preciso introduzir na teoria da causalidade adequada ao menos uma correção: a adequação não deve abranger apenas a causa e o efeito isoladamente considerados, mas todo o processo causal. É que, conforme adverte Pessoa Jorge, pode acontecer de o comportamento do agente ser adequado, por si e em abstrato, a provocar o dano, mas este se produzir por um processo diferente: "Quando se diz que disparar um tiro contra alguém é causa adequada da morte, está naturalmente a pensar-se na hipótese de o projéctil atingir órgãos vitais do visado: é pensando nesse processo que po-

16 Ana Mafalda Castanheira Neves de Miranda Barbosa Barbosa, *Lições de responsabilidade civil*, Cascais: Princípia, 2017, p. 260. Paulo Mota Pinto anota que, "seguindo esta doutrina, a jurisprudência do Reichsgericht afirmou que existe um nexo de causalidade adequada "se um facto era em geral adequado, e não apenas em circunstâncias particularmente originais, totalmente improváveis e negligenciáveis segundo o curso normal das coisas, para a realização de um resultado" (*Interesse contratual negativo e interesse contratual positivo*, vol. II, Coimbra: Coimbra Editora, 2008, pp. 931-932).

17 Mário Júlio de Almeida Costa, *Direito das obrigações*, Coimbra: Almedina, 1999, 7ª ed., p. 675.

18 Caio Mário da Silva Pereira, *Responsabilidade civil*, cit., p. 79.

demos afirmar constituir causa adequada da morte o comportamento de quem aponta uma pistola para outrem e prime o gatilho. Suponhamos, porém, que a vítima, apenas ligeiramente ferida, vem a morrer num desastre da ambulância que a conduz ao hospital. Há aqui os dois polos da adequação causal (o disparar da pistola e a morte), simplesmente o resultado não se produziu concretamente pelo processo porque o facto era abstractamente sua causa adequada".[19]

Nesse exemplo, o agente que disparou a pistola não deve responder pela morte. Analisando-se todo o processo causal, fica claro que ocorreu a interrupção do nexo causal por fato de terceiro: a conduta do motorista da ambulância que provoca o acidente (por exemplo, com o avanço indevido de um sinal de trânsito) interferiu na primeira série causal, provocando a sua interrupção.

Tais teorias foram expressamente rejeitadas pela dicção do art. 1.060 do Código Civil de 1916, porque, conforme se afirmou em outra sede, "gerariam resultados exagerados e imprecisos, estabelecendo nexo de causalidade entre todas as possíveis causas de um evento danoso e os resultados efetivamente produzidos, – por se equivalerem ou por serem abstratamente adequadas a produzi-los – ainda que todo e qualquer resultado danoso seja sempre, e necessariamente, produzido por uma causa imediata, engendrada e condicionada pelas circunstâncias específicas do caso concreto".[20]

A teoria da causalidade eficiente, por sua vez, sustenta que as condições que concorrem para certo resultado não são equivalentes, existindo sempre um antecedente que, em virtude de um intrínseco poder qualitativo ou quantitativo, elege-se como verdadeira causa do evento. Não obstante os esforços de seus defensores, entre os quais, Birkmeyer, Stoppato e Kohler, a teoria da causalidade eficiente jamais contou com critérios objetivos que permitissem selecionar, entre as diversas causas de um dano, aquela que teve o poder intrínseco de produzi-lo.[21] A teoria, portanto, não logrou encontrar defensores na doutrina ou jurisprudência nacionais.

A teoria adotada pelo Código Civil

O codificador pátrio consagrou, por meio do art. 403 (que reproduziu a redação do art. 1.060 do Código Civil de 1916),[22] a teoria da interrupção do nexo de causalidade, também conhecida como teoria da causalidade direta e imediata. Embora topograficamente inseridos no âmbito da responsabilidade contratual, os aludidos dispositivos foram estendidos pela doutrina para a responsabilidade extracontratual.[23]

---

19 Fernando de Sandy Lopes Pessoa Jorge, *Ensaio sobre os pressupostos da responsabilidade civil*, Coimbra: Almedina, 1999, pp. 395-396.

20 Gustavo Tepedino, Notas sobre o Nexo de Causalidade. *Revista Trimestral de Direito Civil – RTDC*, n. 6, 2001, p. 7.

21 Daí a crítica de Roberto Brebbia: "Al no poder fijar la teoría de la eficiencia un criterio objetivo para determinar la fuerza causal intrínseca de un fenómeno, cae necesariamente en un empirismo que le resta todo valor científico" (*La relación de causalidad en derecho civil*, Rosario: Juris, 1975, p. 35).

22 Eis o teor do dispositivo: "Ainda que a inexecução resulte de dolo do devedor, as perdas e danos só incluem os prejuízos efetivos e os lucros cessantes por efeito dela direto e imediato, sem prejuízo do disposto na lei processual".

23 Sobre tal expansão da responsabilidade contratual, prevista em idêntico preceito do art. 1.060 do Código Civil de 1916, à responsabilidade extracontratual, v. Agostinho Alvim, *Da inexecução das obrigações e suas consequências*, São Paulo: Saraiva, 1972, 4ª ed.

A partir de sua orientação, apenas se consideram causas do dano aquelas vinculadas ao dano *direta e imediatamente*. Nessa perspectiva, estaria excluída a ressarcibilidade do denominado dano indireto ou *dano por ricochete*.[24] No entanto, o ressarcimento por danos reflexos era vastamente reconhecido pela jurisprudência para condenar também à prestação de alimentos o responsável por homicídio cuja vítima deixara alimentandos, hipótese que restou positivada no art. 948, II, do Código Civil, o qual prevê, no caso de homicídio, indenização consistente "na prestação de alimentos às pessoas a quem o morto os devia, levando-se em conta a duração provável da vida da vítima".[25] Trata-se, portanto, de hipótese de dano indireto ressarcível, haja vista que o dependente econômico da vítima de homicídio se torna vítima *indireta* do crime.[26]

O chamado "dano por ricochete"

Apesar de tal dispositivo ser o único do Código Civil que prevê expressamente o ressarcimento por danos reflexos no ordenamento jurídico, a jurisprudência brasileira já reconheceu que o dano por ricochete é indenizável em outras hipóteses. Exemplo disso é o julgamento do REsp 1.794.115/SC, no qual o Superior Tribunal de Justiça deu parcial provimento ao referido recurso para reconhecer o direito dos pais da vítima (menor de idade) à indenização por danos morais reflexos em razão

---

24 Cfr. Gustavo Tepedino, Nexo de causalidade e o dano indireto no direito brasileiro. In: Fernanda Ivo Pires (org.), *Da estrutura à função da responsabilidade civil*: uma homenagem do Instituto Brasileiro de Estudos de Responsabilidade Civil (IBERC) ao Professor Renan Lotufo, São Paulo: Editora Foco, 2021, pp. 235-244.

25 Assinalando importante distinção entre os alimentos indenizatórios, ora analisados, e a pensão civil decorrente de relações estabelecidas no âmbito da família, a 3ª Turma do STJ rejeitou pedido de prisão civil do devedor de alimentos indenizatórios, nos moldes do art. 948, II, do Código Civil. Na ocasião, o colegiado concedeu *habeas corpus* a um homem condenado a prestar alimentos aos pais da vítima de homicídio, de forma provisória, até o julgamento da ação de responsabilidade civil por acidente de trânsito. Reformando decisão do TJRS, que havia admitido a prisão civil na execução de alimentos indenizatórios, o relator no STJ, o Min. Paulo de Tarso Sanseverino, ressaltou que a prisão civil por alimentos, autorizada de forma excepcional pelo Texto Constitucional, circunscreve-se a obrigações decorrentes do direito de família, tratando-se de regra de exceção que, por tal, não comporta interpretação extensiva. No caso analisado, a pensão origina-se da responsabilidade civil, com natureza indenizatória, não se levando em conta a possibilidade do devedor e a necessidade do credor, vítima do evento danoso – porque deles não depende –, nem a possibilidade do devedor; mas, sim, a extensão do dano injusto, à luz do princípio da reparação integral, nos moldes do art. 944 do Código Civil (STJ, 3ª T., HC 708634, Rel. Min. Paulo de Tarso Sanseverino, julg. 3.5.2022, publ. *DJe* 9.5.2022).

26 Em perspectiva semelhante, o STJ entendeu tratar-se de dano indireto passível de indenização aquele decorrente da veiculação de notícia em programa de televisão de cunho ofensivo à vítima direta que atinja pessoas que, sendo muito próximas afetivamente ao ofendido, se sintam atingidas pelo evento danoso. Na ocasião, afirmou-se o seguinte: "Conquanto a legitimidade para pleitear a reparação por danos morais seja, em princípio, do próprio ofendido, titular do bem jurídico tutelado diretamente atingido (CC/2002, art. 12; CC/1916, arts. 75 e 76), tanto a doutrina como a jurisprudência têm admitido, em certas situações, como colegitimadas também aquelas pessoas que, sendo muito próximas afetivamente ao ofendido, se sintam atingidas pelo evento danoso, reconhecendo-se, em tais casos, o chamado dano moral reflexo ou em ricochete. Mesmo em se tratando de dano moral puro, sem nenhum reflexo de natureza patrimonial, é possível reconhecer que, no núcleo familiar formado por pai, mãe e filhos, o sentimento de unidade que permeia tais relações faz presumir que a agressão moral perpetrada diretamente contra um deles repercutirá intimamente nos demais, atingindo-os em sua própria esfera íntima ao provocar-lhes dor e angústia decorrentes da exposição negativa, humilhante e vexatória imposta, direta ou indiretamente, a todos" (STJ, 4ª T., REsp 1119632/RJ, Rel. Min. Raul Araújo, julg. 15.8.2017, publ. *DJ* 12.9.2017).

de acidente causado no pátio de sua escola que acarretou a cegueira do seu olho direito.[27] Na oportunidade, o Ministro Relator registrou que o entendimento do Tribunal de origem destoava do posicionamento do Superior Tribunal de Justiça, que "presume o dano moral reflexo diante de circunstâncias como a proximidade parental, o convívio sob o mesmo teto e a gravidade do dano – todas presentes na situação concreta".[28]

A subteoria da necessariedade da causa

Diante da insuficiência desta construção doutrinária para explicar a aludida admissibilidade, pelo texto legal, do dano indireto ou remoto, formulou-se construção evolutiva da teoria da relação causal imediata, denominada *subteoria da necessariedade da causa*,[29] segundo a qual "suposto certo dano, considera-se causa dele a que lhe é próxima ou remota, mas, com relação a esta última, é mister que ela se ligue ao dano diretamente. Ela é causa necessária desse dano, porque ele a ela se filia necessariamente; é causa única, porque opera por si, dispensadas outras causas. Assim, é indenizável todo o dano que se filia a uma causa, ainda que remota, desde que ela lhe seja causa necessária, por não existir outra que explique o mesmo dano".[30] Em síntese, o dever de reparar surge quando o evento é efeito necessário de certa causa.

Interrupção do nexo causal

Não é, portanto, a distância temporal entre o dano e a conduta do agente que rompe o nexo causal, mas, sim, a interferência de outra cadeia causal independente. A interrupção do nexo de causalidade pode ocorrer por fato exclusivo de terceiro, da própria vítima ou por um evento de caso fortuito ou de força maior. Assim, os desdobramentos do evento danoso que, temporalmente, estão distantes da conduta do agente são também passíveis de ressarcimento, contanto que sejam consequência direta e imediata de um ato ilícito ou de uma atividade perigosa objetivamente considerada, isto é, contanto que estejam ligados à conduta do agente por uma cadeia causal que não tenha sofrido qualquer interrupção. Em regra, conforme salienta Agostinho Alvim, os danos remotos não são indenizáveis, porque quase sempre deixam de ser efeito necessário, em decorrência do aparecimento de concausas, mas, se isso não ocorrer, eles devem ser indenizados. Para a análise do nexo de causalidade, não é, pois, a distância temporal que importa, mas antes a distância lógica que separa o dano da conduta do agente.[31]

---

27 STJ, 1ª T., REsp 1.794.115/SC, Rel. Min. Paulo Sérgio Domingues, julg. 6.2.2024, publ. *DJe* 19.2.2024. Outras hipóteses que também reconhecem danos reflexos distintas daquela que consta do art. 948, II, Código Civil são identificadas nos seguintes julgados: STJ, 2ª T., AgInt no AREsp 1.806.835/DF, Rel. Min. Francisco Falcão, julg. 19.6.2023, publ. *DJe* 22.6.2023; STJ, 3ª T., AgInt no REsp 1.930.427/SP, Rel. Min. Moura Ribeiro, julg. 12.12.2022, publ. *DJe* 14.12.2022; STJ, 4ª T., AgInt no AREsp 964.555/MS, julg. 26.09.2022, publ. *DJe* 04.10.2022.

28 STJ, 1ª T., REsp 1.794.115/SC, Rel. Min. Paulo Sérgio Domingues, julg. 6.2.2024, publ. *DJe* 19.2.2024.

29 Sobre o tema, cfr. Gustavo Tepedino, Paula Greco Bandeira. A necessariedade causal na responsabilidade civil. In: Paulo Dias de Moura Ribeiro, Thereza Alvim, Carlos Eduardo Maul Moreira Alves, Sonia Regina Maul Moreira Alves (coords.), Obra em homenagem ao Ministro Moreira Alves, 2024, no prelo.

30 Agostinho Alvim, *Da inexecução das obrigações*, cit., p. 356.

31 Observe-se o exemplo de Agostinho Alvim: "Vejamos, agora, o dano que, não obstante remoto, é consequência necessária do inadimplemento da obrigação, visto não haver interveniência de nenhuma outra causa. Alguém dá em arrendamento uma casa, permitindo a sublocação. Mas o senhorio é vencido, posteriormente, em ação reivindicatória; e o contrato de locação, como consequência,

A despeito das teorias nominalmente adotadas pelos tribunais brasileiros, as decisões revelam-se substancialmente fundamentadas na *teoria da necessariedade da causa*, demonstrando que o dever de reparar advém da *necessariedade* existente entre o dano e a atividade. Em termos práticos, os tribunais brasileiros costumam invocar a causalidade adequada, investigando, contudo, em concreto, qual a causa mais adequada ou eficiente – ou seja, necessária – para a produção do dano, distanciando-se, portanto, inteiramente, da construção antes exposta relativamente à causalidade adequada. Nessa direção, o Superior Tribunal de Justiça, em interessante precedente, embora referindo-se à inexistência de *causalidade adequada*, investigou qual a causa direta e imediata de determinado dano. No caso, uma montadora de veículos foi acionada por uma vítima de acidente automobilístico que buscou responsabilizá-la pela utilização de *vidro temperado* no para-brisa de seu veículo, não já de *vidro laminado*. O *vidro temperado* rompeu-se com o acidente, ferindo gravemente o motorista, e, segundo o autor, o *vidro laminado* lhe teria sido menos danoso. Entendeu-se pela não responsabilização da empresa ré, devido à inexistência de liame causal de necessariedade entre a utilização de *vidro laminado* (fato) e os danos sofridos pela vítima em decorrência do acidente automobilístico. Com efeito, a utilização daquela espécie de vidro não foi a causa necessária dos danos sofridos pela vítima, para os quais concorreram fatores humanos imprescindíveis e decisivos na deflagração do evento danoso.[32]

Aplicação das teorias pelos tribunais

A invocação da teoria da causalidade adequada associada à investigação da causa direta e imediata (e da subteoria da necessariedade) evidencia-se em julgado recente do STJ, no qual se afirma que, "na aferição do nexo de causalidade, a doutrina

---

deixa de subsistir. Surge, para o locador, a obrigação de indenizar. Seria dano direto do locatário, indiscutivelmente, a diferença a mais que tivesse que pagar por uma casa semelhante, por ter havido alta de alugueres. Mas, se o locatário subalugasse cômodos dessa pensão, e, por força da rescisão, tivesse que indenizar hóspedes e empregados? Estes danos, é certo, não se ligam imediatamente à primeira causa. Todavia, como para o seu aparecimento não concorreu nenhuma outra causa, a consequência é que o dano será indenizável, dada a absoluta ligação entre a primeira causa e o último dano" (Agostinho Alvim, *Da inexecução das obrigações*, cit., pp. 389-390).

32 STJ, 3ª T., REsp 2.821, Rel. Min. Gueiros Leite, julg. 16.10.1990. Veja-se excerto da ementa da decisão: "Acidente caracterizado por violenta colisão de automóvel com anteparo fixo. O recorrente ressalta a conduta do fabricante do veículo em face da relação de causalidade no campo da responsabilidade objetiva, fato irrelevante para a produção do evento por inexistência de causalidade adequada". Em seu voto, assinala o Ministro Nilson Naves: "torna-se difícil, senão impossível, o estabelecimento da causalidade; a propósito, disse, e corretamente, o acórdão recorrido: a conduta do fabricante do veículo está muito longe de uma relação de causalidade mercê da qual, mesmo no campo da responsabilidade objetiva (não é o caso) se justificasse o dever de reparação". V., ainda, STJ, 2.ª T., REsp n.º 776.732, Rel. Min. Humberto Martins, julg. 8.5.2007. Ressalte-se, contudo, que há, no âmbito deste Tribunal, alguns julgados que se afastam do critério da necessariedade, aplicando a teoria da causalidade adequada em seu sentido estrito. Nesse sentido, confira-se: "Nesse contexto, o ato ilícito praticado pela concessionária, consubstanciado na ausência de corte das árvores localizadas junto aos fios de alta tensão, permitindo seu contato com a rede elétrica, possui sim a capacidade em abstrato de causar danos aos consumidores, segundo o curso natural das coisas e a experiência comum, restando, portanto, configurado o nexo de causalidade nos moldes pretendidos pela teoria da causalidade adequada" (STJ, 4.ª T., Agravo Regimental no Agravo n.º 682.599. Rel. Min. Fernando Gonçalves, julg. 25.10.2005). V., ainda, STJ, 4.ª T., REsp n.º 729.732. Rel. Min. Cesar Asfor Rocha, julg. 21.9.2006.

majoritária de Direito Civil adota a teoria da causalidade adequada ou do dano direto e imediato, de maneira que somente se considera existente o nexo causal quando o dano é efeito necessário e adequado da causa cogitada (ação ou omissão). Logo, a configuração do nexo de causalidade, a ensejar a responsabilidade civil do agente, demanda a comprovação de conduta comissiva ou omissiva determinante e diretamente atrelada ao dano (...)".[33] Com orientação semelhante, a Corte já se manifestara no sentido de que "o ordenamento pátrio adotou a teoria da causalidade adequada, segundo a qual devem ser considerados os fatos e condições que concorreram para o evento danoso, *selecionando aqueles que contribuíram de forma necessária e determinante para a ocorrência do prejuízo*".[34]

Também com a invocação da teoria da causalidade adequada, o Tribunal de Justiça do Estado Rio de Janeiro identifica, em seus votos, a *causa mais adequada em concreto*, não em abstrato, estabelecendo o *nexo causal necessário* para o surgimento do dever de reparar. Confira-se, a título exemplificativo, ementa que identifica a teoria da causalidade adequada com a teoria do dano direto e imediato: "Ninguém responde por aquilo que não tiver dado causa, segundo fundamental princípio do direito. E de acordo com a teoria da causa adequada adotada em sede de responsabilidade civil, também chamada de causa direta ou imediata, nem todas as condições que concorrem para o resultado são equivalentes, como ocorre na responsabilidade penal, mas somente aquela que foi a mais adequada a produzir concretamente o resultado".[35] O mesmo Tribunal decidiu, em outro julgado, pela configuração do vínculo de necessariedade entre a morte do paciente durante sua remoção a outro estabelecimento hospitalar e a autorização concedida pelo hospital para tal transferência. Comprovando-se que a clínica havia permitido a remoção em condições precárias e que o dano irreversível não teria ocorrido se a paciente ainda estivesse no hospital, concluiu-se pela presença de *causalidade necessária* entre a permissão para a transferência e o falecimento.[36]

Emblemática, ainda, decisão do Tribunal de Justiça do Estado Rio de Janeiro, a ilustrar que a nomenclatura adotada quanto às teorias do nexo de causalidade não impede a efetiva aplicação da teoria da causa direta e imediata. No caso, os autores da demanda, privados do serviço de energia elétrica em sua residência por mais de 36

---

33 STJ, 4ª T., AgInt no REsp 1.401.555/MG, Rel. Min. Raul Araújo, julg. 3.10.2022.

34 STJ, 3ª T., EDcl no AgRg no REsp 790.643, Rel. Min. Marco Aurélio Bellizze, julg. 23.6.2016. Grifou-se.

35 TJRJ, 2.ª C.C., Ap. Cív. n.º 1995.001.00271, Rel. Des. Sergio Cavalieri Filho, julg. 7.3.1995. Tal entendimento permanece em vigor, como se dessume de decisões mais recentes: TJRJ, 19ª C.C., Ap. Cív. n.º 0046788-45.2015, julg. 17.12.2019.

36 TJRJ, 2.ª C.C., Ap. Cív. n.º 1997.001.1528, Rel. Des. Sergio Cavalieri Filho, julg. 29.4.1997. A referência expressa ao critério da necessariedade da causa para o dano é marcante na jurisprudência deste tribunal. É o que se extrai, dentre outras, da decisão proferida em TJRJ, 12.ª C.C., Ap. Cív. n.º 2008.001.04862, Rel. Des. Sergio Wajzenberg, julg. 15.4.2008: "O sistema de responsabilidade civil acolhe a *teoria da causalidade adequada*, segundo a qual somente causas ou condutas relevantes para a produção do dano são capazes de gerar o dever de indenizar. Busca-se, desse modo, o antecedente *necessário* e adequado à produção concreta do resultado, a causa mais eficiente e idônea à produção do dano".

horas, pretendiam obter da empresa responsável pela prestação do serviço reparação pelos danos causados em virtude de incêndio provocado pelo uso de velas. Segundo o Tribunal, os autores da demanda, "ao requererem a condenação da concessionária ré ao pagamento de dano emergente derivado de incêndio que decorreu, não de uma explosão num transformador, não de um curto circuito na rede de distribuição de energia, não diretamente de um fato imputável à ré, mas apenas remota e mediatamente, pois decorreu do uso de 12 velas e, mesmo assim, do descuido de seu uso, estão formulando um pedido que tem por pressuposto lógico a adoção da desprestigiada teoria da equivalência dos antecedentes para fins de responsabilização civil". Nessa esteira, afirmou-se: "Parece evidente que não há nexo causal e, portanto, responsabilidade do fornecedor, na medida em que o incêndio – causa eficiente desse dano – não constitui efeito nem próximo, nem direto, nem imediato, nem natural, nem necessário, nem adequado da simples indisponibilidade do serviço. Para se chegar à ocorrência de um incêndio, é preciso que, ao uso de velas como alternativa de iluminação por carência de energia elétrica, se acresça algum grau de desmazelo dos próprios usuários ou de terceiros no manejo ou posicionamento dessas candeias, cujo acendimento, por si só, não basta para ocasionar esse trágico desdobramento".[37]

Nota-se, assim, a prevalência, na jurisprudência pátria, da subteoria da necessariedade. De fato, além dos julgados que, como visto, apropriam-se dessa noção ao invocar a teoria da causalidade adequada, diversas outras decisões adotam a teoria da causa direta e imediata, referindo-se expressamente à causalidade necessária. Nesse mesmo sentido, alinha-se voto do Ministro Moreira Alves no julgamento do Recurso Extraordinário n.º 130.764, no qual se discutia a responsabilidade do Estado por danos advindos de assalto cometido por quadrilha da qual fazia parte preso foragido vários meses antes: "em nosso sistema jurídico, como resulta do disposto no art. 1.060 do Código Civil [de 1916], a teoria adotada quanto ao nexo de causalidade é a teoria do dano direto e imediato, também denominada teoria da interrupção do nexo causal. (...) Essa teoria, como bem demonstra Agostinho Alvim (...) só admite o nexo de causalidade quando o dano é efeito necessário de uma causa, o que abarca o dano direto e imediato sempre, e, por vezes, o dano indireto e remoto, quando, para a produção deste, não haja concausa sucessiva".[38] Observa-se, no caso em tela, que o assalto não decorreu *necessária*, *direta* e *imediatamente* da fuga. A rigor, várias outras causas intervieram neste percurso, como a compra das armas, a organização do plano e a própria agregação dos assaltantes.[39] Assim, o Estado do Paraná não foi

---

37 TJRJ, 27.ª C.C., Ap. Cív. n.º 0118975-42.2012.8.19.0038, Rel. Des. Marcos Alcino de Azevedo Torres, julg. 18.5.2016. Aplicando a teoria da causa direta e imediata, cf.: TJSP, 30ª CDPriv., Ap. Cív. nº 0010285-39.2011.8.26.0302, Rel. Des. Lino Machado, julg. 24.04.2019, *DJ* 26.04.2019.

38 STF, 1ª T., RE 130.764, Rel. Min. Moreira Alves, julg. 12.5.1992.

39 Acontecimentos similares ensejam amplo debate no âmbito do Supremo Tribunal Federal, resultando, por diversas vezes, na invocação da teoria da causalidade direta e imediata. Nesse sentido, veja-se o seguinte julgado, em que se discute a responsabilidade estatal decorrente de estupro praticado por indivíduo que, por desídia do Estado, ainda desfrutava de regime prisional aberto, apesar de sete evasões consecutivas. Na hipótese, entendeu o Tribunal, nos termos do voto vencedor, pela responsabilização do Estado, pois, ao contrário do caso acima aludido (RE n.º 130.764), não se

responsabilizado pelo assalto praticado, ao demonstrar-se a inexistência de nexo causal direto e imediato entre a fuga e o assalto, praticado meses após a evasão do fugitivo.

3. REAFIRMAÇÃO DA TEORIA DA NECESSARIEDADE PELO SUPREMO TRIBUNAL FEDERAL

O tema voltou ao debate com a decisão proferida pelo Supremo Tribunal Federal, por maioria de votos, em julgamento sob a sistemática de Repercussão Geral, em que se negou o dever de reparação do Estado por danos causados por foragido do sistema carcerário. No julgamento do RE n.º 608.880, sob relatoria do Ministro Marco Aurélio,[40] a Corte reformou decisão do Tribunal de Justiça de Mato Grosso que condenara o Estado à indenização por danos morais e materiais em razão de latrocínio praticado por criminoso que, cumprindo pena em regime fechado, evadira do presídio três meses antes do crime.

Afirmou-se naquela ocasião que, "nos termos do artigo 37, § 6º, da Constituição Federal, não se caracteriza a responsabilidade civil objetiva do Estado por danos decorrentes de crime praticado por pessoa foragida do sistema prisional, quando não demonstrado o nexo causal direto entre o momento da fuga e a conduta praticada". No caso, o Ministro Alexandre de Moraes, abrindo divergência, entendeu que o conjunto dos fatos e das provas sedimentado nas instâncias ordinárias não permitiria imputar responsabilidade por omissão ao Estado pela conduta levada a cabo por terceiros que deveriam estar sob sua custódia.[41]

---

verificou nenhum elemento capaz de descaracterizar a causalidade direta. Assim, reconheceu-se "a imediatidade da conexão entre o ato omissivo dos agentes estatais e o grave episódio danoso (...). Aqui, se os agentes do poder público houvessem antecipadamente cumprido com suas atribuições, o apenado deveria estar encarcerado na noite em que agrediu mãe e filha. A omissão se coloca, portanto, como causa material suficiente a permitir que o evento danoso ocorresse" (STF, 2.ª T., RE n.º 409.203, Rel. Min. Carlos Velloso, julg. 7.3.2006). Na mesma direção, o STF também afirmou a responsabilidade civil do Estado no caso de latrocínio cometido por foragido: "a negligência estatal na vigilância do criminoso, a inércia das autoridades policiais diante da terceira fuga e o curto espaço de tempo que se seguiu antes do crime são suficientes para caracterizar o nexo de causalidade" (STF, 2.ª T., RE n.º 573.595, Rel. Min. Eros Grau, julg. 24.6.2008).

40 STF, Tribunal Pleno, RE 608.880/MT, Rel Min. Marco Aurélio, julg. 8.9.2020, publ. 1.10.2020.

41 Nesse sentido, afirmou o Min. Alexandre de Moraes em seu voto condutor: "Não há, portanto, como reconhecer nexo causal entre uma suposta omissão genérica do Poder Público e o dano causado, e, consequentemente, não é possível imputar responsabilidade objetiva ao Estado, como bem salientado no emblemático RE 130.764 (Rel. Min. Moreira Alves, *DJ* de 7/8/1992), que, em síntese, demonstra a necessária exigência que o dano provocado por terceiro deve ter estreita relação com a omissão estatal, sem interrupção do nexo causal, consideradas as várias circunstâncias concorrendo para o resultado. (...) Infere-se que (*i*) o intervalo entre fato administrativo e o fato típico (critério cronológico) e (*ii*) o surgimento de causas supervenientes independentes (*v.g.*, formação de quadrilha), que deram origem a novo nexo causal, contribuíram para suprimir a relação de causa (evasão do apenado do sistema penal) e efeito (fato criminoso). Nesse sentido, a fuga de presidiário e o cometimento de crime (elementos fáticos), sem qualquer relação lógica com sua evasão, extirpa o elemento normativo, 'segundo o qual a responsabilidade civil só se estabelece em relação aos efeitos diretos e imediatos causados pela conduta do agente. A incorreta visualização do nexo causal pode levar à distorção de rumos, fazendo alguém responder pelo que não fez', adverte Sergio Cavalieri Filho (*Programa de Responsabilidade Civil.* 13. ed. São Paulo: Atlas, 2019)" (STF, Tribunal Pleno, RE nº 608.880/MT, Rel. Min. Marco Aurélio, julg. 8.9.2020, publ. 1.10.2020).

Embora sem consenso semântico quanto às categorias dogmáticas adotadas por cada um dos julgadores, o Supremo Tribunal Federal manteve acertadamente o entendimento jurisprudencial que consagra a responsabilidade objetiva do Estado, prevista no art. 37, § 6º, da Constituição, mesmo na hipótese de comportamento omisso. Além disso, reafirmou-se, em linha com o célebre precedente do RE n.º 130.764, de 7 de agosto de 1992, da Relatoria do Ministro Moreira Alves,[42] a teoria da causalidade necessária para a deflagração da responsabilidade civil. Na paradigmática decisão, já em 1992, restou consagrado o entendimento segundo o qual "o dano decorrente do assalto por uma quadrilha de que participava um dia evadidos da prisão não foi o efeito necessário da omissão da autoridade pública que o acórdão recorrido teve como causa da fuga dele, mas resultou de concausas, como a formação da quadrilha, e o assalto ocorrido cerca de vinte e um meses após a evasão".

No caso em tela, prevaleceu então o entendimento de que, embora fossem incontroversos a quebra do dever de custódia do apenado e o crime por ele praticado, outras causas intercorreram na preparação do assalto, na definição do plano criminoso com outros comparsas e na aquisição de armas, interrompendo, assim, o nexo de causalidade entre a fuga e o latrocínio. Segundo tal orientação, portanto, mesmo havendo muitas causas potencialmente danosas, somente deve ser imputado o dever de reparar ao agente cujo comportamento ou atividade acarretou necessariamente o resultado danoso.

Com isso, reitera-se, em boa hora, a necessidade de análise criteriosa do nexo causal, independentemente da imputação subjetiva ou objetiva do dever de reparar. Nessa perspectiva, convém repisar, não é a distância temporal entre o dano e a conduta do agente que rompe o nexo de causalidade, mas a interferência de outra cadeia causal independente. A interrupção do nexo pode decorrer de fato exclusivo de terceiro, da própria vítima ou por evento de caso fortuito ou de força maior. Assim, os desdobramentos do evento danoso que, temporalmente, estão distantes da conduta do agente são também passíveis de ressarcimento, desde que sejam consequência direta e imediata do ato ilícito ou da atividade perigosa objetivamente considerada,

---

[42] "Ora, em nosso sistema jurídico, como resulta do disposto no artigo 1.060 do Código Civil [de 1916], a teoria adotada quanto ao nexo de causalidade é a teoria do dano direto e imediato, também denominada teoria da interrupção do nexo causal. Não obstante aquele dispositivo da codificação civil diga respeito a impropriamente denominada responsabilidade contratual, aplica-se ele também a responsabilidade extracontratual, inclusive a objetiva, até por ser aquela que, sem quaisquer considerações de ordem subjetiva, afasta os inconvenientes das outras duas teorias existentes: a da equivalência das condições e a da causalidade adequada. No caso, em face dos fatos tidos como certos pelo acórdão recorrido, e com base nos quais reconheceu ele o nexo de causalidade indispensável para o reconhecimento da responsabilidade objetiva constitucional, e inequívoco que o nexo de causalidade inexiste, e, portanto, não pode haver a incidência da responsabilidade prevista no artigo 107 da Emenda Constitucional n. 1/69, a que corresponde o parágrafo 6º do artigo 37 da atual Constituição. Com efeito, o dano decorrente do assalto por uma quadrilha de que participava um dos evadidos da prisão não foi o efeito necessário da omissão da autoridade pública que o acórdão recorrido teve como causa da fuga dele, mas resultou de concausas, como a formação da quadrilha, e o assalto ocorrido cerca de vinte e um meses após a evasão. Recurso extraordinário conhecido e provido" (STF, 1ª T., RE 130.764, Rel. Min. Moreira Alves, publ. *DJ* 7.8.1992).

isto é, contanto que estejam ligados à conduta do agente por cadeia causal que não tenha sofrido qualquer interrupção.[43]

4. CONCURSO DE CAUSAS

Uma vez estabelecida a necessariedade do vínculo causal para a deflagração do dever de reparar, há de se enfrentar a hipótese de concurso de causas. A rigor, percebe-se que a variedade de soluções trazida pelos tribunais decorre da diversidade de situações contempladas, embora nem sempre esclarecidas, entre as hipóteses de concausas sucessivas e de concausas concomitantes.

Concausas concomitantes

Cuidando-se de pluralidade de causas concomitantes e, portanto, diretas, resulta implícito o vínculo de necessariedade entre as causas e o evento danoso. Diante de múltiplas causas concomitantes, ao juiz caberá: i) identificar qual dessas causas é preponderante, de modo a excluir as demais; e ii) quando mais de uma causa tiver relevância decisiva para a produção do resultado, ou quando se mostrar impossível a determinação de qual delas foi verdadeiramente preponderante, repartir o dever de indenizar, ocorrendo então o que se convencionou denominar *culpa concorrente*.

A título ilustrativo, confira-se decisão proferida no Tribunal de Justiça do Rio de Janeiro, na qual um motociclista, tendo colidido contra uma Kombi que se encontrava parada em lugar inadequado, ingressou com ação de reparação de danos em face do motorista. Note-se que a colisão teve, ao menos, duas causas: (i) a parada da Kombi em local irregular e (ii) a imperícia do motociclista. Ressalte-se que no momento do acidente havia sinalização adequada e perfeita visibilidade, de modo que nenhum outro veículo se chocou com a Kombi, evidenciando-se, portanto, diante de causas concomitantes, a preponderância da causa *imperícia do motociclista*. Consignou-se no acórdão: "(...) Se visto o acidente na sua dinâmica, a colisão da moto com a Kombi se constitui num grandioso absurdo, porquanto, em condições de normalidade, o condutor da motocicleta jamais poderia, com habilidade e lucidez, projetar-se contra a Kombi parada, iluminada e sinalizada".[44]

Em caso distinto, não se mostrando possível afirmar a preponderância de uma das causas para verificação do dano, entendeu o mesmo Tribunal por repartir o dever de reparação, aplicando a culpa concorrente. É ver-se: "Responsabilidade civil. Atropelamento na linha férrea. Vítima fatal. (...) Caracterização da desídia da

---

[43] "Para a análise do nexo de causalidade, não é, pois, a distância temporal que importa, mas antes a distância lógica que separa o dano da conduta do agente. Nesses termos, a causa direta e imediata nem sempre é a mais próxima do dano, mas, sim, aquela que necessariamente o ensejou, que lhe deu causa. Isso, porque não basta a distância temporal entre a conduta lesiva e o dano para o rompimento do nexo causal. Assim, os desdobramentos do evento danoso que estejam temporalmente distantes da conduta do agente que lhes deram causa até podem ser passíveis de ressarcimento, contanto que sejam consequência direta e imediata de um ato ilícito. Dito de outro modo, todos os desdobramentos do evento danoso que estejam necessariamente ligados à conduta do agente devem ser reparados pelo agente ofensor" (Gisela Sampaio da Cruz Guedes, Reponsabilidade Civil da companhia por falha informacional: (IN) suficiência do estudo de eventos como parâmetro para a determinação do nexo causal. *Revista Brasileira de Direito Civil* – RBDCivil. Belo Horizonte, v. 33, n. 1, jan./mar., 2024, p. 230).

[44] TJRJ, 14ª C.C., Ap. Cív. 1999.001.19227, Rel. Des. Maria Henriqueta Lobo, julg. 23.5.2000.

empresa de transporte, pois, pelo que deflui do depoimento de seu preposto, o local onde se verificou o acidente na linha férrea é utilizado como passagem sem adoção de quaisquer das medidas de segurança, como sinalização adequada, aviso, cancela ou passagem de nível. Nexo causal comprovado. Ausência de cautela no atuar da vítima. Dano provocado por dualidade de causas de tal sorte que ambas as partes – autor e réu – concorreram adequada e eficientemente para o resultado, devendo ser consideradas na determinação da responsabilidade ressarcitória. Concorrência de culpa".[45]

Na mesma direção, o STJ examinou caso em que se postulava a condenação de hospital em virtude do falecimento do filho dos autores, que, durante o período de internação para tratamento de doença grave, evadiu-se do estabelecimento hospitalar durante a noite, fugindo para a residência dos pais. O menor, que contava com 15 anos de idade, apresentou grave recaída e faleceu 3 dias depois. O STJ, considerando que o comportamento dos pais, concomitante à fuga do hospital, concorreu diretamente para o evento danoso, reduziu a indenização devida pelo hospital. Segundo a Corte, "não se pode perder de vista a existência de concorrência de causas na espécie, pois o ato de evasão do paciente durante noite chuvosa foi, em importante medida, tacitamente corroborado pelos pais. A atitude negligente dos genitores do menor também constituiu causa direta e determinante para o trágico evento danoso. Isso, porque receberam o filho ainda doente em casa, na noite do dia 9.fev.1991, (...), deixando de fazer, como seria prudente, contato imediato com o nosocômio, comunicando a ocorrência, e de conduzir prontamente o interno de volta ao eficiente tratamento médico que até então vinha recebendo. Ao contrário, optaram por deixar o filho em repouso noturno residencial e, mesmo após grave recaída durante a madrugada, decidiram levá-lo a outros hospitais, e não àquele onde recebia tratamento que se mostrava eficiente".[46]

Outro problema interessante refere-se aos denominados "atrasos concorrentes e simultâneos" no curso de grandes obras, o que ocorre nas situações em que duas causas concorrentes (cumulativas) atuam de forma simultânea e com a mesma eficácia na provocação do atraso de uma obra, sendo cada uma delas imputável a uma das partes contratantes.[47] O problema "nada tem a ver com culpas que não se compensam (...), sendo antes, em verdade, um problema puramente de causalidade"[48] Na experiência

---

45 TJRJ, 14ª C.C., Ap. Cív. 2000.001.07689, Rel. Des. Mauro Nogueira, julg. 26.9.2000.

46 STJ, 4ª T., REsp 1.307.032, Rel. Min. Raul Araújo, julg. 18.6.2013.

47 Nesses casos, tem-se a seguinte situação: (i) há dois atrasos que são de responsabilidade contratual de partes diferentes; (ii) as condutas das partes contratantes têm a mesma eficácia causal (ou eficácia causal aproximada) para a produção do atraso na entrega final da obra; (iii) os dois atrasos não são relacionados – isto é, são independentes entre si, de modo que um não provoca o outro, nem favorece a eficácia do outro – e teriam impactado a obra do mesmo jeito, mesmo se não existisse o outro; (iv) cada um dos dois atrasos, independentemente do outro, atrasa o próprio caminho crítico da obra (são causas cumulativas, e não complementares); (v) os dois atrasos são determinantes para o atraso final da obra, e não facilmente solucionáveis; (vi) os atrasos ocorrem concomitantemente (ou simultaneamente), impactando exatamente o mesmo período de tempo analisado.

48 Gisela Sampaio da Cruz Guedes, Atrasos concorrentes e simultâneos em construção: um problema puramente de causalidade. In: *AGIRE |Direito Privado em Ação*. Disponível em: <https://agireditreitoprivado.substack.com/p/38-atrasos-concorrentes-em-construcao>. Acesso em: 15.10.2023.

internacional,[49] afirma-se, no mais das vezes, que, nesse tipo de caso, nenhuma das partes pode se beneficiar monetariamente do atraso, sendo necessário apenas prorrogar o prazo para conclusão da obra, como se o direito à indenização de uma das partes fosse "neutralizado" pelo direito à indenização da outra. O atraso é tratado como "escusável" e "não controlável" por qualquer parte, mas tudo dependerá muito das circunstâncias do caso concreto.[50]

Situação inteiramente diversa se configura quando a multiplicidade de causas é sucessiva, ou seja, quando uma delas constitui causa direta do dano, ganhando autonomia em relação às mais remotas. Ao contrário do cenário delineado na concomitância de causas, aqui as diversas causas aparecem sucessivamente na linha do tempo, de tal modo que o dano surge após o encadeamento de fatos cronologicamente distintos. Sendo, portanto, sucessivas, deve-se analisar se há necessariedade entre a causa a que se pretende atribuir o dever de reparar e o evento danoso.[51] Se não houver, exclui-se o dever de indenizar. Por outro lado, em se tratando de pluralidade de causas necessárias, ainda que sucessivas, só então a solução levará em conta o critério antes aludido da preponderância das causas, ou, considerando-as equivalentes, da repartição do dever de reparar.

Concausas sucessivas

Remeta-se, a título de exemplo, ao caso paradigmático julgado pelo STF no qual fugitivos de uma penitenciária, anos depois da evasão, assaltaram joalheria. Não há dúvida de que ocorrera, faticamente, ato imputável, em tese, ao Estado do Paraná, tornando possível a fuga da penitenciária. Todavia, a prática do assalto não decorreu, *necessariamente,* da omissão do Estado, pois que a causa indireta, nessa espécie, não se vincula ao resultado danoso por liame de *necessariedade*. De fato, a interferência de inúmeras outras causas relevantes mais próximas, em conexão direta com o dano, afastou a responsabilidade do Estado.

---

49 Protocolo AACE® – Práticas recomendadas internacionalmente n. 29r-03. Cf. também: Raid Abu-Manneh, Ulrich Helm, Jonathan Stone, Marcelo Richter, Concurrent analysis of concurrent delay: the approach in England, the UAE, Germany and Brazil. *The International Construction Law Review*, 2020, pp. 106-129; Hamish Lal, Brendan Casey and Josephine Kaiding, Comparative Approaches to Concurrent Delay. The Guide to Construction Arbitration. Third Edition, 2019.

50 Para uma análise mais aprofundada da causalidade nos casos em que há "atrasos concorrentes e simultâneos", cfr. Gisela Sampaio da Cruz Guedes e Naomi Fiszon Zagarodny, 'Atrasos concorrentes e simultâneos' em disputas de construção: um problema de causalidade. In: Gustavo Ventura, Mario Godoy, Cleodon Fonseca e Roberto Paulino (coords.), *Direito civil na contemporaneidade*: estudos em homenagem a Sílvio Neves Baptista, t. 1, Recife: Editora Império, 2024, pp. 389-417.

51 Em regra, quando vários agentes causam o dano de forma simultânea, a ofensa é única, razão pela qual se justifica plenamente a regra da solidariedade, com base no art. 942 do Código Civil. Na ocorrência de causas sucessivas, de outro lado, é possível cogitar-se de danos autônomos ou de uma espécie de "causalidade parcial" em que cada uma das causas dá origem a uma parcela independente do dano que, justamente por ser formado por partes autônomas, será imputado a diferentes autores sem a regra da solidariedade. Nesse caso, em que cada agente causa uma parcela individualizada do dano, "impor a solidariedade é agredir a regra da causalidade jurídica" (Antonio Lindbergh C. Montenegro, *Responsabilidade civil,* Rio de Janeiro: Lumen Juris, 1996, 2ª ed., p. 344). Cada agente deverá responder tão somente pelo dano ou pela parcela do dano que causou.

Outra hipótese de concausas sucessivas extrai-se da jurisprudência do STJ, em caso no qual foi movida ação de reparação de danos em face de administradora do estacionamento de um aeroporto, sob a alegação de inadimplemento contratual, uma vez que autorizou o filho da proprietária do veículo a retirar o automóvel sem a apresentação do comprovante contratual, que ficara em poder da autora. Dias depois, em outra cidade, o filho acidentou-se na estrada, causando lesões físicas nos passageiros e no veículo, cujos tratamentos e reparos foram suportados pela autora. Nesse caso, parece inegável que, sem a liberação irregular do veículo, o acidente não teria ocorrido. No entanto, o inadimplemento contratual, causa remota, não se vincula necessariamente ao dano, para o qual concorreram fatores supervenientes e decisivos para o acidente.[52]

Como se percebe, não raro os magistrados se deparam com situações de difícil solução no campo da responsabilidade civil. Verifica-se, em muitos casos, diante do inequívoco fracasso das políticas públicas, a adoção de critérios para a responsabilização que não os referentes à causalidade técnica, mas à investigação daquele que mais amplamente poderá restituir à vítima o prejuízo sofrido, procurando-se obstinadamente assegurar a efetividade da reparação. Entretanto, sem os pressupostos técnicos indispensáveis ao dever de reparar, notadamente o dano e o nexo de causalidade, qualquer solução acaba por representar grave ameaça à segurança jurídica e à iniciativa econômica privada. Além disso, pelo volume das ações que chegam aos tribunais, as decisões que prescindem de fundamento técnico reduzem, na prática, os valores das indenizações, banalizando e pulverizando a responsabilidade civil.

Crítica às decisões sem fundamento técnico

5. SITUAÇÕES CONTROVERSAS EM MATÉRIA DE CAUSALIDADE

Revela-se necessária, diante deste quadro, a busca pela fixação de parâmetros para a configuração da causalidade, os quais atendam às inúmeras demandas que, a cada dia, são apreciadas pelos tribunais, assumindo a jurisprudência especial relevo neste processo. Há que considerar o julgador, em conjunto com os requisitos técnicos da responsabilidade civil, todo o sistema estabelecido pelo legislador, a evitar exagero na fixação do dever de reparar. Nesse sentido, torna-se necessário atentar para a existência de eventual causa de exclusão de responsabilidade que, atuando sobre o nexo de causalidade, modifique-o.[53]

---

52 TJRJ, 7ª C.C., Ap. Cív. 2000.001.06528, Rel. Des. Luiz Roldão F. Gomes, julg. 8.8.2000.

53 Indicam-se difusamente em doutrina três causas de exclusão de responsabilidade, quais sejam, i) o fato exclusivo da vítima, verificado quando o dano foi causado, direta e imediatamente, pela atuação exclusiva da vítima que o suportou, sendo o agente, no caso, mero instrumento para que sobrevenha o prejuízo; ii) o fato exclusivo de terceiro, que, assim como o fato da vítima, exime totalmente de responsabilidade o agente, desde que tenha sido sua causa direta e exclusiva; e iii) o caso fortuito (equiparado pelo legislador de 2002 à força maior), que, para interromper a cadeia de causalidade, deve configurar-se em acontecimento extraordinário, inevitável e atual (no sentido de que não se pode alegar fortuito que ainda não ocorreu). Ver, dentre outros, Gustavo Tepedino; Heloisa Helena Barboza; Maria Celina Bodin de Moraes, *Código Civil interpretado*, vol. II, Rio de Janeiro: Renovar, 2006, pp. 810-812. Sobre caso fortuito e força maior, remete-se o leitor para o Capítulo VI destes *Fundamentos*.

A jurisprudência não se mostra apartada desse processo, estabelecendo, na aplicação da responsabilidade civil, diversas padronizações. Assim, tem-se a consolidação do conceito de fortuito interno, que se refere a eventos compreendidos no risco da própria atividade desempenhada, não se mostrando suficientes para a exclusão do nexo causal. Como reconhece o STJ, "o fortuito interno, entendido como fato imprevisível e inevitável ocorrido no momento da prestação do serviço ou da fabricação do produto, não exclui a responsabilidade do fornecedor, pois relaciona-se com a atividade e os riscos inerentes ao empreendimento".[54] Conforme já assentado, somente quando o fortuito não guardar conexão com a atividade empreendida poder-se-á excluir o dever de reparar.

Fortuito interno

Ilustrativamente, vale destacar o entendimento do Superior Tribunal de Justiça, que, em caso envolvendo a perda de conexão por atraso no procedimento de imigração, responsabilizou a companhia aérea. Segundo a Corte, "embora a companhia aérea não tenha ingerência na forma de realização desse mecanismo, que fica a cargo dos agentes de segurança, ela tem a obrigação de se manter informada acerca dos eventos capazes de influenciar no fluxo de passageiros no aeroporto e, consequentemente, no tempo necessário à realização da imigração, a fim de adotar as medidas necessárias para impedir ou amenizar as consequências oriundas de eventual lentidão. Assim, a demora no procedimento de imigração qualifica-se como fortuito interno e, consequentemente, não exclui a responsabilidade da companhia".[55]

Situação ainda não muito clara diz respeito à responsabilização do agente por roubo efetuado por terceiro. Exemplificativamente, o Tribunal de Justiça do Estado do Rio de Janeiro já admitiu a responsabilidade civil da empresa transportadora por danos sofridos pelo passageiro em decorrência de assalto praticado no interior do veículo, mesmo que, no caso concreto, não se pudesse evidentemente evitá-lo, sendo certo, ainda, que outras causas poderiam ter contribuído para a sua ocorrência. Segundo o TJRJ, "cuida a hipótese de fortuito interno, baseado no risco inerente ao exercício da própria atividade desenvolvida pela Apelada, não afastando a sua responsabilidade pelos danos causados aos consumidores, passageiros".[56] O Superior Tribunal de Justiça, valendo-se igualmente da noção de fortuito interno, considerou que a Empresa Brasileira de Correios e Telégrafos seria civilmente responsável por danos causados ao consumidor assaltado no interior de uma de suas agências.[57]

54 STJ, 3ª T., AgInt no REsp 2.075.837/SP, Rel. Min. Humberto Martins, julg. 25.9.2023.

55 STJ, 3ª T., REsp 2.043.687/SC, Rel. Min. Nancy Andrighi, julg. 20.6.2023.

56 TJRJ, 26.ª Câmara Cível e do Consumidor, Ap. Cív. n.º 0019539-76.2012.8.19.0211, Rel. Des. Arthur Narciso de Oliveira Neto, julg. 29.9.2016. Na mesma direção, destacando que "diante da constância de assaltos nos meios de transporte o fato já se tornou corriqueiro, eliminando o elemento imprevisibilidade da excludente de caso fortuito", v. TJRJ, 27ª Câmara Cível e do Consumidor, Ap. Cív. n.º 0315024-36.2013.8.19.0001 Rel. Des. Marcos Alcino de Azevedo Torres, julg. 10.10.2014.

57 Segundo a Corte, "o serviço prestado pelos Correios foi inadequado e ineficiente, porque descumpriu o dever de segurança legitimamente esperado pelo consumidor, não havendo falar em caso fortuito para fins de exclusão da responsabilidade com rompimento da relação de causalidade, mas sim fortuito interno, porquanto incide na proteção dos riscos esperados da atividade empresarial desenvolvida" (STJ, 4ª T., REsp 1.183.121, Rel. Min. Luis Felipe Salomão, julg. 24.2.2015).

Em decisão mais recente, contudo, a Quarta Turma do Superior Tribunal de Justiça afirmou que, em se tratando de responsabilidade civil de empresa fornecedora de bens e serviços (no caso, um estacionamento de veículos), de natureza diversa à das instituições financeiras ou outras atividades que demandam vigilância e segurança ostensivas reforçadas, não existe obrigação de indenizar as lesões material e extrapatrimonial, pelo roubo mediante uso de arma de fogo ocorrido no interior de seu estabelecimento comercial. Segundo a Corte, em tais situações, entende-se que "o evento é equiparado a fortuito externo, situando fora do risco da atividade mercantil" e que "o roubo, mediante uso de arma de fogo, em regra é fato de terceiro equiparável à força maior, que deve excluir o dever de indenizar, mesmo no sistema de responsabilidade civil objetiva".[58]

Causalidade alternativa

Outro debate recente no âmbito do nexo de causalidade refere-se à aplicação, pelos tribunais, da causalidade alternativa,[59] que paulatinamente ganha espaço diante de inúmeras hipóteses nas *quais não é possível identificar o agente responsável* pelo dano, mas apenas o grupo de pessoas de onde se originou o fato que o produziu. Contudo, para que se possa atribuir responsabilidade a determinado grupo, afigura-se imprescindível a demonstração de que o dano decorreu efetivamente da atividade por ele desenvolvida.[60] Exemplo eloquente de causalidade alternativa se traduz no art. 938 do Código Civil, o qual dispõe que "aquele que habitar prédio, ou parte dele, responde pelo dano proveniente das coisas que dele caírem ou forem lançadas em lugar indevido".

O art. 1.529 do Código Civil de 1916 referia-se ao habitante de "uma casa ou parte dela", expressão que levou alguns autores[61] a sustentar que, no caso de condomínios de apartamentos, se tornava necessário que a vítima demonstrasse de que unidade autônoma proveio a coisa arremessada, não se admitindo, em caso de dúvida, a responsabilização de todos os condôminos. Outra corrente, patrocinada por José de Aguiar Dias, atribuía responsabilidade solidária aos moradores da ala em que se deu a queda do objeto, eximindo os da ala oposta. Na opinião desse autor, embora seja evidente que a expressão "todos os moradores" corresponde a "todos os habitantes a

---

58 STJ, 4ª T., AgInt no REsp 1.801.784/SP, Rel. Min. Luis Felipe Salomão, julg. 20.8.2019.

59 Para exame do tema, v. também: Gustavo Tepedino, Controvérsias em matéria de nexo de causalidade: dano indireto e causalidade alternativa no direito brasileiro. In: *Responsabilidade Civil e seus Rumos Contemporâneos:* estudos em homenagem ao Professor Carlos Edison do Rêgo Monteiro Filho, São Paulo: Editora Foco, 2023, pp. 145-160.

60 A título ilustrativo, cita a doutrina exemplo no qual alguém é ferido por tiro proveniente de determinado grupo de caçadores, sem que se possa precisar, com segurança, qual arma efetuou o disparo. Em casos como este, divergem os autores quanto à atribuição da responsabilidade, já que, se, por um lado, tem-se certeza de que o projétil partiu do grupo de caçadores, por outro, há incerteza quanto à autoria do disparo. Aqueles que propugnam pela liberação de todos os caçadores, entendem ser a individualidade característica essencial da responsabilidade, sendo, portanto, mais razoável não reparar o dano a condenar quem para ele não concorreu. Em contrapartida, propõe-se a responsabilidade solidária de todos os caçadores, valorizando a injustiça sofrida pela vítima, à luz do princípio da solidariedade social. Para aprofundamento da discussão, v., dentre outros, Gisela Sampaio da Cruz, *O problema do nexo causal na responsabilidade civil,* cit., pp. 269-271.

61 Caio Mário da Silva Pereira, *Responsabilidade civil,* Rio de Janeiro: Forense, 9ª ed., p. 115; Silvio Rodrigues, *Direito civil,* vol. IV, São Paulo: Saraiva, 1999, pp. 130-131.

cuja responsabilidade seja possível atribuir o dano", "nos grandes edifícios de apartamentos, o morador da ala oposta às em que se deu a queda ou lançamento do objeto ou líquido não pode, decerto, presumir-se responsável pelo dano".[62] Exclui-se, de acordo com essa corrente, não só o morador da coluna oposta, mas também os habitantes de unidades das quais o lançamento comprovadamente não se efetuou. Significa dizer que o condômino pode, por exemplo, demonstrar que seu apartamento estava vazio e fechado à época do dano, provando a impossibilidade de a coisa ter caído de sua unidade. Atenta à necessidade de assegurar à vítima a reparação pelo dano sofrido, a jurisprudência, entretanto, orientou-se no sentido de atribuir a responsabilidade ao próprio condomínio do edifício de onde caíra a coisa, já que na maioria dos casos não é possível identificar a unidade de onde proveio o objeto.[63]

No cenário jurisprudencial, verifica-se que a causalidade alternativa tem recebido acolhida. Destaca-se, a propósito, interessante precedente ocorrido em desfile de carros alegóricos na cidade gaúcha de Flores da Cunha. Um dos carros do desfile trazia pessoas portando espingardas, com o propósito de alvejar pombos, na encenação de uma caçada, com balas de festim. Contudo, um dos integrantes utilizou balas verdadeiras, de chumbo, e atingiu um espectador, causando-lhe perda de visão e problemas pulmonares. O Tribunal de Justiça do Rio Grande do Sul, na impossibilidade de identificar o causador do dano, responsabilizou todo o grupo que portava espingardas pelo dano.[64] Nesse caso, mostrou-se possível a configuração da causalidade alternativa, por restar evidenciado que o disparo se originou do carro alegórico.

Caso paradigmático dos carros alegóricos

Também merece menção caso paradigmático no qual várias empresas especializadas em corte de pinheiros operavam, sucessivamente, na mesma região. O problema ocorreu porque uma quantidade muito superior àquela prevista no contrato foi abatida, sem que se pudesse saber qual das contratadas era a responsável pelo excedente. A Terceira Câmara Cível do Tribunal de Justiça do Rio Grande do Sul entendeu que, "desconhecendo-se qual dos réus praticou o ilícito, há solidariedade".[65]

Caso das empresas especializadas em corte de pinheiros

---

62 José de Aguiar Dias, *Da responsabilidade civil*, cit., p. 441, nota 81. Na opinião de Barbosa Moreira, cabendo a responsabilidade aos moradores das unidades de que se possa cogitar como origem, não tem o condomínio legitimidade passiva *ad causam*, mormente quando não entra em consideração qualquer sorte de culpa *in vigilando* (TJRJ, 5ª C.C., Ap. Cív., 1988.001.02164, Rel. Des. Barbosa Moreira, julg. 09.08.1988). No julgamento da Apelação Cível n.º 338/78, a 1ª Câmara Cível do TA/PR decidiu, por unanimidade, que a reparação de dano causado pelo arremesso de coisas de edifícios "deve ser exigida de quem o causou, provada ou presumidamente. Havendo no edifício conjuntos ou apartamentos de onde são impossíveis os arremessos, manifesta se torna a ilegitimidade dos proprietários dessas partes para responderem pelo prejuízo e do síndico do condomínio para responder por todos, indistintamente" (TA/PR, 1ª Câm. Civ., AC 338/78, Rel. Des. Schiavon Puppi, julg. 04.10.1978, *RT* 530/212).

63 STJ, 4ª T., REsp 64.682/RJ, Rel. Min. Bueno de Souza, julg. 10.11.1998, publ. *DJ* 29.3.1999; TJSP, 34ª CDPriv., Ap. Cív. 1030756-50.2014.8.26.0562, Rel. Des. Carlos von Adamek, julg. 12.7.2017, publ. *DJ* 12.7.2017.

64 TJRS, 1ª C.C., Ap. Cív. 11.195, Rel. Des. Oscar Gomes Nunes, julg. 25.11.1970.

65 TJRS, 3ª C.C., Ap. Cív. 21.062, Rel. Des. Antônio Vilela Amaral Braga, julg. 8.11.73. Confira-se, ainda, na jurisprudência, TJRS, 6ª C.C., Ap. Cív. 591047451, Rel. Des. Adroaldo Furtado Fabrício, julg. 10.12.1991. Do mesmo Tribunal colhe-se ainda julgado em que se aplicou expressamente a teoria da causalidade alternativa, em ação em que a autora postulava reparação por danos morais em

No Tribunal de Justiça de São Paulo, a causalidade alternativa foi aplicada para responsabilizar um grupo de candidatos a eleições municipais em razão de tombo levado por eleitora em panfletos de divulgação ("santinhos") espalhados em frente ao local de votação. Segundo o Tribunal, "há de se reconhecer a responsabilidade, fundada na culpa dos integrantes desse grupo que não negaram em momento alguma possibilidade de a queda ter decorrido de escorregão de 'santinho' de um dos membros, mas apenas se limitaram a defender que não era possível identificar, com a necessária dose de certeza, que o tombo foi determinado pelo 'santinho' de um, ou outro candidato". Ao fim da decisão, o TJSP explicou que caberia, agora, aos responsáveis pelo dano, "voltar-se contra o verdadeiro responsável em regresso, desde que provem não ter contribuído com o dano, ou indiquem, de forma clara e objetiva, em qual dos 'santinhos' a autora escorregou".[66]

Além disso, situação comumente associada à teoria da causalidade alternativa diz respeito às hipóteses de infecção hospitalar de paciente, por negligência de algum ou alguns membros da equipe, não se podendo identificar com precisão qual foi o agente causador do dano. Ilustrativamente, a 27ª Câmara Cível do Tribunal de Justiça do Rio de Janeiro entendeu aplicável a teoria da causalidade alternativa no caso de infecção hospitalar de paciente por microbactéria não tuberculosa, o qual se submetera a cirurgias em hospitais diversos, não sendo possível identificar com precisão onde ocorreu o acidente de consumo.[67]

Nesses casos, há de se ter cautela ao se admitir a causalidade alternativa, que poderá ser cogitada se (e somente se) ficar demonstrada a necessariedade entre a

---

virtude da divulgação na internet de vídeo íntimo em que fora filmada mantendo relações sexuais com um dos réus, tendo sido realizada a gravação "em aparelho celular de um dos réus e partícipe do malsinado evento". Sendo inviável a comprovação quanto a qual dos rapazes envolvidos havia divulgado o vídeo, afirmou o TJRS: "a causalidade alternativa remete à responsabilização solidária de todos os integrantes de determinado grupo de agentes que tenham causado um dano injusto a outrem, prescindindo-se da análise da ação individualizada de cada um no evento e da perfeita identificação do causador do ilícito, quando todos participaram da atividade de que resultou o evento lesivo. Nesse contexto, (...) ainda que a tentativa de ato sexual tenha sido consentida, todos os réus participaram ou contribuíram de algum modo aos eventos que culminaram na exposição indevida da imagem da autora, em face da divulgação do vídeo contendo a cena de sexo explícito. Desimporta para o deslinde da causa, portanto, identificar precisamente a conduta específica de cada um dos réus. Todos respondem pelas consequências do evento danoso, pelo vazamento das imagens da cena sexual constrangedora na internet, porque participaram dos fatos" (TJRS, 9ª Câm. Cív. Ap. Cív. nº 70058941691, Rel. Miguel Ângelo da Silva, julg. 25.11.2015). Na mesma linha, em caso envolvendo o vazamento de vídeos do autor mantendo relações sexuais, cfr. TJRS, 9ª Câm. Cív., Ap. Cív. 70082247164, Rel. Eugênio Facchini Neto, julg. 16.10.2019, publ. *DJ* 18.10.2019.

66 TJSP, 1ª CDPriv., Ap. Cív. 0005111-75.2013.8.26.0400, Rel. Des. Francisco Loureiro, julg. 15.8.2017, publ. *DJ* 17.8.2017.

67 "Em prestígio ao valor da dignidade da pessoa humana e aos princípios da reparação integral do consumidor, da solidariedade e da boa-fé objetiva, mostra-se conveniente aplicar a teoria da causalidade alternativa – a qual possui previsão legal nos arts. 938 e 942, parágrafo único, ambos do CC e vem sendo adotada pela jurisprudência em hipóteses análogas, em que não é possível determinar com precisão o nexo de causalidade dos potenciais autores do dano –, reconhecendo-se, assim, a solidariedade dos nosocômios envolvidos" (TJRJ, 27ª C.C., Ap. Cív. 0327063-65.2013.8.19.0001, Rel. Des. Marcos Alcino de Azevedo Rorres, julg. 12.6.2019, publ. *DJ* 18.6.2019).

atividade jurídica na qual se insere a conduta dos múltiplos autores (alternativamente tratados), apta a unificar seus comportamentos, e o evento danoso.

Da mesma forma, é preciso ter cuidado com a causalidade probabilística. Referências à causalidade probabilística são encontradas em países de *common law*, com sistemas normativos diversos do brasileiro. Para a deflagração da responsabilidade civil, não se mostra suficiente a coincidência entre dois eventos – coincidência não implica causalidade[68] –, tampouco a mera associação entre dois fatores, sendo antes indispensável a demonstração da relação de necessariedade e suficiência que vincula, no caso concreto, a causa e o efeito. As probabilidades estatísticas parecem indicar fatores de risco associados a certo dano, mas tal indicação, por si só, não basta para se estabelecer a existência de relação de causalidade entre determinado ato ou fato jurídico e o dano.[69]

Importa mencionar, ainda, por sua relevância para o estudo do tema, em especial no que tange às normas de aplicação do nexo de causalidade, a teoria da perda de chance. Essa teoria nasceu em face da dificuldade de a vítima proceder à prova do nexo causal – e, por consequência, da própria extensão do dano indenizável –, especialmente quando o evento danoso se encontrava cercado de condições múltiplas, como nos casos de responsabilidade médica. Neste campo, proliferam-se os chama-

Origem da teoria da perda de uma chance

---

68 René Savatier, *Traité de la responsabilité civile en droit français*, tomo II, Paris: LGDJ, 1951, 2. ed., nº 459. No Brasil, explica Agostinho Alvim, "casos há em que a inexecução da obrigação coincide com certo prejuízo sofrido pelo credor, sem que, entretanto, haja relação de causa e efeito. Suponha-se que uma ponte, existente em estrada pública, parte-se quando por ela passa um auto-ônibus lotado, resultando daí dano aos passageiros. Ainda mesmo que a empresa de ônibus não estivesse executando fielmente o contrato celebrado com os passageiros, como no caso de motorista não habilitado, nenhuma responsabilidade haveria para ela, desde que não é possível estabelecer que o dano derivou daquele abuso. Aquela incorreção e o dano coincidiram; mas não há relação de causa e efeito entre um e outro, e pois não há dano ressarcível, em relação à empresa" (*Da inexecução das obrigações e suas consequências,* São Paulo: Saraiva, 1955, 2. ed., pp. 363-364).

69 Acerca das tendências que se valem de campos como a matemática e a estatística, no intuito de fixar a causa que mais provavelmente gerou a lesão, já se afirmou: "O intuito de assegurar a ampliação do dever de indenizar não pode representar valoração casuística voltada à execução de medidas punitivas, ao alvedrio subjetivo do magistrado, que supram a ausência de providências de órgãos regulatórios e de instâncias administrativas destinadas a disciplinar as atividades econômicas. A flexibilização do nexo de causalidade, nessa direção, impede que esse fundamental elemento da responsabilidade civil cumpra sua dupla função: identificar a autoria e fixar o quantum remuneratório" (Gustavo Tepedino, Paula Greco Bandeira. A necessariedade causal na responsabilidade civil. In: Paulo Dias de Moura Ribeiro, Thereza Alvim, Carlos Eduardo Maul Moreira Alves, Sonia Regina Maul Moreira Alves (coords.), Obra em homenagem ao Ministro Moreira Alves, 2024, no prelo). Na mesma direção: "a flexibilização ou relaxamento do nexo de causalidade com base na justiça do caso concreto acaba por minar a própria finalidade do princípio da causalidade: atribuir corretamente os riscos na sociedade. Permitir-se-ão decisões arbitrárias que carecem de legitimidade ou, ainda, da possibilidade de defesa por parte do réu, rompendo-se a unicidade e a segurança do sistema de reparação, tão caras ao Direito. Nesse sentido, apesar desse movimento ter o mérito de reconhecer que a análise tradicional do nexo de causalidade, no sentido de que não há responsabilidade sem a certeza de quem seja seu causador, especialmente diante de uma matéria legislativa consideravelmente lacônica, é insuficiente; não se pode admitir a flexibilização com dispensa dos critérios científicos construídos nos últimos século" (Guilherme Calmon Nogueira da Gama; Rafael Viola. Perspectivas sobre o nexo de causalidade: passado, presente e futuro. *Revista de Direito Civil Contemporâneo*, v. 29, out.-dez. 2021, p. 207-240).

dos "danos passivos", que ocorrem não pela ação direta e ativa dos profissionais que atuam nesta área, mas sim, pelos erros de diagnóstico ou omissões no tratamento do paciente que fica privado dos cuidados adequados. A teoria da perda de uma chance surgiu, então, para que se pudesse contornar, nos casos mais tormentosos, os obstáculos impostos pela prova do nexo de causalidade que constituía, no mais das vezes, uma barreira quase intransponível, a afastar a vítima da indenização. A origem desta teoria está, portanto, ligada ao estudo do nexo causal, embora atualmente seja tratada como um problema específico de qualificação de dano.

Perda de uma chance

Cuida-se de situações nas quais alguém, mediante conduta culposa, faz com que outra pessoa fique privada da chance de evitar certo prejuízo ou de amealhar certo lucro, com os quais a perda da chance, em si considerada, não se confunde.[70] O ato culposo não é o responsável pelo prejuízo nem pela ausência de lucro, que têm suas próprias causas, identificando-se, contudo, com o dano (autônomo) em que se consubstancia a perda da oportunidade de evitar o prejuízo ou granjear algum proveito.[71] O dano decorrente da perda de chance não se identifica, repita-se, com o dano sofrido em decorrência do evento em si considerado e, por esse motivo, ainda que se trate de perda da oportunidade de aferição de lucros ou de vantagens patrimoniais, a hipótese caracteriza dano emergente (a chance perdida), não já lucro cessante.[72] O tema será abordado em capítulo próprio.

---

70 No direito brasileiro, v. Sérgio Savi, *Responsabilidade civil por perda de uma chance*, São Paulo: Atlas, 2006, p. 7. O autor invoca exemplo clássico de Pacchioni: "um jóquei que deverá montar um cavalo de corrida que lhe foi entregue pelo proprietário não chega, por sua culpa exclusiva, a tempo de participar do Grande Prêmio; um pintor envia pelo correio um quadro a uma exposição, mas, por culpa do correio ou de outros, o seu quadro é destruído ou não é entregue a tempo de participar da exposição; um advogado deixa transcorrer *in albis* o prazo para interpor um recurso de apelação, privando o seu cliente da possibilidade de obter a reforma ou a cassação da sentença que lhe foi desfavorável".

71 Analisando-se a doutrina francesa da perda da chance, Antonino Procida Mirabelli Di Lauro e Maria Feola destacam: "La certezza del danno va individuata nella sola circostanza che 'non esista, in futuro, una *chance* ragionevole che il danno non si produrrà'. Non si potrà mai sapere se l'evento favorevole alla vittima si sarebbe verificato, 'poiché è divenuto impossibile'. Ma è certo 'che la *chance* di realizzare un guadagno, o di evitare una perdita, che era nell'ordine possibile – se non probabile – delle cose, non potrà più realizzarsi'. La perdita di una *chance* reale e seria è, dunque, una certezza. 'Questa certezza giustifica un risarcimento'" (*La responsabilità civile*: contratto e torto, Torino: Giappichelli, 2014, p. 329).

72 Conforme já se afirmou, "[d]iscute-se, no Direito brasileiro (e alhures), se a perda de uma chance configura categoria específica e autônoma de dano, ao lado do dano moral, do dano emergente e dos lucros cessantes, ou se, em realidade, trata-se de uma nova situação lesiva, que tanto pode gerar dano patrimonial como dano extrapatrimonial, a depender do caso – sendo esta última a corrente a qual nos filiamos" (Gisela Sampaio da Cruz Guedes, Os advogados sob a mira da responsabilidade civil: a teoria da perda de uma chance aplicada às hipóteses de perda de prazos processuais. In: *Boletim AASP*, ed. 3190, abr., 2024, p. 13). Ainda segundo Sérgio Savi, "a simples mudança de enquadramento do dano da perda de uma chance, de lucro cessante para dano emergente, torna a admissão de sua indenizabilidade muito mais tranquila". Para tanto, há que se compreender que aquilo que se perde não é, propriamente, o lucro (já que este se tratava de acontecimento futuro incerto), mas a oportunidade de, talvez, auferi-lo. Com essa mudança conceitual, "eliminam-se as dúvidas acerca da natureza do dano e da existência do nexo causal entre o ato danoso do ofensor e o dano" (*Responsabilidade civil por perda de uma chance,* cit., p. 11).

PROBLEMAS PRÁTICOS

1. Qual a teoria adotada pelo Direito brasileiro em se tratando de causalidade?
2. No Direito brasileiro, o dano indireto é indenizável?
3. Qual a diferença entre causas concomitantes e sucessivas?

Acesse o *QR Code* e veja a Casoteca.

> https://uqr.to/1ofhh

Acesse o *QR Code* e assista ao vídeo do Problema n. 2.

> https://uqr.to/nto5

Capítulo VI

CASO FORTUITO E FORÇA MAIOR

Acesse o *QR Code* e assista ao vídeo sobre o tema.

> *https://uqr.to/1ofgx*

Sumário: 1. Excludentes de responsabilidade – 2. Conceito de caso fortuito ou de força maior – 3. Fortuito interno e fortuito externo – 4. Cláusula de caso fortuito – 5. Efeitos do caso fortuito – 6. Caso fortuito e o novo coronavírus (SARS-CoV-2) – Problemas práticos.

1. EXCLUDENTES DE RESPONSABILIDADE

Subteoria da necessariedade da causa

Como já se examinou no capítulo anterior, o Código Civil brasileiro adotou, no art. 403, a *teoria da interrupção do nexo de causalidade* ou, mais precisamente, a *subteoria da necessariedade da causa*, pela qual, mesmo se para o resultado danoso pudessem ter concorrido muitas causas, somente se atribui o dever de reparar à causa que necessariamente provocou o dano. Busca-se assim estabelecer o vínculo de necessariedade entre o dano e a causa à qual se pretende imputar a indenização. Tal concepção permite tornar indenizáveis, em regra, os danos diretos e imediatos e, em hipóteses específicas, também o dano indireto ou por ricochete, desde que a causa, embora remota, preserve o nexo de necessariedade com o resultado danoso.[1]

Ao se imputar a determinado ato ou atividade o dever de reparação, é possível a intercorrência de outra causa autônoma que, atuando sobre o nexo de causalidade, modifique-o, importando assim na exclusão de responsabilidade. Nesses casos, a despeito da existência do dano, o agente não será obrigado a indenizar porque outro evento alterou a relação causal, rompendo a cadeia original de causalidade. É preci-

[1] A propósito, remete-se o leitor ao Capítulo V destes *Fundamentos*.

samente o que ocorre nas hipóteses de fato exclusivo da vítima, fato de terceiro e caso fortuito ou de força maior.

Fato exclusivo da vítima

O fato exclusivo da vítima se configura quando é a própria vítima que, com sua conduta, provoca o dano, a exemplo do que se verifica quando a pessoa é atropelada enquanto atravessa inopinadamente na faixa de pedestre, mas com o sinal favorável ao trânsito de veículos.[2] Situações como essa afastam o dever de indenizar do agente, que apenas aparentemente é responsável pelo evento danoso. O mesmo não ocorre quando o fato da vítima *concorre* com a conduta do agente, não sendo a única causadora da lesão. Aqui, tanto a atuação da vítima quanto a do agente contribuem para o resultado, e o nexo de causalidade conecta ambas as condutas ao dano. Nesse cenário, não há que se falar em excludente de responsabilidade, mas em concorrência de causas, hipótese em que, na liquidação do dano, se deve calcular proporcionalmente a participação de cada um, reduzindo-se, assim, o valor da indenização.[3]

Fato concorrente da vítima

O fato de terceiro, por sua vez, rompe o nexo de causalidade porque o dano resulta direta e imediatamente de sua atuação, não já da conduta do suposto agente. Terceiro é, com efeito, pessoa estranha à relação original, cujo comportamento implica a realização autônoma do fato danoso. Os Tribunais brasileiros têm reconhecido como fato exclusivo de terceiro, a afastar a responsabilidade da concessionária pelo dano material, o "roubo cometido por terceiros, na modalidade conhecida como 'saidinha de banco', contra vítima que saiu de agência bancária com grande quantia em dinheiro e foi abordada pelos assaltantes na escada de acesso à estação metroviária".[4] Também nesse caso a participação do terceiro na causação do dano pode ser apenas parcial, concorrendo igualmente a atuação do agente para sua produção, hipótese em que ambos respondem pela composição das perdas e danos na medida de sua respectiva contribuição.

Fato exclusivo de terceiro

Fato concorrente de terceiro

Para afastar o dever de indenizar do indigitado agente, impõe-se, em primeiro lugar, que a lei não lhe atribua a responsabilidade pelos danos causados pelos terceiros, a exemplo do que se verifica em relação aos pais, que respondem pelos atos dos "filhos menores que estiverem sob sua autoridade e em sua companhia", ao empregador, que responde por seus empregados "no exercício do trabalho que lhes competir, ou em razão dele", e em todos os demais casos de responsabilidade civil por fato de terceiro contidos no art. 932 do Código Civil.

Responsabilidade por fato de terceiro

Além disso, o fato de terceiro há de ser estranho à atividade exercida pelo agente, de modo a não se inserir na sua esfera de influência e atuação. A análise deve de ser feita, sempre, à luz das peculiaridades do caso concreto, já que, a depender da atividade exercida, o mesmo fato pode, ou não, excluir a responsabilidade do agente, como ocorre em relação ao assalto à mão armada em estacionamento. Nessa direção, o Superior Tribunal de Justiça tem reiteradamente afirmado que o assalto à mão ar-

Fato de terceiro estranho à atividade do agente

2 TJSP, 36ª CDPriv, Rel. Des. Walter Exner, AC 1002283-77.2016.8.26.0176, julg. 10.9.2020.

3 STJ, 3ª T., REsp 1693414/SP, Rel. Min. Marco Aurélio Bellizze, julg. 6.10.2020.

4 STJ, 4ª T., Rel. Min. Raul Araújo, AgInt no AREsp 1.491.619/RJ, julg. 6.2.2020.

mada em estacionamento não se qualifica como fato de terceiro se oferecido por estabelecimento comercial quando, apesar de "não ser inerente à natureza do serviço prestado, gera legítima expectativa de segurança ao cliente em troca dos benefícios financeiros indiretos decorrentes desse acréscimo de conforto aos consumidores". É dizer: o ilícito praticado encontra-se nesse caso incluído na zona de responsabilidade do empresário, não sendo, portanto, fato de terceiro. Considera-se, em outros termos, que o risco contra esse tipo de infortúnio deve ser evitado ou debelado pelo empresário responsável pelo estacionamento.[5] Em contrapartida, "nos casos em que o estacionamento representa mera comodidade, sendo área aberta, gratuita e de livre acesso por todos, o estabelecimento comercial não pode ser responsabilizado por roubo à mão armada, fato de terceiro que exclui a responsabilidade (...)",[6] já que equiparado a um caso fortuito.

Outro exemplo emblemático da importância de se fazer a análise à luz das peculiaridades do caso concreto consiste nos sites de comércio eletrônico. Entre as diversas modalidades de sites de comércio eletrônico, duas assumem especial importância para a análise do fato de terceiro: os sites que funcionam como classificados, oferecendo apenas espaço para os usuários anunciarem produtos e serviços mediante cadastro prévio; e aqueles que são intermediários, comercializando bens de terceiros previamente cadastrados. No primeiro caso, os sites auferem receitas a partir dos anúncios publicitários que veiculam, e não recebem qualquer valor em razão dos negócios celebrados. No segundo, ao contrário, os sites interferem diretamente na negociação entre anunciante e consumidor, e sua remuneração, de regra, consiste em comissão sobre o valor das vendas por eles intermediadas.

Considerando, portanto, as peculiaridades dos serviços oferecidos, tem-se entendido que os sites de comércio eletrônico que funcionam apenas como classificados não respondem por fraudes praticadas por terceiro que se valem do espaço oferecido para comercializar produto furtado ou mesmo inexistente, ludibriando o consumidor. Nesse caso, o fato de terceiro não estaria no âmbito de controle e atuação do site, configurando-se como fortuito externo.

Sobre o tema, o STJ analisou pedido de indenização formulado por consumidor que adquiria automóvel clonado anunciado em site de comércio eletrônico. Nos termos do acórdão, a plataforma que veicula apenas anúncios "não tem a obrigação de conferir a veracidade das informações disponibilizadas sobre os produtos ou serviços anunciados. Sabendo dos riscos que permeiam o comércio eletrônico, incumbia aos recorrentes diligenciar acerca da confiabilidade da publicação, buscando dados sobre a procedência do veículo. Somado a isso, a fraude praticada pelos terceiros não guarda conexidade com a atividade desenvolvida pela recorrente. Isso porque, reitera-se, a negociação travada entre os recorridos e o terceiro não se deu no ambiente virtual

---

5 O STJ adota o mesmo entendimento nas hipóteses em que o roubo à mão armada ocorrer na cancela para ingresso no estabelecimento, antes, portanto, de o consumidor entrar efetivamente no local (STJ, 3ª T, REsp n. 2.031.816/RJ, Rel. Min. Nancy Andrighi, julg. 14.3.2023).

6 STJ, 2ª S., EREsp 1.431.606/SP, Rel. Min. Maria Isabel Gallotti, julg. 27.3.2019.

(...), mas sim mediante contatos telefônicos e de forma presencial, e o fraudador não se valeu de nenhuma ferramenta colocada à disposição pela recorrente. Sendo assim, a fraude perpetrada não tem qualquer relação com o comportamento da empresa recorrente, tratando-se de fato de terceiro que rompeu o nexo causal entre o dano e o fornecedor".[7]

A propósito, tem-se que o caso fortuito ou de força maior corresponde a acontecimento extraordinário, inevitável e atual que, interrompendo a cadeia de causalidade, provoca, por si só, o dano, como se examinará no próximo item.

2. CONCEITO DE CASO FORTUITO OU DE FORÇA MAIOR

Distinção entre caso fortuito e de força maior

Do ponto de vista prático, a diferença doutrinária[8] entre caso fortuito ou de força maior não se reveste de qualquer serventia, tendo em vista que em ambas as hipóteses a disciplina jurídica aplicável é a mesma, o que torna a distinção verdadeiramente bizantina.[9] Em razão da sinonímia, portanto, utilizar-se-á, neste capítulo, apenas a expressão "caso fortuito".[10]

---

7 STJ, 3ª T., REsp 2.067.181/PR, Rel. Min. Nancy Andrighi, julg. 8. 8.2023, §§ 32 a 34 do acórdão.

8 "Na mesma proposição ou no mesmo inciso, o Código Civil abrange o caso fortuito e a força maior. Embora as consequências sejam as mesmas, os autores costumam distinguir uma da outra. O caso fortuito é mais particularmente abrangente de todo acontecimento oriundo de forças da natureza, ou o fato das coisas, exemplificando-se com o raio, a inundação, o terremoto, ou outros eventos que tais. Já a força maior ocorre no acontecimento advindo do fato das pessoas, como a guerra, a revolução, a greve, ou no que mais frequentemente ocorre, do ato das autoridades (*factum principis*)" (Caio Mário da Silva Pereira, *Obrigações e contratos – pareceres*, Rio de Janeiro: Forense, 2011, p. 358). Sobre o tema, cf. M. M. Serpa Lopes, *Curso de direito civil*, vol. II, Rio de Janeiro: Freitas Bastos, 1966, pp. 403-404, o qual passa em revista o posicionamento de diversos autores quanto à distinção doutrinária entre o fortuito e a força maior.

9 "A verdade, todavia, é que, embora não se possa negar a distinção entre o caso fortuito e a força maior, para os efeitos práticos não apresenta ela nenhuma utilidade. Poder-se-á mesmo dizer que, embora ideologicamente, os dois conceitos sejam distintos, todavia, do ponto de vista jurídico, não há absolutamente interesse prático em distingui-los, precisamente porque o caso fortuito somente pode escusar, enquanto for um *casus cui resisti non possit*, se verdade não fosse, por outro lado, que o conceito da força maior não teria cabimento *ubi diligens praecavisset*. Temos como certo, realmente, que o caso fortuito é o fato imprevisto e irresistível, enquanto que a força maior é o acontecimento que podia ser previsto, mas, em compensação, não podia ser dominado pelo devedor, dentro de suas forças e possibilidades" (J. M. Carvalho Santos, *Código Civil brasileiro interpretado*, vol. XIV, Rio de Janeiro: Freitas Bastos, 1961, p. 236). Assinala, ainda, Clóvis Beviláqua, *Código Civil dos Estados Unidos do Brasil*, vol. IV, Rio de Janeiro: Ed. Rio, 1975, pp. 171-172: "Conceitualmente o caso fortuito e a força maior se distinguem. O primeiro, segundo a definição de Huc, é 'o acidente produzido por força física ininteligente, em condições, que não podiam ser previstas pelas partes'. A segunda é 'o fato de terceiro, que criou, para a inexecução da obrigação, um obstáculo, que a boa vontade do devedor não pode vencer. Não é, porém, a imprevisibilidade que deve, principalmente, caracterizar o caso fortuito, e, sim, a inevitabilidade. E, porque a força maior também é inevitável, juridicamente, se assimilam estas duas causas de irresponsabilidade. (...) O essencial é, pois, que do fato resulte a impossibilidade, em que se acha o devedor, de cumprir a obrigação".

10 A mesma equiparação se observa em outros ordenamentos jurídicos, a exemplo do português, como observa Mario Júlio de Almeida Costa: "Em matéria de não cumprimento das obrigações, o caso fortuito e o caso de força maior produzem as mesmas consequências exoneratórias do devedor. Parece admissível pensar-se em expressões sinónimas ou complementares. Até, algumas vezes, a lei e os autores aludem apenas a caso fortuito, que abrange nesse sentido lato ambas as figuras. É certo que

Encerra objeto de viva discussão,[11] "debate secular", nas palavras de Arnoldo Medeiros da Fonseca,[12] o conceito de caso fortuito. De um lado, o critério subjetivo relaciona o caso fortuito à ausência de culpa;[13] de outro, o objetivo procura caracterizá-lo a partir de elementos decorrentes dos próprios acontecimentos, abstraindo do estado anímico do agente. Ao enfrentar o tema, Fernando Noronha critica a associação da ausência de culpa ao caso fortuito, e ressalta a necessidade de separar o juízo de imputação daquele de causalidade: "antes de se discutir a existência ou não de um nexo de imputação, seja ele a culpa ou o risco, é preciso estar assente haver um dano e que este seja consequência adequada de determinado fato".[14]

Código Civil: critério objetivo

O Código Civil cuidou de distinguir referidos juízos, e se perfilhou à concepção objetiva ao identificar o caso fortuito, no parágrafo único do art. 393, ao "fato necessário, cujos efeitos não era possível evitar ou impedir". Exigem-se, assim, dois elementos para a caracterização do caso fortuito: a necessariedade e a inevitabilidade. Necessário é o acontecimento alheio à vontade das partes, é o obstáculo estranho à atuação dos sujeitos. Não basta, portanto, que seja grave ou relevante; impõe-se que seja estranho ao poder do agente. Inevitável, a seu turno, é o evento irresistível, cuja ocorrência ou efeitos o sujeito não consegue evitar, pelo que não pode ser responsabilizado pelos danos causados.[15]

Distinção entre caso fortuito e de força maior

Inevitabilidade

Necessariedade

A classificação da superveniência como caso fortuito é feita em concreto, e todos os seus elementos devem ser apurados de acordo com as características exteriores ao agente e as peculiaridades de sua atividade econômica, tomando como parâmetro a

Análise em concreto

---

a doutrina costuma diferenciar os dois conceitos. Trata-se, porém, de meras classificações de escola. Aquele princípio só será afastado quando excepcionalmente haja preceito da lei ou convenção das partes em contrário" (Mario Júlio de Almeida Costa, *Direito das obrigações*, Coimbra: Almedina, 2009, 12ª ed., pp. 1072-1073).

11 José de Aguiar Dias bem revela o embate doutrinário acerca da questão: "No Código Civil de 1916, art.1.058, parágrafo único, atual art. 393, parágrafo único do Código Civil de 2002, adotou-se noção objetiva da força maior. Não obstante, as divergências doutrinárias não cessaram. Clóvis Beviláqua, João Luís Alvez, Carvalho de Mendonça (J. X.), Lacerda de Almeida, Tito Fulgêncio e Carvalho Santos filiaram-se ao critério objetivo. A corrente subjetiva contou com a prestigiosa opinião de Espínola e Spencer Vampré" (DIAS, José de Aguiar, *Da responsabilidade civil*, Rio de Janeiro: Renovar, 2006, 11ª ed., pp. 935-936).

12 Arnoldo Medeiros da Fonseca, *Caso fortuito e teoria da imprevisão*, Rio de Janeiro: Forense, 1958, p. 27.

13 Como explica Caio Mário da Silva Pereira, "de um lado, os que compõem a corrente subjetivista, encabeçada por Goldschmidt, justificam a exoneração do devedor à vista dos extremos de sua diligência, confundindo a força maior com a ausência de culpa. Esta escola peca do defeito de conspícua extremação: é demasiado rigorosa ao determinar que somente começa a *vis maior* onde acaba a culpa; e é excessivamente perigosa, porque admite a oscilação do critério judicante em função das aptidões individuais do devedor" (Caio Mário da Silva Pereira, *Instituições de direito civil*, vol. 2, Rio de Janeiro: Forense, 2016, p. 336).

14 Fernando Noronha, *Direito das obrigações*, São Paulo: Saraiva, 2013, 4ª ed. rev. e atual., p. 666.

15 "Desta noção decorrem sem requisitos: 1) Necessariedade, pois não é qualquer acontecimento, por mais grave e ponderável, que livra o devedor, porém aquele que leva obrigatoriamente ao ato danoso. 2) Inevitabilidade. Para que se exima o agente, é mister que o evento não possa ser impedido nos seus efeitos. Alguns autores acrescentam ainda a imprevisibilidade" (Caio Mário da Silva Pereira, *Responsabilidade civil*, Rio de Janeiro: Forense, 2016, p. 395).

possível conduta de outros indivíduos, em condições objetivas análogas.[16] Tudo depende, então, das específicas condições de fato em que se verifica o evento: o raio que atinge uma moradia particular é acontecimento inevitável; entretanto, já não se caracterizará como fortuito o raio que atinge um grande estabelecimento, "que a mais elementar prudência aconselhasse prover de para-raios".[17]

Impossibilidade de evitar o dano

A impossibilidade (de evitar o dano) há de ser compreendida em seu sentido técnico-jurídico, a abarcar tanto o seu significado literal quanto o sacrifício insuportável, fora do comum, que teria de ser suportado pelo agente para conseguir impedir o dano.[18] Dito de outro modo, insere-se no conceito de impossibilidade a necessidade de o agente despender esforço extraordinário para obstar o resultado danoso, o que também requer análise das circunstâncias especiais de cada caso. Isso porque a lei obriga até um certo grau de diligência e de sacrifício; fora daí, já se está no campo do caso fortuito. A mera dificuldade, portanto, não exonera.

Imprevisibilidade

Observe-se que a imprevisibilidade do evento não consiste, necessariamente, em requisito caracterizador do caso fortuito, embora possa ser relevante para a qua-

---

16 "Não vemos aí a instituição de um novo requisito na etiologia da *vis maior*, senão a determinação de que os seus elementos sejam apurados sem subordinação a um critério inflexível. Ao revés, elástico deve ser. Se a inevitabilidade fosse absoluta, então o fortuito não precisaria de apuração. Por ser relativa, e por admitir que o que um devedor tem força para vencer outro não domina, é que o critério de apuração dos requisitos obedece a um confronto com as circunstâncias especiais de cada caso. Daí admitir-se, mais modernamente, a necessidade de aliar à concepção objetivista um certo tempero subjetivo, resultando a concepção mista de fortuito, sustentado com galhardia por boa parte de juristas" (Caio Mário da Silva Pereira, *Instituições de direito civil*, vol. 2, Rio de Janeiro: Forense, 2016, p. 338).

17 Arnoldo Medeiros da Fonseca, *Caso fortuito e teoria da imprevisão*, Rio de Janeiro: Forense, 1958, 3ª ed., p. 151. Confira-se, a propósito, o seguinte trecho da ementa de decisão do STJ a respeito de desabamento de teto de loja localizada em *shopping center* causado por forte tempestade: "(...) A responsabilidade civil do *shopping center* no caso de danos causados à integridade física dos consumidores ou aos seus bens não pode, em regra, ser afastada sob a alegação de caso fortuito ou força maior, pois a prestação de segurança devida por este tipo de estabelecimento é inerente à atividade comercial exercida por ele. Um consumidor que está no interior de uma loja, em um *shopping center*, não imagina que o teto irá desabar sobre si, ainda que haja uma forte tempestade no exterior do empreendimento, afinal, a estrutura do estabelecimento deve – sempre, em qualquer época do ano – ser hábil a suportar rajadas de vento e fortes chuvas" (STJ, 3ª T., REsp 1764439/SP, Rel. Min. Nancy Andrighi, julg. 21.5.2019).

18 "Suponha-se que alguém, obrigado a despachar grande quantidade de mercadorias, vê-se diante de uma greve de ferroviários. Se lhe for possível enviar as mercadorias por estrada de rodagem, a isso está obrigado, ainda que o ônus seja maior, ou muito maior. Todavia, se não houver serviço regular por estrada de rodagem, não está ele obrigado a adquirir caminhões, ou a fretá-los de particulares a qualquer preço. Não resta dúvida que, em casos assim, poder-se-ia dizer que não se caracterizou a impossibilidade de cumprimento, tomada a palavra ao pé da letra. Mas, a diligência a que está obrigado o devedor, se, por um lado, impõe-lhe a obrigação de suportar maior ônus do que o esperado, não lhe impõe, todavia, a obrigação de arruinar-se. Acerca disso, vêm muito a propósito as palavras de GRISOSTOMI: 'A lei obriga a um certo grau de previdência, de diligência; além desse grau, não há mais responsabilidade, está-se no campo do caso fortuito'. Em tal caso, o devedor não incorre em mora. Mas, a exoneração só se dá quando a dificuldade assume o aspecto de impossibilidade, como no caso que figuramos, ou outros semelhantes, que exigiriam do devedor uma previdência fora do comum, ou sacrifícios insuportáveis. É matéria de fato, sujeita ao prudente arbítrio do juiz" (Agostinho Alvim, *Da inexecução das obrigações e suas consequências*, São Paulo: Saraiva, 1972, pp. 328-329).

lificação de outros institutos jurídicos, a exemplo da teoria da excessiva onerosidade, prevista no art. 478 e seguintes do Código Civil. Como se sabe, mesmo eventos previsíveis têm o condão, por vezes, de atingir a relação obrigacional de tal maneira que se tornam irresistíveis ao devedor, impossibilitando-o de adimplir sua obrigação. Pense-se, por exemplo, em furacão que, a despeito de previsto pelo sistema meteorológico e amplamente noticiado pela imprensa, acaba por devastar as cidades por onde passa, comprometendo, por vezes, inteiros setores econômicos da região, a impedir o adimplemento de diversos contratos celebrados pelos agentes que neles operam.[19]

Por outro lado, casos há em que eventos imprevisíveis podem ser contornados pelo devedor, a afastar a inevitabilidade essencial à caracterização do caso fortuito,[20] como se verifica quando o produtor de cacau tem a sua carga roubada durante o trajeto em direção à fábrica de chocolate adquirente do insumo; cuidando-se de obrigação fungível, o evento, posto imprevisível, necessário e irresistível, não exonera o devedor, que deverá providenciar cacau da mesma qualidade e quantidade contratadas para entregar ao comprador. De todo modo, ainda que se exclua a imprevisibilidade como requisito para a caracterização do fortuito, frequentemente o evento, por ser imprevisível, afigura-se, em concreto, inevitável ao devedor, a configurar o caso fortuito.[21]

---

19 A título de exemplo, veja-se o impacto causado pelo furacão Katrina, em 2005, na indústria de lácteos do Mississippi: "(...) Sem eletricidade para produzir leite, os produtores e processadores do Estado norte-americano de Mississippi – o mais afetado pelo furacão Katrina – sofreram significantes perdas econômicas diretas das devastações causadas pelo furacão, estimadas em média em US$ 35 mil por fazenda. (...) A fábrica de laticínios de Mississippi, Dairy Fresh, localizada em Hattiesburg, ficou sem eletricidade e água e foi incapaz de processar leite por vários dias. Desde o Katrina, vários produtores venderam seus rebanhos e fecharam suas operações leiteiras devido às dificuldades em obter alimentos para os animais e à incapacidade de ordenhar as vacas. O especialista em Extensão no setor leiteiro, Wesley Farmer, disse que os produtores passaram a usar geradores imediatamente após a queda de energia elétrica por causa do furacão. (...) Os geradores são designados apenas a fornecer um alívio de curto prazo e Farmer disse que muitos produtores logo perceberam que não poderiam usar os geradores para ordenhar suas vacas e resfriar suficientemente o leite. Além disso, havia pouco suprimento de combustível no Estado, de forma que, em muitos casos, os produtores tiveram que lutar para encontrar combustível suficiente para manter seus geradores funcionando. (...) Em muitos casos, geradores sobrecarregados causaram picos de energia que prejudicaram os motores dos equipamentos de ordenha. Além disso, o suprimento de alimento para os animais também estava escasso. (...)" (EUA: Furacão Katrina gerou perdas à indústria de lácteos, *MilkPoint*, publicado em 14.9.2005. Disponível em: https://www.milkpoint.com.br/noticias-e-mercado/giro-noticias/eua-furacao-katrina-gerou-perdas-a-industria-de-lacteos-25386n.aspx. Acesso em: 7 set. 2020).

20 Afirma Caio Mário da Silva Pereira: "(...) mesmo previsível o evento, se surgiu como força indomável e inarredável, e obstou ao cumprimento da obrigação, o devedor não responde pelo prejuízo. Às vezes a imprevisibilidade determina a inevitabilidade, e, então, compõe a etiologia desta. O que não há é mister de ser destacado como elemento de sua constituição" (Caio Mário da Silva Pereira, *Instituições de direito civil*, vol. 2, Rio de Janeiro: Forense, 2016, p. 385). Na mesma direção, Orlando Gomes: "Fatos correntes, e portanto previsíveis, podem impedir o adimplemento da obrigação, liberando o devedor, desde que impossibilitem a prestação sem sua culpa. Se ele concorre, no entanto, para provocá-los ou não toma as cautelas necessárias para os evitar, o caso não será fortuito, por isso que há imputabilidade – *casus dolo seu culpa determinatus*" (Orlando Gomes, *Obrigações*, Rio de Janeiro: Forense, 2019, 19ª ed., p. 152).

21 Nessa direção, observa Arnoldo Medeiros da Fonseca (*Caso fortuito e teoria da imprevisão*, cit., p. 146): "Todavia, apesar disso, não nos convencemos da necessidade desse novo elemento [imprevisibilidade] para caracterização do fortuito, porque, ou o acontecimento, pela sua imprevisibilidade,

Análise do fato

Analisados os elementos do caso fortuito, extrai-se conclusão inafastável: nenhum evento é considerado caso fortuito abstratamente.[22] Uma tempestade, um roubo, uma pandemia são casos fortuitos aptos a exonerar o agente do dever de indenizar? Depende. Há que se verificar, em primeiro lugar, se o fato realmente causou o dano cuja reparação se persegue; se ele era necessário, inevitável, irresistível para aquele agente concreto.[23] Além disso, é preciso investigar se o evento está inserido nos riscos inerentes à atividade desempenhada ou por ele expressamente assumidos. Cuida-se, aqui, de perquirir se o fato encerra caso fortuito interno ou se há cláusula contratual de assunção expressa dos riscos do evento fortuito, situações em que não se afasta o dever de indenizar, como se verá a seguir.

3. FORTUITO INTERNO E FORTUITO EXTERNO

Externalidade

No âmbito da responsabilidade objetiva, tem-se exigido um terceiro elemento para a qualificação do evento como caso fortuito, apto a romper o nexo de causalidade entre o dano e a atividade: a externalidade. Cada pessoa, natural ou jurídica, atua em certa esfera em seu próprio benefício e no âmbito da qual exerce controle. Nessa esteira, todos os efeitos deflagrados a partir desses fatos, ainda que inevitáveis, devem ser suportados pelo agente a cuja esfera de atuação eles são inerentes, respondendo por eventuais danos causados a terceiros.

---

se tornou irresistível, aparecendo aquela como simples razão da inevitabilidade, que permanece como único requisito; ou o obrigado poderia resistir ao acontecimento, embora, imprevisto, e estará em culpa se não o fizer. A necessidade da ausência de culpa é, assim, uma condição que exclui a possibilidade de haver caso fortuito quando se trate de acontecimento imprevisto, ao qual possa o devedor resistir. E a inevitabilidade, em tais condições, fica sendo o único requisito objetivo que subsiste, quer decorra da própria imprevisibilidade do evento, quer de modo irresistível pelo qual este se manifeste". Assim, também Judith Martins-Costa, para quem "a imprevisibilidade só indiretamente interessará à noção de 'fato inevitável', quando ocorrer um fato imprevisível com consequências inevitáveis ou um fato previsível cujas consequências são também inevitáveis, em ambas as hipóteses, como se percebe, residindo a tônica na inevitabilidade ou irresistibilidade do fato. Se o fato for imprevisível, mas as consequências forem evitáveis, porém o devedor não cuidar de evitá-las, o caso pode configurar inadimplemento por culpa e não impossibilidade devido ao fortuito ou força maior" (*Comentários ao novo Código Civil*: do inadimplemento das obrigações, Sálvio de Figueiredo Teixeira (coord.), Rio de Janeiro: Forense, 2003, pp. 202-203).

22 Arnoldo Medeiros da Fonseca, *Caso fortuito e teoria da imprevisão*, Rio de Janeiro: Forense, 1958, 3ª ed., p. 149. A esse respeito, Agostinho Alvim destaca que "a necessariedade do fato há de ser estudada em função da impossibilidade de cumprimento da obrigação, e não abstratamente" (Agostinho Alvim, *Da inexecução das obrigações e suas consequências*, São Paulo: Saraiva, 1965, p. 312).

23 "Questão de relevo é a de saber se, na análise do atributo da inevitabilidade ou irresistibilidade, cabe considerar: essa é a que ocorre *in abstracto* ou *in concreto*? Em outras palavras, a inevitabilidade deve ser a) para todas as pessoas 'normais'? b) para o 'bom pai de família'? c) para as pessoas do círculo social em que vive o devedor? d) para as pessoas de sua profissão? e) para o devedor, individualmente? Toda a inevitabilidade é relativa, no tempo e no espaço, portanto, a resposta às questões acima arguidas é a do item e), combinadamente com a dos itens c) e d). É preciso ver a pessoa e o evento, porém, não abstratamente, mas situadamente, em relação ao tempo e ao espaço, ao seu ambiente ou contexto. Daí a importante consciência do tempo em que vivemos, tempo que não é 'unânime', mas plurifacetado, como plurifacetada é a sociedade contemporânea" (Judith Martins-Costa, *Comentários ao novo Código Civil*: do inadimplemento das obrigações, vol. 5, t. II, Sálvio de Figueiredo Teixeira (coord.), Rio de Janeiro: Forense, 2003, p. 205).

Referida construção, em rigor, decorre da constatação de que os danos causados por tais fatos restariam, no mais das vezes, irressarcidos se não fossem imputados ao agente responsável pela atividade. Isso porque, sendo muitas vezes necessários e inevitáveis – e até imprevisíveis[24] –, qualificar-se-iam como caso fortuito, a romper o nexo de causalidade e exonerar o agente do dever de indenizar. Nesse cenário, e considerando que, na sociedade cada vez mais complexa e industrializada, os danos "devem acontecer",[25] cunhou-se o conceito de caso fortuito interno, assim entendido o evento que se liga à pessoa ou à organização da empresa, ou seja, aos riscos da atividade desenvolvida pelo agente, e incapaz de exonerá-lo. Afinal, cuida-se de fatos que, embora fortuitos, se encontram contidos no âmbito da atividade em cujo desenvolvimento se deu o dano. Passou-se, assim, a entender que os danos decorrentes dos eventos relacionados à pessoa ou à empresa do agente se conectam a ela por nexo de causalidade e deveriam por ela ser evitados, razão pela qual deve por eles responder.

Nessa direção, considera-se caso fortuito interno, a atrair a responsabilidade do agente, fraudes e delitos praticados por terceiros no âmbito de operações bancárias,[26] assalto à mão armada ocorrido em *box* de *drive-in*,[27] o assédio sexual ou ato libidinoso praticado por um passageiro contra outro dentro de vagão de composição metroviária,[28] descarrilamento de composição férrea,[29] queda entre o vão da plataforma e o coletivo da concessionária em razão de grande aglomeração de pessoas,[30] bem como problemas na instalação das fundações do edifício que causam atraso na entrega do imóvel objeto de promessa de compra e venda.[31]

Fortuito externo

Já o caso fortuito externo, por não se ligar "à pessoa ou à empresa por nenhum laço de conexidade",[32] rompe, efetivamente, com o nexo de causalidade, e exime o agente do dever de indenizar.[33] Tem-se aqui a aludida externalidade do fortuito em relação à atividade na qual o dano foi verificado. São exemplos de caso fortuito ex-

---

24 Gustavo Tepedino; Heloisa Helena Barboza; Maria Celina Bodin de Moraes, *Código Civil interpretado conforme a Constituição da República*, vol. 1, Rio de Janeiro: Renovar, 2007, p. 711.

25 Stefano Rodotà, *Il problema della responsabilità civile*, Milano: Giuffrè, 1967, p. 21.

26 Súmula 479/STJ: "As instituições financeiras respondem objetivamente pelos danos gerados por fortuito interno relativo a fraudes e delitos praticados por terceiros no âmbito de operações bancárias". A Terceira Turma do STJ, no julgamento do REsp nº 2.077.278/SP, aplicou o enunciado da referida súmula e responsabilizou a instituição financeira pelos danos causados pela aplicação do chamado 'golpe do boleto' viabilizado em razão de vazamento de informações e dados sigilosos a respeito das atividades bancárias do consumidor (STJ, 3ª T., REsp n. 2.077.278/SP, Rel. Min. Nancy Andrighi, julg. 3.10.2023).

27 STJ, 4ª T., AgInt no REsp 1.438.348/SP, Rel. Min. Raul Araujo, julg. 21.3.2022.

28 STJ, 3ª T., AgInt no REsp 1.845.896/SP, Rel. Min. Moura Ribeiro, julg. 24.8.2020.

29 STJ, 4ª T., AgInt no AREsp 1.501.667/RJ, Rel. Min. Maria Isabel Gallotti, julg. 11.5.2020.

30 STJ, 4ª T., AgInt no Aresp 2.350.602/RJ, Rel. Min. Raul Araujo, julg. 11.9.2023.

31 STJ, 4ª T., AgInt no AREsp 942.798/RJ, Rel. Min Raul Araújo, julg. 2.4.2019.

32 Agostinho Alvim, *Da inexecução das obrigações e suas consequências*, São Paulo: Saraiva, 1965, p. 316.

33 Como esclarece Judith Martins-Costa, "o fortuito externo é estranho à organização do negócio, não guardando nenhuma relação com a empresa. Tal será o caso de uma inundação que desvia o ônibus de sua rota, de um deslizamento no terreno que provoca a sua capotagem. O fortuito externo tem força liberatória sempre que o transportador não houver incorrido para a produção do evento" (Judith Martins-Costa, *Comentários ao novo Código Civil*: do inadimplemento das obrigações, vol. 5, t. II, Sálvio de Figueiredo Teixeira (coord.), Rio de Janeiro: Forense, 2003, p. 201).

terno o arremesso de pedra por terceiros que atinge passageiro em composição ferroviária,[34] as condições climáticas que impedem a decolagem da aeronave[35] ou mudam o destino final do voo,[36] roubo em fila de pedágio,[37] ataque do "maníaco da seringa" contra passageiros do metrô,[38] roubo a motorista de aplicativo por passageiro,[39] o "sequestro relâmpago" iniciado fora da agência bancária, seguido de saques de valores no interior de agência bancária[40] e roubo a cliente, após chegada ao seu destino portando valores recentemente sacados no caixa bancário.[41] Em todos esses casos, o fato tem força liberatória e afasta a responsabilidade do aparente ofensor.

4. CLÁUSULA DE CASO FORTUITO

Contratar, por si só, é situação de risco.[42] Entendido como a consequência econômica de evento incerto, ou a plausibilidade de prejuízo financeiro proveniente de acontecimentos incertos, o risco sempre esteve vinculado ao resultado dos pactos.[43]

---

[34] STJ, 4ª T., Rel. Min. Antônio Carlos Ferreira, AgRg no REsp 1.562.554/RJ, julg. 23.3.2020. Note-se que o próprio STF adota o mesmo entendimento, mitigando o teor do enunciado de sua Súmula 187. Sobre o tema, confira-se o Capítulo XIV destes *Fundamentos*.

[35] TJSP, 22ª CDPriv, Rel. Des. Roberto Mac Cracken, AC 1021975-91.2019.8.26.0003, julg. 31.8.2020. A propósito, a Lei nº 14.034, de 7 de agosto de 2020, acrescentou o § 3º ao art. 256 do Código Brasileiro de Aeronáutica (Lei nº 7.565/1986), que passou a contar com a seguinte redação: "Constitui caso fortuito ou força maior, para fins do inciso II do § 1º deste artigo, a ocorrência de 1 (um) ou mais dos seguintes eventos, desde que supervenientes, imprevisíveis e inevitáveis: I – restrições ao pouso ou à decolagem decorrentes de condições meteorológicas adversas impostas por órgão do sistema de controle do espaço aéreo; II – restrições ao pouso ou à decolagem decorrentes de indisponibilidade da infraestrutura aeroportuária; III – restrições ao voo, ao pouso ou à decolagem decorrentes de determinações da autoridade de aviação civil ou de qualquer outra autoridade ou órgão da Administração Pública, que será responsabilizada; IV – decretação de pandemia ou publicação de atos de Governo que dela decorram, com vistas a impedir ou a restringir o transporte aéreo ou as atividades aeroportuárias". Significa, em síntese, que a legislação passou a reconhecer, expressamente, que as restrições ao pouso ou à decolagem decorrentes de condições meteorológicas constituem caso fortuito externo, a romper o nexo de causalidade e eximir o transportador do dever de indenizar os danos sofridos pelos passageiros.

[36] TJSP, 19ª CDPriv, Rel. Daniela Menegatti Milano, AC 1083308-44.2019.8.26.0100, julg. 22.6.2020.

[37] STJ, 3ª T., Rel. Min. Marco Aurélio Bellizze, REsp 1.872.260/SP, julg. 4.10.2022.

[38] STJ, 3ª T., REsp 1.849.987/SP, Rel. Min. Marco Aurelio Bellizze, julg. 22.8.2023.

[39] De acordo com o STJ, a gerenciadora de aplicativo não responde pelo roubo cometido por passageiro contra o motorista: "assalto, fato de terceiro, estranho ao contrato de fornecimento/gerenciamento de aplicativo tecnológico oferecido pela Uber, para a intermediação entre o passageiro e o motorista credenciado, foge completamente de sua atividade-fim, caracterizando fortuito externo" (STJ, 3ª T., REsp 2.018.788/RS, Rel. Min. Moura Ribeiro, julg. 20.6.2023).

[40] TJSP, 11ª CDPriv, Rel. Des. Gil Coelho, AC 1009442-85.2019.8.26.0008, julg. 10.6.2020.

[41] STJ, 4ª T. AgInt no AREsp n. 1.379.845/BA, Rel. Min. Raul Araújo, julg. 14.5.2024.

[42] Afirmam António Pinto Monteiro e Júlio Gomes que "contratar é, desde logo, planificar, antecipar o futuro e, mesmo, de certo modo, 'trocar' o presente pelo futuro ou, vice-versa, assumir uma desvantagem presente em troca de uma vantagem futura" (António Pinto Monteiro; Júlio Gomes, A "hardship clause" e o problema da alteração das circunstâncias, In: Manuel Afonso Vaz; J. A. Azeredo Lopes (coord.), Juris et de jure: nos vinte anos da Faculdade de Direito da Universidade Católica Portuguesa, Porto, Coimbra: Coimbra Editora, 1998, p. 19).

[43] Maria Luiza Pereira de Alencar Mayer Feitosa, O contrato como regulador e como produtor de riscos, *Prima Facie – Direito, História e Política*, v. 12, n. 22, p. 64-85, 2013. Disponível em: http://periodicos.ufpb.br/ojs/index.php/primafacie/article/view/4507. Acesso em: 3 ago. 2020.

A fim de gerir essas superveniências, o Código Civil dispõe de diversos dispositivos que permitem partilhar entre as partes, de forma supletiva, os riscos contratuais, a exemplo do próprio art. 393, que afasta a responsabilidade do devedor pelos danos provenientes de caso fortuito ou força maior, entre diversos outros.

Gestão positiva de riscos

A despeito das regras oferecidas pela teoria legal do risco, as partes podem, no exercício legítimo de sua autonomia privada, gerir os riscos contratuais por meio de gestão positiva ou negativa. Pela primeira, a alocação de riscos, que será identificada com base na vontade declarada pelos contratantes, estabelece o equilíbrio econômico do negócio. Tal equação econômica, que fundamenta o sinalagma entre as prestações, deve ser observada durante toda a relação contratual, em homenagem aos princípios do equilíbrio e da obrigatoriedade dos contratos. A gestão negativa é levada a cabo por meio do contrato incompleto,[44] pelo qual os contratantes deixam em branco, deliberadamente, certos elementos da relação contratual, que serão determinados, no futuro, pela atuação de uma ou ambas as partes, de terceiro ou por meio de fatores externos, segundo o procedimento contratualmente previsto para a integração da lacuna.[45]

Gestão negativa de riscos

Cláusula de caso fortuito

Um dos instrumentos mais emblemáticos de gestão positiva dos riscos contratuais consiste, justamente, na cláusula de caso fortuito, pela qual as partes alocam entre elas os riscos de acontecimentos inevitáveis e necessários,[46] predeterminando, por exemplo, quais eventos consideram caso fortuito capaz de impossibilitar a execução da prestação. Torna-se cada vez mais frequente encontrar, sobretudo em contratos dotados de maior complexidade, semelhante previsão, que reduz a chance de discussões futuras a respeito da qualificação do evento superveniente.

Admite-se, além disso, que uma das partes assuma o risco da impossibilidade causada por caso fortuito. O Código Civil permite, no *caput* do art. 393, que os contratantes convencionem o deslocamento do risco do fortuito em favor do credor, por exemplo, fazendo que persista a responsabilidade do devedor mesmo se a inexecução decorrer de evento inevitável, para o qual este não tenha concorrido. Homenageia-se a autonomia privada, reconhecendo-se que a solução adotada como regra pela lei pode não se coadunar com os interesses concretos envolvidos no negócio.[47]

Assunção expressa do risco

Por se tratar de exceção, a assunção do risco deve ser expressa.[48] Daí a ressalva de Agostinho Alvim, para quem, na dúvida se houve ou não a assunção do risco,

---

[44] Sobre o tema, confira-se Paula Greco Bandeira, *Contrato incompleto*, São Paulo: Atlas, 2015.

[45] Aline de Miranda Valverde Terra; Paula Greco Bandeira, A cláusula resolutiva expressa e o contrato incompleto como instrumentos de gestão de risco nos contratos. In: *Revista Brasileira de Direito Civil – RBDCivil*, Belo Horizonte, v. 6, p. 14, out./dez. 2015.

[46] Sobre o tema, confira-se Carlos Nelson de Paula Konder; Cíntia Muniz de Souza Konder, A contratualização do fortuito: reflexões sobre a alocação negocial do risco de força maior. In. Aline de Miranda Valverde Terra; Gisela Sampaio da Cruz Guedes, *Inexecução das Obrigações*, vol. II, Rio de Janeiro: Processo, 2021, pp. 41-59.

[47] Gustavo Tepedino; Heloisa Helena Barboza; Maria Celina Bodin de Moraes, *Código Civil interpretado conforme a Constituição da República*, vol. 1, Rio de Janeiro: Renovar, 2007, p. 712.

[48] Não se admite a assunção tácita do risco relativo à superveniência de caso fortuito e força maior, conforme destaca Arnoldo Medeiros da Fonseca, *Caso fortuito e teoria da imprevisão*, Rio de Janeiro: Forense, 1958, p. 180, nota de rodapé n. 8.

"resolve-se em sentido negativo; se se questiona acerca da sua extensão, corta-se a dúvida a favor do devedor".[49] Imprescindível, ainda, a indicação, um por um, de todos os fatos inevitáveis pelos quais o contratante assume a responsabilidade.[50]

Assunção de risco e inadimplemento

Comprometendo-se o devedor a prestar mesmo que sobrevenha o risco assumido, a impossibilidade decorrente do caso fortuito indicado na cláusula não o exonera da obrigação, mas configura, em vez disso, inadimplemento absoluto. A gestão da superveniência do evento inevitável e necessário transforma um risco econômico extraordinário em um risco de inadimplemento no âmbito do concreto regulamento de interesses. O inadimplemento, nesse caso, não decorre de inexecução culposa, mas da assunção contratual do risco: a assunção expressa do risco estabelece um nexo de imputação entre o evento inevitável e o devedor, a atribuir-lhe a responsabilidade pela inexecução.

Operatividade da resolução

O deslocamento convencional dos riscos altera, evidentemente, os efeitos normalmente produzidos pelo evento fortuito: "enquanto, pela teoria legal do risco a impossibilidade da prestação causada por caso fortuito resolve automaticamente o contrato e afasta qualquer responsabilidade do devedor pelos prejuízos sofridos pelo credor, havendo assunção expressa do risco, sua concretização conduz ao inadimplemento absoluto e abre para o credor a possibilidade de optar entre resolver a relação obrigacional ou manter o contrato e exigir o equivalente pecuniário, sem prejuízo, em ambos os casos, das perdas e danos".[51] Nesse cenário, apenas mediante a aposição no contrato de cláusula resolutiva expressa é que o credor poderá resolver extrajudicialmente a relação obrigacional, embora não de forma automática, mas mediante sua declaração. Indispensável, para tanto, a concomitância da assunção do risco do fortuito com a atribuição, ao credor, do direito potestativo de proceder à resolução extrajudicial da relação obrigacional. Essas duas declarações podem mesmo constar da cláusula resolutiva; impreterível, contudo, que constem, de fato, expressas do contrato.

Podem as partes, ainda, regulando seus interesses de acordo com o programa contratual, determinar, *ex ante* e de comum acordo, os eventos passíveis de conduzir à impossibilidade temporária ou parcial e, consequentemente, à inutilidade da prestação, o que dispensa o credor de provar referida inutilidade para pleitear a resolução.

---

[49] Agostinho Alvim, *Da inexecução das obrigações e suas consequências*, São Paulo: Saraiva, 1965, p. 320.

[50] Agostinho Alvim observa que, "para que se entenda assumido o risco do caso fortuito extraordinário, é necessário referência expressa" (Agostinho Alvim, *Da inexecução das obrigações e suas consequências*, São Paulo: Saraiva, 1965, p. 320). Em sentido contrário, Arnoldo Medeiros da Fonseca não exige a indicação de cada um dos riscos assumidos pelo contratante: "Só os riscos decorrentes de casos fortuitos que *foram ou podiam ser previstos* na data da obrigação consideram-se assumidos pelo devedor, no caso de dúvida, pois as exceções devem ser interpretadas restritivamente" (Arnoldo Medeiros da Fonseca, *Caso fortuito e teoria da imprevisão*, Rio de Janeiro: Forense, 1958, p. 181, grifos no original).

[51] Aline de Miranda Valverde Terra, *Cláusula resolutiva expressa*, Belo Horizonte: Fórum, 2017, p. 89.

5. EFEITOS DO CASO FORTUITO

O caso fortuito, rompendo com o nexo de causalidade entre o aparente agente e o dano, exime-o do dever de indenizar. Eis o seu precípuo efeito, cuide-se de relação extracontratual ou contratual. Exoneração do devedor de indenizar

No âmbito da responsabilidade contratual, o caso fortuito ainda poderá conduzir à resolução da relação obrigacional se tornar total e definitivamente impossível a prestação, a exemplo do que dispõem os arts. 234, 238, 245 e 246, 248, 250 e 256 do Código Civil.[52] A superveniência de caso fortuito que impossibilita total e definitivamente a prestação não faz surgir para o credor o direito potestativo de resolver a relação obrigacional: a lei incide diretamente sobre o fato, resolvendo a relação obrigacional automaticamente, extinguindo-a *ipso iure*.[53] Resolução da relação obrigacional

A impossibilidade no contexto ora analisado se verifica, portanto, quando, após a celebração do contrato, passa a existir obstáculo físico ou jurídico invencível ao cumprimento da prestação, decorrente de evento irresistível e inevitável. No entanto, repita-se, apenas a impossibilidade definitiva e total resolve a relação obrigacional. Se ela for apenas temporária, suspende-se a exigibilidade da prestação, que fica postergada para o momento em que a execução se tornar possível novamente (a não ser que, em razão da suspensão, o credor perca o interesse objetivo na prestação – por haver termo essencial, por exemplo –, hipótese em que a impossibilidade temporária se convola em definitiva, e resolve-se a relação obrigacional); se for tão somente parcial, poderá haver uma espécie de redução da relação se a prestação remanescente ainda satisfizer o interesse do credor. Embora as soluções aventadas não constem de dispositivo específico do Código Civil, que nada diz sobre a impossibilidade parcial, podem ser extraídas, por analogia, de outros artigos do Código, como o 235, 240 e 567.[54] Impossibilidade definitiva e total Impossibilidade temporária Impossibilidade parcial

A impossibilidade superveniente extintiva da obrigação é a objetiva, não já a subjetiva. Qualifica-se como objetiva a impossibilidade que se impõe a todos, indistintamente. A subjetiva se refere ao devedor concreto da relação, vale dizer, conquanto aquele devedor esteja impossibilitado de cumprir, outra pessoa pode fazê-lo. Excepcionalmente, a impossibilidade subjetiva poderá exonerar o devedor, o que ocorrerá quando o obstáculo a ele imposto for generalizável, isto é, quando qualquer Impossibilidade objetiva e subjetiva

52 "Em rigor lógico-sistemático, a regra da força maior ou caso fortuito (abrangente também do Fato do Príncipe) resulta em superfetação, haja vista a amplitude do regime geral da impossibilidade superveniente não imputável, o qual requer apenas que a impossibilidade não seja imputável (por culpa) ao obrigado" (Judith Martins-Costa, Impossibilidade de prestar e a excessiva onerosidade superveniente na relação entre shopping center e seus lojistas, In: Modesto Carvalhosa; Fernando Kuyven (coord.), *Impactos jurídicos e econômicos da Covid-19* [livro eletrônico], São Paulo: Thomson Reuters Brasil, 2020, p. RB 6.3).

53 Judith Martins-Costa, *Comentários ao novo Código Civil*: do inadimplemento das obrigações, Rio de Janeiro: Forense, 2004, p. 271.

54 Aline de Miranda Valverde Terra, Nem tudo o que reluz é ouro: os riscos de inadimplemento em tempos de pandemia, *Folha de São Paulo. Blog do Fausto*, publicado em 11.6.2020. Disponível em: https://politica.estadao.com.br/blogs/fausto-macedo/nem-tudo-o-que-reluz-e-ouro-os-riscos-de--inadimplemento-em-tempos-de-pandemia/. Acesso em: 1º set. 2020.

outro devedor colocado na mesma situação tampouco possa cumprir a prestação.[55] Assim, autorizará a resolução da relação obrigacional a internação hospitalar do cantor que, no dia agendado para sua apresentação em grande casa de *shows*, é atropelado quando atravessava na faixa de pedestres por carro que avançara o sinal. Embora outros cantores possam se apresentar no evento, qualquer outro artista que estivesse na mesma situação do concreto devedor (internado em razão do atropelamento) estaria igualmente impossibilitado de executar sua prestação. Por essa razão, também nessa hipótese o caso fortuito exonera, liberando o devedor da sua obrigação sem cobrança de perdas e danos.

6. CASO FORTUITO E O NOVO CORONAVÍRUS (SARS-COV-2)

Pandemia

Nos anos de 2020 e 2021, o mundo se deparou com uma das piores pandemias – assim reconhecida pela Organização Mundial de Saúde em 11 de março de 2020 – da história da humanidade, causada pelo novo coronavírus, não apenas em razão do elevado número de óbitos,[56] mas porque nunca uma pandemia atingiu simultaneamente todos os confins do planeta, gerando crise exógena sem precedentes: ela é exógena porque não é crise gerada pelo processo econômico, como foi a crise do *subprime* de 2008; e é sem precedentes pois nunca houve recessões concomitantes nas principais potências econômicas como ocorre atualmente. O impacto nas relações contratuais se afigura, assim, inevitável. Importa, portanto, investigar em que hipóteses a pandemia causada pelo novo coronavírus pode ser qualificada como caso fortuito, produzindo os seus precípuos efeitos, a saber, a resolução da relação obrigacional sem pagamento de perdas e danos por qualquer das partes.

Impacto concreto da pandemia no contrato

Como se viu, para que o evento seja qualificado como caso fortuito, mister que seja *necessário* e *irresistível*, hipótese em que, impossibilitando total e definitivamente a prestação, resolverá a relação obrigacional sem que se imponha, a qualquer das partes, a indenização por perdas e danos. Não há dúvidas de que a pandemia é evento necessário e irresistível, mas nem sempre ela produzirá efeitos sobre o contrato, nem sempre impossibilitará a prestação. A resolução está inexoravelmente subordinada ao preenchimento concomitante de todos os requisitos legais, não bastando apenas, repita-se, que haja um evento necessário e irresistível. Evidentemente, outros institutos jurídicos poderão restar configurados, a atrair seus respectivos efeitos, mas

---

[55] Aline de Miranda Valverde Terra; Mariana Siqueira, A impossibilidade superveniente da prestação e os remédios aplicáveis. In: Heloisa Helena Barboza; Cleyson de Moraes Mello; Gustavo Silveira Siqueira (Coordenação Geral). Heloisa Helena Barboza; Gustavo Tepedino; Carlos Edison do Rêgo Monteiro Filho (Coordenação Acadêmica). (Org.). *Direito civil. O futuro do Direito.* Rio de Janeiro: Processo, 2022, vol. 2, pp. 19-39.

[56] A imprensa divulgou, no dia 1 de novembro de 2021, que "mais de 5 milhões de pessoas já morreram de Covid-19 em todo o mundo desde o início da pandemia", segundo dados da Universidade Johns Hopkins (Mundo passa dos 5 milhos de mortes por Covid, *Globo.com,* publicado em 1.11.2021. Disponível em: https://g1.globo.com/mundo/noticia/2021/11/01/mundo-passa-dos-5-milhoes-de-mortes-por-covid.ghtml. Acesso em: 26 nov. 2021).

apenas o exame do concreto impacto da pandemia na relação contratual é que poderá indicar a sua presença.[57]

Impossibilidade total e definitva

Nesse cenário, é possível vislumbrar a configuração de impossibilidade total da prestação diante da suspensão de diversos trajetos aéreos internacionais no âmbito de transporte de passageiros, decorrente de caso fortuito.[58] Ela poderá ser considerada definitiva se impediu a realização de um voo contratado (um táxi aéreo, por exemplo) em data específica (termo essencial). O mesmo ocorre no "caso do pianista contratado para se apresentar na Sala São Paulo no mês de abril de 2020, em que todas as atividades no local foram proibidas pelo poder público em razão da pandemia".[59]

Impossibilidade temporária e parcial

A pandemia também encerra hipótese de caso fortuito, a gerar a impossibilidade temporária e parcial da prestação, quando obriga – por meio de ato emanado do Poder Público – o fechamento de *shopping center*, que repercute diretamente no contrato de locação celebrado entre a administradora do empreendimento e o lojista locatário. Cuida-se "de situação análoga à deterioração inimputável da coisa, prevista no art. 567 do Código Civil, segundo o qual 'se, durante a locação, se deteriorar a coisa alugada, sem culpa do locatário, a este caberá pedir redução proporcional do

---

57 A pandemia poderá, por exemplo, causar a onerosidade excessiva da prestação para uma das partes. "Para a incidência da normativa relativa à excessiva onerosidade, exige-se o atendimento cumulativo aos seguintes pressupostos: (i) vigência de contrato de longa duração, de execução continuada ou diferida; (ii) a ocorrência de evento superveniente, extraordinário, imprevisível e não imputável a qualquer das partes; (iii) que onere excessivamente um dos contratantes; e (iv) acarrete extrema vantagem ao outro. Além disso, a parte que pretende invocar a excessiva onerosidade não pode se encontrar em mora (como decorrência do artigo 399 do Código Civil). Ressalva-se apenas a mora ocasionada pelo evento extraordinário e imprevisível que tornou a prestação excessivamente onerosa, a qual não afasta a invocação do instituto. (...) Verificada a existência dos requisitos autorizadores da incidência da teoria da onerosidade excessiva, duas são as consequências possíveis: resolução do contrato ou sua revisão para expurgar o desequilíbrio entre as prestações. Para o reequilíbrio das situações passíveis de revisão, com vistas a extirpar o excesso de onerosidade, mostra-se extremamente útil o recurso à ponderação e à técnica da razoabilidade". No entanto, lembram os autores que "há contratos que não serão afetados pela pandemia e outros que, mesmo afetados, o serão em proporção que não justifica a resolução ou a revisão do ajuste (a onerosidade não é 'excessiva'). Há, ainda, contratos que incorporam álea normal 'ilimitada', ou seja, que são propositadamente estabelecidos pelas partes para operar mesmo em condições de imprevisibilidade e alto risco. Em tais casos, não se aplica a teoria da onerosidade excessiva" (Gustavo Tepedino; Milena Donato Oliva; Antônio Pedro Dias, Contratos, força maior, excessiva onerosidade e desequilíbrio patrimonial, *Conjur*, publicado em 20.4.2020. Disponível em: https://www.conjur.com.br/2020-abr-20/opiniao-efeitos-pandemia-covid-19-relacoes-patrimoniais. Acesso em: 1º set. 2020).

58 No dia 20 de abril de 2020, a Colômbia proibiu, por exemplo, voos internacionais de passageiros (Disponível em: https://g1.globo.com/mundo/noticia/2020/05/20/colombia-segue-argentina-e-proibe-todos-os-voos-internacionais.ghtml. Acesso em: 2 set. 2020). O Tribunal de Justiça de São Paulo qualificou o cancelamento de voo em decorrência da pandemia "fato que caracteriza força maior e exclui a responsabilidade da transportadora, nos termos dos artigos 734 e 737, ambos do Código Civil" (TJSP, 15ª CDPriv, Ap. Cív. 1010793-80.2020.8.26.0001, Rel. Des. Vicentini Barroso, julg. 17.11.2020).

59 Gustavo Tepedino; Milena Donato Oliva; Antônio Pedro Dias, Contratos, força maior, excessiva onerosidade e desequilíbrio patrimonial, *Conjur*, publicado em 20.4.2020. Disponível em: https://www.conjur.com.br/2020-abr-20/opiniao-efeitos-pandemia-covid-19-relacoes-patrimoniais. Acesso em: 1º set. 2020.

aluguel, ou resolver o contrato, caso já não sirva a coisa para o fim a que se destinava'. De fato, 'deterioraram-se', sem culpa do locatário, as faculdades a ele transferidas. Como se trata de deterioração temporária, a princípio, estaria vedada a resolução, a não ser que ficasse demonstrado que o prolongamento da situação excepcional somado à intensa restrição – ou mesmo supressão – das faculdades qualificam-se como deterioração tão drástica que a prestação parcial – ou seja, o que sobra do uso pelo tempo ainda restante do contrato – não atende efetivamente ao interesse do credor".[60]

Desequilíbrio patrimonial do devedor

Mesmo no cenário atual de grave crise econômica, importante pontuar que o desequilíbrio da situação patrimonial do devedor que lhe impede de honrar suas dívidas não configura hipótese de impossibilidade subjetiva, do ponto de vista técnico. Se o devedor perdeu o emprego durante a pandemia ou se o lojista experimentou intensa redução de sua clientela e não consegue continuar a pagar o aluguel integralmente, não pode pretender resolver a relação obrigacional ao argumento da impossibilidade da prestação.[61] E isso decorre do fato de sua situação não ser generalizável, já que outros devedores, a despeito de perderem o emprego, podem, por exemplo, ter economias suficientes a fazer frente aos aluguéis devidos. Casos como esse devem ser resolvidos com institutos jurídicos que levem em conta não apenas o contrato de locação isoladamente considerado, mas a global situação patrimonial do devedor.[62] Cuida-se, em definitivo, de problema que, apesar de sua inegável gravidade para o contratante, diz respeito ao seu patrimônio, e não ao contrato.

---

60 Aline de Miranda Valverde Terra, Covid-19 e os contratos de locação em shopping center, *Migalhas*, publicado em 20.3.2020. Disponível em: www.migalhas.com.br/depeso/322241/covid-19-e-os-contratos-de-locacao-em-shopping-center. Acesso em: 2 set. 2020. O mesmo entendimento é adotado por Gustavo Tepedino, Milena Donato Oliva e Antônio Pedro Dias (Contratos, força maior, excessiva onerosidade e desequilíbrio patrimonial, *Conjur*, publicado em 20.4.2020. Disponível em: https://www.conjur.com.br/2020-abr-20/opiniao-efeitos-pandemia-covid-19-relacoes-patrimoniais. Acesso em: 1º set. 2020) bem como por Judith Martins-Costa (Impossibilidade de prestar e a excessiva onerosidade superveniente na relação entre shopping center e seus lojistas, In: Modesto Carvalhosa; Fernando Kuyven (coord.), *Impactos jurídicos e econômicos da COVID-19* [livro eletrônico], São Paulo: Thomson Reuters Brasil, 2020, p. RB 6.5).

61 Na mesma direção, afirma Judith Martins-Costa: "O fato de um locatário ter dificuldades para prestar o dever de pagar o aluguel não significa, portanto, impossibilidade, no sentido técnico. O fato de ter sido atingido, economicamente, pelos efeitos da pandemia, que afastou os consumidores, caracteriza *dificuldade*, não impossibilidade. A hipótese de diminuição da renda, o fato da redução no faturamento, não traduz impossibilidade no sentido legal. Não há fato da natureza ou de ordem jurídica que torne irrealizável o pagamento do aluguel. Não tem razão, assim, no meu modo de ver, aquelas decisões que enquadram também essa prestação na órbita do instituto da impossibilidade de prestar, sem o discernimento desses graus, confundindo a noção leiga com a jurídica. Condutas oportunistas devem ser rechaçadas. As dificuldades encontradas pelos lojistas em razão da baixa em seus rendimentos ocasionada pela interdição à venda direta ao público consumidor poderão caracterizar, contudo – dependendo das circunstâncias – situação de excessiva *onerosidade superveniente*" (Judith Martins-Costa, Impossibilidade de prestar e a excessiva onerosidade superveniente na relação entre shopping center e seus lojistas, In: Modesto Carvalhosa; Fernando Kuyven (coord.), *Impactos jurídicos e econômicos da COVID-19* [livro eletrônico], São Paulo: Thomson Reuters Brasil, 2020, p. RB 6.3).

62 Confira-se, a propósito, a proposta de Daniel Bucar, *Superendividamento*: reabilitação patrimonial da pessoa humana, São Paulo: Saraiva, 2017, p. 180 e ss.

PROBLEMAS PRÁTICOS

1. Quais são os elementos necessários para a configuração do caso fortuito? Há alguma peculiaridade quando se está diante de responsabilidade objetiva?
2. Quais são os efeitos da configuração do caso fortuito para fins de responsabilização civil extracontratual e contratual?
3. A *Covid-19* se qualifica como caso fortuito, apto a romper o nexo de causalidade e, assim, eximir o agente do dever de indenizar?

Acesse o *QR Code* e veja a Casoteca.

> *https://uqr.to/1ofhi*

Acesse o *QR Code* e assista ao vídeo do Problema n. 3.

> *https://uqr.to/nto8*

Capítulo VII

CULPA

Acesse o *QR Code* e assista ao vídeo sobre o tema.

> *https://uqr.to/1ofgy*

Sumário: 1. Conceito. Culpa subjetiva e culpa normativa – 2. Dolo e culpa – 3. Graus de culpa – 4. Modalidades de culpa – Problemas práticos.

1. CONCEITO. CULPA SUBJETIVA E CULPA NORMATIVA

Introdução da culpa

A culpa foi introduzida na estrutura da responsabilidade civil pelo Código Civil francês de 1804, que, todavia, não se ocupou em conceituá-la. Ripert e Boulanger chegaram a afirmar não ser reprovável a omissão do Código, pois "a culpa é quase indefinível", "uma pura abstração".[1] Já os irmãos Mazeaud, embora tenham reconhecido que sua definição seja, de fato, um dos pontos mais "delicados" suscitados pela responsabilidade civil,[2] ponderaram que a dificuldade não era razão suficiente para que se renunciasse à tarefa. Não seria necessário buscar, de acordo com esse entendimento, conceito científico, de rigor absoluto; bastaria encontrar definição "suficien-

1 Georges Ripert e Jean Boulanger, *Traité de Droit Civil D'après le Traité de* Planiol, t. II, Paris: Libraire Générale de Droit et de Jurisprudence, 1957, p. 332: "On ne peut reprocher au Code de ne pas donner de définition de la faute, car la faute est à peu près indéfinissable. Il y a des fautes, et on peut essayer d'en dresser une sorte de catalogue en se servant de la jurisprudence, mais la faute en soi est une pure abstraction". Em tradução livre: "Não se pode reprovar o Código por não dar uma definição de culpa, porque a culpa é quase indefinível. Há culpas, e o que se pode é tentar compilar uma espécie de catálogo, usando a jurisprudência, mas a culpa em si é pura abstração".

2 Mazeaud e Mazeaud, *Traité Théorique et Pratique de la Responsabilité Civile Délictuelle et Contractuelle*, t. I, Paris: Librairie du Recueil Sirey, 1947, p. 383: "Préciser la notion de faute est sans doute l'un des points les plus délicats soulevés par le problème de la responsabilité civile". Em tradução livre: "Precisar a noção de culpa é sem dúvida um dos pontos mais delicados suscitados pelo problema da responsabilidade civil".

temente flexível para atender a todas as necessidades e suficientemente precisa para servir de guia para os juízes".[3]

As complexidades suscitadas no direito francês pela noção de culpa se repetem no direito brasileiro, como não poderia deixar de ser. Afinal, o conceito de ato ilícito adotado pelo art. 186 do Código Civil foi inspirado pelos arts. 1.382 a 1.385 do Código Napoleão, sendo a culpa seu elemento distintivo.

Conceito clássico de culpa

Em concepção clássica, culpa é violação de dever preexistente, para cuja configuração se exige o elemento subjetivo, identificado na manifestação volitiva livre e consciente do agente, bem como na previsibilidade do resultado. Caracteriza-se, por conseguinte, a culpa, pela voluntariedade da conduta, entendida como a consciência do comportamento. Pouco importa a intenção do agente quanto à produção do resultado danoso: haja ou não o propósito de causar prejuízo, há culpa *lato sensu* se presentes, na violação do dever preexistente, a vontade de agir e a previsibilidade do resultado. A culpa encerra, nesses termos, mero nexo psíquico entre o autor e o resultado.[4]

Chironi inaugura sua clássica obra *La colpa nel diritto civile odierno* com preciosa identificação do conceito de culpa, que reflete com perfeição a noção clássica, subjetiva, acima referida. De acordo com o autor, "Todo fato que constitua a violação de um dever que tenha a sua razão de ser na vontade ou na lei, é fato ilícito; e o agente deve responder por ele de modo especial quando ao elemento *objetivo*, que é o ato injustamente cometido (*non iure*), se junte o *subjetivo*, isto é, o estado particular de ânimo do agente, em relação à injúria. O ato é, então, não somente injusto, mas culposo, e daí deriva para o ofendido um remédio destinado a obter o ressarcimento do prejuízo sofrido, que exercitará contra aquele que por ele deva responder; assim, a ilicitude contém o conceito da responsabilidade".[5]

Culpa subjetiva

Semelhante noção se coaduna à perfeição com a ideologia liberal e individualista da modernidade, que exigia a construção de sistema de responsabilidade que se assentasse no uso indevido da liberdade individual, assegurando vastíssimo espaço

---

3 Mazeaud e Mazeaud, *Traité Théorique et Pratique de la Responsabilité Civile Délictuelle et Contractuelle*, t. I, cit., p. 384: "Certes, il ne faut pas chercher ce qu'on pourrait appeler une définition scientifique, d'une rigueur absolue. Mais il faut découvrir une définition à la fois suffisamment souple pour répondre à toutes les nécessités, et suffisamment précise pour servir de guide aux juges". Em tradução livre: "Obviamente, não se deve procurar o que se poderia chamar de definição científica, de um rigor absoluto. Mas é preciso descobrir uma definição suficientemente flexível para responder a todas as necessidades, e suficientemente precisa para servir como guia aos juízes".

4 Ricardo Lorenzetti, *Responsabilidad civil de los médicos*, Santa Fe: Rubinzal-Culzoni, 1997, p. 450, t. I.

5 G. P. Chironi, *La colpa nel diritto civile odierno*, Torino: Fratelli Bocca Editori, 1897, pp. 1-5, tradução livre. No original: "Qualunque fatto inducente la violazione di un dovere che abbia la sua ragion di essere nella volontà o nella legge, è fatto illecito; e l'agente deve risponderne per via di rapporto speciale, quando all'emeneto *oggettivo*, ch'è l'atto commesso ingiustamente (*non iure*), sia unito il *soggettivo*, lo stato cioè particolare dell'animo suo in relazione all'ingiura data. L'atto è allora non soltanto ingiusto, ma colposo: e da esso deriva all'offeso un rimedio volto ad ottenere il risarcimento del pregiudizio sofferto, ch'egli eserciterà contro colui che deve risponderne: così l'illeceità contiene il concetto della responsabilità".

de atuação à autonomia privada. É, com efeito, o uso ilegítimo da liberdade individual, verificado por meio da violação de dever preexistente, que justifica a imposição do dever de reparar o dano. A culpa se erige, assim, como um dos mais importantes elementos deflagradores da responsabilidade civil: à imputação do dever de ressarcir não basta a simples ocorrência do dano; requer-se da vítima a prova da violação de dever preexistente perpetrada por conduta voluntária.

Culpa e moral

Concebida nesses termos, a culpa revela juízo moral de censura à conduta do agente, uma vez que pressupõe a verificação de comportamento reprovável por parte do autor do dano para que se lhe imponha o dever de indenizar. A constatação torna-se ainda mais contundente quando à ideia de culpa se equipara a atuação negligente, imprudente ou imperita.[6]

Negligência, imprudência e imperícia

Nessa direção, entende-se *negligência* como a omissão de conduta considerada apta a evitar a produção do dano, vale dizer, a inobservância de normas que requerem atuação atenta e cuidadosa. A *imprudência* se revela, por outro lado, na conduta comissiva apressada, irrefletida e afoita, causadora de dano que poderia ser evitado caso se adotasse comportamento cauteloso, a exemplo do que se verifica quando o motorista avança o sinal vermelho e atropela o pedestre. Já a *imperícia* decorre de falta de habilidade no desempenho de atividade técnica, como ocorre com o motorista que conduz veículo sem estar para tanto tecnicamente habilitado. Os três conceitos se revestem, a toda evidência, de inegável viés psicológico, ratificando o fundamento ético que se pretende conferir ao dever de indenizar. Em rigor, da noção de culpa extrai-se relevante parâmetro ético, incorporado pela ordem jurídica, no sentido de apartar a conduta socialmente aceitável, e por isso mesmo estimulada, daquela reprovada pela sociedade, a deflagrar consequências jurídicas repressivas para o seu autor.

Ônus da prova

A adoção de concepção moral da culpa, associada aos impulsos anímicos do agente e à previsibilidade dos resultados de sua conduta, impunha à vítima a dificílima prova do elemento subjetivo, a exigir-lhe demonstrações, nem sempre possíveis, do estado psicológico do sujeito. A situação se agravou ainda mais, no decorrer do século XX, diante do crescimento exponencial dos danos provocados pelo capitalismo industrial e pela evolução tecnológica. O desconhecimento técnico da vítima em relação à ciência empregada, bem como a sua situação de vulnerabilidade diante do causador do dano tornaram a prova da culpa odiosa, quase impossível, o que poderia significar, ao fim e ao cabo, negar-lhe o direito à indenização.

Culpa normativa

As críticas à noção clássica conduziram à elaboração de conceito objetivado de culpa, designado *culpa normativa*, que se revela na ideia de desvio de conduta, e cuja apreciação desconsidera a análise do perfil subjetivo do agente que se pretende responsabilizar, mas leva em conta o comportamento exigível diante das especiais cir-

[6] O Código Civil se refere, no art. 186, apenas à negligência e imprudência, o que pode se justificar pelo fato de a imperícia ser vista ora como modalidade de negligência, ora de imprudência. O Código Penal, por sua vez, prevê as três modalidades no art. 18, segundo o qual "Diz-se o crime: (...) II – culposo, quando o agente deu causa ao resultado por imprudência, negligência ou imperícia".

cunstâncias do caso concreto. Não se investiga o direcionamento da vontade do agente para o descumprimento da ordem jurídica *in abstrato*, e sim, ao revés, a adequação (ou não) de sua conduta ao padrão de comportamento esperado *in concreto*. Esse *standard* de comportamento desejado para o caso concreto serve a normatizar objetivamente a investigação da culpa, dando-lhe contornos consentâneos com a especificidade fática e circunstancial da hipótese em exame.

Modelos de conduta

Constata-se, de tal modo, a insuficiência da tradicional figura do *bonus pater familias* como modelo genérico de comportamento. A dinamicidade das relações sociais, marcadas pela criatividade humana e pela crescente especialização das diversas atividades desenvolvidas, impõe a adoção de modelos múltiplos e específicos, que reflitam a pluralidade e as peculiaridades das práticas interpessoais. Há, com efeito, tantos padrões de comportamento quantas forem as possibilidades de atuação da autonomia privada. As várias categorias de conduta tornam-se, assim, *standarizadas*, a permitir análise objetiva do comportamento do agente causador do dano no caso concreto.

Identificação dos padrões de conduta

Para a construção desses padrões de comportamento, levam-se em conta, além da boa-fé objetiva – fonte de deveres de conduta –, os mais diversos parâmetros, como diretrizes emitidas por associações profissionais, normas deontológicas, estatísticas etc. A atuação de peritos, junto aos tribunais, com conhecimento técnico a respeito do comportamento objeto de análise, contribui para o delineamento do modelo de conduta mais próximo possível da realidade e, consequentemente, para a avaliação precisa do agir do ofensor.

Aferição da culpa

Nessa direção, a aferição da culpa é realizada por meio da comparação entre o arquétipo de conduta esperado diante da específica situação delineada, e o comportamento efetivamente adotado pelo agente. Dito de outro modo, para que reste comprovada a culpa, basta à vítima demonstrar a inadequação da conduta do ofensor ao padrão de comportamento relativo à atividade desempenhada *in concreto*, isto é, ao *standard* de conduta esperado para casos semelhantes. Trata-se, com efeito, de comparar, em juízo valorativo, a conduta adotada no caso concreto com o modelo abstrato de comportamento em iguais circunstâncias, a fim de verificar a coincidência ou discrepância entre elas, prescindindo-se de quaisquer investigações acerca do estado anímico do agente. Desse modo, a culpa se afasta, finalmente, da aferição, por vezes moralista, das expectativas idealizadas de comportamento a partir de hipóteses fáticas abstratas.

2. DOLO E CULPA

Propósito de causar prejuízo

Destacou-se, anteriormente, que o conceito clássico, ou psicológico, de culpa requer a presença de elemento subjetivo, consistente na voluntariedade na execução da conduta bem como na previsibilidade do resultado. De outro lado, a noção de culpa normativa se liga à ideia de desconformidade de conduta *in concreto*, para cuja configuração dispensa-se análise acerca do estado anímico do agente. O que há, todavia, em comum em ambas as concepções é a desnecessidade de analisar a intenção do ofensor em produzir o dano. Significa dizer que, seja qual for o conceito de culpa adotado, é irrelevante saber se o agente queria ou não a produção do resultado danoso para que se lhe imponha o dever de reparar. O propósito deliberado de causar prejuízo pode estar presente, mas se mostra desimportante para a aferição do elemento culpa, fonte da responsabilidade civil subjetiva. A constatação daquele elemento intencional releva tão só para distinguir a culpa em sentido estrito do dolo.

Consciência do resultado danoso

Com efeito, o elemento culpa – tomado o vocábulo em seu sentido *lato* – resta configurado quando presente não apenas a culpa em sentido estrito, ou seja, o desvio do padrão de conduta, mas também o dolo, tradicionalmente identificado no ato praticado com a finalidade precípua de causar o dano. Não obstante o conceito clássico de dolo requerer a intenção do agente de infligir dano à vítima, contemporaneamente adota-se noção objetivada – na esteira do que se verifica com a noção de culpa –, consistente na consciência do agente quanto à efetiva possibilidade de produção do resultado lesivo. Não mais se exige, por conseguinte, que o sujeito aja com o resoluto propósito de causar o dano; afigura-se suficiente que ele, vislumbrando a possibilidade de produzi-lo, assuma o risco e pratique a conduta.

Supera-se, assim, a subjetiva investigação acerca da vontade do agente de infligir mal à vítima, que requeria, uma vez mais, a dificílima análise de seu estado psíquico, em favor do objetivo exame da conduta do ofensor reveladora de sua consciência sobre a possibilidade de produção do resultado danoso. É o que se constata na eloquente imagem do taxista que se obriga a realizar uma viagem às doze horas em ponto, mas aceita, uma hora antes daquele horário ajustado, outra viagem da qual dificilmente regressará ao meio-dia. Se não conseguir chegar para realizar o trajeto previamente combinado, terá infringido dolosamente sua obrigação contratual, já que assumiu, voluntariamente, o risco de não cumprir a avença.[7]

Distinção entre culpa e dolo

De todo modo, a distinção entre culpa e dolo não assume relevância para o estudo da fonte da responsabilidade subjetiva, já que ambos impõem ao agente o dever de indenizar. A propósito, nem mesmo para a quantificação da indenização a distinção adquire importância, uma vez que a liquidação dependerá da extensão do dano, não já da conduta do ofensor. Nada impede, todavia, que, no âmbito de relação contratual, as partes, no livre exercício da autonomia privada, estabeleçam efeitos diversos para a conduta dolosa e aquela culposa, afastando o dever de indenizar diante de inexecução culposa.[8]

3. GRAUS DE CULPA

Culpa grave, leve e levíssima

Classificam-se os graus de culpa, por inspiração das fontes romanísticas, de acordo com a gravidade da violação do dever preexistente. Diz-se que a culpa é ***grave*** quando há erro de conduta grosseiro, em que o agente não é capaz de perceber o que a imensa maioria das pessoas perceberia. Trata-se da culpa que denuncia o des-

[7] Karl Larenz, *Obligaciones*, Madrid: Revista de Derecho Privado, 1958, vol. I, p. 284.

[8] Sobre o tema, confira-se o Capítulo XIX destes *Fundamentos*.

caso, a falta de cuidado indispensável, verdadeira temeridade.[9] ***Culpa leve***, por sua vez, é o desvio médio de conduta, que não seria cometido por pessoa de diligência mediana que executasse a mesma atividade. Já a ***culpa levíssima*** corresponde ao desvio mínimo, que só poderia ser evitado por pessoa com especial diligência, não se afastando muito, portanto, o infrator, do padrão de conduta abstratamente esperado em condições iguais às do caso concreto.[10]

Superação dos graus de culpa

A classificação, cuja adoção pelo ordenamento brasileiro sempre foi contestada, tornou-se despicienda diante do contemporâneo conceito normativo da culpa. Se a concepção psicológica, contaminada por juízos morais, poderia até suscitar a avaliação do grau de negligência do agente a fim de mensurar a reprovabilidade de sua conduta para, então, sancioná-lo mais ou menos intensamente, o mesmo não se verifica com a noção normativa de culpa.

Entretanto, com o advento do Código Civil de 2002, passou-se a discutir a reintrodução no direito brasileiro da relevância jurídica dos graus de culpa, em razão do parágrafo único do art. 944, segundo o qual "se houver excessiva desproporção entre a gravidade da culpa e o dano, poderá o juiz reduzir, equitativamente, a indenização".

Afirmam alguns autores que o legislador se baseou na tradicional distinção para, verificando excessiva desproporção entre a gravidade da culpa e a extensão do dano, impor a redução da indenização de modo equitativo, com o intuito de evitar o enriquecimento sem causa do lesado e a insolvência do causador do dano.[11] Por outro lado, defende-se que o parágrafo único do art. 944 incidirá apenas nas hipóteses em que reste configurada, no caso concreto, a culpa levíssima do ofensor que, ao inobservar o ***standard*** de conduta normalmente adotado pelo homem diligentíssimo naquela determinada atividade, provocou danos de grande monta à vítima.[12]

Sustenta-se, ainda, que a redução da indenização nos moldes estabelecidos pela literalidade do artigo apresentaria vício de inconstitucionalidade. O critério adotado pelo Código Civil – os graus de culpa – não teria o condão de afastar a norma da reparação integral, que possuiria ***status*** constitucional, por se basear na cláusula geral de tutela da pessoa humana (CF, art. 1º, III). Assim, a redução equitativa da indenização apenas se afiguraria possível quando a imposição da reparação integral privasse o ofensor do patrimônio indispensável à sua subsistência digna.[13]

De outra parte, discute-se se a previsão contribui para a legitimidade dos danos morais punitivos no Brasil. Para certa corrente de pensamento, haveria no parágrafo

---

9 Pontes de Miranda, *Tratado de direito privado*, t. XXIII, São Paulo: Editora Revista dos Tribunais, 2012, p. 151.

10 Orlando Gomes, *Responsabilidade civil*, Rio de Janeiro: Forense, 2011, p. 71.

11 Carlos Alberto Menezes Direito; Sergio Cavalieri, *Comentários ao novo Código Civil*, vol. 13, Rio de Janeiro: Forense, 2007, pp. 363-368.

12 Paula Greco Bandeira, Evolução do conceito de culpa e o art. 944 do Código Civil. In: *Revista da Emerj*, vol. 11, n. 42, p. 245.

13 Marcelo Junqueira Calixto, *A culpa na responsabilidade civil*: estrutura e função, Rio de Janeiro: Renovar, 2008, p. 325.

único do art. 944 nítida conotação pedagógica.[14] Em contraposição, defende-se que essa interpretação não se coaduna com o texto legal – que se refere apenas à redução da indenização –, e tampouco com a função da responsabilidade civil na atualidade.[15]

Debate-se, ainda, a extensão do dispositivo às hipóteses de responsabilidade objetiva. Em razão da referência legal expressa à desproporção entre a gravidade da culpa e o dano, afirma-se que a redução equitativa não pode ocorrer nas hipóteses de responsabilidade objetiva, sobretudo por se tratar de norma de interpretação restritiva, uma vez que excepcional[16]. Em contrapartida, quem enxerga o fundamento da redução na equidade, e não no grau de culpa, não vê óbice à sua aplicação à responsabilidade objetiva[17].

No que se refere às espécies de danos sujeitos à redução, sustenta-se a irredutibilidade da indenização a título de dano moral, por se relacionar à tutela da pessoa humana[18]. Em contrapartida, advoga-se a não incidência do dispositivo aos danos de natureza patrimonial, para resguardar o direito constitucional à propriedade[19].

A despeito das inúmeras controvérsias suscitadas pelo artigo,[20] trata-se de preceito excepcional que, por tornar irreparável lesão a interesse jurídico legítimo, só se justifica diante de hipóteses em que a reparação integral, pelas circunstâncias pessoais do ofensor e da vítima, se torne, ela própria, exagerada e, por isso mesmo, não razoável e ilegítima. Em outras palavras, o dispositivo contempla determinadas hipóteses em que as consequências danosas do ato culposo extrapolam os efeitos razoavelmente imputáveis à conduta do agente. Revela-se, então, a preocupação do

Art. 944, p. único

---

14 Judith Martins-Costa, Os danos à pessoa no direito brasileiro e a natureza da sua reparação. In: *Reconstrução do direito privado*, São Paulo: Revista dos Tribunais, 2002, pp. 445-446.

15 Carlos Nelson Konder, A redução equitativa da indenização em virtude do grau de culpa: apontamentos acerca do parágrafo único do art. 944 do Código Civil. *Revista Trimestral de Direito Civil*, vol. 29, jan./mar. 2007, pp. 17-18.

16 Carlos Nelson Konder, A redução equitativa da indenização em virtude do grau de culpa: apontamentos acerca do parágrafo único do art. 944 do Código Civil, cit. p. 21. O autor registra, contudo, a perplexidade de parte da doutrina diante do fato de que o agente responde pela totalidade do dano na hipótese de responsabilidade objetiva, mesmo, portanto, que tenha agido sem nenhuma culpa. V., ainda, no mesmo sentido, Claudio Luiz Bueno de Godoy. In: Cezar Peluso (coord.), *Código Civil comentado*, Barueri: Manole, 2008, p. 884.

17 Marcelo Junqueira Calixto, *A culpa na responsabilidade civil*: estrutura e função, Rio de Janeiro: Renovar, 2008, p. 326. Em sentido semelhante, Carlos Edison do Rêgo Monteiro Filho, O princípio da reparação integral e sua exceção no direito brasileiro, In: *Rumos contemporâneos do direito civil*: estudos em perspectiva civil-constitucional, Belo Horizonte: Fórum, 2017, p. 132. Nessa direção, destaca-se a alteração, na IV Jornada de Direito Civil, promovida em 2006 pelo Conselho da Justiça Federal, do Enunciado n. 46 da I Jornada, suprimindo-se o trecho segundo o qual o parágrafo único do art. 944 do Código Civil não seria aplicável às hipóteses de responsabilidade objetiva.

18 Sérgio Luiz Junkes, A culpa e a punição não podem servir de critério para a fixação da indenização por dano moral, In: Nagib Slaibi Filho e Sergio Couto (coords.), *Responsabilidade civil*: estudos e depoimentos no centenário do nascimento de José Aguiar Dias (1906-2006), Rio de Janeiro: Forense, 2006, p. 415.

19 Thomas Bustamante; Denis Franco Silva, *Neminem Laedere*: o novo Código Civil brasileiro e a integral reparabilidade dos danos materiais decorrentes de ato ilícito. In: *Revista trimestral de direito civil*, vol. 20, pp. 247-248.

20 Confira-se, a propósito, o Capítulo III.

legislador com a reparação justa, sobrepondo à disciplina do dano uma espécie de limite de causalidade legítima, de modo a autorizar o magistrado a, excepcionalmente, mediante juízo de equidade, extirpar da indenização o ***quantum*** que transcenda os efeitos razoavelmente atribuídos, na percepção social, à conta de determinado comportamento.[21]

A redução da indenização decorre, por conseguinte, da ausência de nexo causal direto e imediato entre a conduta do agente e a parcela desproporcional de dano causado. Tendo-se em conta o resultado razoavelmente esperado para certas condutas, por vezes corriqueiras, da atividade humana, o legislador admite hipótese em que o resultado danoso excede a causalidade que se pode esperar. O resultado mais grave, portanto, decorreria da presença de concausa externa e excepcional não imputável ao agente. Trata-se de concausa que, extrapolando a causalidade razoavelmente esperada para determinado comportamento, conduz à extraordinária majoração do dano. Se o agente deve suportar o dano na medida em que o tenha produzido, isto é, na proporção em que sua conduta interferiu no evento danoso, não será responsável pela parcela extraordinária do dano decorrente da concausa. O elemento a ser analisado, por força do dispositivo do art. 944, Código Civil, há de ser o nexo causal e a razoabilidade dos efeitos produzidos por certo ato, não já a culpa do agente e suas subjetivas e proscritas gradações.

Em definitivo, a redução equitativa da indenização tem caráter excepcional e somente será realizada quando a amplitude do dano extrapolar os efeitos razoavelmente imputáveis à conduta do agente, estabelecendo, assim, o legislador, limite à causalidade legítima.

4. MODALIDADES DE CULPA

Unidade da culpa

O conceito de culpa é unitário. A identificação de modalidades de culpa não conduz a entendimento diverso; cuida-se apenas de destacar aspectos diferentes do mesmo elemento, que não comprometem a unidade interna do conceito. Tais aspectos consideram-se puramente acidentais, e não inerentes à noção de culpa.[22]

Culpa contratual e aquiliana

Nessa direção, costuma-se distinguir a culpa contratual da culpa aquiliana. A primeira corresponde ao desvio do padrão de conduta esperado em razão de prévia relação entre as partes, e a segunda, ao desvio do *standard* de comportamento imposto pela lei à generalidade das pessoas. Não há, evidentemente, distinção ontológica entre os conceitos. A essência da noção de culpa – inobservância do modelo de conduta – faz-se presente em ambas as modalidades, e a distinção entre as fontes do

[21] De acordo com o Superior Tribunal de Justiça, "a indenização é medida pela extensão do dano, mas havendo excessiva desproporção entre a gravidade da culpa e o prejuízo causado, pode haver a redução equitativa do montante indenizatório" (STJ, 3ª T., AgInt nos EDcl no AResp 1.295.964/SP, Rel. Min. Ricardo Villas Bôas Cueva, julg. 7.12.2020). No mesmo sentido, STJ, 4ª T., AgInt no AREsp 716.576/SP, Rel. Min. Marco Buzzi, julg. 24.10.2022).

[22] Caio Mário da Silva Pereira, *Responsabilidade civil*, Rio de Janeiro: GZ Editoria, 2012, 10ª ed. atual. por Gustavo Tepedino, p. 98.

dever de conduta – contrato ou lei – encerra aspecto lateral do conceito, incapaz de suscitar dualidade de culpas.

Considera-se a culpa, ainda, direta ou indireta. A culpa direta é a regra, e se identifica no desvio de comportamento do agente causador do dano, a quem se atribui o dever de indenizar. A culpa indireta, absorvida pelo codificador brasileiro de 1916 com o intuito de conferir maior efetividade à reparação, permite atribuir o dever de indenizar ao agente responsável por conduta alheia. A hipótese revela, em síntese, a responsabilidade pelo fato de outrem, de modo a responsabilizar aquele que escolhe mal (culpa *in elegendo*) ou que não vigia adequadamente (culpa *in vigilando*) o agente causador do dano. Respondiam dessa maneira sob a égide do Código anterior os pais pelos atos praticados pelos filhos menores sob sua guarda; os tutores e curadores pelos atos dos pupilos e curatelados; o patrão pelos atos dos prepostos, e assim por diante.[23]

A modalidade perde, todavia, sua importância no sistema atual, uma vez que suas hipóteses de incidência se tornaram sujeitas à responsabilidade objetiva, a prescindir, portanto, da conduta culposa indireta do responsável, nos termos do art. 933.[24]

PROBLEMAS PRÁTICOS

1. O que é a culpa normativa?
2. Qual o elemento da responsabilidade civil a ser analisado para fins de redução equitativa da indenização com base no p. único do art. 944 do CC? Justifique.
3. Para o direito brasileiro, é relevante, em alguma hipótese, a gradação da culpa em graus diversos? Explique.

Acesse o *QR Code* e veja a Casoteca.

> *https://uqr.to/1ofhj*

[23] Eis o inteiro teor do art. 1.521: "São também responsáveis pela reparação civil: I – Os pais, pelos filhos menores que estiverem sob seu poder e em sua companhia. II – O tutor e o curador, pelos pupilos e curatelados, que se acharem nas mesmas condições. III – O patrão, amo ou comitente, por seus empregados, serviçais e prepostos, no exercício do trabalho que lhes competir, ou por ocasião dele (art. 1.522). IV – Os donos de hotéis, hospedarias, casas ou estabelecimentos, onde se albergue por dinheiro, mesmo para fins de educação, pelos seus hóspedes, moradores e educandos. V – Os que gratuitamente houverem participado nos produtos do crime, até à concorrente quantia". Art. 1.523: "Excetuadas as do art. 1.521, n. V, só serão responsáveis as pessoas enumeradas nesse e no art. 1.522, provando-se que elas concorreram para o dano por culpa, ou negligência de sua parte".

[24] O tema será retomado com maior profundidade no Capítulo X.

Capítulo VIII

RISCO

Acesse o *QR Code* e assista ao vídeo sobre o tema.

> https://uqr.to/1ofgz

SUMÁRIO: 1. Teoria do risco e responsabilidade objetiva – 2. Cláusula geral de responsabilidade por atividade de risco – 3. A noção de atividade de risco – Problemas práticos.

1. TEORIA DO RISCO E RESPONSABILIDADE OBJETIVA

Como se observou no Capítulo I, com o intuito de proteção das vítimas de acidentes, iniciou-se, no século XIX, processo de superação da necessidade de prova da culpa. Esse gradual percurso histórico iniciou-se com a previsão de diversas hipóteses de presunção, até o desenvolvimento de sistema de responsabilidade baseado na teoria do risco, segundo a qual quem exerce determinadas atividades deve ser responsável também pelos seus riscos, independentemente do seu comportamento pessoal.

Superação da prova da culpa

Com efeito, o surgimento da responsabilidade objetiva se associa à verificação da insuficiência da dogmática subjetivista, adstrita à ideia de que somente o dano decorrente de conduta ilícita poderia gerar reparação, em face das crescentes demandas sociais advindas da industrialização. Elaborou-se, pouco a pouco, construção doutrinária destinada a vincular os danos decorrentes da atividade produtiva aos riscos empresariais, poupando as vítimas da instrução probatória, nem sempre simples ou mesmo possível, destinada a identificar a conduta culposa do ofensor.

Premissas metodológicas

A introdução no ordenamento positivo da responsabilidade objetiva, para cuja configuração se exige a presença de apenas três elementos – (i) a atividade deflagradora do dano; (ii) o dano e (iii) o nexo causal entre este e a referida atividade –, requer do intérprete duas premissas metodológicas imprescindíveis: a) a incompatibilidade da técnica da responsabilidade objetiva com a pesquisa da culpa, mesmo que presumida, rompendo-se a lógica subjetivista tão arraigada na tradição cultural brasileira; e b) a necessidade de que a solução dos conflitos em matéria de responsabilidade civil atenda aos princípios constitucionais da solidariedade social e da justiça distributiva. Tal valoração axiológica do dano e da reparação, a partir dos princípios que informam todo o sistema, impede que se reproduza, de maneira acrítica, a técnica individualista no modelo objetivo de reparação.

Culpa e risco

A ascensão da responsabilidade objetiva, posto tenha conduzido à retração da responsabilidade subjetiva, não a eliminou ou a substituiu. Culpa e risco encerram, contemporaneamente, dois paradigmas sobre os quais se erguem, de um lado, a responsabilidade subjetiva, tendo por fonte o ato ilícito, e, de outro, a responsabilidade objetiva, mediante opção legislativa de alocação de riscos a certos agentes econômicos ou a certas atividades. Assim é que, no âmbito de relações interindividuais, a aplicação das regras da responsabilidade subjetiva se afigura necessária e bastante frequente, ao passo que a incidência da responsabilidade objetiva tem sido reservada às hipóteses especificamente previstas em lei.

Evolução da responsabilidade objetiva

Durante muito tempo, reservou-se a responsabilidade objetiva para as relações em que o desequilíbrio entre as partes era flagrante (como nas relações de consumo) ou em que a atividade exercida por uma das partes tinha elevado potencial lesivo (como a exploração de energia nuclear e o transporte aéreo). O Código Civil rompeu com essa lógica e, inspirado nos aludidos princípios constitucionais da solidariedade social e da justiça distributiva, instituiu, no parágrafo único do art. 927, cláusula geral de responsabilidade objetiva para atividades de risco.

Risco e responsabilidade objetiva

Não se trata, contudo, de fundamentar a responsabilidade objetiva exclusivamente na atividade de risco. Há, ao lado da atividade de risco, diversas outras hipóteses de incidência da responsabilidade sem culpa, como se passa na responsabilidade do tutor pelos atos do tutelado e do curador pelos do curatelado. Nesses casos, a atribuição de responsabilidade a quem exerce função socialmente útil não decorre da identificação de particular risco na atividade desempenhada, mas da necessidade de assegurar reparação pelos danos que, por força da solidariedade social, não devem ser suportados pela vítima.[1]

2. CLÁUSULA GERAL DE RESPONSABILIDADE POR ATIVIDADE DE RISCO

Cláusula geral de responsabilidade objetiva

O Código Civil alterou o sistema ao adotar, paralelamente à cláusula geral de responsabilidade subjetiva do art. 186, a cláusula geral de responsabilidade objetiva para atividades de risco, nos termos do parágrafo único do art. 927. Ao contrário de outras normas que preveem a responsabilidade objetiva, de tipo regulamentar, o parágrafo único do art. 927 encerra cláusula geral, e confere ao Poder Judiciário ampla discricionariedade na avaliação das hipóteses de incidência da responsabilidade sem culpa. O legislador, ciente da impossibilidade de acompanhar casuisticamente a velocidade das transformações sociais, confere ao juiz larga margem de atuação.

[1] Anderson Schreiber, *Novos paradigmas da responsabilidade civil*: da erosão dos filtros da responsabilidade à diluição dos danos, São Paulo: Atlas, 2007, p. 28.

Transfere-lhe, para tanto, a tarefa de qualificar a atividade de risco, a permitir que qualquer atividade, presente ou futura, seja passível de sofrer a incidência da norma. Trata-se, com efeito, de norma indispensável à abertura do sistema.

Discricionariedade judicial

Evidentemente, o magistrado não é livre para decidir, de acordo com suas convicções pessoais, o que é atividade de risco. O exercício legítimo de juízos discricionários requer a obediência ao princípio da legalidade, entendido, como observa Pietro Perlingieri, não como a interpretação e aplicação de uma lei particular e isolada, mas como o "dever de interpretá-la e aplicá-la em respeito às normas e escolhas constitucionais".[2] Daí a imperiosidade de o intérprete, ao identificar a atividade de risco, ter em conta não apenas a expressa dicção do próprio parágrafo único do art. 927, mas também, e sobretudo, os princípios constitucionais.

Graus de risco

A tarefa, por certo, não é simples. Afinal, toda e qualquer atividade, em alguma medida, implica, por sua própria natureza, "riscos para os direitos de outrem". Não é, naturalmente, a esses riscos inerentes a qualquer atividade do cotidiano a que o legislador se referiu. Se o fosse, a responsabilidade subjetiva estaria praticamente expurgada da ordem jurídica. Em verdade, o legislador quis se referir àquelas atividades que implicam alto risco, risco provável, ou risco maior que o normal, a justificar o sistema mais severo de responsabilização.

Atividade normalmente desenvolvida

De acordo com o dispositivo mencionado, somente pode ser definida como objetiva a responsabilidade do causador do dano quando se tratar de atividade por ele "normalmente desenvolvida". O juiz deverá verificar, no caso concreto, se a atividade é desenvolvida pelo ofensor com habitualidade, com continuidade, e não de forma esporádica ou eventual. Isso não significa, todavia, que a atividade de risco deva ser organizada sob a forma de empresa. O exercício habitual não se confunde com a forma pela qual o agente organiza a sua atividade. Entendimento diverso, além de contrariar a expressa dicção do dispositivo e restringir consideravelmente a incidência dessa cláusula geral, não encontra respaldo no sistema, uma vez que o Código Civil, no art. 931,[3] cuidou especificamente da responsabilidade entre empresários, e

---

2 Pietro Perlingieri, *O direito civil na legalidade constitucional*, tradução Maria Cristina De Cicco, Rio de Janeiro: Renovar, 2008, p. 24.

3 "Art. 931. Ressalvados outros casos previstos em lei especial, os empresários individuais e as empresas respondem independentemente de culpa pelos danos causados pelos produtos postos em circulação." Quanto ao conteúdo do dispositivo, aprovou-se o Enunciado n. 661 na IX Jornada de Direito Civil do CJF, com o seguinte teor: "A aplicação do art. 931 do Código Civil para a responsabilização dos empresários individuais e das empresas pelos danos causados pelos produtos postos em circulação não prescinde da verificação da antijuridicidade do ato". Sobre o tema, em outra sede, já se afirmou: "(...) o legislador, tanto na responsabilidade subjetiva quanto na objetiva, considera ressarcíveis e injustos somente os danos provocados por fato antijurídico, ou seja, valorado negativamente pelo direito. Se assim é, no caso do mencionado art. 931, ressarcível será o dano que, aos moldes do que analogamente ocorre nas relações de consumo, seja causado a pessoas não qualificadas como consumidoras e decorra de vício de segurança do produto posto em circulação, caracterizando espécie de defeito, pela ruptura incidental entre os efeitos produzidos pelo produto e a legítima expectativa suscitada em relação ao seu desempenho" (Gustavo Tepedino, O art. 931 do Código Civil e a antijuridicidade do dano injusto. Editorial. In: *Revista Brasileira de Direito Civil – RBDCivil*,

o Código de Defesa do Consumidor, da responsabilidade do empresário pelos danos causados ao consumidor.

Diversas teorias procuraram definir a concepção de risco adotada pelo legislador no parágrafo único do art. 927: a teoria do risco profissional, risco excepcional, risco integral, risco-proveito, risco criado etc.

A teoria do risco profissional sustenta que deve suportar a responsabilização pelos danos todo aquele que tire proveito de atividade empresarial específica, que lhe fornece lucratividade ou benefício. A teoria do risco excepcional trata do risco advindo de atividades que, em si, apresentem risco exacerbado, como ocorre, na normativa brasileira, com a exploração de energia nuclear (Lei 6.453/1977).

Para a teoria do risco-proveito, construída por Raymond Saleilles,[4] o fundamento da responsabilização objetiva residiria justamente nos benefícios auferidos por aquele cuja atividade cria ou agrava o risco, restringindo-se, portanto, as hipóteses de incidência do dispositivo às atividades lucrativas cujo desenvolvimento, representando considerável risco, gerasse proveito econômico para os seus titulares. No Brasil, a teoria do risco-proveito foi amplamente desenvolvida por Alvino Lima, para quem "a teoria do risco não se justifica desde que não haja proveito para o agente causador do dano, porquanto, se o proveito é a razão de ser justificativa de arcar o agente com os riscos, na sua ausência deixa de ter fundamento a teoria".[5]

Já a teoria do risco criado associa o risco da atividade à intensidade de risco criada por certas atividades, consideradas potencialmente mais perigosas do que as demais, o que amplia consideravelmente o suporte fático de incidência do preceito em relação à aplicação, mais restrita, aos casos de proveito econômico ou de organização empresarial. Especifica-se, para tanto, a teoria do risco criado, concebida por Josserand, segundo a qual "quem cria um risco deve, se esse risco vem a verificar-se à custa de outrem, suportar as consequências, abstração feita de qualquer falta cometida",[6] exigindo-se que a criação do risco tenha derivado de uma atividade considerada perigosa, isto é, de atividade na qual o risco se converte, efetivamente, em dano de gravidade relevante, com razoável frequência.

A teoria do risco criado encontrou em Caio Mário da Silva Pereira, considerado o idealizador do parágrafo único do art. 927, um de seus maiores defensores: "se alguém

---

Belo Horizonte, vol. 22, out./dez.2019, pp. 11-13. Disponível em: https://rbdcivil.ibdcivil.org.br/rbdc/article/view/499. Acesso em: 20.10.2023).

4 Raymond Saleilles, *Les Accidents du Travail et la responsabilité civile. Essai d' une Théorie Objective de la Responsabilité délictuelle.* Paris: LGDJ, 1897. Sobre a obra, explica José de Aguiar Dias: "(...) prega, sem rodeios, a necessidade de substituir a culpa pela causalidade, mediante a interpretação objetiva da palavra *faute* no art. 1.382 do Código francês, que, no seu entender, aí não se refere senão ao próprio fato causador do dano, sem indagação ao elemento psicológico no agente. Classifica de falsa e até humilhante a ideia de culpa, e considera que é mais equitativo e mais conforme à dignidade humana que cada qual assuma os riscos de sua atividade voluntária e livre" (José de Aguiar Dias, *Da responsabilidade civil*, vol. 1, Rio de Janeiro: Forense, 1979, p. 58).

5 Alvino Lima, *Culpa e risco*, São Paulo: Revista dos Tribunais, 1999, 2ª ed., p. 198.

6 Louis Josserand, Evolução da responsabilidade civil. *Revista Forense*, vol. 86, Rio de Janeiro: Forense, 1941, p. 556.

põe em funcionamento uma qualquer atividade, responde pelos eventos danosos que esta atividade gera para os indivíduos".[7] Para o autor, a teoria do risco criado é mais equitativa para a vítima do que a teoria do risco-proveito, já que não lhe demandará "provar que o dano resultou de uma vantagem ou benefício obtido pelo causador do dano. Deve assumir as consequências de sua atividade".[8] Dessa maneira, a partir de certo *standard* de risco elevado estabelecido historicamente em cada sociedade, o legislador imputa aos titulares das respectivas atividades a responsabilidade pelos danos delas decorrentes.

Teoria do risco criado

A razão parece mesmo estar com este entendimento.[9] A teoria do risco-proveito acaba por vincular a alocação de risco a atividades das quais o agente extraiu proveito, estabelecendo-se, assim, filtro não incluído pelo dispositivo legal. Por outro lado, tal construção suscita a dificuldade de definir a noção de "proveito", o que poderá restringir ou ampliar, arbitrariamente, o espectro de incidência da cláusula geral. Vale dizer, caso se admita que toda atividade gera algum tipo de proveito ou benefício para o agente, ainda que exclusivamente moral, aplicar-se-ia o dispositivo ao exercício habitual de qualquer atividade, o que alargaria excessivamente seu âmbito de incidência.[10] Por outro lado, restringindo-se a teoria às atividades que geram proveito econômico, limitar-se-ia sua aplicação aos comerciantes e industriais, o que geraria dois problemas imediatos: primeiro, tornaria o dispositivo despiciendo, diante das previsões contidas no art. 931 do CC e no Código de Defesa do Consumidor; segundo, excluiria do alcance da norma todas as atividades que, apesar do elevado risco envolvido, não ostentassem intuito lucrativo, a deixar um sem número de vítimas injustamente irressarcidas.

Percebe-se, ainda, a dificuldade dessa teoria ao se configurarem exemplos práticos, os quais, não raro, causam certa perplexidade: a se adotar o risco-proveito, a atividade de condução de veículos automotores, quando exercida com escopo lucrativo, atrairia o regime da responsabilidade objetiva, ao passo que, exercida de forma desinteressada por condutor habitual, reger-se-ia pela responsabilidade aquiliana. Com efeito, eleger a obtenção de lucro como parâmetro distintivo entre as responsabilidades de motoristas que atuam de forma semelhante, gerando riscos equivalentes para a sociedade, pode não se mostrar consentâneo com o princípio da igualdade.

---

7 Caio Mário da Silva Pereira, *Responsabilidade civil*, Rio de Janeiro: Forense, 2016, 11ª ed., p. 353.

8 Caio Mário da Silva Pereira, *Responsabilidade civil*, cit., p. 372.

9 Esta é, ademais, a teoria que tem prevalecido na doutrina (Orlando Gomes, *Responsabilidade civil*, Rio de Janeiro: Forense, 2011, p. 86; José Acir Lessa Giordani, *A responsabilidade civil objetiva genérica no Código Civil de 2002*, Rio de Janeiro: Lumen Juris, 2004, p. 93) e na jurisprudência (STJ, 3ª T., REsp 1786722/SP, Rel. Min. Nancy Andrighi, julg. 9.6.2020; STJ, 4ª T., REsp 1.308.438/RJ, Rel. Min. Luis Felipe Salomão, julg. 27.8.2013; STJ, 3ª T., AgRg no AREsp 72.790/SP, Rel. Min. Sidnei Beneti, julg. 22.5.2012).

10 A advertência também é feita pelo STJ, segundo o qual "não se deve aplicar a tese do risco-proveito de forma sistemática, sob pena de se considerar uniforme e invariável o risco de qualquer fornecedor, pelo dano ou subtração de veículos de consumidores nas áreas destinadas a estacionamento" (STJ, 3ª T., AgInt no AResp 1.578.708/PR, Rel. Min. Moura Ribeiro, julg. 12.12.2022).

Em rigor, observe-se que em ambas as situações, nem mesmo diante dos consideráveis riscos criados pelas atividades dos condutores parece se justificar a atribuição de responsabilidade objetiva. A situação evidentemente se altera, incidindo a responsabilidade objetiva, no caso de relações de consumo ou contrato de transporte, em relação aos passageiros e coisas transportados (art. 734, Código Civil), bem como nas hipóteses em que se aplica o art. 931 do Código Civil.

Além disso, em termos sistemáticos, o legislador adotou em outros preceitos a teoria do risco criado, não já a teoria do risco-proveito. Assim, no art. 936, que versa sobre a responsabilidade por danos causados por animais, o Código se distanciou da teoria da guarda e adotou, inequivocamente, a teoria do risco criado, no sentido de que quem tem o uso do animal deve suportar o risco pelos danos eventualmente provocados. A responsabilidade do dono ou detentor do animal não é mais corolário do dever de vigilância, mas simples consequência da lógica do risco criado para a vida em sociedade, sem qualquer cogitação a respeito do proveito por ele obtido.[11]

A adoção da teoria do risco criado pelo parágrafo único do art. 927 mostra-se, portanto, conforme à sistemática do Código Civil e aos valores constitucionais. Àquele que, com sua atividade, cria risco elevado de dano, atribui-se o ônus de arcar com os prejuízos por ela causados. Obriga-se, assim, o agente a internalizar o custo em sua atividade, evitando-se que a vítima suporte, sozinha, o dano por ele causado, em homenagem ao princípio da solidariedade social.

Teoria do risco integral

Assim como nos demais campos do direito privado, na previsão do art. 927, parágrafo único a teoria do risco integral não prosperou, sendo sempre admitidas, em maior ou menor grau, as excludentes de responsabilidade. No âmbito do direito público, a teoria é admitida em hipóteses excepcionalíssimas, como em caso de danos provocados por atentados terroristas ou atos de guerra contra aeronaves de empresas aéreas brasileiras no Brasil ou no exterior, nos termos da Lei n.º 10.309, de 22 de novembro de 2001[12] e da Lei n.º 10.744, de 9 de outubro de 2003,[13] ambas editadas sob o impacto dos atentados terroristas às Torres Gêmeas, nos Estados Unidos, em 11 de setembro de 2001.

3. A NOÇÃO DE ATIVIDADE DE RISCO

Uma vez compreendida a teoria do risco adotada pelo parágrafo único do art. 927, há que se definir a abrangência da noção de *atividade de risco* utilizada pelo legislador. O dispositivo alude à *atividade*, isto é, uma série contínua e coordenada de atos. Atividade de risco não equivale, portanto, a atos isoladamente perigosos.

---

11 Sobre o tema, remete-se o leitor para o Capítulo XI.

12 "Art. 1º Fica a União autorizada a assumir as responsabilidades civis perante terceiros no caso de danos a bens e pessoas no solo, provocados por atentados terroristas ou atos de guerra contra aeronaves de empresas aéreas brasileiras no Brasil ou no exterior."

13 "Art. 1º Fica a União autorizada, na forma e critérios estabelecidos pelo Poder Executivo, a assumir despesas de responsabilidades civis perante terceiros na hipótese da ocorrência de danos a bens e pessoas, passageiros ou não, provocados por atentados terroristas, atos de guerra ou eventos correlatos, ocorridos no Brasil ou no exterior, contra aeronaves de matrícula brasileira operadas por empresas brasileiras de transporte aéreo público, excluídas as empresas de táxi aéreo."

Cuida-se, ao reverso, de atividade que, apesar de lícita, ostenta potencialidade lesiva de grau superior ao normal, sendo por isso considerada de risco, de modo a atrair a incidência da cláusula geral.[14] A técnica da responsabilidade objetiva, ao permitir a internalização dos custos, serve para proteger a sociedade em face de atividade que, por sua natureza social benéfica ou necessária, mostra-se útil e necessária, alocando-se os riscos dela decorrentes ao seu respectivo titular.

Periculosidade da atividade

A potencialidade lesiva dessas atividades deve ser de grau superior ao normal para que a atividade seja considerada "de risco", de modo a atrair a incidência da cláusula geral. Alguns critérios servem para a identificação da periculosidade exagerada da atividade, como a sua regulamentação pela administração pública ou o valor do prêmio do seguro. As estatísticas também contribuem para a aferição do grau de perigo da atividade: a quantidade e a gravidade dos danos habitualmente causados são indicativas de que se trata, de fato, de atividade de risco.[15] Não raro, as estatísticas assumem importância capital, desmistificando determinadas percepções distorcidas. Nessa direção, por exemplo, a psicologia cognitiva aplicada ao direito demonstra que a percepção individual do risco é distorcida por uma série de dissonâncias cognitivas, gerando reações que, embora inapropriadas, são consideradas "normais". É justamente o que ocorre no âmbito dos transportes: as pessoas confiam muito mais em seus carros do que em viagens de avião, prevalecendo no imaginário popular a crença de que viajar de carro é mais seguro do que de avião; as estatísticas, contudo, demonstram ser mais frequentes os acidentes automobilísticos do que aéreos – o que, todavia, não afasta a incidência da responsabilidade objetiva do transportador aéreo, tendo em vista a extrema gravidade dos acidentes, com altíssima taxa de mortalidade. A fórmula aberta empregada pelo legislador exige, todavia, a permanente avaliação, por parte do intérprete, da periculosidade da atividade. A qualificação é histórico-relativa, subordinada a padrões de segurança e ao desenvolvimento tecnológico em determinado momento da história de certa sociedade. A evolução das técnicas empregadas na atividade pode suprimir os riscos excessivos, e enquadrá-los nos padrões normais, de modo a afastar a aplicação da cláusula geral.

Historicidade

Circunstâncias concretas

Ademais, imprescindível que a avaliação dos riscos não seja realizada a partir da análise isolada da atividade, mas em cotejo com o inteiro contexto em que é exercida. Assim, embora a atividade de magistério não seja, a princípio, atividade de risco, se se tratar de aula ministrada em laboratório na qual se realizem experimentos com elementos químicos inflamáveis, a qualificação se altera, e o elevado risco de dano pode atrair a aplicação da responsabilidade objetiva.

---

14 Nessa direção, a jurisprudência do Superior Tribunal de Justiça considera atividade de risco a transmissão de energia elétrica (STJ, 4ª T., REsp 896568/CE, Relator para Acórdão Min. Luis Felipe Salomão, julg. 19.5.2009, publ. *DJe* 30.6.2009).

15 Como explica Maria Celina Bodin de Moraes: "A atividade é considerada perigosa, portanto, quando, do ponto de vista estatístico, causa danos quantitativamente numerosos e qualitativamente graves. Estes critérios, a serem aproveitados em nosso ordenamento, criam um *standard* flexível que será definido, pela inter-relação destes dois elementos: a magnitude do dano e sua probabilidade" (Maria Celina Bodin de Moraes, Risco, solidariedade e responsabilidade objetiva, *Revista dos Tribunais*, vol. 854, São Paulo, RT, dez./2006, p. 28).

Também poderão servir de auxílio para a elaboração da noção de atividade de risco, em tema de técnicas indenizatórias na responsabilidade civil extracontratual, as teses formuladas pela análise econômica do direito, corrente amplamente adotada nos Estados Unidos, capitaneada por Ronald Coase[16] e Richard Posner.[17] Segundo a fórmula mais difundida, a fórmula de Hand (1947), o risco é "o produto da probabilidade do dano por sua magnitude" ($B = P \cdot L$),[18] equação que hoje tem aplicação muito mais abrangente, atingindo inclusive as hipóteses de negligência.

Seja como for, torna-se oportuno esclarecer que o *risco da atividade* que enseja a responsabilização do agente nas relações paritárias, regidas pelo Código Civil, não se confunde com o risco *adquirido* do produto, fundamento da responsabilidade objetiva no Código de Defesa do Consumidor.

Por risco *adquirido*, entende-se aquele que torna o produto perigoso em decorrência de um *defeito*;[19] a noção de risco adquirido pressupõe, portanto, a identificação de defeito. Na esclarecedora passagem de Sergio Cavalieri: "Fala-se em *risco adquirido* quando produtos tornam-se perigosos em decorrência de um defeito. São bens que sem o defeito não seriam perigosos; não apresentam riscos superiores àqueles legitimamente esperados pelo usuário. *Imprevisibilidade* e *anormalidade* são as características do risco adquirido".[20]

PROBLEMAS PRÁTICOS

1. A previsão, no p. único do art. 927, de cláusula geral de responsabilidade objetiva por atividade de risco implica superação da responsabilidade subjetiva?
2. Entre as diversas teorias acerca do risco (a teoria do risco profissional, risco excepcional, risco integral, risco-proveito, risco criado), qual delas deve ser adotada para fins de aplicação do p. único do art. 927?
3. Quais os pressupostos de aplicação da cláusula geral de responsabilidade objetiva?

Acesse o *QR Code* e veja a Casoteca.

> *https://uqr.to/1ofhk*

---

16 Ronald Coase, The problem of social cost. In: *The journal of law and economics*. Chicago: Univesity of Chicago Press, vol. 3, out. 1960.

17 Richard Posner, *Economic analysis of law*, Boston: Little, Brown and Company, 1998, 5ª ed.

18 V. Peter Z. Grossman; Reed W. Cearley; Daniel H. Cole, *Law, Probability and Risk*, vol. 5, Published by Oxford University Press, 2006, p. 1. Sobre a fórmula, afirma-se: "The Learned Hand formula is an algebraic formula (B = P L), according to which liability turns on the relation between investment in precaution (B) and the product of the probability (P) and magnitude (L) of harm resulting from the accident".

19 Sobre a responsabilidade civil nas relações de consumo, confira-se o Capítulo XV destes *Fundamentos*.

20 Sergio Cavalieri, *Programa de responsabilidade civil*, São Paulo: Malheiros, 2003, p. 180.

Capítulo IX
RESPONSABILIDADE CIVIL PELA PERDA DE UMA CHANCE

Acesse o *QR Code* e assista ao vídeo sobre o tema.

> *https://uqr.to/1ofh0*

Sumário: 1. Considerações iniciais sobre a responsabilidade civil pela perda de uma chance – 2. Requisitos da perda de uma chance indenizável – 3. O problema da quantificação do dano – 4. A teoria da perda de uma chance aplicada na seara médica – Problemas práticos.

1. CONSIDERAÇÕES INICIAIS SOBRE A RESPONSABILIDADE CIVIL PELA PERDA DE UMA CHANCE

Origem da teoria

De origem francesa, a teoria da perda de uma chance foi paulatinamente acolhida no Brasil, onde vem sendo cada vez mais aplicada pela jurisprudência. Na doutrina, discute-se se a perda de uma chance configura um dano específico ou se se resume a um problema de causalidade.[1] Trata-se, em realidade, não de uma nova "categoria" de dano, mas de uma nova *situação lesiva*, que tanto pode gerar dano patrimonial, quanto dano extrapatrimonial, a depender do caso.[2]

---

1 Cf., sobre o tema, Gustavo Tepedino, Milena Donato Oliva e André Brandão Nery Costa, Responsabilidade civil pela perda da chance: uma questão de dano ou de causalidade? In: *Revista da Faculdade de Direito UFPR*, Curitiba, v. 68, n. 2, 2023, pp. 137-153.

2 Sobre os chamados *novos danos*, na direção do texto, v. Gustavo Tepedino e Rodrigo da Guia Silva, *Novos danos em cotejo com as categorias fundamentais da responsabilidade civil:* o caso da privação do uso. In: Rodrigo Rocha Monteiro de Castro, Luis Andre Azevedo, e Marcus de Freitas Henriques (org.). *Direito societário, mercado de capitais, arbitragem e outros temas: homenagem a Nelson Eizirik*, São Paulo: Quartier Latin, 2020, v. 3. Na ocasião, destacou-se que: "a doutrina contemporânea se empenha para demonstrar a possibilidade de existência de *novos danos* ressarcíveis – novidade essa que não diria respeito propriamente às categorias de dano já consagradas, mas sim ao reconhecimento de novas hipóteses fáticas deflagradoras do dever de indenizar. Com efeito, nos chamados

Quando se analisa essa situação lesiva, parte-se sempre de uma situação real, em que a vítima do evento danoso tinha a possibilidade de adotar certa conduta para obter determinado benefício, ou para evitar prejuízo que vem a se materializar, isto é, parte-se de uma situação em que existia uma chance real, séria, que restou frustrada. Já a situação vantajosa a que o lesado podia aspirar, caso tivesse aproveitado a chance, esta, sim, de "certa" nada tem, porque sua própria natureza é aleatória.[3] Apesar disso, resta configurado um dano, que é representado pela própria chance perdida, isto é, pela oportunidade dissipada de se obter mais à frente a vantagem, ou de se evitar o prejuízo que veio a acontecer. Observa-se, então, que a teoria pode ser verificada em duas situações distintas.

Perda de uma chance de se obter uma vantagem

Em hipótese considerada clássica, configura-se quando o processo aleatório em curso é interrompido pela ocorrência de ato indevido de terceiro, que determina a perda da chance de a vítima obter vantagem legitimamente esperada. Nesta modalidade, em razão de determinado fato antijurídico, observa-se a interrupção de processo que estava em curso e que poderia conduzir a evento vantajoso, perdendo-se uma oportunidade séria e real de se obter uma vantagem futura.

Perda de uma chance de se evitar um prejuízo

Já em uma segunda hipótese, referida como teoria da perda da chance de evitar um prejuízo, se dá quando determinado processo aleatório chega ao fim e gera, de fato, um prejuízo exatamente pelo fato de o processo não ter sido interrompido. Parte da doutrina sustenta que a análise das chances a serem reparadas, aqui, ao contrário da modalidade clássica, não está vinculada a acontecimento que no futuro poderia ocorrer, mas a determinado ato que uma vez concretizado no passado poderia evitar o dano no presente. É no âmbito dessa modalidade que se sustenta a possibilidade de aplicação da teoria da perda de uma chance na seara médica, o que, no entanto, mostra-se controvertido.[4]

Difere-se a teoria da perda de uma chance das demais situações lesivas porque a chance perdida nem sempre será reparável, pois depende da comprovação de requisitos específicos. É o grau de probabilidade que, segundo a doutrina, determinará o valor da reparação, como se verá mais adiante. Daí dizer-se que a reparação da perda de uma chance repousa, ao mesmo tempo, numa certeza e numa probabilidade: a certeza

---

novos danos, a *novidade* parece residir apenas no reconhecimento da possibilidade de lesão injusta a um bem jurídico que não se reputava tradicionalmente passível de tutela ressarcitória".

3 Nesse sentido: "No atual cenário normativo, a chance de se conseguir um resultado almejado, em si mesma, pode configurar bem jurídico merecedor de tutela. Embora o resultado almejado com o aproveitamento da chance seja, sempre, incerto e aleatório e, por isso mesmo, consubstancie dano hipotético, a chance em si pode ser certa, de sorte que sua perda pode configurar dano certo ressarcível" (Milena Donato Oliva, André Brandão Nery Costa, Notas sobre a responsabilidade civil pela perda da chance como dano autônomo. In: Fábio Ulhoa Coelho; Gustavo Tepedino; Selma Ferreira Lemes. (Org.). *A Evolução do Direito no século XXI*. Seus princípios e valores (ESG, Liberdade, Regulação, Igualdade e Segurança Jurídica). Homenagem ao Professor Arnoldo Wald, vol. 2, São Paulo: IASP, 2022, pp. 423-434).

4 Em perspectiva crítica dessa dicotomia, cf. Gustavo Tepedino, Milena Donato Oliva e André Brandão Nery Costa, Responsabilidade civil pela perda da chance: uma questão de dano ou de causalidade? In: *Revista da Faculdade de Direito UFPR*, Curitiba, v. 68, n. 2, 2023, pp. 137-153.

de que, não fosse o evento danoso, a chance desperdiçada teria sido aproveitada, e a probabilidade de que, neste caso, a vantagem poderia não ter sido perdida ou o prejuízo poderia ter sido evitado. Com base neste binômio – certeza e probabilidade –, construiu-se toda a teoria para justificar que, também nestes casos, a vítima faz jus a uma indenização.

Trata-se, como salienta a doutrina, de "um dano tão digno de indemnização como qualquer outro".[5] E, embora o critério de aferição seja discutível, a maioria da doutrina sugere como parâmetro de avaliação da perda sofrida "a utilidade económica realizável deduzida de um coeficiente de redução proporcional ao grau de possibilidade de consegui-la, aventando o recurso aos parâmetros equitativos sempre que tal critério se afigure de concretização prática impossível".[6]

2. REQUISITOS DA PERDA DE UMA CHANCE INDENIZÁVEL

A teoria da perda de uma chance exige, para a sua configuração, a presença de certos requisitos sem os quais não há que se falar em dever de indenizar, que podem ser divididos em dois grupos: requisitos gerais e específicos. Os requisitos gerais são aqueles que precisam estar presentes, em realidade, para a configuração do dever de indenizar, independentemente de se tratar de um problema de perda de uma chance. Assim, no primeiro grupo, como requisitos gerais, apontam-se, (i) além da ilicitude do ato causador da perda da chance; (ii) a prova do dano em si; e (iii) do nexo causal entre a perda definitiva da chance e o ato supostamente imputável ao agente ofensor. Requisitos gerais

Já no segundo grupo estão os requisitos específicos, que são aqueles necessários para a configuração dessa situação lesiva em particular. Para o lesado fazer jus a uma indenização a título de perda de uma chance, deverá provar também (iv) a existência de chances sérias e reais que foram frustradas e (v) a perda definitiva de uma vantagem esperada e comprovadamente existente. Requisitos específicos

Quanto à ilicitude do ato causador da perda de uma chance, não é preciso dizer muito, pois vale a regra geral da responsabilidade civil, em cujo cerne se situa a figura do ato ilícito (mais modernamente, substituída pela noção jurídica de dano

5 João António Álvaro Dias, *Dano corporal*: quadro epistemológico e aspectos ressarcitórios, Coimbra: Almedina, 2004, p. 251. Segundo este autor: "Se configurarmos a perda de chance como uma lesão do direito à integridade ou incolumidade do patrimônio do respectivo titular, facilmente nos damos conta que a mesma se nos depara como um dano certo (salvo quanto ao seu montante) onde acaba por emergir a perda de uma possibilidade actual e não de um futuro resultado" (João António Álvaro Dias, *Dano corporal*: quadro epistemológico e aspectos ressarcitórios, cit., p. 252).

6 João António Álvaro Dias, *Dano corporal*: quadro epistemológico e aspectos ressarcitórios, cit., p. 252. No mesmo sentido, segue a jurisprudência italiana que assume "(...) *come parametro di valutazione, il vantaggio economico complessivamente realizzabile dal danneggiato diminuito di un coefficiente di riduzione proporzionato al grado di possibilità di conseguirlo* (...), *ovvero ricorrendo a criteri equitativi ex art. 1226 c.c.*" (Cass. civ. sez. II, 13.12.2001, n.º 15759, Soc. Agrizoo Frassineto e Agrizoo Frassineto s.r.l. c. Frangella, Frangella e altri). Em tradução livre: "(...) como parâmetro de valoração, a vantagem econômica do lesado diminuída de um coeficiente de redução proporcional ao grau de possibilidade de consegui-lo (...), ou recorrendo ao critério equitativo do art. 1.226 do Código Civil".

injusto). É importante observar que, ao contrário do abuso do direito, que prescinde da comprovação de culpa – já que a concepção de abuso do direito que prevaleceu no Direito brasileiro foi a objetiva[7] –, a responsabilidade subjetiva exige a comprovação de culpa, o que só não seria necessário se a hipótese estivesse situada no campo de incidência da responsabilidade objetiva.

No que diz respeito à prova do dano, importa considerar que a perda da chance não se confunde com o dano hipotético ou com os chamados "sonhos de ganância", tampouco com a esperança subjetiva na obtenção de determinada vantagem. Para indicar a chance que, uma vez perdida por ato imputável ao ofensor, dá ensejo ao dever de indenizar, exige-se que o dano seja "certo". No entanto, a peculiaridade da teoria da perda da chance está em que, neste caso, a certeza deve recair sobre uma probabilidade. A certeza da probabilidade é o que separa os danos reparáveis, decorrentes da perda de uma chance, dos danos meramente hipotéticos, que sequer apresentam um grau mínimo de certeza para garantirem o seu lugar na teoria da responsabilidade civil.

Aliás, é isso que difere também a perda de uma chance dos lucros cessantes, faceta mais problemática do dano patrimonial. Durante muito tempo, a perda de uma chance foi excluída das categorias de dano indenizável. Na doutrina, todas as tentativas de qualificar a perda de uma chance como lucro cessante malograram sistematicamente, porque tentaram associar duas ideias que partem de premissas bem diferentes.

Perda de uma chance *v.* lucro cessante

No conceito de lucro cessante está intrínseco o exame do que normalmente acontece, exame este que, por sua vez, exige a demonstração de que o lucro que se pleiteia é o que provavelmente adviria daquela atividade, com base numa probabilidade objetiva. Já o suporte fático de incidência da teoria da perda de uma chance é completamente diferente: a perda da chance em si é certa – e é justamente o que se deve indenizar –, mas o resultado final, este sim, será sempre aleatório, de modo que não se enquadra no que normalmente acontece. Quando se está diante de um caso de responsabilidade civil por perda de uma chance, a vantagem final esperada nunca poderá, portanto, ser considerada consequência, por assim dizer, normal (ou objetivamente provável) daquela série de acontecimentos que estava em curso quando adveio o evento danoso. Do contrário, a vítima faria jus a lucros cessantes por ter perdido a própria vantagem esperada, e não a uma indenização pela perda da chance de obter tal vantagem.

---

7 Ao comentar o art. 187 do Código Civil, observa a doutrina: "A concepção do abuso de direito como espécie de ato ilícito, permita-se insistir, além de obscurecer seus contornos, caminha no sentido da responsabilidade subjetiva, sendo a culpa elemento quase indissociável do conceito de ilicitude. Trata-se de concepção absolutamente anacrônica, pois a efetiva aplicação da teoria exige que a aferição de abusividade no exercício de um direito seja objetiva, revelada no simples confronto entre o ato praticado e os valores tutelados pelo ordenamento civil-constitucional" (Heloísa Carpena, O abuso do direito no Código de 2002. Relativização de direitos na ótica civil-constitucional. In: Gustavo Tepedino (coord.), *A parte geral do novo Código Civil*: estudos na perspectiva civil-constitucional, Rio de Janeiro: Renovar, 2003, p. 392).

Nessa ordem de ideias, não é difícil perceber que a probabilidade é usada com propósitos diferentes, conforme se trate de lucro cessante ou do dano decorrente da perda de uma chance. Enquanto nos lucros cessantes a probabilidade é utilizada para se verificar se os supostos prejuízos sofridos pela vítima são, de fato, os lucros que ela normalmente extrairia daquela atividade, na perda de uma chance, embora a doutrina também se refira a cálculos probabilísticos, o que se faz, a rigor, é utilizar a ciência estatística para se chegar ao valor da chance perdida – calcula-se tal valor com base na probabilidade de o resultado final vir a ocorrer.[8]

Na prática, entretanto, para uma situação ensejar a responsabilidade por perda de chance, basta que o lesado tenha perdido a possibilidade de obter a vantagem final esperada, contanto que esta possibilidade seja objetiva, no sentido de poder ser calculada matematicamente, com a ajuda de algum parecer econômico ou fundado na ciência estatística. No caso dos lucros cessantes, porém, a mera possibilidade nunca será suficiente, mas, por outro lado, a indenização costuma ser maior.[9]

Salvo raríssimas exceções, o dever de indenizar depende da prova do nexo causal. Apesar de parte da doutrina defender a flexibilização desse elemento da responsabilidade civil, muitas vezes isso é feito de forma equivocada, simplesmente desconsiderando-se a importância do liame causal para a responsabilidade civil. É fora de dúvida que a responsabilidade pela perda de uma chance depende da prova do nexo causal direto e imediato entre a perda definitiva da chance séria e real e a conduta daquele que é apontado como agente ofensor. Sem a prova do nexo, a responsabilidade civil transforma-se em jogo de azar, completamente aleatório; desvirtua-se a própria função da responsabilidade civil, que, embora seja controvertida, certamente não é a de fazer distribuição de riquezas.

A demonstração do nexo causal é necessária. O que é controverso é a teoria que o Direito brasileiro adota em matéria de causalidade. De modo geral, a doutrina divide-se

---

8 Além disso, na perda de uma chance, evidentemente, o coeficiente de incerteza é bem mais elevado: "Esta lógica de prognóstico é frequentemente utilizada para a avaliação dos lucros cessantes (...). O percurso do raciocínio probabilístico acabou por conduzir os tribunais a reparar prejuízos cujo coeficiente de incerteza é bem mais elevado, como é o caso da perda da chance" (Vaneska Donato Araújo, A perda de uma chance. In: Flávio Tartuce e Ricardo Castilho (coord.), *Direito civil*: direito patrimonial e direito existencial – estudos em homenagem à professora Giselda Maria Fernandes Novaes Hironaka, São Paulo: Método, 2006, p. 440). No mesmo sentido: Mariano Yzquierdo Tolsada, *Sistema de responsabilidad contractual y extracontractual*, Madrid: Dykinson, 2001, p. 152 e ss.

9 Diante das diferenças apontadas entre a teoria da perda de uma chance e a indenização a título de lucros cessantes, o STJ tem entendimento consolidado no sentido de que, "se o pedido formulado na inicial referir-se somente à indenização por danos materiais com fundamento em lucros cessantes, não é possível ser reconhecida a teoria da perda de uma chance, sob pena de julgamento *extra petita*" (STJ, 4ª T., AgInt no AREsp 2.000.328/DF, Rel. Min. Raul Araújo, julg. 13.2.2023, publ. *DJ* 24.2.2023). No mesmo sentido, STJ, 4ª T., REsp 1.244.685/SP, Rel. Min. Luis Felipe Salomão, julg. 3.10.2013,publ. *DJ* 17.10.2013; STJ, 4ª T., REsp 1.190.180/RS, Rel. Min. Luis Felipe Salomão, julg. 16.11.2010, publ. *DJ* 22.11.2010.

entre a teoria da causalidade adequada[10] e a teoria do nexo causal direto e imediato.[11] No entanto, como já registrado no capítulo sobre nexo de causalidade, quem adota a teoria da causalidade adequada não deixa de examinar ao final se houve interrupção do nexo causal. Assim, o que é importante mesmo é não se perder de vista que não basta que um dano tenha coincidido com a existência de culpa ou de um risco para estabelecer uma responsabilidade – "coincidência não implica causalidade".[12] É preciso demonstrar que a conduta do ofensor, em uma palavra, *causou* o dano, estabelecendo-se entre o ato alegadamente antijurídico e o evento danoso, como defendeu Agostinho Alvim, "uma relação de necessidade" que é direta e imediata porque não há de ser obstada ou interrompida por outras causas.

Segundo Agostinho Alvim, ocorre interrupção do nexo causal toda vez em que, devendo impor-se um determinado resultado como consequência do desenrolar normal de certos acontecimentos, tal resultado não se verifica simplesmente porque sobrevém uma circunstância outra anterior ao resultado esperado (causa estranha) que é influente e decisiva para a produção do resultado danoso. A interrupção do nexo causal pode ocorrer por conduta de terceiro, da própria vítima ou em razão de um caso fortuito ou de força maior.

Segundo a teoria da perda de uma chance, a chance cuja perda é passível de indenização é somente aquela qualificada como "séria e real". Este requisito, alardeado e defendido por toda a doutrina, assim se delineia quando a oportunidade perdida é quantificável segundo bases probabilísticas adequadas. Em diversas oportunidades, nega a indenização quando faltam meios para se proceder a uma séria avaliação probabilística.[13]

A título de exemplo, há casos reiterados, na jurisprudência, de candidatos que perderam a chance de participar de concursos públicos concorridíssimos e exatamente porque nada demonstrava que, naqueles específicos casos, tinham chance efetiva não

---

10 José de Aguiar Dias, *Da responsabilidade civil*, vol. 2, Rio de Janeiro: Forense, 1994, 9ª ed., p. 695; Sergio Cavalieri Filho, *Programa de responsabilidade civil*, São Paulo: Malheiros Editores, 1998, 2ª ed., p. 53; Sílvio de Salvo Venosa, *Direito civil*: responsabilidade civil, vol. 4, São Paulo: Atlas, 2003, 3ª ed., p. 39; Paulo de Tarso Vieira Sanseverino, *Responsabilidade civil no Código do Consumidor e a defesa do fornecedor*, São Paulo: Saraiva, 2002, p. 243.

11 Agostinho Alvim, *Da inexecução* das obrigações e suas consequências, São Paulo: Saraiva, 1955, 2ª ed., p. 372; Orlando Gomes, *Obrigações*, atualização de Humberto Theodoro Júnior, Rio de Janeiro: Forense, 2002, 15ª ed., p. 275; Gustavo Tepedino, Notas sobre o nexo de causalidade. *Revista Trimestral de Direito Civil – RTDC*, ano 2, vol. 6, Rio de Janeiro: Padma, pp. 3-19, abr.-jun./2001, p. 14.

12 René Savatier, *Traité de la responsabilité civile en droit français*, t. II, Paris: LGDJ, 1951, 2ª ed., n.º 459.

13 Acerca desse requisito, Sérgio Savi afirma o seguinte: "A perda de uma chance séria e real é hoje considerada uma lesão a uma legítima expectativa suscetível de ser indenizada da mesma forma que a lesão a outras espécies de bens ou qualquer outro direito subjetivo tutelado pelo ordenamento. (...) Contudo, a aplicação da teoria encontra limites, pois, evidentemente, não é qualquer possibilidade perdida que obrigará o ofensor a ressarcir o dano. Nem todos os casos de perda de chance serão indenizáveis. Isto porque a chance para poder ser indenizada deverá ser considerada séria e real. Simples esperanças aleatórias não são passíveis de indenização" (*Responsabilidade civil por perda de uma chance*, São Paulo: Atlas, 2006, pp. 101-102).

só de serem aprovados, mas também classificados no concurso, a nenhuma indenização fazem jus.

Por outro lado, o Superior Tribunal de Justiça manifestou-se no sentido de que a perda da chance configura a responsabilização do agente causador por uma espécie de "dano intermediário", desvinculando-se da noção de que constitui lucro cessante ou dano emergente. Dessa forma, o informativo nº 456 da Corte Superior relata caso em que se reiterou a tese segundo a qual "[a] teoria de perda de uma chance (*perte d'une chance*) dá suporte à responsabilização do agente causador, não de dano emergente ou lucros cessantes, mas sim de algo que intermedeia um e outro: a perda da possibilidade de buscar posição jurídica mais vantajosa que muito provavelmente alcançaria se não fosse o ato ilícito praticado. Dessa forma, se razoável, séria e real, mas não fluida ou hipotética, a perda da chance é tida por lesão às justas expectativas do indivíduo, então frustradas".

Trata-se de entendimento que tem origem no julgamento do REsp 1.190.180/RS, cuja controvérsia girava em torno da responsabilidade de advogado que perdeu o prazo para apresentar contestação.[14] Ao analisar tal posicionamento, a doutrina entende que, para a Corte Superior, "a perda da chance deve ser compreendida como a lesão a justas expectativas (razoáveis, sérias e reais) detidas por um indivíduo, então frustradas".[15]

A despeito disso, o entendimento da perda da chance como um terceiro gênero não é uníssono na jurisprudência do Superior Tribunal de Justiça, na medida em que a Corte Superior tem reconhecido a aplicação da teoria da perda de uma chance para reparar danos causados na seara médica. Nesses casos, quando muito, a jurisprudência tende a resolver o problema fixando uma indenização por danos morais.

A natureza do dano da chance perdida não está necessariamente vinculada à natureza do interesse lesado, devendo ser caracterizada a partir do efeito produzido à vítima na situação concreta.[16] Desse modo, pela chamada teoria dos efeitos da lesão, o dano constitui efeito da lesão produzida à vítima (e não corresponde à própria lesão), podendo gerar tanto dano de cunho patrimonial, quanto extrapatrimonial (ou

---

14 STJ, 4ª T., REsp 1.190.180/RS, Rel. Min. Luis Felipe Salomão, julg. 16.11.2010, publ. *DJ* 22.11.2010. O STJ manteve o referido posicionamento quando do julgamento do REsp 1.540.153/RS: "Na configuração da responsabilidade pela perda de uma chance não se vislumbrará o dano efetivo mencionado, sequer se responsabilizará o agente causador por um dano emergente, ou por eventuais lucros cessantes, mas por algo intermediário entre um e outro, precisamente a perda da possibilidade de se buscar posição mais vantajosa, que muito provavelmente se alcançaria, não fosse o ato ilícito praticado" (STJ, 4ª T., REsp 1.540.153/RS, Min. Rel. Luis Felipe Salomão, julg. 17.4.2018, publ. *DJ* 6.6.2018).

15 Carlos Edison do Rêgo Monteiro Filho e Vynicius Pereira Guimarães, Teoria da responsabilidade civil pela perda da chance: natureza do dano e aplicabilidade à seara médica. *Revista IBERC*, vol. 5, n. 1, jan./-abr. 2022, p. 40.

16 Simone Cohn Dana, "O 'quase' na visão do Direito brasileiro e italiano: os chamados novos danos e a chance como bem jurídico passível de tutela. In: Anderson Motta, Carla Moutinho e Marcelo Cabral. *Responsabilidade civil e seus rumos contemporâneos: estudos em homenagem ao Professor Carlos Edison do Rêgo Monteiro Filho*, São Paulo: Foco, 2024, pp. 439-463.

até ambos).[17] A qualificação do dano será realizada à luz das circunstâncias do caso concreto, a partir das quais será possível determinar quais os danos sofridos pela vítima e definir a forma de reparação mais adequada.

Chance séria e real

Não basta que a vítima tenha perdido a chance de ter alcançado um resultado útil. Esta chance precisa, de fato, ser séria e real,[18] no sentido de resultar de uma probabilidade alta, significativa, relevante e estatisticamente indicada, ao menos de modo presuntivo, não se confundindo com uma chance pequena, fluída, irrisória ou mesmo irreal.[19] A probabilidade significativa de sucesso deve ser valorada segundo um juízo prognóstico que deve ser realizado *ex ante*, situando-se o julgador no momento do evento danoso, considerada a base fática fornecida pela alegada vítima.

---

17 "Isto é, dizer-se dano = lesão é bem diferente de se afirmar dano = efeito da lesão. E, como a lesão pode suscitar variados efeitos, a vertente que ora se propõe – teoria dos efeitos da lesão – parece conduzir a uma definição mais técnica do que seja o dano extrapatrimonial" (Carlos Edison do Rêgo Monteiro Filho, *Responsabilidade contratual e extracontratual: contrastes e convergências no direito civil contemporâneo*, Rio de Janeiro: Processo, 2016, p. 130).

18 Já entendeu a 3ª Turma do STJ que, de acordo com a teoria da perda de uma chance, há responsabilidade civil de empresa organizadora de competição automobilística que deixa de prestar socorro a piloto que falece por afogamento após acidente durante o percurso. De acordo com a Corte, na hipótese estaria configurada chance séria e concreta de que a empresa organizadora, se tivesse enviado a ambulância ao local do acidente de forma imediata, tendo plenas condições de fazê-lo, teria conseguido promover o resgate em menor tempo e prestar assistência médica, aumentando significativamente as chances de sobrevida do piloto (marido da recorrente). (STJ, 3ª T., REsp 2.108.182/MG, Rel. Min. Nancy Andrighi, julg. 16.4.2024, publ. DJe 19.4.2024). Outro caso interessante julgado pelo STJ é o AgInt no AREsp 2.520.253/RS. Na oportunidade, a 2ª Turma do STJ manteve o entendimento do Tribunal de origem de que "a efetivação do cancelamento da hipoteca teria influenciado na data da celebração do contrato de financiamento", de modo que os autores deixaram de contratar financiamento com juros mais baixos em razão do não cancelamento da hipoteca, aplicando-se, assim, a teoria da perda de uma chance (STJ, 3ª T., AgInt no AREsp 2.520.253/RS, Rel. Min. Marco Aurélio Bellizze, julg. 12.8.2024, publ. *DJe* 15.8.2024). Em outras palavras, entendeu-se que os autores da ação de origem demonstraram que poderiam ter contratado financiamento com juros de 9,35% a.a. se o cancelamento das hipotecas tivesse ocorrido no tempo correto, o que não ocorreu e implicou a contratação de taxa de juros de 10,99% a.a.

19 A necessidade de a chance ser séria e real vem sendo reiterada pela jurisprudência: "Nos casos 'de responsabilidade de profissionais da advocacia por condutas apontadas como negligentes, e diante do aspecto relativo à incerteza da vantagem não experimentada, as demandas que invocam a teoria da 'perda de uma chance' devem ser solucionadas a partir de detida análise acerca das reais possibilidades de êxito do postulante, eventualmente perdidas em razão da desídia do causídico'. Assim, 'o fato de o advogado ter perdido o prazo para contestar ou interpor recurso (...) não enseja sua automática responsabilização civil com base na teoria da perda de uma chance, fazendo-se absolutamente necessária a ponderação acerca da probabilidade – que se supõe real – que a parte teria de se sagrar vitoriosa ou de ter a sua pretensão atendida'" (STJ, 4ª T., AgInt no AREsp 1.492.872/PR, Rel. Min. Maria Isabel Gallotti, julg. 10.3.2020, publ. *DJe* 16.3.2020). E, ainda: "Em caso de responsabilidade de profissionais da advocacia por condutas apontadas como negligentes, e diante do aspecto relativo à incerteza da vantagem não experimentada, as demandas que invocam a teoria da 'perda de uma chance' devem ser solucionadas a partir de detida análise acerca das reais possibilidades de êxito do postulante, eventualmente perdidas em razão da desídia do causídico." (STJ, 4ª T., AgInt no AREsp 2.214.851/DF, Rel. Min. Isabel Gallotti, julg. 19.6.2023, publ. DJe de 22.6.2023). Na mesma linha, em doutrina, Gisela Sampaio da Cruz Guedes, Os advogados sob a mira da responsabilidade civil: a teoria da perda de uma chance aplicada às hipóteses de perda de prazos processuais. In: *Boletim AASP*, ed. 3190, abr., 2024, pp. 13-14.

Caso do Show do Milhão

No Brasil, decisão que ganhou grande repercussão concedeu indenização por perda de uma chance mesmo diante de uma possibilidade de meros 25% de a vítima obter a vantagem final esperada, mas, no caso, esta possibilidade era apreciável de forma objetiva e, exatamente por isso, foi considerada.[20] Apesar disso, na doutrina, não falta quem afirme que "(...) somente será possível admitir a indenização da chance perdida quando a vítima demonstrar que a probabilidade de conseguir a vantagem esperada era superior a 50% (cinquenta por cento)".[21] Esta é, aliás, a tendência da jurisprudência italiana.[22] No entanto, com base neste raciocínio, chega-se a soluções nada equânimes, por exemplo, a de se admitir a indenização quando o lesado tem a seu favor 51% de chance de atingir o resultado final, negando-a, em caso idêntico, quando a vítima tem apenas 2% a menos, quer dizer, diante de 49% de chance de obter a vantagem esperada. Daí se vê que este critério é, no mínimo, bastante discutível.

No julgamento do Recurso Especial nº 1.929.450/SP, os requisitos da perda de uma chance voltaram para a pauta do Superior Tribunal de Justiça. No caso, discutia-se a perda da chance de se questionar uma doação inoficiosa. A Terceira Turma negou o pedido indenizatório, ratificando a decisão de segunda instância que entendeu que o autor não havia demonstrado os pressupostos necessários ao reconhecimento da chance perdida: "Os pressupostos para o reconhecimento da responsabilidade civil por perda de uma chance foram bem sintetizados no acórdão recorrido: 'No caso concreto, para que se possa indenizar a chance perdida do ajuizamento de ação judicial, imprescindível verificar os seguintes pressupostos: (i) a viabilidade e a probabilidade de sucesso de futura ação declaratória de nulidade de doações inoficiosas; (ii) a viabilidade e a probabilidade de sucesso de futura ação de sonegados; (iii) a existência de nexo de causalidade entre o extravio de dois livros e as chances de vitória nas demandas judiciais'".[23]

Seja como for, é incontroversa a necessidade de a vítima evidenciar a "certeza da probabilidade", configurando-se o requisito da certeza do dano pelo viés da seriedade e realidade (ou substancialidade) da chance frustrada, inconfundível com a mera possibilidade hipotética.

Por fim, para indenizar-se pela perda de uma chance, é preciso também que esta não possa mais se realizar, já que, em todos os casos de perda de uma chance, a vítima

---

[20] Em 2005, o STJ aplicou a teoria da perda de uma chance em caso conhecido como "o caso do Show do Milhão" (STJ, 4ª T., REsp. 788.459/BA, Rel. Min. Fernando Gonçalves, julg. 08.11.2005, publ. *DJ* 13.03.2006).

[21] Sérgio Savi, *Responsabilidade civil por perda de uma chance*, São Paulo: Atlas, 2006, p. 22.

[22] Na Itália, a jurisprudência há tempos considera que, "[a]*i fini della dimostrazione del verificarsi di un danno certo, consistente nella perdita della possibilità di conseguire un risultato utile, è sufficiente che il danneggiato provi che la possibilità sia superiore al cinquanta per cento*" (Cass. civ., 19.12.1985, n.º 6506, Baroncini c. Enel, Foro It., 1986, I, 383). Em tradução livre: "para fins da demonstração de verificação de um dano certo, consistente na perda da possibilidade de conseguir um resultado útil, é suficiente que o lesado prove que a possibilidade seja superior a cinquenta por cento".

[23] STJ, 3ª T., REsp 1929450/SP, Rel. Min. Paulo de Tarso Sanseverino, julg. 18.12.2022, publ. *DJe* 27.10.2022.

se encontra diante de um processo aleatório ao final do qual haveria a probabilidade ("séria e real") de auferir uma vantagem ou evitar um prejuízo.[24] Por fato imputável ao agente, esse processo aleatório é interrompido, gerando, assim, a perda definitiva da vantagem esperada, irrecuperavelmente. Se a perda da chance não for definitiva, não há que se falar em indenização.

Outro caso interessante que discutiu a aplicação da teoria da perda de uma chance foi julgado no REsp 1.540.153/RS. A controvérsia teve origem em uma ação indenizatória movida por um titular de ações em face de instituição financeira, que havia sido contratada para intermediar os pedidos de compra e venda de ações na bolsa de valores. Segundo o autor, o banco teria alienado de forma arbitrária as suas ações adquiridas com capital emprestado por meio do uso do limite operacional, de modo que faria jus ao recebimento de indenização com base na teoria da perda de uma chance, pois a venda não autorizada de suas ações o teria privado de negociá-las no futuro por preço mais vantajoso.

Ao julgar o aludido recurso, o Superior Tribunal de Justiça manteve o entendimento do Tribunal de origem e reconheceu que, no caso concreto, a venda de ações, sem a autorização do seu titular, configurava ato ilícito. Nesse sentido, o Min. Luis Felipe Salomão, relator do caso, entendeu que o "dano suportado consistiu exatamente na perda da chance de obter uma vantagem, qual seja a venda daquelas ações por melhor valor. Presente, também, o nexo de causalidade entre o ato ilícito (venda antecipada não autorizada) e o dano (perda da chance de venda valorizada), já que a venda pelo titular das ações, em momento futuro, por melhor preço, não pode ocorrer justamente porque os papéis já não estavam disponíveis para serem colocados em negociação".[25]

Outro exemplo interessante extrai-se da Apelação Cível nº 1107857-55.2018.8.26.0100, julgada pelo Tribunal de Justiça do Estado de São Paulo. Trata-se de caso elucidativo sobre a influência da quebra de expectativas legítimas e da omissão de informações na configuração da responsabilidade pela perda de uma chance em que o referido tribunal condenou uma franqueadora a reparar a chance que sua franqueada perdeu de se defender em processo instaurado por um cliente. Isso, porque a franqueadora não prestou o auxílio processual prometido à sua franqueada, nem a informou sobre a impossibilidade de a auxiliar. No caso, a franqueada foi condenada à revelia numa ação indenizatória ajuizada por cliente, porque a franqueadora não tomou as providências devidas e esperadas para que a franqueada pudesse se defender no processo.

---

24 Nessa linha, a doutrina reconhece que "[e]m qualquer situação de perda da chance, portanto, tem-se processo aleatório em curso, no âmbito do qual se busca uma vantagem (obter ganho ou evitar prejuízo) que não se sabe se teria sido alcançada se a chance indevidamente frustrada tivesse sido aproveitada" (Gustavo Tepedino, Milena Donato Oliva e André Brandão Nery Costa. Responsabilidade civil pela perda da chance: uma questão de dano ou causalidade? In: *Revista da Faculdade de Direito da UFPR*, Curitiba, vol. 68, n. 2, maio-ago./2023, p. 149).

25 STJ, 4ª T., REsp 1.540.153/RS, Rel. Min. Luis Felipe Salomão, julg. 17.4.2018, publ. *DJ* 6.6.2018.

O Tribunal estadual paulista reconheceu que houve omissão culpável por parte da franqueadora, que tinha, ao menos, o dever de informar a franqueada sobre a impossibilidade de assumir a defesa da causa, o que não foi feito. Segundo o Relator, a franqueada "criou a expectativa de que o advogado indicado iria se ocupar do caso, sendo natural que a autora confiasse nas instruções recebidas da franqueadora. Esta conduta da requerida criou o dever de se manifestar, de informar sobre a necessidade de alguma outra providência e, no mínimo, de alertar a autora sobre o não patrocínio da causa e necessidade de providenciar a própria defesa. Assim, até pela violação do princípio da boa-fé em razão da relação negocial existente, a omissão da requerida foi ilícita, fazendo com que a autora perdesse a chance de exercer seu direito de defesa na ação mencionada".[26]

Com essa breve explicação já se vê que a indenização da chance perdida desafia os estudiosos da responsabilidade civil, mas a comprovação da perda definitiva de uma vantagem é fundamental para garantir a certeza necessária para definir o lugar da chance perdida nos quadros da responsabilidade civil.

3. O PROBLEMA DA QUANTIFICAÇÃO DO DANO

Os dois maiores problemas existentes relacionados com a quantificação do dano revelam-se na dificuldade da aferição dos exatos contornos da oportunidade no caso concreto e na aplicação da sistemática de outros institutos para a perda de uma chance.

Para a quantificação do dano pela perda de uma chance diversos fatores devem ser levados em consideração. Inicialmente, deve-se atentar para o fato de que, na reparação do dano pela perda de uma chance, o objeto de reparação será a chance em si considerada, pois, embora sua realização não seja certa, sua perda pode ser, caso comprovado o nexo causal entre a conduta ilícita (ou antijurídica, de maneira geral) e o dano causado pela perda da oportunidade.[27]

Ressalte-se que a indenização pela chance perdida deverá representar um valor sempre inferior ao resultado incerto da oportunidade perdida. A reparação pelo dano da perda da chance nunca poderá ser igual ao valor do dano final, devendo-se realizar cálculo percentual relacionado à probabilidade de não ocorrência do dano,[28] para que a reparação seja proporcional às chances de aferição do resultado final pretendido.

Vale mencionar que um dos maiores problemas existentes no que diz respeito à quantificação do dano aqui analisado é a dificuldade da aferição dos exatos contornos

---

[26] TJSP, 6ª CDPriv, Ap. Civ. nº 1107857-55.2018.8.26.0100, Rel. Des. Enéas Costa Garcia, julg. 16. 3.2023, publ. *DJe* 16.3.2023.

[27] Nesse sentido, Caio Mário da Silva Pereira ressalta que "a reparação da perda de uma chance repousa em uma probabilidade e uma certeza; que a chance seria realizada, e que a vantagem perdida resultaria em prejuízo" (Caio Mário da Silva Pereira, *Responsabilidade civil*, Rio de Janeiro: Forense, 2016, 11ª ed., p. 59).

[28] Gustavo Tepedino; Anderson Schreiber. In: Álvaro Villaça Azevedo (coord.). *Código Civil comentado*, vol. 4. São Paulo: Atlas, 2008, p. 374.

da oportunidade no caso concreto. Há casos em que a oportunidade perdida demanda (ou, ao menos parece demandar) um cálculo simples, enquanto em outros o cálculo é mais complexo, podendo ser até mesmo impossível afirmar qual seria a exata extensão da oportunidade no momento em que foi perdida, devendo-se fazer uma previsão aproximada de acordo com as circunstâncias do caso concreto.[29]

Indenização menor do que a vantagem esperada

A premissa de que se deve partir para a quantificação da perda de uma chance, portanto, é a de que o montante da reparação será sempre menor do que a vantagem que se esperava auferir com a conclusão do processo. Partindo-se dessa premissa, deve-se, de início, provar que a oportunidade de fato existia e que poderia ter sido alcançada, não fosse a interrupção do processo em curso pelo ato do ofensor. Nesse momento, já se pode determinar qual seria o valor do resultado esperado.

Configurada a existência de uma oportunidade séria e real que foi retirada da vítima, deve-se avaliar qual seria a proporção ou o percentual que a chance em análise representaria para o alcance do resultado esperado. Para tanto, o julgador deve partir do valor do resultado esperado e sobre ele projetar o percentual de probabilidades de a vítima obter aquele resultado.[30] A quantificação do dano pela perda da chance, em tal perspectiva, terá de considerar o grau de aleatoriedade do interesse, de modo a não atingir valor igual ao do resultado final que, a bem verdade, será sempre hipotético.[31]

Ainda assim, não poderá se esquivar do minucioso exame de todas as circunstâncias concretas,[32] imprescindíveis de avaliação, por mais simples que a hipótese possa parecer ou por mais tentador que o critério estatístico probabilístico possa ser.

---

29 Marcella Campinho Vaz, A reparação pela perda de uma chance. In: Eduardo Nunes de Souza; Rodrigo da Guia Silva, *Controvérsias atuais em responsabilidade civil*, Rio de Janeiro: Almedina, 2018, p. 289.

30 Sérgio Savi. *Responsabilidade civil por perda de uma chance*, São Paulo: Atlas, 2012, 3ª ed., p. 68. Em doutrina, costuma-se afirmar o seguinte: "A chance deve ser medida a partir da efetiva extensão do interesse que ela representa. E isso se faz através do cálculo das expectativas matemáticas decorrentes dessa chance. Trata-se de uma média ponderada, em que os possíveis resultados da chance são ponderados pela probabilidade de obtê-los. O produto dessa conta equivale ao valor médio que seria obtido por meio do evento aleatório, se ele fosse repetido muitas vezes. Representa o valor que a vítima poderia racionalmente esperar da chance, ou seja, a expectativa racional decorrente dessa oportunidade. Esse cálculo há de ser feito em duas etapas. Num primeiro momento, determina-se qual seria o ganho auferido ou a perda evitada, se a vítima tivesse obtido o resultado aleatório esperado. Depois, esse valor será multiplicado pela porcentagem de chances que a vítima perdeu em função do ato imputável ao réu. O resultado dessa conta será o montante a ser indenizado em razão da perda da chance" (Daniel Amaral Carnaúba, *Responsabilidade civil pela perda de uma chance*: a álea e a técnica, São Paulo: Método, 2013, pp. 180-181).

31 Gustavo Tepedino, Milena Donato Oliva e André Brandão Nery Costa. Responsabilidade civil pela perda da chance: uma questão de dano ou causalidade? In: *Revista da Faculdade de Direito da UFPR*, Curitiba, vol. 68, n. 2, maio-ago./2023, p. 140.

32 Mesmo em tais hipóteses, de aparente simples quantificação, tem-se assinalado a necessidade de especial cautela do intérprete na utilização do critério estatístico probabilístico "para que não ofusque as peculiaridades do caso concreto com cálculos abstratos e gerais". Segundo assinalam Milena Donato Oliva e André Brandão Nery Costa, no caso da perda da chance de participar de competição em que o candidato deveria responder questão de múltipla escolha, adverte-se para a "impropriedade de apenas se levar em consideração as probabilidades abstratas de acer-

No julgamento do AgInt no AREsp 2000983/SC,[33] a questão da quantificação da indenização foi intensamente discutida. No caso, a vítima faleceu em razão de uma parada cardíaca. O marido da vítima ligou para o serviço de atendimento móvel de urgência ("SAMU"), mas o servidor do estado encarregado do atendimento das chamadas de urgência, "reiterada e sabidamente faltoso em suas obrigações, descumpriu as normas técnicas de atendimento e rejeitou o serviço ao usuário". O marido da vítima, amputado de uma mão, ficou então desamparado no socorro de sua esposa.

A decisão de 1ª instância havia fixado a indenização em R$ 50.000,00 (cinquenta mil reais), já considerando a teoria de perda de uma chance, diante da probabilidade de sobrevivência da vítima ao ataque cardíaco, inviabilizada pelo atendimento falho do SAMU. O acórdão de 2ª instância tomou esse valor como base de cálculo e sobre ele aplicou novamente a teoria da perda de uma chance, para fixar a reparação em 20% do valor da sentença, isto é, em R$ 10.000,00 (dez mil reais). A Segunda Turma do Superior Tribunal de Justiça, então, reformou a decisão, aumentando o valor da indenização para R$ 60.000,00 (sessenta mil reais).[34]

No entanto, tratando-se de hipótese em que não seja possível mensurar a proporção da influência da chance na ocorrência do prejuízo final, o cálculo será mais difícil e impreciso. A doutrina estabelece, então, solução alternativa para se aferir a quantificação, afirmando que a liquidação do dano "será feita por arbitramento, nos termos do revogado [art.] 1.553, do Código Civil de 1916", já que "na hipótese de não existir regra própria para avaliação do dano ou para sua liquidação, 'aplicar-se-á outra cláusula geral, prevista no art. 1.553, que a remete ao arbitramento'".[35]

---

to – como 25% em hipótese de haver quatro possibilidades de resposta. Deve ser considerada, na quantificação, a individualidade da vítima, que, ilustrativamente, pode demonstrar cultura e conhecimento acima da média" (Milena Donato Oliva, André Brandão Nery Costa, Notas sobre a responsabilidade civil pela perda da chance como dano autônomo. In: Fábio Ulhoa Coelho; Gustavo Tepedino; Selma Ferreira Lemes. (Org.). *A Evolução do Direito no século XXI*. Seus princípios e valores (ESG, Liberdade, Regulação, Igualdade e Segurança Jurídica). Homenagem ao Professor Arnoldo Wald, vol. 2, São Paulo: IASP, 2022, pp. 423-434).

[33] STJ, 2ª T., AgInt no AREsp 2000983/SC, Rel. Min. Og Fernandes, julg. 2.8.2022, *DJe* 9.8.2022.

[34] Nos termos da decisão: "As balizas jurisprudenciais da reparação do dano por morte situam como razoáveis os valores entre 300 e 500 salários-mínimos. O afastamento desses referenciais, que não se confundem com tabelamento ou tarifação, exige motivação específica e expressa do julgador, inexistentes na espécie. Inobservados os parâmetros de razoabilidade, verifica-se a exorbitância ou irrisoriedade da condenação, não sendo hipótese de incidência da Súmula n. 7/STJ. 5. Descabe a dupla incidência (bis in idem) da teoria da perda de uma chance. A indenização em R$ 50 mil do dano por morte é patentemente irrisória, sendo necessária a adoção do limite pretoriano mínimo para a base de cálculo da reparação. 6. Adotado o parâmetro inferior de 300 salários-mínimos e aplicado o percentual de 20% pela chance de sobrevivência da vítima de ataque cardíaco, a indenização é fixada em R$ 60 mil".

[35] Sérgio Savi, *Responsabilidade civil por perda de uma chance*, cit., p. 68. De acordo com o art. 510 do Código de Processo Civil, "o juiz intimará as partes para a apresentação de pareceres ou documentos elucidativos, no prazo que fixar, e, caso não possa decidir de plano, nomeará perito, observando-se, no que couber, o procedimento da prova pericial".

Ressalte-se, contudo, que a liquidação por arbitramento, prevista atualmente nos arts. 509, inciso I,[36] e 510[37] do atual Código de Processo Civil, por sua complexidade, deve contar com auxílio de peritos, que elaboram laudos, valendo-se, principalmente, de informações, dados, conhecimentos ou elementos técnicos de aferição material, já conhecidos ou de obtenção direta.[38] De todo o modo, essa via será alternativa à indeterminabilidade da reparação da chance perdida.

No caso mencionado no item anterior, envolvendo conduta da franqueadora que teria ocasionado a perda da chance que sua franqueada de se defender em processo instaurado por um cliente, julgado pelo Tribunal de Justiça do Estado de São Paulo, apesar de ter sido reconhecida a perda da chance quanto ao direito de defesa da franqueada, a Corte paulista entendeu que: (i) não era possível afirmar que a apresentação de defesa no referido processo modificaria o seu resultado, evitando por completo a condenação da autora; e (ii) não era cabível conceder indenização no valor pretendido pela autora. Nesse sentido, considerando que "a responsabilidade da ré se restringe à chance perdida, e não ao valor do principal do prejuízo decorrente da condenação havida no feito em questão" e que "havia ao menos a possibilidade de participar do processo em igualdade de condições com o demandante",[39] o TJSP determinou que a ré indenizasse, a título de perda de uma chance, metade do valor despendido pela autora naquele processo (isto é, a metade do valor despendido em razão da transação celebrada no referido processo, incidindo correção monetária desde a data do desembolso e juros de mora desde a citação).

Apesar de existir real dificuldade em se estabelecer o percentual da chance, isso não deve servir de escusa para não se indenizar a vítima do dano, desde que comprovada a chance perdida. Afinal, um dos princípios mais importantes da responsabilidade civil é o princípio da reparação integral: a indenização deve corresponder, tanto quanto possível, à extensão do dano. Nem mais, nem menos.

4. A TEORIA DA PERDA DE UMA CHANCE APLICADA NA SEARA MÉDICA

A reparação da controversa perda da chance relacionada à responsabilidade médica, também conhecida como perda da chance de sobrevivência ou de cura (*perte d'une chance de guerison ou de survie*), foi consolidada por volta da década de 1960 pela jurisprudência francesa, que passou a reconhecer que o erro médico, ainda que

---

36 "Art. 509. Quando a sentença condenar ao pagamento de quantia ilíquida, proceder-se-á à sua liquidação, a requerimento do credor ou do devedor: I – por arbitramento, quando determinado pela sentença, convencionado pelas partes ou exigido pela natureza do objeto da liquidação".

37 "Art. 510. Na liquidação por arbitramento, o juiz intimará as partes para a apresentação de pareceres ou documentos elucidativos, no prazo que fixar, e, caso não possa decidir de plano, nomeará perito, observando-se, no que couber, o procedimento da prova pericial".

38 Caio Mário da Silva Pereira, *Responsabilidade civil*, cit., p. 408.

39 TJSP, 6ª CDPriv, Ap. Civ. nº 1107857-55.2018.8.26.0100, Rel. Des. Enéas Costa Garcia, julg. 16.3.2023.

não tenha causado o dano final morte, poderia diminuir as chances de cura ou de sobrevivência da vítima.

Corrente a favor da aplicação na seara médica

A doutrina francesa dividiu-se no tratamento dessa hipótese, existindo duas posições antagônicas: uma admitindo e outra negando a aplicação da teoria na seara médica.[40] A corrente que a admite o faz baseada principalmente na doutrina de François Chabas, que defendia que a perda da chance de cura ou de sobrevivência deveria ficar restrita ao conceito de dano, pois, se utilizada erroneamente, poderia prejudicar a aplicação do nexo causal. Assim, para o autor, a perda de uma chance sempre teria sido tratada como um problema de certeza.[41]

Corrente contra a aplicação na seara médica

De modo contrário, para René Savatier a aplicação da teoria na seara médica seria o "paraíso do juiz indeciso", o qual determinaria reparações mesmo sem a certeza de que foi a conduta do médico que gerou o dano, apoiando-se numa mera presunção para estipular a responsabilidade do profissional pela chance perdida.[42] Os autores dessa linha de entendimento defendem que a análise do nexo causal, nesses casos, não poderia ser realizada entre a conduta do médico e a chance perdida (prejuízo intermediário), mas sim entre a conduta do médico e o dano final, sendo impossível a reparação pela perda da chance. Além disso, para essa corrente valeria a regra do "ou tudo, ou nada", isto é, ou se prova que o erro médico contribuiu para o dano, e o médico será responsabilizado por sua integralidade, ou, na ausência de prova dessa relação de causa e efeito, ele não responderá por nada.[43]

No Brasil, é possível encontrar precedente do STJ[44] tratando a perda de uma chance na seara médica como dano autônomo.

Importância da culpa para a responsabilização do profissional

Inicialmente, a questão acerca da aplicação da teoria na seara médica deve levar em consideração tanto a natureza subjetiva da responsabilidade do médico, que demanda a comprovação da culpa do profissional na ocorrência do dano verificado, quanto a complexidade existente nos tratamentos médicos, em que uma gama de escolhas possíveis e razoáveis está disponível.

---

[40] Sobre o tema, v. Gustavo Tepedino, Milena Donato Oliva e André Brandão Nery Costa, Responsabilidade civil pela perda da chance: uma questão de dano ou de causalidade? In: *Revista da Faculdade de Direito UFPR*, Curitiba, v. 68, n. 2, 2023, pp. 137-153.

[41] François Chabas, *Leçons de droit civil*, vol. 1, t. II, Paris: Montchrestien, 1998, 9ª ed., p. 428.

[42] René Savatier, *Une faute peut-elle engedrer la responsabilité d'un dommage sans l'avoir causé?* Paris: Recueill Dalloz, 1970, p. 123.

[43] Em determinados casos, no entanto, o procedimento médico poderá afetar de alguma forma o tratamento do paciente, não sendo correto excluir a possibilidade de uma parcial responsabilização do profissional se restar comprovado que sua conduta, ainda que não tenha sido causa exclusiva, tenha, em alguma medida, concorrido para a verificação do prejuízo final.

[44] STJ, 3ª T., REsp 1.254.141/PR, Rel. Min. Nancy Andrighi, julg. 04.12.2012, *DJe* 20.02.2013. No mesmo sentido, no julgamento do REsp 1.677.083/SP, embora o acórdão não tenha expressamente reconhecido que a perda da chance é um problema vinculado ao dano (e não ao nexo de causalidade), dispôs que esse entendimento "põe de lado a controvérsia existente quanto à caracterização do nexo causal entre a conduta médica (comissiva ou omissiva) e o resultado danoso, pois considera a chance perdida um bem jurídico autônomo, passível de ser indenizado se indevidamente subtraído de seu titular" (STJ, 3ª T., REsp 1.677.083/SP, Rel. Min. Ricardo Villas Bôas Cueva, julg. 14.11.2017, publ. *DJ* 20.11.2017).

No julgamento do AgInt no REsp 1.923.907/PR, o Min. Rel. Paulo de Tarso Sanseverino registrou que, "para a jurisprudência do STJ, o nexo de causalidade exigido para a responsabilização pela teoria da perda de uma chance decorre do vínculo entre a conduta ilícita do médico, omissiva ou comissiva, e o comprometimento real da possibilidade de um diagnóstico correto e de o paciente alçar as consequências normais que dele se poderia esperar".

A controvérsia girava em torno, entre outras questões, da aplicação da teoria da perda da chance pela falha na prestação de serviços de emergência à saúde por profissionais envolvidos no atendimento prestado a uma senhora que acabou vindo a óbito. O Tribunal de origem responsabilizou os profissionais envolvidos com base na teoria da perda da chance e em vista da "somatória das falhas limitou e impediu o diagnóstico e o início do tratamento emergencial mais adequado, já que os sintomas típicos de infarto agudo do miocárdio eram claros".[45] Ao analisar o referido recurso, o Min. Rel. Paulo de Tarso Sanseverino manteve o entendimento do Tribunal de origem por reconhecer que restou demonstrado "o nexo causal entre a conduta do médico e a chance de diagnóstico e de início de tratamento adequado".

PROBLEMAS PRÁTICOS

1. A perda da chance de auferir lucros constitui dano emergente, lucros cessantes ou se trata, em realidade, de uma nova situação lesiva?
2. Quais são os requisitos exigidos para configuração da perda da chance?
3. Como se calcula a indenização por perda de uma chance?

Acesse o *QR Code* e veja a Casoteca.

> *https://uqr.to/1ofhl*

[45] STJ, 3ª T., AgInt no REsp 1.923.907/PR, Rel. Min. Paulo de Tarso Sanseverino, julg. 20.3.2023, *DJ* 23.3.2023.

Capítulo X

RESPONSABILIDADE CIVIL POR FATO DE TERCEIRO

Acesse o *QR Code* e assista ao vídeo sobre o tema.

> *https://uqr.to/1ofh1*

1. CONSIDERAÇÕES GERAIS. NATUREZA DA RESPONSABILIDADE

Responsabilidade indireta

De regra, no sistema de responsabilidade subjetiva, somente àquele que deu causa ao prejuízo impõe-se o dever de indenizar. Diz-se, portanto, que a responsabilidade é direta, decorrente de fato próprio do agente causador do dano. No entanto, o anseio de justiça e proteção à vítima impôs certa flexibilização da exigência de comprovação do "nexo causal entre o *dano* e a pessoa indigitada como *causador do dano*",[1] passando-se a admitir a atribuição a terceiros do dever de indenizar. Nessa direção, ainda no sistema anterior, previram-se hipóteses de responsabilidade por fato de terceiro, também chamada responsabilidade indireta ou complexa, em que se desborda do causador do dano e se atribui o dever de indenizar a outra pessoa, à qual o agente ofensor se liga por certa relação jurídica.

A responsabilidade indireta, é de se notar, só tem lugar quando o terceiro dispuser de autoridade de direito ou de fato sobre o agente causador do dano. O Código Civil de 1916, em sua redação literal, listou em seus arts. 1.521 e 1.522 as hipóteses

---

1 Caio Mário da Silva Pereira. *Responsabilidade civil*, São Paulo: Forense, 2016, 11ª ed. atual. por Gustavo Tepedino, p. 119.

de responsabilidade indireta, atribuindo a algumas pessoas o dever de escolher bem ou zelar pelo comportamento de outras, inexperientes ou a elas subordinadas.[2] Nesse contexto, o dano exsurgia não só do fato reprovável do terceiro, inimputável ou de difícil imputabilidade, mas também do fato próprio, vale dizer, da omissão no dever de escolha (culpa *in elegendo*) ou de vigilância (culpa *in vigilando*) sobre aquele terceiro causador direto da lesão e deflagrador da responsabilidade.[3]

Código Civil de 1916

A expansão da possibilidade de reparação da vítima pretendida com a responsabilidade indireta se revelava, contudo, de difícil comprovação, diante da redação do então art. 1.523, segundo o qual as pessoas indicadas naqueles dispositivos só seriam responsáveis, "provando-se que elas concorreram para o dano por culpa, ou negligência de sua parte". A responsabilidade indireta compunha-se, por conseguinte, de dois elementos probatórios – a prática do ato pelo agente causador direto do dano e a culpa (*in elegendo* e/ou *in vigilando*) do responsável –, e ambos deveriam ser evidenciados pela vítima para que fizesse jus à indenização. O legislador de 1916 mantinha-se, assim, fiel à primazia da responsabilidade subjetiva bem como ao conceito subjetivo de culpa atribuído ao responsável pelo agente causador do dano,[4] a dificultar sobremaneira a reparação por danos indiretos.

Presunção de culpa

Coube, então, à doutrina e à jurisprudência conferir aos arts. 1.521 e 1.522 interpretação mais consentânea com a proteção da vítima. A despeito da literalidade do disposto no art. 1.523, passou-se, pouco a pouco, a entender que as situações descritas naqueles dispositivos traduziriam hipóteses de presunção de culpa. A partir de tal entendimento, caberia à vítima demonstrar a "existência da relação causal entre o prejuízo por ela sofrido e o fato do *menor, do preposto, do aluno, do aprendiz, ou o fato da coisa*, encerrando-se aí o ônus da prova que lhe compete".[5] A construção se tornou pacífica com a edição da Súmula nº 341 do STF (1963), segundo a qual "É

---

2 José de Aguiar Dias, *Da Responsabilidade civil*, Rio de Janeiro: Renovar, 2006, 11ª ed. rev., atual. e ampl., p. 742.

3 Daí, portanto, a crítica de Aguiar Dias à expressão "responsabilidade por fato de outrem" (*Da responsabilidade civil*, 11ª ed. rev., atual. e ampl., Rio de Janeiro: Renovar, 2006, pp. 741-742). De acordo com Carvalho de Mendonça, "o que se chama hoje de responsabilidade por fato de outrem é, num sentido moral superior, uma responsabilidade de fato próprio, tendo por fundamento a culpa *in vigilando* ou a culpa *in elegendo* e não o direito de representação, pois que o responsável jamais pode ser presumido como tendo dado ao seu representante direitos de ofender. De modo que essa espécie de responsabilidade não é derrogatória do princípio da personalidade da culpa" (Manuel Inácio Carvalho de Mendonça. *Doutrina e prática das obrigações*, t. II, Rio de Janeiro: Forense, 1956, 4ª ed. aum. e atual por José de Aguiar Dias, p. 462).

4 Clóvis Beviláqua, ao comentar o art. 1.523 do Código Civil de 1916, afirmava: "A responsabilidade dos pais, tutores, curadores, patrões, amos, comitentes, donos de hotéis e estabelecimentos, onde se albergue por dinheiro, assim como a das pessoas jurídicas, no caso previsto no art. 1.522, é indireta. Por isso o Código somente a torna efetiva, quando se lhes puder imputar culpa, isto é, quando essas pessoas não empregaram a diligência necessária, nem tomaram as precações para que o dano se não desse" (*Código Civil dos Estados Unidos do Brasil comentado*, vol. V, Rio de Janeiro: Livraria Francisco Alves, 1957, 12ª ed., p. 233).

5 Serpa Lopes, *Curso de direito civil*, vol. V, Rio de Janeiro: Freitas Bastos, 1962, 2ª ed., p. 272, grifos no original. Veja-se, ainda, J. M. Carvalho Santos, *Código Civil Brasileiro Interpretado*, vol. XX, Rio de Janeiro: Freitas Bastos, 1978, 9ª ed., pp. 265-266.

presumida a culpa do patrão ou comitente pelo ato culposo do empregado ou preposto".

Da presunção relativa à absoluta

Não se tratava, todavia, de presunção *iure et de iure*; admitia-se prova em contrário pelo responsável: provando o pai, por exemplo, que não faltara com seu dever de vigilância sobre o filho menor e que, ainda assim, o dano se produzira, eximia-se do dever de indenizar. Diante dessa possibilidade, os Tribunais tornaram-se refratários à demonstração de ausência de culpa, e se consolidou, ao menos no caso da responsabilidade do patrão pelo ato culposo do empregado (art. 1.521, III), a presunção absoluta. Em rigor, referida interpretação acabou por produzir resultado prático equivalente à adoção da teoria objetiva, na medida em que se afastava por completo a possibilidade de demonstração da ausência de culpa *in eligendo* ou *in vigilando*, e apenas se elidia a responsabilidade pelas excludentes de causalidade.

Responsabilidade objetiva

O Código Civil de 2002, nessa mesma direção, acompanhou a tendência contemporânea de tutelar prioritariamente a vítima e, no art. 933, transferiu a matéria para o campo da responsabilidade objetiva, declarando que as pessoas indicadas no art. 932 respondem, independentemente de culpa, pelos atos de terceiros.[6] Desloca-se, assim, da vítima para o detentor do dever de guarda o ônus de eventual fatalidade. À vítima assegura-se o ressarcimento pelo dano injusto, reprovado pela ordem jurídica, do menor, do pupilo, do empregado, do aluno e assim por diante. Não mais se avalia, portanto, o comportamento do responsável, a quem se impõe o dever de indenizar, uma vez provado o nexo de causalidade entre o dano e o ato do terceiro (menor, pupilo, empregado etc.).

Considera-se, assim, objetiva a responsabilidade dos pais, curador, tutor e empregador, embora o dever de reparar não possa ser deflagrado sem a presença de dano ressarcível. Tal responsabilidade, portanto, dependerá da prova de ato culposo do agente que agiu diretamente ou, no caso de agentes inimputáveis, por ausência de discernimento, da verificação de ato equivalente ao ilícito, por representar descumprimento de dever legal, hábil a produzir dano injusto. Significa dizer que o dever de indenizar do responsável só surge uma vez provada a culpa do empregado ou preposto, ou a descrição de conduta contrária à ordem jurídica do filho menor, do pupilo, do curatelado. O art. 933 estabelece, com efeito, a responsabilidade objetiva do responsável, que só terá de indenizar se o dano injusto produzido por terceiro sob sua autoridade restar configurado.[7]

---

6 A propósito, confira-se o texto do Enunciado n. 451, aprovado na V Jornada de Direito Civil, promovida pelo Conselho de Justiça Federal (2012): "Arts. 932 e 933. A responsabilidade civil por ato de terceiro funda-se na responsabilidade objetiva ou independente de culpa, estando superado o modelo de culpa presumida".

7 Posto objetiva a responsabilidade dos pais, mister a demonstração de que a conduta do menor, caso fosse imputável, seria hábil a configurar sua responsabilidade. Esse é, precisamente, o conteúdo do Enunciado n. 590, da VII Jornada de Direito Civil promovida pelo Conselho da Justiça Federal: "A responsabilidade civil dos pais pelos atos dos filhos menores, prevista no art. 932, inc. I, do Código Civil, não obstante objetiva, pressupõe a demonstração de que a conduta imputada ao menor, caso o fosse a um agente imputável, seria hábil para a sua responsabilização". Na doutrina, Orlando Gomes explica: "Ora, se a responsabilidade do pai pressupõe a prática de ato ilícito pelo filho, isto é, ação

2. RESPONSABILIDADE DOS PAIS PELOS FILHOS MENORES

O art. 932, I, do Código Civil estabelece que os pais respondem pelos atos dos filhos menores que se acham sob sua autoridade e companhia. Cuida-se, como já se observou, de responsabilidade objetiva, pelo que não há que se recorrer à presunção de violação do dever paterno de vigilância.

Menoridade

A responsabilidade dos pais decorre, a um só tempo, da menoridade dos filhos e da circunstância de se acharem sob sua autoridade e companhia. O primeiro requisito se prova com a certidão de nascimento, e não suscita maiores problemas. Convém apenas ressaltar que o filho deve ser menor de idade no momento em que pratica a conduta lesiva, pouco importando se o resultado danoso se produz quando já atingiu a maioridade ou se a ação de indenização só é ajuizada após a sua maioridade.[8] A partir da emancipação legal do menor, cessa a responsabilidade dos pais; cuidando-se, todavia, de emancipação voluntária, mister analisar se os pais tiveram em mira se eximir da responsabilidade pelo dano causado pelo filho, hipótese em que não ficam exonerados, configurando-se fraude à lei. Com efeito, se a emancipação é genuína, e o jovem passa a agir de modo completamente independente e com autonomia, produzem-se os seus regulares efeitos, liberando-se o patrimônio dos pais.[9]

---

ou omissão voluntária, negligência ou imprudência, é lógico que não há responsabilidade paterna enquanto o filho não tiver capacidade de discernimento. Um menor de quatro anos não sabe o que faz. Se a outrem causar dano, não se pode dizer que agiu culposamente; se não há culpa, ato ilícito não praticou; se não cometeu ato ilícito, o pai não responde pela reparação do dano, porque a responsabilidade indireta supõe a ilicitude no ato de quem causa prejuízo. Apesar de lógico, esse raciocínio não prevalece na prática. Verificados os pressupostos da responsabilidade paterna, nasce a obrigação de indenizar o dano causado pelo ato do filho menor" (Orlando Gomes, *Responsabilidade civil*, Rio de Janeiro: Forense, 2011, pp. 100-101). Confira-se, ainda, "O exame ou avaliação das condições físicas e psíquicas do autor do dano – idade, educação, temperamento etc. – vale para informar ou identificar as razões determinantes do seu comportamento anormal, mas não para subtrair da vítima inocente o direito de obter reparação dos prejuízos sofridos em seus interesses juridicamente protegidos. [...] Resulta daí que a conduta do agente deverá ser apreciada *in abstracto*, em face das circunstâncias 'externas', objetivas, e não em conformidade com a sua individualidade 'interna', subjetiva. Se um dano é 'objetivamente ilícito', é ressarcível, pouco importando que o seu agente seja inimputável. A culpa – nunca é demais repetir – é noção social, pois o objetivo não é descobrir um culpado, mas assegurar a reparação de um prejuízo" (Mário Moacyr Porto, O caso da culpa como fundamento da responsabilidade civil, In: Nelson Nery Junior e Rosa Maria de Andrade Nery (coord.), *Doutrinas essenciais*: responsabilidade civil, vol. I, São Paulo: Revista dos Tribunais, p. 50).

8 TJRJ, 1ª C.C., Ap. Cív. 0004373-95.2005.8.19.0066, Rel. Des. Custódio de Barros Tostes, julg. 10.12.2013; TJSP, 1ª CDPriv., Ap. Cív. 1005230-46.2018.8.26.0011, Rel. Des. José Eduardo Marcondes Machado, julg. 23.6.2020; TJSP, 13ª CDPub., AI 2252040-43.2020.8.26.0000, Rel. Des. Ferraz de Arruda, julg. 6.4.2021.

9 Para Carvalho Santos, a emancipação voluntária não é capaz de afastar a responsabilidade dos pais, "pois a emancipação de um menor que se revela indigno da concessão que lhe foi outorgada é, no fim das contas, um ato inconsiderado e aos pais não se pode reconhecer o direito de exonerar-se por essa forma, da responsabilidade que a lei lhe impõe" (J. M. Carvalho Santos, *Código Civil brasileiro interpretado*, vol. XX, 9. ed., Rio de Janeiro: Freitas Bastos, 1978, p. 216). O Enunciado n. 41 da I Jornada de Direito Civil promovida pelo Conselho da Justiça Federal assim dispunha: "A única hipótese em que poderá haver responsabilidade solidária de menor de 18 anos com seus pais é ter sido emancipado nos termos do art. 5º, parágrafo único, inciso I, do novo Código Civil". Na IX Jornada de Direito Civil promovida pelo Conselho de Justiça Federal, o Enunciado n. 41 foi suprimido pelo Enunciado 660, sob a seguinte justificativa: "O Enunciado 41 da I Jornada de

No que tange ao segundo requisito, a análise há de ser mais detida. O Código anterior utilizava, em vez de *autoridade*, o termo *poder*, pelo que se afirmava que a responsabilidade dos pais "é a consequência lógica do pátrio poder".[10] Exigia, ainda, o legislador, que os pais tivessem o menor em sua companhia, o que costumava ser entendido como exigência de coabitação, sem a qual não seria possível o exercício adequado do dever de vigilância sobre os filhos.[11] O Código Civil de 2002, por sua vez, ao empregar a expressão *sob sua autoridade*, parece ter preservado a abrangência do Código anterior, responsabilizando solidariamente os pais que exerçam a autoridade parental. De outro lado, a referência à *companhia*, mantida no art. 932, I, deve ser entendida no sentido de influência sobre a criança, sem exigir a vigilância concreta ou o contato físico permanente e atual com o menor.[12] O fim da relação de conjugalidade, em princípio, em nada influencia na atribuição de responsabilidade objetiva aos pais do menor, pois a regra no direito brasileiro é a guarda compartilhada, em que se verifica a estreita convivência entre filhos e genitores. Nesse caso, portanto, ainda que o filho menor estivesse na companhia exclusiva de um dos genitores no momento do ato danoso, ambos respondem solidariamente.

Autoridade e companhia

Direito Civil considera exclusivamente a emancipação como causa de responsabilidade solidária dos menores de 18 anos, o que é contraditório ao Enunciado 40 da mesma Jornada, que reconhece que o menor é devedor principal no caso de atos infracionais com medida protetiva de reparação do dano. Ademais, havendo mais de um causador do dano, e sendo o adolescente também devedor principal, este deve ser considerado devedor solidário, conforme art. 942, parte final, do Código Civil". Para o Superior Tribunal de Justiça, a emancipação voluntária não afasta a responsabilidade civil dos pais pelos atos praticados por seus filhos menores (STJ, 3ª T., AgInt no REsp n. 2.102.443/MG, Rel. Min. Humberto Martins, julg. 19.8.2024).

10 Manuel Inácio Carvalho de Mendonça, *Doutrina e prática das obrigações*, t. II, Rio de Janeiro: Forense, 1956, 4ª ed. aum. e atual por José de Aguiar Dias, p. 463. De acordo com Serpa Lopes, a responsabilidade dos pais "decorre de um *munus publico*, *ex vi* das funções por eles exercidas" (Serpa Lopes, *Curso de Direito Civil*, vol. V, Rio de Janeiro: Freitas Bastos, 1962, 2ª ed., p. 274).

11 Manuel Inácio Carvalho de Mendonça, *Doutrina e prática das obrigações*, t. II, Rio de Janeiro: Forense, 1956, 4ª ed. aum. e atual por José de Aguiar Dias, p. 463.

12 Esse também é o entendimento do Superior Tribunal de Justiça: "O fato de o menor não residir com o(a) genitor(a) não configura, por si só, causa excludente de responsabilidade civil. Há que se investigar se persiste o poder familiar com todas os deveres/poderes de orientação e vigilância que lhe são inerentes" (STJ, 3ª T., AgRg no AREsp 220.930/MG, Rel. Min. Sidnei Beneti, julg. 9.10.2012). "(...) O art. 932, I, do CC ao se referir a autoridade e companhia dos pais em relação aos filhos, quis explicitar o poder familiar (a autoridade parental não se esgota na guarda), compreendendo um plexo de deveres como, proteção, cuidado, educação, informação, afeto, dentre outros, independentemente da vigilância investigativa e diária, sendo irrelevante a proximidade física no momento em que os menores venham a causar danos (...)" (STJ, 4ª T., REsp 1436401/MG, Rel. Min. Luis Felipe Salomão, julg. 2.2.2017). Na mesma direção, o TJSP ratificou a responsabilidade objetiva dos pais pelos danos causados pelo filho menor ao conduzir motocicleta, a despeito da alegação da mãe de que "não pode ser responsabilizada tendo em vista que o menor não residia em sua companhia, não detendo mais autoridade de fato sobre o mesmo", e do pai de que "não pode ser responsabilizado pela conduta do filho menor, envolvido no acidente descrito nos autos, pois não teve convivência regular ou participação efetiva na criação e educação do menor. Pretende, assim, eximir-se da responsabilidade" (TJSP, 1ª CDPriv., Ap. Cív. 1000559-90.2018.8.26.0136, Rel. Des. Luiz Eurico, julg. 31.3.2020). Em sentido diverso, Sergio Cavalieri Filho entende que "ter o filho sob sua autoridade e em sua companhia significa tê-lo sob o mesmo teto, de modo a possibilitar o poder de direção dos pais sobre o menor e a sua eficiente vigilância" (Sergio Cavalieri Filho, *Programa de responsabilidade civil*, São Paulo: Malheiros, 6ª ed. rev. aum. e atual., p. 205).

No entanto, se a guarda tiver sido atribuída de forma exclusiva a um dos genitores, que tem o menor em sua constante companhia, apenas o guardião responderá pelo dano.[13] É possível, contudo, afastar a responsabilidade do guardião e atribui-la, também com exclusividade, ao não guardião quando o menor causar o dano em dia de visita regulamentada. Ainda que seja atribuída a guarda unilateral a um dos genitores, o não guardião, além de conservar inalterável a autoridade parental, tem garantido o direito/dever de visitação[14] que, quando exercido, lhe atribui a companhia do menor e o dever de fiscalizá-lo. Ademais, nos termos do art. 1.583, § 5º, "a guarda unilateral obriga o pai ou a mãe que não a detenha a supervisionar os interesses dos filhos". Entendimento diverso, que afastasse o não guardião da incidência do art. 932, I, quando o menor estivesse em sua companhia, iria de encontro ao escopo da norma, consistente na proteção integral da vítima, além de criar injustificável desigualdade entre os genitores, onerando desproporcionalmente aquele que já está incumbido de decidir sobre as questões do dia a dia do menor.[15]

Relações parentais

Evidentemente, a regra do art. 932, I se aplica no âmbito de qualquer relação parental, já que o nexo de imputação é, precisamente, a autoridade parental, cujo conteúdo e abrangência independem da origem da filiação. Assim, cuidando-se de filho adotivo, o adotante responderá pelos danos causados pelo filho menor, da mesma forma como o fará o pai e/ou a mãe socioafetivo(a).

Avós

A responsabilidade objetiva pode alcançar os avós, não apenas quando a eles incumbir legalmente a vigilância do neto, mas também quando o menor com eles

---

13 STJ, 3ª T., REsp. 1.232.011/SC, Rel. Min. João Otávio de Noronha, julg. 17.12.2015. Em sentido oposto, confira-se, a propósito, Enunciado nº 450 da Jornada de Direito Civil promovida pelo Centro de Estudos Judiciários do Conselho da Justiça Federal: "Considerando que a responsabilidade dos pais pelos atos danosos praticados pelos filhos menores é objetiva, e não por culpa presumida, ambos os genitores, no exercício do poder familiar, são, em regra, solidariamente responsáveis por tais atos, ainda que estejam separados, ressalvado o direito de regresso em caso de culpa exclusiva de um dos genitores".

14 Nesse sentido, o art. 1.589 do Código Civil dispõe que: "O pai ou a mãe, em cuja guarda não estejam os filhos, poderá visitá-los e tê-los em sua companhia, segundo o que acordar com o outro cônjuge, ou for fixado pelo juiz, bem como fiscalizar sua manutenção e educação".

15 A jurisprudência, atenta às peculiaridades do caso concreto, diferencia, com razão, a hipótese em que o dano provocado decorre não de atividade que pudesse ser supervisionada pelo guardião direto, mas pela índole e temperamento do menor por cuja formação, ao longo do processo educativo, ambos os genitores devem zelar. O Tribunal de Justiça de São Paulo, por exemplo, já reconheceu a responsabilidade do não guardião, solidariamente com o guardião, pela reparação do dano moral decorrente de agressão cometida pelo filho menor, e determinou que "a conduta ilícita do autor do dano, no campo da responsabilidade civil é condizente com educação e assistência moral e afetiva dos pais separados em relação aos filhos, não se resumindo exclusivamente à vigilância sobre eles na vida diária". Para o relator, nesses casos, ambos os genitores estão abrangidos pelo dever de indenizar, "porque extrapola em muito as travessuras do dia a dia que o adolescente possa vir a praticar por ausência de uma fiscalização direta de seu guardião". No caso concreto o menor teria agredido fisicamente seu colega na escola, o que, para o Tribunal, indicaria "uma falta de melhor cuidado de ambos os pais, não podendo ser limitada a responsabilidade do guardião nos termos do art. 932, inciso I, do Código Civil, porque a separação legal dos pais, pondo termo à sociedade conjugal, não exclui o dever de educação, assistência e orientação de ambos na formação psicológica, educacional e profissional dos filhos" (TJSP, 6ª CDPriv., Ap. Cív. 9222005-35.2007.8.26.0000, Rel. Des. Sebastião Carlos Garcia, julg. 26.03.2009, publ. *DJ* 06.05.2009).

residir, configurando-se delegação da guarda e, consequentemente, do dever de vigilância, ainda que de forma informal e temporária.

Exoneração da responsabilidade

A impossibilidade material de vigilância não tem o condão de exonerar os pais.[16] No entanto, se os pais provarem haver razão jurídica que justifique não terem os filhos menores sob sua companhia, eximem-se da responsabilidade, a revelar que sua responsabilidade pode ser intermitente.[17] É o que se passa, por exemplo, se o menor causa danos a terceiros enquanto se encontra sob os cuidados e vigilância de instituição de ensino, hipótese em que a responsabilidade será desta instituição.

Solidariedade entre os pais

Os pais são, ainda, solidariamente responsáveis pelos danos decorrentes de ato infracional praticado pelo menor entre 12 e 18 anos. Nesse caso, o Estatuto da Criança e do Adolescente expressamente permite que a autoridade competente imponha ao menor a obrigação de compensar os prejuízos sofridos pela vítima.[18]

Responsabilidade subsidiária do menor

Em qualquer caso, é possível que o patrimônio do menor seja superior ao de seus pais, insuficiente para adimplir o dever de reparar. Nesse caso, o Código estabeleceu a responsabilidade subsidiária do incapaz, impondo-lhe o dever de indenizar os prejuízos que causar quando as pessoas por ele responsáveis não dispuserem de meios suficientes para fazê-lo, consoante dispõe o art. 928.[19] Dito de outro modo, a responsabilidade pelo ressarcimento dos danos causados pelo filho menor é dos pais,

---

16 Observa Caio Mário da Silva Pereira, todavia, que não prevalecerá a responsabilidade "se o filho menor não estiver habitando com os pais por uma razão jurídica ou um motivo legítimo: filho confiado a um terceiro, por medida de assistência educativa ou em férias com os avós, ou separação" (*Responsabilidade civil*, Rio de Janeiro: Forense, 2016, 11ª ed. rev. e atual. por Gustavo Tepedino, p. 126).

17 José de Aguiar Dias, *Da Responsabilidade civil*, Rio de Janeiro: Renovar, 2006, 11ª ed. rev., atual. e ampl., p. 749.

18 Foi o que decidiu o TJRJ, nos seguintes termos: "Ocorre que a hipótese revela ingrediente de especialidade, reparação de dano por positivado ato infracional. E aí a regra legal possibilita que o adolescente seja responsabilizado em equação direta no resultado de compensação pelo prejuízo da vítima, qualquer que seja, como decorrência do reprovado ato ilícito, análogo a crime. Interpretação razoável do art. 116 do ECA, e conforme a Constituição, na consideração de ampliar para inserir prejuízo extrapatrimonial, ofensa moral, ação marginal causadora de forte aflição e risco a integridade física do autor, ora apelado, que na condução coletivo, foi alvo do vandalismo que as peças dos autos dão notícia" (TJRJ, 3ª C.C., Ap. Cív. 0067183-73.2006.8.19.0001, Rel. Des. Adolpho Correa de Andrade Mello Junior, julg. 15.10.2007).

19 O mesmo entendimento foi adotado pela 4ª Turma do Superior Tribunal de Justiça, ao julgar o REsp 1436401/MG, cujo Relator Ministro Luis Felipe Salomão assim se manifestou a respeito do art. 928 e sobre sua repercussão processual: "Portanto, para correta interpretação do dispositivo, penso que a responsabilidade do incapaz será subsidiária – apenas quando os responsáveis não tiverem meios para ressarcir –, condicional e mitigada – não poderá ultrapassar o limite humanitário do patrimônio mínimo do infante (CC, art. 928, par. único e En. 39/CJF) – e equitativa –, pois a indenização deverá ser equânime, sem a privação do mínimo necessário para a sobrevivência digna do incapaz (CC, art. 928, par. único e En. 449/CJF). Em outras palavras, o filho menor não é responsável solidário com seus genitores, mas subsidiário. (...) Em sendo assim, não há obrigação – nem legal, nem por força da relação jurídica (unitária) – da vítima lesada em litigar contra o responsável e o incapaz, não sendo necessária, para a eventual condenação, a presença do outro, não havendo falar em litisconsórcio passivo necessário e muito menos em nulidade do processo" (STJ, 4ª T., REsp 1436401/MG, Rel. Min Luis Felipe Salomão, julg. 2.2.2017). Diversamente, entendendo cuidar-se de responsabilidade solidária, confira-se: Carlos Roberto Gonçalves, *Responsabilidade civil*, São Paulo: Saraiva, 2012, p. 141.

e somente quando seu patrimônio for insuficiente para arcar com a indenização, admite-se que sejam executados os bens do próprio incapaz. A solução, que inova em face do sistema anterior, volta-se, a toda evidência, à tutela da vítima, que poderia permanecer irressarcida em caso de insolvência do responsável, ainda que o incapaz possuísse patrimônio significativo.

Responsabilidade direta do menor

O dispositivo prevê, ainda, segunda hipótese em que o patrimônio do incapaz responde pela indenização do dano injusto por ele causado, não já subsidiariamente, mas de maneira direta: quando referidas pessoas não tiverem obrigação de fazê-lo. Cuida-se da situação contemplada no art. 116 do Estatuto da Criança e do Adolescente, segundo o qual "em se tratando de ato infracional com reflexos patrimoniais, a autoridade poderá determinar, se for o caso, que o adolescente restitua a coisa, promova o ressarcimento do dano, ou, por outra forma, compense o prejuízo da vítima".[20] Referido ressarcimento encerra medida socioeducativa, imposta em razão da prática de ato infracional - entendido, nos termos do art. 103 do Estatuto da Criança e do Adolescente, como a conduta da criança e do adolescente que pode ser descrita como crime ou contravenção penal.

Nesse cenário, identificam-se duas esferas distintas, sujeitas a regime jurídico diverso. Praticado ato infracional com reflexos patrimoniais, imputam-se exclusivamente ao menor as medidas socioeducativas cabíveis, dentre as quais se destaca a reparação do dano, hipótese em que os pais não respondem com seu patrimônio. Embora não se qualifiquem como penas, as medidas socioeducativas ostentam aspectos sancionatórios e coercitivos, e visam à inserção do menor em processos educativos, razão pela qual devem ser suportadas apenas pelo próprio agente. De outro lado, na hipótese de ato equiparável a ilícito civil, aplica-se o regime jurídico do Código Civil, e respondem os pais, direta e objetivamente, pelo ressarcimento do dano dele decorrente.

3. RESPONSABILIDADE DOS TUTORES E CURADORES

Tutela e curatela

No caso de falecimento dos pais, julgados ausentes ou decaindo do poder familiar, os filhos menores serão postos em tutela (art. 1.728). Estão sujeitos à curatela aqueles que, por causa transitória ou permanente, não puderem exprimir sua vontade (art. 1.767).

Atenuação da responsabilidade

O tutor e o curador respondem objetivamente pelos danos causados pelos pupilos e curatelados que se encontrem sob sua autoridade e em sua companhia, a exemplo da responsabilidade atribuída aos pais pelos atos dos filhos. A despeito, contudo, da similitude, a doutrina sustentava a possibilidade de se atenuar a responsabilidade dos tutores e curadores por se tratar de *munus publico,* de ônus que tutor

---

20 Essa foi precisamente a orientação que prevaleceu no Enunciado nº 40 da Jornada de Direito Civil promovida pelo Centro de Estudos Judiciários do Conselho da Justiça Federal nos seguintes termos: "o incapaz responde pelos prejuízos que causar de maneira subsidiária ou excepcionalmente como devedor principal, na hipótese do ressarcimento devido pelos adolescentes que praticarem atos infracionais nos termos do art. 116 do Estatuto da Criança e do Adolescente, no âmbito das medidas socioeducativas ali previstas".

e curador suportam por imposição legal, e não em razão de vínculo paterno-filial, muitas vezes sem qualquer remuneração.[21] O pretendido entendimento, todavia, parece não se justificar diante da atual regulamentação, que estabelece a responsabilidade objetiva com o escopo primordial de tutelar prioritariamente a vítima. Além disso, ao titular de *munus publico* não se pode imputar dever menos rigoroso do que aos genitores. Referida mitigação, por conseguinte, contrariaria o escopo da norma, pelo que não deve prevalecer.

Capacidade da pessoa com deficiência

O tutor, depois de nomeado, passa a ser o representante legal do menor incapaz. Já o curador, com a alteração promovida no Código Civil pela Lei n. 13.146, de 6 de julho de 2015,[22] não mais se qualifica, de regra, como representante legal do maior com deficiência psíquica ou intelectual, como o era outrora, mas sim como assistente. Isso porque referida lei, também designada Lei Brasileira de Inclusão (LBI), alterou profundamente o regime das incapacidades ao reconhecer a plena capacidade da pessoa com deficiência e assegurar seu "direito ao exercício de sua capacidade legal em igualdade de condições com as demais pessoas" (art. 84, LBI), superando a categoria abstrata e apriorística que vinculava à incapacidade os maiores que não tinham discernimento para os atos da vida civil. Todavia, nas situações em que o exercício pessoal dos direitos assegurados não é efetivamente possível sem prejuízo dos interesses do próprio sujeito, admite-se a submissão à curatela, concebida aqui como medida extraordinária e proporcional às necessidades e circunstâncias do caso concreto, de acordo com o seu efetivo poder de autodeterminação (art. 84, § 3º, LBI). Nesse caso, reconhece-se a incapacidade relativa da pessoa com deficiência, nos termos do art. 4º, III, do Código Civil, limitada aos atos indicados na sentença de interdição.[23]

Responsabilidade da pessoa com deficiência

Diante da plena capacidade civil da pessoa com deficiência psíquica ou intelectual, a regra passou a ser a sua responsabilidade direta e integral pelos danos por ela causados, com base na cláusula geral de responsabilidade subjetiva, nos termos dos arts. 186 e 927, *caput*, do Código Civil. No entanto, limitada a sua capacidade civil pela curatela, impõe-se analisar a extensão da responsabilidade do curador, nos termos do art. 932, II: o curador será objetivamente responsável por todos os danos causados pelo curatelado ou sua responsabilidade estará adstrita aos novos limites da curatela?

---

[21] José de Aguiar Dias, *Da Responsabilidade civil,* Rio de Janeiro: Renovar, 2006, 11ª ed. rev., atual. e ampl., p. 757; Carlos Roberto Gonçalves, *Direito Civil brasileiro:* responsabilidade civil, vol. IV, São Paulo: Saraiva, 2016, 11ª ed., p. 126.

[22] Referida lei veio, em rigor, a reboque da Convenção sobre os Direitos da Pessoa com Deficiência (CDPD), promulgada pela Organização das Nações Unidas em 2007 e ratificada no Brasil em 2008, por meio do Decreto n. 186. Em virtude de haver sido aprovada com o quórum qualificado de três quintos, nas duas casas do Congresso Nacional, em dois turnos, nos termos estabelecidos pelo art. 5º, §3º, da Constituição da República, a CDPD ostenta hierarquia de norma constitucional.

[23] Heloisa Helena Barboza; Vitor Almeida, A capacidade civil à luz do Estatuto da Pessoa com Deficiência. In: Joyceane Bezerra de Menezes (org.), *Direito das pessoas com deficiência psíquica e intelectual nas relações privadas:* Convenção sobre os Direitos da Pessoa com Deficiência e Lei Brasileira de Inclusão, Rio de Janeiro: Processo, 2016, p. 264.

Se a pessoa com deficiência sob curatela torna-se relativamente incapaz, sofrendo restrição mínima e pontual na sua autonomia, e se é justamente essa restrição que determina a medida dos poderes do curador, sua responsabilidade deve também ser estabelecida pelo mesmo critério, vale dizer, de acordo com os poderes que lhe são expressamente conferidos na sentença de interdição. Dessa forma, todos os danos decorrentes de atos praticados pelo curatelado no espectro de sua autonomia e capacidade – atos esses não compreendidos, portanto, pelos efeitos da curatela – vinculam o seu patrimônio e deverão ser por ele mesmo suportados, afastando-se a responsabilidade do curador.[24]

Não se pode, todavia, afastar a possibilidade de o curador, a despeito da restrição mínima à capacidade do curatelado imposta pela interdição, exercer poderes de fato que extrapolem aqueles definidos na sentença, intervindo mais intensamente no dia a dia da pessoa com deficiência, orientando e controlando sua atuação em todas as esferas da vida civil. Isso pode ocorrer quando o curador verificar, na prática, comprometimento mais severo da autonomia do curatelado. Nesse cenário, responderá o curador pelos danos causados no âmbito de sua concreta esfera de atuação, além, portanto, dos poderes formalmente conferidos pela sentença de interdição. Evidentemente, o raciocínio exposto há de se aplicar apenas às curatelas estabelecidas de acordo com o regime da nova legislação, uma vez que, em relação às curatelas anteriores à alteração legislativa, conferiam-se poderes amplos ao curador, a atribuir-lhe responsabilidade objetiva por todos os danos causados pelo curatelado.

Pródigo

A corroborar o entendimento esposado, pertinente observar que a doutrina nunca considerou incluído no inciso II o caso do pródigo, já que sua interdição somente o priva dos atos de disposição de patrimônio. Veja-se, portanto, que a função da curatela do pródigo é evitar a dilapidação do seu patrimônio, de modo que ao curador apenas se atribui poderes para emprestar, transigir, dar quitação, alienar, hipotecar etc. Assim, considerando a plena capacidade do pródigo para todos os demais atos da vida civil, sua responsabilidade pelos ilícitos praticados é direta e pessoal.[25]

Ausência de curatela

De todo modo, importante sublinhar que, em situações extremas e justificáveis, dado o máximo grau de comprometimento da funcionalidade da pessoa com deficiência, que não ostenta qualquer condição de se manifestar, admite-se a outorga de poderes de representação no âmbito da curatela, a abarcar todos os negócios e atos

---

[24] Foi precisamente o que restou consolidado no Enunciado 662 da IX Jornada de Direito Civil promovida pelo Conselho da Justiça Federal, segundo o qual "a responsabilidade civil indireta do curador pelos danos causados pelo curatelado está adstrita ao âmbito de incidência da curatela tal qual fixado na sentença de interdição, considerando o art. 85, *caput* e §1º, da Lei nº 13.146/2015".

[25] J. M. Carvalho Santos, *Código Civil Brasileiro Interpretado*, vol. XX, Rio de Janeiro: Freitas Bastos, 1978, 9ª ed., p. 226.

jurídicos relativos ao curatelado,[26] até mesmo, excepcionalmente, aqueles existenciais.[27] Nesses casos, o curador responderá objetivamente por todos os danos causados pelo curatelado.

De outro lado, ainda que não haja curatela regularmente constituída, é possível que a situação fática imponha a responsabilidade a quem conhece a deficiência do maior não interdito e se omite em adotar as providências necessárias para o estabelecimento da curatela. Foi o que decidiu o Superior Tribunal de Justiça, ao apreciar ação de indenização ajuizada por mulher agredida na rua pelo réu, então com 35 anos, que alegou sofrer de esquizofrenia paranoide desde os 18 anos, motivo pelo qual já fora submetido a diversas internações. O Tribunal condenou solidariamente a mãe do réu a indenizar a autora, não obstante a ausência de interdição e curadoria, sob o argumento de que a genitora, apesar de conhecer não só o estado de saúde do filho, mas também as agressões anteriores desferidas contra transeuntes, não tomou qualquer providência para protegê-lo e evitar novos ataques a terceiros.[28]

Responsabilidade subsidiária do incapaz

Assim como se passa no âmbito da responsabilidade dos pais pelos ilícitos praticados pelos filhos, sendo o patrimônio do tutor ou curador insuficiente para reparar o dano, o patrimônio do incapaz responderá, nos termos do art. 928. Cuida-se, portanto, de responsabilidade subsidiária.[29]

---

26 "Excepcionalmente, se for para prover a concreta e particular necessidade da pessoa, entende-se que o juiz poderá atribuir poderes de representação ao curador. Mas ainda nessa hipótese, os interesses, as preferências e o bem-estar da pessoa sob curatela serão o guia para as decisões e não a mera vontade discricionária do curador" (Joyceane Bezerra de Menezes, Tomada de decisão apoiada: instrumento de apoio ao exercício da capacidade civil da pessoa com deficiência instituído pela Lei Brasileira de Inclusão (Lei n. 13.146/2015). In: *Revista Brasileira de Direito Civil*, v. 9, jul./set. 2016, pp. 35-36).

27 À mesma conclusão chegaram Heloisa Helena Barboza e Vitor Almeida Júnior: "(...) a afirmativa de que os direitos existenciais da pessoa interdita são intangíveis, há de ser entendida nos limites da razoabilidade. *O respeito a esses direitos não significa o abandono da pessoa a suas próprias decisões, quando se sabe não haver evidentemente condições de tomá-las, por causas físicas ou mentais.* Não seria razoável permitir que pessoa com deficiência se autoamputasse, a pretexto de lhe assegurar o direito sobre o próprio corpo. Certamente, porém, haverá situações em que o curador deverá tomar providências que impliquem interferência no corpo do curatelado, por exemplo, para cuidar de sua saúde" (Heloisa Helena Barboza; Vitor Almeida Júnior, A capacidade civil à luz do Estatuto da Pessoa com Deficiência, In: Joyceane Bezerra de Menezes (org.), *Direito das pessoas com deficiência psíquica e intelectual nas relações privadas*, cit., p. 265, grifou-se).

28 Lê-se na ementa: "O art. 1.590 do CC/2002 estende ao incapaz – absoluta ou relativamente – as normas pertinentes à guarda dos filhos menores. Nesse enfoque, é importante destacar que a guarda representa mais que um direito dos pais em ter os filhos próximos. Revela-se, sobretudo, como um dever de cuidar, de vigiar e de proteger os filhos, em todos os sentidos, enquanto necessária tal proteção. Consta do acórdão recorrido que o primeiro réu, apesar de maior, é portador de esquizofrenia paranoide, mora sozinho, tem surtos periódicos e agride transeuntes. Sua genitora (segunda ré), plenamente ciente da situação e omissa no cumprimento de suas obrigações em relação ao filho incapaz e na adoção de medidas com o propósito de evitar a repetição de tais fatos, deve ser responsabilizada civilmente pelos danos morais sofridos pela autora, decorrentes de lesões provocadas pelo deficiente" (STJ, 4ª T., REsp 1.101.324/RJ, Rel. Min. Antônio Carlos Ferreira, julg. 13.10.2015).

29 José de Aguiar Dias, *Da responsabilidade civil*, 11. ed. rev., atual. e ampl., Rio de Janeiro: Renovar, 2006, p. 569. Na jurisprudência, confira-se: "Relata que os honorários devem ser cobrados da curadora do incapaz (...) que era a então responsável pelos atos por ele praticados, nos termos do artigo

4. RESPONSABILIDADE DO EMPREGADOR PELOS ATOS DO EMPREGADO

Responsabilidade objetiva

Sob a vigência do Código Civil de 1916, o Supremo Tribunal Federal editou o Enunciado da Súmula 341 (1963) segundo o qual "é presumida a culpa do patrão ou comitente pelo ato culposo do empregado ou preposto". Como já se apontou, embora pela literalidade da dicção legal referida presunção fosse relativa, logo passou-se a considerá-la absoluta, não admitindo os Tribunais prova em contrário. A evolução jurisprudencial acabou resultando na adoção pelo Código Civil da responsabilidade objetiva por fato de terceiro, incluindo a do empregador pelo ato culposo do empregado (art. 933).

Aplicação supletiva do art. 932, III

Em rigor, apesar do inegável avanço promovido pela redação do art. 933, a responsabilidade do empregador pelos atos do empregado não ostenta a mesma amplitude – e, portanto, importância – de outrora. Isso porque, antes mesmo de o Código Civil prever a responsabilidade objetiva, a Constituição de 1988 já o fizera no art. 37, § 6º, em relação aos prestadores de serviços públicos, tal como a do Estado. A partir de então todos os prestadores de serviços públicos passaram a responder objetiva e diretamente pelos atos de seus agentes – empregados e prepostos – com base no risco administrativo, e não pelo fato de outrem.[30] Em 1990, o Código de Defesa do Consumidor também estabeleceu a responsabilidade objetiva e direta para os fornecedores pelo fato do serviço, independentemente de culpa sua ou de seu empregado, nos termos do art. 14. Nesse caso, basta existir um defeito na prestação do serviço (CDC, art. 14, § 1º) para daí resultar a responsabilização do fornecedor. E mais, junto com a inovação trazida pelo art. 933, o Código ainda inseriu, no art. 927, parágrafo único, a cláusula geral de responsabilidade objetiva com base na teoria do risco, pela qual a atividade do empregado é absorvida pela atividade do próprio empregador, tornando-se despiciendo falar em fato de terceiros. Como se vê, o campo de incidência do art. 932, III, foi reduzido drasticamente, abarcando apenas as situações fáticas que não se enquadrem em nenhum dos dispositivos antes mencionados.

Empregados, serviçais ou prepostos

O primeiro ponto importante a definir nesta sede se refere à exata noção dos termos "empregados, serviçais ou prepostos". Empregado ou preposto é todo aquele que presta serviço ou realiza alguma atividade por conta e sob a direção de outrem, podendo essa atividade ser permanente ou transitória.[31] A relação de emprego ou

932, inciso II, do Código Civil. Aduz que de acordo com o artigo 928 do Código Civil o incapaz possui responsabilidade civil somente nos casos em que as pessoas por ele responsáveis não tiverem obrigação por elas ou não dispuserem de meios suficientes para tanto (...) Assim, observa-se que a responsabilidade do menor é subsidiária, razão pela qual a verba honorária sucumbencial não pode ser cobrada dele" (TJSP, 4ª CDPriv., Agrav. Intr. 2091870-68.2018.8.26.0000, Rel. Des. Natan Zelinschi de Arruda, julg. 28.3.2019). Veja-se, ainda, TJRJ, 4ª C.C., Ap. Cív. 0181783-34.2011.8.19.0001, Rel. Des. Marco Antônio Ibrahim, julg. 6.7.2016.

30 Sergio Cavalieri Filho, *Programa de responsabilidade civil,* São Paulo: Malheiros, 6ª ed. rev. aum. e atual., p. 212.

31 Sergio Cavalieri Filho, *Programa de responsabilidade civil,* cit., pp. 212-213.

preposição traz ínsita a ideia de subordinação hierárquica, entendida como a condição do dependente que recebe ordens e age sob poder ou direção de outrem, independentemente de ser ou não assalariado, ou de haver contrato típico de trabalho.[32]

Culpa do empregado

Afora as hipóteses de responsabilidade objetiva antes mencionadas, a responsabilidade do empregador depende, ainda, da prática de ato culposo pelo empregado,[33] como resta configurado quando o preposto da instituição de ensino entrega obra literária de terceiro para disponibilização no sítio eletrônico da empregadora, sem autorização e indicação clara de seu verdadeiro autor.[34] Impõe-se, ainda, que os atos culposos dos prepostos sejam praticados "no exercício do trabalho que lhes competir, ou em razão dele", vale dizer, no desempenho de suas tarefas.[35] Se assim não fosse, impor-se-ia ao empregador a responsabilidade universal pelos atos do empregado. Apesar da aparente simplicidade da regra, diversas têm sido as dificuldades enfrentadas pela doutrina e pela jurisprudência.

Danos causados fora do expediente

Discute-se, em primeiro lugar, se responde o empregador pelos danos provocados por seu preposto fora do horário do expediente, mas com o uso de ferramentas a ele inerentes.[36] A questão se torna ainda mais tormentosa quando o tema é lesão provocada por disparo de arma de fogo da corporação por policial em dia de folga. Parte das decisões atribui ao Estado responsabilidade objetiva,[37] mesmo quando o disparo não

---

32 "O propósito recursal consiste em aferir a responsabilidade do sindicato pelos prejuízos causados ao filiado em razão de levantamento e apropriação indevida de valores por advogado indicado pela entidade sindical. Nos termos dos arts. 932, III, e 933 do Código Civil, o empregador ou comitente responde de forma objetiva pela conduta culposa ou dolosa que o empregado ou preposto pratica no exercício de seu trabalho ou por ocasião deste. Para a configuração da referida responsabilidade objetiva indireta, é prescindível a existência de um contrato típico de trabalho, sendo suficiente que alguém preste serviço sob o interesse e o comando de outrem. Comprovada a relação jurídica entre o sindicato e o autor do dano – profissional este colocado à disposição dos sindicalizados para prestar-lhes assistência jurídica, responde a entidade sindical de forma objetiva e solidária pelos atos ilícitos praticados pelo advogado no exercício do trabalho que lhe competir, ou em razão dele" (STJ, 3ª T., REsp 1920332/SP, Rel Min. Marco Aurélio Bellizze, julg. 8.6.2021). No mesmo sentido: STJ, 4ª T., AgInt no REsp 1.309.505/GO, Rel. Min. Luis Felipe Salomão, julg. 19.3.2019.

33 "O novo Código Civil (art. 933), seguindo evolução doutrinária, considera a responsabilidade civil por ato de terceiro como sendo objetiva, aumentando sobejamente a garantia da vítima. Malgrado a responsabilização objetiva do empregador, esta só exsurgirá se, antes, for demonstrada a culpa do empregado ou preposto, à exceção, por evidência, da relação de consumo" (STJ, 4ª T., REsp 1135988/SP, Rel. Min. Luis Felipe Salomão, julg. 8.10.2013).

34 STJ, 4ª T., REsp 1201340/DF, Rel. Min. Maria Isabel Gallotti, julg. 3.11.2011.

35 O TJRJ reconheceu a responsabilidade do empregador por fiscalização vexatória realizada por preposto em cliente do estabelecimento comercial, perante diversas pessoas (TJRJ, 19ª C.C., Ap. Cív. 016922-40.2021.8.19.0208, Rel. Des. Vitor Marcelo Aranha Afonso Rodrigues, julg. 12.9.2024).

36 O Tribunal de Justiça do Rio de Janeiro afastou a responsabilidade do empregador pelos danos causados por seu empregado que, "(...) num dia de sábado, fora do expediente de trabalho, pegou o caminhão pertencente à empresa ré, sem a autorização desta última, e, na direção do veículo, foi levar a família e os amigos para um passeio na cachoeira, tendo, então, ocorrido o trágico acidente. (...)" (TJRJ, 25ª C.C., Ap. Cív. 0002175-71.2011.8.19.0035, Rel. Des. Marianna Fux, julg. 22.9.2021).

37 TJRJ, 15ª C.C., Ap. Cív. 0010210-85.2012.8.19.0002, Rel. Des. Ricardo Rodrigues Cardoso, julg. 17.5.2016; TJSP, 10ª CDPub, Ap. Cív. 0130975-06.2006.8.26.0583, Rel. Des. Antônio Celso Aguilar Cortez, julg. 2.6.2014.

ocorre a pretexto do exercício da função pública;[38] outras, no entanto, afastam a responsabilidade do ente estatal, por entender, justamente, que, nesse caso, o policial age fora do exercício de suas funções regulares, atuando não como agente público, mas como cidadão, pelo que não se verifica nexo causal entre o dano e a atividade funcional.[39] Há, contudo, certo consenso em afastar a responsabilidade do Estado quando a arma empregada é particular, do próprio policial, por evidente ausência de causalidade, hipótese em que o agente responde direta e pessoalmente pelos danos causados.[40]

Abuso ou desvio de função

Questão relevante refere-se ao ato praticado pelo empregado, durante o exercício de sua atividade laboral, mas com abuso ou desvio de suas funções. Nesses casos, a solução repousa na teoria da aparência. Como se sabe, a teoria da aparência tutela a confiança legítima despertada no terceiro; a tutela à confiança do terceiro gera um ônus para o empregador, que terá de suportar os danos decorrentes do ato praticado pelo empregado, ainda que sua atuação tenha se dado com abuso ou desvio de suas funções. No entanto, tal ônus somente se justifica se o empregador contribuiu com sua ação ou omissão para a produção da situação geradora da confiança e se, evidentemente, o lesado não sabia que o empregado agia fora de suas funções.[41]

---

38 "Responsabilidade civil do Estado. Indenização por danos morais. Falecimento da vítima provocada por disparos de arma de fogo pertencente a policial civil fora do exercício de sua função. Crime praticado com arma da corporação. Nexo de causalidade entre o evento danoso e a omissão do Poder Público configurado. Teoria do risco administrativo. Responsabilidade objetiva do Estado (art. 37, § 6 1, da Constituição Federal). Dever de guarda e vigilância em relação à arma de fogo (...) No caso, verifico que o Tribunal de origem, com base nas provas dos autos, consignou que o Estado responde objetivamente pelo crime praticado por agente público que usou arma de fogo da corporação mesmo em dia de folga, com base na teoria do risco administrativo, e também a necessidade de danos morais. Nesse sentido, extrai-se o seguinte trecho do acórdão impugnado: 'Assim, com base na teoria do risco administrativo, considerando o dever de guarda e vigilância em relação à arma de fogo, o Estado responde objetivamente pela ação danosa praticada por agente público em dia de folga, que se utilizou de arma de fogo da Corporação (art. 37, § 6 1, da Constituição Federal, CF/88), mostrando-se acertada a conclusão exposta na r. sentença, pela responsabilização do Poder Público'" (STF, ARE 1.119.331/SP, Rel. Min. Gilmar Mendes, julg. 7.11.2018). No mesmo sentido, confira-se: TJSP, 2ª CDPub., Ap. Cív. 1003395-61.2019.8.26.0472, Rel. Des. Luciana Bresciani, julg. 30.4.2021. Atuando o policial a pretexto de exercer suas funções, ainda que em sua folga, atribui-se também responsabilidade ao Estado: TJRJ, 16ª C.C., Ap. Cív. 0059477-68.2008.8.19.0001, Rel. Des. Eduardo Gusmão Alves de Brito Neto, julg. 16.4.2013.

39 "(...) O Estado de Minas Gerais não possui legitimidade para figurar no polo passivo de ação de indenização proposta em decorrência de dano causado por ato praticado por agente público policial à paisana e fora de suas funções. Inteligência do art. 37, § 6º, CF (pág. 4 do documento eletrônico 15). Assim, na hipótese em comento, apesar de o agente público estar, na data dos fatos, portando arma de fogo de propriedade do Estado de Minas Gerais, não estava em serviço, e nem mesmo uniformizado, o que afasta a possibilidade de responsabilização do ente público pelo ocorrido. Tenho, portanto, que não se pode admitir como legitimidade a figurar no polo passivo de uma demanda aquele que não tem capacidade para suportar os eventuais efeitos oriundos do provimento judicial, uma vez que o agente à paisana não estava agindo em nome do Estado de Minas Gerais (...)" (STF, RE 1.236.498/MG, Rel. Min. Ricardo Lewandowski, julg. 20.2.2020). No mesmo sentido: TJSP, 3ª CDPub., Ap. Cív. 1022489-54.2020.8.26.0053, Rel. Des. Bandeira Lins, julg. 27.9.2021.

40 TJSP, 2ª CDPub, Ap. Cív. 0000111-74.2004.8.26.0444, Rel. Des. Renato Delbianco, julg. 15.9.2015; TJRJ, 3ª C.C., Ap. Cív. 0021372-90.2006.8.19.0001, Rel. Des. Mário Assis Gonçalves, julg. 6.2.2013.

41 Carlos Roberto Gonçalves, *Direito Civil Brasileiro:* responsabilidade civil, vol. IV, São Paulo: Saraiva, 2016, 11ª ed., p. 133.

Ao propósito, o Superior Tribunal de Justiça julgou interessante caso em que imputou responsabilidade objetiva a empregador pelos danos praticados por empregado de outra empresa, com base na teoria da aparência. Cuidava-se de ação de responsabilidade civil movida pela mãe de vítima de disparo de arma de fogo efetuado por vigia. Ocorre que o autor dos disparos não era empregado da empresa ré, mas de empresa diversa que operava no mesmo local. Todavia, como confirmado pelo próprio autor do disparo e por outro vigia, ambas as empresas operavam no mesmo galpão e nem eles próprios eram capazes de distinguir quais os bens eram de uma ou de outra. Entendeu o Tribunal que o fato de o autor dos disparos não estar em serviço, mas de licença médica, encontrando-se no local apenas porque visitava o outro vigia, e de a empresa não permitir o uso de arma no exercício da atividade funcional, não eram suficientes a afastar a responsabilidade objetiva da empregadora aparente.[42]

Comitente

Observe-se, por fim, que o termo "comitente", constante da redação do inciso III do art. 932, é utilizado em sentido impróprio, como sinônimo de preponente, não se confundindo com uma das partes do contrato de comissão, disciplinado nos arts. 693 a 709 do Código Civil. Pelo contrato de comissão, uma pessoa, denominada comissário, adquire ou vende bens em nome próprio, mas por conta de outrem, chamado comitente.[43] Por conseguinte, o comissário se obriga diretamente com as pessoas com quem contratar, as quais não têm ação contra o comitente, tampouco este contra elas, salvo se o comissário ceder seus direitos a qualquer das partes (art. 694). Ademais, o comitente não responde por atos do comissário, já que não atua como colaborador dependente do comitente.

5. RESPONSABILIDADE DOS DONOS DE HOTÉIS E ESTABELECIMENTOS DE ENSINO

Crítica ao art. 932, IV

De acordo com o art. 932, inciso IV, respondem os donos de hotéis e estabelecimentos similares pelos atos praticados pelos seus hóspedes. A regra, de origem romana, revela-se obsoleta. Ao propósito, Silvio Rodrigues já asseverava ser "difícil imaginar a empresa Hilton, por exemplo, ser responsabilizada pelo dano causado a terceiro, atropelado por seu hóspede, ou por ele ferido em uma briga ocorrida na

---

42 A decisão restou assim ementada: "Civil e processual. Recurso especial. Ação indenizatória. Responsabilidade civil do empregador por ato de preposto (art. 932, III, CC). Teoria da aparência. Responsabilidade objetiva. Precedentes. 1. Nos termos em que descrita no acórdão recorrido a dinâmica dos fatos, tem-se que o autor do evento danoso atuou na qualidade de vigia do local e, ainda que em gozo de licença médica e desobedecendo os procedimentos da ré, praticou o ato negligente na proteção do estabelecimento. 2. Nos termos da jurisprudência do STJ, o empregador responde objetivamente pelos atos ilícitos de seus empregados e prepostos praticados no exercício do trabalho que lhes competir, ou em razão dele (arts. 932, III, e 933 do Código Civil). (...)" (STJ, 4ª T., REsp 1.365.339/SP, Rel. Min. Maria Isabel Gallotti, julg. 2.4.2013).

43 De acordo com Pontes de Miranda, "a comissão se caracteriza por serem os atos do comissionário em seu nome, ele é que figura no contrato, ele é que oferta ou aceita, ele é que promete ou recebe a promessa, ele é que dispõe ou é beneficiado pelo ato de disposição praticado pelo terceiro. É na figura jurídica do negócio jurídico que se há de procurar o comissionário. Não fica de fora, como mediador, nem fica em vez de outrem, como o representante. É figurante" (*Tratado de direito privado*, t. XLIII, São Paulo: Revista dos Tribunais, 1984, 3ª ed., p. 285).

vizinhança (...) ou que a dona de uma pensão de estudantes possa ser compelida a reparar o prejuízo por eles causado ao danificarem um restaurante após libações comemorativas".[44] A responsabilidade dos donos de hotéis e estabelecimentos similares encontra-se mais bem disciplinada nas relações de consumo, reconduzida ao campo da responsabilidade por fato próprio, no âmbito da qual já se trata a responsabilidade de donos de hotéis por danos causados a seus hóspedes por empregados e prepostos (CDC, art. 14).[45]

Estabelecimentos de ensino

Com efeito, a utilidade do dispositivo se restringe à responsabilidade dos estabelecimentos de ensino. Segundo se afirma, transferindo os pais para certa instituição de ensino a guarda transitória de seus filhos, passa a ser desta, não já daqueles, a responsabilidade pelos prejuízos eventualmente causados pelos estudantes a terceiros durante sua estada no estabelecimento, ou em veículo de transporte oferecido pela instituição.[46] A responsabilidade objetiva se aplica indistintamente tanto ao internato quanto ao externato, à escola particular[47] ou à escola pública, no âmbito da qual responde o ente da federação sob cuja administração a instituição se encontra.

Danos causados aos alunos

Observe-se, contudo, que se tratando de danos causados aos próprios alunos, incide o art. 14 do Código de Defesa do Consumidor, por se cuidar de falha do serviço. De todo modo, também aqui, mister a presença do nexo causal entre o dano e o dever do estabelecimento de zelar pela integridade física e psíquica de seus alunos. Ilustrativo a esse respeito foi o julgamento proferido pelo Tribunal de Justiça do Rio de Janeiro em ação na qual a autora pleiteava ressarcimento do estabelecimento de ensino em razão da divulgação de imagens registradas e divulgadas por dois colegas, captadas clandestinamente quando a autora e outro aluno, então menores de idade, realizavam ato sexual consensual no banheiro da instituição. Entendeu o Tribunal que não havia nexo de causalidade entre a conduta dos réus e o dever de vigilância

---

44 Silvio Rodrigues, *Direito Civil*, vol. IV, São Paulo: Saraiva, 2002, 19ª ed. atual., pp. 79-80. Ao propósito, decidiu a 3ª Turma do STJ que o hotel não responde pelos danos decorrentes de homicídio cometido por hóspede contra outro no local (STJ, 3ª T., REsp 2.114.079, Rel. Min. Moura Ribeiro, julg. 18.6.2024).

45 Nessa seara, problema que suscitou grande discussão no âmbito da doutrina e da jurisprudência foi a responsabilidade dos hotéis pelos bens dos hóspedes recolhidos em cofres colocados à disposição dos mesmos. O Superior Tribunal de Justiça pacificou a questão, adotando entendimento segundo o qual não se configura relação de depósito, podendo o estabelecimento incorrer em responsabilidade se violado seu dever de vigilância (STJ, 3ª T., AgRg no Ag 249826/RJ, Rel. Min. Eduardo Ribeiro, julg. 10.12.1999).

46 Caio Mário da Silva Pereira, *Responsabilidade Civil*, Rio de Janeiro: Forense, 2016, 11ª ed. rev. e atual. por Gustavo Tepedino, p. 134. Diversamente, em favor da solidariedade entre o estabelecimento de ensino e os pais pelos danos morais causados pelo menor a colega, confira-se TJMG, 13ª C.C., Ap. Cív. 1.0000.22.029195- 9/001, Rel. Des. Luiz Carlos Gomes da Mata, julg. 1.12.2022.

47 O Tribunal de Justiça do Rio de Janeiro condenou estabelecimento de ensino pelos danos causados a aluno de seis anos que, empurrado por colega durante o horário escolar, fraturou o braço e não recebeu a "prestação de socorro adequada, considerando que, mesmo com dor, apenas colocou-se gelo no local, sem o encaminhamento a atendimento médico hospitalar ou aviso aos seus genitores, que somente tiveram ciência no final do horário escolar, ao buscar o menor" (TJRJ, 25ª C.C., Ap. Cív. 00010719120188190037, Rel. Des. Luiz Fernando de Andrade Pinto, julg. 18.3.2021).

da instituição, afastando, assim, a responsabilidade objetiva da escola.[48] Em sentido semelhante, o Superior Tribunal de Justiça afastou a responsabilidade objetiva da escola em situação na qual "a desavença ocorrida entre os dois alunos, adolescentes de dezessete anos, ocorreu de forma súbita, descaracterizando o nexo de causalidade material entre o evento danoso e a atividade imputável aos agentes da instituição de ensino, considerando que não havia a efetiva possibilidade de agir para impedir o resultado danoso".[49]

Regresso contra os pais?

Discute-se se haveria direito de regresso da instituição contra os pais dos alunos. A melhor doutrina entende que não, tendo em vista a já mencionada transferência da guarda ao colégio.[50] Nesse sentido também se tem manifestado a jurisprudência: "a responsabilidade do estabelecimento de ensino por dano causado por menor de idade, fundada no 932, inciso IV, do Código Civil, não permite o direito de regresso contra os pais, tendo em conta a transferência da posse de fato da criança, sendo unicamente responsável a escola".[51]

6. RESPONSABILIDADE DOS QUE TIRARAM PROVEITO DO CRIME

Proveito inocente e gratuito

O art. 932, inciso V, impõe responsabilidade a quem aufere proveito da prática de determinado crime. Não cuida o dispositivo de coautoria – disciplinada no art. 942 –, mas de proveito inocente e gratuito,[52] a exemplo do que se passa com o dona-

---

48 "Nos termos do art. 932, I, e 933 do Código Civil, a responsabilidade dos pais pelos atos dos filhos menores é objetiva. Não podem os pais, assim, eximir-se da responsabilidade comprovando seu comportamento diligente, mas somente comprovando a interrupção do nexo de causalidade. Não há, no caso, como se imputar o nexo de causalidade entre a conduta de B.C.S. e K.L.M. e o dever de vigilância do estabelecimento de ensino. Não é necessário entrar no mérito da discussão sobre se o colégio deve ou não manter inspetores vigiando os banheiros. Tendo em vista que o ato ilícito em discussão não foi o ato sexual praticado nas dependências do colégio, mas o registro e a divulgação das imagens sem autorização, não há como se imputar liame de causalidade ao estabelecimento de ensino, sob pena de adotar-se a vetusta teoria da equivalência das concausas, segundo a qual o marceneiro que construiu o leito é responsável pelo adultério nele praticado. Qualquer que fosse o local em que o ato sexual fosse realizado, o artifício para o registro e divulgação das imagens poderia ter ocorrido, dependendo apenas da conduta dos réus para tanto" (TJRJ, 17ª C.C., Ap. Cív. 0159240-42.2008.8.19.0001, Rel. Des. Márcia Ferreira Alvarenga, julg. 7.8.2013).

49 STJ, 4ª T., REsp 1.539.635/MG, Rel. Min. Maria Isabel Gallotti, julg. 7.12.2021.

50 Sergio Cavalieri Filho, *Programa de responsabilidade civil*, cit., p. 204; Caio Mário da Silva Pereira, *Responsabilidade civil*, cit., p. 98. Em sentido contrário: "Ousamos dissentir dos brilhantes juristas, não nos parecendo possível isentar – de modo apriorístico e peremptório – os pais de tal responsabilidade. Transferir, integralmente, a responsabilidade pelos filhos para a escola é medida extrema, sem relação causal clara. Os danos causados pelos alunos advêm, muitas vezes, não de um antecedente imputável às escolas, mas aos pais. Isso não afasta a obrigação delas de reparar as vítimas, mas tampouco lhes podem retirar o direito à ação regressiva contra os pais" (Felipe Peixoto Braga Netto; Cristiano Chaves de Farias; Nelson Rosenvald, *Curso de direito civil*: responsabilidade civil. v. 3. Salvador: JusPodivm, 2017, 4ª ed., p. 578).

51 TJRS, 10ª C.C., Ap. Cív. 70024551392, Rel. Des. Jorge Alberto Schreiner Pestana, julg. 28.5.2009.

52 De acordo com Clóvis Beviláqua, "a ideia de compartição gratuita exclui a codelinqüência" (*Código Civil dos Estados Unidos do Brasil comentado*, vol. V, 12. ed., Rio de Janeiro: Livraria Francisco Alves, 1957, pp. 231-232).

tário de certa quantia furtada que sequer tem conhecimento do crime.[53] A inocência, no entanto, não é causa jurídica passível de gerar o enriquecimento do beneficiário, pelo que o montante do proveito obtido com o crime deve ser ressarcido à vítima. Em rigor, a hipótese não encerra propriamente responsabilidade por fato de terceiro, cuidando-se de ação *in rem verso*, que sequer dependeria de previsão legal específica,[54] já que albergada pelo art. 884 do Código Civil.

Ação *in rem verso*

7. AÇÃO REGRESSIVA

Responsabilidade indireta

Como já se observou, embora a regra seja a responsabilidade direta, vale dizer, cada um responde apenas pelo dano a que deu causa, o Código Civil, a fim de tutelar a vítima, atribuiu responsabilidade objetiva a quem tem meios de indenizá-la. Cuida-se de casos em que o autor do dano ordinariamente não tem condições de fazê-lo – como se passa na hipótese de responsabilidade dos pais pelos filhos e dos tutores pelos pupilos –, ou em que é possível vincular o dever de reparação àquele que obtém proveito da atividade exercida pelo causador do dano – como ocorre na responsabilidade do empregador pelos atos do empregado.

Regresso contra autor do dano

Isso não importa, todavia, exoneração da responsabilidade do autor do dano. Ao contrário. É o causador do dano a quem cabe, em última instância, o dever ressarcitório, sendo a responsabilidade pelo fato de terceiro apenas um meio legal de garantir que a vítima não fique irressarcida.[55] Por isso, o art. 934 do Código Civil estabelece a possibilidade de aquele que houver suportado os efeitos da responsabilidade indireta ajuizar ação regressiva contra o autor do dano e recuperar o valor desembolsado com a reparação da vítima.

Descendentes

O preceito do art. 934 estabelece uma única hipótese de afastamento da ação de regresso: quando o autor do dano for descendente, absoluta ou relativamente incapaz, do responsável pela indenização.[56] A proibição do regresso, nesse caso, justifica-se por "considerações de ordem moral e da organização econômica da família" e pela "solidariedade moral e, até certo ponto, econômica do ascendente para com o descendente".[57] Compreende-se o dispositivo tendo em vista a diversidade de funda-

---

53 O Tribunal de Justiça de São Paulo condenou o marido de auxiliar administrativa a devolver a quantia furtada pela esposa da imobiliária em que trabalhava. De acordo com o Relator, "Os valores subtraídos pela autora foram depositados na conta bancária de seu marido, por ele livremente movimentada. Inegável, pois, seu dever solidário de reparar os danos causados aos requerentes" (TJSP, 6ª CDPriv, Ap. Cív. 0003833-52.2006.8.26.0281, Rel. Des. Francisco Loureiro, julg. 1.11.2012).

54 Pontes de Miranda, *Tratado de direito privado*, t. LIII, 3. ed., São Paulo: Ed. RT, 1984, p. 161.

55 Caio Mário da Silva Pereira, *Responsabilidade Civil*, Rio de Janeiro: Forense, 2016, 11ª ed. rev. e atual. por Gustavo Tepedino, p. 135.

56 Tampouco se exige do descendente causador do dano que leve à colação o montante pago pelo ascendente a título de indenização, pois não se cuida de liberalidade, mas de imposição legal. Na mesma direção, confira-se Orlando Gomes, *Responsabilidade Civil*, Rio de Janeiro: Forense, 2011, p. 101.

57 Clóvis Beviláqua, *Código Civil dos Estados Unidos do Brasil comentado*, vol. V, cit., p. 234. E prossegue o autor, na mesma sede: "Na verdade, nenhuma das pessoas, que têm de ressarcir o dano causado por outra, se acha na situação especial de aproximação afetiva, de dever de vigilância, de solidariedade

mentos que animou o legislador a estabelecer as diversas hipóteses de responsabilidade indireta. O fundamento da responsabilidade do empregador pelos atos do empregado se baseia no benefício por ele auferido com a atividade de seu preposto, situando-se, por conseguinte, no âmbito exclusivamente patrimonial. Em contrapartida, no campo da responsabilidade dos pais pelos atos dos filhos, cuja relação é pautada sobretudo por aspectos existenciais, a ação de regresso, voltada para o ressarcimento financeiro, amesquinharia a relação paterno-filial. Andou bem, portanto, o legislador, ao manter a orientação já consagrada no Código Civil de 1916.

Responsabilidade subsidiária do incapaz

Pontes de Miranda, todavia, arguia, sob a égide do Código anterior, a injustiça da proibição do regresso nos casos em que os pais são pobres, e os filhos, ricos.[58] A crítica, que no sistema anterior poderia se justificar,[59] já não se sustenta diante da dicção do art. 928, segundo o qual o incapaz responde pelos prejuízos que causar, se as pessoas por ele responsáveis não dispuserem de meios suficientes. Logo, se os pais, tutores ou curadores não tiverem condições de arcar com a indenização, o patrimônio do incapaz poderá ser alcançado para fazer frente à indenização devida.

Tutela do patrimônio mínimo

Ao propósito, notável foi a inovação trazida pelo parágrafo único do art. 928, segundo o qual a indenização, além de equitativa, não deve privar o incapaz dos meios necessários à sua sobrevivência. Embora o dispositivo proteja, em sua literalidade, apenas o patrimônio do incapaz, interpretação à luz da Constituição impõe a ampliação de seus confins, para concebê-lo como verdadeiro princípio geral da responsabilidade civil. Erigido a fundamento da República pela Constituição de 1988, o princípio da dignidade humana exige que se garanta, a cada indivíduo, os meios necessários para o desenvolvimento da sua personalidade e para a manutenção de uma vida digna. Significa que a preservação de patrimônio mínimo, protegido contra os interesses patrimoniais dos credores, que garanta ao devedor a manutenção de sua dignidade, é exigência da Constituição, e independe de previsão infraconstitucional específica. Cuida-se, por conseguinte, de "imunidade jurídica inata ao ser humano, superior aos interesses dos credores".[60]

Em termos práticos, o limite humanitário há de ser tutelado também nos casos em que a indenização recaia sobre o patrimônio do pai, tutor ou curador, de sorte que a utilização do patrimônio do incapaz se dê não apenas quando esgotados todos os recursos do responsável, mas quando reduzidos ao montante necessário à preservação

---

moral e, até certo ponto, econômica, do ascendente para com o descendente. São razões essas, mais que suficientes para dar apoio sólido à exceção restritiva do Código Civil brasileiro".

58 Pontes de Miranda, *Tratado de direito privado*, t. LIII, cit., p. 166.

59 Serpa Lopes discordava da crítica de Pontes de Miranda, e apoiava a exceção legal: "A desvantagem que esse dispositivo possa acarretar quando haja uma diferença de nível econômico entre o patrimônio do descendente em face do ascendente, é uma circunstância excepcional que não diminui o valor do princípio geral consagrado em nosso Código" (*Curso de direito civil*, vol. V, Rio de Janeiro: Freitas Bastos, 1962, 2ª ed., p. 285).

60 Luiz Edson Fachin. *Estatuto jurídico do patrimônio mínimo*, Rio de Janeiro: Renovar, 2001, p. 1.

de uma vida digna,[61] noção que não deve ser interpretada restritivamente, sob pena de se limitar o alcance do princípio constitucional da dignidade da pessoa humana.

PROBLEMAS PRÁTICOS

1. O fim da relação de conjugalidade altera a responsabilidade dos pais pelos danos causados pelos filhos menores? Justifique.
2. É possível que o patrimônio do menor seja atingindo para fins de ressarcimento da vítima de dano por ele causado?
3. Os pais são civilmente responsáveis pelos danos causados pelos filhos menores emancipados?

Acesse o *QR Code* e veja a Casoteca.

> *https://uqr.to/1ofhm*

[61] Nessa direção, aprovou-se o Enunciado nº 39 na Jornada de Direito Civil promovida pelo Centro de Estudos Judiciários do Conselho da Justiça Federal nos seguintes termos: "A impossibilidade de privação do necessário à pessoa, prevista no art. 928, traduz um dever de indenização equitativa, informado pelo princípio constitucional da proteção à dignidade da pessoa humana. Como consequência, também os pais, tutores e curadores serão beneficiados pelo limite humanitário do dever de indenizar, de modo que a passagem ao patrimônio do incapaz se dará não quando esgotados todos os recursos do responsável, mas se reduzidos estes ao montante necessário à manutenção de sua dignidade".

Capítulo XI

RESPONSABILIDADE CIVIL POR FATO DA COISA

Acesse o *QR Code* e assista ao vídeo sobre o tema.

> *https://uqr.to/1ofh2*

Sumário: 1. Teoria da guarda – 2. Natureza da responsabilidade – 3. Danos causados por animais – 4. Ruína do edifício ou construção – 5. Queda ou arremesso de coisa – Problemas práticos.

1. TEORIA DA GUARDA

Dever jurídico de guarda

A responsabilidade pelo fato da coisa emerge da necessidade de disciplinar aquelas situações em que o dano não decorre diretamente da conduta do agente, mas de acontecimentos ou fatos ligados a objetos inanimados ou seres irracionais,[1] a exemplo do que ocorre quando há explosão de transformador de energia elétrica, quando a porta pantográfica do elevador abre inadvertidamente e prende o dedo da criança, ou ainda quando a porta automática da garagem fecha enquanto o carro ainda a atravessava. Sob pena de a vítima quedar-se irressarcida, atribuía-se a quem ostentasse o dever jurídico de guarda da coisa ou do animal, também o dever de indenizar os danos por eles causados.

A responsabilidade pelo fato da coisa nasce centrada na figura do guardião – assim entendido, de acordo com o critério da "direção intelectual",[2] aquele que de-

[1] Arnold Wald, *Direito civil*: responsabilidade civil, vol. 7, São Paulo: Saraiva, 2015, 3ª ed. totalmente reformulada por Brunno Pandori Giancoli, p. 200.

[2] Sobre os demais critérios utilizados para definir a responsabilidade pelo dato da coisa, confira-se Caio Mário da Silva Pereira, *Responsabilidade civil,* Rio de Janeiro: GZ Ed., 2012, 10ª ed. atual. por Gustavo Tepedino, p. 141.

têm, de fato, o poder de comando, de direção e de controle sobre animais ou coisas inanimadas – e se insere na seara da responsabilidade subjetiva: o dono ou detentor da coisa ou do animal, incumbido de impedir que as coisas ou os animais sob seu poder causassem danos a terceiros, respondia pelas lesões decorrentes da violação do seu dever de guarda.

Na França, onde a teoria alcançou notável desenvolvimento, doutrina e jurisprudência adotaram, de início, a ideia de presunção de culpa, originalmente restrita aos casos de ruína de edifícios e de coisas deles caídas ou lançadas, únicas hipóteses previstas no *Code Civil*. Com o tempo, os tribunais franceses, a fim de conferir maior proteção às vítimas de acidentes, cada vez mais corriqueiros com o acelerado avanço tecnológico, estenderam a presunção de culpa a todos aqueles que detinham a guarda de coisas perigosas, em relação às quais o controle humano se mostrava mais tormentoso do que o normal. Finalmente, e ainda com o escopo de conferir especial tutela à vítima, a corte de cassação substituiu a presunção de culpa pelo que denominou *presunção de responsabilidade*, expressão que, não obstante criticada, acabou acolhida por parte da doutrina francesa.[3]

Código Civil de 1916

No Brasil, o art. 1.527 do Código Civil de 1916 também presumiu a culpa do guardião do animal, permitindo-lhe se exonerar mediante prova de "que o guardava e vigiava com o cuidado preciso" (inciso I). Embora houvesse autores que sustentassem tratar-se de responsabilidade objetiva, cuidava-se, em rigor, de responsabilidade subjetiva, já que fundada na culpa, ainda que presumida.[4]

Na hipótese de danos causados pela ruína de edifício ou construção, estabelecia o art. 1.528 do diploma de 1916 a responsabilidade do proprietário desde que a necessidade de reparo se afigurasse manifesta. Como advertia Pontes de Miranda, "isso não significa que se trate de responsabilidade pelo risco: o demandado pode provar que a ruína não era manifesta, que a necessidade de reparos não existia, como, por exemplo, se o muro ou o poste de sinais, ou telégrafo, ou telefone, tombou, porque houve tremor de terra, ou a explosão de alguma mina ou demolição próxima foi a causa".[5] E acrescentava: "O art. 1.528 do Código Civil, como o art. 1.386 do Código Civil francês, não estabelece regra jurídica explícita sobre o ônus da prova de ter bem construído, ou não haver falta de reparos, por parte do dono do prédio (...). Mas tem-se de admitir que, provada a ligação causal, por ter havido desmoronamento, ou outro acidente no edifício, e o dano, tem o dono do prédio o ônus da prova de que está incólume à alegação de culpa (...)".[6]

---

[3] É como noticia Caio Mário da Silva Pereira, *Responsabilidade civil*, Rio de Janeiro: GZ Ed., 2012, 10ª ed. atual. por Gustavo Tepedino, p. 140.

[4] Clóvis Beviláqua, *Código Civil dos Estados Unidos do Brasil comentado*, vol. V, São Paulo, Livraria Francisco Alves, 1957, p. 237.

[5] Pontes de Miranda, *Tratado de direito privado*, t. LIII, São Paulo: Revista dos Tribunais, 1984, 3ª ed., p. 422.

[6] Pontes de Miranda, *Tratado de direito privado*, t. LIII, cit., p. 423.

O legislador de 1916 dispensou tratamento próprio à responsabilidade pelos danos causados pelo lançamento ou queda de coisas da casa, disciplinando-a, no art. 1.529, pelas regras da responsabilidade objetiva. Nessa direção, respondia objetivamente o habitante da casa, ou parte dela, não se eximindo sequer com a prova de que foi outrem, e não ele, quem lançou o objeto janela abaixo.[7]

2. NATUREZA DA RESPONSABILIDADE

Responsabilidade por fato do animal

O Código Civil de 2002 tratou da responsabilidade por fato do animal no art. 936, e abandonou a orientação adotada pelo Código anterior: posto tenha repetido parte da redação do revogado art. 1.527, suprimiu seu inciso I, e afastou a possibilidade de exoneração de responsabilidade do dono ou detentor do animal com base em prova do exercício diligente do seu dever de vigilância. A redação atual do dispositivo admite apenas como excludentes de responsabilidade o fato exclusivo da vítima ou a força maior, razão pela qual dúvidas não há acerca da atribuição de responsabilidade objetiva ao dono ou detentor do animal.[8]

É fácil notar que o fundamento dessa responsabilidade reside na teoria do risco, e não mais na teoria da guarda, na violação do dever de vigilância. No entanto, os Tribunais, por vezes, ainda apontam a violação do dever de vigilância como fundamento da responsabilidade, embora reconheçam que o dono ou detentor responde objetivamente, como se depreende do trecho do voto proferido no âmbito de apelação cível pelo Tribunal de Justiça do Rio de Janeiro: "(...) o fato de o cão ser dócil ou ser feroz, em nada influi na responsabilidade civil por fato de animal, que é objetiva, e decorre da violação do dever de guarda e vigilância do animal pelo seu possuidor ou proprietário".[9]

---

7 Pontes de Miranda, *Tratado de Direito Privado*, t. LIII, cit., p. 404.

8 Eis o teor do art. 936, do Código Civil de 2002: "O dono, ou detentor, do animal ressarcirá o dano por este causado, se não provar culpa da vítima ou força maior."

9 TJRJ, 6ª C.C., Ap. Cív. 0016955-54.2010.8.19.0066, Rel. Des. Inês da Trindade Chaves de Melo, julg. 14.12.2016. No mesmo sentido: TJSP, 1ª CDPriv., Ap. Cív. 1003915-74.2020.8.26.0152, Rel. Des. Augusto Rezende, julg. 24.9.2021. Diversamente, aplicando de forma correta a responsabilidade objetiva, confira-se trecho do voto do Relator Desembargador Cláudio Godoy, do Tribunal de Justiça de São Paulo: "(...) No mais, e antes mesmo da edição do atual Código Civil, já se reconhecia ao dono ou detentor do animal (art. 1.527) ao menos uma responsabilidade presumida, por culpa presumida, se se preferir, somente afastável mediante a comprovação de uma das excludentes enunciadas no preceito (*v.g.* RT 774/266; RSTJ 165/330). E, dentre elas, o especial problema se colocava na previsão do inciso I, que permitia ao dono do animal se eximir de sua responsabilidade se demonstrasse que o guardava e vigiava com cuidado preciso (portanto uma prova de sua não culpa). Porém, como tive ocasião de assentar em outra sede (*CC Comentado*, Coord. Min. Cezar Peluso, Manole, 5ª ed., p. 947-948), e a caminho da tese da responsabilidade objetiva, à luz desta antecedente normatização já se havia consolidado interpretação de que, não comprovada qualquer outra excludente de real quebra do nexo de causalidade, assim nunca demonstrado que o evento se deu por fortuito ou fato atribuível à vítima, então decerto sucedeu porque não se guardava e vigiava o animal com o cuidado preciso. De qualquer forma, a questão restou devidamente solucionada com o atual Código Civil, que acabou por consagrar uma responsabilidade objetiva do dono do animal, conforme a regra do art. 936, ausente a reprodução da excludente antes referida. Neste sentido, pois, incumbia à ré a prova de que o evento tivesse ocorrido por fortuito ou por fato atribuível à vítima. Mas esta comprovação não se produziu. Ao contrário, como já se observou, o ataque e morte dos

Exime-se o dono do animal apenas se provar qualquer das excludentes de responsabilidade: caso fortuito ou força maior, fato exclusivo de terceiro, ou fato exclusivo da vítima. Não configura caso fortuito ou força maior o acontecimento que decorre de reação instintiva do animal, embora inesperada, como se passa quando cavalo dócil e adestrado se assusta com estrondo e derruba o cavaleiro no chão. Ao fato exclusivo de terceiro se equipara o fato de outro animal: se o animal é provocado por outro, responde o dono deste, desde que provado que o dono do primeiro não contribuiu para a produção do dano, como ocorre quando o cachorro do vizinho invade o terreno contíguo e passa a perseguir touro bravio que, descontrolado, derruba cerca da propriedade e destrói a plantação de terceiro proprietário de imóvel contíguo.[10]

Fato exclusivo da vítima

No que tange ao fato exclusivo da vítima, a grande dificuldade reside em identificar se o fato da vítima se constitui, realmente, na única causa do dano, ou se o dono do animal contribuiu para o evento danoso. Assim, a solução é diversa se o lesado chuta o cão e é por ele mordido, e se o cão, ao passear dentro de área de condomínio restrita a cachorros sem a focinheira exigida, morde o sujeito que coloca a mão através da grade para acariciá-lo. No primeiro caso, há fato exclusivo da vítima; no segundo, a responsabilidade é do dono do animal.[11]

Responsabilidade pela queda de coisas

Também sob o fundamento da teoria do risco, manteve-se a responsabilidade objetiva daquele que habitar prédio pelos danos causados pela queda ou arremesso de coisas em lugar inapropriado, nos termos do art. 938. Responde o habitante independentemente de culpa, eximindo-se apenas mediante prova do rompimento do nexo causal entre a queda da coisa e o dano sofrido pela vítima.

Responsabilidade pela ruína de edifício

Da responsabilidade pela ruína de edifício ou construção – espécie de responsabilidade por fato da coisa – o legislador cuidou, de forma mais tímida, no art. 937, no qual, mantendo-se fiel à orientação adotada pelo Código anterior, estabeleceu a responsabilidade subjetiva pelos danos causados. A despeito de não constar do dispositivo a referência expressa à culpa do proprietário, ela se infere da qualificação da ruína como aquela decorrente da ausência de reparos "cuja necessidade fosse manifesta", o que remete à violação do dever de conservação do imóvel, e, por conseguinte, à conduta culposa do proprietário, que negligenciou na devida reparação do edifício, causando sua ruína ou desabamento. Como observa Caio Mário da Silva Pereira, o dispositivo "começa por estatuir uma responsabilidade anônima, impesso-

---

animais de estimação dos autores se deram dentro de sua própria residência por cães que invadiram o imóvel e o local onde eram costumeiramente mantidos pela família. (...)" (TJSP, 1ª CDPriv., Ap. Cív. 0003867-33.2010.8.26.0654, Rel. Des. Cláudio Godoy, julg. 31.3.2015).

10 Miguel Maria de Serpa Lopes, *Curso de direito civil*, vol. V, Rio de Janeiro, Freitas Bastos, 1962, p. 304.

11 De acordo com o Tribunal de Justiça de São Paulo, configura fato exclusivo da vítima a situação em que o autor "abriu o portão para entrar no imóvel e, por isso, foi atacado pelo cachorro", mesmo sabendo da existência do animal (TJSP, 28ª CDPriv., Ap. Cív. 1007040-17.2020.8.26.0066, Rel. Des. Ferreira da Cruz, julg. 27.5.2022).

al e objetiva, mas, contraditoriamente, termina por inserir no preceito uma dose de subjetividade, e procura conciliá-lo com a teoria da culpa".[12]

Presunção de culpa

Cuida-se, aqui como alhures, de hipótese de presunção de culpa, que decorre exclusivamente da ruína ou desabamento do prédio. Nesse cenário, para fazer jus à indenização, basta que a vítima demonstre a ruína ou desabamento; os danos sofridos; e o nexo causal entre a ruína/desabamento e os danos. Ao proprietário incumbe, portanto, a demonstração de que o edifício não precisava de reparos, ou que a ruína/desabamento decorreu de causa estranha.[13] Não o exime a alegação de ignorância do estado ruinoso do prédio, "uma vez que o dono tem o dever de conhecer a coisa sua".[14]

Há, todavia, autores que vislumbram no art. 937 hipótese de responsabilidade objetiva,[15] ao argumento de haver no dispositivo "uma presunção de responsabilidade do dono do edifício, e não mera presunção de culpa". Segundo tal entendimento, a presunção de responsabilidade não cederia diante da comprovação da inexistência de culpa, e "só poderá ser excluída por uma das causas de exclusão do próprio nexo causal - caso fortuito, força maior, fato exclusivo de terceiro ou da própria vítima".[16] A despeito da controvérsia quanto à natureza de tal responsabilidade, a jurisprudência acabou por esvanecer a diferença prática quanto à atribuição do dever de reparar, tornando-se paulatinamente invulnerável à prova da ausência de culpa na conservação do imóvel por parte do proprietário.

3. DANOS CAUSADOS POR ANIMAIS

Responsabilidade do dono ou detentor

A presença de algumas circunstâncias especiais tem suscitado dúvidas a respeito da identificação do responsável pelos danos causados por animais. A primeira delas decorre do fato de o legislador admitir a responsabilização tanto do dono quan-

[12] Caio Mário da Silva Pereira, *Responsabilidade civil*, 10. ed. atual. por Gustavo Tepedino, Rio de Janeiro: GZ Ed., 2012, p. 151.

[13] Gustavo Tepedino; Maria Celina Bodin de Moraes; Heloisa Helena Barboza, *Código Civil interpretado*, vol. II, Rio de Janeiro: Renovar, 2006, p. 848.

[14] Caio Mário da Silva Pereira, *Responsabilidade civil*, cit., p. 152.

[15] Encontram-se, também, decisões judiciais no mesmo sentido, conforme se depreende do seguinte trecho de voto proferido no âmbito do Tribunal de Justiça de São Paulo, a respeito do desabamento de parte do teto de igreja: "Assim, demonstrado o nexo de causalidade entre o fato e a lesão experimentada pela autora, impõe-se a obrigação de indenizar. A responsabilidade do proprietário do edifício é objetiva pelos danos causados por sua ruína, ou seja, independe da demonstração de culpa, eis que decorre do dever de segurança, nos termos do art. 937, do CC" (TJSP, 8ª C.C., Ap. Cív. 0174393-80.2009.8.26.0100, Rel. Des. Caetano Lagrasta, julg. 8.5.2013). No mesmo sentido, confira-se decisão exarada pelo Tribunal de Justiça do Rio de Janeiro: "(...) Responsabilidade objetiva do dono de edifício pelos danos que resultam de sua ruína, quando proveniente de falta de reparos, cuja necessidade fosse manifesta. Incidência do art. 937 do Código Civil. Excludente de responsabilidade não verificada no caso concreto. Tombamento que não impede a conservação do bem, mas apenas a alteração arquitetônica da sua fachada. Dever do proprietário do imóvel tombado de conservá-lo com as características originais a fim de se evitar a deterioração. Danos materiais devidamente comprovados (...)" (TJRJ, 13ª C.C., Ap. Cív. 02284393920178190001, Rel. Des. Mauro Pereira Martins, julg. 15.3.2021).

[16] Sergio Cavalieri Filho, *Programa de responsabilidade civil*, São Paulo, Malheiros Editores Ltda., 6ª ed. rev. aum. e atual., p. 243.

to do detentor. Em rigor, a solução dependerá, sobretudo, de o proprietário ter, ou não, transferido juridicamente a guarda, com a atribuição do dever de vigilância, do comando efetivo sobre o animal, como se passa no âmbito de contratos de locação, comodato e depósito. Assim, se o proprietário empresta seu cachorro para cobrir a cadela do vizinho e o animal causa danos a terceiros, responderá o próprio vizinho, não já o proprietário. Em verdade, em tais hipóteses, não há mera transferência da detenção material, mas sim da posse direta, conservando o proprietário apenas a indireta.[17]

Detentor e inexistência de preposição

Imprescindível para a responsabilização do detentor, todavia, a inexistência de relação de preposição com o proprietário. Se o animal se encontra sob o comando de empregado, por exemplo, tem-se entendido que a responsabilidade recai, ainda, sobre o proprietário, por força do art. 932, inciso III.[18] O mesmo se verifica quando o animal é entregue a terceiro prestador de serviço informal, como ocorre com os chamados "passeadores" de cachorro: por se vislumbrar aí uma espécie de relação de preposição, o dono responde pelos danos causados pelo animal durante os passeios. Situação diversa, no entanto, se verifica quando o "passeador" é empregado de empresa especializada, hipótese em que, além de a relação de preposição ser com ela estabelecida, há a efetiva transferência da guarda. De todo modo, eventual dano causado a terceiros pelo cachorro se qualifica como acidente de consumo, a impor ao prestador do serviço o dever de indenizar por força do art. 17 do Código de Defesa do Consumidor.[19]

De outro lado, cuidando-se de animal do próprio empregado – e não do empregador – é ele mesmo, empregado, o responsável pelos danos causados, afinal, ele é o proprietário. Se, portanto, cachorros pertencentes a funcionário invadem a propriedade do vizinho e mata parte de seu rebanho de caprinos, a responsabilidade objetiva pelos danos causados é do próprio funcionário, dono dos animais, e não do seu empregador, cuja responsabilidade "pelos atos de seus prepostos limita-se ao praticado no exercício do trabalho ou em razão dele (art. 932, III, CC)".[20]

Furto e fuga de animal

Tratando-se de animal furtado, responde o proprietário, salvo se adotou as cautelas necessárias para evitar sua subtração, hipótese em que o furto se equipara ao caso fortuito,[21] e a responsabilidade recairá, então, sobre o ladrão, qualificado juridicamente como o detentor do animal. De outro lado, se o animal foge do proprietário e causa danos a terceiros, ainda assim responde o dono, já que sua responsabilidade, objetiva, só é elidida pela exclusão do nexo de causalidade, presente na hipótese.[22]

---

17 Caio Mário da Silva Pereira, *Responsabilidade civil*, cit., pp. 148-149.

18 CC/2002, "Art. 932. São também responsáveis pela reparação civil: (...) III - o empregador ou comitente, por seus empregados, serviçais e prepostos, no exercício do trabalho que lhes competir, ou em razão dele;".

19 CDC, "Art. 17. Para os efeitos desta Seção, equiparam-se aos consumidores todas as vítimas do evento."

20 TJSP, 36ª CDPriv., Ap. Cív. 0003406-70.2014.8.26.0541, Rel. Des. Milton Carvalho, julg. 26.11.2015.

21 Caio Mário da Silva Pereira, *Responsabilidade civil*, cit., p. 149.

22 Foi o que decidiu o Tribunal de Justiça de São Paulo, ao apreciar ação de indenização movida pelos familiares de vítima fatal de ataque por boi que escapou de seu proprietário e ficou perdido por

Se for o caso de animal silvestre ou selvagem, isto é, não apropriado por ninguém, não se poderá responsabilizar o titular das terras em que ocorrer o dano ou nas quais habitar, por não se tratar de detentor nem de dono do animal.[23] Problema diverso ocorre quando o proprietário da terra é notificado para a retirada de animais silvestres de sua propriedade, mantem-se inerte, e tais animais causam danos aos proprietários vizinhos. Foi precisamente o que ocorreu em ação julgada pelo Tribunal de Justiça de São Paulo: o autor, verificando que na casa da ré, sua vizinha, havia grande colmeia de abelhas, notificou a administração do condomínio, que solicitou orçamento para sua remoção. Apresentado o orçamento para a ré, quedou-se inerte. Poucos meses depois, a casa do autor foi invadida pelas referidas abelhas, que atacaram suas funcionárias e seus animais de estimação, o que resultou na morte de duas calopsitas e da cadela de estimação. O Tribunal reconheceu a responsabilidade objetiva da ré pelos danos sofridos pelo autor, não com base no art. 936, mas sim no direito de vizinhança. De acordo com o Relator, "o direito de vizinhança cria para o proprietário o dever de arcar com a responsabilidade pelos danos decorrentes do mau uso da propriedade. A indenização por eventuais danos sofridos por vizinhos se dá pelo sistema da responsabilidade objetiva, dispensando a indagação sobre a ocorrência de culpa por parte do proprietário".[24]

Animais em rodovias

Situação bastante frequente refere-se aos acidentes causados, nas rodovias do país, por animais na pista, cuja responsabilidade é atribuída ao responsável pela manutenção da via, que pode ser o Estado[25] ou a concessionária prestadora de serviço público.[26] Evidentemente, cuidando-se de danos sofridos por passageiros no âmbito de contrato de transporte, a exemplo dos que decorem do choque de ônibus com animais na pista, a responsabilidade é do transportador.[27]

---

dias nos arredores do sítio onde a vítima e seus familiares residiam. Ao tentar capturar o boi, que oferecia risco aos seus netos que se encontravam no mesmo local, a vítima foi atacada pelo animal, levando-a a óbito. A decisão ficou assim ementada: "(...) Danos materiais e morais. Falecimento da vítima, companheiro, pai e avô, dos coautores, em razão de ataque de animal de grande porte, pertencente ao apelante. Ausência de comprovação de culpa exclusiva da vítima. Inteligência do art. 936 do Código Civil. Inaplicabilidade da culpa concorrente. Indenização por prejuízo material. (...)" (TJSP, 10ª CDPriv., Ap. Cív. 0001510-22.2013.8.26.0510, Rel. Des. J. B. Paula Lima, julg. 8.3.2016).

[23] Clóvis Beviláqua, *Código Civil dos Estados Unidos do Brasil comentado*, vol. V, São Paulo: Livraria Francisco Alves, 1957, p. 237.

[24] TJSP, 26ª CEDP, Ap. Cív. 4011491-31.2013.8.26.0114, Rel. Des. Pedro Baccarat, julg. 20.3.2017.

[25] TJSP, 30ª CDPriv., Ap. Cív. 0001078-58.2012.8.26.0115, Rel. Des. Lino Machado, julg. 15.7.2015; TJSP, 25ª CDPriv., Apl. 1005733-34.2016.8.26.0077 SP 1005733-34.2016.8.26.0077, Rel. Des. Edgard Ros, julg. 22.11.2018. O Superior Tribunal de Justiça, por sua vez, tem reconhecido a responsabilidade do Estado apenas mediante a prova da culpa, por se tratar de ato omissivo: STJ, 1ª T. AgInt no REsp 163285/PE, Rel. Min. Napoleão Nunes Maia Filho, julg. 11.11.2019. Sobre a suposta distinção entre a natureza da responsabilidade do Estado por atos comissivos e omissivos, veja-se o item 5 do Capítulo XII destes *Fundamentos*.

[26] O STJ reconheceu, em julgamento sob o rito dos recursos repetitivos (Tema n. 1.122), que "as concessionárias de rodovias respondem, independentemente da existência de culpa, pelos danos oriundos de acidentes causados pela presença de animais domésticos nas pistas de rolamento, aplicando-se as regras do Código de Defesa do Consumidor e da Lei das Concessões" (STJ, Corte Especial, REsp n. 1.908.738/SP, Rel. Min. Ricardo Villas Bôas Cueva, julg. 21.8.2024, publ. DJe 26.8.2024).

[27] "Ação de indenização por dano material e moral. Acidente de trânsito que vitimou o genitor e companheiro dos autores. Pedido de improcedente. Insurgência destes. (A) Pretensão de

4. RUÍNA DO EDIFÍCIO OU CONSTRUÇÃO

Presunção de culpa do proprietário

No que tange à ruína do edifício ou construção, manteve-se o legislador de 2002 fiel à teoria da guarda, responsabilizando os proprietários pelos danos causados pela ruína decorrente da ausência dos esperados reparos. Presume-se, com efeito, a culpa do proprietário, que viola seu dever de conservação atinente à realização das obras necessárias à manutenção do edifício.[28]

Apenas o proprietário, não já o locatário ou o mero detentor do imóvel, pode ser responsabilizado com base no art. 937.[29] Tampouco se exime o proprietário de sua responsabilidade alegando, como excludente, culpa do anterior proprietário, do usufrutuário, do locatário que ali residia ou desenvolvia sua atividade,[30] do construtor do prédio ou do empreiteiro da obra realizada na unidade.[31]

---

responsabilização da empresa e do condutor do ônibus. Formas de responsabilização distintas, aplicando-se àquela a responsabilidade objetiva pautada no código de defesa do consumidor e a este a responsabilidade subjetiva prevista no código civil. (B) Responsabilidade pelo acidente configurada com relação a empresa. Prova documental convergente para o fato de que o acidente foi causado em via rural desprovida de passeio, na extremidade direita da pista, no bordo ou no acostamento, atingindo o pedestre em razão da falha na iluminação do veículo e falta com os deveres de cautela e diligência. Ausência de elementos que indiquem a culpa exclusiva da vítima ou sua culpa concorrente. Ônus probatório da ré. Arts. 14 e 17 do Código de Defesa do Consumidor. (C) Responsabilidade configurada em relação ao condutor. Culpa demonstrada. Motorista que afirmou, em juízo, que sequer avistou o pedestre, e acreditou que teria atingido uma pedra. Violação aos deveres de cuidado e diligência na condução do veículo constatada ante a falta de atenção às condições da via. Negligência e imperícia configuradas. (D) Dano moral caracterizado. (...)" (STJ, AREsp 1.495.526/PR 2019/0129703-4, Rel. Min. Marco Aurélio Bellizze, julg. 21.8.2019).

28 "Tomando de empréstimo exemplos expostos pelo autor aplicados ao caso em análise, dá-se que, em caso de dano gerado pela queda de um portão, seria descabido indagar se ele apresentava ou não algum vício capaz de determinar a queda, porque quem tem a obrigação de guarda em relação a um portão tem, em consequência, a responsabilidade presumida dos danos por ele acarretados, e não pode se escusar senão provando que o fato se deu em consequência de força maior, caso fortuito ou causa estranha que não lhe pode ser imputada. Em suma, não se trata de fazer como a apelada, de presumir que o portão estava em mau estado de conservação, só porque se desprendeu de sua base. Ao contrário, bem ou mal-conservado, se o portão se desprender e atingir terceiro, a responsabilidade é do dono do prédio, salvo se o dono do prédio comprovar que caso fortuito ou de força maior foi o causador do desprendimento do portão" (TJSP, 36ª CDPriv., Ap. Cív 1118831-83.2020.8.26.0100, Rel. Des. Claudia Menge, julg. 25.7.2023).

29 TJSP, 10ª CDPriv., Ap. Cív. 00188243520098260020, Rel. Des. Carlos Alberto Garbi, julg. 17.05.2016.

30 "(...) Festa funk. Desabamento do piso. Responsabilização do proprietário do imóvel. Cabimento. Denunciação da lide do locatário e organizador do evento. Inadmissão. Condenação ao pagamento de pensão vitalícia, reparação estética e reparação moral. Manutenção, inclusive dos valores arbitrados. Caso em que a denunciação da lide não é obrigatória, por ausência de enquadramento nas hipóteses do art. 70 do CPC, e nem mesmo se revela recomendada, na medida em que introduzirá fato novo à causa (responsabilidade do locatário e organizador da festa), sobre o qual o autor não tem obrigação de perquirir, levando em conta a tese jurídica de responsabilização delineada na petição inicial da ação (responsabilidade do proprietário do imóvel que desabou parcialmente). (...)" (TJRS, 9ª C.C., Ap. Cív. 70065189664, Rel. Des. Eugênio Facchini Neto, julg. 26.08.2015).

31 Em relação ao empreiteiro, a jurisprudência admite sua responsabilidade solidária, se ainda em vigor o prazo de garantia previsto no art. 618. Confira-se, a respeito: "Apelações. Responsabilidade civil. Desabamento de muro em construção sobre veículo. Ação indenizatória. Responsabilidade

De fato, em qualquer dessas circunstâncias, age o titular do domínio com culpa no seu dever de guarda do imóvel, respondendo, sempre, pelos danos sofridos pela vítima. De todo modo, lhe é assegurado o direito de regresso contra o efetivo culpado pela ruína da construção. Se se tratar de imóvel em condomínio ordinário, todos os condôminos responderão solidariamente pelos danos, ressalvada, também neste caso, a possibilidade de regresso contra o condômino responsável pela negligência na conservação do prédio.[32] A jurisprudência equipara o promitente comprador ao proprietário, para fins do art. 937.

Edifício e construção

As expressões "edifício" e "construção" têm sido interpretadas extensivamente, a fim de alcançar também as partes externas e internas do imóvel, bem como coisas diversas com alguma periculosidade.[33] Serpa Lopes aplica o dispositivo apenas aos edifícios e construções inteiramente concluídos. Segundo o autor, cuidando-se de edifícios em construção, incidem as regras da responsabilidade do empreiteiro e do dono da obra; a hipótese não compreende, todavia, "edifícios *cuja construção está em abandono*".[34]

5. QUEDA OU ARREMESSO DE COISA

Effusum et deiectum

A responsabilidade pela queda ou arremesso de coisa tem raízes na figura do direito romano denominada *effusum et deiectum*, espécie de obrigação decorrente do *quasi ex delicto*. Para o caso de se despejar (*effusum*) coisa líquida ou se projetar (*deiectum*) objeto de edifício sobre local destinado à passagem pública, previa-se ação contra o habitador, independentemente de culpa, se resultasse em dano à coisa, morte ou lesão a homem livre.[35]

Responsabilidade do habitante

A responsabilidade objetiva do habitante decorre do fato material da habitação, seja qual for o título jurídico que a fundamente.[36] Não há, com efeito, que se indagar acerca da autoria, e tampouco da culpabilidade pela queda ou lanço do objeto. Aquele que habitar o prédio apenas se exime se provar ausência de causalidade entre o dano sofrido e a queda ou arremesso do objeto.

Condomínio edilício

Contemporaneamente, a proliferação dos condomínios edilícios tem dificultado a identificação do responsável pelos danos causados pelo tombo ou lanço de coisas. Se, no início do século XX, prevaleciam as residências unifamiliares, hoje

---

solidária da proprietária e da empreiteira perante terceiro prejudicado pela obra. Acidente que não se questiona. Prova dos danos sofridos. Entretanto, não se comprovou a perda total do veículo. Sentença mantida. Recursos não providos" (TJSP, 33ª CDPriv., Ap. Cív. 1005280-41.2019.8.26.0010, Re. Des. Ana Lucia Romanhole Martucci, julg. 20.9.2021).

32 Miguel Maria de Serpa Lopes, *Curso de Direito Civil*, vol. V, Rio de Janeiro: Freitas Bastos, 1962, p. 308.

33 TJSP, 34ª CDPriv., Ap. Cív. 9113825-22.2007.8.26.0000, Rel. Des. Nestor Duarte, julg. 14.05.2012.

34 Miguel Maria de Serpa Lopes, *Curso de Direito Civil*, vol. V, cit., p. 307.

35 Miguel Maria de Serpa Lopes, *Curso de Direito Civil*, vol. V, cit., pp. 308-309.

36 Possível, portanto, responsabilizar o locatário: TJRJ, 21ª C.C., Ap. Cív. 0296022-17.2012.8.19.0001, Rel. Des. Denise Levy Tredler, julg. 27.11.2014.

as edificações pluri-habitacionais, ocupadas por diversas famílias, passa a ser a regra, comprometendo a precisa verificação do responsável, já que, no mais das vezes, é difícil, senão impossível, localizar a exata janela da qual partiu o objeto causador do dano. Evidentemente, a vítima não pode escolher, de modo arbitrário, a quem responsabilizar; por outro lado, não se pode deixá-la irressarcida em razão de não ser possível identificar de qual propriedade partiu a coisa.

Nesses casos, doutrina[37] e jurisprudência[38] têm atribuído ao condomínio a responsabilidade pela reparação do dano. Sendo possível, todavia, a identificação da ala do edifício da qual caiu ou foi lançado o objeto, apenas aos seus habitantes deve ser atribuída a responsabilidade, e não àqueles das alas das quais, no caso concreto, jamais poderia ter partido. Ademais, provando o condômino a impossibilidade de o objeto ter sido arremessado ou ter caído de sua unidade,[39] tampouco responderá pelos danos causados. Cuida-se, todavia, de questão *interna corporis*, a ser debatida entre os condôminos após o ressarcimento integral da vítima pelo condomínio.[40]

Convém reforçar, contudo, que a atribuição de responsabilidade ao condomínio apenas se justifica se o próprio condomínio não prova de que unidade partiu o objeto causador do dano – o ônus da prova é, por conseguinte, do condomínio. Identificando-se a unidade responsável pela queda, exime-se de responsabilidade o condomínio, e apenas o habitante daquela unidade responde pelos danos causados.[41]

PROBLEMAS PRÁTICOS

1. A vítima atingida por queda de marquise deve provar a culpa do dono do edifício a fim de obter o ressarcimento pelos danos sofridos?
2. Na hipótese de dano causado a pedestre por queda de objeto lançado a partir de unidade autônoma, poderá habitante residente no bloco dos fundos ser responsabilizado civilmente?

---

37 Caio Mário da Silva Pereira, *Responsabilidade civil,* cit., p. 155.

38 STJ, 4ª T., REsp 64682/RJ, Rel. Min Bueno de Souza, julg. 10.11.1998; TJSP, 31ª CDPriv., AC 1012912-45.2019.8.26.0002 SP 1012912-45.2019.8.26.0002, Rel. Des. Adilson de Araujo, julg. 3.2.2020; TJSP, 29ª CDPriv., Ap. Cív. 1011700-36.2017.8.26.0009, Rel. Des. Neto Barbosa Ferreira, julg. 3.3.2022. De outro lado, evidentemente, sendo possível identificar a unidade de onde partiu o objeto, afasta a responsabilidade do condomínio: TJSP, 9ª CDPriv., Ap. Cív. 1022363-05.2015.8.26.0562, Rel. Des. José Aparício Coelho Prado Neto, julg. 18.4.2017; TJRJ, 17ª C.C., Ap. Cív. 0094925-68.2009.8.19.0001, Rel. Des. Luisa Cristina Bottrel Souza, julg. 16.3.2011.

39 O TJSP, por exemplo, excluiu do rateio do valor da indenização o condômino que sofreu danos ao ser atingido pelo arremeço de fogos de artifício, em área comum do edifício, de apartamento não identificado (TJSP, 34ª CDPriv., Ap. Cív. 1030756-50.2014.8.26.0562, Rel. Des. Carlos von Adamek, julg. 12.7.2017).

40 TJSP, 4ª CDPriv., Ap. Cív. 4000628-58.2013.8.26.0003, Rel. Des. Teixeira Leite, julg. 30.4.2014.

41 TJSP, 7ª CDPriv., Ap. Cív. 0016991-86.2011.8.26.0577, Rel. Des. Luiz Antônio Costa, julg. 15.8.2012.

3. O dono do cachorro responde pelos danos causados à criança que, ao introduzir a mão em cercado destinado exclusivamente a esses animais, é por ele mordida?

Acesse o *QR Code* e veja a Casoteca.

> *https://uqr.to/1ofhn*

Capítulo XII

RESPONSABILIDADE CIVIL DO ESTADO

Acesse o *QR Code* e assista ao vídeo sobre o tema.

> *https://uqr.to/1ofh3*

1. EVOLUÇÃO HISTÓRICA

1ª Fase da evolução histórica: *The King can do no wrong*

Costuma-se distinguir, didaticamente, em três fases a evolução da responsabilidade civil da administração pública.[1] A primeira etapa, própria de Estados absolutos, caracterizava-se pela irresponsabilidade dos atos do Estado em razão de sua própria soberania e autoridade incontestável, sintetizada pela conhecida expressão do direito inglês *The King can do no wrong*. O funcionário público que, no exercício de suas funções, violasse direitos individuais, poderia ser responsabilizado, pessoalmente, sem que o dever de reparar fosse transferido para o erário.

---

1 V., sobre o tema, Caio Tácito, Tendências atuais sobre a responsabilidade civil do estado. *Revista de Direito Administrativo*, vol. 55, 1959, p. 262 e ss. Hely Lopes Meirelles, *Direito administrativo brasileiro*, São Paulo: Malheiros, 2016, 42ª ed., p. 779 e ss., que se refere à responsabilidade civil da *administração pública* e não do Estado, por considerar que, "em regra, essa responsabilidade surge de atos da Administração, e não de atos do Estado como entidade política", aduzindo que "os atos políticos, em princípio, não geram responsabilidade civil" (p. 779, nota 1); Maria Sylvia Zanella Di Pietro, *Direito administrativo*, São Paulo: Atlas, 2015, 28ª ed., p. 785 e ss.; Renan Miguel Saad, *O ato ilícito e a responsabilidade civil do estado*, Rio de Janeiro: Lumen Iuris, 1994, p. 49 e ss.

Seguiram-se historicamente as construções teóricas do século XIX, em que, com o individualismo em expansão, procura-se separar os atos do Estado entre atos de império e atos de gestão (*iure imperii* e *iure gestionis*), de modo que apenas estes últimos gerariam responsabilidade por parte do Estado. No intuito de temperar a doutrina da irresponsabilidade, alvitrou-se que a administração pública só não estaria adstrita a reparar os danos a que desse causa quando agisse no desenvolvimento de atividades próprias do Estado, no exercício de sua soberania e poder de império. Quando, ao revés, desempenhasse atividades de gestão do patrimônio e serviços públicos, o Estado deveria ser equiparado aos cidadãos comuns, atraindo a teoria subjetiva do direito civil em matéria de responsabilidade. As dificuldades para distinguir os atos de império (*governamental activities*) e de gestão (*proprietary activities*), normalmente entrelaçados ou superpostos, levaram à derrocada da elaboração doutrinária (embora tenha perdurado, como regra, no direito inglês, até a *Crown Proceedings Act*, de 1947, e, nos Estados Unidos da América, até o *Federal Tort Claims Act*, de 1946).[2]

2ª Fase: atos de império e atos de gestão

3ª Fase: responsabilização ampla do Estado

A terceira fase, finalmente, revela a tentativa do direito público, a partir do início do século XX, de construir as garantias do cidadão contra o Poder Público, desenvolvendo mecanismos para responsabilizar o Estado de maneira ampla. Em homenagem ao florescente princípio da igualdade, pretendeu-se que o dever de reparação vinculasse indistintamente particulares e Poder Público e, sob outra perspectiva, que os ônus decorrentes dos danos produzidos pela administração pública fossem igualmente repartidos por toda a comunidade, não recaindo somente sobre *a vítima*.

Teoria da culpa administrativa do agente estatal

O desenvolvimento das doutrinas do direito administrativo se desencadeou em três etapas. Inicialmente, exigia-se a culpa do funcionário ou preposto para que se pudesse vincular a administração pública ao dever de reparar. Diante da prática de um ato ilícito praticado pelo agente estatal, o Estado responderia. Daí designar-se tal elaboração como a teoria da culpa administrativa do agente estatal que, desenganadamente, influenciou o art. 15 do Código Civil Brasileiro de 1916, segundo o qual "[a]s pessoas jurídicas de direito público são civilmente responsáveis por atos dos seus representantes que nessa qualidade causem danos a terceiros, procedendo de modo contrário ao direito ou faltando a dever prescrito por lei, salvo o direito regressivo contra os causadores do dano".

As dificuldades atribuídas à vítima no sentido de demonstrar a conduta culposa do funcionário público, intensificadas pela complexidade e agigantamento da máquina estatal, incentivaram o desenvolvimento de uma segunda corrente, no seio do direito administrativo, denominada *teoria da falta impessoal do serviço público* (ou simplesmente *teoria da culpa administrativa*). De acordo com tal orientação teórica, o dever de reparação do Estado decorre da falta do serviço, não já da falta do servidor. Bastaria demonstrar a falha ou o mau funcionamento do serviço público, como fundamento do dano causado ao particular, para que se impusesse o dever de reparação

Falta impessoal do servidor público (ou teoria da culpa administrativa)

2 Caio Tácito, *Tendências atuais sobre a responsabilidade civil do Estado*, cit., pp. 263-264.

em face do Estado, entendimento que, no caso brasileiro, ampliou significativamente o espectro interpretativo do aludido art. 15 do Código Civil de 1916.

Teoria do risco administrativo

Finalmente, o desenvolvimento teórico da responsabilidade objetiva e a consagração nas Cartas constitucionais dos princípios da igualdade e da justiça distributiva permitiram a afirmação da teoria do risco aplicada à administração pública. Formulada por meio de vários matizes, notadamente mediante a teoria do risco integral, que não admite causas de exclusão, assumindo o erário todo e qualquer dano derivado da atividade estatal, e a teoria do risco administrativo, adotada pelo direito brasileiro, mitigada pela admissão de excludentes, a responsabilidade objetiva do Estado atende a conquistas políticas próprias do Estado contemporâneo.

Sublinhou-se, com efeito, que "*o risco e a solidariedade social* são, pois, os suportes desta doutrina que, por sua objetividade e partilha dos encargos, conduz à mais perfeita *justiça distributiva*, razão pela qual tem merecido o acolhimento dos Estados modernos, inclusive o Brasil, que a consagrou pela primeira vez no art. 194 da CF de 1946".[3] O art. 194 da CF de 1946 tinha a seguinte dicção: "As pessoas jurídicas de direito público interno são civilmente responsáveis pelos danos que os seus funcionários, nessa qualidade, causem a terceiros. Parágrafo único: Caber-lhes-á ação regressiva contra os funcionários causadores do dano, quando tiver havido culpa destes".

Desde então, autores de escol pronunciaram-se favoravelmente à revogação do art. 15 do Código Civil de 1916,[4] tese entretanto fortemente combatida pela doutrina e jurisprudência majoritárias, ao argumento de que o texto constitucional não seria autoaplicável, tendo como destinatário o legislador ordinário: "o referido parágrafo único (do art. 194, CF de 1946) não impõe a responsabilidade do Poder Público em qualquer caso, mas apenas para os casos em que tal responsabilidade se define pelo risco, o que é muito diferente. Qualquer pessoa, em regra geral, responde pela culpa; mas, pode, excepcionalmente, responder pelo risco. Se ele (o Poder Público) opera num setor onde a responsabilidade se apura segundo a teoria do risco – suponhamos como transportador – a sua responsabilidade é objetiva".[5]

Na mesma linha metodológica, ainda hoje influente no direito civil, lecionava aquela conceituada doutrina: "Não nos parece, todavia, que o art. 194 invocado tenha trazido, nesse ponto, a alteração pretendida. A Constituição atribui responsabilidade

---

3 Hely Lopes Meirelles, *Direito administrativo brasileiro*, cit., p. 781, que considera desde a Constituição de 1946 abolida a teoria subjetiva na responsabilidade da administração pública no Brasil: "O risco e a solidariedade social são, pois, os suportes desta doutrina, que, por sua objetividade e partilha dos encargos, conduz à mais perfeita justiça distributiva, razão pela qual tem merecido o acolhimento dos Estados modernos, inclusive o Brasil, que a consagrou pela primeira vez no art. 194 da CF/46".

4 V., por todos, José de Aguiar Dias, *Da responsabilidade civil*, Rio de Janeiro: Forense: 1995, 10ª ed., pp. 559-560 e o seu comentário à famosa decisão do Supremo Tribunal Federal, no julgamento do RE nº 4.622, de 21 de janeiro de 1947. V.: Culpa e Risco Administrativos. *Revista de Direito Administrativo*, vol. 15, pp. 65-86.

5 Agostinho Alvim, *Da inexecução das obrigações e suas consequências*, São Paulo: Saraiva, 1972, 4ª ed., p. 300. No mesmo sentido, pronunciou-se o STF, por meio da maioria vencedora no acórdão mencionado na nota anterior (RE n.º 4.622).

ao Poder Público, mas esta se entende segundo a lei civil; seria, aliás, estranhável que a Lei Magna descesse às questões secundárias do fundamento da responsabilidade, quando é certo que o estatuto político fica sempre nos princípios mais gerais. E também estranhável seria que a Constituição agravasse, por aquela forma, a responsabilidade do Poder Público, até aqui orientada, ordinariamente, pela culpa e, só excepcionalmente, pelo risco".[6]

Consagração legislativa da teoria do risco: CF/88

Sob a égide da Constituição de 1988, entretanto, tornou-se inegável a consagração definitiva e expressa, como antes assinalado, da responsabilidade objetiva das pessoas jurídicas de direito público, expandindo-se, inclusive, em consonância com construção jurisprudencial que a precedeu, o dever de reparação para os entes privados prestadores de serviços públicos, nos seguintes termos: "As pessoas jurídicas de direito público e as de direito privado prestadoras de serviços públicos responderão pelos danos que seus agentes, nessa qualidade, causarem a terceiros, assegurado o direito de regresso contra o responsável nos casos de dolo ou culpa" (art. 37, § 6º, da CF/88).[7]

Na esteira da norma constitucional, o Código Civil de 2002 abandonou a orientação subjetivista contida no art. 15 da codificação anterior, prevendo em seu art. 43 a responsabilidade objetiva das pessoas jurídicas de direito público: "As pessoas jurídicas de direito público interno são civilmente responsáveis por atos dos seus agentes que nessa qualidade causem danos a terceiros, ressalvado direito regressivo contra os causadores do dano, se houver, por parte destes, culpa ou dolo".

2. RESPONSABILIDADE POR ATOS ADMINISTRATIVOS

A responsabilidade civil do Estado normalmente é estudada tendo-se em vista as três funções inerentes ao poder estatal: a administrativa, a jurisdicional e a legislativa. Recorre-se, com frequência, à expressão "responsabilidade civil da Administração Pública" – como sinônimo de "responsabilidade civil do Estado" –, já que as hipóteses de responsabilidade por ato legislativo e por ato judicial são mais raras, mas, a rigor, a responsabilidade é do Estado, que é pessoa jurídica, e não da Administração Pública (esta sequer tem personalidade jurídica, não sendo, pois, titular de direitos e obrigações).

Estado, Administração e atos administrativos

No exercício de seus três poderes, o Estado responde pelos danos causados a terceiros em razão da conduta, comissiva ou omissiva, de seus agentes públicos, praticados no exercício de suas funções. Sob o título "responsabilidade por atos administrativos", compreende-se quase a totalidade dos casos em que o Estado responde

[6] Agostinho Alvim, *Da inexecução das obrigações e suas consequências*, cit., p. 299.

[7] Em comentários ao dispositivo, afirma Carlos Edison do Rêgo Monteiro Filho que "[e]specificamente quanto à responsabilidade civil do estado, a relação base entre agente público e vítima reveste-se de caráter objetivo. Isso porque, por força do § 6º do artigo 37 da Constituição da República, 'as pessoas jurídicas de direito público e as de direito privado prestadoras de serviços públicos responderão pelos danos que seus agentes, nessa qualidade, causarem a terceiros'. Como se nota, basta a existência de dano e do nexo causal para que a Administração reste responsabilizada, não havendo que se perquirir culpa do agente" (Terceiros e responsabilidade civil do Estado no ordenamento brasileiro. In: *Revista de Direito da Responsabilidade*, a. 4, 2022, pp. 491-492).

na esfera cível. Somente os atos danosos decorrentes de atos legislativos ou atos judiciais, por suas especificidades, costumam ser estudados em tópicos à parte, metodologia que também aqui será adotada.

É importante registrar que a responsabilidade civil do Estado "por atos administrativos" não se confunde com a sua "responsabilidade administrativa", que, segundo Marçal Justen Filho, "consiste na submissão da organização estatal ao dever jurídico-político de prestar informações e contas por suas ações e omissões e de corrigir as imperfeições verificadas em sua conduta".[8]

Responsabilidade civil e responsabilidade administrativa

Note-se também que, quando os manuais de Direito Civil fazem referência à responsabilidade civil do Estado por atos administrativos ou, simplesmente, à responsabilidade civil do Estado, aludem, em realidade, à responsabilidade extracontratual do Estado, já que a responsabilidade contratual se submete à normativa própria do Direito Administrativo. Na esteira dos chamados "contratos administrativos" é que se estuda a responsabilidade contratual do Estado.

Responsabilidade extracontratual do Estado

Para que fique configurada a responsabilidade extracontratual do Estado, é necessário que um de seus agentes públicos, nessa qualidade, cause dano a terceiro. São agentes do Estado todas as pessoas que integram os Poderes da República, os servidores administrativos, os agentes sem vínculo formal de trabalho, os colaboradores etc. – em resumo, todos aqueles que, de alguma forma, se encontram juridicamente vinculados ao Estado.

Requisitos da responsabilidade civil estatal

O Estado só responde, porém, se o preposto estatal tiver causado o dano injusto no exercício de suas funções ou, ao menos, a pretexto de exercê-la, a exemplo do policial que, à paisana, saca arma da corporação e causa danos a terceiros[9] ou na hipótese em que agentes da polícia, durante manifestações em que haja tumulto ou conflitos entre policiais e manifestantes, ferem profissionais da imprensa que ali exerciam cobertura jornalística.[10] Assim, caso o servidor gere danos a terceiros fora

---

8 Marçal Justen Filho, *Curso de direito administrativo*, São Paulo: Editora Revista dos Tribunais, 2013, 9ª ed., p. 1.297.

9 STF, 2ª T., ARE 1121029 AgR/RS, Rel. Min. Edson Fachin, julg. 18.10.2019, publ. *DJe* 30.10.2019; STF, Tribunal Pleno, RE 603.626 AgR-segundo-EDv, Rel. Min Luiz Fux, julg. 01.08.2018, publ. *DJe* 1.8.2018; STF, 1ª T., ARE 725763 AgR/BA, Rel. Min. Luiz Fux, julg. 1.12.2015, publ. *DJe* 17.12.2015.

10 Nesse sentido, o STF fixou a seguinte Tese: "É objetiva a Responsabilidade Civil do Estado em relação a profissional da imprensa ferido por agentes policiais durante cobertura jornalística, em manifestações em que haja tumulto ou conflitos entre policiais e manifestantes. Cabe a excludente da responsabilidade da culpa exclusiva da vítima, nas hipóteses em que o profissional de imprensa descumprir ostensiva e clara advertência sobre acesso a áreas delimitadas, em que haja grave risco à sua integridade física" (STF, Tribunal Pleno, RE 1.209.429, Rel. Min. Marco Aurélio, Rel. p./ Acórdão: Alexandre de Moraes, julg., 10.6.2021, publ. *DJe* 20.6.2021, Processo Eletrônico de Repercussão Geral – Mérito *Dje* 208, divulgado 19.10.2021, publ. *DJe* 20.10.2021). Durante o julgamento do ARE 1.382.159, a Suprema Corte deixou claro que o Poder Público pode ser obrigado a indenizar pela morte de vítima de bala perdida, mesmo nos casos em que a perícia não consiga comprovar a origem do projétil. Isso porque: "O Estado, que possui os meios para tanto – como câmeras corporais e peritos oficiais –, deve averiguar as externalidades negativas de sua ação armada, coligindo evidências e elaborando os laudos que permitam a identificação das reais circunstâncias da morte de civis desarmados dentro de sua própria residência. 5. Portanto, se o cidadão demonstra a causa da morte – disparo de arma de fogo – e evidencia a incursão estatal armada no momento do dano,

da qualidade de "agente público", a sua responsabilidade será pessoal, sem qualquer extensão para o Estado.[11] Por outro lado, uma vez atuando ilicitamente, investido do cargo público, a sua ação ou omissão será, portanto, imputável ao Estado, de modo a se estabelecer o nexo de causalidade ligando-a ao dano sofrido pela vítima. Por fim, conforme se extrai do Enunciado nº 658, aprovado na IX Jornada de Direito Civil do CJF,[12] a responsabilidade civil do Estado em caso de interrupção de atividade exercida por privados pressupõe a prática de atividade lícita, sendo inviável o ressarcimento a título de perdas e danos pela interrupção de atividade contrária ao Direito.[13]

3. RESPONSABILIDADE POR ATOS LEGISLATIVOS

O Estado pode também vir a responder civilmente em razão da função legislativa que exerce, embora a edição de leis, a princípio, não tenha o condão de acarretar a responsabilidade estatal. Trata-se não só de atividade eminentemente lícita, mas que reflete o próprio exercício democrático da soberania estatal.

---

estão configurados elementos da responsabilidade objetiva do Estado, de modo que cabe a este comprovar a interrupção do nexo causal, evidenciando (i) que os agentes estatais não provocaram as lesões, seja porque, por exemplo, não dispararam arma de fogo ou engajaram em confronto em local diverso do dano; ou (ii) a culpa exclusiva da vítima ou fato de terceiro. A mera negativa de ação estatal ilícita, sem a demonstração da interrupção do nexo causal e da conformidade da incursão armada de agentes de segurança pública, com o esclarecimento da dinâmica factual, não é suficiente para afastar a responsabilidade civil do Estado" (STF, 2ª T., ARE 1382159 AgR, Rel. Min. Nunes Marques, Rel. p/ acórdão Gilmar Mendes, julg. 28.3.2023, publ. *DJe* 9.5.2023).

11 Nesse sentido, a jurisprudência do STF já decidiu que: "Os fatos incontroversos constantes dos autos não demonstram qualquer nexo de causalidade entre o dano sofrido e o serviço público do qual é agente, fora de sua vida privada, o policial. O Estado não pode responder por dano causado por alguém que não é seu agente ou que, embora o seja, não esteja, quando da prática do ato que deu causa a dano, no desempenho das atribuições do seu cargo, função ou emprego público. Francisco Campos referira já hipótese em que um agente postal, defrontando com um seu desafeto, no guichê do correio, desfecha-lhe um tiro. O ato não pode ser atribuído ao mau funcionamento do serviço e, muito menos, ao, seu funcionamento normal. Trata-se de ato inteiramente pessoal, inimputável ao serviço. Assim, não atuando o agente público nessa qualidade, o dano que causar a terceiro decorre de sua vida privada e sua responsabilidade é pessoal, regida pelo direito civil" (STF, 1ª T., RE 363.423, Rel. Min. Carlos Britto, julg. 16.11.2004, publ. *DJe* 14.3.2004). Da mesma forma: TJSP, 2ª CDPubl., Ap. Cív, 1022159-42.2016.8.26.0071, Rel. Des. Renato Delbianco, julg. 25.07.2024, publ., *DJ* 30.07.2024; TJSP, 6ª CD Publ., Ap. Cív. 1023167-84.2021.8.26.0554, Rel. Des. Silvia Meirelles, julg. 20.3.2023, publ. *DJe* 20.3.2023; TJSP, 9ª CD Publ., Ap. Cív. 1042077-18.2018.8.26.0053, Rel. Des. Oswaldo Luiz Palu, julg. 30.8.2021, publ. *DJe* 30.8.2021; TJSP. 3ª CD Publ., Ap. Cív. 1057023-92.2018.8.26.0053, Rel. Des. Encinas Manfré, julg. 18.5.2021, publ. *DJe* 28.5.2021; TJSP, 6ª CD Publ., Ap. Cív. 1006239-14.2016.8.26.0302, Rel. Des. Silvia Meirelles, julg. 31.8.2018, publ. *DJe* 31.8.2018.

12 Enunciado nº 658, aprovado na IX Jornada de Direito Civil do CJF: "As perdas e danos indenizáveis, na forma dos arts. 402 e 927 do Código Civil, pressupõem prática de atividade lícita, sendo inviável o ressarcimento pela interrupção de atividade contrária ao Direito".

13 O STJ, ao analisar pleito indenizatório relacionado à extração de areia e seixo sem a licença necessária, posicionou-se pela impossibilidade de se reconhecer a indenização, visto que a prática se traduz em "ato clandestino, alheio a qualquer amparo no ordenamento vigente" (STJ, 3ª T., REsp 1021556/TO, Rel. Min. Vasco Della Giustina, julg. 21.9.2010, julg. 5.11.2010). Da mesma forma: STJ, 4ª T., AgRg no REsp 848.566/TO, Rel. Min. Maria Isabel Gallotti, julg. 27.11.2012, publ. *DJe* 5.12.2012; STJ, 4ª T., REsp 1.188.683/TO, Rel. Min. Luis Felipe Salomão, julg. 15.3.2011, publ. *Dje* 22.3.2011; STJ, 2ª T., REsp 1.021.568/TO, Rel. Min. Humberto Martins, julg. 27.5.2008, publ. *DJe* 5.6.2008).

Função e natureza do ato legislativo

Além disso, a simples edição do ato legislativo normalmente não conduz à responsabilidade do Estado, porque, no mais das vezes, a lei veicula regras gerais, abstratas e impessoais, não atingindo diretamente direitos individuais, sobretudo quando é produzida em estrita conformidade com os princípios constitucionais. Pode até ocorrer de o ato legislativo contrariar interesses individuais ou de certos grupos, mas isso, por si só, não acarreta a responsabilidade do Estado ao ponto de obrigá-lo a reparar os prejuízos daí decorrentes.

Apesar disso, a responsabilidade civil do Estado é tecnicamente admissível. O Estado pode, de fato, vir a responder em diversas situações, notadamente nos casos em que restar configurado dano em razão da aplicação de lei inconstitucional, ou de lei materialmente defeituosa, ou mesmo em razão de omissão legislativa. Essas são, por assim dizer, as hipóteses mais corriqueiras em que o Estado pode ser obrigado a ressarcir o particular por força da aplicação de ato legislativo ou pela falta dele.

Na primeira hipótese, o Estado responde porque o Poder Legislativo não pode, evidentemente, exorbitar os limites da Constituição. Segundo Caio Mário da Silva Pereira, "o rompimento desta barreira pode ser erigido em pressupostos da responsabilidade do Estado".[14] A atuação indevida do órgão legislativo, que se materializa na edição da lei inconstitucional, pode gerar, então, a responsabilidade do Estado, que não poderá se eximir de reparar o dano injusto causado.

Responsabilidade do Estado por lei inconstitucional

Para que o Estado seja responsabilizado, o ato legislativo precisa ter produzido danos ao particular, o que nem sempre ocorre, já que a lei inconstitucional, no mais das vezes, não afeta a esfera individual das pessoas. Como milita a favor do ato legislativo a presunção de constitucionalidade, a lei precisa ser declarada inconstitucional para que fique configurado o "erro legislativo", seja no controle concentrado de constitucionalidade, seja no controle incidental.

Responsabilidade do Estado por lei materialmente defeituosa

Na segunda hipótese, o Estado responde pelos danos produzidos em razão da incidência de lei materialmente defeituosa. Há leis que fogem da regra geral, não irradiando efeitos gerais, abstratos e impessoais, mas, ao contrário, atingindo diretamente a esfera jurídica de indivíduos determinados, de modo que, embora sob o ponto de vista formal se apresentem como leis, atuam materialmente como se atos administrativos fossem (são as chamadas "leis de efeitos concretos"). Exatamente por isso, a jurisprudência tem entendido que tais leis podem ser impugnadas inclusive por meio de mandado de segurança, assegurando-se ao lesado o direito à reparação dos prejuízos, desde que efetivamente comprovados.[15] Nesses casos, então, configura-se a responsabilidade da pessoa jurídica federativa da qual emanou a lei materialmente defeituosa.

Responsabilidade do Estado por omissão legislativa

Assunto que já suscitou intenso debate é a questão de se saber se a omissão legislativa pode gerar a responsabilidade do Estado. O assunto não era muito difundi-

[14] Caio Mário da Silva Pereira, *Responsabilidade civil*, Rio de Janeiro: GZ, 2018, 12ª ed., atualizador Gustavo Tepedino, p. 184.

[15] STF, 1ª T., MS 37792/DF, Rel.ª Min.ª Rosa Weber, julg. 24.3.2021, *DJe* 26.3.2021.

do, mas, a partir da vigência da Constituição de 1988, que considera inconstitucional a omissão legislativa, apontando mecanismos específicos para combatê-la – notadamente, o mandado de injunção (art. 5º, LXXI, da CF) e a ação direta de inconstitucionalidade por omissão (art. 103, § 2º, da CF) –, ganhou especial destaque.

Indaga-se, por outros termos, se o Estado pode vir a responder por sua omissão no dever de legislar. Se é certo, por um lado, que não existe prazo determinado para o exercício da função legislativa, por outro não é menos certo que o reconhecimento da mora pelo Poder Judiciário pode implicar a responsabilidade do Estado toda vez em que, no caso concreto, a inação representar inaceitável abuso de poder. A omissão legislativa será considerada infração à ordem jurídica sempre que existir um dever jurídico de produzir a lei omissa.[16]

Responsabilidade por atos lícitos

A responsabilidade do Estado por atos legislativos também pode decorrer da prática de atos lícitos, tema que já foi intensamente discutido no Direito português. Na opinião do constitucionalista português Canotilho, muitas vezes nega-se a existência do liame causal para certos danos que deveriam ser reparados pelo Estado. À guisa de exemplo, lembra-se o autor dos danos decorrentes de vacinações obrigatórias,[17] que podem vir a ser impostas por lei: se, por motivo da constituição particular de um indivíduo, este vem a sofrer de uma doença grave logo após ser vacinado, em que medida o resultado danoso pode ser considerado consequência adequada do ato estadual?

O exemplo toca em dois temas sensíveis: responsabilidade civil do Estado por ato legislativo e por ato lícito. De acordo com a teoria da causalidade adequada que põe deliberadamente de lado, na formulação do juízo de adequação, certas circunstâncias que interfeririam no processo causal concreto do dano – como, no caso, a especial constituição física da vítima que a tornava alérgica à vacina –, a resposta seria negativa. "Um facto só deve considerar-se causa adequada daqueles danos que constituam uma consequência normal, típica, provável dele e a vacina não é, em abstracto, uma causa adequada da morte de um indivíduo que, por hipótese, era alérgico a essa vacina".[18]

Exemplo da vacinação obrigatória

Como, então, proteger as vítimas de determinada vacinação obrigatória? Para o autor, o caminho seria verificar, por meio da interpretação de normas, se o sentido da lei foi o de incluir a cargo do responsável todos os danos compreendidos numa certa zona de riscos. Esta é, porém, questão delicada que, no Brasil, ainda não foi

---

16 Nesse sentido, a jurisprudência do STF já se firmou no sentido de que: "as pessoas jurídicas de direito público respondem objetivamente pelos danos que causarem a terceiros, com fundamento no art. 37, § 6º, da Constituição Federal, tanto por atos comissivos quanto por atos omissivos, desde que demonstrado o nexo causal entre o dano e a omissão do Poder Público" (STF, 2ª T., ARE 868.610 AgR, Rel. Des. Dias Toffoli, julg. 26.5.2015, publ. *DJe* 1.7.2015; STF, 1ª T., ARE 956.285 AgR, Rel. Des. Edson Fachin, julg. 9.8.2016, publ. *DJe* 25.8.2016; STF, Tribunal Pleno, RE 136861, Rel. Des. Edson Fachin, Rel. p/ acórdão Alexandre de Moraes, julg. 11.3.2020, publ. *DJe* 22.1.2021).

17 José Joaquim Gomes Canotilho, *O problema da responsabilidade do Estado por actos ilícitos*, Coimbra: Almedina, 1974, p. 316.

18 José Joaquim Gomes Canotilho, *O problema da responsabilidade do Estado por actos lícitos*, Coimbra: Almedina, 1974, pp. 313-314.

aprofundada, mas que suscita discussão interessante sobre nexo de causalidade – mais especificamente sobre a interrupção da cadeia causal por causa anterior independente –, que poderia chegar a resultados distintos a depender da teoria aplicada (e, por isso mesmo, remete-se o leitor ao capítulo sobre nexo de causalidade).[19]

Apesar de todas essas dificuldades, a responsabilidade civil do Estado por atos legislativos, que também é objetiva, não é tão frequente na prática, tendo em vista que a atividade legislativa reflete, como se disse, o próprio exercício da soberania estatal.

4. RESPONSABILIDADE POR ATOS JUDICIAIS

Da mesma forma que o Estado pode responder por atos legislativos, se o dano for causado em razão do mau funcionamento do aparato judiciário o Estado também deverá responder (e responde, também aqui, objetivamente).

Responsabilidade objetiva do Estado por ato do juiz

O juiz é agente do Estado e, se é assim, o art. 37, § 6º, da Constituição não pode deixar de incidir, acarretando a responsabilidade objetiva da pessoa federativa correspondente (União, se o ato for emanado por juiz federal, ou Estado, se por juiz de Direito). Para além desse dispositivo, ao tratar dos direitos e deveres individuais e coletivos, a Constituição também prevê, no art. 5º, inciso LXX, que "o Estado indenizará o condenado por erro judiciário, assim como o que ficar preso além do tempo fixado na sentença".[20]

Direito de regresso contra o magistrado

Assegura-se ao Estado o exercício do direito de regresso contra o magistrado que proferiu a decisão geradora do dano (art. 43 do Código Civil, já referido acima), sendo certo que, no curso desse exercício, o Estado terá que demonstrar a conduta culposa ou dolosa do magistrado (quem responde objetivamente é o Estado, e não o magistrado, que só responderá mediante a análise do elemento subjetivo). Mais do que um direito, trata-se, em rigor, do dever de promover a ação regressiva contra o agente estatal cuja conduta acarretou a condenação (na esfera federal, esse dever encontra-se disciplinado pela Lei n.º 4.619/1965).

Ação direta contra o juiz ou contra ambos, Estado e juiz

A parte prejudicada pode também preferir ajuizar a ação diretamente contra o juiz, caso em que terá que demonstrar o elemento subjetivo, ou, ainda, contra ambos, Estado e juiz. De acordo com o art. 143 do CPC, "o juiz responderá, civil e regressivamente, por perdas e danos quando: I – no exercício de suas funções, proceder com dolo ou fraude; II – recusar, omitir ou retardar, sem justo motivo, providência que deva ordenar de ofício ou a requerimento da parte".

---

19 José Joaquim Gomes Canotilho, *O problema da responsabilidade do Estado por actos ilícitos*, cit., p. 316.

20 No STF, já se decidiu, a esse respeito, que "a teoria da responsabilidade objetiva do Estado não se aplica aos atos judiciais, salvo nos casos de erro judiciário e de prisão além do tempo fixado na sentença (inc. LXXV do art. 5º da Constituição da República) e nas hipóteses expressamente previstas em lei" (STF, 2ª T., AI 599.501 Ag.R./PR, Rel. Min. Cármen Lúcia, julg. 19.11.2013). No mesmo sentido: STF, 1ª T., ARE 1069350/PE AgR-segundo, Rel.ª Min.ª Rosa Weber, julg. 20.9.2019, publ. *DJe* 1.10.2019; STF, 1ª T., RE 765.139-AgR, Rel.ª Min.ª Rosa Weber, publ. *DJe* 21.11.2017; STJ, 3ª T., RE 831186 AgR, Rel. Min. Gilmar Mendes, julg. 23.8.2019, publ. *DJe* 3.9.2019.

Responsabilidade individual do magistrado

O referido dispositivo trata, pois, da responsabilidade individual do magistrado, fazendo alusão, no inciso I, apenas ao "dolo" e à "fraude", embora nem por isso as condutas culposas deixem de suscitar a responsabilidade do magistrado. Como se sabe, para a configuração do ato ilícito, basta que a conduta seja considerada culposa, não sendo necessária a presença do "dolo", que representa grau mais acentuado de antijuridicidade. No entanto, o simples fato de o juiz proferir decisão em desfavor de uma das partes – e, obviamente, isso sempre acontecerá – não enseja a sua responsabilidade, tampouco a do Estado.

Independência do juiz

No exercício de suas funções, o juiz deve ser independente e seguir suas próprias convicções, em razão do princípio do livre convencimento. Isto explica, de certa forma, o motivo pelo qual o inciso I do art. 143 não se refere à culpa. O magistrado já está em alguma medida protegido de eventuais acusações de ter agido com culpa, porque, de um lado, como os atos judiciais traduzem uma das funções estruturais do Estado, refletem o exercício da própria soberania e a independência do Poder Judiciário; de outro, a recorribilidade dos atos jurisdicionais já é, em si, uma proteção.

Se a decisão proferida de forma culposa causar prejuízo à parte, esta tem que se valer dos recursos disponíveis no Processo Civil para revertê-la, sob pena de a sua inércia eventualmente inviabilizar a propositura de uma ação direta contra o juiz. O sistema do duplo grau de jurisdição funciona, pois, não só para proteger a parte prejudicada, mas também o próprio juiz, que na segunda instância e nos tribunais superiores se encontra resguardado pelo fato de as decisões serem proferidas, em regra, por órgão colegiado. Assim, será difícil imaginar, por exemplo, o magistrado respondendo por ter proferido culposamente a sentença sem apreciar todas as provas.

Recorribilidade dos atos jurisdicionais

Já o inciso II do art. 143 do Código de Processo Civil não alude ao dolo, nem à culpa, mas a responsabilidade do magistrado não deixa, por isso, de ser subjetiva. Fora do exercício das suas funções típicas (proferir decisões, por exemplo, que é atividade tipicamente jurisdicional), se o magistrado "recusar, omitir ou retardar, sem justo motivo, providência que deva ordenar de ofício ou a requerimento da parte", poderá vir a responder diretamente e, nesse campo, as hipóteses de responsabilidade por conduta culposa são mais corriqueiras.

Erro judiciário na esfera criminal

Na esfera criminal, o Código de Processo Penal, ao tratar da revisão criminal – ação especial que visa à desconstituição de sentença que contenha erro judiciário (art. 630) – estabelece que "o tribunal, se o interessado o requerer, poderá reconhecer o direito a uma justa indenização pelos prejuízos sofridos". E, nos termos do § 1º desse dispositivo, "por essa indenização, que será liquidada no juízo cível, responderá a União, se a condenação tiver sido proferida pela justiça do Distrito Federal ou de Território, ou o Estado, se o tiver sido pela respectiva justiça".

Assim, o Estado pode ser obrigado a responder pelo ato judicial, tanto na esfera cível quanto no campo criminal, desde que presentes os elementos da responsabilidade civil objetiva.

5. RESPONSABILIDADE POR OMISSÃO DO ESTADO

Atos administrativos omissivos e comissivos

Mostra-se controvertida a distinção, engendrada pela doutrina, entre os atos da administração pública omissivos e comissivos. Para muitos autores, só em relação a estes últimos incidiria a responsabilidade objetiva. Os danos decorrentes de atos omissivos restariam sancionados apenas em caso de culpa ou dolo, em construção que remetia, no sistema anterior, à fórmula do art. 15 do Código Civil de 1916, e atualmente ao aludido art. 43 do Código Civil.[21]

Argumenta-se, nesta direção, que "a omissão pode ser uma condição para que outro evento cause o dano, mas ela mesma (omissão) não pode produzir o efeito danoso. A omissão poderá ter condicionado sua ocorrência, mas não o causou". Daqui decorreria que, "no caso de comportamento omissivo, a responsabilidade do Estado é *subjetiva*, atraindo a teoria da culpa anônima ou falta de serviço".[22]

Incidência da responsabilidade objetiva nos atos omissivos

O argumento impressiona por sua argúcia, mas não colhe. Não é dado ao intérprete restringir onde o legislador não restringiu, sobretudo em se tratando do legislador constituinte – *ubi lex non distinguit nec nos distinguere debemus*. A Constituição Federal, ao introduzir a responsabilidade objetiva para os atos da administração pública, altera inteiramente a dogmática da responsabilidade neste campo, com base em outros princípios axiológicos e normativos (dentre os quais se destacam o da isonomia e o da justiça distributiva), perdendo imediatamente base de validade qualquer construção ou dispositivo subjetivista, que se torna, assim, revogado ou, mais tecnicamente, não recepcionado pelo sistema constitucional.

Responsabilidade estatal comporta excludentes

Nem se objete que tal entendimento levaria ao absurdo, configurando-se espécie de *panresponsabilização* do Estado diante de todos os danos sofridos pelos cidadãos, o que oneraria excessivamente o erário e suscitaria uma ruptura no sistema da responsabilidade civil. A rigor, a teoria da responsabilidade objetiva do Estado compor-

---

[21] Tal é a posição do Supremo Tribunal Federal, valendo conferir, entre tantas, a decisão unânime de 23 de outubro de 1973, tendo como Relator o Ministro Aliomar Baleeiro, *RDA*, vol. 122, p. 169. O Superior Tribunal de Justiça recentemente voltou a discutir essa questão, mas sem muita precisão nos conceitos: "Administrativo e processual civil. Agravo interno nos embargos de declaração no agravo em recurso especial. Responsabilidade civil do Estado. Fatos imprevisíveis. Ação criminosa. Inimigos da vítima. Rompimento do nexo causal. Ausência de responsabilidade do ente municipal. Agravo interno do particular a que se nega provimento. 1. Cinge-se a controvérsia em definir se a responsabilidade do Município em relação à morte ocorrida no hospital é objetiva ou subjetiva, avaliando se os fatos descritos nos autos eram, ou não, previsíveis. 2. O contexto dos fatos permite concluir que a vítima foi morta por inimigos, de maneira que não haveria como o hospital prever a tentativa de homicídio em razão de outra ação criminosa. Relata-se, inclusive, que os seguranças do hospital haviam sido rendidos. 3. Conclui-se que não houve omissão do Município na prestação do serviço, porquanto não existe nexo causal que implique na culpabilidade do Ente pela morte ocorrida nos aposentos do hospital. O fato é imprevisível, e rompe o nexo causal. 4. Agravo Interno do Particular que se nega provimento" (STJ, 1ª T., AgInt nos EDcl no AREsp 1.255.321/SP, Rel. Min. Napoleão Nunes Maia Filho, julg. 25.6.2020).

[22] Maria Helena Diniz, *Curso de direito civil brasileiro*, vol. 7, São Paulo: Saraiva, 2018, 32ª ed., p. 716. Na doutrina administrativista, v. Celso Antônio Bandeira de Mello, *Curso de direito administrativo*, São Paulo: Malheiros Editora, 2014, 31ª ed., p. 1.031; Maria Sylvia Zanella Di Pietro, *Direito administrativo*, Rio de Janeiro: Forense, 2016, 29ª ed., p. 801.

ta causas excludentes, que atuam, como acima já aludido, sobre o nexo causal entre o fato danoso (a ação administrativa) e o dano, de tal sorte a mitigar a responsabilização, sem que, para isso, seja preciso violar o texto constitucional e recorrer à responsabilidade aquiliana. Aliás, conforme já se asseverou, "a responsabilidade objetiva do Estado não importa reconhecimento da teoria do risco integral, admitindo-se, para excluí-la, a prova do comportamento doloso ou culposo da vítima".[23]

Exemplo das enchentes

Tome-se, como exemplo, a hipótese em que se configuram danos a particulares decorrentes de enchentes de vias públicas, tragicamente corriqueiras nos centros urbanos brasileiros. Numerosas vezes tem-se manifestado o Judiciário, em desapreço às sucessivas previsões constitucionais, no sentido da necessidade de se comprovar o mau funcionamento dos serviços públicos de escoamento de águas – limpeza de galerias, contenção de encostas etc. –, para que se imponha a condenação da municipalidade. Se, ao revés, o operador adotasse a teoria do risco administrativo, nos termos da previsão constitucional, a construção não determinaria uma atribuição ilimitada de responsabilidade a cargo do Poder Público. Caberia ao julgador, no exame do caso concreto, verificar se a enchente, por sua intensidade, caracterizaria força maior, capaz de excluir o nexo causal entre a ação preventiva do município e os eventos danosos.[24] Em vez de se perquirir a falta do serviço, nem sempre de fácil constatação pericial, sobretudo após a verificação da calamidade, é de se examinar se o evento é evitável e resistível, cingindo-se a investigação aos pressupostos da responsabilidade objetiva.

Incidência da responsabilidade objetiva em toda atividade estatal

De mais a mais, a dicção do art. 43 acima transcrito, que suprimiu a referência, prevista no art. 15 do Código anterior ao procedimento "*de modo contrário ao direi-*

---

23 Luís Roberto Barroso, *Constituição da República Federativa do Brasil anotada*, São Paulo: Saraiva, 1998, p. 143, referindo-se a acórdão do STF publicado na *RDA*, vol. 179-180, p. 193.

24 Nesse sentido, a jurisprudência do STF firmou o entendimento de que "as pessoas jurídicas de direito público respondem objetivamente pelos danos que causarem a terceiros, com fundamento no art. 37, § 6º, da Constituição Federal, tanto por atos comissivos quanto por atos omissivos, desde que demonstrado o nexo causal entre o dano e a omissão do Poder Público" (STF, 2ª T., ARE 868610 AgR, Rel. Min. Dias Toffoli, julg. 26.5.2015, publ. *Dje* 30.5.2015). A Suprema Corte também reforçou que a responsabilidade civil do Estado é objetiva, apesar de, no caso, a responsabilidade do ente público ter sido afastada, considerando as circunstâncias fáticas. Trata-se de julgamento de Recurso Extraordinário em que se discutia a responsabilidade civil por omissão na fiscalização por parte do Município de São Paulo dada a explosão que aconteceu dentro de uma loja clandestina de fogos de artifício. A Corte fixou a seguinte tese de Repercussão Geral: "Para que fique caracterizada a responsabilidade civil do Estado por danos decorrentes do comércio de fogos de artifício, é necessário que exista a violação de um dever jurídico específico de agir, que ocorrerá quando for concedida a licença para funcionamento sem as cautelas legais ou quando for de conhecimento do poder público eventuais irregularidades praticadas pelo particular" (STF, Tribunal Pleno, RE 136861, Rel. Min. Edson Fachin, julg. 11.3.2020, publ. *DJe* 22.1.2021). Ainda sobre o assunto, o STF julgou o RE 608.880/MT, referente ao Tema 362 de sua Repercussão Geral, que envolve a responsabilidade civil objetiva do Estado por danos relacionados à prática de crimes por pessoas foragidas do sistema prisional, no qual se fixou a seguinte tese: "Nos termos do artigo 37, § 6º, da Constituição Federal, não se caracteriza a responsabilidade civil do Estado por danos decorrentes de crime praticado por pessoa foragida do sistema prisional, quando não demonstrado o nexo causal direto entre o momento da fuga e a conduta praticada" (STF, Tribunal Pleno, RE 608.880/MT, Rel. p/ acórdão Min. Alexandre de Moraes, julg. 8.9.2020).

to", parece deixar clara a opção legislativa pela responsabilidade objetiva em toda e qualquer atividade estatal,[25] e deveria servir para sepultar definitivamente a responsabilidade subjetiva nos atos praticados pela administração pública, sejam eles comissivos sejam omissivos.[26]

6. O PROBLEMA DA DENUNCIAÇÃO DA LIDE

Direito de regresso contra o agente responsável

Outra questão controvertida diz com o direito de regresso, por parte do ente público, contra o agente responsável, nos casos de dolo e culpa, consoante a dicção do art. 37, § 6º, da Constituição. Segundo parte da doutrina, o dispositivo autorizaria a denunciação da lide, nos termos do art. 125, II, do CPC/2015, segundo o qual é admissível a litisdenunciação "àquele que estiver obrigado, por lei ou pelo contrato, a indenizar, em ação regressiva, o prejuízo de quem for vencido no processo", ao menos como providência facultativa, com a finalidade de assegurar o regresso.[27]

Requisito da denunciação: identidade de fundamento entre as demandas

O argumento, todavia, não merece aplauso. Em primeiro lugar, a denunciação prevista no CPC/2015 supõe identidade de fundamento entre as demandas, o que não ocorre no caso de ação de responsabilidade subjetiva contra o agente proposta pela administração, já que esta, ao contrário, foi acionada com fundamento na responsabilidade objetiva. Aliás, com tal convicção têm se pronunciado, reiteradamente, as 1ª e 2ª Turmas do Superior Tribunal de Justiça. O fundamento principal é o princípio da celeridade processual, considerando que a denunciação, nesses casos, importaria "atrasar indevidamente a entrega da prestação jurisdicional à pessoa vitimada, via de regra a parte vulnerável na discussão litigiosa".[28]

---

25 Acerca da responsabilidade omissiva do ente estatal, destaque-se o conteúdo do Enunciado n. 652 da súmula do STJ, que, em termos de responsabilidade civil por danos gerados ao meio ambiente, indica que "[a] responsabilidade civil da Administração Pública por danos ao meio ambiente, decorrente de sua omissão no dever de fiscalização, é de caráter solidário, mas de execução subsidiária".

26 Nessa direção, argumenta Flávio Willeman: "com a devida vênia, não se coaduna o argumento de que a responsabilidade subjetiva da Administração Pública deve prevalecer ante a ausência de regra específica para regular tal situação. Ora bem; não bastasse o art. 37, § 6.º, da CRFB/88, existe agora o já citado art. 43, do Código Civil de 2002, que traz para o plano infraconstitucional a responsabilidade objetiva da Administração Pública" (Flávio Willeman, A responsabilidade civil das pessoas jurídicas de direito público e o Código Civil de 2002. In:*Revista da EMERJ*, v. 10, n. 37, 2007, p. 183).

27 Sob a égide do CPC/1973, que previa esta hipótese como de denunciação da lide obrigatória, tal era a posição doutrinária. V., por todos, José Carlos Barbosa Moreira, *Direito aplicado* – acórdãos e votos, Rio de Janeiro: Forense, 1987, p. 159 e ss. Em sentido contrário, à luz do CPC/2015, Cassio Scarpinella entende que a denunciação da lide pelo Estado ao funcionário público causador do dano deveria ser indeferida (Cassio Scarpinella, *Comentários ao Código de Processo Civil*, vol. 1, São Paulo: Saraiva, 2017, pp. 551-552).

28 STJ, 4ª T., AgInt no REsp 1.968.138/GO, Rel. Min. Antonio Carlos Ferreira, julg. 22.4.2024, publ. *DJ* 26.4.2024; STJ, 1ª T., REsp 1.501.216/SC, Rel. Min. Olindo Menezes (Desembargador convocado), julg. 16.2.2016, publ. *DJe* 22.2.2016. Da mesma forma: STJ, 1ª T, EDcl no REsp 1.410.959/SP, Rel. Min. Ari Pargendler, rel. p/ acórdão Min. Napoleão Nunes Maia Filho, julg. 4.10.2016, publ. *DJe* 19.10.2016; STJ, 1ª T., AgInt no AREsp 1.212.690/AM, Rel. Min. Napoleão Nunes Maia Filho, julg. 15.4.2019, publ. *DJe* 22.4.2019. No julgamento do RE 327.904/SP, ao interpretar o § 6º do art. 37 da Constituição, o STF adotou a tese da dupla garantia: uma em favor do particular, possibilitando-lhe ação indenizatória contra a pessoa jurídica de direito público, ou de direito privado que preste

Em seguida, observe-se que a denunciação da lide, nestes casos, ao suscitar a longa instrução processual indispensável à demonstração da culpa do agente, representaria obstáculo à reparação pretendida pelo constituinte no art. 37, em bases objetivas, justamente para se facilitar a tutela jurisdicional.[29]

Além disso, como já evidenciado em doutrina, mesmo sob a perspectiva da administração pública, a denunciação da lide não se mostra isenta de objeções, já que a defesa teria que assumir a culpa do agente, quase que reconhecendo o pedido, para efetuar a litisdenunciação.[30] "Eis aí o dilema da Fazenda: diferentemente do que ocorre com os particulares denunciantes, compete-lhe, ao denunciar, confessar a culpa de seu preposto, descrevendo a conduta culposa deste em todos os pormenores essenciais, para que possa obter êxito no pretendido exercício do direito regressivo".[31]

Propositura de ação direta contra o funcionário público

Igualmente restritiva mostra-se a interpretação que rejeita a propositura de ação indenizatória diretamente contra o funcionário, com base na culpa, em detrimento da ação contra a administração pública. A hipótese ocorre com frequência, sobretudo quando a prova da culpa ou dolo se mostra evidente e a execução contra o patrimônio do agente se apresenta, para o autor, mais atraente (imagine-se o não implausível contraste: de um lado, o robusto patrimônio do funcionário faltoso e, de outro, os cofres endividados de um modesto município).[32]

---

serviço público, ressaltando a possibilidade, praticamente certa, de obtenção do pagamento do dano; outra, em prol do servidor estatal, que somente responde administrativa e civilmente perante a pessoa jurídica com a qual mantenha vínculo funcional. Sendo assim, o servidor (causador do dano) deve ser responsabilizado apenas perante o Estado, em ação regressiva, após o Poder Público já ter ressarcido o ofendido, em homenagem ao preconizado no art. 37, § 6º, da Constituição (STF, 1ª T., RE 327.904/SP, Rel. Min. Carlos Ayres Britto, julg. 15.8.2006, publ. *DJ* 8.9.2006). No mesmo sentido: STF, 1ª T., ARE 991.086 AgR, Rel.ª Min.ª Rosa Weber, julg. 6.3.2018, publ. *DJe* 21.3.2018; STF, 1ª T., RE 593525 AgR-segundo, Rel. Min. Roberto Barroso, julg. 9.8.2016, publ. *DJe* 10.10.2016.

29 Partilha de tal entendimento Renan Miguel Saad, *O ato ilícito e a responsabilidade civil do Estado*, cit., p. 62.

30 V., também, no sentido do texto, Hely Lopes Meirelles, *Direito administrativo brasileiro*, cit., p. 420.

31 Voto do Juiz Nelson Altemani, do TACSP (*RT*, vol. 566, p. 112 e ss.), invocado pelo Juiz Ferraz Nogueira, da 3ª Câmara do 1º TACSP, no julgamento da Ap. Cív. nº 390.125, julg. 16.5.1988, in *ADV-COAD*, nº 40, p. 197.

32 Sobre o tema, v. Renan Miguel Saad, *O ato ilícito e a responsabilidade civil do Estado*, cit., p. 60 e ss., o qual destaca a decisão do STF, sendo Relator o Min. Octávio Gallotti, admitindo a ação contra o funcionário público direta e independentemente da ação contra o Estado. Para o autor (p. 61), "faculta-se à vítima acionar um ou outro". Nessa direção, aliás, encontra-se a já aludida decisão do STF, proferida na Sessão Plenária de 18.6.1980, *RT* vol. 544, p. 260 e ss. Mais recentemente, em 2013, a Quarta Turma do STJ afirmou que "O art. 37, § 6º, da CF/1988 prevê uma garantia para o administrado de buscar a recomposição dos danos sofridos diretamente da pessoa jurídica que, em princípio, é mais solvente que o servidor, independentemente de demonstração de culpa do agente público. Vale dizer, a Constituição, nesse particular, simplesmente impõe ônus maior ao Estado decorrente do risco administrativo; não prevê, porém, uma demanda de curso forçado em face da Administração Pública quando o particular livremente dispõe do bônus contraposto. Tampouco confere ao agente público imunidade de não ser demandado diretamente por seus atos, o qual, aliás, se ficar comprovado dolo ou culpa, responderá de outra forma, em regresso, perante a Administração. Assim, há de se franquear ao particular a possibilidade de ajuizar a ação diretamente contra o servidor, suposto causador do dano, contra o Estado ou contra ambos, se assim desejar. A avaliação quanto ao ajuizamento da ação contra o servidor público ou contra o Estado deve ser decisão do suposto lesado. Se, por um lado, o particular abre mão do sistema de responsabilidade objetiva do

7. A RESPONSABILIDADE SOLIDÁRIA DOS ENTES PÚBLICO E PRIVADO

Finalmente, não são tranquilas doutrina e jurisprudência acerca da corresponsabilidade da administração pública e das pessoas jurídicas de direito privado prestadoras de serviços públicos. Cuidar-se-ia de responsabilidade solidária ou subsidiária, a responsabilidade da pessoa jurídica de direito público em relação à entidade privada?

Responsabilidade solidária do Estado

A responsabilidade subsidiária vem sendo sustentada com base na regra geral da não presunção de solidariedade no direito civil (art. 265, CC)[33] ou a partir da independência patrimonial entre as pessoas física e jurídica. O argumento, entretanto, em que pese o respeito de que é merecedor, não se mostra convincente. A uma, porque o fato de serem pessoas distintas, antes de afastar a solidariedade, constitui-se no seu pressuposto: só há solidariedade porque há pessoas jurídicas distintas e independentes, não se podendo cogitar de corresponsabilidade – conjunta ou solidária – em se tratando de uma única pessoa. Demais disso – e mais importante –, a responsabilidade subsidiária em razão da má escolha equivaleria, do ponto de vista técnico, à reinserção da culpa *in eligendo* no âmbito da responsabilidade objetiva, com o quê, definitivamente, não se pode concordar.

Prestação de serviços públicos como acidentes de consumo

Assim é que, sem desconhecer a complexidade da matéria, há de se considerar solidária a responsabilidade dos entes público e privado, no caso do art. 37, § 6º, da Constituição, não prevalecendo, nesta hipótese, a regra geral do art. 265 do Código Civil. Parece, ao revés, haver previsão legislativa expressa aplicável à espécie: o Código de Defesa do Consumidor admite, como fornecedor, "toda a pessoa física ou jurídica, pública ou privada, nacional ou estrangeira" (art. 3º, Lei nº 8.078/90). A prestação de serviços públicos constitui, portanto, relação de consumo, ao menos quando o serviço é remunerado de forma específica,[34] sendo a vítima dos danos

---

Estado, por outro também não se sujeita ao regime de precatórios" (STJ, 4ª T., REsp 1.325.862/PR, Rel. Min. Luis Felipe Salomão, julg. 5.9.2013, *DJe* 10.12.2013). Da mesma forma: STJ, 4ª T., REsp 731.746/SE, Rel. Min. Luis Felipe Salomão, julg. 5.8.2008, *DJe* 4.5.2009.

33 Nesse sentido: "Nem mesmo de responsabilidade solidária é possível falar neste caso, porque a solidariedade só pode advir da lei ou do contrato, inexistindo norma legal atribuindo solidariedade ao Estado com os prestadores de serviços públicos. (...) Em conclusão, o Estado responde apenas subsidiariamente, uma vez exauridos os recursos da entidade prestadora de serviços públicos. Se o Estado escolheu mal aquele a quem atribui a execução de serviços públicos, deve responder subsidiariamente caso o mesmo se torne insolvente" (Sergio Cavalieri Filho, *Programa de Responsabilidade Civil*, São Paulo: Atlas, 2008, 8ª ed., pp. 245-246).

34 Nesse sentido: "A melhor posição sobre as espécies de serviços públicos que estão sob a disciplina do CDC deve levar em consideração dois aspectos: a remuneração específica do serviço e a noção de mercado de consumo (...). O critério, portanto, para delimitar quais serviços públicos estão sujeitos à Lei 8.078/90 é a compreensão do mercado de consumo, vale dizer, de atividades econômicas próprias do ciclo de produção e circulação dos produtos ou de fornecimento de serviços. A remuneração ao serviço pode ser direta ou indireta. Todavia, exige-se que seja atividade desenvolvida no mercado de consumo. Não são próprios do mercado os serviços do Estado relativos à segurança, prestação jurisdicional, iluminação pública, nem mesmo sua obrigatória atuação no campo da educação e saúde, não por ausência de remuneração indireta – já que os impostos cumprem este requisito – mas, repita-se, porque estão fora do mercado (...). A conclusão, portanto, é de que estão sujeitos ao CDC os serviços públicos cuja remuneração, independentemente da sua natureza, seja feita diretamente

provocados pela administração pública o consumidor final ou equiparado (art. 17, Lei nº 8.078/90), o que atrai para tais hipóteses a disciplina dos acidentes de consumo, de modo a gerar a solidariedade dos diversos entes públicos e privados que se apresentem como fornecedores dos respectivos serviços, prestados (direta ou indiretamente) pela atividade estatal.[35]

8. CAUSAS EXCLUDENTES DA RESPONSABILIDADE ESTATAL

Por se tratar de responsabilidade objetiva, as hipóteses de excludentes do dever de reparar restringem-se àquelas que interferem na relação de causalidade entre a conduta (comissiva ou omissiva) do Estado (ou, mais precisamente, do agente estatal) e o dano injustamente sofrido pela vítima, a saber: (i) o fato exclusivo da vítima; (ii) o fato exclusivo de terceiro; e (iii) o caso fortuito ou de força maior.

Não raras vezes a própria vítima contribui decisivamente para a produção do dano, circunstância à qual o Direito não pode se mostrar indiferente. Assim, a impropriamente chamada "culpa exclusiva da vítima"[36] tem lugar quando o resultado danoso é consequência direta e imediata da sua própria atuação. Isso porque se reconhece, nesses casos, que o agente é mero instrumento do acidente, não se podendo, por isso mesmo, admitir a existência de liame de causalidade necessário entre seu ato e o prejuízo.

Fato exclusivo da vítima

A conduta da vítima "absorve", por assim dizer, a atuação do agente, que figurará como mera ferramenta na produção do evento danoso. Assim, até mesmo na responsabilidade civil objetiva, o agente fica isento do dever de indenizar. Isto é assim porque, embora a responsabilidade objetiva independa de culpa, a ação exclusiva da vítima afeta o nexo causal que associa o agente aparente ao dano, sendo este elemento indispensável a todas as espécies de responsabilidade civil, à exceção da responsabilidade objetiva por risco integral.

Para a ação da vítima intervir na responsabilidade do agente, é necessário, contudo, que este não a tenha provocado. Se a ação da vítima foi provocada pelo agente estatal, não há que se falar em interrupção da cadeia causal, sendo antes a continuação ou desdobramento da própria atuação do servidor público. Além disso,

---

pelo consumidor" (Leonardo Roscoe Bessa, *Aplicação do Código de Defesa do Consumidor*: análise crítica da relação de consumo, Brasília: Brasília Jurídica, 2007, pp. 102-104).

35 A Corte Especial do STJ, sob o rito dos recursos repetitivos (Tema 1.122), estabeleceu a tese de que as concessionárias de rodovias respondem, independentemente de culpa, pelos danos decorrentes de acidentes causados pela presença de animais domésticos nas pistas sob concessão, aplicando-se a esses casos o Código de Defesa do Consumidor e a Lei das Concessões (Lei 8.987/1995). O relator do recurso repetitivo, o Ministro Ricardo Villas Bôas Cueva lembrou que o STJ tem reconhecido tanto a responsabilidade das concessionárias pelos acidentes causados pela entrada de animais domésticos nas pistas – aplicando-se a teoria do risco administrativo – quanto a incidência do CDC nessa hipótese, jurisprudência também existente no Supremo Tribunal Federal (STJ, Corte Especial, REsp 1908738/SP, Rel. Min. Ricardo Villas Bôas Cueva, julg. 21.8.2024, publ. *DJe* 26.8.2024).

36 A referida excludente interfere na cadeia causal que liga a conduta do agente ao dano, nada tendo a ver com o pressuposto da "culpa" (e, por isso mesmo, se encontra entre as excludentes de responsabilidade do Estado, cuja natureza é eminentemente objetiva).

discute-se, em sede doutrinária, se a ação da vítima menor de idade ou portadora de alguma debilidade mental pode também ensejar a exclusão do nexo causal, a afastar a responsabilidade do agente. As ações do menor e do portador de debilidade não podem ser consideradas culposas, a rigor, em razão de sua inimputabilidade, mas na opinião de grande parte da doutrina podem suprimir a cadeia causal.[37]

Necessidade de a ação da vítima ser independente

Da ideia de "culpa exclusiva da vítima" chega-se à noção de "concorrência de culpa", que se configura quando a vítima, sem ter sido a causadora única do prejuízo, concorre com o agente estatal para o resultado danoso. Nesses casos, a atuação da vítima na produção do resultado não exclui a responsabilidade do Estado, mas a atenua na medida da participação de cada um na produção do dano, reduzindo-se, em consequência, o valor da indenização.

Fato concorrente da vítima

Outra causa que exclui a responsabilidade do agente é o fato exclusivo de terceiro que, assim como o fato exclusivo da vítima, interrompe o curso causal que liga o agente estatal aparentemente responsável ao dano. Da mesma forma, a participação do terceiro na causação do dano pode ocorrer de maneira total ou parcial. Na primeira hipótese, o dano é causado exclusivamente pelo terceiro; na segunda, o terceiro é apenas coparticipe ou parte concorrente no desfecho prejudicial. Apenas no primeiro caso é que se verifica a eliminação do nexo causal, com a consequente exclusão da responsabilidade do Estado. Quando a participação do terceiro é parcial e o Estado concorre com ele na produção do evento danoso, ambos devem responder pela composição das perdas e danos na medida de suas participações.

Fato exclusivo de terceiro

O terceiro deve, necessariamente, ser pessoa estranha à relação; não pode ser a própria vítima, tampouco servidor público ligado ao Estado. Considera-se terceiro qualquer pessoa, estranha a esse binômio, que direta e imediatamente interfira na produção do dano. Também não é, contudo, qualquer fato de terceiro que elimina o nexo causal que liga a conduta do agente estatal ao dano. A atuação do terceiro deve ser livre, sem qualquer influência do Estado, de modo que atraia, na totalidade, os efeitos do fato prejudicial e, em consequência, exclua a responsabilidade do Estado.

Qualificação do terceiro

Discute-se, na doutrina, acerca dos componentes da conduta do terceiro: o fato de terceiro deve reunir os caracteres de irresistibilidade e inevitabilidade? Como o Código Civil não alude diretamente ao fato de terceiro como excludente, mas tão somente ao caso fortuito ou de força maior, a similitude entre essas excludentes tem gerado certa confusão. De fato, não obstante o efeito que exerce, a fazer cessar a responsabilidade do agente estatal por exclusão do nexo causal, o fato de terceiro não pode ser confundido com o caso fortuito ou de força maior.

---

[37] Nesse sentido: Georges Ripert e Jean Boulanger, *Tratado de derecho civil*: según el tratado de Planiol, t. V, tradução de Délia Garcia Daireaux, Buenos Aires: La Ley, 2002, p. 106; Michele Cantillo, *Le obligazioni*, Torino: Utet, 1992, p. 838. Contra: Carlos Alberto Menezes Direito e Sergio Cavalieri Filho, *Da responsabilidade civil. Das preferências e privilégios creditórios*. In: Sálvio de Figueiredo Teixeira (Coord.), *Comentários ao novo Código Civil*, vol. 13, t. II, Rio de Janeiro: Forense, 2004, p. 371.

Componentes da conduta do terceiro

No fato de terceiro, a exoneração do agente só terá lugar se o dano puder ser atribuído a *alguém*, sem que se precise identificar precisamente a pessoa de cuja participação proveio o dano (à guisa de exemplo, o dano poderia ter sido produzido por um terceiro que fugiu e não foi encontrado, embora tenha sido visto a praticar o ato de que resultou o prejuízo); enquanto o caso fortuito ou de força maior, ao revés, não se pode imputar a qualquer pessoa – a vítima fica simplesmente sem ter contra quem exercer sua pretensão ressarcitória.

Fato de terceiro e caso fortuito ou de força maior

Com efeito, se a única causa *necessária* do dano foi o fato de terceiro, ainda que este não seja totalmente inevitável e irresistível, como o caso fortuito ou de força maior, a vítima não conseguirá provar o nexo causal direto e imediato que liga a conduta do agente estatal ao dano, ou conseguirá provar apenas um liame aparente, facilmente desconstituído, que associa o servidor público ao dano.

Registre-se, por fim, que o vínculo causal não é interrompido apenas por ação da vítima ou de terceiro, mas também quando outros fatores estranhos à atuação do agente impossibilitam a atribuição do dano ao sujeito. É que o evento danoso também pode resultar de fatalidade, que quebra o desdobramento normal dos acontecimentos, razão pela qual não se deve imputar o dever indenizatório a quem quer que seja. Trata-se das hipóteses de caso fortuito e força maior.[38]

Caso fortuito ou de força maior

Durante muito tempo, a doutrina tentou distinguir o caso fortuito da força maior. Sustentaram alguns autores que, enquanto o caso fortuito era caracterizado pela imprevisibilidade, a força maior caracterizava-se pela irresistibilidade, opinião ainda defendida na atualidade.[39] Para outra parte da doutrina, a força maior exprimiria a ideia de acidente da natureza (*v.g.*, inundação, raio etc.), ao passo que o caso fortuito indicaria fato do homem (a exemplo da guerra, das violências urbanas etc.). Havia, ainda, quem entendesse que o sentido das expressões era precisamente o oposto: caso fortuito referir-se-ia à ação de forças ininteligentes e força maior designaria o fato de terceiro.[40]

Distinções entre o caso fortuito e o de força maior

Pretendeu-se também usar as duas expressões para designar dois aspectos do mesmo fato, impeditivo do cumprimento da obrigação: caso fortuito referir-se-ia à origem externa do obstáculo; e força maior, à sua natureza invencível. Assim, para o acontecimento exonerar o devedor, deveria ser caso fortuito em sua origem externa, e força maior por sua resistência invencível.

Com o passar do tempo, os civilistas passaram a sustentar que, entre as duas noções, não há diversidade de natureza, "mas uma diferença de grau, referindo-se a

---

[38] Ao propósito, o Supremo Tribunal Federal decidiu que: "A imprevisibilidade inerente à pandemia afasta a responsabilidade civil do Estado por danos a candidatos decorrentes do adiamento de prova de concurso público por motivos de biossegurança relacionados ao COVID-19" (STF, Tribunal Pleno, RE 1455038, Rel. Min. Presidente, julg. 5.11.2024, publ. DJ 7.11.2024).

[39] Veja-se, a título de exemplo, a opinião de Sergio Cavalieri Filho, *Programa de responsabilidade civil*, cit., p. 67.

[40] Cf. Clóvis Beviláqua, *Código Civil dos Estados Unidos do Brasil*, vol. IV, Rio de Janeiro: Ed. Rio, 1980, pp. 173-174.

força maior, tanto quanto o caso fortuito, a acontecimentos independentes da vontade do devedor, não culposos, mas, naquele caso, bem mais violentos, ou bem mais ostensivos, refletindo-se isso na questão de prova".[41]

As distinções conceituais, entretanto, apresentam importância na medida em que geram consequências práticas e, nesse caso, não há qualquer diversidade de efeito entre tais figuras, pois tanto o caso fortuito quanto a força maior levam ao mesmo resultado: o agente se exime do dever de responder. Além disso, o fato é que o Código Civil não se ateve à distinção (tampouco o diploma anterior). Em diversas passagens, o Código refere-se ao caso fortuito e à força maior em conjunto, tratando-os indistintamente, a exemplo dos arts. 246, 393, 399 e 583.

Caso fortuito ou de força maior: identidade de efeitos

O caso fortuito ou de força maior, para afastar o liame que vincula o agente ao dano e, em consequência, excluir a responsabilidade do Estado, deve reunir certas características apontadas pela doutrina, a saber: (i) inevitabilidade: trata-se de um acontecimento ao qual não se pode resistir; (ii) atualidade: o agente não se pode escusar com o evento futuro, que ainda não ocorreu; (iii) extraordinariedade: o fato deve fugir ao curso natural e ordinário. Sem esses requisitos, que deverão ser provados pelo Estado, o fortuito sequer se configura, pelo que também não se afasta o nexo causal.

Requisitos do caso fortuito ou de força maior

Note-se, contudo, que nem sempre o caso fortuito ou de força maior tem o efeito de excluir a responsabilidade do agente. Em regra, pode-se dizer que, quando ocorre caso fortuito ou de força maior, o agente não responde pelo dano, exceto: (i) se houver convenção prévia, nos termos do art. 393 do Código Civil de 2002, segundo o qual "o devedor não responde pelos prejuízos resultantes de caso fortuito ou força maior, se expressamente não se houver por eles responsabilizado"; e, também, (ii) nos casos previstos expressamente em lei.

Ressalte-se, ainda, que o caso fortuito ou de força maior pode não ser a causa exclusiva do dano, mas ter apenas concorrido na produção do prejuízo com a conduta culposa do agente estatal. Em tais casos, embora o Estado tenha que arcar com as consequências de sua ação, deve apenas ser responsável na medida de sua contribuição causal. Do contrário, estar-se-ia imputando ao Estado parte de dano que ele não produziu. Quando o fortuito concorre com a conduta do agente público na produção do dano, deve o juiz atenuar a responsabilidade do Estado, tendo em conta a real incidência da conduta do servidor público na produção do prejuízo, isto é, de acordo com a medida de sua participação. Não há razão para ser diferente, obrigando o Estado a arcar com todo o dano, de modo a tornar a sua responsabilidade mais grave se comparada com a de um particular.

Caso fortuito ou de força maior e ação concorrente do Estado

Quando o fortuito concorre não com a conduta culposa do agente estatal, mas com o risco inerente à sua própria atividade, a exterioridade ou externalidade do evento passa a ser elemento diferenciador. É que, neste caso, o caso fortuito apenas

[41] Sobre a controvérsia v. Arnoldo Medeiros Fonseca, *Caso fortuito e teoria da imprevisão*, Rio de Janeiro: Forense, 1958, p. 88.

potencializa o risco intrínseco à atividade do agente público. Assim, apenas o fortuito externo afastará o nexo causal, de modo a excluir a responsabilidade do agente. Quando o fato de que resultou o acidente estiver vinculado à própria atividade do agente estatal (fortuito interno), mais intenso será o dever que lhe é imputado, ampliando-se o nexo de causalidade cujo exame deverá ser mais rigoroso.

Fortuito interno

Por fim, é importante observar que o intervalo temporal eventualmente existente entre a conduta do Estado (ou do servidor público) e o dano não interfere na cadeia causal, tampouco provoca sua interrupção. O Estado pode vir a responder independentemente de estar o dano distante no tempo da conduta do servidor. O que importa é a proximidade lógica existente entre eles, e não a temporal, embora se reconheça que, quanto mais tempo se passar, mais sujeita a interrupções estará essa cadeia causal.

9. A LIQUIDAÇÃO DO DANO MEDIANTE O REGIME DE PRECATÓRIOS

Intervalo temporal entre o dano e a ação do Estado

Transitada em julgado a decisão que impõe ao Estado o pagamento de indenização, cabe ao particular, vítima do dano, promover a sua liquidação segundo as regras do Código de Processo Civil. A liquidação tem por finalidade definir o valor exato a ser pago ao particular pelo ente da Fazenda Pública condenado. Seu trâmite ocorre no mesmo juízo perante o qual tramitou também a ação de reparação civil.

Liquidação do dano

Encerrada a fase de liquidação de sentença, o particular deverá adotar as medidas destinadas à obtenção da expedição de um precatório. Por precatório, entende-se o expediente por meio do qual o Presidente do Tribunal requisita ao Poder Legislativo a inclusão, na lei orçamentária do exercício subsequente, do valor a ser ressarcido pelo Estado, conforme sentença judicial proferida.

Expedição de precatório

Dirige-se o precatório ao órgão do Poder Legislativo referente à entidade estatal condenada ao pagamento. Se isto ocorrer até o dia 30 do mês de junho, a verba correspondente é incluída no orçamento do exercício seguinte. De acordo com o art. 100 da Constituição, "os pagamentos devidos pelas Fazendas Públicas Federal, Estaduais, Distrital e Municipais, em virtude de sentença judiciária, far-se-ão exclusivamente na ordem cronológica de apresentação dos precatórios e à conta dos créditos respectivos, proibida a designação de casos ou de pessoas nas dotações orçamentárias e nos créditos adicionais abertos para este fim".

Ordem cronológica de pagamentos

Os parágrafos subsequentes desse dispositivo, entretanto, trazem uma série de exceções a essa ordem cronológica, tendo em vista a natureza especial de alguns créditos que acabam preferindo os demais (os débitos de natureza alimentícia, por exemplo, terão preferência em relação aos outros). A Emenda Constitucional n.º 62/2009 introduziu ampla alteração na disciplina constitucional, a pretexto de viabilizar o pagamento dos elevados passivos de diversos Estados e Municípios, mas a reforma entabulada não resolveu o problema e foi alvo de críticas.[42] Em 2013, o Supremo Tribunal Federal julgou parcialmente procedentes as ADIs 4.357[43] e 4.425,[44] declarando a inconstitucionalidade parcial da referida emenda. Com a decisão, foram declarados inconstitucionais dispositivos da Constituição, que tiveram sua redação dada pela emenda, que institui regras gerais para precatórios (dentre os pontos alcançados pela declaração estão aqueles que tratam da fixação da taxa de correção monetária e das regras de compensação de crédito), e integralmente inconstitucional o art. 97 do Ato das Disposições Constitucionais Transitórias (ADCT), que cria o regime especial de pagamento de precatórios.

Créditos de natureza especial

PROBLEMAS PRÁTICOS

1. Na responsabilidade civil por atos omissivos, a responsabilidade do Estado é objetiva ou depende da comprovação de culpa?
2. É cabível a responsabilização civil do Estado por atos legislativos, mesmo que abstratos e impessoais?
3. Sentença proferida por juiz competente que extrapola os limites do direito e causa danos a uma das partes do processo pode gerar a responsabilização civil do Estado?

Acesse o *QR Code* e veja a Casoteca.

> *https://uqr.to/1ofho*

---

42 Marçal Justen Filho, *Curso de direito administrativo*, cit., p. 1.333.

43 STF, Tribunal Pleno, ADI 4.357/DF, Rel. Min. Luiz Fux, julg. 14.3.2013.

44 STF, Tribunal Pleno, ADI 4.425/DF, Rel. Min. Luiz Fux, julg. 14.3.2013.

Capítulo XIII
RESPONSABILIDADE CIVIL DOS PROFISSIONAIS LIBERAIS

Acesse o *QR Code* e assista ao vídeo sobre o tema.

> *https://uqr.to/1ofh4*

SUMÁRIO: 1. A responsabilidade civil dos profissionais liberais – 2. O paradigma do médico – 3. A responsabilidade civil do advogado – 4. A responsabilidade civil do engenheiro/construtor – Problemas práticos.

1. A RESPONSABILIDADE CIVIL DOS PROFISSIONAIS LIBERAIS

O regime de responsabilidade civil dos profissionais liberais não consta de um único diploma legislativo; ao contrário, forma-se a partir de um emaranhado de leis e atos normativos.

Incidência do CDC

Na maioria das vezes, a responsabilização desses profissionais será regida pelo Código de Defesa do Consumidor, ao lado da regulamentação especial da profissão. A responsabilidade pessoal do profissional liberal é apurada mediante a verificação de culpa por força do art. 14, § 4º, do Código de Defesa do Consumidor, sendo, portanto, subjetiva.[1] Já o estabelecimento dentro do qual ele presta seus serviços – o hospital ou o escritório de engenharia ou de advocacia, por exemplo – responderá objetivamente perante os consumidores, seguindo a regra geral do Código de Defesa do Consumidor.

---

[1] Nesse sentido: "A responsabilidade civil dos profissionais liberais é apurada mediante verificação de culpa, ou seja, sujeita-se à comprovação de que os danos causados decorreram da negligência, da imprudência ou da imperícia do agente, nos termos do disposto no artigo 14, § 4º, do Código de Defesa do Consumidor" (TJDFT, 4ª T. Cív., Rel. Des. Luís Gustavo B. de Oliveira, julg. 22.5.2019, publ. *DJe* 27.5.2019).

Regras de conselhos de classe

Além disso, aos profissionais liberais aplicam-se as regras de responsabilização profissional de seus conselhos de classe. Tome-se o exemplo dos advogados, que se submetem aos Tribunais de Ética e Disciplina da OAB, competentes para julgar os procedimentos administrativos disciplinares relativos à violação das normas do Estatuto da OAB e do Código de Ética e Disciplina. Como a noção abstrata de culpa não fornece qualquer diretriz objetiva de imputação de responsabilidade, os parâmetros de identificação da culpa do advogado devem ser aferidos a partir da Lei n.º 8.906/94 ("Estatuto da OAB"), que estabelece as condutas que configuram infração disciplinar, e do Código de Ética e Disciplina, editado pela Ordem dos Advogados do Brasil, que prevê um extenso rol de deveres que devem ser cumpridos.

Importância dos Códigos de autodisciplina e de deontologia

Por tal circunstância, esse é um campo em que os Códigos de autodisciplina e de deontologia, no Brasil e alhures, assumem enorme importância: "A autodisciplina se torna, na teoria de fontes, não mais um aspecto simplesmente acessório, mas ontológico. Assim, as normas de deontologia profissional não são normas às quais se faz referência de maneira residual, mas passam a ser ponto de referência de um magistrado, de um juiz, estatal ou não, para dar resposta a um problema".[2]

Standard de conduta profissional

São regras que determinam os deveres profissionais e a regulamentação da responsabilidade no exercício da profissão, de modo a oferecer ao julgador um *standard* de conduta profissional que sirva como parâmetro para dar solução ao caso concreto. O médico é, por assim dizer, o paradigma das profissões liberais. A medicina, de fato, apresenta todos os elementos clássicos que configuram o gênero e, por isso mesmo, a maior parte dos manuais de responsabilidade civil que tratam do regime jurídico dos profissionais liberais costuma citar o médico como primeiro, senão único exemplo dessa categoria. Neste capítulo, além da responsabilidade do médico, serão também examinados os regimes de responsabilidade do advogado e do engenheiro/construtor.

2. O PARADIGMA DO MÉDICO

Fundamento legal da responsabilidade do médico

O dever de reparar os danos decorrentes de atos profissionais dos médicos, cirurgiões, farmacêuticos e dentistas encontra-se previsto no art. 951 do Código Civil, que regula a "indenização devida por aquele que, no exercício de atividade profissional, por negligência, imprudência ou imperícia, causar a morte do paciente, agravar-lhe o mal, causar-lhe lesão, ou inabilitá-lo para o trabalho". A hipótese tem sido considerada, no Brasil, de modo prevalente, como configuradora de responsabilidade contratual.[3] Tal orientação indica tendência doutrinária e jurisprudencial de maior favorecimento das vítimas de danos, contrariamente ao pensamento dominante no

Natureza contratual

---

2 Pietro Perlingieri. *O direito civil na legalidade constitucional*, Rio de Janeiro: Renovar, 2008, p. 315, nota 28.

3 Art. 951 do CC de 2002 não traz inovação substancial em relação ao art. 1545 do CC de 1916. Sobre a natureza contratual da responsabilidade médica, José de Aguiar Dias, *Da responsabilidade civil*, vol. I, Rio de Janeiro: Forense, 1995, 10ª ed., p. 252 e ss.

final do século XIX, quando foi redigido o Código Civil de 1916, que disciplinava a matéria no âmbito da responsabilidade extracontratual.

Locação de serviços *sui generis*

Em tal perspectiva, a natureza jurídica da relação instaurada entre médico e paciente, embora sem atrair o consenso doutrinário, pode ser considerada locação de serviços *sui generis*, agregando à prestação remunerada dos serviços médicos um núcleo de deveres extrapatrimoniais, essencial à natureza da avença. Daí a dificuldade de enquadramento do contrato de serviços médicos na disciplina da locação. Como se observou argutamente, "o médico é, ao mesmo tempo que conselheiro, protetor e guarda do enfermo que lhe reclama os cuidados profissionais". Diante disso, "a soma excepcional de poderes do médico corresponde à característica limitação das faculdades do cliente".[4]

Função do contrato firmado entre médico e paciente

Tais deveres, ao lado da intervenção técnica, prestação dirigida à cura propriamente dita, definem a função jurídica do contrato, oferecendo conotação peculiar à causa contratual, que o faz negócio atípico, diverso da locação de serviços convencionalmente disciplinada pelo Código Civil. O contrato depende do consenso do paciente que, no entanto, poderá ser expresso ou tácito, manifestado diretamente pelo interessado ou por seus familiares, sem que a ausência de instrumento escrito possa ser interpretada como inexistência de negócio jurídico entre as partes.

Responsabilidade delitual do médico

A responsabilidade contratual do médico no atendimento privado, contudo, não exclui, à evidência, a responsabilidade delitual do médico nas hipóteses em que o dano, por ele provocado, decorra de atos extracontratuais inerentes à atividade médica (ausência de socorro, atestados falsos, lições equivocadas proferidas em conferências ou em obras escritas etc.).

Responsabilidade subjetiva

A responsabilidade do médico é subjetiva, definida pelo art. 951 do Código Civil, que expressamente se refere ao dano decorrente de imprudência, imperícia ou negligência, e mantida pelo Código de Defesa do Consumidor, cujo art. 14, § 4º, em exceção à regra geral da responsabilidade objetiva introduzida nas relações de consumo, determina que "a responsabilidade pessoal dos profissionais liberais será apurada mediante a verificação de culpa". Nada obstante, percebe-se a tendência de ampliação do dever de reparar, de maneira marcante, na jurisprudência, mediante o mecanismo de inversão da carga probatória, cada vez mais utilizado.[5]

Registre-se, ainda, que o valor da distinção entre responsabilidade contratual e extracontratual perde importância em matéria de atividade médica. Como é de corrente ciência, a distinção, informada por inúmeros critérios, adquire algum relevo

---

4 José de Aguiar Dias, *Da responsabilidade civil*, vol. I, cit., p. 254.

5 Em ações indenizatórias envolvendo erro médico, o STJ tem admitido reiteradamente "a inversão do ônus da prova, em casos de vulnerabilidade e hipossuficiência técnica da vítima" (STJ, 2ª T., AgInt no AREsp 1.814.936/DF, Rel. Min. Assusete Magalhães, julg. 21.6.2021, publ. *DJe* 24.6.2021; STJ, 4ª T., AgInt no AREsp 2.001.746/SP, Rel. Min. Raul Araújo, julg. 3.10.2022, publ. *DJe* 21.10.2022; STJ, 2ª T., AgInt no AREsp 1.292.086/RJ, Rel. Min. Assusete Magalhães, julg. 6.9.2018, publ. *DJe* 13.9.2018; STJ, 2ª T., REsp 1.667.776/SP, Rel. Min. Herman Benjamin, julg. 13.6.2017, publ. *DJe* 1.8.2017).

Distinção entre responsabilidade contratual e extracontratual

especialmente no tocante à carga probatória. Na responsabilidade extracontratual incumbe à vítima a demonstração de culpa do agente causador do dano, ao contrário da responsabilidade negocial, em que o descumprimento da obrigação, só por si, cria a presunção de responsabilidade do devedor, a quem (diante da mera existência da relação contratual descumprida, fato que opera a favor do credor) cabe o ônus de provar a ausência de culpa.[6]

Obrigações de meio *v.* obrigações de resultado

Todavia, em se tratando de atividade médica, vinculam os profissionais de saúde, em regra, as chamadas obrigações de meio, não já de resultado. Nestas últimas, o devedor se compromete à obtenção de um resultado útil em favor do credor. Daqui decorre que, demonstrada pelo credor a existência de um contrato válido e a inocorrência do resultado esperado, opera-se a responsabilidade, cabendo ao devedor o ônus probatório da ausência de culpa, de molde a exonerá-lo do dever de reparar. Nas obrigações de meio, ao revés, o devedor se compromete a empenhar os seus melhores esforços, com vistas a um resultado cuja obtenção, no entanto, escapa ao seu compromisso. Na hipótese de evento danoso, o credor insatisfeito deverá demonstrar, além da existência do contrato e do dano (inocorrência do resultado esperado), a culpa do devedor.

Regra geral: obrigação de meio

Assim sendo, no atendimento médico, cuidando-se, no comum dos casos, de obrigações de meio (o profissional não se obriga a curar o paciente, mas a empregar diligência, cautela e conhecimento técnico postos ao alcance da ciência médica com vistas a curá-lo), o ônus probatório sempre incumbirá ao prejudicado. Da mesma forma, considerando-se a culpa extracontratual, a regra geral é atribuir à vítima o ônus da prova.

A superação da dicotomia entre a responsabilidade contratual e extracontratual foi corroborada, ulteriormente, pela promulgação do Código de Defesa do Consumidor que, como se verá adiante, desconsidera tal classificação, autorizando, por outro lado, a inversão do ônus da prova, em benefício do consumidor, nos termos do art. 6º, VIII, desde que presentes os pressupostos da hipossuficiência ou da verossimilhança da alegação, sem se cogitar da natureza (contratual ou extracontratual) da relação subjacente.

Exceções: obrigações de resultado

Observe-se, de toda sorte, que, embora se intensifique a doutrina tendente a considerar a obrigação do médico obrigação de meio, em razão da álea que persiste em qualquer intervenção cirúrgica, resultante da reação individual do organismo de cada paciente diante dos procedimentos médicos, algumas espécies de atividades médicas são consideradas, pela jurisprudência dominante, obrigações de resultado. É o caso dos exames radiológicos, da transfusão de sangue e das cirurgias estéticas.[7]

---

6 Sobre o ponto, v., dentre outros, Miguel Maria Serpa Lopes, *Curso de direito civil,* vol. II – Obrigações em geral, Rio de Janeiro, Freitas Bastos, 1995, 6ª ed., p. 342 e ss. e Arnoldo Wald, *Curso de direito civil brasileiro, obrigações e contratos*, São Paulo: Editora Revista dos Tribunais, 1998, 13ª ed., p. 139 e ss. Remete-se o leitor, ainda, para o Capítulo II destes *Fundamentos.*

7 A cirurgia estética divide doutrina e jurisprudência quanto à natureza da obrigação. Sustenta tratar-se de obrigação de meio, Ruy Rosado de Aguiar Jr., Responsabilidade civil do médico, *Revista*

Nesse sentido, o Superior Tribunal de Justiça tem fixado o entendimento de que a responsabilidade civil médica, por danos decorrentes de cirurgias estéticas, é presumidamente de resultado,[8] cabendo ao profissional da saúde demonstrar a existência de "alguma excludente de sua responsabilização apta a afastar o direito ao ressarcimento do paciente".[9] Na intervenção cirúrgica necessária à cura do paciente, na maioria dos casos o resultado está mais atrelado à adaptação do organismo do paciente do que à conduta do médico, ao contrário da cirurgia estética em que o médico efetivamente "se compromete com o paciente a alcançar um determinado resultado".[10] Assim, age com cautela e boa-fé "o médico que colhe a assinatura do paciente em termo de consentimento informado, de maneira a alertá-lo acerca de eventuais problemas que possam surgir durante o pós-operatório".[11] Por fim, nas cirurgias de natureza mista – estética e reparadora –, o Superior Tribunal de Justiça tem entendido que "a responsabilidade do médico não pode ser generalizada, devendo ser analisada de forma fracionada, sendo de resultado em relação à sua parcela estética e de meio em relação à sua parcela reparadora".[12]

Tendência: aproximação das obrigações de meio e de resultado

Tal entendimento, em rigor, reflete a tendência atual do direito das obrigações, a temperar a distinção entre obrigações de meio e de resultado. Ao resultado esperado pelo credor, mesmo nas chamadas obrigações de meio, não pode ser alheio o devedor. E, de outro lado, o insucesso na obtenção do fim proposto, nas chamadas obrigações de resultado, não pode acarretar a responsabilidade *tout court*, desconsiderando-se o denodo do devedor e os fatores supervenientes que, não raro, fazem

---

dos Tribunais, vol. 718, São Paulo: RT, ago. 1995, p. 36, com base na álea que, segundo afirma, acompanha todas as intervenções cirúrgicas. Cf., entretanto, em sentido contrário, Sergio Cavalieri Filho, *Programa de responsabilidade civil*, São Paulo: Malheiros, 1997, p. 280, o qual pondera que a obrigação de resultado não transforma a responsabilidade contratual subjetiva do médico (com presunção de culpa na hipótese de insucesso) em objetiva, informada pela teoria do risco. De sorte que, o acidente derivado de fatores imponderáveis pela ciência médica será incapaz de acarretar a responsabilidade do médico.

8 STJ, 4ª T., AgInt no AREsp 2580895/RO, Rel. Min. Raul Araújo, julg. 19.8.2024, publ. DJe 2.9.2024; STJ, 4ª T., AgInt no AREsp 1988403/RJ, Rel. Min. Raul Araújo, julg. 13.2.2023, publ. DJe 24.2.2023; STJ, 3ª T., AgRg no AREsp 764697/ES, Rel. Min. João Otávio de Noronha, julg. 1.12.2015, *DJe* 11.12.2015; STJ, 3ª T., REsp 1.395.254/SC, Rel.ª Min.ª Nancy Andrighi, julg. 15.10.2013, publ. *DJe* 29.11.2013; STJ, 3ª T., AgRg no Ag 1.132.743/RS, Rel. Min. Sidnei Beneti, julg. 16.6.2009, publ. *DJe* 25.6.2009; STJ, 4ª T., REsp 196.306/SP, Rel. Min. Fernando Gonçalves, julg. 3.8.2004, publ. *DJe* 16.8.2004; STJ, 3ª T., REsp 81.101/PR, Rel. Min. Waldemar Zveiter, julg. 13.4.1999, publ. *DJe* 31.5.1999.

9 Conforme a jurisprudência do STJ: "possuindo a cirurgia estética a natureza de obrigação de resultado cuja responsabilidade do médico é presumida, cabe a este demonstrar existir alguma excludente de sua responsabilização apta a afastar o direito ao ressarcimento do paciente" (STJ, 3ª T., AgRg no REsp 1.468.756/DF, Rel. Min. Moura Ribeiro, *DJe* 24.5.2016). Da mesma forma: STJ, 4ª T., AgInt nos EDcl no REsp 2.010.474/AM, Rel. Min. Marco Buzzi, julg. 6.3.2023, publ. *DJe* 10.3.2023; STJ, 4ª T., AgInt no AREsp 1.988.403/RJ, Rel. Min. Raul Araújo, julg. 13.2.2023, publ. *DJe* 24.2.2023; STJ, 4ª T., AgInt no REsp 1.821.804/SP, Rel.ª Min.ª Maria Isabel Gallotti, julg. 13.6.2022, publ. *DJe* 21.6.2022.

10 STJ, 4ª T., REsp 236.708/MG, Rel. Min. Carlos Fernando Mathias, julg. 10.2.2009, publ. *DJe* 18.5.2009.

11 STJ, 3ª T., REsp 1.180.815/MG, Rel.ª Min.ª Nancy Andrighi, julg. 19.8.2010, publ. *DJe* 26.8.2010.

12 STJ, 3ª T., REsp 1.097.955/MG, Rel. Min. Nancy Andrighi, julg. 27.9.2011, publ. *DJe* 3.10.2011. No mesmo sentido: TJSP, 2ª CD Priv., AC 0008890-89.2009.8.26.0590, Rel. Rosangela Telles, julg. 8.11.2016, publ. *DJe* 8.11.2016; TJSP, 1ª CDPriv., AC 1021474-06.2015.8.26.0577, Rel. Augusto Rezende, julg. 20.8.2019, publ. *DJe* 20.8.2019.

gerar um desequilíbrio objetivo entre as prestações, tornando excessivamente oneroso o seu cumprimento pelo devedor.

Deveres dos médicos

A investigação da culpa do médico, portanto, imprescindível à configuração da responsabilidade, requer uma definição dos inúmeros deveres de que é cometido, os quais podem ser enquadrados em três categorias centrais: a) o dever de fornecer ampla informação quanto ao diagnóstico e ao prognóstico; b) o emprego de todas as técnicas disponíveis para a recuperação do paciente, aprovadas pela comunidade científica e legalmente permitidas; c) a tutela do melhor interesse do enfermo em favor de sua dignidade e integridade física e psíquica.

Rede privada *v.* rede pública de saúde

No que tange ao atendimento hospitalar, a doutrina estrema, de um lado, os serviços prestados por clínicas e hospitais privados, expressão da autonomia privada e submetidos, portanto, à disciplina própria do direito civil – responsabilidade contratual –, e, de outro, os serviços prestados pela rede pública de saúde, por força de disposição constitucional – responsabilidade extracontratual. No que toca ao atendimento em estruturas privadas de saúde, verifica-se um contrato de prestação de serviços médicos, sendo de se distinguir três tipos de relações instauradas simultaneamente e cuja análise resulta imprescindível para o estabelecimento da responsabilidade civil: a) o contrato entre *o paciente e o médico* direcionado ao tratamento de saúde; b) o contrato entre *o paciente e a clínica médica*, que visa à sua hospedagem em condições adequadas para que o tratamento possa ser realizado; c) o contrato entre *o médico e a clínica médica* para a realização do tratamento.

Responsabilidade objetiva dos hospitais e clínicas

Cuidando-se de relação de consumo, a responsabilidade civil dos hospitais e clínicas, como acima já aludido, será, em regra, objetiva (art. 14, Código de Defesa do Consumidor, *caput*) mas não a dos profissionais liberais – no caso, o médico – que se sujeitam à responsabilidade subjetiva (art. 14, § 4º). Nos termos do art. 14, com efeito, "o fornecedor de serviços responde, independentemente da existência de culpa, pela reparação dos danos causados aos consumidores por *defeitos* relativos à prestação dos serviços, bem como por informações insuficientes ou inadequadas sobre sua fruição e riscos". Do § 1º do mesmo art. 14 pode-se extrair o conceito de defeito nos serviços,[13] consistente numa reversão de expectativa do consumidor em relação à segurança que pode legitimamente esperar do produto, com base nas informações divulgadas e no estado da arte. Defeito é, portanto, uma ruptura entre a legítima expectativa do consumidor e a performance do produto ou da prestação do serviço.[14]

---

13 Art. 14, § 1º: "O serviço é defeituoso quando não fornece a segurança que o consumidor dele pode esperar, levando-se em consideração as circunstâncias relevantes, entre as quais: I – o modo de seu fornecimento; II – o resultado e os riscos que razoavelmente dele se esperam; III – a época em que foi fornecido". Em relação aos produtos, o art. 12, § 3º, dispõe: "O fabricante, o construtor, o produtor ou importador só não será responsabilizado quando provar: I – que não colocou o produto no mercado; II – que, embora haja colocado o produto no mercado, o defeito inexiste; III – a culpa exclusiva do consumidor".

14 No entendimento do STJ, a responsabilidade dos hospitais e do médico pode ser assim resumida: "A jurisprudência desta Corte Superior, tocante à responsabilidade civil dos hospitais, está firmada

Relação paciente e médico, relação paciente e clínica e relação médico e clínica

Diante da disciplina legal acima exposta e decompondo-se as relações contratuais estabelecidas entre paciente e médico, paciente e clínica, e médico e clínica, tem-se que o médico, pessoalmente, responderá por seus atos somente na ocorrência de culpa. Já a clínica celebra com o paciente um contrato de hospedagem peculiar, por cuja eficiência responde objetivamente, ao mesmo tempo que poderá ser responsável solidariamente pelos danos causados no tratamento médico.

Danos decorrentes de serviços hospitalares

Duas espécies de danos, em síntese, poderão ocorrer: no que tange aos danos causados pelos serviços hospitalares, no âmbito do chamado contrato de hospedagem, atinentes aos exames, à enfermaria, aos aparelhos e à estrutura de apoio ambulatorial, a responsabilidade é objetiva, tanto pelo funcionamento defeituoso de equipamentos quanto pela falha dos prepostos (pessoal paramédico). Neste caso, poderá o hospital ou clínica responsabilizada exercer o direito de regresso contra o encarregado que tenha culposamente causado o dano (art. 13, parágrafo único, Código de Defesa do Consumidor).[15] Incluem-se ainda nesta categoria as hipóteses de infecção hospitalar associadas a serviço de assepsia defeituoso, ou seja, as infecções que não provêm de caso fortuito, derivadas do alarmante desenvolvimento de novos vírus e bactérias.

Responsabilidade solidária da clínica

No que concerne à segunda espécie de danos, causados por ato médico, a responsabilidade do próprio profissional, como se viu, é subjetiva. A clínica, contudo, poderá ser solidariamente responsável se o profissional integra o seu corpo médico, como funcionário ou prestador de serviços. É a hipótese frequente em que o pacien-

---

no seguinte sentido: '(i) as obrigações assumidas diretamente pelo complexo hospitalar limitam-se ao fornecimento de recursos materiais e humanos auxiliares adequados à prestação dos serviços médicos e à supervisão do paciente, hipótese em que a responsabilidade objetiva da instituição (por ato próprio) exsurge somente em decorrência de defeito no serviço prestado (artigo 14, *caput*, do CDC); (ii) os atos técnicos praticados pelos médicos, sem vínculo de emprego ou subordinação com o hospital, são imputados ao profissional pessoalmente, eximindo-se a entidade hospitalar de qualquer responsabilidade (artigo 14, § 4º, do CDC); e (iii) quanto aos atos técnicos praticados de forma defeituosa pelos profissionais da saúde vinculados de alguma forma ao hospital, respondem solidariamente a instituição hospitalar e o profissional responsável, apurada a sua culpa profissional. Nesse caso, o hospital é responsabilizado indiretamente por ato de terceiro, cuja culpa deve ser comprovada pela vítima de modo a fazer emergir o dever de indenizar da instituição, de natureza absoluta (artigos 932 e 933 do Código Civil), sendo cabível ao juiz, demonstrada a hipossuficiência do paciente, determinar a inversão do ônus da prova (artigo 6º, inciso VIII, do CDC)'" (STJ, 3ª T., AgInt no AREsp 1794157/SP, Min. Paulo de Tarso Sanseverino, julg. 29.11.2021, publ. *DJe* 1.12.2021).

15 A 8ª Câmara de Direito Privado do TJ/SP já condenou, por unanimidade, tanto o hospital, quanto o médico, por negligência que levou à morte da paciente. Trata-se de ação indenizatória ajuizada pela filha da vítima devido às complicações enfrentadas por sua mãe após cirurgia do joelho direito. No caso, constatou-se que a paciente permaneceu com o dreno durante seis dias após o operatório, gerando um quadro de infecção generalizada, que culminou no seu óbito. Ao negar provimento ao recurso do hospital, o relator e desembargador Pedro de Alcântara da Silva Leme Filho afirmou o seguinte: "A responsabilidade do hospital dependia da prova da culpa dos profissionais que atenderam o apelado, pois, não obstante a responsabilidade do hospital seja objetiva, esta depende do prévio reconhecimento da conduta culposa dos médicos, que por serem profissionais liberais possuem responsabilidade subjetiva, dependendo, então, da verificação de culpa, nos termos do parágrafo 4º do artigo 14 do CDC". Considerando o laudo da perícia técnica, concluiu pela responsabilidade objetiva do hospital e subjetiva do médico (TJSP, 8ª CDPriv., AC 0234165-08.2008.8.26.0100, Rel. Des. Pedro de Alcântara da Silva Leme Filho, julg. 7.12.2022, *DJe* 8.12.2022).

te procura diretamente (não o médico, mas) a clínica, recorrendo a um dos profissionais que fazem parte da equipe.

Responsabilidade do hospital por dano produzido por médico integrante de seu quadro

A matéria é controvertida, já que a responsabilidade subjetiva se cinge às atividades dos profissionais liberais, na dicção do art. 14, § 4º, Código de Defesa do Consumidor. Entretanto, na hipótese em que o ato lesivo não se relaciona com os demais serviços prestados pela clínica, jungindo-se a erro profissional típico, seria difícil vislumbrar qualquer defeito, pressuposto da responsabilidade objetiva nos termos do art. 14, § 3º, diverso da conduta subjetiva do médico – a atividade defeituosa –, não se podendo negar, nesta perspectiva, que somente a demonstração da culpa é que poderá desencadear a responsabilidade do profissional e, em consequência, do hospital, solidariamente. De outra parte, a clínica não será chamada a responder pelo dano causado por médico estranho a seus quadros, no caso em que o hospital apenas serve de estrutura por ele utilizada para o exercício de suas atividades profissionais.

Responsabilidade da equipe médica

Em relação à responsabilidade dos demais integrantes da equipe médica, vale dizer que a responsabilidade do médico, de natureza subjetiva, estende-se à sua equipe, formada por assistente, instrumentador e auxiliares, cabendo a ele escolher e supervisionar o seu pessoal de apoio técnico, por cujos atos, conseguintemente, responde, nos termos dos arts. 942, 932, III, e 933 do Código Civil. O art. 933, absorvendo a longa construção jurisprudencial, preceitua que nesta hipótese de responsabilidade por ato de terceiro o dever de reparar independe da imputação de culpa.

Responsabilidade do anestesista

Com relação ao anestesista, a matéria não é pacífica, graças ao desenvolvimento da especialidade, que se tornou ramo autônomo, cujo exercício, por isso mesmo, se mostra insuscetível de controle por parte do cirurgião-chefe.[16]

Responsabilidade do Estado nos casos dos hospitais públicos

Na hipótese de atendimento em hospitais públicos, doutrina e jurisprudência brasileiras invocam a tutela constitucional à saúde, impondo-se ao Estado dever jurídico independente de relação contratual, daí resultando, em caso de dano ao paciente, a incidência da responsabilidade extracontratual ou delitual. Nos termos dos arts. 196 e ss. da Constituição da República, as ações e serviços públicos de saúde, expressão de garantia fundamental, integram rede regionalizada e constituem um sistema único, descentralizado e destinado ao atendimento integral (assistencial e preventivo), com participação da comunidade, que se organiza através de conselhos locais, financiado pela União, Estados e Municípios.

Teoria do risco administrativo

Aplica-se à hipótese, em se tratando de responsabilidade extracontratual do Estado, a teoria do risco administrativo, fazendo assim incidir a responsabilidade objetiva. Nos termos do § 6º do art. 37 da Constituição da República, "As pessoas jurídicas de direito público e as de direito privado prestadoras de serviços públicos responderão pelos danos que seus agentes, nessa qualidade, causarem a terceiros, assegurado o direito de regresso contra o responsável nos casos de dolo ou culpa".

---

16 V. sobre o tema, Marco Segre, in Eugesse Cremonesi (coord.), *Temas de anestesiologia*, São Paulo: Sarvier-Editora de Livros Médicos, 1987, p. 382 e ss.

3. A RESPONSABILIDADE CIVIL DO ADVOGADO

Relação de confiança entre advogado e cliente

Quando se trata de responsabilidade civil dos profissionais liberais, considera-se o advogado o segundo paradigma de profissional, logo depois do médico. Como a medicina, a advocacia traduz-se em atividade técnica e habitual com caráter de pessoalidade.

A relação entre advogado e cliente não se restringe à relação de serviço originada de mandato ou de outra espécie contratual. A relação estabelecida entre o advogado e seu cliente possui "uma série de características que determinam a natureza multiforme do negócio jurídico apto a regulamentá-la, de forma que a normativa adequada deve ser identificada diante do caso concreto, desde que respeitados os requisitos legais inerentes à necessária representação via procuração judicial".[17] Configura, sobretudo, verdadeira *relação de fidúcia*, baseando-se precipuamente na confiança. Isto é, o cliente confia a defesa de seus interesses ao advogado em razão dessa convicção íntima de que o último fará sua incumbência da melhor forma possível.

Sendo o advogado profissional liberal, dispõe de larga autonomia ao exercer o seu ofício, no âmbito do qual pode, eventualmente, vir a causar danos a outrem, o que lhe acarretará, presentes os demais requisitos da responsabilidade civil, o dever de indenizar. A responsabilidade civil do advogado é regida não só pelas normas gerais do Código Civil (art. 186 e 667), mas também pelo Estatuto da Advocacia (mais notadamente, pelo art. 32 do referido diploma[18]) e pelo Código de Defesa do Consumidor (art. 14, § 4º). É possível extrair da leitura dos referidos dispositivos legais que a responsabilidade do advogado é *subjetiva*, de sorte que se exige que o mesmo tenha agido com *culpa*, como ressalta a doutrina.[19]

Fundamento legal da responsabilidade objetiva do advogado

Natureza contratual

A responsabilidade do advogado nas relações com os clientes tem natureza contratual, uma vez que tais relações são instrumentalizadas por alguma espécie de contrato.[20] Na prática, os serviços de advocacia comumente estão vinculados a contrato de mandato (CC, arts. 653 a 692). Pode acontecer, porém, que o advogado não

---

[17] Thaita Campos Trevizan, *A responsabilidade civil do advogado sob a perspectiva civil-constitucional*, Vitória: EDUFES, 2013, p. 157.

[18] "Art. 32. O advogado é responsável pelos atos que, no exercício profissional, praticar com dolo ou culpa. Parágrafo único. Em caso de lide temerária, o advogado será solidariamente responsável com seu cliente, desde que coligado com este para lesar a parte contrária, o que será apurado em ação própria".

[19] Rui Stoco, *Tratado de responsabilidade civil,* t. I, São Paulo: RT, 9ª ed., p. 655; José de Aguiar Dias, *Da responsabilidade civil,* Rio de Janeiro: Renovar, 2006, 11ª ed., pp. 410-414. No mesmo sentido, conferir também: STJ, 3ª T., REsp 1.877.375/RS, Rel. Min. Nancy Andrighi, julg. 8.3.2022, publ. *DJe* 15.3.2022; STJ, 3ª T., REsp 1.877.375/RS, Rel.ª Min.ª Nancy Andrighi, julg. 08.3.2022, publ. *DJe* 8.3.2022; STJ, 4ª T., AgInt no AREsp 701659/RS, Rel. Min. Raul Araújo, julg. 14.9.2020, publ. *DJe* 1.10.2020; STJ, 3ª T., REsp 1.758.767/SP, Rel. Min. Paulo de Tarso Sanseverino, julg. 9.10.2018, publ. *DJe* 15.10.2018; STJ, 3ª T., REsp 1.079.185/MG, Rel. Min. Nancy Andrighi, julg. 11.11.2008, publ. *DJe* 4.8.2009.

[20] Vale mencionar que situações há em que inexiste vínculo contratual entre advogado e o seu representado. Assim se procederá quando o defensor for dativo, nomeado por juiz ou indicado por entidade de classe para representar hipossuficiente, ou aquele que não tem condições de arcar com as despesas do processo. Também inexistirá vinculação contratual quando a pessoa sem recursos

atue como mandatário da parte, como ocorre, a título exemplificativo, nas atividades no âmbito consultivo. Nessas hipóteses, porém, tal atividade estará materializada por algum outro contrato, como o de prestação de serviços.

Regra geral: obrigação de meio

A responsabilidade do advogado guarda certa semelhança à do médico, já que, em regra, no caso do advogado também não há obrigação de resultado, mas, sim, de meio.[21] O que lhe é imposto é o dever de defender seu cliente com o máximo de diligência e técnica possíveis, sem qualquer comprometimento pelo sucesso ou não da lide.[22]

Prova da culpa

A culpa, evidentemente, deverá ser analisada conforme as circunstâncias do caso concreto e segundo os *standards* de conduta que o próprio Código de Ética da profissão determina. De modo geral, pode-se dizer que, em tese, agirá com *culpa* o advogado que promover uma defesa deficiente da parte, atuar precariamente no processo, desconhecer a lei e o direito, atuar de forma negligente nas suas incumbências. Como se trata de *obrigação de meio*, o prejudicado deverá comprovar, na ação indenizatória, que o advogado não agiu de forma diligente, de acordo com o padrão de conduta esperado.

Exceção: obrigação de resultado

Em algumas situações, o advogado poderá assumir *obrigação de resultado*, quando, por exemplo, for contratado para elaborar um contrato, uma escritura pública, um estatuto social, responder a alguma consulta jurídica, ou nos casos em que o próprio profissional assume o sucesso da pretensão.[23] Nessas hipóteses, somente mediante a análise do caso concreto é que será possível apurar a extensão de sua responsabilidade.

Teoria da perda de uma chance

Questão atualmente debatida diz respeito à aplicação da teoria da perda de uma chance às hipóteses nas quais o advogado perde a oportunidade, pela parte, de obter, no Poder Judiciário, a satisfação de seus direitos. Por meio desta teoria, indeniza-se

---

é defendida pela Defensoria Pública, Procuradoria de Assistência Judiciária ou Procuradoria do Estado.

21 De acordo com o STJ: "Como regra, a aceitação da causa pelo advogado não gera a obrigação de resultado, mas sim de meio. Assim, não pode o advogado responder pela perda da causa, salvo se houver negligência do mandatário, como foi reconhecidamente o caso presente dos autos, conforme reconhecido pelas instâncias de origem" (STJ, 4ª T., AgInt no AREsp 2.174.003/SP, Rel. Min. Maria Isabel Gallotti, julg. 25.9.2023, publ. *DJe* 28.9.2023).

22 No STJ, já se decidiu, a esse respeito, que "[o] trabalho do advogado, entretanto, se consubstancia em obrigação de meio, não lhe sendo exigível qualquer resultado específico sobre a sua atuação em juízo, senão a diligência na prestação do serviço e o emprego dos recursos que lhe estiverem disponíveis em busca do êxito almejado" (STJ, 5ª T., AgRg no AREsp 978.890/RS, Rel. Min. Jorge Mussi, julg. 14.8.2018, publ. *DJe* 24.8.2018). No mesmo sentido: STJ, 3ª T., REsp 1.758.767/SP, Rel. Min. Paulo de Tarso Sanseverino, julg. 9.10.2018, publ. *DJe* 15.10.2018; STJ, 3ª T., REsp 1.659.893/RJ, Rel. Min. Paulo de Tarso Sanseverino, julg. 16.3.2021, publ. *DJe* 19.3.2021; STJ, 3ª T., REsp 1079185/MG, Rel. Min. Nancy Andrighi, julg. 11.11.2008, publ. *DJe* 4.8.2009.

23 A respeito do tema, já decidiu o STJ que: "(...) na hipótese de prestação de serviços advocatícios com cláusula de remuneração *quota litis*, resta claro que o compromisso do advogado – que, em regra, independe do sucesso na pretensão deduzida em juízo, representando obrigação de meio – assume a natureza de obrigação de resultado, vinculando o direito do profissional à remuneração a um julgamento favorável na demanda judicial" (STJ, 4ª T., REsp 805.151/SP, Rel. Min. Raul Araújo, Rel. p/ acórdão Min. Antonio Carlos Ferreira, julg. 12.8.2014, publ. *DJe* 28.4.2015).

a chance real e séria que restou frustrada, tendo em vista que tal chance configura uma entidade juridicamente avaliável, cuja perda produz um dano ressarcível. Não é qualquer chance que será passível de ressarcimento. Será ressarcível somente aquela que for séria e real e puder ser apurada por meio de um critério matemático relativamente seguro.[24]

Desse modo, a título exemplificativo, o advogado que deixa de recorrer de decisão, cuja chance de reforma era séria e real, frustra as possibilidades de êxito de seu cliente, razão pela qual responderá pelo prejuízo causado.[25]

Excludentes de responsabilidade civil

Em sua defesa, o advogado poderá invocar as excludentes de responsabilidade civil. Poderá, assim, o advogado invocar a "culpa exclusiva da vítima", quando, por exemplo, o cliente não entrega a documentação necessária para a instrução do recurso e o prazo se exaure. Deverão ser reputadas inválidas as cláusulas de irresponsabilidade ou de não indenizar nas relações entre cliente e advogado. Isso porque tais cláusulas mostram-se incompatíveis com a função do contrato de mandato, além de serem consideradas abusivas pelo Código de Defesa do Consumidor (cf. art. 51).

Dever de sigilo

Outra questão importante concernente aos deveres do advogado diz respeito ao dever de sigilo e às consequências de sua violação. O respeito à confidencialidade de todas as informações prestadas pelo cliente é imperativo absoluto da advocacia, razão pela qual o Estatuto da Advocacia, em seu art. 34, inciso VII, determina que constitui infração disciplinar "violar, sem justa causa, sigilo profissional". A cautela quanto às informações prestadas deve ser exercida em diversos aspectos, seja pela comunicação escrita, seja por declarações privadas ou públicas. Além disso, esse dever estende-se a todos aqueles que integram a procuração constituída.[26]

O sigilo é irrenunciável, de modo que não será válida estipulação contratual pela qual se subtraísse, previamente, do cliente o direito ao sigilo prevendo que a revelação feita pelo advogado não geraria dever de indenizar. A violação do sigilo, porém, não acarretará sanções quando decorrer de justa custa, *i.e.*, quando envolver os seguintes interesses: a) grave ameaça ao direito à vida; b) grave ameaça à honra ao próprio advogado ou a terceiro; c) quando o advogado se vê afrontado pelo próprio cliente e, em defesa própria, tem de revelar o segredo, mas sempre nos limites necessários à defesa.[27]

---

24 Nesse sentido, o STJ entendeu que "[a] falha na prestação de serviços advocatícios, caracterizada pela ausência de qualquer atuação do advogado na demanda para a qual foi contratado pode, em tese, caracterizar responsabilidade civil pela perda de uma chance, desde que houvesse efetiva probabilidade de sucesso, não fosse a conduta desidiosa do causídico" (STJ, 3ª T., REsp 1.877.375/RS, Rel. Des. Nancy Andrighi, julg. 8.3.2022, publ. *DJe* 15.3.2022). Veja-se também: STJ, 3ª T., AgInt no AREsp 2488620/SP, Rel. Min. Ricardo Villas Bôas Cueva, julg. 26.8.2024, publ. DJe 29.8.2024.

25 Negando a aplicação da teoria da perda de uma chance em caso de interposição de recurso intempestivo, veja-se a seguinte decisão: STJ, 3ª T., REsp 1758767/SP, Rel. Min. Paulo de Tarso Sanseverino, julg. 9.10.2018, publ. *DJe* 15.10.2018.

26 Flávio Olimpio de Azevedo, *Comentários às infrações disciplinares do Estatuto da Advocacia*, São Paulo: Juarez de Oliveira, 2002, p. 64.

27 Paulo Luiz Netto Lôbo, *Comentários ao Estatuto da Advocacia e da OAB*, São Paulo: Saraiva, 2013, 7ª ed., p. 217.

Responsabilidade objetiva das sociedades de advogados

Diga-se, ainda, que a responsabilidade das sociedades de advogados não se confunde com a responsabilidade pessoal do advogado como prestador de serviço autônomo. Quando o serviço é prestado por sociedade a responsabilidade será objetiva, incidindo o art. 14, *caput*, do Código de Defesa do Consumidor.

4. A RESPONSABILIDADE CIVIL DO ENGENHEIRO/CONSTRUTOR

Fundamento legal da responsabilidade do engenheiro

O engenheiro também pode qualificar-se como profissional liberal, porque, embora a profissão muitas vezes seja exercida mediante vínculo de subordinação, o engenheiro conserva a sua independência técnica, que não poderá ser comprometida. O engenheiro se submete ao regime do Código Civil, mas também ao Código de Defesa do Consumidor e à regulamentação expedida pelo Conselho Federal de Engenharia – CONFEA (Lei n.º 5.194/1966[28]). Assim, para o estabelecimento do regime aplicável deve-se atentar ao tipo de relação existente entre os contratantes.

Relação de consumo

Não é raro o engenheiro-construtor ser contratado diretamente pelo dono da obra, que detém a qualidade de consumidor, destinatário final do serviço contratado, configurando essa uma relação tipicamente de consumo. O Código de Defesa do Consumidor, em seu art. 3º, define fornecedor como pessoa física ou jurídica que desenvolve determinadas atividades e, dentre essas, alude expressamente à construção, bem como no art. 12 menciona o construtor no âmbito da responsabilidade pelo fato do produto e do serviço.

Regra geral: obrigação de resultado

Antes de analisar os pormenores da responsabilidade do construtor, deve-se desde logo registrar que, diferentemente de outros profissionais liberais, por exemplo, o médico e o advogado, sua obrigação é considerada de resultado, e não de meio. O construtor, assim como todos os outros profissionais liberais participantes do empreendimento, obriga-se pela boa execução da obra, garantindo sua segurança, solidez, qualidade e entrega conforme os objetivos acordados no contrato.[29]

Desse modo, este profissional figura como uma espécie de garante da segurança e da qualidade de seu serviço ou produto, pois sua atividade não se limitará a executar os trabalhos de construção: deve "executá-los de modo satisfatório, de maneira que a obra contratada e entregue seja sólida, segura e funcional",[30] nos termos do ajustado e esperado pelo dono da obra. Assume, assim, como já assinalado, uma obrigação de resultado.

Natureza da responsabilidade

Quanto à natureza da responsabilidade do engenheiro-construtor, vale o que ficou dito para o médico e para o advogado. Após estabelecer que a responsabilidade dos fornecedores de serviços é objetiva, o art. 14, em seu § 4º, dispõe que "a responsabilidade pessoal dos profissionais liberais será apurada mediante a verificação de

---

28 Relativamente à legislação especial, a Lei n.º 5.194/1966 e a Resolução n.º 1.002/2002, ao adotar o Código de Ética Profissional da Engenharia, da Agronomia, da Geologia, da Geografia e da Meteorologia, regulam o exercício da engenharia, dentre outras profissões.

29 Sergio Cavalieri Filho, *Programa de responsabilidade civil*, 8. ed., São Paulo: Atlas, 2008, p. 346.

30 Mário Moacyr Porto, Responsabilidade civil do construtor. In: *Revista da Ajuris*, n. 41, Porto Alegre: Ajuris, nov. 1987, p. 27.

culpa". O que se observa, nesse caso, é uma exceção à regra geral da responsabilidade objetiva nas relações de consumo, pois se mostraria "inviável a responsabilização objetiva do profissional liberal pelo caráter científico de suas atividades e pela (...) necessidade de organizar, habitualmente, a atividade de tantos outros profissionais autônomos".[31]

No caso específico dos engenheiros-construtores, há que se conciliar a obrigação de resultado com a responsabilidade subjetiva estabelecida pelo Código de Defesa do Consumidor para os profissionais liberais. A doutrina diverge. Há quem considere inaplicável o art. 14, § 4º, do Código de Defesa do Consumidor, aos profissionais liberais com obrigação de resultado, sujeitando-se estes à responsabilidade objetiva, pois "o resultado de sua atividade é o que equivale à sua obrigação".[32] Por outro lado, há quem sustente que o profissional liberal com obrigação de resultado deve ser responsabilizado como qualquer outro profissional liberal, isto é, pelo critério subjetivo, pois configuraria "interpretação *contra legem* dispensar-se o elemento da culpa na apuração da responsabilidade civil do profissional liberal ainda que sob o fundamento da natureza de resultado da obrigação".[33]

Excludentes de responsabilidade

Tendo-se em conta o sistema do Código de Defesa do Consumidor, o insucesso na obtenção da obrigação – de resultado – do construtor não acarreta a sua responsabilidade *tout court*, desconsiderando-se seu empenho profissional e os fatores supervenientes que interferem no cumprimento da prestação contratada. Por isso, independentemente de sua obrigação de resultado, o construtor irá responder pessoalmente pelos danos causados mediante a verificação de culpa, sendo sua responsabilidade subjetiva, tendo em vista a incidência do art. 14, § 4º, do Código de Defesa do Consumidor.[34] Ainda que a não obtenção do resultado já configure prova do inadimplemento pelo construtor, sua responsabilidade será subjetiva, podendo ser afastada, evidenciando-se, por exemplo, a ocorrência de caso fortuito ou de força maior, o que romperia o nexo de causalidade e afastaria a culpa de sua conduta.

Incidência das demais regras do CDC

Apesar de a responsabilidade pessoal do engenheiro-construtor ser subjetiva, fugindo à regra geral do diploma consumerista, aplicam-se à espécie os demais preceitos deste regime, por exemplo, a regra de inversão do ônus da prova em favor do consumidor, prevista no inciso VIII do art. 6º do Código de Defesa do Consumidor. O simples afastamento de tal atividade do campo de alcance da responsabilidade

---

31 Nagib Slaibi Filho, A obrigação de diligência e a responsabilidade civil do profissional liberal. In: *Revista Jurídica*, n. 348, São Paulo: Fontes do Direito, out. 2006, p. 13.

32 Viviane Coêlho de Sêllos, Responsabilidade do profissional liberal pelo fato do serviço no Código de Proteção e Defesa do Consumidor. In: *Revista de Direito do Consumidor*, n. 10, Porto Alegre: Magister, abr./jun. 1994, p. 155.

33 Nagib Slaibi Filho, Responsabilidade civil dos profissionais liberais: a obrigação de diligência. In: Otávio Luiz Rodrigues Junior, Gladston Mamede e Maria Vital da Rocha (coords.), *Responsabilidade civil contemporânea*: em homenagem a Sílvio de Salvo Venosa, São Paulo: Atlas, 2011, p. 350.

34 Nagib Slaibi Filho. Responsabilidade civil dos profissionais liberais: a obrigação de diligência, cit., p. 350.

objetiva não exclui a aplicação das demais regras do Código de Defesa do Consumidor.[35]

Inversão do ônus da prova

Dessa forma, com a não obtenção do resultado objetivamente acordado, caberá ao construtor, diante da aplicação da inversão do ônus da prova, fazer a prova em contrário. A partir desta prova, ficará demonstrado que não restou configurado o inadimplemento, pois fatos a si não imputáveis impossibilitaram o resultado pactuado.

Responsabilidade civil pelo fato do produto ou do serviço (acidentes de consumo)

Nos acidentes de consumo (arts. 12 a 17 do Código de Defesa do Consumidor), os problemas que normalmente acarretam a responsabilização do construtor ocorrem mediante o comprometimento da estrutura da obra, podendo advir da má elaboração de projetos ou de cálculos equivocados e, também, a partir de falhas ocorridas durante a própria construção (fundações, concretagem etc.).[36] O que se observa, nesses casos, é que basta o comprometimento da segurança da obra, a ponto de gerar danos ao consumidor, para que se configure o defeito do produto ou a falha na prestação do serviço, e, consequentemente, a responsabilidade do construtor pelo fato do produto ou do serviço – a não ser que este prove alguma excludente de responsabilidade.

Dessa forma, verifica-se que o Código de Defesa do Consumidor criou para o construtor o dever de lançar no mercado produto seguro e de prestar serviço sem falhas, de modo que, caso se verifique a ocorrência de acidente de consumo, o profissional deverá ser responsabilizado, sendo admissível, porém, a prova em contrário.

Responsabilidade civil pelo vício do produto ou do serviço

O Código de Defesa do Consumidor, em seus arts. 18 e 20, trata da responsabilidade do fornecedor pelo *vício* do produto ou do serviço. Deve-se atentar que o termo vício tem significado amplo, podendo compreender uma série de imperfeições ou inadequações, mesmo que não tão graves.[37] Em rigor, vício será tudo o que impeça ou reduza a função ou a finalidade a que se destina o produto ou o serviço, afetando a utilidade que o consumidor espera.

No Código de Defesa do Consumidor, distinguem-se os vícios de qualidade por inadequação dos vícios de qualidade por insegurança. Embora ambos resultem em frustração da legítima expectativa do consumidor, os vícios de qualidade por inadequação afetam a aptidão do bem para desempenhar a finalidade a que se destina, ao passo que os vícios de qualidade por insegurança provocam os acidentes de consumo e causam danos patrimoniais e morais aos consumidores.[38] Na apuração da

---

35 Paulo Luiz Netto Lôbo. Responsabilidade civil dos profissionais liberais e o ônus da prova. In: *Revista de Direito do Consumidor*, n. 26, Porto Alegre: Magister, abr./jun. 1998, pp. 162 e 164.

36 Sergio Cavalieri Filho, *Programa de responsabilidade civil*, cit., p. 362.

37 Arnaldo Rizzardo, *Responsabilidade civil*, Rio de Janeiro: Forense, 2011, 5ª ed., p. 531.

38 Nesse sentido: "No sistema do CDC, a responsabilidade pela qualidade biparte-se na exigência de adequação e segurança, segundo o que razoavelmente se pode esperar dos produtos e serviços. Nesse contexto, fixa, de um lado, a responsabilidade pelo fato do produto ou do serviço, que compreende os defeitos de segurança; e de outro, a responsabilidade por vício do produto ou do serviço, que abrange os vícios por inadequação. Observada a classificação utilizada pelo CDC, um produto ou serviço apresentará vício de adequação sempre que não corresponder à legítima expectativa do consumidor quanto à sua utilização ou fruição, ou seja, quando a desconformidade do produto ou do serviço comprometer a sua prestabilidade. Outrossim, um produto ou serviço apresentará defeito

responsabilidade do construtor, basta que o vício comprometa a qualidade da obra, podendo diminuir seu valor.[39]

Assim, será de responsabilidade do construtor a falta de qualidade, de técnica e de adequação dos materiais empregados na construção, o que poderá ser verificado tanto na mão de obra quanto nos produtos. Tem-se como exemplos de vícios de qualidade, que podem determinar a responsabilização do construtor, a baixa qualidade da obra, sua fragilidade, a permeabilidade nas intempéries, os problemas nas instalações elétricas e hidráulicas, isto é, tudo o que o torna inadequado para a finalidade visada.

Responsabilidade da sociedade ou escritório de engenharia

Por fim, vale mencionar que a sociedade na qual o construtor trabalhe ou detenha algum tipo de vínculo de subordinação – o escritório de engenharia, por exemplo – responderá objetivamente perante os consumidores pelos danos eventualmente ocasionados, seguindo-se a regra geral do Código de Defesa do Consumidor.[40]

PROBLEMAS PRÁTICOS

1. Qual é a importância dos Códigos de autodisciplina e de deontologia para a responsabilidade civil dos profissionais liberais?
2. A responsabilidade civil por erro médico é de natureza contratual ou aquiliana?
3. O advogado pode responder por perda de uma chance?

Acesse o *QR Code* e veja a Casoteca.

> *https://uqr.to/1ofhp*

de segurança quando, além de não corresponder à expectativa do consumidor, sua utilização ou fruição for capaz de adicionar riscos à sua incolumidade ou de terceiros" (STJ, 3ª T, REsp. 967.623/RJ, Rel. Min. Nancy Andrighi, julg. 16.4.2009, publ. *DJe* 29.6.2009).

39 Em se tratando de vícios de construção, o consumidor fica protegido pelo prazo de garantia previsto no art. 618 do Código Civil: "(...) 4. Consoante o entendimento firmado pela e. Terceira Turma, a pretensão do consumidor de ser indenizado pelo prejuízo decorrente da entrega de imóvel com vícios de construção não se sujeita a prazo decadencial, quer previsto no Código Civil, quer previsto no CDC. 5. O prazo de 5 anos previsto no *caput* do art. 618 do CC/2002 é de garantia. Não se trata, pois, de prazo prescricional ou decadencial. 6. Quanto ao prazo prescricional para pleitear a indenização correspondente, sendo o art. 27 do CDC exclusivo para as hipóteses de fato do produto ou serviço, à falta de prazo específico no CDC que regule a hipótese de inadimplemento contratual, aplica-se o prazo geral de 10 anos previsto no art. 205 do CC/2002, o qual corresponde ao prazo vintenário de que trata a Súmula 194/STJ, aprovada na vigência do art. 177 do CC/1916. 7. Hipótese em que foi reconhecida a relação de consumo, de modo que a responsabilidade por vícios construtivos não fica limitada ao prazo de garantia de 5 anos, previsto no art. 618 do CC/2002" (STJ, 3ª T., AgInt no AREsp 2092461/SP, Rel. Min. Nancy Andrighi, julg. 12.6.2023, publ. DJe 14.6.2023).

40 Cf. Gustavo Tepedino, A responsabilidade civil por acidentes de consumo na ótica civil-constitucional. *Temas de Direito Civil*, Rio de Janeiro: Renovar, 2004, 3ª ed., pp. 265-280; Leonardo Roscoe Bessa, Responsabilidade pelo fato do produto: questões polêmicas. *Revista de Direito do Consumidor*, vol. 89, São Paulo: RT, set.-out./2013, pp. 141-163, e, nesta obra, o capítulo que trata da responsabilidade civil no Código de Defesa do Consumidor.

Capítulo XIV

RESPONSABILIDADE CIVIL DO TRANSPORTADOR

Acesse o *QR Code* e assista ao vídeo sobre o tema.

> *https://uqr.to/1ofh5*

1. O CONTRATO DE TRANSPORTE: OBRIGAÇÕES E LEGISLAÇÃO APLICÁVEL

A responsabilidade civil do transportador reveste-se de grande atualidade e interesse prático. O contrato de transporte constitui-se em negócio jurídico de inquestionável relevância social, celebrado cotidianamente pela grande maioria da população, que se socorre dos diversos modais de transporte público e privado para vencer as distâncias do dia a dia. De acordo com o "Anuário CNT do Transporte 2019", enquanto em 2016 houve 11.161 novos licenciamentos de ônibus, 50.559 novos licenciamentos de caminhões e 1.688.289 novos licenciamentos de automóveis, em 2018 esses números passaram, respectivamente, para 15.081, 75.987 e 2.099.605.[1]

Cláusula de incolumidade

Define-se o contrato de transporte como aquele pelo qual alguém se obriga a transportar, em troca de contraprestação, pessoas ou coisas, animadas ou inanimadas, até o lugar de destino, de modo adequado por meio terrestre, aéreo ou marítimo. Ao

1 Dados disponíveis em: http://anuariodotransporte.cnt.org.br/. Acesso em 4.1.2020.

lado da obrigação de transportar, insere-se cláusula implícita de incolumidade, a exigir do transportador que conduza coisas e pessoas sãs e salvas a seu destino.[2] Não é, com efeito, apenas o transporte que se tem em vista: é o transporte seguro e cauteloso. E a violação do dever de segurança encerra, precisamente, a principal causa de imputação do dever de indenizar ao transportador, como se verá a seguir.

Passageiro e do expedidor

Do passageiro e do expedidor da mercadoria exige-se, por sua vez, além do pagamento do preço, o cumprimento de outras obrigações. O primeiro assume, pelo só fato de se utilizar do veículo, obrigações constantes de avisos concernentes às normas de conduta e de uso dos serviços. Ao segundo se impõe, sobretudo, regras relativas à embalagem das mercadorias. A violação de tais obrigações pode mitigar ou mesmo afastar a responsabilidade do transportador, como será adiante analisado. O Código Civil, em seu artigo 732, não afastou a incidência da legislação especial aos contratos de transporte, condicionando-a, contudo, à observância das disposições nele previstas. Procura, assim, o diploma civil compatibilizar a disciplina do contrato de transporte, motivo pelo qual as leis especiais só são aplicadas se estiverem conformes ao seu conteúdo.

Compatibilização das fontes normativas

Código de Defesa do Consumidor

Não se inclui entre a legislação especial aludida, o Código de Defesa do Consumidor, que encerra norma imperativa, de ordem pública, concretização de ditame constitucional, cujas regras atinentes à responsabilidade civil serão, portanto, aplicadas sempre que configurada a relação de consumo. Em rigor, na grande maioria dos casos, o transporte de pessoas configura relação de consumo. O mesmo não se pode afirmar, contudo, em relação ao transporte de carga, que se insere, muitas vezes, no ciclo da cadeia produtiva, razão pela qual não se caracteriza, de regra, o tomador do serviço como *destinatário final*, a afastar a aplicação da legislação consumerista.

Há que se incluir, ainda, no rol das legislações especiais, a "Lei das Estradas de Ferro" (Decreto nº. 2.681/1912), primeiro instrumento legislativo a cuidar da responsabilidade civil do transportador de coisas ou pessoas, e o Código Brasileiro de Aeronáutica (Lei nº 7.565/1986), que pretendeu, dentre outros aspectos, regular a responsabilidade civil no âmbito do transporte aéreo em território nacional. No que tange aos tratados e convenções internacionais, aplicáveis desde que compatíveis com a disciplina do Código Civil, assume particular relevância para o tema a Convenção de Montreal, de 28 de maio de 1999,[3] relativa ao transporte aéreo internacional, cujas disposições acerca da responsabilidade civil do transportador colidem frontalmente com o disposto no Código de Defesa do Consumidor.[4]

2. NATUREZA DA RESPONSABILIDADE DO TRANSPORTADOR

Lei das Estradas de Ferro

A "Lei das Estradas de Ferro" (Decreto nº 2.681/1912), primeiro instrumento legislativo a cuidar da responsabilidade civil do transportador de coisas ou pessoas,

---

2 José de Aguiar Dias, *Da responsabilidade civil,* Rio de Janeiro: Renovar, 11ª ed. revista, atualizada de acordo com o Código Civil de 2002, e aumentada por Rui Berford Dias, p. 244.

3 Ratificada pelo Decreto Legislativo nº 59/2006, e promulgada pelo Decreto nº 5.910/2006.

4 Confira-se, ao propósito, o item 5 deste Capítulo.

editada em atenção ao expressivo aumento da utilização do transporte ferroviário e do consequente incremento da quantidade de acidentes, instituiu a presunção de culpa do transportador em relação às mercadorias (art. 1º), às pessoas (art. 17) e às bagagens (art. 23) transportadas, elidível apenas mediante prova de caso fortuito, força maior ou "culpa exclusiva da vítima".

Embora os artigos da legislação se refiram à presunção de culpa, a indicar a adoção da responsabilidade subjetiva com inversão do ônus da prova, parte da doutrina sustentou que, tecnicamente, se tratava de verdadeira responsabilidade objetiva, uma vez que as únicas excludentes admitidas pelo decreto coincidem com as aplicáveis àquele tipo de responsabilidade.[5] O argumento, entretanto, não colhe; trata-se, efetivamente, de presunção de culpa, não havendo previsão de responsabilidade objetiva. Todavia, a ousada interpretação jurisprudencial do dispositivo ampliou sobremaneira o espectro da reparação: primeiro, passou-se a distinguir o caso fortuito interno do caso fortuito externo, sendo apenas este capaz de excluir a responsabilidade; em seguida, reconheceu-se a responsabilidade do transportador mesmo diante de fato de terceiro, entendimento posteriormente temperado pela admissão da excludente quando o fato do terceiro não guardasse qualquer relação com a atividade empresarial, sendo equiparável, assim, a caso fortuito externo.[6]

Com efeito, não é difícil perceber a repercussão de tais teses na evolução da responsabilidade civil brasileira, chegando-se mesmo a identificar, na palavra pretoriana, verdadeira presunção absoluta de culpa, impermeável a quase todas as excludentes, de modo a fazer coincidir, em termos práticos, os efeitos da culpa presumida com a responsabilidade objetiva, esta aplicável somente por definição legislativa.

Código Civil de 1916

O Código Civil de 1916 não cuidou especificamente da responsabilidade do transportador, limitando-se a adotar a teoria da responsabilidade subjetiva como regra para a responsabilidade contratual. Apesar da celeuma inicial quanto à legislação aplicável ao contrato de transporte, logo se entendeu que, por se tratar a Lei das Estadas de Ferro de lei especial, não teria havido sua revogação pelo Código Civil, lei geral.[7]

Em 1990, a edição do Código de Defesa do Consumidor suscitou, mais uma vez, dúvidas quanto à revogação daquela lei. Em que pesem as opiniões em contrário, o que houve, em verdade, foi sua derrogação. O Código do Consumidor é lei especial, cujas regras se aplicam apenas às relações de consumo. Destarte, permanecem em vigor as normas de leis especiais que regulem as várias espécies de contratos no âmbito de relações paritárias, e se revogam apenas aquelas que, disciplinando relação

---

5 Nesse sentido, Ana Lucia Porto de Barros, et al., *Código Civil comentado*, Rio de Janeiro: Livraria Freitas Bastos Editora S.A., 2004, 2ª ed., p. 529, e Rui Celso Reale Fragoso, *O novo Código Civil* – Estudos em homenagem ao Professor Miguel Reale, São Paulo: LTR, 2002, pp. 723-724.

6 Em apoio à tese de presunção de culpa, Miguel Maria de Serpa Lopes, *Curso de direito civil*, vol. V, Rio de Janeiro: Livraria Freitas Bastos S/A, 2ª ed., pp. 331-333.

7 Caio Mário da Silva Pereira, *Responsabilidade civil*, Rio de Janeiro: Forense, 2016, 11ª ed. revista e atualizada por Gustavo Tepedino, pp. 282-283.

de consumo, contrariem disposição do Código de Defesa do Consumidor. Nessa direção, como a legislação consumerista imputou, a todos os prestadores de serviço, responsabilidade objetiva pelos danos causados aos consumidores, a exigir, para sua configuração, apenas a demonstração do dano e do nexo causal, cuidando-se de relação de consumo, objetiva é a responsabilidade do transportador.

Constituição da República de 1988

Com o advento da Constituição da República de 1988, a pessoa jurídica de direito privado prestadora de serviço público de transporte, por força do art. 37, § 6º, passou também a responder objetivamente pelos danos causados a seus usuários, ratificando a tendência da legislação nacional em tutelar prioritariamente a vítima do dano.

Código Civil de 2002

O Código Civil unificou a disciplina relativa ao contrato de transporte nos artigos 730 a 756, e consagrou genérica e expressamente a responsabilidade objetiva do transportador, revogando, portanto, as normas da Lei das Estradas de Ferro que regulavam a matéria. Nessa direção, no que tange ao transporte de pessoas, dispõe o artigo 734 que o transportador responde pelos danos causados às pessoas transportadas e sua bagagem, salvo motivo de força maior, a prescindir, portanto, da demonstração da culpa. Isso decorre da mencionada característica essencial do contrato de transporte, a cláusula de incolumidade, a ensejar verdadeira obrigação de resultado, cabendo ao transportador, por conseguinte, conduzir a coisa ou o passageiro e sua bagagem, ilesos, ao lugar de destino.[8]

Cláusula de incolumidade no transporte de pessoas

Cláusula de incolumidade do transporte de coisas

O transporte de coisas está regulado no artigo 749, o qual confere ao transportador o dever de conduzir "a coisa ao seu destino, tomando todas as cautelas necessárias para mantê-la em bom estado e entregá-la no prazo ajustado ou previsto". Atribui-se ao transportador o dever de manter a coisa transportada em bom estado por todo o tempo em que estiver sob sua custódia, devendo guardá-la com cuidado, em virtude da obrigação de incolumidade ínsita a todo contrato de transporte. O transportador não se torna, por isso, depositário, não se desnatura o contrato de transporte, eis que a custódia não é causa do contrato, como o é no contrato de depósito; tem o transportador dever de custódia porque recebeu para transportar.[9] Ademais, o próprio dever de custódia se apresenta de forma peculiar no transporte de mercadoria: posto contemple sempre o dever de guarda, consubstanciado no dever de proteger o bem de ofensas de origem estranha, externa à coisa, não abrange, necessariamente, o dever de conservação, entendido como o dever de resguardar o bem inclusive quanto ao intrínseco ou ao que pode se tornar intrínseco.

De toda sorte, esteja ou não o dever de conservar a coisa compreendido no dever de custódia, trata-se de obrigação de resultado. Por esse motivo, responde o

---

8 Cuida-se, o transporte da bagagem, salvo disposição expressa em contrário, de acessório do contrato de transporte de pessoa: o pagamento do bilhete de passagem confere ao viajante o direito de levar consigo sua bagagem, pelo qual apenas pagará se houver excesso de peso, tamanho ou número de peças.

9 Pontes de Miranda, *Tratado de direito privado*, tomo XLV, atualizado por Bruno Miragem, São Paulo: Revista dos Tribunais, 2012, p. 137.

transportador pela perda e avaria das mercadorias, exceto se provar caso fortuito ou força maior na origem do evento danoso. Embora o artigo 749 se refira às "cautelas necessárias" a serem tomadas pelo transportador, sua responsabilidade não é afastada provando-se ausência de culpa. Afinal, a natureza da responsabilidade é objetiva.

2.1. Natureza da responsabilidade no transporte gratuito

Onerosidade do contrato de transporte

O contrato de transporte se afigura essencialmente oneroso, consoante dispõe o artigo 736.[10] Considera-se oneroso não apenas o transporte pelo qual se paga específica remuneração, mas também aquele que proporciona ao transportador vantagens indiretas, a exemplo do que se passa com os serviços de transporte oferecido por shopping center a seus consumidores.[11] A falta de remuneração não torna o contrato, necessariamente, gratuito; ao revés, torna-o unilateral, já que o passageiro não se obriga a retribuir o serviço prestado.

Transporte benévolo

Gratuito é o transporte desinteressado, de simples cortesia, vulgarmente designado "carona", ao qual não se aplica, por conseguinte, o artigo 734. Cuida-se, em verdade, de relação contratual atípica,[12] uma vez que o transportador assume a obrigação de conduzir o passageiro incólume ao local combinado, a despeito de nada receber por isso. O transporte benévolo obriga, a impedir o transportador, por exemplo, de desistir do trajeto ajustado ou de deixar o carona em local diverso do destino combinado, sob pena de incorrer em inadimplemento contratual.

Cuidando-se, com efeito, de transporte gratuito, incide o artigo 392, pelo qual o condutor apenas responde pelos danos causados ao passageiro se comprovado o dolo ou a culpa grave. A propósito, o Superior Tribunal de Justiça já editara, sob a égide do Código Civil de 1916, o Enunciado da Súmula nº 145 (1995), segundo a qual "no transporte desinteressado, de simples cortesia, o transportador só será civilmente responsável por danos causados ao transportado quando incorrer em dolo ou culpa grave". Os tribunais estaduais tendem a encampar o entendimento sumulado, e consideram culpa grave, suficiente, portanto, a responsabilizar o transportador, os

---

10 Orlando Gomes, *Contratos*, Rio de Janeiro: Forense, 2001, 23ª ed. atualizada por Humberto Theodoro Junior, p. 308. Para o autor, a onerosidade é da essência do contrato de transporte. Sílvio de Salvo Venosa, por sua vez, posiciona-se em sentido contrário: "Excepcionalmente, o transporte pode ser gratuito, pois a onerosidade não lhe é essencial" (*Direito civil.* Contratos em espécie, São Paulo: Atlas, 2006, 6ª ed. atualizada de acordo com o Código Civil de 2002, p. 336).

11 Tampouco afigura-se gratuito o transporte de maiores de sessenta e cinco anos, aos quais a Constituição (art. 230, § 2º) e o Estatuto do Idoso, (art. 39) asseguram gratuidade. Há interessante decisão da Corte Especial do STJ que ratifica que o transporte gratuito do passageiro idoso é, de alguma forma, remunerado, ao estabelecer a impossibilidade de conferir gratuidade aos idosos de baixa renda nos transportes terrestres interestaduais sem legislação que regulamente a matéria, sob pena de ferir o equilíbrio econômico-financeiro do contrato (STJ, CE, Rel. Min. Edson Vidigal, AgRg na SS 1.404, julg. 25.10.2004).

12 Em sentido contrário, entendendo não se tratar de contrato: Caio Mário da Silva Pereira (*Responsabilidade civil*, cit., p. 289), Orlando Gomes (*Contratos*, Rio de Janeiro: Forense, 2001, 23ª ed. atualizada por Humberto Theodoro Junior, p. 308), Carlos Roberto Gonçalves (*Direito civil brasileiro:* contratos e atos unilaterais, vol. III, São Paulo: Saraiva, 2012, 9ª ed., p. 500).

acidentes decorrentes de manobra de invasão da contramão de direção,[13] da "conduta de 'mexer' no 'toca CD' ao tempo em que realizava manobra de conversão à esquerda diante da curva existente"[14], e de condução em velocidade incompatível com o local[15] ou sem habilitação e após ingestão de bebida alcoólica.[16]

De todo modo, aplicam-se, na hipótese, as excludentes de responsabilidade, a afastar ou mitigar a responsabilidade do transportador gratuito. A propósito, entendeu o Tribunal de Justiça do Distrito Federal e Territórios que, "ainda que verificada a culpa grave dos envolvidos no evento danoso, deve ser reconhecida a culpa concorrente da vítima na dinâmica dos fatos quando sua conduta de aceitar carona em um veículo que não comportava a quantidade de passageiros a ser transportada e de sentar-se entre os bancos, sem cinto de segurança, contribuiu para a produção do resultado, de modo que deve a indenização ser reduzida diante de concorrência de concausas".[17]

3. RESPONSABILIDADE SOLIDÁRIA DOS TRANSPORTADORES CUMULATIVOS

Estrutura do transporte cumulativo

Caracteriza-se o transporte cumulativo pela pluralidade de transportadores em um único contrato de transporte.[18] Há, entre credor e devedor, uma única relação jurídica, um único vínculo jurídico, identificando-se pluralidade obrigacional apenas entre os devedores (transportadores). Embora cada transportador se obrigue a executar o transporte somente no percurso que lhe toca, e não no percurso total, todos respondem solidariamente por eventuais danos causados ao passageiro, à mercadoria ou mesmo a terceiros.

Responsabilidade solidária

O fato de o artigo 733 estabelecer obrigação individual de cada transportador pelo respectivo percurso, não abrangente do deslocamento total, não significa que a responsabilidade pelos danos causados em cada percurso também seja setorizada, atribuída individualmente ao respectivo transportador incumbido do trajeto. O § 2º, ao dispor que a responsabilidade solidária "estender-se-á" a eventual substituto, pressupõe a existência de prévia solidariedade entre todos os integrantes da cumulação estabelecida. Desse modo, enquanto o *caput* estabelece a *obrigação* individual de cumprir com o percurso, o § 2º esclarece que eventuais danos são de *responsabilidade* de todos, em regime de solidariedade. Corrobora-se, assim, a distinção entre obrigação e responsabilidade no vínculo jurídico obrigacional.

---

13 TJSP, 25ª CDPriv., Ap. Cív. 0003972-52.2006.8.26.0653, Rel. Des. Edgard Rosa, julg. 24.4.2013.

14 TJSP, 26ª CDPriv., Ap. Cív. 0029093-04.2009.8.26.0451, Rel. Des. Felipe Ferreira, julg. 9.6.2016.

15 TJRJ, 11ª C.C., Ap. Cív. 0003533-51.2006.8.19.0066, Rel. Des. José C. Figueiredo, julg. 21.1.2009.

16 TJRS, 11ª C.C., Ap. Cív. 70063444616, Rel. Des. Luiz Roberto Imperatore de Assis Brasil, julg. 19.8.2015; TJSP, 34ª CDPriv., Ap. Cív. 0015235-95.2003.8.26.0068, Rel. Des. Cristina Zucchi, julg. 26.04.2021.

17 TJDF, 3ª Turma Cível, Ap. Cív. 0704221-71.2018.8.07.0005, Rel. Des. Maria de Lourdes Abreu, julg. 10.8.2021.

18 Pontes de Miranda, *Tratado de direito privado*, tomo XLV, atualizado por Bruno Miragem, São Paulo: Revista dos Tribunais, 2012, pp. 92-93.

A solidariedade, aplicável tanto ao transporte de coisas quanto ao de pessoas, é ratificada pelo artigo 756, segundo o qual respondem solidariamente todos os transportadores cumulativos perante o remetente pelos danos causados à coisa, sem prejuízo de, em posterior ação de regresso, fixar-se a responsabilidade de cada um pelo dano, consoante o respectivo percurso. Perante o credor, no entanto, a responsabilidade é sempre da cadeia de transportadores, razão pela qual lhe é franqueado demandar qualquer um deles.

Transporte cumulativo aéreo

O Código Brasileiro de Aeronáutica dispõe de norma semelhante. De acordo com o artigo 259, "quando o transporte aéreo for contratado com um transportador e executado por outro, o passageiro ou sucessores poderão demandar tanto o transportador contratual como o de fato, respondendo ambos solidariamente". É precisamente o que ocorre quando o passageiro é embarcado, por motivos diversos, em outra companhia que não a originalmente contratada, como se passou na situação submetida à apreciação do Tribunal de Justiça de São Paulo: por motivos de ordem mecânica, houve o cancelamento do voo da apelada Delta Air Lines Inc. e, "por consequência, o embarque da apelante, dentre outros passageiros, após 10 horas do cancelamento do primeiro (...) em voo direto da apelada American Airlines Inc. para o Brasil. (...). É certo que as bagagens foram despachadas para o Brasil pela apelada Delta Air Lines Inc. e entregues na residência da apelante um dia após o seu desembarque pela apelada American Airlines Inc., que não impugnou especificamente a alegação da apelante de que as malas foram por ela entregues totalmente abertas, danificadas e com perda de objetos que nelas se encontravam. Ora, não havendo prova robusta nos autos de quem tenha efetivamente transportado as bagagens, mas estando ambas as companhias aéreas obrigadas à entrega das malas ao passageiro, sem qualquer tipo de dano, quando de seu desembarque, são elas responsáveis solidárias pelos danos sofridos pela apelante".[19]

Código de Defesa do Consumidor

Nas relações de consumo, a regra já se encontrava tipificada no Código de Defesa do Consumidor, cujo artigo 20 estabelece a solidariedade da cadeia produtiva na hipótese de vício na prestação do serviço.[20]

4. EXCLUDENTES DE RESPONSABILIDADE

4.1. *Caso fortuito e força maior*

Identidade dos conceitos

O artigo 734 prevê como causa de rompimento do nexo de causalidade entre a conduta do transportador e o dano causado ao passageiro apenas a força maior, conceito equiparado, na doutrina brasileira, ao caso fortuito, sendo mesmo irrelevante a

---

19 TJSP, 20ª CDPriv., Ap. Cív. 9155150-74.2007.8.26.0000, Rel. Des. Correia Lima, julg. 3.10.2011.

20 "O art. 20 do CDC concentra-se na qualidade dos serviços, no resultado obtido, e não na atuação direta ou indireta do fornecedor e na valoração desta atuação. Trata-se, portanto, de uma norma genérica de garantia de prestabilidade do serviço, que, ao mencionar apenas o 'fornecedor', institui uma solidariedade legal em toda a cadeia de fornecedores, organizados para servir ao consumidor" (Claudia Lima Marques, *Contratos no Código de Defesa do Consumidor*: o novo regime das relações contratuais, São Paulo: RT, 2005, 5ª ed., rev., atual e ampl., p. 1172).

distinção entre ambas as categorias.[21] Embora o Código de Defesa do Consumidor não preveja o caso fortuito e a força maior como excludentes de responsabilidade, são admitidos sem dissenso nas relações de consumo, já que rompem o nexo de causalidade, indispensável à configuração da responsabilidade objetiva do fornecedor.[22]

Fortuito interno e externo

Há, contemporaneamente, certa relativização das excludentes de causalidade, com o intuito de evitar que a vítima fique irressarcida. Assim, no âmbito da força maior, reconhece-se como excludente de responsabilidade apenas o fortuito externo, compreendido como o fato fortuito estranho à atividade do transportador, caracterizado, portanto, por sua externalidade, mas não o fortuito interno, entendido como o evento relacionado aos riscos inerentes à atividade desenvolvida. Com efeito, afirmar que certo evento se qualifica como fortuito interno significa reconhecer, ao fim e ao cabo, que há nexo causal entre o dano e a atividade.

Jurisprudência

A análise das decisões judiciais demonstra que a invocação de fortuito interno não se baseia em qualificação técnica e rígida do acontecimento como interno ou externo à atividade. O juízo se vincula mesmo à lógica do risco e sua imputação àquele que desenvolve atividade potencialmente lesiva.[23] Encontram-se, por exemplo, decisões que qualificam como fortuito interno, incapaz de romper o nexo causal, o cancelamento de voo decorrente de greve de pilotos,[24] de falha mecânica na aeronave,[25] de condições climáticas inadequadas para a decolagem[26] ou de sucção de urubu por uma das turbinas da aeronave;[27] a queda de placa de aviso sobre passageiro em plataforma de embarque;[28] o mal súbito sofrido pelo motorista de coletivo;[29] a explosão

---

21 Sobre a identidade dos conceitos, confira-se Arnoldo Medeiros da Fonseca, *Caso Fortuito e Teoria da Imprevisão*, Rio de Janeiro: Forense, 1958, 3ª ed., p. 129 e ss.

22 Bruno Miragem, *Curso de Direito do Consumidor*, São Paulo: Revista dos Tribunais, 2016, 6ª ed., p. 613.

23 Anderson Schreiber, *Novos paradigmas da responsabilidade civil:* da erosão dos filtros da responsabilidade à diluição dos danos, Atlas: São Paulo, 2007, p. 66.

24 TJSP, 32ª CDPriv., Ap. Cív. 1001591-92.2015.8.26.0695, Rel. Des, Sérgio Gomes, julg. 16.8.2016; TJSP, 22ª CDPriv., Ap. Cív. 1011043-10.2020.8.26.0100, Rel. Des. Roberto Mac Cracken, julg. 11.2.2021.

25 TJSP, 12ª CDPriv., Ap. Cív. 0002572-64.2015.8.26.0369, Rel. Des. Jacob Valente, julg. 20.6.2016; TJRJ, 24ª C.C., Ap. Cív. 0008110-69.2018.8.19.0028, Rel. Des. Mario Assis Gonçalves, julg. 7.12.2022.

26 TJRJ, 27ª C.C., Ap. Cív. 0292484-57.2014.8.19.0001, Rel. Des. Fernanda Fernandes Coelho Paes, julg. 29.6.2016. Ainda o Tribunal de Justiça do Rio de Janeiro, ao apreciar ação de responsabilidade civil fundada em cancelamento de voo em virtude de condições climáticas desfavoráveis ao tráfego aéreo, em razão da propagação de nuvens de cinzas decorrentes da erupção do vulcão Puyehue (TJRJ, 27ª C.C., Ap. Cív. 0023452-13.2011.8.19.0046, Rel. Des. Maria Luiza de Freitas Carvalho, julg. 8.6.2016). Em sentido diverso, qualificando o cancelamento de voo em razão das cinzas lançadas na atmosfera por erupção vulcânico: TJSC, 3ª CDPriv., Ap. Cív. 2014.059737-9, Rel. Des. Saul Steil, julg. 21.10.2014.

27 TJSP, 23ª CDPriv., Emb. Infr. 949.477-7/01, Rel. Des. Rizzatto Nunes, julg. 9.5.2007. Entretanto, em sentido contrário, há decisões que qualificam o choque de aves com as turbinas da aeronave como fortuito externo, a exemplo da proferida pelo TJMS, 1ª C.C., Ap. Cív. 0836913-76.2016.8.12.0001, Rel. Des. Marcelo Câmara Rasslan, julg. 5.2.2019.

28 TJSP, 11ª CDPriv., Ap. Cív. 0041170-86.2009.8.26.0405, Rel. Des. Maria Cláudia Bedotti, julg. 4.8.2016.

29 TJSP, 12ª CDPriv., Ap. Cív. 0031639-29.2012.8.26.0224, Rel. Des. Tasso Duarte de Melo, julg. 25.5.2016.

elétrica em vagão que gera tumulto e pânico entre passageiros;[30] o atraso decorrente de manutenção não programada da aeronave;[31] a falha no sistema de freios;[32] a falha no sistema operacional por *overbooking*;[33] e a reorganização da malha aérea por conta da pandemia do coronavírus.[34] Diversamente, qualificaram-se como fortuito externo o atraso decorrente de obras na rodovia iniciadas no dia anterior à viagem;[35] o fechamento do aeroporto de destino do voo[36] bem como o atraso de ônibus de conexão em razão de rompimento de bueiro em estrada vicinal.[37]

No âmbito do Código Brasileiro de Aeronáutica, merecem destaque os arts. 251-A e 256, com as alterações promovidas pela Lei nº 14.034/2020, publicada em agosto de 2020. A inovação legislativa, embora apresente o escopo principal de tutelar, por meio de medidas emergenciais, a aviação civil brasileira durante a pandemia da Covid-19,[38] acabou por promover alterações em caráter permanente relativas às excludentes de responsabilidade do transportador aéreo.

O art. 251-A pretendeu coibir pretensões exageradas de consumidores no caso de falhas na prestação dos serviços de transporte, condicionando as indenizações por dano extrapatrimonial em contratos de transportes à demonstração da efetiva ocorrência do prejuízo e de sua extensão pelo passageiro, expedidor ou destinatário da carga.[39] Embora a linguagem do dispositivo possa parecer destinada a reduzir os riscos alocados à atividade do transporte, a norma, se aplicada com prudência, limita-se a ratificar a necessidade de comprovação dos requisitos do dever de reparar: dano injusto e nexo de causalidade, a afastar apenas os danos hipotéticos.

Por outro lado, o art. 256 prevê que o transportador aéreo responde pelo dano, nos casos de morte ou lesão a passageiro, causada por acidente ocorrido durante a execução do contrato de transporte aéreo ou diante de atraso do serviço contratado.

---

[30] STJ, 3ª T., REsp 1.786.722/SP, Rel. Min. Nancy Andrighi, julg. 9.6.2020.

[31] TJSP, 38ª CDPriv., Ap. Cív. 1011592-53.2019.8.26.0068, Rel. Min. Lavínio Donizetti Paschoalão, julg. 14.12.2022.

[32] TJSP, 19ª CDPriv., Ap. Cív. 1007149-46.2014.8.26.0032, Rel. Des. João Camillo de Almeida Prado Costa, julg. 7.6.2016.

[33] TJSP, 15ª CDPriv., Ap. Cív. 1011188-41.2022.8.26.0506, Rel. Des. Elói Estevão Troly, julg. 6.10.2023.

[34] TJRJ, 14ª C.C., Ap. Cív. 0104877-17.2022.8.19.0001, Rel. Des. Francisco de Assis Pessanha Filho, julg. 1.12.2022; TJSP, 15ª CDPriv, Ap. Cív. 1010652-94.2021.8.26.0302, Rel. Des. Mendes Pereira, julg. 30.11.2022.

[35] TJMG, 14ª C.C., Ap. Cív. 1.0145.14.019284-3/001, Rel. Des. Estevão Lucchesi, julg. 9.6.2016.

[36] TJSP, 15ª CD.Priv., Ap. Cív. 1025362-12.2022.8.26.0003, Rel. Des. Jairo Brazil, julg. 27.9.2023.

[37] TJRS, 4ª T. Recursal Cível, Recurso Inominado 71006170617, Rel. Juiz Ricardo Pippi Schmidt, julg. 26.8.2016.

[38] Para a análise dos impactos da pandemia da Covid-19 no setor aéreo, à luz das providências dispostas em caráter transitório para regular tais relações durante a pandemia, remeta-se a Gustavo Tepedino; Carla Moutinho, O dia em que a terra parou: notas sobre o impacto da pandemia no cancelamento de passagens aéreas, *Migalhas*, publ. 7 abr. 2020. Disponível em: https://www.migalhas.com.br/coluna/migalhas-contratuais/323865/o-dia-em-que-a-ter-ra-parou-notas-sobre-o-impacto-da-pandemia-no-cancelamento-de-passagens-aereas. Acesso em: 9 set. 2020.

[39] Eis o teor do art. 251-A: "A indenização por dano extrapatrimonial em decorrência de falha na execução do contrato de transporte fica condicionada à demonstração da efetiva ocorrência do prejuízo e de sua extensão pelo passageiro ou pelo expedidor ou destinatário de carga".

O inciso I do § 1º prevê a exclusão da responsabilidade do transportador nas hipóteses em que a morte ou lesão resulte exclusivamente do estado de saúde do passageiro, ou se o acidente tiver decorrido de sua culpa exclusiva. Também se afastará a responsabilidade, nos termos da nova redação do inciso II do mesmo § 1º, no caso de atraso do transporte aéreo contratado, caso fique comprovado que, por fortuito ou força maior, foi impossível adotar medidas necessárias, suficientes e adequadas a evitar o dano.[40]

Já o § 3º, adicionado ao art. 256, buscou conceituar caso fortuito ou força maior. Segundo o dispositivo, constitui caso fortuito ou força maior, para os fins do dispositivo, "a ocorrência de 1 (um) ou mais dos seguintes eventos, desde que supervenientes, imprevisíveis e inevitáveis: I – restrições ao pouso ou à decolagem decorrentes de condições meteorológicas adversas impostas por órgão do sistema de controle do espaço aéreo; II – restrições ao pouso ou à decolagem decorrentes de indisponibilidade da infraestrutura aeroportuária; III – restrições ao voo, ao pouso ou à decolagem decorrentes de determinações da autoridade de aviação civil ou de qualquer outra autoridade ou órgão da Administração Pública, que será responsabilizada; IV – decretação de pandemia ou publicação de atos de Governo que dela decorram, com vistas a impedir ou a restringir o transporte aéreo ou as atividades aeroportuárias".

Com a mudança legislativa, previu-se expressamente que, caso o avião não consiga decolar ou pousar no destino em razão de condições meteorológicas adversas, a companhia aérea não será obrigada, em linha de princípio, a indenizar os eventuais danos sofridos pelos passageiros em decorrência do descumprimento do dever de transporte. A nova disposição despertou críticas, ao argumento de ter o legislador ampliado o conceito de fortuito externo, exonerando, naquelas hipóteses, as empresas aéreas da responsabilidade pelo descumprimento do transporte contratado.[41]

Nada obstante, duas observações se mostram oportunas. Os atrasos de voos decorrentes de problemas de manutenção ou alteração da grade de horário da com-

---

[40] CBA/1986, "Art. 256. O transportador responde pelo dano decorrente: I – de morte ou lesão de passageiro, causada por acidente ocorrido durante a execução do contrato de transporte aéreo, a bordo de aeronave ou no curso das operações de embarque e desembarque; II – de atraso do transporte aéreo contratado. § 1º O transportador não será responsável: I – no caso do inciso I do *caput* deste artigo, se a morte ou lesão resultar, exclusivamente, do estado de saúde do passageiro, ou se o acidente decorrer de sua culpa exclusiva; II – no caso do inciso II do *caput* deste artigo, se comprovar que, por motivo de caso fortuito ou de força maior, foi impossível adotar medidas necessárias, suficientes e adequadas para evitar o dano".

[41] A nova regulamentação tem sido objeto de críticas por parte da doutrina, como se depreende do trecho a seguir: "E, como se não bastasse, foram criadas hipóteses de caso fortuito ou força maior visando a afastar a responsabilidade das companhias aéreas (desde que comprovem a impossibilidade de adotar medidas necessárias, suficientes e adequadas para evitar o dano, sendo mantidos os deveres de assistência material e de oferecimento de alternativas de reembolso, reacomodação ou reexecução do serviço), que não guardam qualquer relação com a crise instaurada pela pandemia, tais como a restrição ao pouso ou à decolagem, decorrentes de condições meteorológicas adversas impostas por órgão do sistema de controle do espaço aéreo, de determinações emanadas de autoridades ou, ainda, de indisponibilidade da infraestrutura aeroportuária" (Luciana Atheniense; Maria Luiza Baillo Targa, Os impactos da Lei 14.034/20 nos direitos dos passageiros-consumidores. *Consultor Jurídico*, publ. 9.8.2020. Disponível em: https://www.conjur.com.br/2020-ago-09/opiniao-lei-1403420-direitos-passageiros-consumidores. Acesso em: 10 set. 2020).

panhia aérea continuam a ser considerados fortuitos internos, insuficientes a servir de excludente. Além disso, as causas excludentes indicadas pela nova redação do § 3º do art. 256, já reconhecidas majoritariamente pelos Tribunais, circunscrevem-se à responsabilidade pela prestação do transporte, interrompido pelos eventos de força maior. De todo modo, a companhia aérea continua obrigada, como sempre, a prestar assistência aos passageiros, fornecendo-lhes, a título de exemplo, hospedagem e alimentação enquanto aguardam novo voo, e a lhes oferecer o reembolso do valor pago, a reacomodação ou a prestação do serviço por outra modalidade, conforme dispõe o § 4º do art. 256. A causa excludente do dever de reparar, repita-se, restringe-se à prestação do transporte, em si considerado. Preservam-se, assim, os deveres legais de assistência cuja inobservância deflagrará o sistema de responsabilidade por danos materiais ou morais, conforme preveem o Código Civil, as leis especiais e o Código de Defesa do Consumidor, consoante o caso.

4.2. Fato de terceiro

Lei das Estadas de Ferro

A Lei das Estradas de Ferro (Dec. 2.681/1912) não previa a culpa de terceiro como excludente de responsabilidade, mencionando apenas o caso fortuito, a força maior e a culpa exclusiva da vítima (art. 1º). Nessa esteira, o Supremo Tribunal Federal, em 1963, editou o Enunciado da Súmula 187, segundo o qual "a responsabilidade contratual do transportador, pelo acidente com o passageiro, não é elidida por culpa de terceiro, contra o qual tem ação regressiva".

Código de Defesa do Consumidor

A edição do Código de Defesa do Consumidor suscitou dúvidas quanto à manutenção do entendimento sumulado, em razão do disposto no artigo 14, § 3°, segundo o qual o fato exclusivo de terceiro encerra excludente de responsabilidade. Afirmou-se, à época, que mesmo no âmbito das relações de consumo, a Lei das Estradas de Ferro deveria prevalecer por estabelecer regime de responsabilidade mais benéfico do que aquele inaugurado pela lei consumerista, já que o fato de terceiro não seria capaz de romper o nexo causal. Admitir-se o contrário, segundo se sustentou, representaria flagrante retrocesso na proteção do consumidor.[42]

Fortuito interno e externo

A orientação que acabou por prevalecer, em rigor, representa solução de consenso entre as duas posições. Entendeu-se que a disciplina instituída pelo Código de Defesa do Consumidor não se afastava da orientação jurisprudencial, inexistindo, portanto, conflito normativo. O fato exclusivo de terceiro que, nos termos do artigo 14, § 3°, do CDC, mostra-se apto a romper o nexo de causalidade é aquele equiparável ao fortuito externo, ou seja, sem conexão com o contrato de transporte. Já o ato de terceiro que constitui risco imputável ao transportador, porque de alguma forma relacionado ao serviço prestado, não o exime da responsabilidade pelos danos causados aos passageiros.

Código Civil de 2002

O Código Civil, inspirado pelo Enunciado da Súmula 187 do STF, definiu, no artigo 735, que "a responsabilidade contratual do transportador por acidente com o

42 STJ, 3ª T., REsp. 293.292, Rel. Min. Nancy Andrighi, julg. 20.8.2001.

passageiro não é elidida por culpa de terceiro, contra o qual tem ação regressiva". O dispositivo, todavia, não logrou alterar a orientação antes esposada, e o seu rigor é mitigado pela admissão da exclusão da responsabilidade do transportador quando o fato de terceiro equivale à noção de fortuito externo, como se passa com o arremesso de pedra contra trem ou ônibus que lesiona passageiro;[43] a queda de janela na cabeça de passageiro em razão de apedrejamento do coletivo;[44] os tiros suportados por passageiro "causados por balas perdidas de tiroteio entre policiais e meliantes quando de assalto de caixa eletrônico";[45] "assédio sexual ou ato libidinoso praticado por usuário do serviço de transporte contra passageira";[46] a agressão física a passageiro desferida por outro passageiro;[47] o acidente causado por passageiro que invade a cabine do motorista à noite e puxa o volante para a direita;[48] o roubo de carga;[49] o assalto a passageiro no curso da viagem[50] e a morte de passageiro decorrente de assalto à mão armada.[51]

---

43 STJ, 4ª T., AgRg nos EDcl no AREsp 156.998/RJ, Rel. Min. Sidinei Beneti, julg. 14.8.2012; STJ, 4ª T., EDcl no AgRg no EResp 1.325.225/SP, Rel. Min. Raul Araújo, julg. 15.10.2013; TJRJ, 25ª C.C., Rel Des Leila Albuquerque, AC 0234967-94.2014.8.19.0001, julg. 1.8.2016; TJMG, 10ª C.C., Ap. Cív. 1.0027.14.016130-1/001, Rel. Des. Vicente de Oliveira Silva, julg. 23.8.2016. Essa linha de entendimento acabou superando a orientação anteriormente consolidada no STF. O próprio STF, aliás, já mitigara o rigor do enunciado de sua Súmula 187, e afastava a responsabilidade do transportador quando o ato de terceiro se equipara a caso fortuito: "Ação de responsabilidade civil. Passageiro de ônibus atingido por estilhaço de vidro produzido por uma pedra atirada por terceiro. Ato de terceiro equiparado a caso fortuito. Inevitabilidade do fato e ausência de culpa do transportador. Inexistência de relação causal entre o fato e o contrato de transporte." (STF, 2ª T., RE 113195/RJ, Rel. Min. Djaci Falcão, julg. 13.9.1988).

44 TJMG, 9ª C.C., Ap. Cív. 1.0024.06.252362-6/001, Rel. Des. Pedro Bernardes, julg. 28.1.2014.

45 TJSP, 15ª CDPriv., Ap. Cív. 1049360-56.2015.8.26.0002, Rel. Des. José Wagner de Oliveira Melatto Peixoto, julg. 30.9.2016.

46 STJ, 2ª Seção, REsp. 1.833.722/SP, Rel. Min. Raul Araújo, julg. 3.12.2020. Em sentido contrário, o Tribunal de Justiça do Rio de Janeiro decidiu que "a ocorrência do assédio sexual guarda conexidade com os serviços prestados pela apelada e, por se tratar de fortuito interno, a transportadora de passageiros permanece objetivamente responsável pelos danos causados à recorrente" (TJRJ, 12ª C.C., Ap. Cív. 0224036-56.2019.8.19.0001, Rel. Des. Cherubin Helcias Schwartz Júnior, julg. 22.3.2022).

47 TJMG, 11ª C.C., Ap. Cív. 1.0040.12.013752-2/001, Rel. Des. Mariza Porto, julg. 26.8.2015.

48 TJSC, 3ª CDC, Ap. Cív. 2011.011207-9, Rel. Des, Carlos Adilson Silva, julg. 3.12.2013.

49 TJSC, 6ª CDC, Ap. Cív. 2013.088422-4, Rel. Des. Ezequiel Rodrigo Garcia, julg. 25.8.2015. Diversa é a responsabilidade do transportador de valores, que promete ao remetente absoluta segurança, assumindo o dever de proteger as mercadorias dos roubos à mão armada e de outros atos de violência. Configura-se, por conseguinte, fortuito interno o roubo de mercadorias transportada por empresa especializada em transporte de valores (STJ, 4ª T., REsp. 480.498, Rel. Min. Aldir Passarinho Junior, julg. 9.12.2003). Destaque-se, ao propósito, que o transporte feito pelos Correios não é considerado pela jurisprudência do STJ (STJ, 4ª T., REsp 976564, Rel. Min. Luis Felipe Salomão, julg. 12.11.2012).

50 STJ, 2ª S., REsp. 435.865/RJ, Rel. Min. Barros Monteiro, julg. 9.10.2002. Mais recentemente, a 2ª Seção ratificou o entendimento ao apreciar, em 29.2.2012, a Rcl 4518/RJ, cujo Relator foi o Min. Ricardo Villas Bôas Cueva. Na mesma direção: TJRJ, 2ª C.C., Ap. Cív. 0027175-10.2009.8.19.0001, Rel. Des. Leila Mariano, julg. 2.4.2012.

51 TJMG, 17ª C.C., Ap. Cív. 1.0024.08.987701-3/002, Des. Rel. Evandro Lopes da Costa Teixeira, julg. 19.12.2013. O mesmo Tribunal, contudo, decidiu recentemente que a morte de passageira em decorrência de roubo coletivo a ônibus importa em falha na prestação de serviço público no que tange à garantia de segurança devida aos usuários, razão pela qual entendeu por não afastar

Fortuito interno

Por outro lado, quando a origem do dano corresponde a fato de terceiro relacionado aos riscos da atividade desenvolvida, não se afasta a responsabilidade do transportador, já que se cuida de hipótese equiparada ao fortuito interno, a exemplo do estupro/atentado violento ao pudor em vagão de trem destinado exclusivamente a mulheres;[52] do abalroamento entre veículos;[53] e da queda de passageiro em vão existente entre o trem e a plataforma, em razão de empurrão por terceiro durante tumulto na plataforma devido à superlotação em horário de pico.[54]

Concausa

O fato de terceiro, ainda quando equiparável a fortuito externo, não será capaz de afastar a responsabilidade do transportador quando, com a sua conduta, também contribuir para a ocorrência do dano. Nesse caso, está-se diante de concausas, vale dizer, de concurso de causas capazes de gerar o evento danoso. Em última análise, se o resultado lesivo é decorrência necessária do fato de terceiro e da conduta do transportador, ambos eventos necessários, portanto, ao resultado danoso, cada um responde pela fração do dano que lhe é imputável.[55]

4.3. Fato da vítima

Fato da vítima

Além de pagar o bilhete de passagem, exige-se do passageiro que coopere para a regular execução do contrato de transporte, observando as regras de conduta constantes de avisos ou recomendações que, em linhas gerais, impõem a abstenção da prática de atos que possam gerar desconforto ou insegurança aos demais passageiros. Eventuais danos causados em razão da adoção de comportamento diverso do recomendado podem ser imputados parcialmente ao passageiro, mitigando a responsabilidade do transportador, nos termos do parágrafo único do artigo 738.[56] Com

---

a responsabilidade objetiva do prestador de serviços pela morte da passageira. Afirmou-se que: "Pouco importa que a passageira tenha sido empurrada, pulado ou simplesmente sofrido a queda do ônibus, já que a real causa dos eventos descritos na exordial é a ocorrência do roubo coletivo, o que, como visto, não é fato atribuível somente aos autores do crime, mas também ao prestador de serviço público que falhou na garantia da segurança devida aos usuários" (TJMG, 15ª C.C., Ap. Cív. 1.0000.20.016673-4/001, Rel. Des. Antônio Bispo, julg. 7.5.2020).

52 TJRJ, 3ª C.C., Ap. Cív. 2008.001.47937, Rel. Des. Fernando Foch, julg. 3.3.2009.

53 TJSP, 20ª CDPriv., Ap. Cív. 0028794-22.2009.8.26.0000, Rel. Des. Álvaro Torres Júnior, julg. 27.8.2012. Costuma-se considerar fortuito interno qualquer tipo de acidente automobilístico, a exemplo da fechada de outro motorista que causa danos à mercadoria transportada (TJSP, 22ª CDPriv., Ap. Cív. 1010421-54.2014.8.26.0224, Rel. Des. Hélio Nogueira, julg. 5.5.2016).

54 STJ, 1ª T., REsp 1.715.816/SP, Rel. Min. Sérgio Kukina, julg. 2.6.2020; TJSP, 18ª CDPriv., Ap. Cív. 1008996-34.2018.8.26.0100, Rel. Des. Helio Faria, julg. 21.10.2021.

55 Nessa direção, caracterizou-se a presença de concausa em relação às queimaduras sofridas por passageira em ônibus incendiado por vândalos: "Conquanto o ataque seja fato estranho ao contrato de transporte, a empresa de ônibus contribuiu para o evento danoso: seu motorista não abriu a porta traseira e as janelas de emergência estavam emperradas, dificultando a fuga dos passageiros. Verbas indenizatórias que devem ser fixadas com modicidade, por se tratar de concausa" (TJRJ, 12ª C.C., Ap. Cív. 0010432-10.2004.8.19.0204, Rel. Des. Antônio Iloizio B. Bastos, julg. 9.1.2010).

56 É também o que prevê, de forma genérica, o artigo 945 do Código Civil, em que se lê: "Se a vítima tiver concorrido culposamente para o evento danoso, a sua indenização será fixada tendo-se em conta a gravidade de sua culpa em confronto com a do autor do dano". Sobre o conteúdo do dis-

efeito, demonstrado que o dano sofrido decorreu também, mas não apenas, de transgressão de normas ou instruções regulamentares, a indenização devida pelo transportador há de ser reduzida equitativamente.

O "pingente"

Prática bastante comum nos grandes centros urbanos é a viagem de passageiros como "pingente", pendurados em portas ou janelas de trens ou ônibus. De regra, considera-se o transportador responsável pelos danos sofridos pelos passageiros que viajam nessas condições, já que tal fato se associa, tradicionalmente, à superlotação do meio de transporte, traduzindo-se em violação do dever do transportador de fornecer veículos em bom estado de conservação e em quantidade suficiente para atender satisfatoriamente os usuários. Se, todavia, o passageiro viajar como "pingente" por opção, haverá mitigação, não já exclusão, da responsabilidade do transportador, uma vez que a obrigação de incolumidade implica para o transportador, a um só tempo, no direito de proibir que o viajante adote comportamentos que possam colocá-lo em perigo, bem como no dever de vigilância, cujo objetivo é garantir a execução do serviço de maneira segura e eficiente.[57]

Fato da vítima e exclusão da responsabilidade

Se, todavia, o evento danoso decorrer de fato exclusivo da vítima, exime-se o transportador do dever de indenizar. A ausência de menção, no parágrafo único do artigo 738, ao fato exclusivo da vítima como excludente de responsabilidade é irrelevante, pois o rompimento do nexo causal entre o dano e a conduta do transportador sempre elide a sua responsabilidade. Nesse caso, o transporte não é causa do dano, mas ocasião de sua ocorrência, como resta configurado na hipótese do "surfista ferroviário", que viaja arriscadamente em cima de composição ferroviária,[58] ou do passageiro clandestino, que viaja arriscadamente.[59]

---

positivo, foi aprovado o Enunciado n. 630 da VIII Jornada de Direito Civil do CJF: "Culpas não se compensam. Para os efeitos do art. 945 do Código Civil, cabe observar os seguintes critérios: (i) há diminuição do *quantum* da reparação do dano causado quando, ao lado da conduta do lesante, verifica-se ação ou omissão do próprio lesado da qual resulta o dano, ou o seu agravamento, desde que (ii) reportadas ambas as condutas a um mesmo fato, ou ao mesmo fundamento de imputação, conquanto possam ser simultâneas ou sucessivas, devendo-se considerar o percentual causal do agir de cada um".

57 STJ, 3ª T., REsp. 226.348, Rel. Min. Castro Filho, julg. 19.9.2006.

58 STJ, 3ª T., REsp. 160.051, Rel. Min. Antônio de Pádua Ribeiro, julg. 5.12.2002; TJSP, 35ª CDPriv., Ap. Cív. 0115344-40.2011.8.26.0100, Rel. Des. Morais Pucci, julg. 18.7.2016; TJSP, 34ª CDPriv., Ap. Cív. 1005579-33.2018.8.26.0566, Rel. Des. Tercio Pires, julg. 22.6.2020.

59 Sobre a exclusão da responsabilidade do transportador pelos danos sofridos por passageiro que viajava clandestinamente no para-choque do ônibus, confira-se TJRJ, 17ª C.C., Ap. Cív. 200300109287, Rel. Des. Fabrício Bandeira Filho, julg. 5.6.2003. A clandestinidade é particularmente dramática no transporte aéreo. Não raro, a imprensa noticia a morte de passageiros clandestinos que viajavam no trem de pouso da aeronave: "O corpo de um homem foi encontrado na tarde de segunda-feira dentro do compartimento do trem de pouso de um avião da companhia aérea Air France vindo do Brasil, informou a polícia do aeroporto de Paris-Orly à BBC Brasil. 'Infelizmente, são casos cada vez mais frequentemente em nossos aeroportos', afirmou o comandante da Gendarmerie des Transports Aériens (GTA) de Paris-Orly" (Disponível em: http://www.bbc.com/portuguese/noticias/2016/01/160112_corpo_aviao_air_france_lgb).

5. CLÁUSULAS EXCLUDENTES E DE LIMITAÇÃO DE RESPONSABILIDADE. O PROBLEMA DO TRANSPORTE AÉREO

Transporte de pessoas

O *caput* do art. 734 infirma de nulidade, no âmbito do contrato de transporte de pessoas, a cláusula excludente de responsabilidade,[60] cuja função é liberar completamente o causador do dano das consequências patrimoniais a ele imputadas.[61] O Código de Defesa do Consumidor veda, igualmente, a estipulação de qualquer cláusula tendente a excluir a responsabilidade do fornecedor,[62] pelo que se conclui a inadmissibilidade, no direito pátrio, de exoneração total da reparação no transporte de pessoas, quer se trate de relação de consumo, quer se trate de relação paritária. Mesmo antes da vigência desses diplomas, o Supremo Tribunal Federal se voltava sistematicamente contra a celebração de tais cláusulas, o que culminou com a edição da Súmula 161 (1963), cujo Enunciado estabelece que, "em contrato de transporte, é inoperante a cláusula de não indenizar".

Cláusula de incolumidade

A proibição se justifica. A cláusula de incolumidade é da essência do contrato de transporte de pessoas, e não pode ser afastada por meio de cláusula excludente de responsabilidade. Afronta a ordem pública a exoneração da indenização pelos danos causados à pessoa ou à sua bagagem, razão pela qual fulmina-se de nulidade eventual estipulação nesse sentido.

Transporte de coisas

A mesma vedação não se verifica para o transporte de coisas. Cuidando-se de relação paritária e de transporte terrestre de mercadorias, não há proibição em lei à celebração de cláusula excludente de responsabilidade, e sua validade dependerá da observância de requisitos genéricos, exigidos independentemente do tipo contratual em que for pactuada.[63] Tratando-se, contudo, de transporte aéreo de mercadoria, o artigo 247 do Código Brasileiro de Aeronáutica oferece solução específica, fulminando de nulidade qualquer cláusula tendente a exonerar a responsabilidade do transportador pelos danos causados à carga durante a execução do contrato.[64] Por outro lado, se a relação for de consumo, inadmite-se, mesmo no transporte de mercadorias, a estipulação de cláusula de não indenizar, qualquer que seja o modal de transporte utilizado.

Cláusula limitativa de responsabilidade

A cláusula limitativa de responsabilidade, por sua vez, tempera as consequências da responsabilidade,[65] seja restringindo o montante indenizatório a que o credor tem direito, seja limitando os pressupostos determinantes da responsabilidade.[66] Posto

---

60 Sobre o conceito de cláusula excludente de responsabilidade, veja-se José de Aguiar Dias, *Cláusula de não indenizar*, Rio de Janeiro: Forense, 1976, 3ª ed., p. 36 e ss.

61 Sobre o tema, confira-se o Capítulo XIX.

62 "Art. 25. É vedada a estipulação contratual de cláusula que impossibilite, exonere ou atenue a obrigação de indenizar prevista nesta e nas seções anteriores."

63 A propósito, confira-se o item 4 do Capítulo XIX.

64 "Art. 247. É nula qualquer cláusula tendente a exonerar de responsabilidade o transportador ou a estabelecer limite de indenização inferior ao previsto neste Capítulo, mas a nulidade da cláusula não acarreta a do contrato, que continuará regido por este Código (artigo 10)."

65 José de Aguiar Dias, *Cláusula de não indenizar*, cit., p. 125.

66 Essas são as duas principais modalidades de cláusula limitativa de responsabilidade. Para análise das demais modalidades, confira-se, no Capítulo XIX, o item 3.

não exonere o transportador do dever de indenizar, sua aposição em contratos de transporte suscita inúmeras controvérsias, sobretudo no âmbito do transporte aéreo, a requerer a análise do Código Civil em cotejo com o Código de Defesa do Consumidor, o Código Brasileiro de Aeronáutica (Lei nº 7.565/1986) – que rege o transporte aéreo em território nacional –, bem como com a Convenção de Montreal,[67] que substituiu a Convenção de Varsóvia e unificou as regras internacionais sobre transporte aéreo internacional de passageiros, bagagens e cargas.

Transporte aéreo

No Código Brasileiro de Aeronáutica e na Convenção de Montreal, a responsabilidade da empresa transportadora é tarifada,[68] mesmo em caso de morte ou lesão sofrida pelo passageiro. Diante da Constituição da República de 1988, todavia, qualquer limitação, ainda que parcial, da indenização devida por danos morais há de ser considerada inconstitucional, por representar óbice à tutela integral da dignidade da pessoa humana, fundamento da República Federativa do Brasil, nos termos do artigo 1º, III, da Constituição. Significa, em última análise, que a indenização por danos morais decorrentes de lesão ao passageiro por descumprimento do dever de segurança do transportador não pode sofrer qualquer tipo de limitação, e deve ser fixada de acordo com a extensão dos danos sofridos, como determina o artigo 944 do Código Civil. Cuidando-se de lesão à coisa, há que se extremar os possíveis danos morais daí advindos, dos danos materiais: os primeiros, por consubstanciarem lesão à dignidade da pessoa humana, não admitem mitigação de sua reparação; os segundos, a seu turno, por se referirem a interesse patrimonial, permitem a limitação.

Nessa direção, o parágrafo único do artigo 734 do Código Civil admite expressamente a limitação da responsabilidade do transportador, ao permitir que se exija do passageiro a declaração do valor da bagagem, a qual poderá servir, eventualmente, de prefixação da indenização pelos danos materiais a ela causados. Essa estipulação prévia, pelo próprio passageiro, do *quantum* a ser indenizado mostra-se, de certa forma, conveniente para ambos os contratantes, uma vez que dispensa o passageiro da prova do valor do dano, que já está pré-constituída naquela declaração, e protege o transportador de passageiros inescrupulosos, que alegam possuir sua bagagem extraviada conteúdo diverso daquele que efetivamente contém, a fim de obter indenização mais vantajosa. A declaração do valor da bagagem não encerra, evidentemente, prova absoluta, e pode ser contraditada por outros elementos.[69] De todo modo, importa sublinhar que a previsão do parágrafo único do art. 734 se encontra adstrita ao valor do dano material, e não abrange a indenização pelo dano moral, que exige integral ressarcimento, na medida da extensão do dano sofrido.

---

67 Ratificada pelo Decreto Legislativo n.º 59/2006, e promulgada pelo Decreto n.º 5.910/2006.

68 A cláusula limitativa de responsabilidade e a responsabilidade tarifada, embora limitem a indenização devida ao credor, guardam uma diferença fundamental: aquela prevê o valor máximo no qual o devedor poderá ser condenado a ressarcir em caso de inadimplemento, de tal sorte que, verificado que o valor real do dano é inferior àquele, o montante indenizatório deve ser fixado neste patamar. Na responsabilidade tarifada, por sua vez, há a previsão de um valor fixo a ser pago ao credor quando constatada a ocorrência do dano, sem qualquer margem para a diminuição do valor ressarcitório.

69 Arnaldo Rizzardo, *Contratos,* Rio de Janeiro: Forense, 2006, 6ª ed., p. 796.

Na hipótese de relação de consumo, diversa é a solução. Os artigos 6º, inciso VI, e 22, parágrafo único, impõem a reparação integral dos danos sofridos, razão pela qual é vedada a estipulação de cláusula que atenue a obrigação de indenizar (artigos 25 e 51, inciso I). Nesse cenário, desenvolveram-se três orientações. A primeira sustenta a prevalência do Código Brasileiro de Aeronáutica e da Convenção de Varsóvia/Montreal sob o argumento de se tratar de *leis especiais*, que não se revogam pelo Código de Defesa do Consumidor, *lei geral*, ainda que posterior.[70] A segunda admite a tarifação apenas no âmbito de transportes internacionais e para a indenização de danos patrimoniais, excluindo-se a limitação para os danos morais, uma vez que a Convenção de Montreal se refere a *danos*, sem especificar se os danos extrapatrimoniais estariam aí incluídos.[71] Já uma terceira orientação advoga em favor da supremacia do Código de Defesa do Consumidor, afastando a limitação da responsabilidade do transportador quando configurada a relação de consumo.[72] Relação de consumo

O Supremo Tribunal Federal se alinha ao segundo entendimento,[73] como se extrai da tese fixada no tema 210 da repercussão geral: "nos termos do art. 178 da Constituição da República, as normas e os tratados internacionais limitadores da responsabilidade das transportadoras aéreas de passageiros, especialmente as Convenções de Varsóvia e Montreal, têm prevalência em relação ao Código de Defesa do Consumidor".[74] A tese resultou do julgamento, em 2017, do RE 636.331/RJ e o ARE 766618/SP;[75] enquanto o primeiro discutia a possibilidade de limitação da responsabilidade pelos danos materiais e morais pelo extravio de bagagem em viagens internacionais, o segundo versava sobre a aplicação do prazo prescricional de 2 anos previsto na Convenção de Montreal, ou o de 5 anos previsto no Código de Defesa do Consumidor, para o exercício da pretensão ressarcitória. Como o Tribunal Pleno fixou uma única tese englobando os dois julgamentos, não constou de sua redação final a referência à aplicação da limitação da responsabilidade constate da Convenção exclusivamente aos danos materiais, não já aos morais, embora a questão tenha sido amplamente debatida pelos Ministros e constado do voto vencedor do Relator Ministro Gilmar Mendes, nos seguintes termos: "a limitação imposta pelos acordos internacionais alcança tão somente a indenização por dano material, e não a repara-

---

70 Luis Camargo Pinto de Camargo, O Código do Consumidor e o direito aeronáutico. *Revista dos Tribunais*, n. 673, nov. 1991, p. 48.

71 Identifica-se como *leading case* dessa orientação o RE 172.720-9/RJ, julg. 6.2.1996, e relatado pelo Ministro Marco Aurélio.

72 Marco Fábio Morsello, *Responsabilidade civil no transporte aéreo*, São Paulo: Atlas, 2007, p. 406-407.

73 O Superior Tribunal de Justiça se alinhou, em diversas oportunidades, à última orientação, favorável à aplicação do Código de Defesa do Consumidor (STJ, 4ª T, AgRg no AREsp 661046/RJ, Rel. Min. Antônio Carlos Ferreira, julg. 17.9.2015; STJ, 3ª T., AgRg no AREsp 409045/RJ, Rel. Min. João Otávio de Noronha, julg. 26.5.2015; STJ, 4ª T., AgRg no AREsp 582541/RS, Rel. Min. Raul Araújo, julg. 23.10.2014; STJ, 4ª T., REsp. 300.190, Rel. Min. Sálvio de Figueiredo Teixeira, julg. 24.4.2001). No entanto, após a fixação da tese 210 em repercussão geral, o Tribunal alterou seu entendimento, alinhando-se à referida tese (STJ, 3ª T., REsp 1707876/SP, Rel. Min. Ricardo Villas Bôas Cueva, julg. 5.12.2017; STJ, 3ª T., REsp 1.842.066/RS, Rel. Min. Moura Ribeiro, julg. 9.6.2020).

74 STF, Tribunal Pleno, RE 636.331/RJ, Rel. Min. Gilmar Mendes, julg. 25.5.2017.

75 STF, Tribunal Pleno, ARE 766618/SP, Rel. Min. Roberto Barroso, julg. 25.5.2017.

ção por dano moral. A exclusão justifica-se, porque a disposição do art. 22 não faz qualquer referência à reparação por dano moral, e também porque a imposição de limites quantitativos preestabelecidos não parece condizente com a própria natureza do bem jurídico tutelado, nos casos de reparação por dano moral".[76]

Em janeiro de 2023, o Supremo Tribunal Federal confirmou, no âmbito do Recurso Extraordinário 1.394.401, que as Convenções de Varsóvia e Montreal não se aplicam às hipóteses de danos morais decorrentes de contrato de transporte aéreo internacional.[77] Do referido julgamento resultou a tese fixada no Tema n. 1240 de repercussão geral: "não se aplicam as Convenções de Varsóvia e Montreal às hipóteses de danos extrapatrimoniais decorrentes de contrato de transporte aéreo internacional".

Em novembro de 2023, a questão voltou a ser analisada no julgamento dos Embargos de Declaração opostos em face de decisão prolatada nos autos do Recurso Extraordinário com Agravo (ARE) nº 766.618,[78] oportunidade em que se alterou a Tese 210 para dela fazer constar expressamente que a limitação da responsabilidade constante das Convenções de Varsóvia e Montreal se aplica apenas a danos materiais.[79] Na mesma ocasião, o Supremo Tribunal Federal confirmou que se aplica o prazo prescricional de 5 (cinco) anos previsto no Código de Defesa do Consumidor às pretensões ressarcitórias por danos morais, e não o prazo bienal previsto nas Convenções de Varsóvia e Montreal, aplicável apenas às pretensões ressarcitórias por danos materiais.

Em síntese, o entendimento consentâneo com a legalidade constitucional é aquele segundo o qual, no âmbito do contrato de transporte de pessoas, trate-se de relação de consumo ou de relação paritária, de transporte nacional ou internacional,

---

[76] A decisão ficou assim ementada: "Recurso extraordinário com repercussão geral. 2. Extravio de bagagem. Dano material. Limitação. Antinomia. Convenção de Varsóvia. Código de Defesa do Consumidor. 3. Julgamento de mérito. É aplicável o limite indenizatório estabelecido na Convenção de Varsóvia e demais acordos internacionais subscritos pelo Brasil, em relação às condenações por dano material decorrente de extravio de bagagem, em voos internacionais. 5. Repercussão geral. Tema 210. Fixação da tese: 'Nos termos do art. 178 da Constituição da República, as normas e os tratados internacionais limitadores da responsabilidade das transportadoras aéreas de passageiros, especialmente as Convenções de Varsóvia e Montreal, têm prevalência em relação ao Código de Defesa do Consumidor'. 6. Caso concreto. Acórdão que aplicou o Código de Defesa do Consumidor. Indenização superior ao limite previsto no art. 22 da Convenção de Varsóvia, com as modificações efetuadas pelos acordos internacionais posteriores. Decisão recorrida reformada, para reduzir o valor da condenação por danos materiais, limitando-o ao patamar estabelecido na legislação internacional. 7. Recurso a que se dá provimento" (STF, Tribunal Pleno, RE 636.331/RJ, Rel. Min. Gilmar Mendes, julg. 25.5.2017).

[77] STF, RE 1.394.401/RG, Rel. Min. André Mendonça, julg. 23.1.2023, publ. *DJe* 24.1.2023. O STJ também adota referido entendimento: "Nos termos da orientação jurisprudencial adotada por esta Colenda Corte, as Convenções de Varsóvia, Montreal e demais acordos internacionais subscritos pelo Brasil devem prevalecer em detrimento do Código de Defesa do Consumidor, apenas nas condenações por danos materiais decorrentes de extravio de bagagens em voos internacionais, não se aplicando à tese relacionada com indenizações por danos morais" (STJ, 4ª T., AgInt no AREsp 2.281.400/SP, Rel. Min. Marco Buzzi, julg. 26.3.2023).

[78] STF, Tribunal Pleno, ARE nº 766.618/SP, Re. Min. Luís Roberto Barroso, julg. 30.11.2023.

[79] A tese restou assim definida: "Nos termos do art. 178 da Constituição da República, as normas e os tratados internacionais limitadores da responsabilidade das transportadoras aéreas de passageiros, especialmente as Convenções de Varsóvia e Montreal, têm prevalência em relação ao Código de Defesa do Consumidor. O presente entendimento não se aplica às hipóteses de danos extrapatrimoniais."

está proscrita qualquer exoneração ou limitação da indenização devida pelos danos morais, nos termos da orientação do Supremo Tribunal Federal. A indenização pelos danos materiais é suscetível de limitação no âmbito do transporte internacional, quer se trate de relação paritária ou de consumo, nos termos da tese fixada no tema 210 da repercussão geral, bem como no transporte nacional, desde que se cuide de relações paritárias, o que se depreende do artigo 734, *caput*.

No caso de relações de consumo, admite-se a aplicação dos tetos indenizatórios previstos no Código Brasileiro de Aeronáutica desde que o consumidor seja pessoa jurídica, nos termos do art. 51, I, *in fine*, segundo o qual "nas relações de consumo entre o fornecedor e o consumidor pessoa jurídica, a indenização poderá ser limitada, em situações justificáveis".[80]

Transporte de mercadoria

No que tange ao transporte de mercadorias, o artigo 750 introduz cláusula de limitação de responsabilidade, restringindo o montante indenizatório ao valor constante do conhecimento. Conforme já destacado, o ordenamento jurídico brasileiro não cria qualquer óbice à limitação de responsabilidade relativamente aos danos materiais decorrentes de lesão à coisa no âmbito das relações paritárias. Portanto, a previsão do dispositivo afigura-se legítima, desde que nela não se faça incluir verba reparatória a título de danos morais causados ao expedidor pela perda ou avaria do bem transportado.

Cuidando-se de transporte internacional, a Segunda Seção do Superior Tribunal de Justiça reconheceu a "responsabilidade civil decorrente de extravio de mercadoria importada objeto de contrato de transporte celebrado entre a importadora e a companhia aérea, encontra-se disciplinada pela Convenção de Montreal, por força da regra de sobredireito inserta no art. 178 da Constituição, que preconiza a prevalência dos acordos internacionais subscritos pelo Brasil sobre transporte internacional".[81]

Ainda sobre o tema, em fevereiro de 2024, o Supremo Tribunal Federal ratificou que, em questões relativas ao transporte aéreo de carga internacional, as Convenções de Montreal e Varsóvia prevalecem sobre o Código Civil, aplicando-se as limitações do valor da indenização em caso de destruição, perda, avaria ou atraso delas constantes.[82]

---

80 Claudia Lima Marques, ao destacar que as cláusulas de exoneração de responsabilidade são vedadas tanto no Código de Defesa do Consumidor quanto no art. 734 do Código Civil, explica que "o mesmo não se pode afirmar em relação às cláusulas limitativas da responsabilidade contratual, que, apesar de previstas nos arts. 25 e 51, I, vão encontrar tratamento diferenciado também no CDC. O próprio art. 51, I, em sua segunda frase, prevê uma exceção, de validade da cláusula, mas somente a cláusula de limitação (não a de exclusão) da responsabilidade entre pessoas jurídicas" (Claudia Lima Marques, *Contratos no Código de Defesa do Consumidor*: o novo regime das relações contratuais, cit., p. 943).

81 STJ, 2ª Seção, REsp 1.289.629/SP, Rel. Min. Luis Felipe Salomão, julg. 22.5.2022.

82 Conforme voto do Ministro Gilmar Mendes, "a questão constitucional controvertida nestes autos consiste em definir se, no caso de transporte de carga internacional, incide a Convenção de Montreal ou o Código Civil. O tema não é novo na jurisprudência deste Tribunal, mas ainda suscita dúvidas, uma vez que o tema 210 da sistemática da repercussão geral, de minha relatoria, ao analisar o comando do art. 178 da Constituição, falou apenas em extravio de bagagem (...) No caso dos autos, discute-se a responsabilidade da transportadora aérea internacional por danos materiais no transporte de carga, havendo divergências entre o previsto nas Convenções de Varsóvia e Montreal e o disposto no Código Civil brasileiro. Assim, verifica-se que a matéria debatida nos autos não diverge

6. RESPONSABILIDADE DO TRANSPORTADOR POR DANOS CAUSADOS A TERCEIROS

Responsabilidade objetiva

Não é só ao passageiro ou expedidor da mercadoria a quem o transportador pode causar danos. Não raro, terceiros que nenhuma relação têm com o contrato de transporte sofrem danos decorrentes da atividade, pelos quais o transportador pode responder objetivamente.

Serviço público ou relação de consumo

Se a hipótese versar sobre danos causados por pessoa jurídica de direito privado prestadora de serviço público, o fundamento da responsabilidade objetiva reside no artigo 37, § 6º, da Constituição da República. O Supremo Tribunal Federal, ao julgar com repercussão geral o Recurso Extraordinário nº 91.874/MS, em 2009, decidiu que o termo "terceiros" referido no dispositivo abrange também os não usuários do serviço público.[83] Ademais, se a prestação de serviço se qualificar como relação de consumo, incide o artigo 17 do Código de Defesa do Consumidor, que ampliou a responsabilidade objetiva do transportador ao equiparar ao consumidor, para efeitos de acidente de consumo, todas as vítimas do evento, superando a clássica dicotomia entre responsabilidade contratual e extracontratual.

Relação paritária

De outro lado, se não se cuidar de serviço público e a relação for paritária, como ocorre, de regra, no transporte de mercadorias, o terceiro está protegido pela cláusula geral de responsabilidade objetiva inserida no parágrafo único do artigo 927, que se aplica tanto às relações contratuais quanto às extracontratuais, sempre que o transporte configurar atividade de risco, o que ocorre no âmbito do transporte aéreo,[84] pelo que responderá o transportador objetivamente também pelos danos a ele causados.

---

daquela do tema 210 da repercussão geral. Ao contrário, ela é a mesma, qual seja, a incidência da norma do art. 178 da Constituição brasileira ao caso em questão. Entendo, portanto, que a tese fixada no tema 210 aplica-se a todo o tipo de conflito envolvendo transporte internacional, cujas normas tenham sido objeto de tratados internacionais firmados pelo Brasil. Em outras palavras, o tema 210 da sistemática da repercussão geral também se aplica às hipóteses de responsabilidade patrimonial pelo extravio de carga" (STF, Tribunal Pleno, ARE 1.372.360 ED-AgR-EDv-AgR, Rel. Min. Cármen Lúcia, Red. do Ac. Min. Gilmar Mendes, julg. 21.2.2024).

83 O caso referia-se à morte de ciclista causada por colisão com ônibus em rua não pavimentada de Campo Grande (MS). A prova colhida afirmava que o ciclista empurrava sua bicicleta quando, no momento da passagem do ônibus, caiu no chão e teve a cabeça atingida pela roda traseira do veículo. A ação foi proposta pela companheira e pela filha do falecido, e o pedido foi julgado improcedente pelo juiz de primeira instância, ao argumento de inexistir nexo causal entre o dano e o serviço. A questão chegou ao STF, que decidiu: "(...) A responsabilidade civil das pessoas jurídicas de direito privado prestadoras de serviços públicos é objetiva relativamente a terceiros usuários e não usuários do serviço, segundo decorre do art. 37, § 6.º, da CF/1988. II – A inequívoca presença do nexo de causalidade entre o ato administrativo e o dano causado a terceiro não usuário do serviço público é condição suficiente para estabelecer a responsabilidade objetiva da pessoa jurídica de direito privado. (...)" (STF, T. Pleno, RE 591.874-2/MS, Rel. Min. Ricardo Lewandowski, julg. 26.8.2009).

84 Cuidando-se, todavia, de contrato de transporte celebrado entre dois particulares, cujo deslocamento será realizado de bicicleta ou mesmo de carro – ainda que o condutor habitual aufira lucros – responde o transportador subjetivamente, uma vez que sua atividade não gera risco suficiente a atrair a cláusula geral de responsabilidade objetiva. Sobre o tema, confira-se o Capítulo VII destes *Fundamentos.*

Transporte de valores

No que tange ao transporte de valores, o risco envolvido na atividade é patente, integrando mesmo a prestação do transportador o dever de obstar a ocorrência de roubos e furtos. Por essa razão, atribui-se ao transportador de valores responsabilidade objetiva pelos danos causados por assalto à mão armada à carga transportada.[85]

Culpa do terceiro vítima

De todo modo, não se pode olvidar a possibilidade de o terceiro concorrer para a produção do dano, hipótese em que a responsabilidade do transportador deve ser mitigada ou mesmo afastada a quando o dano decorrer de fato exclusivo do terceiro, a exemplo do que se passa quando "a vítima, tendo a sua disposição passagem de nível construída nas proximidades para oferecer percurso seguro, age com descaso e imprudência, optando por trilhar caminho perigoso, levando-o ao acidente fatal".[86]

PROBLEMAS PRÁTICOS

1. A responsabilidade contratual do transportador pelo acidente com o passageiro é elidida por fato de terceiro? Fundamente.
2. Qual o fundamento da responsabilidade do transportador por danos causados a terceiros?
3. Admite-se, no direito brasileiro, a limitação da responsabilidade pelos danos morais e patrimoniais causados a passageiro no transporte aéreo internacional? E no transporte aéreo nacional?

Acesse o *QR Code* e veja a Casoteca.

> *https://uqr.to/1ofhq*

[85] TJSP, 6ª CDPriv., Ap. Cív. 1359700320068260053, Rel. Des. Francisco Loureiro, julg. 2.2.2012.

[86] STJ, 4ª T., REsp. 622.715/SP, Rel. Min. Aldir Passarinho Junior, julg. 24.8.2010.

Capítulo XV

RESPONSABILIDADE CIVIL NAS RELAÇÕES DE CONSUMO

Acesse o *QR Code* e assista ao vídeo sobre o tema.

> *https://uqr.to/1ofh6*

SUMÁRIO: 1. A responsabilidade civil no Código de Defesa do Consumidor – 2. Responsabilidade civil pelo fato do produto ou do serviço – 3. Responsabilidade civil pelo vício do produto ou do serviço – 4. As excludentes de responsabilidade civil no Código de Defesa do Consumidor – Problemas práticos.

1. A RESPONSABILIDADE CIVIL NO CÓDIGO DE DEFESA DO CONSUMIDOR

A Constituição de 1988, em seus arts. 5º, inciso XXXII, e 170, inciso V, dedica especial atenção à proteção dos consumidores, no âmbito de uma política nacional voltada para as relações de consumo. Segundo o art. 5º, XXXII, inserido entre os direitos e garantias fundamentais, "o Estado promoverá, na forma da lei, a defesa do consumidor". O art. 170, V, compreendido no Título VII relativo à atividade econômica e financeira, dispõe que "a ordem econômica, fundada na valorização do trabalho humano e na livre-iniciativa, tem por fim assegurar a todos existência digna, conforme os ditames da justiça social". O preceito inclui a defesa do consumidor entre os princípios gerais da atividade econômica, junto com a livre concorrência, a redução das desigualdades regionais e sociais, a propriedade privada e a função social da propriedade – entre outros. Tais princípios têm como finalidade expressa "assegurar a todos existência digna, conforme os ditames da justiça social". Tutela do consumidor na Constituição

A combinação desses dispositivos com os princípios fundamentais, que incluem entre os fundamentos da República "a dignidade da pessoa humana" (art. 1º, III) e entre os objetivos da República "erradicar a pobreza e a marginalização e reduzir as desigualdades sociais e regionais" (art. 3º, III) demonstra a clara intenção do legislador constituinte em romper com a ótica produtivista e patrimonialista tão frequente em tema de direitos do consumidor.

O constituinte brasileiro não somente inclui a tutela dos consumidores no rol das garantias fundamentais, como empresta à sua proteção um caráter instrumental, ou seja, funcionaliza os interesses patrimoniais do consumidor à tutela de sua dignidade e aos valores existenciais. Trata-se, portanto, de tutelar a pessoa humana (considerada em uma particular situação de inferioridade em face do fornecedor) que se mostra vulnerável na relação contratual concreta, mais do que proteger o consumidor como categoria abstrata ou classe privilegiada, em detrimento dos empresários.

A proteção jurídica do consumidor, nesta perspectiva, não pode ser estudada senão como momento particular da ordem pública constitucional, que tem por objetivo maior a tutela da personalidade e dos valores existenciais. Nesse contexto insere-se o Código de Defesa do Consumidor, que não deve ser tratado como um microssistema[1] isolado, apesar de em diversos aspectos se distanciar da teoria geral e do próprio Direito Civil.[2]

Espécies de responsabilidade civil no CDC

No que diz respeito à responsabilidade civil, o Código de Defesa do Consumidor tem duas seções dedicadas ao tema: (i) a que regula a responsabilidade civil pelo fato do produto ou do serviço, configurando os denominados acidentes de consumo (arts. 12 a 17); e (ii) a que rege a responsabilidade civil pelo vício do produto ou do serviço (arts. 18 a 25).[3] Assim fazendo, o legislador especial rompe com a clássica dicotomia que divide a responsabilidade civil em contratual e extracontratual, afastando-se, neste aspecto, completamente do Código Civil.[4] O sistema de responsabilização do

---

1 Tais considerações traduzem a necessidade de definição dos princípios constitucionais que informam as relações de consumo, capazes de dar novo sentido e conteúdo à tutela do consumidor. Demonstram, por outro lado, como a tentativa de se construir um microssistema de consumidores não deve ser acolhida, por duas razões fundamentais: (i) pelo perigo de novas tendências corporativistas; e (ii) por sua incapacidade de conferir efetividade à proteção do consumidor em todos os seus possíveis interesses existenciais, em consonância com o ditado constitucional, mesmo naquelas situações jurídicas não coincidentes com a presença de direitos subjetivos previstos – *rectius*, pré-tipificados – pelo legislador setorial.

2 Nessa direção: "Diante da pluralidade de núcleos normativos, deve o intérprete garantir a unidade do ordenamento jurídico, à luz dos princípios constitucionalmente tutelados, compatibilizando o CDC e as demais fontes normativas na definição da disciplina aplicável. Cuida-se do diálogo das fontes, segundo o qual se deve buscar o convívio harmônico dos variados diplomas legais, unificando-se o sistema a partir da tábua axiológica constitucional" (Milena Donato Oliva, Desafios contemporâneos da proteção do consumidor: codificação e pluralidade de fontes normativas. *Revista Brasileira de Direito Civil – RBDCivil*, Belo Horizonte, vol. 16, abr./jun. 2018, p. 15-33).

3 O Superior Tribunal de Justiça reconhece esse duplo regime: "A jurisprudência deste Superior Tribunal é no sentido de que 'o Código de Defesa do Consumidor estabelece dois regimes jurídicos para a responsabilidade civil do fornecedor: a responsabilidade por fato do produto ou serviço (arts. 12 a 17) e a responsabilidade por vício do produto ou serviço (arts. 18 a 25)', acrescentando 'a distinção entre ambas reside em que, na primeira, além da desconformidade do produto ou serviço com uma expectativa legítima do consumidor, há um acontecimento externo (acidente de consumo) que causa dano material ou moral ao consumidor'" (STJ, 3ª T, AgInt no AREsp 2079896/RJ, Rel. Min. Marco Aurélio Bellizze, julg. 10.9.2022, publ. *DJe* 21.9.2022).

4 Gustavo Tepedino, A Responsabilidade Civil por Acidentes de Consumo na Ótica Civil-constitucional. In: Ana Frazão; Ricardo Villas Bôas Cueva (orgs.). *Direito Privado: estudos em homenagem ao Min. Paulo de Tarso Sanseverino*, São Paulo: Quartier Latin, 2024, p. 573-598.

Código do Consumidor foi elaborado na esteira da formação de uma sociedade caracterizada pela complexidade tecnológica, com produção em massa e consequente *desindividualização* do produto e *despersonalização* dos protagonistas da relação de consumo. O descompasso das estruturas formais com a tipologia social emergente evidenciou a necessidade de superação da dicotomia entre a responsabilidade contratual, restrita às partes do negócio jurídico, e a extracontratual, fundada na noção de culpa. Com efeito, "essa unidade de fundamento da responsabilidade do produtor impõe-se, pois, o fenômeno real dos danos dos produtos conexos ao desenvolvimento industrial é sempre o mesmo, o que torna injustificada a diferenciação ou discriminação normativa do lesado, credor contratual ou terceiro".[5]

Superação da dicotomia: responsabilidade contratual *v.* extracontratual

Demais disso, segundo determinação expressa do art. 17 do Código de Defesa do Consumidor, para efeito de acidente de consumo, "equiparam-se aos consumidores todas a vítimas do evento". Protege-se, assim, qualquer pessoa atingida pelo fato do produto ou serviço, desde que decorra de acidente de consumo, independentemente de ser a vítima, ela própria, consumidora do produto ou serviço que originou o dano. No exemplo formulado em doutrina, "o dono de um supermercado que, ao inspecionar sua seção de enlatados sofre ferimentos provocados pela explosão de um recipiente defeituoso, pode perfeitamente utilizar o sistema do Código para pleitear sua reparação".[6]

Consumidor por equiparação

É necessário, no entanto, que o intérprete verifique, diante da situação concreta, se de fato se trata de um consumidor por equiparação para que o conceito não seja estendido a todo e qualquer sujeito que alega ter sofrido prejuízos em razão de determinado evento.[7] Isto é, o CDC pretendeu considerar toda e qualquer vítima equiparada à figura do consumidor, pressupondo, evidentemente, uma relação de consumo originária,[8] na qual surge o acidente de consumo, gerando vítimas consumidoras e não consumidoras. Cuida-se de dispositivo benfazejo e bastante amplo, o qual, todavia, não admite nova ampliação que desatenda às balizas axiológicas, hermenêuticas e sistemáticas imprescindíveis para a teoria da interpretação. O resultado dessa maximização parece desastroso. Se a figura do consumidor por equiparação puder ser adotada sem a pré-existência de um acidente de consumo, que sirva de origem ou base do evento danoso, enorme insegurança jurídica será gerada, com a ausência de critério estável de aplicação normativa.

Nesse sentido, há precedentes na jurisprudência que, de forma acurada, afastam a incidência do art. 17 do Código de Defesa do Consumidor nas hipóte-

---

5 João Calvão da Silva, *Responsabilidade civil do produtor*, Coimbra: Almedina, 1990, p. 478.

6 Antônio Herman V. Benjamin et al., *Comentários ao Código de Proteção ao Consumidor*, São Paulo: Saraiva, 1991, p. 81.

7 Para análise da matéria, cfr. Gustavo Tepedino, O inquietante retorno de doutrinas maximalistas. Editorial. In: *Revista Brasileira de Direito Civil - RBDCivil*, vol. 33, n. 2, abr./jun. 2024, p. 13-15.

8 "Consumidor" e "fornecedor", como lembra Bruno Miragem, são "(...) conceitos relacionais e dependentes. Só existirá consumidor se também existir um fornecedor, bem como um produto ou serviço" (Bruno Miragem, *Curso de Direito do Consumidor*, São Paulo: Revista dos Tribunais, 2019, 8ª ed., p. 227).

ses em que não há uma relação jurídica base de consumo. A título ilustrativo, no julgamento do Agravo de Instrumento nº 1.0000.22.105999-1/003, o Tribunal de Justiça do Estado de Minas Gerais afastou a configuração da relação de consumo e a figura do consumidor por equiparação. No caso concreto, a ação de origem foi ajuizada contra a Mineração Rio Pomba Cataguases Ltda., empresa cuja atividade consiste em extração e beneficiamento de bauxita utilizada no tratamento de água, pretendendo indenização por danos materiais e morais em razão do rompimento da Barragem de São Francisco.

O acórdão reconheceu que a ausência de comprovação de uso ou aquisição dos produtos ou serviços ofertados por empresa mineradora implica a não caracterização da figura de consumidor. Além disso, o acórdão registrou: (i) que a existência de relação jurídica em que se vislumbre um efetivo consumidor é necessária para que o terceiro, vítima do evento danoso, seja equiparado à figura do consumidor, e (ii) que o produto da referida empresa era ofertado apenas como insumo a ser utilizado na cadeia produtiva, uma vez que a sua atividade consiste meramente na extração de bauxita utilizada no tratamento de água. Assim, entendeu-se que a atividade empresarial da Mineração Rio Pomba Cataguases Ltda. não se destina efetivamente ao consumidor final, não estando configurada relação de consumo no caso concreto.[9]

Na mesma linha, o Tribunal de Justiça do Estado do Rio de Janeiro julgou conflito de competência decorrente de ação judicial proposta por morador do entorno de um parque siderúrgico contra empresa que o explora, em virtude de poluição ambiental decorrente das atividades do referido parque industrial. O acórdão reconheceu que, como a companhia fabrica produto de aço destinado ao comércio atacadista e/ou a grandes obras de engenharia, ela não fornece bens materiais e imateriais a nenhum destinatário final, tampouco presta serviços ao morador, que, por sua vez, não pode ser considerado consumidor por equiparação. O acórdão, então, concluiu que o morador não pode ser considerado consumidor por equiparação ou destinatário final do produto da empresa, não havendo aí qualquer relação de consumo entre as partes.[10]

Regra geral no CDC: responsabilidade objetiva

Ao lado da unificação dos sistemas de responsabilidade civil, o Código de Defesa do Consumidor estabeleceu a prescindibilidade da comprovação de culpa do responsável legal, trazendo um fundamento objetivo ao dever de indenizar. Trata-se de responsabilidade objetiva em que não há cogitação de culpa: presentes os pressupostos da responsabilidade (o defeito, o dano e o nexo causal), não é dado ao responsável legal eximir-se do dever de indenizar com base na prova de ausência de culpa.

---

9 TJMG, 9ª CC, AI 1.0439.07.072267-3/001, Rel. Des. Pedro Bernardes, julg. 2.6.2009, publ. 22.6.2009.

10 TJRJ, 2ª CC, CC 0026621-10.2015.8.19.0000, Rel. Des. Fernando Foch, julg. 11.7.2016, publ. 11.7.2016. No mesmo sentido: TJMG, 12ª CC, AI 1.0000.22.115036-0/001, Rel. Des. Saldanha da Fonseca, v.u., julg. 25.08.2022, publ. *DJ* 30.8.2022; TJMG, 12ª CC., AI 1.0000.22.117745-4/001, Rel. Des. Saldanha da Fonseca, julg. 25.8.2022, publ. 30.8.2022; TJMG, 12ª CC, AI 1.0000.22.123583-1/001, Rel. Des. Saldanha da Fonseca, julg. 25.8.2022, publ. *DJ* 30.8.2022.

O consumidor limita-se a provar o dano e o nexo de causalidade, sendo certo que, nos termos do art. 6º, VIII, pode o juiz inverter o ônus da prova a seu favor, desde que verossímil a alegação ou em se tratando de consumidor hipossuficiente.[11] Quanto ao defeito, o Código de Defesa do Consumidor estabelece uma presunção *iuris tantum* de sua existência, apresentando-se como o primeiro pressuposto – não só ontológico, mas também lógico – da responsabilidade objetiva. Trata-se, portanto – repita-se –, de responsabilidade objetiva, fundada em bases conceituais diversas da responsabilidade subjetiva, pouco importando se os efeitos práticos possam coincidir, em alguns casos, com aqueles derivados da culpa presumida de forma absoluta.[12]

Inversão do ônus da prova

Para além de adotar como regra a responsabilidade objetiva, no Código do Consumidor o dever de reparação é atribuído a todos os participantes do processo de fabricação e distribuição dos produtos, de forma solidária e a prescindir de vínculo contratual entre estes e a vítima do dano. Em se tratando de responsabilidade civil, portanto, a disciplina do Código de Defesa do Consumidor é bem diferente da prevista no Código Civil.

Responsabilidade solidária

Por fim, importa sublinhar que a distinção entre "responsabilidade civil pelo fato do produto ou do serviço" e "responsabilidade civil pelo vício do produto ou do serviço" não é meramente terminológica ou acadêmica. A primeira só tem lugar quando já ocorreu um acidente de consumo, com danos efetivos para o consumidor ou terceiros (art. 17 do Código de Defesa do Consumidor). Antes disso, o consumidor só pode valer-se da segunda, exigindo o conserto do produto, a troca por outro em perfeitas condições ou a devolução do preço.[13] Na disciplina da responsabilidade civil

---

11 A inversão, portanto, não é automática: "A inversão do ônus da prova, nos termos do art. 6º, VIII, do Código de Defesa do Consumidor, não é automática, dependendo da constatação, pelas instâncias ordinárias, da presença ou não da verossimilhança das alegações e da hipossuficiência do consumidor" (STJ, 4ª T., AgInt no AREsp 1904219/RJ, Rel. Min. Raul Araújo, julg. 4.4.2022, publ. *DJe* 6.5.2022).

12 De acordo com a Quarta Turma do STJ: "A mera desigualdade de porte econômico entre as partes não indica, por si só, hipossuficiência de uma delas, nem dá ensejo ao afastamento de cláusula contratual de eleição de foro, notadamente quando não há indícios de que sua observância dificultará a garantia constitucional de acesso à Justiça" (STJ, 4ª T., AgInt no REsp 2109086/SC, Rel. Min. Maria Isabel Gallotti, julg. 4.11.2024, publ. DJe 7.11.2024).

13 Tome-se, então, o seguinte exemplo para ilustrar a diferença: "Se o cinto de segurança de determinado veículo não possui o encaixe necessário, o consumidor pode, antes de qualquer acidente, ir à concessionária ou ao fabricante – que são solidariamente responsáveis – exigir o conserto, ou a troca da peça, com base no art. 18 do CDC. Embora tal problema esteja relacionado à falta de segurança do produto, deve-se invocar, antes do evento danoso (acidente de consumo), a disciplina do art. 18 para atender aos interesses do consumidor. A responsabilidade indenizatória regulada no art. 12 só deve ser invocada se e na hipótese de ocorrer um acidente de consumo, com lesão à integridade do consumidor e seu patrimônio" (Leonardo Roscoe Bessa, Responsabilidade pelo fato do produto: questões polêmicas. *Revista de Direito do Consumidor*, vol. 89, pp. 141-163, São Paulo: RT, set.-out./2013, pp. 144-145). Na sequência dessa passagem, conclui o autor: "A responsabilidade civil decorrente do disposto no art. 12 da Lei 8.078/1990 refere-se exclusivamente aos casos em que o evento danoso já tenha ocorrido (acidente de consumo). Antes disso, ainda que o problema no produto seja de alta potencialidade lesiva à integridade psicofísica do consumidor (interesses existenciais) e ao seu patrimônio, não tem cabimento invocar o referido dispositivo: a resolução deve ocorrer com base na disciplina constante no art. 18 do CDC" (Leonardo Roscoe Bessa, Responsabilidade pelo fato do produto: questões polêmicas, cit., p. 145).

do fornecedor por acidente de consumo "a preocupação maior é com a segurança dos produtos e serviços",[14] enquanto na responsabilidade pelo vício "o foco principal é a sua adequação real às finalidades próprias, ou seja, o ar-condicionado deve esfriar o ambiente, a televisão transmitir imagens e sons, a caneta possibilitar a escrita, o serviço de colocação de telhar impedir que a água da chuva ingressasse no imóvel etc.".[15]

2. RESPONSABILIDADE CIVIL PELO FATO DO PRODUTO OU DO SERVIÇO

Os produtos e serviços deveriam ser oferecidos no mercado de forma a garantir a total segurança, eficiência e padrão de qualidade para o consumidor que os adquire. No entanto, nem sempre isso se verifica; em diversas situações, produtos e serviços já disponíveis no mercado acabam sendo impróprios para o consumo ou causam lesões à segurança, ao patrimônio e à própria saúde dos consumidores. Essa conjuntura está diretamente ligada ao avanço tecnológico e à velocidade com que as relações de consumo são formadas.

Produto defeituoso

Considera-se defeituoso o produto que não oferece a segurança que dele legitimamente se espera, levando-se em conta certas circunstâncias, dentre as quais o art. 12, § 1º, do Código de Defesa do Consumidor destaca: I – sua apresentação; II – o uso e os riscos que razoavelmente dele se esperam; III – a época em que foi colocado em circulação. Na sequência, o legislador fez questão de deixar claro que "o produto não é considerado defeituoso pelo fato de outro de melhor qualidade ter sido colocado no mercado" (art. 12, § 2º, do Código de Defesa do Consumidor). Já em relação aos serviços, serão reputados defeituosos os que não fornecerem a segurança que o consumidor dele pode esperar, levando-se em consideração: I – o modo de seu fornecimento; II – o resultado e os riscos que razoavelmente dele se esperam; III – a época em que foi fornecido (art. 14, § 1º, do Código de Defesa do Consumidor). Da mesma forma, "o serviço não é considerado defeituoso pela adoção de novas técnicas" (§ 2º).

Noção de defeito

A noção de defeito do produto é, portanto, ampla. Ao lado dos defeitos decorrentes da criação/concepção do produto ou de sua produção, há também os defeitos por ausência de informação.[16] O acidente pode ocorrer exatamente em razão de o fornecedor não ter oferecido informações suficientes e adequadas sobre como usufruir, com segurança, determinado produto.

O defeito que gera acidente, comumente chamado de vício de insegurança, relaciona-se não propriamente à capacidade intrínseca ao produto – de provocá-lo –, senão à sua desconformidade com uma razoável expectativa do consumidor, baseada na natureza do bem ou serviço e, sobretudo, nas informações veiculadas,

---

14 Leonardo Roscoe Bessa, Responsabilidade pelo fato do produto: questões polêmicas, cit., p. 142.

15 Leonardo Roscoe Bessa, Responsabilidade pelo fato do produto: questões polêmicas, cit., p. 142.

16 Com alguma variação terminológica, a doutrina tem dividido os defeitos em três classes: defeitos de criação ou concepção, defeitos de produção e defeitos de comercialização ou de informação.

particularmente exigidas quando os possíveis efeitos danosos não são naturalmente perceptíveis. Assim é que, configurando exemplo elementar, o ferimento provocado no cozinheiro pela faca de que se utiliza não gera o dever de indenizar (não há periculosidade adquirida, decorrente de defeito, mas periculosidade inerente ao produto). O perigo – real e recorrente – criado por tal produto não contraria expectativa alguma de segurança dos consumidores, sendo efeito natural e indispensável à sua função específica. Já os produtos químicos em geral, cosméticos ou farmacêuticos, exigem minuciosa advertência aos consumidores, que não podem prever, à evidência, o grau de danosidade que se associa ao seu manuseio e utilização. Torna-se crucial nesses casos o dever de informação por parte dos fornecedores de produtos ou serviços, de modo a que o consumidor possa manuseá-los ou utilizá-los, evitando acidentes.[17] As informações deficientes muitas vezes acabam por se constituir no próprio defeito.

Quanto à noção de dano, preocupou-se o legislador especial em ampliar o seu conceito, tanto no plano individual quanto no coletivo, visando à incolumidade do consumidor – tutela preventiva – e à repercussão do acidente de consumo, uma vez que este se verifica, com particular atenção para a integridade psicofísica da vítima, ainda que seus efeitos alcancem, na quase totalidade dos casos, a sua esfera patrimonial.

Dano

Como se sabe, de acordo com o art. 6º, VI, do Código de Defesa do Consumidor, é direito básico do consumidor a efetiva prevenção e reparação de danos patrimoniais e morais, individuais, coletivos e difusos. Sublinhe-se a significada alusão do legislador à efetividade da tutela,[18] acentuando desse modo não somente a integralidade da indenização, mas, principalmente, a sobreposição conceitual do conteúdo sobre a forma; ou seja, o preceito refuta qualquer classificação formal – espécies de dano ou de ritos – que pudesse sacrificar o resultado reparatório pretendido.

Nexo causal

Em relação ao nexo causal, o legislador do Código de Defesa do Consumidor, no art. 12, § 3º, prevê taxativamente algumas excludentes de responsabilidade, afastando-se, assim, da teoria do risco integral. Nos termos do aludido preceito, o fornecedor

---

17 A 4ª Turma do STJ afastou a responsabilidade civil do laboratório fabricante de novalgina, por síndrome adquirida pela consumidora que, após a ingestão do produto, apresentou febre, dor de cabeça, irritação e bolhas na pele, na boca e nos olhos, tendo ficado internada por 20 dias. De acordo com o colegiado, em sentido contrário ao juízo de primeiro grau, provando-se que não houve defeito do medicamento e estando prevista na bula a possibilidade da reação adversa, não é cabível a responsabilização do fabricante. A Relatora, Ministra Isabel Gallotti, destacou que a teoria do risco da atividade adotada no sistema do CDC não tem caráter absoluto, podendo o fabricante se eximir do dever de indenizar caso comprove que o dano sofrido não decorreu de defeito do produto. Considerou-se, então, que a exigência de informação adequada por parte do fabricante foi atendida pelo laboratório (STJ, 4ª T., REsp 1.402.929, Rel. Min. Isabel Gallotti, julg. 11.4.2023, publ. *DJ* 14.4.2023).

18 Como já observado pelo STJ: "O Direito do Consumidor, como ramo especial do Direito, possui autonomia e lógica de funcionamento próprias, notadamente por regular relações jurídicas especiais compostas por um sujeito em situação de vulnerabilidade. Toda legislação dedicada à tutela do consumidor tem a mesma finalidade: reequilibrar a relação entre consumidores e fornecedores, reforçando a posição da parte vulnerável e, quando necessário, impondo restrições a certas práticas comerciais" (STJ, 3ª T., REsp 2160941/SP, Rel. Min. Nancy Andrighi, julg. 5.11.2024, publ. *DJe* 8.11.2024).

só não será responsabilizado quando provar: "I – que não colocou o produto no mercado; II – que, embora haja colocado o produto no mercado, o defeito inexiste; III – a culpa exclusiva do consumidor ou de terceiro". Se houver concorrência entre o comportamento da vítima ou de terceiro e o defeito do produto não há exclusão da responsabilidade, apenas sua mitigação, uma vez que o nexo causal persiste no que tange à parcela do dano efetivamente causada pelo defeito.[19]

Em prol dos consumidores, o Código de Defesa do Consumidor adota claramente a responsabilidade objetiva, como já destacado. A única hipótese em que é afastada a responsabilidade objetiva refere-se à responsabilidade pessoal dos profissionais liberais, cuja caracterização dependerá da demonstração da culpa,[20] segundo a dicção do art. 14, § 4º (o referido dispositivo, contudo, não beneficia a pessoa jurídica formada por profissionais liberais, aplicando-se a responsabilidade objetiva, por exemplo, no caso de centros médicos e hospitais).[21] O dever de reparação é atribuído a todos os

---

19 Cf. Informativo n. 769 do STJ (2023): "Relação de Consumo. Responsabilidade civil. Acidente de trânsito. Vítima fatal. Esvaziamento súbito de pneu. Defeito de fabricação. Veículo em alta velocidade. Não utilização do cinto de segurança. Culpa concorrente da vítima. Atenuante da responsabilidade do construtor, do produtor e do importador." (STJ, 4ª T., AgInt no REsp 1.651.663-SP, Rel. Min. Marco Buzzi, julg. 23.3.2023). Em outra situação, ao analisar o caso de uma pessoa idosa (hipervulnerável) que contestava uma transação bancária realizada com o uso da sua própria senha pessoal, a 3ª Turma do STJ entendeu que se tratava de um problema de concorrência de causas entre a conduta da vítima e do banco, considerando, todavia, sua condição de pessoa vulnerável: "Ainda que produtos e serviços possam oferecer riscos, estes não podem ser excessivos ou potencializados por falhas na atividade econômica desenvolvida pelo fornecedor. 5. Se as transações contestadas forem feitas com o cartão original e mediante uso de senha pessoal do correntista, passa a ser do consumidor a incumbência de comprovar que a instituição financeira agiu com negligência, imprudência ou imperícia ao efetivar a entrega de numerário a terceiros. Precedentes. 6. A jurisprudência deste STJ consigna que o fato de as compras terem sido realizadas no lapso existente entre o furto e a comunicação ao banco não afasta a responsabilidade da instituição financeira. Precedentes. 7. Cabe às administradoras, em parceria com o restante da cadeia de fornecedores do serviço (proprietárias das bandeiras, adquirentes e estabelecimentos comerciais), a verificação da idoneidade das compras realizadas com cartões magnéticos, utilizando-se de meios que dificultem ou impossibilitem fraudes e transações realizadas por estranhos em nome de seus clientes, independentemente de qualquer ato do consumidor, tenha ou não ocorrido roubo ou furto. Precedentes. 8. A vulnerabilidade do sistema bancário, que admite operações totalmente atípicas em relação ao padrão de consumo dos consumidores, viola o dever de segurança que cabe às instituições financeiras e, por conseguinte, incorre em falha da prestação de serviço. 9. Para a ocorrência do evento danoso, isto é, o êxito do estelionato, necessária concorrência de causas: (i) por parte do consumidor, ao fornecer o cartão magnético e a senha pessoal ao estelionatário, bem como (ii) por parte do banco, ao violar o seu dever de segurança por não criar mecanismos que obstem transações bancárias com aparência de ilegalidade por destoarem do perfil de compra do consumidor. 10. Na hipótese, contudo, verifica-se que o consumidor é pessoa idosa, razão pela qual a imputação de responsabilidade há de ser feita sob as luzes do Estatuto do Idoso e da Convenção Interamericana sobre a Proteção dos Direitos Humanos dos Idosos, sempre considerando a sua peculiar situação de consumidor hipervulnerável" (STJ, 3ª T., REsp 1995458/SP, Rel. Min. Nancy Andrighi, julg. 9.8.2022, publ. *DJe* 18.8.2022).

20 Cf. STJ, 4ª T., AgInt no AREsp 2039710/RJ, Rel. Min. Marco Buzzi, julg. 29.08.2022, publ. *DJe* 1.09.2022.

21 No julgamento do Recurso Especial 2164369, a Terceira Turma do STJ entendeu que "3. A relação existente entre o cliente e o contabilista individual é exclusivamente de natureza civil, sendo inaplicável o Código de Defesa do Consumidor. 4. O profissional de contabilidade, que desenvolve sua atividade técnica e especializada com amparo na confiança do cliente, não é fornecedor de serviço nos termos consumeristas, pois não há vulnerabilidade e desequilíbrio nessa relação contratual. Ao contrário, há a prestação de serviços por meio de negócio jurídico celebrado com paridade e

participantes do processo de fabricação e distribuição dos produtos, de forma solidária e a prescindir de vínculo contratual entre estes e a vítima do dano.

Art. 12 do CDC

Nessa direção, prevê o art. 12 que o fabricante, o construtor, o produtor e o importador são solidariamente responsáveis pela reparação dos danos causados aos consumidores por defeitos nos produtos. O Código, mais uma vez, superou a relação contratual firmada entre o consumidor e o comerciante, alcançando, como obrigados principais, os fornecedores do produto, verdadeiros introdutores do risco no mercado, na difusa expressão doutrinária.

Responsabilidade do comerciante

O comerciante, ao contrário, será chamado à responsabilidade somente na hipótese em que o nome do fabricante não possa ser identificado com facilidade, ou quando não conserva o produto corretamente, nos termos do art. 13 do Código de Defesa do Consumidor. Justifica-se a diferenciação pelo fato de o comerciante, muitas vezes, sequer conhecer a mercadoria que vende, recebida das indústrias em pacotes fechados. Verificada qualquer dessas hipóteses, a responsabilidade do comerciante equipara-se à dos demais obrigados. Por esta razão, não se pode considerar subsidiária a responsabilidade do comerciante. O ponto de vista implicaria a obrigatoriedade de uma prévia execução dos obrigados principais, anteriormente à do comerciante, o que não corresponde à disciplina do Código.[22]

A responsabilidade do comerciante, em rigor, nos termos do art. 12, nivela-se à dos demais responsáveis, diferenciando-se somente pelo fato de ser condicionada à ocorrência de uma daquelas situações acima mencionadas. Embora não incluído no rol do art. 12, o comerciante é parte na relação de consumo, não podendo ser qualificado como terceiro. Deste modo, ainda que o defeito se deva à culpa exclusiva do comerciante, aos responsáveis ali enumerados incumbe o dever de indenizar, cabendo-lhes o direito de regresso em face do comerciante culpado.

Em outras palavras, embora a maioria dos comentadores considere a responsabilidade do comerciante, nesta hipótese, subsidiária, trata-se em rigor de responsabilidade solidária, ainda que condicionada à verificação de aludidas condições.[23] Confirma-se tal ponto de vista examinando-se o art. 7º, § 2º, segundo o qual, na hipótese de identificação de mais de um autor do dano, todos responderão solidariamente, sem prejuízo do direito de regresso de quem efetivamente pagou contra os demais responsáveis, nos termos do art. 13.[24]

---

simetria, no qual as partes podem estabelecer as cláusulas e obrigações contratuais, bem como delimitar o montante devido no desempenho da atividade negociada" (STJ, 3ª T., REsp 2164369/CE, Re. Min. Nancy Andrighi, julg. 5.11.2004, publ. DJe 8.11.2024).

[22] Nessa linha, cf.: "É firme a orientação do Superior Tribunal de Justiça no sentido de que é solidária a responsabilidade entre a concessionária e a fabricante de veículos por defeitos no automóvel – vício do produto. Precedentes" (STJ, 3ª T., AgInt no AREsp 1740730/SP, Rel. Min. Ricardo Villas Bôas Cueva, julg. 23.5.2022, publ. *DJe* 26.5.2022).

[23] No mesmo sentido: Leonardo Roscoe Bessa, Responsabilidade pelo fato do produto: questões polêmicas, cit., p. 145.

[24] Cf. também Gustavo Tepedino, O Mercosul e as relações de consumo: o papel das normas constitucionais na construção de um direito privado comunitário. *Temas de Direito Civil*, Rio de Janeiro: Renovar, 2004, 3ª ed., pp. 291-292.

Direito de regresso

Outro aspecto de interesse diz justamente com o direito de regresso, previsto no art. 13, de quem efetivamente pagou em relação aos demais obrigados. O fato de o dispositivo referir-se exclusivamente ao comerciante levou parte da doutrina a restringir o seu âmbito de aplicação à hipótese textualmente prevista, restando os demais coobrigados sem o mesmo direito. Entretanto, há que se aplicar o preceito a todos os casos de solidariedade contemplados pelo Código, seja pela igualdade de situações, a reclamar idêntico tratamento, seja pela disciplina da solidariedade adotada pelo Código Civil Brasileiro, invocada em qualquer relação obrigacional na ausência de dispositivo de lei especial em contrário. Aliás, se assim não fosse, se estaria consagrando, muito provavelmente, o enriquecimento injustificado do devedor que não pagou em detrimento do coobrigado que efetuou o pagamento da indenização, desestimulando-se, de outra parte, o pagamento espontâneo – de resto, não incomum – de um dos coobrigados.

Denunciação da lide

Por outro lado, a denunciação da lide é vedada expressamente pelo art. 88 do Código de Defesa do Consumidor, cuja redação remete ao art. 13.[25] Apesar disso, como o objetivo da proibição é apresentar solução mais célere à pretensão do consumidor, não há razão para limitá-la ao fato do produto, embora o referido art. 13 esteja inserido nessa disciplina. Estendê-la apenas para o fato do serviço também não parece a melhor solução. Como já se observou, "a diretriz de 'efetiva prevenção e reparação de danos ao consumidor' (art. 6º, VI) indica a necessidade de aplicação analógica da vedação a toda e qualquer ação indenizatória ajuizada pelo consumidor em que há solidariedade passiva de mais de um fornecedor".[26]

Natureza expansível do CDC

De resto, é importante mencionar que o Código de Defesa do Consumidor, em alguns dispositivos, demonstra sua vocação expansiva, permitindo sua aplicação a três espécies de não consumidores: a) a coletividade de pessoas equiparadas a consumidores, potencialmente relacionada à relação de consumo, a que se refere o já mencionado parágrafo único do art. 2º; b) as vítimas dos acidentes de consumo, equiparadas aos consumidores por força do art. 17, em matéria de responsabilidade civil; c) as pessoas expostas a práticas comerciais abusivas, equiparadas aos consumidores pelo art. 29.

Tais dispositivos permitiram uma interpretação integrativa e extensiva do Código de Defesa do Consumidor pela jurisprudência, a despeito da discussão doutrinária, ainda não pacificada, acerca da delimitação da relação de consumo.

---

25 Código de Defesa do Consumidor, "Art. 88. Na hipótese do art. 13, parágrafo único deste código, a ação de regresso poderá ser ajuizada em processo autônomo, facultada a possibilidade de prosseguir-se nos mesmos autos, vedada a denunciação da lide". Na jurisprudência, cf. STJ, 3ª T., AgInt no AREsp 1880222/RJ, Rel. Min. Ricardo Villas Bôas Cueva, julg. 25.4.2022, publ. *DJe* 5.5.2022.

26 Leonardo Roscoe Bessa, Responsabilidade pelo fato do produto: questões polêmicas, cit., p. 145. Na sequência, explica o autor: "Assim, a vedação da intervenção de terceiros caberia nas hipóteses de acidente de consumo por defeito de produto e de serviço (arts. 12 e 14), nas ações ajuizadas pelo consumidor que discutem vício dos produtos e serviços (arts. 18 a 20) ou, de modo mais geral, em qualquer pretensão indenizatória do consumidor concernente a danos ocasionados no mercado de consumo".

Não é esta, evidentemente, a sede própria para a discussão acerca dos limites de abrangência do Código e da extensão do conceito de consumidor em potencial (*bystander*). Basta aqui assinalar que o princípio da vulnerabilidade, informado pela solidariedade social constitucionalmente assegurada, deve servir de critério interpretativo do conceito de consumidor equiparado. Com efeito, se a proteção do consumidor é instrumental à tutela da dignidade da pessoa humana, a situação de vulnerabilidade de pessoas atingidas por acidentes de consumo ou por práticas comerciais abusivas mostra-se suficiente para atrair os dispositivos do Código de Defesa do Consumidor, a um só tempo justificando as normas de expansão do sistema e disciplinando a sua interpretação, desde que, evidentemente, haja relação jurídica base de consumo.

Consumidor equiparado será a pessoa que, embora não consumidora (no sentido de destinatário final de produtor ou serviços, a teor do art. 2º), considera-se vulnerável e, como tal, sofre efeitos negativos dos contratos de consumo, justificando-se, assim, a aplicação da lei de proteção dos consumidores.[27] O CDC pretendeu, portanto, considerar toda e qualquer vítima equiparada à figura do consumidor, pressupondo, evidentemente, a existência de uma relação jurídica base de consumo, sem a qual não se poderia mesmo cogitar da aplicação do CDC.

Dessa forma, supera-se o receio, manifestado por alguns autores, no sentido de que a noção de consumidor por equiparação poderia banalizar a tutela do consumidor, expandido ilimitadamente a sua utilização na prática empresarial. Além disso – e talvez o mais importante – a solução corrobora a percepção, cada vez amadurecida, de que é a tutela constitucional das desigualdades que justifica a intervenção em favor dos consumidores – e não o contrário. E se assim é, a expansão das normas protetivas, tendo por objetivo a redução das desigualdades sociais e regionais, representa passo importante e benfazejo em favor da dignidade da pessoa humana e da promoção dos valores existenciais constitucionalmente tutelados.[28]

Colocação do produto no mercado

Por fim, vale registrar que a responsabilidade dos fornecedores pelo fato do produto só incide a partir do momento em que há a colocação do produto no mercado, isto é, a partir do momento em que há a exposição dos produtos nos estabelecimentos com intuito de vendê-los. Significa dizer, em outros termos, que enquanto o produto estiver no seu local de fabricação ou em trânsito entre empresários, não há que se falar em acidente de consumo. A responsabilidade pelo fato do produto pressupõe, ao menos, a exposição do produto no mercado de consumo. Assim, enquanto o produto estiver em transporte entre o fabricante e o comerciante, se houver danos a terceiros decorrentes de defeito, não restará configurado o acidente de consumo.

---

27 Sobre o conceito de consumidor por equiparação, vale conferir: STJ, 3ª T., REsp 1.787.318/RJ, Rel. Min. Paulo de Tarso Sanseverino, julg. 16.6.2020, publ. DJe 18.6.2020; STJ, 4ª T., REsp 1.358.513/RS, Rel. Min. Luis Felipe Salomão, julg. 12.5.2020, publ. DJe 4.08.2020.

28 Cf. também Gustavo Tepedino, Os contratos de consumo no Brasil. In: *Temas de Direito Civil*, t. II, Rio de Janeiro: Renovar, 2006, pp. 131-134.

Nesta hipótese, a responsabilidade do fornecedor pode decorrer do art. 931 do Código Civil, mas não já do art. 12 do Código de Defesa do Consumidor.[29]

3. RESPONSABILIDADE CIVIL PELO VÍCIO DO PRODUTO OU DO SERVIÇO

O Código de Defesa do Consumidor tutela a legítima expectativa do consumidor atinente à segurança e à adequação dos produtos e serviços, independentemente de prévio vínculo contratual ou do caráter oculto dos vícios. Além de a disciplina instituída pelo Código de Defesa do Consumidor ser de ordem pública – e, como tal, não pode ser afastada pela vontade das partes –, suas normas exercem importante função promocional, com vistas a assegurar a plena realização dos legítimos interesses dos consumidores. A expectativa do consumidor não é apreendida apenas com base nas informações prestadas pelo fornecedor, mas também pela percepção social da utilidade que se espera com o produto ou serviço.[30]

Vício do produto *v.* vícios redibitórios

Em seus arts. 18 a 25, o Código de Defesa do Consumidor estabelece a proteção do consumidor quanto aos vícios de qualidade-adequação. Trata-se de disciplina bastante diferente daquela estabelecida pelo Código Civil no que diz respeito aos vícios redibitórios.[31] A proteção conferida pelo Código de Defesa do Consumidor é, em realidade, muito mais abrangente do que a do Código Civil. No Código de Defesa do Consumidor não se protegem apenas os vícios ocultos, mas também os aparentes. Além disso, o Código de Defesa do Consumidor regula, expressamente, os vícios dos serviços, enquanto o Código Civil limita-se a estabelecer que "a coisa recebida em virtude de contrato comutativo pode ser enjeitada por vícios ou defeitos ocultos, que a tornem imprópria ao uso a que é destinada, ou lhe diminuam o valor".[32]

O Código de Defesa do Consumidor também oferece mais alternativas para o consumidor do que o Código Civil. Diante de um vício, além de poder requerer a redibição ou o abatimento do preço, o consumidor ainda pode exigir a substituição do produto ou a reexecução do serviço e, em qualquer dos casos, fará jus a perdas e danos. A própria noção de vício é mais ampla, pois abarca a desconformidade do produto ou serviço com a oferta ou publicidade, a indicar a inequívoca autonomia

---

29 Nesse sentido, cf. Leonardo Roscoe Bessa, Responsabilidade pelo fato do produto: questões polêmicas, cit., p. 146. Em conclusão, explica o autor: "(...) o disposto no art. 931 do CC/2002 serve justamente para abranger a responsabilidade por danos variados decorrentes de produtos defeituosos antes de colocá-los à exposição do consumidor e, também, para situações de bens que, por serem inerentes ao desenvolvimento das atividades profissionais dos fornecedores, não são colocados à venda" (Responsabilidade pelo fato do produto: questões polêmicas, cit., p. 150).

30 Por isso mesmo, conforme explicam Milena Donato Oliva e Pablo Renteria, "entende-se que a faca apresenta periculosidade no seu manuseio, de maneira que o corte acidental por ela provocado não frustra a legítima expectativa do consumidor e, por isso mesmo, não configura acidente de consumo" (Obrigações de meios e assunção de riscos pelo consumidor". *Revista de Direito do Consumidor*, vol. 11, São Paulo: RT, 2017, pp. 26-27).

31 Código Civil, arts. 441 a 446.

32 Código Civil, art. 441.

e a amplitude do conceito de vício no Código de Defesa do Consumidor em relação àquele constante do Código Civil.

De fato, a lógica da proteção do Código de Defesa do Consumidor é bem diferente da do Código Civil, pois "está menos preocupada em atender o princípio do *res perit domino* com vistas à preservação do sinalagma contratual e mais voltada, à luz da Teoria da Qualidade, em garantir a legítima expectativa do consumidor no âmbito da contratação em massa e em atenção à vulnerabilidade com que este enfrenta o mercado de consumo".[33] Exatamente por isso, a legislação consumerista confere ao consumidor a alternativa de substituir o bem ou requerer a reexecução do serviço, de modo a garantir que o consumidor atinja a sua finalidade almejada, alternativa que não vem prevista no Código Civil.

Noção ampla de vício

Também foi por isso que o Código de Defesa do Consumidor ampliou a noção de vício para abarcar a desconformidade do produto ou serviço com a oferta ou publicidade, alargando sobremaneira a disciplina dos vícios, e imputou ao fornecedor o dever de ressarcir o consumidor em casos de danos oriundos do vício independentemente de culpa. Uma vez caracterizada a relação de consumo, sequer se mostra necessário que haja vínculo contratual para ser deflagrada a proteção por vícios.

Espécies de vícios

No Código de Defesa do Consumidor, distinguem-se os vícios de qualidade por inadequação dos vícios de qualidade por insegurança. Embora ambos resultem em frustração da legítima expectativa do consumidor, os vícios de qualidade por inadequação afetam a aptidão do bem para desempenhar a finalidade a que se destina (a exemplo do forno que não aquece, da geladeira que não gela, da faca que não corta), ao passo que os vícios de qualidade por insegurança provocam os acidentes de consumo e, em uma acepção ampla, caracterizam-se pela produção de quaisquer danos patrimoniais ou morais aos consumidores.[34]

Vícios aparentes: prazos

Em relação aos vícios de qualidade por inadequação, discute-se qual seria o prazo máximo de garantia legal. Quando se trata de vícios aparentes, a garantia legal opera-se de forma imediata. Significa dizer, por outras palavras, que o prazo para reclamação se deflagra "a partir da entrega efetiva do produto ou do término da execução dos serviços".[35] Quanto ao prazo, o Código de Defesa do Consumidor estabe-

---

33 Milena Donato Oliva; Isabela Reimão Gentile, A proteção quanto aos vícios ocultos e o critério da vida útil. *Revista de Direito Privado*, vol. 88, São Paulo: RT, 2018, p. 123.

34 Nesse sentido: "No sistema do CDC, a responsabilidade pela qualidade biparte-se na exigência de adequação e segurança, segundo o que razoavelmente se pode esperar dos produtos e serviços. Nesse contexto, fixa, de um lado, a responsabilidade pelo fato do produto ou do serviço, que compreende os defeitos de segurança; e de outro, a responsabilidade por vício do produto ou do serviço, que abrange os vícios por inadequação. Observada a classificação utilizada pelo CDC, um produto ou serviço apresentará vício de adequação sempre que não corresponder à legítima expectativa do consumidor quanto à sua utilização ou fruição, ou seja, quando a desconformidade do produto ou do serviço comprometer a sua prestabilidade. Outrossim, um produto ou serviço apresentará defeito de segurança quando, além de não corresponder à expectativa do consumidor, sua utilização ou fruição for capaz de adicionar riscos à sua incolumidade ou de terceiros" (STJ, 3ª T, REsp. 967623/RJ, Rel. Min. Nancy Andrighi, julg. 16.4.2009, publ. *DJe* 29.6.2009).

35 Cf. art. 26, § 1º, do Código de Defesa do Consumidor.

leceu para serviços e produtos não duráveis 30 (trinta) dias e, para os duráveis, 90 (noventa) dias.

Vícios ocultos: prazos

Já no que tange aos vícios ocultos, questiona-se qual seria o prazo diante do silêncio do legislador. Com efeito, o Código de Defesa do Consumidor não fixou prazo máximo para o aparecimento do vício oculto, mas apenas estipulou, com base na durabilidade dos bens, o prazo para adoção de providências pelo consumidor junto ao fornecedor uma vez surgido o vício. Torna-se, assim, importante estipular critério referente ao prazo máximo de garantia legal, que de modo algum se confunde com eventual garantia contratual prestada pelo fornecedor.

Critério da vida útil do produto

Como o Código de Defesa do Consumidor não impõe prazo máximo para o surgimento do vício oculto, a jurisprudência tem frequentemente adotado o critério da vida útil do produto ou do serviço, de forma que, a partir da identificação da durabilidade destes, seria possível delimitar o termo final da garantia legal para vícios ocultos.[36] Nesse cenário, a identificação do prazo legal dependerá da análise casuística, pelo magistrado, da vida útil do produto ou do serviço. Como a vida útil varia de acordo com o produto ou o serviço, o julgador deve proceder a exame individualizado, prestando atenção às suas características, à finalidade a que se destinam, ao preço pago pelo consumidor e, sobretudo, às suas legítimas expectativas.[37]

É importante esclarecer que os prazos decadenciais estabelecidos no Código de Defesa do Consumidor para reclamação dos referidos vícios não se confundem com o da garantia legal em si. Este representa o período durante o qual o consumidor pode valer-se da proteção legal contra os vícios que afetam a qualidade dos produtos ou serviços. Verificado o vício, o consumidor deverá tomar as medidas cabíveis dentro dos prazos decadenciais previstos no art. 26 do Código de Defesa do Consumidor (trinta dias para produtos e serviços não duráveis e noventa dias para os duráveis).

Em síntese, quando o vício é aparente, a garantia legal opera-se imediatamente, de modo que o consumidor deverá exercer a sua reclamação contando-se o prazo "a partir da entrega efetiva do produto ou do término da execução dos serviços".[38] Já em se tratando

---

36 TJRJ, 27ª C.C., Ap. Cív. 0007065-43.2020.8.19.0001, Rel. Des. Marcos Alcino de Azevedo Torres, julg. 13.10.2021; TJRJ, 13ª C.C., Ap. Cív. 0059074-58.2016.8.19.0021, Rel. Des. Juarez Fernandes Folhes, julg. 23.8.2021; TJRJ, 3ª C.C., Ap. Cív. 0069237-55.2019.8.19.0001, Rel. Des. Peterson Barroso Simão, julg. 28.9.2020; TJSP, 30ª CDPriv., Ap. Cív. 1006734-62.2020.8.26.0223, Rel. Des. Marcos Ramos, julg. 23.7.2021; TJMG, 12ª C.C., Ap. Cív. 1.0000.20.529035-6/001, Rel. Des. José Augusto Lourenço dos Santos, julg. 3.12.2020.

37 A respeito do critério da vida útil do bem, observa Claudia Lima Marques: "Se o vício é oculto, porque se manifesta somente com o uso, experimentação do produto ou porque se evidenciará muito tempo após a tradição, o limite temporal da garantia legal está em aberto, seu termo inicial, segundo o § 3º do art. 26, é a descoberta do vício. Somente a partir da descoberta do vício (talvez meses ou anos após o contrato) é que passarão a correr os 30 ou 90 dias. Será, então, a nova garantia eterna? Não, os bens de consumo possuem uma durabilidade determinada. É a chamada vida útil do produto" (Claudia Lima Marques, *Contratos no Código de Defesa do Consumidor*, São Paulo: RT, 2006, 5ª ed., pp. 1196-1197). No mesmo sentido, cf. Antônio Herman V. Benjamin et al., *Comentários ao Código de Proteção ao Consumidor*, cit., 1991, pp. 134-135. Cf. também: STJ, 4ª T., REsp. 984.106/SC, Rel. Min. Luis Felipe Salomão, publ. *DJe* 20.11.2012.

38 Art. 26, § 1º, do Código de Defesa do Consumidor.

de vícios ocultos, a garantia legal deve seguir como parâmetro a vida útil do produto ou serviço, o que significa dizer, em outros termos, que, uma vez detectado o vício dentro do período de vida útil, inicia-se o prazo decadência estabelecido pelo art. 26, I e II, do Código de Defesa do Consumidor. Independentemente da relação contratual entre consumidor e fornecedor, este deve assegurar que seus produtos e serviços atendam a determinados padrões de qualidade, responsabilizando-se toda vez em que a existência de um vício – quer aparente, quer oculto – frustre a utilidade esperada pelo consumidor.

Garantia legal *v.* garantias contratuais

A garantia legal, com contornos bem definidos, pode conviver ao lado de duas espécies de garantias contratuais – a garantia de fábrica[39] e a garantia estendida[40] –, mas com estas não se confunde. Ao adquirir determinado produto no mercado, o consumidor passa a ter, em regra, duas garantias: a legal e a contratual de fábrica, podendo haver substanciais diferenças entre ambas, "seja em relação ao tempo, à cobertura e à exigência de condições (garantia contratual)".[41] Em se tratando de garantia contratual, dificilmente se observa a possibilidade de o consumidor receber o dinheiro de volta (a ênfase costuma ser no conserto ou na troca do produto), ao passo que, na garantia legal, a devolução do dinheiro é sempre uma alternativa colocada a favor do consumidor. Muitos termos de garantia, ao invés de informarem adequadamente o consumidor sobre a abrangência da garantia de fábrica, acabam por o induzir a erro, fazendo-lhe crer que a sua garantia legal se limita ao prazo da garantia de fábrica, o que não é verdade, pois são garantias independentes.

Garantia contratual de fábrica

Garantia contratual estendida

Na aquisição do produto, o consumidor pode, ainda, contratar garantia estendida adicional, mediante o pagamento de preço previamente estabelecido pelo fornecedor, alargando, assim, a garantia de fábrica pelo período convencionado. Como a garantia legal abrange o período de vida útil do produto, a garantia estendida não representa grande vantagem para o consumidor. Quando é comercializada, muitas vezes o estabelecimento comercial passa para o consumidor a ideia equivocada de que, depois da garantia contratual de fábrica, se aparecer algum vício no produto, o prejuízo decorrente do seu reparo será de inteira responsabilidade do consumidor. Dissemina-se, assim, a falsa impressão de que, esgotado o prazo da garantia contratual de fábrica, o consumidor deverá amargar o prejuízo.

É importante, assim, destacar que a garantia legal e as contratuais são complementares. As garantias contratuais não podem, de forma alguma, diminuir ou restringir os direitos dos consumidores decorrentes da garantia legal, cujas normas disciplinadoras são de ordem pública.

---

[39] A garantia contratual de fábrica consiste naquela garantia oferecida pelo fabricante que, durante certo prazo contado da aquisição do bem, se compromete a providenciar o conserto do produto ou a sua troca, diretamente ou por meio da sua rede de assistência técnica, se houver o aparecimento de um vício.

[40] Já a garantia estendida é aquela que, no momento da compra de um bem durável, o consumidor recebe a proposta de aquisição. Assim, mediante o pagamento de certo valor, o estabelecimento comercial estende o prazo da garantia de fábrica, normalmente de um ano, para dois ou três anos.

[41] Leonardo Roscoe Bessa, Vícios os produtos e as três garantias do consumidor: um cenário de desinformação. *Revista do Direito do Consumidor*, vol. 100, ano 24, São Paulo: RT, jul.-ago./2015, p. 107.

Sendo assim, no caso de vício aparente, o prazo da garantia contratual, se existente, e o prazo decadencial previsto no art. 26 do Código de Defesa do Consumidor somam-se[42], devendo ser computados um após o outro, consoante indica o art. 50 do Código de Defesa do Consumidor.[43] Havendo, então, garantia contratual, inicia-se a contagem do prazo para a reclamação de eventual vício encontrado após a entrega efetiva do produto ou do término da execução dos serviços. Será apenas após o decurso completo desse prazo previsto contratualmente que se iniciará o de 30 ou 90 dias previsto no art. 26 do Código de Defesa do Consumidor. Afirma-se de maneira corrente na jurisprudência que, durante o período abrangido pelo prazo da garantia contratual, "o prazo decadencial não corre".[44]

Quando se está diante de vício oculto a situação é diferente. Isso porque, nesse caso, o prazo decadencial de 30 ou 90 dias para reclamar o vício apenas começa a correr quando este é descoberto, não se confundindo com o prazo de garantia legal, que se relaciona, aqui, com o período de vida útil do produto ou serviço, durante o qual o vício deverá aparecer, para ser reclamado. Levando-se em consideração que o prazo de garantia legal também não se confunde com o prazo de garantia contratual, na hipótese deste último ser menor do que o primeiro, permanecerá o fornecedor, mesmo após o término da garantia contratual, responsável por eventual vício oculto que reste evidenciado, desde que dentro do período de vida útil do produto ou serviço.[45] Assim, uma vez detectado o vício dentro do período de vida útil, aí sim inicia-se o prazo de decadência estabelecido pelo art. 26, I e II, do Código de Defesa do Consumidor.[46]

---

42 Ressalta-se que, apesar de no caso de vício aparente haver uma espécie de confusão, a garantia legal não é fixada expressamente pela lei nem tem o mesmo escopo que o prazo decadencial previsto no art. 26 do CDC, o qual constitui prazo para reclamar contra o descumprimento daquela garantia. Nesse sentido, explica-se que: "A garantia legal consubstancia o período dentro do qual o consumidor possui proteção legal contra os vícios que afetem a qualidade dos produtos ou serviços. Uma vez verificados os vícios, estes devem ser objeto de reclamação dentro dos prazos decadenciais previstos no art. 26 do CDC, quais sejam, 30 dias para produtos não duráveis e 90 dias para produtos duráveis. Dessa forma, a garantia legal não se confunde com o prazo decadencial previsto no art. 26 do CDC" (Milena Donato Oliva; Isabela Reimão Gentile, A proteção quanto aos vícios ocultos e o critério da vida útil, cit., pp. 127-128).

43 Nesse sentido, por exemplo: STJ, 3ª T., REsp 967.623/RJ, Rel. Min. Nancy Andrighi, julg. 16.4.2009, publ. *DJe* 29.6.2009; TJSP, 26ª CDPriv., Ap. Cív. 1058682-72.2017.8.26.0506, Rel. Des. Carlos Dias Motta, julg. 11.3.2021; TJRJ, 3ª C.C., Ap. Cív. 0012252-02.2020.8.19.0205, Rel.ª Des.ª Helda Lima Meireles, julg. 2.8.2021; TJRJ, 26ª C.C., Ap. Cív. 0008518-70.2017.8.19.0036, Rel. Des. Arthur Narciso de Oliveira Neto, julg. 8.7.2021; TJSP, 29ª CDPriv., Ap. Cív. 0000498-98.2014.8.26.0263, Rel. Des. Carlos Dias Motta; julg. 29.8.2018, publ. *DJ* 31.08.2018; TJMG, 10ª C.C., Ap. Cív. 1.0024.13.376523-0/001, Rel. Des. Vicente de Oliveira Silva, julg. 21.8.2018, publ. *DJ* 31.8.2018; TJSP, 32ª CDPriv., Ap. Cív. 0001221-13.2014.8.26.0233, Rel. Des. Kioitsi Chicuta, julg. 20.4.2017, publ. *DJ* 20.4.2017.

44 Nesse sentido: STJ, 4ª T., REsp 547.794/PR, Rel. Min. Maria Isabel Gallotti, julg. 15.2.2011, publ. *DJe* 22.02.2011.

45 "Não raro, a vida útil se afigura maior que o prazo de garantia contratual, tendo o consumidor, por força da garantia legal, direito de pleitear o abatimento do preço, a substituição do produto ou a reexecução do serviço, ou, ainda, o desfazimento do negócio (arts. 18 a 20 do CDC mesmo que ultrapassados os prazos de garantia contratual" (Milena Donato Oliva; Isabela Reimão Gentile, A proteção quanto aos vícios ocultos e o critério da vida útil, cit., p. 132).

46 Em resumo ao quanto se expôs, o STJ assim disciplina: "Cuidando-se de vício aparente, é certo que o consumidor deve exigir a reparação no prazo de noventa dias, em se tratando de produtos duráveis, iniciando a contagem a partir da entrega efetiva do bem e não fluindo o citado prazo

4. AS EXCLUDENTES DE RESPONSABILIDADE CIVIL NO CÓDIGO DE DEFESA DO CONSUMIDOR

O Código de Defesa do Consumidor estabelece algumas hipóteses de exclusão de responsabilidade. Em se tratando de fato do produto, o art. 12, § 3º, do Código de Defesa do Consumidor estabelece que "o fabricante, o construtor, o produtor ou importador só não será responsabilizado quando provar: I – que não colocou o produto no mercado; II – que, embora haja colocado o produto no mercado, o defeito inexiste; III – a culpa exclusiva do consumidor ou de terceiro". Já no caso do fato do serviço, o art. 14, § 3º, determina que "o fornecedor de serviços só não será responsabilizado quando provar: I – que, tendo prestado o serviço, o defeito inexiste; II – a culpa exclusiva do consumidor ou de terceiro".

Excludentes previstas no CDC

Nota-se que as hipóteses previstas como excludentes da responsabilidade atuam diretamente sobre o nexo de causalidade, rompendo-o e, assim, afastando o dever de indenizar.

Exemplo de caso recente julgado pelo Superior Tribunal de Justiça que reconheceu o rompimento do nexo causal entre o dano e a atividade do fornecedor é o acórdão decorrente do julgamento do REsp 2.067.181/PR, interposto no âmbito de ação de compensação por danos materiais e morais. A discussão girava em torno da responsabilidade da Bom Negócio Atividades de Internet Ltda., a OLX, em razão da aquisição, pelos autores, de um veículo clonado anunciado em sua plataforma. Após a entrega do bem, os autores foram surpreendidos ao descobrir que se tratava de veículo clonado.

Embora o acórdão reconheça que "é razoável exigir que [as plataformas de anúncio] mantenham condições de identificar cada um de seus anunciantes, a fim de que nenhum ilícito caia no anonimato, o site de classificados apenas responderá se deixar de fornecer elementos para a identificação do autor do anúncio"; o acórdão, de relatoria da Ministra Nancy Andrighi, afastou a responsabilidade da OLX, uma vez que, no caso concreto, ela não funcionou como intermediadora, mas como mero *site* de classificados.[47] Isso porque a operação de compra e venda do veículo foi concretizada integralmente fora da plataforma, mediante contatos telefônicos e de

---

durante a garantia contratual. Porém, em se tratando de vício oculto não decorrente do desgaste natural gerado pela fruição ordinária do produto, mas da própria fabricação, e relativo a projeto, cálculo estrutural, resistência de materiais, entre outros, o prazo para reclamar pela reparação se inicia no momento em que ficar evidenciado o defeito, não obstante tenha isso ocorrido depois de expirado o prazo contratual de garantia, devendo ter-se sempre em vista o critério da vida útil do bem, que se pretende seja ele 'durável'" (STJ, 4ª T., REsp 984.106/SC, Rel. Min. Luis Felipe Salomão, julg. 4.10.2012, publ. *DJe* 20.11.2012).

47 Destaca-se trecho do voto da Ministra Relatora: "o cenário fático delineado no acórdão deixa claro que, embora o automóvel em questão tenha sido anunciado para venda na plataforma mantida pela recorrente – OLX –, a operação de compra e venda do bem foi concretizada integralmente fora da plataforma da recorrente. Ou seja, não houve qualquer ingerência da recorrente na transação. Tal circunstância evidencia que, na hipótese, a OLX funcionou não como intermediadora, mas como mero site de classificados, de modo que não é responsável pelos prejuízos suportados pelos recorridos" (STJ, 3ª T., REsp 2.067.181/PR, Rel. Min. Nancy Andrighi, julg. 8.8.2023, publ. *DJ* 15.8.2023).

forma presencial, não tendo o fraudador utilizado as ferramentas lá disponíveis. O acórdão, então, concluiu que a fraude perpetrada configurava fato de terceiro, apto a romper o nexo causal entre o dano e a conduta do fornecedor, com fundamento no art. 14, § 3º, incido II, do Código de Defesa do Consumidor.

O julgamento do REsp 2.082.256/SP também afastou a responsabilidade solidária da vendedora de passagem aérea por danos materiais e morais sofridos por passageiro em razão do cancelamento do voo, determinando que apenas a companhia aérea fosse responsabilizada. O acórdão reconheceu que "não houve nenhum defeito na prestação do serviço contratado com a recorrente, pois as passagens aéreas foram devidamente emitidas, não lhe incumbindo a responsabilidade pelo efetivo cumprimento do contrato de transporte aéreo".[48]

Ainda segundo o Superior Tribunal de Justiça, além de não existir defeito em relação à prestação de serviço que incumbia à companhia que emitiu devidamente os bilhetes aéreos, também houve culpa exclusiva de terceiro (no caso, a companhia aérea) quanto ao cancelamento do voo contratado. Assim, afastou-se a responsabilidade solidária da companhia vendedora de passagem aérea, responsabilizando-se apenas a companhia aérea pelos danos sofridos pelo passageiro.[49]

Diversa é a situação de eventual concorrência entre o comportamento da vítima ou de terceiro e o defeito do produto. Nesse caso, não há propriamente exclusão da responsabilidade, mas apenas sua mitigação, já que o nexo causal persiste no que se refere à parte do dano causada de fato pelo defeito.[50] Assim, havendo concorrência de causas na hipótese de fato do produto ou do serviço, a responsabilidade do fornecedor, apesar de ainda existir, deverá ser mitigada.[51]

---

48 STJ, 3ª T., REsp 2.082.256/SP, Rel. Min. Marco Aurélio Bellizze, julg. 12.9.2023, publ. *DJ* 21.9.2023.

49 Em sentido semelhante, o STJ entendeu pela ausência de responsabilidade solidária da vendedora de passagem aérea com a companhia aérea pelo extravio de bagagem, sob o fundamento de ausência de nexo de causalidade. Conforme se manifestou o Ministro Moura Ribeiro, "não há como, respeitosamente, adotar a teoria genérica da solidariedade na relação de consumo, até porque esta parte do pressuposto básico de que ela emerge quando a ofensa tem mais de um autor (art. 7º, parágrafo único, do CDC). No caso, como resulta evidente, autora da ofensa foi apenas uma, isto é, a transportadora aérea, que se descurou do seu dever de cuidado e deixou extraviar a bagagem. A simples venda da passagem aérea não pode ser alçada a esse mesmo nível de vinculação. Ao contrário, ela ocorreu e foi perfeita, esgotando-se sem nenhum defeito, tanto que a viagem para a qual o bilhete foi vendido acabou realizada" (STJ, 3ª T., REsp 1.994.563, Rel. Min. Nancy Andrighi, Rel. para acórdão Min. Moura Ribeiro, julg. 25.10.2022, publ. *DJ* 30.11.2022).

50 Nesse sentido, vale conferir: TJSP, 11ª CDPriv., Ap. Cív. 1007458-95.2020.8.26.0084, Rel. Des. Renato Rangel Desinano, julg. 18.11.2021; TJSP, 6ª CDPriv., Ap. Cív. 1048352-05.2019.8.26.0002, Rel. Des. Rodolfo Pellizari, julg. 9.11.2021; TJSP, 30ª Câmara Extraordinária de Direito Privado, Ap. Cív. 0144511-05.2011.8.26.0100, Rel. Des. Enio Zuliani, julg. 12.12.2017.

51 Ao analisar o caso de uma pessoa idosa (hipervulnerável) que contestava uma transação bancária realizada com o uso da sua própria senha pessoal, a Terceira Turma do Superior Tribunal de Justiça entendeu que se tratava de um problema de concorrência de causas entre a conduta da vítima e do banco: "3. O propósito recursal consiste em perquirir se existe falha na prestação do serviço bancário quando o correntista é vítima do golpe do motoboy. 4. Ainda que produtos e serviços possam oferecer riscos, estes não podem ser excessivos ou potencializados por falhas na atividade econômica desenvolvida pelo fornecedor. 5. Se as transações contestadas forem feitas com o cartão original e mediante uso de senha pessoal do correntista, passa a ser do consumidor a incumbência

Além das hipóteses previstas pelo legislador, registra-se que também é possível que haja o rompimento do nexo de causalidade e, consequentemente, a exclusão da responsabilidade do fornecedor por fato do produto ou do serviço, em razão de caso fortuito ou força maior, ainda que tais excludentes não estejam expressamente previstas pelo § 3º do art. 12 do Código de Defesa do Consumidor.[52] Apesar de haver opiniões em sentido contrário,[53] essa parece ser a orientação mais razoável, já que a responsabilidade no âmbito do Código de Defesa do Consumidor não prescinde do exame do nexo de causalidade, mas apenas torna irrelevante a análise da culpa. Apenas não haverá exclusão quando se tratar de fortuito interno,[54] uma vez que, nesses casos, o risco é inerente à atividade, devendo ser absorvido por quem a desenvolve.[55] O fortuito interno passa a integrar a margem de risco natural para o desempenho de

Caso fortuito ou de força maior

de comprovar que a instituição financeira agiu com negligência, imprudência ou imperícia ao efetivar a entrega de numerário a terceiros. Precedentes. 6. A jurisprudência deste STJ consigna que o fato de as compras terem sido realizadas no lapso existente entre o furto e a comunicação ao banco não afasta a responsabilidade da instituição financeira. Precedentes. 7. Cabe às administradoras, em parceria com o restante da cadeia de fornecedores do serviço (proprietárias das bandeiras, adquirentes e estabelecimentos comerciais), a verificação da idoneidade das compras realizadas com cartões magnéticos, utilizando-se de meios que dificultem ou impossibilitem fraudes e transações realizadas por estranhos em nome de seus clientes, independentemente de qualquer ato do consumidor, tenha ou não ocorrido roubo ou furto. Precedentes. 8. A vulnerabilidade do sistema bancário, que admite operações totalmente atípicas em relação ao padrão de consumo dos consumidores, viola o dever de segurança que cabe às instituições financeiras e, por conseguinte, incorre em falha da prestação de serviço. 9. Para a ocorrência do evento danoso, isto é, o êxito do estelionato, necessária concorrência de causas: (i) por parte do consumidor, ao fornecer o cartão magnético e a senha pessoal ao estelionatário, bem como (ii) por parte do banco, ao violar o seu dever de segurança por não criar mecanismos que obstem transações bancárias com aparência de ilegalidade por destoarem do perfil de compra do consumidor. 10. Na hipótese, contudo, verifica-se que o consumidor é pessoa idosa, razão pela qual a imputação de responsabilidade há de ser feita sob as luzes do Estatuto do Idoso e da Convenção Interamericana sobre a Proteção dos Direitos Humanos dos Idosos, sempre considerando a sua peculiar situação de consumidor hipervulnerável" (STJ, 3ª T., REsp 1995458/SP, Rel. Min. Nancy Andrighi, julg. 9.8.2022, publ. *DJe* 18.8.2022).

52 A esse respeito, cf. Gisela Sampaio da Cruz, *O problema do nexo causal na responsabilidade civil*, Rio de Janeiro: Renovar, 2005, pp. 201-202.

53 Entendendo que o rol das causas de exoneração da responsabilidade do fornecedor é taxativo: Luiz Antonio Rizzatto Nunes, *Curso de Direito do Consumidor*, São Paulo: Saraiva, 2005, p. 171; Nelson Nery Junior. Os princípios gerais do Código Brasileiro de Defesa do Consumidor. In: *Revista de Direito do Consumidor*, vol. 3, São Paulo: RT, set.-dez./1992, p. 56.

54 Nas palavras de Maria Celina Bodin de Moraes, o fortuito interno diferencia-se do externo pois "o fortuito interno seria o que se liga à pessoa ou à empresa do responsável (impossibilidade relativa, isto é, impossibilidade para o agente); fortuito externo seria o correspondente à força maior e surgiria com a ocorrência de um fato sem ligação alguma com a empresa ou a pessoa do responsável, como os fenômenos naturais ou as ordens emanadas pelo poder público (impossibilidade absoluta, isto é, para quem quer que seja). Daí a doutrina extrai a seguinte consequência prática: se a responsabilidade se funda no sistema da culpa, tanto o fortuito interno quanto o externo servirão a exonerá-lo; se, porém, a responsabilidade se funda no risco, será mister o fortuito externo (ou a força maior) para a sua exoneração, sendo o fortuito interno insuficiente. A tese merece adesão porque interpreta restritivamente a excludente, de modo a liberá-la de qualquer aspecto subjetivo (interno) do responsável" (Maria Celina Bodin de Moraes, Risco, solidariedade e responsabilidade objetiva. *Revista dos Tribunais*, vol. 854, São Paulo: Revista dos Tribunais, dez./2006, pp. 11-36).

55 Nota-se que a noção de fortuito interno parece vinculada à lógica do risco relacionado à atividade potencialmente lesiva. Por isso, é figura recorrente em relações regidas pela responsabilidade objetiva, sendo, por outro lado, estranha ao campo da responsabilidade subjetiva.

determinada atividade, inserindo-se como elemento implícito que influencia, inclusive, na avaliação de seu custo. Apenas o fortuito externo é apto a romper o nexo de causalidade.[56]

Defeito inexistente

Interessante notar que, ao determinar que uma das hipóteses de exclusão da responsabilidade se configura quando se está diante de defeito inexistente,[57] o legislador parece qualificar o defeito como novo elemento ou pressuposto para a aferição da responsabilidade por acidente de consumo, o que conduziria à existência de três pressupostos: dano, nexo e defeito. Essa construção, no entanto, deve ser realizada com muito cuidado, pois a responsabilidade no âmbito do Código de Defesa do Consumidor é objetiva. Incluir simplesmente o defeito como um pressuposto da responsabilidade, sem qualquer ponderação, poderia criar espaço para uma subjetivação dessa responsabilidade, já que a prova do defeito poderia suscitar a necessidade de provar a própria culpa, o que é incompatível com o sistema objetivo de respon-

---

56 Ao analisar ação movida contra um shopping center por uma vítima de uma briga por disputa de vaga em estacionamento, a Quarta Turma do Superior Tribunal de Justiça entendeu que o shopping não deveria responder, por se tratar de evento que configura fortuito externo: "Caso em que a agressão física decorre de disputa de vaga em estacionamento de Shopping Center após gentil oferecimento do local a ser desocupado por consumidor e hostilidade do outro pela demora em fazê-lo – evento alheio à atividade empresarial e imprevisível –, caracterizando fortuito externo, o que exclui a responsabilidade civil do fornecedor" (STJ, 4ª T., AgInt no REsp 1930286/SP, Rel. Min. Luis Felipe Salomão, julg. 21.3.2022, publ. *DJe* 24.3.2022). Diversamente, a 3ª Turma do STJ entendeu que deve ser indenizada a vítima de roubo a mão armada no momento em que parou com seu carro na cancela de entrada de *shopping center*, para ingressar no estabelecimento. Segundo o entendimento da Corte, ao disponibilizar obstáculo físico para ingresso no estacionamento, apto a controlar a entrada de terceiros e a provocar a sensação de segurança no consumidor, o *shopping* deve ser responsabilizado pelo roubo, ainda que a cancela não tenha sido efetivamente ultrapassada no momento do ato criminoso. De acordo com a relatora do caso, Min. Nancy Andrighi, não há que se falar em fortuito externo apto a romper o nexo de causalidade (STJ, 3ª T., REsp 2.031.816, Rel. Min. Nancy Andrighi, julg. 14.3.2023, publ. *DJe* 16.3.2023). A decisão se encontra na linha do Enunciado n. 130 da súmula do STJ, que Estabelece que: "A empresa responde, perante o cliente, pela reparação de dano ou furto de veículo ocorridos em seu estacionamento". Em outra ocasião, por ausência de causalidade necessária entre a conduta da empresa e o dano, a 4ª Turma do STJ afastou a responsabilidade da Companhia do Metrô de São Paulo pela morte de passageira, atropelada após sofrer mal súbito e cair tragicamente sobre os trilhos, considerando tratar-se de evento identificado como fortuito externo. A pretensão indenizatória fundamentava-se no dever da companhia de transportar a usuária ilesa até o seu destino. Segundo os autores, familiares da falecida, teria ocorrido defeito na prestação do serviço, diante da ausência das chamadas "portas de plataforma", que mantêm os passageiros isolados do espaço dos trilhos enquanto o trem não chega. Para o Relator, Min. Luis Felipe Salomão, todavia, a convulsão sofrida pela passageira na estação caracterizou fortuito externo, desassociado de fatores inerentes à organização do serviço. Além disso, afastou-se a existência de defeito, requisito indispensável para a responsabilidade civil no Código de Defesa do Consumidor, já que o serviço estava funcionando em condições normais. Eventuais carências de equipamentos suplementares e mais modernos, como as tais portas de plataforma, não foram, segundo entendeu a Corte, a causa do fato acidente (STJ, 4ª T., REsp 1.936.743, Rel. Min. Luis Felipe Salomão, julg. 14.6.2022, publ. *DJe* 8.9.2022).

57 Defeito é um vício ao qual se acresce algum problema extrínseco que causa um dano maior que o mero funcionamento inadequado do bem ou serviço. Será defeito, então, tudo aquilo que gera um dano além do vício. Em determinadas situações, poderá haver vício sem defeito. Nesses termos, se houver inadequação que prejudique tão somente o regular funcionamento do produto ou serviço, mas que não coloque em risco a saúde ou a segurança do consumidor, existe, propriamente, um vício e não um defeito.

sabilidade do Código de Defesa do Consumidor. O defeito, em realidade, configura característica adicional que o legislador incluiu para a origem dos danos advindos de relações de consumo. Sem a presença do defeito os danos não são ressarcíveis. Dessa forma, o legislador afasta a responsabilidade objetiva integral, admitindo as excludentes de responsabilidade, mas o defeito, no caso concreto, deve ser aferido objetivamente.

Riscos do desenvolvimento

Outra questão controversa refere-se à admissão do risco do desenvolvimento como excludente de responsabilidade do fornecedor pelo dano decorrente do fato do produto.[58] Segundo parte da doutrina, o sistema brasileiro teria se posicionado de forma a negar ao risco do desenvolvimento a qualidade de excludente de responsabilidade,[59] enquanto outra corrente admite a exclusão, o que se mostra mais consentâneo com o sistema, já que não há defeito imputável ao fornecedor quando, nos termos do art. 12, § 1º, III, tendo em conta a época em que o produto foi posto em circulação, não existe vício de segurança, consubstanciado na ruptura entre o funcionamento do produto ou serviço e o que deles espera legitimamente o consumidor, com base no atual conhecimento científico.[60]

Diretivas 85/374 e 2024/2853 da União Europeia

Ao contrário do legislador brasileiro, que preferiu não tratar expressamente sobre o tema, na União Europeia, a Diretiva 85/374, em seu art. 7º, "e", já previa o risco de desenvolvimento como excludente de responsabilidade: "o produtor não é responsável nos termos da presente diretiva se provar que o estado dos conhecimentos científicos e técnicos no momento da colocação em circulação do produto não lhe permitiu detectar a existência do defeito". O art. 15 da mesma Diretiva 85/374, por sua vez, em sua alínea "b", asseverava: "Cada Estado-membro poderá: (...) Não obstante o previsto na letra e) do art. 7º, manter ou, sem prejuízo do procedimento definido na segunda parte do presente artigo, dispor em sua legislação que o produtor seja responsável mesmo

---

58 O risco de desenvolvimento é definido como "aquele risco que não pode ser cientificamente conhecido ao momento do lançamento do produto no mercado, vindo a ser descoberto somente após um certo período de uso do produto e do serviço" (Antônio Herman V. Benjamin et al., *Comentários ao Código de Proteção do Consumidor*, cit., p. 67). Isto é, são os riscos não conhecidos pelo mais avançado estado da ciência e da técnica no momento da introdução do produto no mercado e que só são descobertos após um período de uso do produto e com o avanço da ciência. A questão torna-se mais complicada pelo fato de o art. 12, § 1º, III do Código de Defesa do Consumidor prever que o produto será defeituoso quando não oferecer a segurança que dele se espera "a época em que foi colocado em circulação".

59 Marcelo Junqueira Calixto é um dos defensores dessa corrente e afirma que dentre as hipóteses de exclusão de responsabilidade "não se inclui aquela fundada nos chamados riscos do desenvolvimento" (Marcelo Junqueira Calixto, O art. 931 do Código Civil de 2002 e os riscos do desenvolvimento. In: *Revista Trimestral de Direito Civil*, vol. 21, Rio de Janeiro: Padma, 2005, p. 93).

60 Nesse sentido: "As excludentes, portanto, deverão estar previstas em lei, de modo expresso, ou resultar da sua capacidade lógica em descaracterizar os pressupostos acima enunciados [defeito, dano e nexo causal]. Se inexistir dano, ou o defeito ou a causalidade entre ambos, desconstitui-se o dever de reparar. (...) E não há defeito imputável ao fornecedor quando, nos termos do art. 12, § 1º, III, tendo em conta a época em que o produto foi posto em circulação, inexiste vício de insegurança, consubstanciado na ruptura entre o funcionamento do produto ou serviço e o que deles espera legitimamente o consumidor, com base no atual conhecimento científico" (Gustavo Tepedino, A responsabilidade civil por acidentes de consumo na ótima civil-constitucional. *Temas de Direito Civil*, Rio de Janeiro: Renovar, 2004, 3ª ed., pp. 273-274).

se demonstrar que, no momento em que pôs o produto em circulação, o estado dos conhecimento técnicos e científicos não permitia detectar a existência do defeito". A Diretiva 85/374 foi revogada pela Diretiva 2024/2853, que, contudo, seguiu a mesma linha, indicando em seu item 52, que "os operadores económicos deverão ficar isentos de responsabilidade se provarem que, quando o produto estava sob o controle do fabricante, o estado dos conhecimentos científicos e técnicos — determinado por referência ao mais elevado nível de conhecimento objetivo acessível, e não ao nível do efetivo conhecimento do operador económico em causa —, não permitia detectar a existência do defeito". A regra permanece passível de ser afastada, nos termos do item 59, que prevê que a "defesa baseada no risco de desenvolvimento poderá ser considerada, em determinados Estados-Membros, como uma limitação indevida da proteção das pessoas singulares".

Cenário brasileiro

No Brasil, como acima acenado, não há consenso a respeito do assunto, tornando-se a questão controvertida principalmente ao se tentar conciliar a necessidade de desenvolvimento e aprimoramento da ciência – o que serviria como argumento para afastar a responsabilidade – com a legítima expectativa de segurança do consumidor – o que impossibilitaria que houvesse a exclusão da responsabilidade, pelo fato de o consumidor não possuir meios de conhecer os riscos que determinado produto traz.

De uma parte, há quem considere o risco de desenvolvimento como excludente de responsabilidade mesmo em ausência de previsão legal.[61] Em favor da tese argumenta-se, em primeiro lugar, que o risco de desenvolvimento configura hipótese extrema cuja assunção pode se tornar insuportável para o setor produtivo da sociedade, desencorajando a comercialização de certos produtos. Em seguida, invoca-se o interesse da sociedade no sentido de um crescente e constante aprimoramento da ciência, especialmente no que diz respeito aos novos medicamentos e à sua peculiar capacidade de gerar riscos - devendo estes, em consequência, ser absorvidos por todo o corpo social.

Enfim, considera-se que o sistema do Código não descarta tal excludente, uma vez que: a) o art. 6º, I, inclui entre os direitos básicos do consumidor a proteção contra os riscos provocados por produtos e serviços "considerados perigosos ou nocivos"; b) o art. 10 determina que "o fornecedor não poderá colocar no mercado de consumo produto ou serviço que sabe ou deveria saber apresentar alto grau de nocividade ou periculosidade à saúde ou segurança"; c) o art. 12, § 1º, que trata diretamente da responsabilidade pelo fato do produto, estabelece que "o produto é defeituoso quando não oferece a segurança que dele legitimamente se espera, levando-se em consideração as circunstâncias relevantes, entre as quais", nos termos do inciso III, "a época em que foi colocado em circulação". Da análise de tais dispositivos, através de uma interpretação *a contrario sensu*, conclui-se ser lícito ao fornecedor inserir no mercado de consumo produtos que não saiba – nem deveria saber – resultarem perigosos, diante do grau de desenvolvimento científico à época

---

61 James Marins, *Responsabilidade da Empresa pelo Fato do Produto*, São Paulo: Ed. Revista dos Tribunais, 1993, p. 131-136.

de sua introdução no mercado, standard este que serve, ao mesmo tempo, como limite para a expectativa de segurança do consumidor.[62]

Em sentido contrário, todavia, objeta-se que a expectativa de segurança dos consumidores mostra-se legítima exatamente porque estes não possuem meios de conhecer os riscos que determinado produto oferece, tendo-se em conta a "concepção coletiva da sociedade de consumo".[63]

Acontece que, ao contrário da União Europeia, a legislação brasileira não regulou expressamente tal hipótese, o que alimenta a controvérsia. Cuidando-se de responsabilidade objetiva, não seria consentido ao intérprete admitir excludente não prevista em lei, fonte da responsabilidade objetiva. Daí o acerto da legislação europeia em tratar expressamente do tema, evitando-se imprecisões ou incertezas.

Vale reforçar que, na realidade brasileira, tratando-se de responsabilidade objetiva, tanto os pressupostos para deflagrar o dever de reparar quanto as excludentes só podem ser extraídos da fonte legislativa, no caso, o Código de Defesa do Consumidor. Os pressupostos do dever de indenizar (atividade do fornecedor, dano decorrente de defeito do produto ou serviço e nexo causal entre a atividade e o dano) bem como as excludentes devem ser cuidadosamente observadas.[64] Afinal, a indenização imposta sem a observância dos seus pressupostos e critérios dogmáticos representa, a médio prazo, o colapso do sistema, uma violência contra a atividade econômica e um estímulo ao locupletamento indevido.

Em se tratando de relações de consumo, numerosos são os danos não reparáveis. Algumas das vezes, em razão da incidência de uma das hipóteses expressas de exclusão do nexo de causalidade de que tratam os artigos 12 e 14 do CDC. Outras vezes, não se cogita do dever de reparar pela impossibilidade de se identificar o dano (moral ou material) ou o defeito, ainda quando o dano é evidente. Assim, no sistema da responsabilidade objetiva, as excludentes, como forma de temperar o risco do negócio assumido, por força de lei, pelo empresário, ou defluem da própria inexistência dos seus pressupostos; ou deverão estar previstas em lei, de forma expressa. Esta última alternativa, a previsão legal expressa, mostra-se preferível, ainda que o legislador possa ser repetitivo, em favor da segurança das relações sociais. De todo modo, parece bastante claro que, nas hipóteses de risco de desenvolvimento, não há defeito do produto ou serviço, nos termos definidos pelo art. 12, § 1º.[65]

---

62 James Marins, *Responsabilidade da Empresa pelo Fato do Produto*, São Paulo: Ed. Revista dos Tribunais, 1993, p. 131-136.

63 Antonio Herman Benjanim, *Comentários ao Código de Proteção do Consumidor*, São Paulo: Saraiva, 1991, p. 60.

64 Em outras palavras, "a responsabilidade civil, em sendo objetiva, não decorre do descumprimento de qualquer dever jurídico, mas, por outro lado, não surge de todo e qualquer dano produzido por produtos ou serviços." (Gustavo Tepedino, A Responsabilidade Civil por Acidentes de Consumo na Ótica Civil-constitucional. In: Ana Frazão; Ricardo Villas Bôas Cueva (orgs.). *Direito Privado: estudos em homenagem ao Min. Paulo de Tarso Sanseverino*, São Paulo: Quartier Latin, 2024, p. 573-598).

65 "Para o Código do Consumidor, convém insistir, defeito não se confunde com nocividade (há numerosos produtos, na praça, que, embora nocivos, não são defeituosos, desde que as informações

Por outro lado, há de se conjuminar a técnica indenizatória própria da responsabilidade com o sistema de seguros privados, ao lado dos mecanismos impostos ao Poder Público para a promoção da solidariedade constitucional. Aos estudiosos da responsabilidade civil apresenta-se, portanto, o desafio de garantir o ressarcimento amplo, de modo compatível com a alocação de riscos estabelecida na sociedade atual, sem que se pretenda transferir para a reparação civil os deveres de justiça social desdenhados por insuficientes políticas públicas e deficitária seguridade social.

PROBLEMAS PRÁTICOS

1. Em relação aos vícios de qualidade por inadequação, discute-se qual seria o prazo máximo de garantia legal. Quando se trata de vícios aparentes, a garantia legal opera-se de forma imediata, deflagrando-se "a partir da entrega efetiva do produto ou do término da execução dos serviços", e o próprio Código de Defesa do Consumidor estabelece o prazo (para serviços e produtos não duráveis 30 dias e, para os duráveis, 90 dias). No caso dos vícios ocultos, entretanto, o legislador não estabeleceu expressamente o termo inicial para a contagem do prazo. Como deve ser calculado o prazo máximo de garantia legal para os vícios ocultos?
2. Para fins de responsabilização pelo vício oculto do produto ou serviço, é relevante o conhecimento do vendedor a respeito do vício?
3. O ordenamento brasileiro admite o risco de desenvolvimento como uma excludente de responsabilidade civil?

Acesse o *QR Code* e veja a Casoteca.

> *https://uqr.to/1ofhr*

prestadas pelo fornecedor esclareçam bem o seu grau de nocividade). E não há defeito imputável ao fornecedor quando, nos termos do art. 12, § 1º, III, tendo em conta a época em que o produto foi posto em circulação, inexiste vício de insegurança, consubstanciado na ruptura entre o funcionamento do produto ou serviço e o que deles espera legitimamente o consumidor, com base no atual conhecimento científico." (Gustavo Tepedino, A Responsabilidade Civil por Acidentes de Consumo na Ótica Civil-constitucional. In: Ana Frazão; Ricardo Villas Bôas Cueva (orgs.). *Direito Privado: estudos em homenagem ao Min. Paulo de Tarso Sanseverino*, São Paulo: Quartier Latin, 2024, p. 573-598).

Capítulo XVI

RESPONSABILIDADE CIVIL DOS PROVEDORES DE APLICAÇÕES PELA REMOÇÃO DE CONTEÚDO GERADO POR TERCEIROS

Acesse o *QR Code* e assista ao vídeo sobre o tema.

> *https://uqr.to/1ofh7*

1. O FUTURO DA RESPONSABILIDADE CIVIL ENTRE A TUTELA DA PESSOA HUMANA E AS NOVAS TECNOLOGIAS

Estado-juiz e novas tecnologias

Paradoxalmente, ao mesmo tempo em que se proclama, na atualidade, a necessidade de afastar, em nome da liberdade, a presença estatal na vida privada, as novas tecnologias acabam por avocar a presença constante do Estado-juiz para dirimir conflitos e mitigar a posição hegemônica do mercado na definição das normas de comportamento no espaço virtual. Nesse contexto, a linguagem regulamentar própria das codificações liberais do século XIX, destinada a suportes fáticos bem definidos, mostra-se insuficiente a disciplinar a vida social. A técnica legislativa dos princípios e cláusulas gerais tornou-se gradual e crescentemente indispensável para o estabelecimento de padrões de comportamento mais abrangentes. Tais enunciados normativos, mediante comandos de grande amplitude e baixa densidade analítica, já que não dirigidos a situações específicas e preconcebidas, passam a exigir, por isso mesmo, intensa atividade da magistratura para a criação da norma no caso concreto.

Por outro lado, a excessiva liberdade suscitada pelas tecnologias apresenta faces antagônicas. Em primeiro lugar, avulta o aspecto emancipador da liberdade, traduzido nas extraordinárias possibilidades oferecidas ao usuário dos engenhos eletrônicos e das redes sociais; da cibernética e dos meios de comunicação. A volta ao mundo sem deslocamento físico é usualmente anunciada, assim como corriqueiras *conference calls*, videoconferências, acessos a bibliotecas de todos os continentes a partir de uma única base. O acesso à informação mostra-se o bem mais valioso ao exercício da cidadania. De outra parte, contudo, tem-se a feição hostil dos engenhos eletrônicos, manifestada pela interferência excessiva e reiterada na esfera privada.

Faces antagônicas das novas tecnologias: liberdade e controle social

O controle dos dados pessoais, especialmente aqueles considerados sensíveis, cujo tratamento pode dar azo à discriminação do seu titular, transmuda-se em ameaça real à liberdade individual. A tecnologia expande o alcance da memória humana, registrando o paradeiro, o itinerário, as referências geográficas e biomédicas, a origem e o destino de cada um, bem como as pessoas com quem se estabelece qualquer tipo de relacionamento; as preferências de consumo, as idiossincrasias. Parece decretado o fim do esquecimento[1] e, quiçá, o fim do próprio perdão. Por vezes, o computador resgata assunto ou mensagem que se supunha esquecido, perdido, inexistente. Tal qual Janus, a tecnologia se constitui em espécie de deusa inquietantemente bifronte.

Controle de dados pessoais

O cenário justifica, em certa medida, a explosão de direitos percebida, argutamente, como o "mundo novo de direitos", em que "os direitos falam, são o espelho e a medida da injustiça, e um instrumento para combatê-la".[2] Na cultura jurídica contemporânea, em que o exercício dos direitos parece constituir-se na primeira das liberdades fundamentais, torna-se indispensável compreender as diferentes perspectivas e pré-compreensões que se têm das noções de liberdade e de autonomia, motores dos já aludidos sentimentos antagônicos. À liberdade como valor existencial absoluto e indispensável à dignidade humana[3] se antepõe a liberdade como veículo de hegemonia privada. Essa dualidade talvez ajude a compreender a distinta reação dos publicistas e dos civilistas acerca dos limites aos direitos individuais. Provavelmente em razão de suas trajetórias históricas, o direito público colhe essencialmente da modernidade a vitória das liberdades democráticas e da construção das garantias fundamentais (liberalismo político). Já o direito civil se ressente do voluntarismo que,

---

1 Sobre o chamado direito ao esquecimento, cf. Anderson Schreiber, *Direitos da personalidade*, São Paulo: Atlas, 2012, p. 164 e ss.

2 Stefano Rodotà, *Il diritto di avere diritti*, Roma: Laterza, 2012, p. 4. No original: "È questo il mondo nuovo dei diritti. Un mondo nuovo dei diritti. Un mondo non pacificato, ma ininterrottamente percorso da conflitti e contraddizioni, da negazioni spesso assai più forti dei riconoscimenti. Un mondo troppe volte e troppo spesso doloroso, segnato da sopraffazioni e abbandoni. E così i diritti parlano, sono lo specchio e la misura dell'ingiustizia, e uno strumento per combatterla".

3 Conforme registram Luiz Edson Fachin e Carlos Eduardo Pianovski Ruzyk, "a dignidade da pessoa é dado concreto, aferível no atendimento das necessidades que propiciam ao sujeito se desenvolver com efetiva liberdade – que não se apresenta apenas em um âmbito formal, mas se baseia, também, na efetiva presença de condições materiais de existência que assegurem a viabilidade real do exercício dessa liberdade" (A dignidade da pessoa humana no direito contemporâneo: uma contribuição à crítica da raiz dogmática do neopositivismo constitucionalista, *Revista Trimestral de Direito Civil*, v. 35, Rio de Janeiro: Padma, jul.-set. 2008, pp. 108-109).

consolidado pelas codificações, intensificou a desproporção entre os poderes privados na atividade econômica (liberalismo econômico).[4]

Essas distintas percepções aguçam o debate em torno dos espaços de liberdade e de controle social na sociedade contemporânea, sendo certo que, independentemente da posição política que se venha a assumir, não se pode conter, sem a presença coercitiva do direito, a interferência na vida privada derivada da proliferação de liberdades individuais e coletivas.[5] Nesse contexto, a teoria da interpretação adquire importância crucial, já que não há possibilidade de previsão normativa específica para tão inusitadas e imprevisíveis situações surgidas no mundo globalizado. A resposta democrática para esse contraditório manancial de direitos, que alforria e solapa liberdades, associa-se ao desenvolvimento de métodos de interpretação que permitam compor satisfatoriamente conflitos de interesse traduzidos, cada vez mais, em colisão de direitos fundamentais.

Importância da teoria da interpretação

A internet, nessa mesma esteira, apresenta-se como rede de trocas e informações que, a um só tempo, agiganta as liberdades e o potencial danoso a bens jurídicos relevantes,[6] ameaçando por vezes a própria autonomia existencial. Nesse ambiente de liberdades quase incontroláveis, em que a técnica legislativa se mostra inapta a acompanhar a dinâmica das transformações tecnológicas, impõe-se ao intérprete o desafio metodológico de buscar na complexidade do ordenamento jurídico os instrumentos para a tutela adequada da pessoa humana. Tal desafio passa, necessariamente, pela análise das potencialidades do meio virtual, perquirindo-se no caso concreto a injustiça do dano e os meios de reparação.

Desafios da internet

4 Na percepção de Orlando Gomes, "a concepção individualista do Direito corresponde ao capitalismo na ordem econômica e ao liberalismo na ordem política. Nutre-se, principalmente, na ideia de que o homem possui direitos inseparáveis da condição humana, substancialmente intangível. Esses direitos, inalienáveis e imprescritíveis, seriam atributos da personalidade, em função dos quais a ordem jurídica deveria disciplinar a conduta do homem na sociedade. O Direito, em suma, teria como finalidade assegurar ao indivíduo os meios para que expanda livremente sua atividade pelo exercício desses atributos" (Orlando Gomes, *Introdução ao direito civil*, Rio de Janeiro: Forense, 2007, p. 65).

5 Gustavo Tepedino; Danilo Doneda, A nova face da liberdade, *O Globo*, publicado em 15.6.2010: "As relações existenciais, afetivas, comerciais e profissionais cada vez mais se desenvolvem por meios informatizados – para os quais é imprescindível o fornecimento de informações pessoais. Por isso, franquear ao cidadão brasileiro instrumentos de efetivo controle sobre o uso e a integridade de suas informações torna-se mecanismo de garantia da liberdade, tendo em conta o papel predominante da informação para as escolhas individuais".

6 Gustavo Tepedino, Regime jurídico dos bens no Código Civil, In: Sílvio de Salvo Venosa; Rafael Villar Gagliardi; Paulo Magalhães Nasser (org.), *Dez anos do Código Civil*: desafios e perspectivas, São Paulo: Atlas, 2012, p. 50: "Com a velocíssima evolução tecnológica e científica, surgem a cada dia novos bens, deixando outros simplesmente de existir. Elementos da natureza, como o ar, o oceano, as camadas de águas profundas conhecidas como pré-sal; os rios, os animais selvagens, antes considerados como inaptos a despertar interesse jurídico, tornam-se a cada dia mais indispensáveis à humanidade, sendo igualmente objeto de direito as diversas formas de energia, como a eletricidade, o gás, o vapor. Na mesma vertente, alguns direitos se tornam bens jurídicos – como serviços de provedores de internet, assim como a informação em si mesma considerada, o *software*, o *know-how* etc.".

A identificação do causador do dano

Um dos maiores desafios na tutela da pessoa humana na internet está em identificar o causador do dano. O ambiente virtual possibilita a criação da identidade pela qual o usuário se apresenta aos demais. A princípio, portanto, abre-se espaço para que o internauta, protegido pelo anonimato, cause danos de difícil reparação, na medida em que o ofendido não possui, *prima facie*, meios para identificar quem lhe causou danos. Surgem, então, relevantes questões acerca das formas de reparação da vítima diante do dano injusto no ambiente virtual, principalmente no que concerne à necessária prudência do intérprete no contexto de objetivação da responsabilidade civil. Com efeito, a ênfase milenarmente atribuída ao ofensor deslocou-se, nos últimos trinta anos, para o ofendido, ampliando-se formidavelmente as hipóteses de reparação.

A objetivação da responsabilidade civil

Por outro lado, supera-se gradualmente a noção subjetiva de culpa associada à intenção do agente, consolidando-se, cada vez mais, o fenômeno conhecido como objetivação da responsabilidade civil. Essa alteração conceitual abrange não somente as novas hipóteses de responsabilidade objetiva, alvitradas pelo legislador especial e pelo Código Civil, mas especialmente a construção – doutrinária e jurisprudencial – que procura definir a noção de culpa a partir de critérios objetivos relacionados com o padrão de comportamento exigível em determinadas circunstâncias, histórica e geograficamente determinadas. Torna-se indispensável, assim, a busca de balizas que, fundadas nos princípios e valores constitucionais, sirvam para unificar o sistema de responsabilidade, discriminando-se os chamados danos ressarcíveis e reconhecendo a irreparabilidade de numerosos danos do cotidiano.

Dever de reparar não autoriza justiça retributiva

Importância dos elementos da responsabilidade civil

Por mais louvável que seja a ampliação do dever de reparar, protegendo as vítimas em uma sociedade cada vez mais sujeita a riscos – decorrentes das tecnologias, dos bancos de dados pessoais, dos aparatos industriais, da engenharia genética e assim por diante –, não se pode desnaturar a finalidade e os elementos da responsabilidade civil. O dever de reparar não há de ser admitido sem a presença do dano e do nexo de causalidade entre a atividade e o evento danoso, tendo por escopo o ressarcimento da vítima. Nem mesmo a caótica intervenção do Estado em áreas sociais críticas – como saúde, transporte, segurança pública – autoriza o superdimensionamento do dever de reparar para a promoção de justiça retributiva entre particulares. Tão grave quanto a ausência de reparação por dano injusto mostra-se a imputação do dever de reparar sem a configuração de seus elementos essenciais, fazendo-se do agente uma vítima. A indenização imposta sem a observância dos seus pressupostos representa, a médio prazo, o colapso do sistema, violência contra a atividade econômica e um estímulo ao locupletamento. O desafio que se apresenta é o de compatibilizar a garantia do ressarcimento amplo com a alocação de riscos estabelecida na sociedade atual, sem que se pretenda transferir para a reparação civil os deveres de justiça social desdenhados por insuficientes políticas públicas e deficitária seguridade social.

No ambiente virtual, o problema assume contornos ainda mais sensíveis, considerando que eventual posicionamento no sentido da objetivação acrítica da responsabilidade dos provedores de internet por conteúdo gerado por terceiros pode gerar consequências devastadoras quanto à exploração desse serviço, que tende a se tornar cada vez mais essencial como espaço democrático destinado à liberdade de expressão. Por isso mesmo, mostra-se imprescindível a avaliação, no caso concreto, da responsabilidade dos provedores de internet, a fim de que se possa garantir a higidez do sistema, combatendo a produção de danos injustos[7] sem que, ao mesmo tempo, se inviabilize a promoção do espaço virtual como ambiente de liberdade, informação e democracia.

Importância de se avaliar o caso concreto

2. A CONSTRUÇÃO JURISPRUDENCIAL ANTERIOR À LEI Nº 12.965/2014: RESPONSABILIDADE SUBJETIVA DOS PROVEDORES

O Código Civil, como expressão da longa evolução jurisprudencial levada a cabo no regime anterior, consagrou sistema dualista de responsabilidade civil, ao fixar, juntamente com a cláusula geral de responsabilidade civil subjetiva, que tem como fonte o ato ilícito (arts. 186 e 927, *caput*, do CC),[8] cláusula geral de responsabilidade civil objetiva (parágrafo único do art. 927),[9] a qual convive com as hipóteses específicas de responsabilidade civil objetiva previstas pelo legislador especial. No cenário atual, considerando ambos os regimes de responsabilidade – subjetiva e objetiva –, apresentam-se como requisitos da responsabilidade civil: (i) o ato culposo ou a atividade objetivamente considerada; (ii) o dano; (iii) o nexo de causalidade, o qual consiste em elemento de ligação entre a atividade do agente – responsabilizado por culpa ou por determinação legal – e o dano produzido.

Sistema dualista de responsabilidade civil

No que concerne aos danos produzidos pela internet, à míngua de legislação específica, coube à jurisprudência coibir o mau uso em ambiente de estímulo à liberdade, fazendo prevalecer a responsabilidade subjetiva dos causadores de danos e de provedores de conteúdo, não pelo teor da opinião injuriosa, mas por força da não retirada das ofensas ali divulgadas mesmo após notificados pelo interessado. Nessa linha de entendimento, há importantes julgados do Superior Tribunal de Justiça, dos quais vale destacar: "Uma vez notificado de que determinado texto ou imagem possui conteúdo ilícito, o provedor deve retirar o material do ar no prazo de 24 (vinte e

Posição da jurisprudência: responsabilidade subjetiva do provedor de conteúdo

[7] Atualmente, não é difícil perceber que há zonas virtuais que são pensadas justamente para permitir a divulgação de conteúdos ilegais. Nesse sentido, pode-se aludir à chamada *deep web*, que representa espaço virtual oculto – isto é, não acessível pelos mecanismos de busca padrão – cerca de quinhentas vezes maior que a "*web* comum" (*Surface Web*). Nesse ambiente virtual, de pouca ou nenhuma regulamentação, é constante a publicação velada de conteúdo sobre o qual, pelos mais diversos motivos, se deseja manter sigilo.

[8] Veja-se a dicção do art. 186 do Código Civil: "Aquele que, por ação ou omissão voluntária, negligência ou imprudência, violar direito e causar dano a outrem, ainda que exclusivamente moral, comete ato ilícito". E, ainda, a do art. 927, *caput*: "Aquele que, por ato ilícito (arts. 186 e 187), causar dano a outrem, fica obrigado a repará-lo".

[9] Assim vem redigida a denominada cláusula geral de responsabilidade objetiva: "Haverá obrigação de reparar o dano, independentemente de culpa, nos casos especificados em lei, ou quando a atividade normalmente desenvolvida pelo autor do dano implicar, por sua natureza, risco para os direitos de outrem".

quatro) horas, sob pena de responder solidariamente com o autor direto do dano, em virtude da omissão praticada".[10] Na construção do padrão de comportamento exigível na internet, o Superior Tribunal de Justiça determinou, ainda, a incidência, no espaço virtual, da Súmula 221 dessa Corte em matéria de liberdade de imprensa, segundo a qual são civilmente responsáveis tanto o autor da matéria quanto o proprietário do respectivo veículo de divulgação. Nessa direção, considerou-se que o provedor de informação, titular de *blog* ou página virtual em que são selecionadas e inseridas informações poderá ser responsabilizado solidariamente com o autor da opinião causadora do dano injusto.[11]

Estabeleceu-se, dessa maneira, que, enquanto o autor de opinião, livremente manifestada, tem o dever de reparar os danos provocados pelo conteúdo ilícito da informação produzida, o provedor incorre em ilícito somente se não retira do ar conteúdo produzido por terceiro após ter sido advertido da ilicitude (hipótese de responsabilidade civil por omissão). Essa distinção mostrou-se fundamental para a definição do conceito e da extensão do risco da atividade do provedor de conteúdo, tendo sido estabelecido que "a fiscalização prévia, pelo provedor de conteúdo, do teor das informações postadas na *web* por cada usuário não é atividade intrínseca ao serviço prestado, de modo que não se pode reputar defeituoso, nos termos do art. 14 do CDC". Em consequência – eis o aspecto tecnicamente mais relevante de tal decisão –, "*o dano moral decorrente de mensagens com conteúdo ofensivo inseridas no site pelo usuário não constitui risco inerente à atividade dos provedores de conteúdo*, de modo que não se lhes aplica a responsabilidade objetiva prevista no art. 927, parágrafo único, do CC/02".[12] Por outro lado, o Superior Tribunal de Justiça estabeleceu, com

Responsabilidade por omissão dos provedores de conteúdo

---

10 STJ, 3ª T., REsp 1.323.754/RJ, Rel. Min. Nancy Andrighi, julg. 19.6.2012. Ainda na ementa do mesmo acórdão, esclarece-se a conduta exigida do provedor: "Nesse prazo de 24 horas, não está o provedor obrigado a analisar o teor da denúncia recebida, devendo apenas promover a suspensão preventiva das respectivas páginas, até que tenha tempo hábil para apreciar a veracidade das alegações, de modo a que, confirmando-as, exclua definitivamente o perfil ou, tendo-as por infundadas, restabeleça o seu livre acesso. O diferimento da análise do teor das denúncias não significa que o provedor poderá postergá-la por tempo indeterminado, deixando sem satisfação o usuário cujo perfil venha a ser provisoriamente suspenso. Cabe ao provedor, o mais breve possível, dar uma solução final para o conflito, confirmando a remoção definitiva da página de conteúdo ofensivo ou, ausente indício de ilegalidade, recolocando-a no ar, adotando, nessa última hipótese, as providências legais cabíveis contra os que abusarem da prerrogativa de denunciar". No mesmo sentido: STJ, 3ª T., AgInt nos EDcl no AREsp 1.753.362/RJ, Rel. Ricardo Villas Bôas Cueva, julg. 8.4.2024, publ. DJ 11.04.2024; STJ 3ª T., AgInt nos EDcl no REsp 2.032.567/SP, Rel. Min. Ricardo Villas Bôas Cueva, julg. 14.10.2024, publ., publ. DJ 17.10.2024; STJ, 3ª T., REsp 1980014/SP, Rel. Min. Nancy Andrighi, julg. 14.6.2022, *DJe* 21.6.2022; STJ, 3ª T., REsp 1.308.830/RS, Rel. Min. Nancy Andrighi, julg. 8.5.2012; STJ, 3ª T., REsp 1.338.214/MT, Rel. Min. Nancy Andrighi, julg. 21.11.2013; STJ, 3ª T., AgRg no AREsp 305.681/RJ, Rel. Min. Ricardo Villas Bôas Cueva, julg. 4.9.2014; STJ, 4ª T., REsp 1.501.187/RJ, Rel. Min. Marco Buzzi, julg. 16.12.2014.

11 STJ, 3ª T., REsp 1.381.610/RS, Rel. Min. Nancy Andrighi, julg. 3.9.2013.

12 STJ, 3ª T., REsp 1.193.764/SP, Rel. Min. Nancy Andrighi, julg. 14.12.2010 (griou-se). Na mesma ementa, pode-se ler: "Ao ser comunicado de que determinado texto ou imagem possui conteúdo ilícito, deve o provedor agir de forma enérgica, retirando o material do ar imediatamente, sob pena de responder solidariamente com o autor direto do dano, em virtude da omissão praticada. Ao oferecer um serviço por meio do qual se possibilita que os usuários externem livremente sua opinião, deve o provedor de conteúdo ter o cuidado de propiciar meios para que se possa identifi-

o propósito de proteção de higidez da rede, que os provedores de internet têm o dever de armazenar dados por três anos após o cancelamento do serviço pelo usuário, para fins de identificação do autor de mensagem com conteúdo ofensivo.[13]

3. A RESPONSABILIDADE CIVIL DOS PROVEDORES DE INTERNET À LUZ DO MARCO REGULATÓRIO

Classificação dos provedores de internet

Em tal quadro normativo se insere a Lei nº 12.965/2014, que recebeu a alcunha de "Marco Civil da Internet", cuja disciplina se conjuga com o regime codificado. O art. 5º define (i) os provedores de conexão à internet,[14] que habilitam um terminal para envio e recebimento de pacotes de dados pela internet, mediante a atribuição ou autenticação de um endereço IP; e (ii) os provedores de aplicações de internet,[15] que disponibilizam um conjunto de funcionalidades que podem ser acessadas por meio de um terminal conectado à internet. Por outro lado, a jurisprudência do STJ, antes mesmo de o Marco Civil entrar em vigor, desenvolveu relevante classificação de provedores de serviços na internet, distinguindo os (i) provedores de *backbone* (espinha dorsal),[16] que detêm estrutura de rede capaz de processar grandes volumes de informação. São os responsáveis pela conectividade da internet, oferecendo sua in-

---

car cada um desses usuários, coibindo o anonimato e atribuindo a cada manifestação uma autoria certa e determinada. Sob a ótica da diligência média que se espera do provedor, deve este adotar as providências que, conforme as circunstâncias específicas de cada caso, estiverem ao seu alcance para a individualização dos usuários do site, sob pena de responsabilização subjetiva por *culpa in omittendo*. Ainda que não exija os dados pessoais dos seus usuários, o provedor de conteúdo, que registra o número de protocolo na internet (IP) dos computadores utilizados para o cadastramento de cada conta, mantém um meio razoavelmente eficiente de rastreamento dos seus usuários, medida de segurança que corresponde à diligência média esperada dessa modalidade de provedor de serviço de internet". No mesmo sentido, v. STJ, 3ª T., REsp 1.417.641/RJ, Rel. Min. Nancy Andrighi, julg. 25.2.2014.

13 V. STJ, 3ª T., REsp 1.417.641/RJ, Rel. Min. Nancy Andrighi, julg. 25.2.2014; STJ, 3ª T., REsp 1.398.985/MG, Rel. Min. Nancy Andrighi, julg. 19.11.2013, em que se aduz: "Ao oferecer um serviço por meio do qual se possibilita que os usuários divulguem livremente suas opiniões, deve o provedor de conteúdo ter o cuidado de propiciar meios para que se possa identificar cada um desses usuários, coibindo o anonimato e atribuindo a cada imagem uma autoria certa e determinada. Sob a ótica da diligência média que se espera do provedor, do dever de informação e do princípio da transparência, deve este adotar as providências que, conforme as circunstâncias específicas de cada caso, estiverem ao seu alcance para a individualização dos usuários do site, sob pena de responsabilização subjetiva por *culpa in omittendo*. As informações necessárias à identificação do usuário devem ser armazenadas pelo provedor de conteúdo por um prazo mínimo de 03 anos, a contar do dia em que o usuário cancela o serviço".

14 No Brasil, os mais conhecidos são: Net Virtua, Brasil Telecom, GVT e operadoras de telefonia celular como TIM, Claro e Vivo, estas últimas que fornecem o serviço 3G e 4G.

15 Na definição de João Quinelato Queiroz: "O provedor de aplicações, assim, via de regra, não produz conteúdos próprios e não põe seu pessoal a serviço da elaboração editorial de determinado conteúdo. O provedor de aplicações restringe-se a disponibilizar aplicações para que terceiros produzam o conteúdo que será ali veiculado" (João Quinelato Queiroz, *Responsabilidade civil na rede*: danos e liberdade à luz do Marco Civil da Internet, Rio de Janeiro: Processo, 2019, p. 76). São exemplos de provedores de aplicações de internet o Facebook, o Instagram, o Twitter, o Orkut e outras redes sociais semelhantes.

16 São exemplos de empresas provedoras de *backbone*: Embratel, Oi, AT&T, NTT, UOL Diveo, Mundivox do Brasil, Telefonia e TIM Intelig.

fraestrutura a terceiros, que repassam aos usuários finais acesso à rede; os (ii) provedores de acesso,[17] que adquirem a infraestrutura dos provedores *backbone* e a revendem aos usuários finais, possibilitando a estes conexão com a internet; os (iii) provedores de hospedagem,[18] que armazenam dados de terceiros, conferindo-lhes acesso remoto; os (iv) provedores de informação,[19] que produzem as informações divulgadas na internet; e os (v) provedores de conteúdo,[20] que disponibilizam na rede as informações criadas ou desenvolvidas pelos provedores de informação.[21]

Profundamente influenciada pela construção jurisprudencial anterior, a Lei nº 12.965/2014 assegura, nos arts. 18 e 19, a responsabilidade subjetiva, como mecanismo de promoção da liberdade de expressão e de contenção específica do ato ilícito. Segundo a dicção do art. 18, "[o] provedor de conexão à internet não será responsabilizado civilmente por danos decorrentes de conteúdo gerado por terceiros".[22] Já o art. 19, cuja

---

17 Exemplo de provedor de acesso é a Oi – de acordo com o art. 18 do Marco Civil, o provedor de acesso não responde civilmente pelo conteúdo veiculado por terceiros, mas apenas por eventual vício do serviço em caso de falha na prestação de serviço de acesso à internet e pelos problemas daí decorrentes (ex.: queda de velocidade de conexão, interrupção de conectividade etc.).

18 É o caso, por exemplo, dos servidores de e-mails coorporativos ou de armazenamento de dados na nuvem (armazenam dados de terceiros em suas estruturas e conferem acesso remoto aos seus usuários).

19 Há numerosos exemplos de servidores de informação: *O Globo*, *Folha de S.Paulo*, *New York Times*, *The Guardian* etc.

20 Se o jornal *O Globo*, que tem um perfil próprio no Instagram, publicar uma matéria no seu perfil da rede social, por exemplo, poderá enquadrar-se tanto na classificação de provedor de informação quanto na de provedor de conteúdo.

21 A classificação foi adotada pela Corte no seguinte acórdão: STJ, 3ª T., REsp 1.381.610/RS, Rel. Min. Nancy Andrighi, julg. 3.9.2013. Conforme explica Felipe Schvartzman, apesar de o STJ reconhecer que um único agente pode desempenhar funções de diferentes provedores na internet, admitindo que empresas jornalísticas, por exemplo, atuem como provedores de informação (em relação às notícias por elas postadas) e, ao mesmo tempo, provedores de conteúdo (quanto à seção de comentários de seus leitores), "o Tribunal, para fins de responsabilização civil, não aplicou as consequências que se extraem dessa distinção no julgamento do REsp 1.352.053/AL. Naquela oportunidade, o STJ entendeu ser necessário diferenciar empresas jornalísticas de empresas de informática, sob o fundamento de que o controle editorial de conteúdo faria parte da atividade inerente ao objeto do portal de notícias em questão, mas não seria exigido das empresas que o Tribunal classificou como sendo as da 'área da informática'" (Felipe Schvartzman, Responsabilidade civil de empresas jornalísticas por comentários de terceiros na internet: análise da distinção entre provedores de conteúdo feita pelo STJ no julgamento do REsp 1.352.053. In: Anderson Schereiber (coord,), *Direito e mídia*, vol. 2, Rio de Janeiro: Foco, 2022, 2ª ed.).

22 O Superior Tribunal de Justiça "(...) tem entendimento reiterado no sentido de afastar a responsabilidade de buscadores da internet pelos resultados de busca apresentados, reconhecendo a impossibilidade de lhe atribuir a função de censor e impondo ao prejudicado o direcionamento de sua pretensão contra os provedores de conteúdo, responsáveis pela disponibilização do conteúdo indevido na internet. Precedentes. 4. Há, todavia, circunstâncias excepcionalíssimas em que é necessária a intervenção pontual do Poder Judiciário para fazer cessar o vínculo criado, nos bancos de dados dos provedores de busca, entre dados pessoais e resultados da busca, que não guardam relevância para interesse público à informação, seja pelo conteúdo eminentemente privado, seja pelo decurso do tempo. 5. Nessas situações excepcionais, o direito à intimidade e ao esquecimento, bem como a proteção aos dados pessoais deverá preponderar, a fim de permitir que as pessoas envolvidas sigam suas vidas com razoável anonimato, não sendo o fato desabonador corriqueiramente rememorado e perenizado por sistemas automatizados de busca" (STJ, 3ª T., REsp 1660168/RJ, Rel. p/ acórdão Min. Marco Aurélio Bellizze, julg. 8.5.2018, publ. *Dje* 5.6.2018). No entendimento do Superior Tribunal

constitucionalidade vem sendo discutida, sintetiza a solução construída pela jurisprudência, afirmando que o dever de reparação de danos somente será imputado ao provedor se este, após ordem judicial específica, deixar de retirar o conteúdo ofensivo.[23] O § 1º do mesmo dispositivo preceitua: "A ordem judicial de que trata o *caput* deverá conter, sob pena de nulidade, identificação clara e específica do conteúdo apontado como infringente, que permita a localização inequívoca do material".[24]

Arts. 18 e 19 do Marco Civil da Internet

Ao comentar tais dispositivos, ressalta-se "o amparo legislativo aos provedores, em prol da liberdade de expressão e contrário à censura prévia", reafirmando a responsabilidade subjetiva com a imposição aos provedores do dever de "tomar providências tão logo receba ordem judicial específica", com vistas a bloquear a divulgação do fato danoso.[25] Por outro lado, independentemente da controvérsia acerca da exigência legal de ordem judicial para a deflagração da responsabilidade civil, sendo insuficiente a notificação do interessado, a opção legislativa tem o mérito de prestigiar a liberdade de expressão e circunscrever as restrições às hipóteses de prática de ilícito, submetidas a controle judicial.

Exigência legal de ordem judicial para a deflagração da responsabilidade civil

A mesma linha de entendimento tem sido reafirmada pelo Superior Tribunal de Justiça, o qual, entretanto, diferencia a conduta exigida pela Lei nº 12.965/2014, caracterizada pelo desatendimento de ordem judicial, em relação à simples omissão do provedor na retirada do conteúdo apontado como ofensivo após notificação extrajudicial pelo interessado. Conforme observado, segundo o sistema atual, a responsabilidade civil do provedor de internet se identifica com "o dano decorrente de

Responsabilidade pelo descumprimento de ordem judicial

---

de Justiça, tanto os provedores de conexão quanto os de aplicação devem guardar as informações necessárias para "resolver a questão dos usuários na internet": "Da interpretação sistemática de dispositivos legais do Marco Civil da Internet (art. 10, *caput* e § 1º, e art. 15), dessume-se que tanto os provedores de conexão quanto os provedores de aplicação têm a obrigação de guarda e fornecimento das informações da porta lógica de origem associada ao endereço IP. Apenas com as duas pontas da informação – conexão e aplicação – é possível resolver a questão da identidade de usuários na internet que estejam utilizando um compartilhamento da versão 4 do IP" (STJ, 3ª T., REsp 2005051/SP, Rel. Min. Nancy Andrighi, julg. 23.08.2022, publ. *DJe* 25.8.2022).

23 Eis o teor do dispositivo: "Com o intuito de assegurar a liberdade de expressão e impedir a censura, o provedor de aplicações de internet somente poderá ser responsabilizado civilmente por danos decorrentes de conteúdo gerado por terceiros se, após ordem judicial específica, não tomar as providências para, no âmbito e nos limites técnicos do seu serviço e dentro do prazo assinalado, tornar indisponível o conteúdo apontado como infringente, ressalvadas as disposições legais em contrário".

24 Como preceitua o Superior Tribunal de Justiça, "[t]anto os provedores de conexão quanto os de acesso à internet estão obrigados a, mediante ordem judicial, fornecer o número da 'porta lógica de origem', associada ao endereço IP" (STJ, 3ª T., AgInt no AgInt nos EDcl no REsp 1841944/CE, Rel. Min. Moura Ribeiro, julg. 3.10.2022, publ. *DJe* 5.10.2022). No mesmo sentido: STJ, 4ª T, REsp 1763517/SP, Rel. Min. João Otávio de Noronha, julg. 5.9.2023, publ. *DJe* 8.9.2023; STJ, 4ª T, AgInt nos EDcl no AgInt no REsp 1862739/RJ, Rel. Min. Maria Isabel Gallotti, julg. 12.6.2023, publ. *DJe* 15.6.2023.

25 Thiago Guimarães Moraes, Responsabilidade civil de provedores de conteúdo da internet, In: *Revista Brasileira de Direito Civil*, v. 4, abr.-jun./2015, pp. 98-99. O autor, ao elogiar o esforço do legislador especial, enumera algumas deficiências do novo diploma: "Nada foi estabelecido com relação ao anonimato. Se os provedores de conteúdo não puderem fornecer um mecanismo para identificação do ofensor, a responsabilização deste pelo ilícito estará comprometida. Ao mesmo tempo, como já discutido, uma das características intrínsecas à Internet é o universo anônimo. Ir contra esta tendência para que se possa garantir os direitos dos ofendidos se provará um verdadeiro desafio".

descumprimento de ordem judicial, previsão que se distancia, em grande medida, da jurisprudência atual do STJ, a qual, para extrair a conduta ilícita do provedor, se contenta com a inércia após notificação extrajudicial".[26]

Estabelecidos os contornos do dano injusto, há que se afastar a perspectiva simplista de que a adoção de responsabilidade subjetiva, quer pela Lei nº 12.965/2014, quer pelo Código Civil ou pela construção jurisprudencial apontada, poderia representar opção conservadora, menos protetiva dos direitos das vítimas e, conseguintemente, espécie de retrocesso em relação aos direitos conquistados no campo da responsabilidade civil. Isso porque, em primeiro lugar, a responsabilidade subjetiva procura identificar, no âmbito da objetivação da responsabilidade civil anteriormente apontada, a culpa normativa, ou seja, o descumprimento de padrão de comportamento socialmente exigível no caso concreto pelo ofensor, afastando-se perspectiva intencional destinada a perquirir, como na dogmática tradicional, intenção culposa de difícil comprovação. Uma vez conferida à responsabilidade subjetiva tratamento evolutivo que refletia o juízo de reprovação percebido pela sociedade em determinado momento histórico, a partir de razoáveis consensos sociais aferidos gradualmente na aplicação da cláusula *nemem leadere*, o discernimento entre condutas lícitas e ilícitas constitui-se em eficiente instrumento de promoção do agir conforme ao direito e de repressão a condutas indesejadas. Sob esse prisma, a sobrevivência da culpa configura a outra face da mesma moeda em que se estimula o respeito ao direito alheio, reservando-se o compartilhamento social dos riscos para determinadas atividades que, por sua natureza e finalidade, justifiquem a incidência da responsabilidade objetiva.[27]

A adoção da responsabilidade subjetiva não é opção conservadora ou menos protetiva

Além disso, tratando-se de exercício de liberdade de expressão, mostra-se inquietante considerá-la atividade de risco, sendo benfazejo o estímulo à ampla divulgação de ideias e informações, tendo-se sempre presente, para hipóteses de violação à ordem jurídica, o controle de ilicitude. Daí por que parecer desconcertante, sob a ótica da proteção de direitos fundamentais, a adoção, em matéria de liberdade de expressão, da cláusula geral do art. 927, parágrafo único, do Código Civil. Por outro lado, o Código de Defesa do Consumidor, destinado a reduzir assimetrias e vulnerabilidades, conjuga-se com as normas indicadas sempre que houver relação de consumo, devendo-se delimitar, para a sua incidência, os riscos e os vícios de segurança que decorrem dos produtos e serviços analisados. No caso dos provedores de internet, há responsabilidade objetiva pelos danos causados por defeitos na prestação dos serviços, aí se incluindo, dependendo da natureza do provedor, falhas de comunicação, de atualização, de armazenamento de informações e assim por diante. Entre o espectro de defeitos de tal relação de consumo certamente não se inserem os danos causados por terceiros[28] que, no

A não incidência da cláusula geral de responsabilidade objetiva

A incidência do Código de Defesa do Consumidor

---

26 STJ, 2ª S., REsp 1.512.647/MG, Rel. Min. Luis Felipe Salomão, julg. 13.5.2015.

27 Sobre o tema, cfr. Marcelo Junqueira Calixto, *A culpa na responsabilidade civil*: estrutura e função, Rio de Janeiro: Renovar, 2008.

28 Segundo a 3ª Turma do STJ, o site intermediador do comércio eletrônico não pode ser responsabilizado por fraude praticada por terceiro alheio à atividade da plataforma. A controvérsia teve origem em ação de reparação de danos contra a plataforma Mercado Livre, proposta por uma mulher que vendeu um celular e não recebeu o valor correspondente. O aparelho foi anunciado na plataforma,

espaço virtual, se valendo de provedores de acesso e de conteúdo, expressam livremente o seu pensamento, no exercício, portanto, da liberdade fundamental de expressão. Esse tipo de dano não decorre diretamente dos serviços prestados por provedores, mas tem causa necessária no exercício da liberdade fundamental (que se expressa por qualquer meio de expressão), a qual, por não ser absoluta, encontra seus limites no controle subjetivo de ilicitude e de abusividade assegurado pela ordem jurídica.[29]

Um comentário merece ser registrado em relação à linguagem do aludido artigo 19 da Lei nº 12.965/2014, que responsabiliza o provedor se – e somente se – deixar de atender a ordem judicial destinada a retirar o conteúdo ofensivo.[30] O dispositivo, que descreve dano injusto, compatibiliza-se com as responsabilidades subjetiva e objetiva. Se não houver lei específica de imputação à relação de consumo, a conduta ilícita será

---

mas a negociação aconteceu diretamente com o comprador, fora da plataforma de vendas. O fato de o fraudador não ter utilizado dos mecanismos oferecidos na intermediação pela plataforma impediu a qualificação do ocorrido como falha no dever de segurança. Considerou-se a hipótese como fato de terceiro, que rompeu o nexo causal entre o dano e o fornecedor de serviços (STJ, 3ª T., REsp n. 1.880.344/SP, Rel. Min. Nancy Andrighi, julg. 9.3.2021). Da mesma forma, decidiu a Corte que: "(...) não é possível impor aos sites de intermediação a responsabilidade de realizar a prévia fiscalização sobre a origem de todos os produtos. Isto é, à exceção das hipóteses estabelecidas no MCI, os provedores de aplicações não têm a obrigação de excluir publicações realizadas por terceiros em suas páginas, por violação aos termos de uso, devido à existência de requerimento extrajudicial" (STJ, 3ª T., REsp 2.088.236/PR, Rel.ª Min.ª Nancy Andrighi, julg. 23.04.2024, publ. DJ 26.04.2024).

29 A 3ª Turma do Superior Tribunal de Justiça decidiu que o site de classificados automotivos não pode ser responsabilizado por informações imprecisas publicadas por terceiros em anúncios de veículos automotores em sua plataforma. O relator para acórdão, Min. Rel. Ricardo Villas Bôas Cueva, destacou que: "3. Ao publicar anúncios por meio de site especializado no serviço de classificados o provedor de conteúdo atua como mero divulgador de ofertas elaboradas por terceiros, não assumindo, por isso, a condição de fornecedor dos produtos (no caso, automóveis novos e usados) anunciados ao público em geral. O provedor de conteúdo responsável pela publicação de página eletrônica de classificados na internet não responde por eventual inexatidão na indicação - promovida por terceiros anunciantes, contratantes de seus serviços - de preços e condições de pagamento dos bens ali ofertados, sendo descabido transferir-lhe, em casos tais, o dever de informação a que se refere o Código de Defesa do Consumidor" (STJ, 3ª T., REsp 2.102.442/GO, Rel.ª Min.ª Nancy Andrighi, Rel. p./ acórdão Min. Ricardo Villas Bôas Cueva, julg. 14.5.2024, publ. DJ 10.6.2024).

30 Quando não é o conteúdo abrigado pelo site que gera danos a terceiros, não incide o art. 19 do Marco Civil da Internet, conforme já decidiu reiteradas vezes o próprio STJ: "Na análise da responsabilidade civil dos provedores de internet por atos de concorrência desleal no mercado de links patrocinados, não é o conteúdo gerado no site patrocinado que origina o dever de indenizar, mas a forma que o provedor de pesquisa comercializa seus serviços publicitários ao apresentar resultados de busca que fomentem a concorrência parasitária e confundam o consumidor. Por essa razão, não há que se falar na aplicação do art. 19 do Marco Civil da Internet" (STJ, 3ª T., REsp 2.096.417/SP, Rel.ª Min.ª Nancy Andrighi, julg. 20.2.2024, publ. DJ 7.3.2024). No mesmo sentido: STJ, 3ª T, REsp 2.012.895/SP, Rel. Min. Ricardo Villas Bôas Cueva, julg. 8.8.2023, publ. *DJe* 15.8.2023; STJ, 3ª T, REsp REsp 2.032.932/SP, Rel. Min. Ricardo Villas Bôas Cueva, julg. 8.8.2023, publ. *DJe* 24.8.2023; STJ, 4ª T., REsp 1.937.989/SP, Rel. Min. Luis Felipe Salomão, julg. 23.8.2022, *DJe* 7.11.2022. A Terceira Turma do STJ, por unanimidade, deu parcial provimento ao Recurso Especial 1.961.480-SP, firmando a tese de que o provedor de internet deve manter armazenados os registros relativos a patrocínio de links em serviços de busca pelo período de seis meses, contados do fim do patrocínio, e não da data da contratação (STJ, 3ª T, REsp 1.961.480/SP, Rel. Min. Nancy Andrighi, julg. 7.12.2021, *DJe* 13.12.2021). Sobre o tema, cf. Gisela Sampaio da Cruz Costa Guedes, Armazenamento de registros no Marco Civil da Internet. *AGIRE | Direito Privado em Ação*, n. 7. Disponível em: <https://agireditreitoprivado.substack.com/p/7-armazenamento-de-registros-no-marco>. Acesso em: 11.10.2023.

A compatibilidade do art. 19 com as responsabilidades subjetiva e objetiva

identificada pela omissão nas providências devidas – uma vez caracterizada a imputação ao provedor da conduta omissiva. Entretanto, se há relação de consumo, o risco da atividade é assumido pelo provedor, devendo-se, pois, estabelecer a extensão e os limites do risco assumido. Mantendo-se o conteúdo apontado como infringente a despeito da ordem judicial, há defeito na prestação do serviço, que se sobrepõe à conduta propriamente ilícita do responsável (de modo a se inverter o ônus da prova), deflagrando-se, em consequência, com natureza objetiva, a responsabilidade do provedor, que somente poderá ser afastada na presença de excludentes de causalidade. Incidem, nesse caso, os dispositivos do Código de Defesa do Consumidor, sem que se pudesse cogitar, por exemplo, da inexistência de culpa do provedor pela não retirada do conteúdo danoso. Tampouco o fornecedor de serviços poderia alegar fortuito interno – decorrente de aspectos tecnológicos, por exemplo – responsável pela permanência do conteúdo ofensivo após o prazo imposto judicialmente para a sua retirada.[31]

Em última análise, há que se evitar qualquer controle prévio de informação que pudesse representar ameaça à livre circulação de ideias,[32] apartando-se, no caso concreto, a responsabilidade objetiva por defeito do serviço, em cujo espectro não se inclui o conteúdo da informação, da prática de ilícito pelo provedor que pudesse se valer das mídias e redes sociais como veículo para atingir a honra alheia. Conjugam-se, então, as duas espécies de controle jurisdicional, com a adoção de responsabilidade objetiva do provedor por defeito do serviço, no qual não se inclui o conteúdo das manifestações veiculadas por terceiros (expressão de liberdade fundamental) e de responsabilidade subjetiva por ilícito praticado pelo provedor, em desapreço pelo art. 19 da Lei nº 12.965/2014 e pelos arts. 186 e 927, *caput*, do Código Civil.

Vale ressaltar, ao propósito, acórdão da relatoria do Min. Paulo de Tarso Sanseverino, refratário a qualquer espécie de "controle prévio acerca do conteúdo das informações postadas no site por seus usuários, pois constituiria uma modalidade de censura

31 Como se vem de demonstrar, o entendimento do texto mostra-se consentâneo com a linha evolutiva da jurisprudência. Destoa dos acórdãos anteriormente mencionados, com fundamento explicitamente associado ao regime anterior à Lei nº 12.965/2014: STJ, 3ª T., REsp 1.352.053/AL, Rel. Min. Paulo de Tarso Sanseverino, julg. 24.3.2015.

32 A rejeição de qualquer espécie de controle prévio de manifestação de pensamento, como se sabe, foi consagrada pelo Supremo Tribunal Federal, em 10 de junho de 2015, no exame das biografias não autorizadas na ADI 4.815. Naquele histórico julgamento, de relatoria da Min. Cármen Lúcia Antunes Rocha, o Plenário do Supremo Tribunal Federal, por unanimidade, julgou procedente a ação, declarando inexigível a autorização prévia para a publicação de biografias. Na ocasião, sublinhou a Min. relatora: "O direito de se informar relaciona-se à liberdade de buscar a informação em fonte não censurada e sobre qualquer tema que se revele de interesse do cidadão. Coartar a busca livre de assunto ou em fonte circunscrita antecipadamente significa limitar a liberdade de obter dados de conhecimento para a formação de ideias e formulação de opiniões. O direito fundamental constitucionalmente assegurado compreende, pois, a busca, o acesso, o recebimento, a divulgação, a exposição de dados, pensamentos, formulações, sendo todos e cada um responsável pelo que exorbitar a sua esfera de direitos e atingir outrem". Na mesma linha, observou o Min. Luís Roberto Barroso que "a liberdade de expressão não é garantia de verdade ou de justiça. Ela é uma garantia da democracia. Defender a liberdade de expressão pode significar ter de conviver com a injustiça e até mesmo com a inverdade. Isso é especialmente válido para as pessoas públicas, como agentes públicos ou artistas".

prévia, o que não é admissível em nosso sistema jurídico".[33] Esse entendimento foi sustentado, reiteradas vezes, pelo Superior Tribunal de Justiça, por ambas as turmas da 2ª Seção. Destaca-se, nessa direção, acórdão da relatoria do Min. João Otávio de Noronha, em que se estabelece: "O provedor de hospedagem de *blogs* não está obrigado a realizar a prévia fiscalização das informações que neles circulam. Assim, não necessita de obter dados relativos aos conteúdos veiculados, mas apenas referentes aos autores dos *blogs*".[34]

Posicionamento do STJ

Nessa esteira, o Min. Marco Buzzi, em acórdão de sua relatoria, asseverou ter se consolidado na Corte o entendimento segundo o qual não incide a "responsabilidade objetiva com base no art. 927 do CC, mas sim a responsabilidade subjetiva, a qual só se configura quando o provedor não age rapidamente para retirar o conteúdo ofensivo ou não adota providências para identificar o autor do dano".[35]

As tecnologias surpreendem a cada dia pelo fantástico desenvolvimento de novos horizontes na comunicação social e pelo incremento da potencialidade de danos que suscitam. No que tange à responsabilidade civil dos provedores pelo conteúdo ilícito produzido por terceiros, a evolução jurisprudencial e legislativa brasileira demonstra que os fatos sociais se antecipam ao direito positivo, exigindo-se especial esforço interpretativo para a compatibilização das fontes normativas e solução das controvérsias que surgem no espaço virtual.

Na jurisprudência, questão que já fomentou debate é a aplicabilidade do art. 21 do Marco Civil da Internet à hipótese de veiculação de fotografias de nudez, produzidas e cedidas com fins comerciais, em endereços eletrônicos da internet, sem a autorização da modelo fotografada – o que, vale dizer, não se confunde com o que se convencionou chamar de "pornografia de vingança". No caso de fotografias produzidas e cedidas com fins comerciais, discute-se se a responsabilidade do provedor para promover a retirada do conteúdo inicia-se a partir da notificação extrajudicial, a atrair a incidência do art. 21 da Lei n.º 12.965/2014, ou se haveria necessidade de ordem judicial, nos termos do art. 19 do mesmo diploma.

O art. 21 do Marco Civil da internet traz exceção à regra de reserva da jurisdição estabelecida no art. 19, a fim de impor ao provedor, de imediato, a exclusão, em sua

---

33 STJ, 3ª T., REsp 1.337.990/SP, Rel. Min. Paulo de Tarso Sanseverino, julg. 21.8.2014. Nesse julgado, conhecido como o caso Rubens Barrichello, o piloto da Fórmula 1, após tomar conhecimento da existência de "perfis" falsos utilizando o seu nome e suas fotos com informações injuriosas, além de "comunidades" destinadas unicamente a atacar sua imagem e sua vida pessoal, notificou extrajudicialmente o provedor para a sua retirada da internet. O STJ, então, reiterou seu posicionamento no sentido de que, "ao tomar conhecimento, porém, da existência de dados ilícitos em 'site' por ele administrado, o provedor de internet tem o prazo de 24 horas para removê-los, sob pena de responder pelos danos causados por sua omissão".

34 STJ, 3ª T., REsp 1.274.971/RS, Rel. Min. João Otávio de Noronha, julg. 19.3.2015. No acórdão, destacou-se, ainda: "Se em algum *blog* for postada mensagem ofensiva à honra de alguém, o interessado na responsabilização do autor deverá indicar o URL das páginas em que se encontram os conteúdos consideradas ofensivos. Não compete ao provedor de hospedagem de *blogs* localizar o conteúdo dito ofensivo por se tratar de questão subjetiva, cabendo ao ofendido individualizar o que lhe interessa e fornecer o URL. Caso contrário, o provedor não poderá garantir a fidelidade dos dados requeridos pelo ofendido".

35 STJ, 4ª T., REsp 1.501.187/RJ, Rel. Min. Marco Buzzi, julg. 16.12.2014.

plataforma, das fotos decorrentes de "pornografia de vingança". Como a redação do art. 21 faz referência a conteúdo íntimo, divulgado sem autorização e produzido em "caráter privado", no julgamento do Recurso Especial 2025712/SP, a Terceira Turma do Superior Tribunal de Justiça entendeu, por maioria, que "[a]s imagens íntimas produzidas e cedidas com fins comerciais – a esvaziar por completo sua natureza privada e reservada – não se amoldam ao espectro normativo (e protetivo) do art. 21 do Marco Civil da Internet, que excepciona a regra de reserva da jurisdição. (...) Sua divulgação, na rede mundial de computadores, sem autorização da pessoa reproduzida, por evidente, consubstancia ato ilícito passível de proteção jurídica, mas não tem o condão de excepcionar a reserva de jurisdição (que se presume constitucional, até declaração em contrário pelo Supremo Tribunal Federal). (...) A responsabilidade subsidiária do provedor pelos danos materiais e morais apenas se dá após ordem judicial específica e em caso de descumprimento, o que, na hipótese dos autos, não se verificou".[36]

Nessa direção, sobreleva a notável contribuição da jurisprudência, notadamente do Superior Tribunal de Justiça, para a definição (i) dos riscos alocados às atividades dos provedores; (ii) do conceito e da extensão dos danos injustos produzidos em tal contexto; e (iii) da compatibilização das fontes normativas incidentes, em particular o Código Civil, o Código de Defesa do Consumidor e a Lei nº 12.965/2014, sempre à luz dos princípios e valores constitucionais. Dessa forma, estabeleceu-se, gradualmente, suficiente segurança jurídica, evidentemente em contínuo desenvolvimento, para franquear ampla liberdade de informação e manifestação, como garantia fundamental, e a proteção dos interesses existenciais e patrimoniais alcançados a cada dia no espaço virtual e que devem ser compreendidos na legalidade constitucional.

4. CONTROVÉRSIAS SOBRE A CONSTITUCIONALIDADE DO ART. 19 DO MARCO CIVIL DA INTERNET

Desde que a Lei nº 12.965/2014 entrou em vigor, o seu art. 19 tem sido objeto de numerosas controvérsias – notadamente pelo fato de o legislador responsabilizar o provedor apenas em caso de descumprimento de ordem judicial[37] –, chegando-se

---

[36] STJ, 3ª T., REsp 2.025.712/SP, Rel. p/ acórdão Marco Aurélio Bellizze, julg. 14.3.2023, publ. *DJe* 24.3.2023. No mesmo sentido: "Exceção prevista no art. 21 que se destina a proteger vítimas de um tipo de violência digital conhecido como disseminação de imagens íntimas não consentidas, também conhecida pela sigla NCII (da expressão em inglês *non-consensual intimate images*); 8. Modelo que tem suas fotografias sensuais indevidamente divulgadas de forma pirata não pode ser equiparada à vítima de disseminação de imagens íntimas não consentidas, que tem sua intimidade devassada e publicamente violada e cuja ampla e vexaminosa exposição de seu corpo de forma não consentida demanda remoção mais célere do conteúdo que viola de forma direta, pungente e absolutamente irreparável o seu direito fundamental à intimidade" (STJ, 3ª T., REsp 1.840.848/SP, Rel. Min. Paulo de Tarso Sanseverino, julg. 26.4.2022, publ. *DJe* 5.5.2022). Cf. também: STJ, 3ª T., REsp 1848036/SP, Rel. Min. Paulo de Tarso Sanseverino, julg. 26.4.2022, publ. *DJe* 5.5.2022; STJ, 3ª T., REsp 1.930.256/SP, Rel. p/ acórdão Min. Marco Aurélio Bellizze, julg. 7.12.2021, publ. *DJe* 17.12.2021. Já quando se trata de pornografia de vingança, aplica-se o art. 21 do Marco Civil da Internet: STJ, 3ª T., REsp 1.735.712/SP, Rel. Min. Nancy Andrighi, julg. 19.5.2020, publ. *DJe* 27.5.2020.

[37] De acordo com o *caput* do art. 19 da Lei nº 12.965/2014: "Com o intuito de assegurar a liberdade de expressão e impedir a censura, o provedor de aplicações de internet somente poderá ser res-

mesmo a questionar a sua constitucionalidade perante o Supremo Tribunal Federal. A norma subordina o dever de agir do provedor à obtenção, pela vítima, de providência jurisdicional, o que nem sempre ocorre com a celeridade exigida pelos casos mais sensíveis, então o mecanismo adotado pelo Marco Civil acaba potencializando a lesão, alargando – em alguns casos de forma irreversível – a própria extensão do dano indenizável.[38]

A necessidade de providência judicial

Apesar das críticas que lhe foram dirigidas, o referido dispositivo tem o mérito de proteger a liberdade de expressão, estabelecendo a responsabilidade subjetiva com a imposição aos provedores do dever de tomar providências tão logo receba ordem judicial específica para bloquear a divulgação do fato danoso. Por outro lado, como já se adiantou, a previsão de "ordem judicial específica"[39] como formalidade necessária ao surgimento do dever de retirada do conteúdo ofensivo vulnera ainda mais a vítima já atingida pelo dano, porque prolonga a lesão no tempo, renovando-a a cada dia que passa, e o conteúdo ofensivo permanece na internet à espera de ordem judicial específica.

Argumentos a favor da constitucionalidade do art. 19 do Marco Civil

Nesse contexto, parte da doutrina passou a questionar a própria constitucionalidade do dispositivo.[40] Na defesa da opção legislativa e da constitucionalidade do art. 19, argumenta-se não só que o art. 5º, nos seus incisos IV e X, da Constituição eleva a liberdade de expressão à categoria de direito fundamental, como que o art. 220 da

---

ponsabilizado civilmente por danos decorrentes de conteúdo gerado por terceiros se, após ordem judicial específica, não tomar as providências para, no âmbito e nos limites técnicos do seu serviço e dentro do prazo assinalado, tornar indisponível o conteúdo apontado como infringente, ressalvadas as disposições legais em contrário".

38 Para uma visão crítica do dispositivo, vale conferir: Anderson Schreiber, A responsabilidade civil por dano derivado de conteúdo geral por terceiro, In: Newton de Lucca; Adalberto Simão Filho; Cíntia Rosa Pereira Lima (org.), *Direito e Internet III*: Marco Civil da Internet (Lei 12.965/2014), vol. 1, t. II, São Paulo: Quartier Latin, 2015, pp. 277-304.

39 No entendimento do STJ, a "ordem judicial específica" prevista no art. 19 significa indicação de URL. Ou seja: não adianta a vítima pedir exclusão de todo conteúdo ofensivo genericamente, não cabendo ao provedor essa análise. Há várias decisões do STJ nesse sentido, ressaltando a necessidade de indicação pelo requerente do respectivo localizador URL do conteúdo apontado como infringente: "Recurso Especial. Civil e processual civil. Ação de obrigação de fazer. Internet. Retirada de anúncios online. Plataforma de intermediação 'mercado livre'. Necessidade de identificação clara e precisa do conteúdo digital a ser removido. Ausência de indicação dos localizadores url. Demonstração da ilegalidade do conteúdo a ser removido. Ausência. Recurso não provido. (...) 2. O propósito recursal consiste na determinação da legalidade da ordem de retirada de anúncios de venda na plataforma de vendas on-line mantida pela recorrente. 3. Para a remoção de conteúdo digital na internet, deve haver a indicação pelo requerente do respectivo localizador URL do conteúdo apontado como infringente. Precedentes. (...) 7. Recurso especial conhecido e provido" (STJ, 3ª T., REsp 1654221/SP, Rel. Min. Paulo de Tarso Sanseverino, Rel. p/ acórdão Min. Nancy Andrighi, julg. 22.10.2019, publ. *DJe* 28.10.2019). No mesmo sentido: STJ, 3ª T., REsp 2.136.322/SP, Rel.ª Min.ª Nancy Andrighi, julg. 10.09.2024, publ. DJ, 12.09.2024; STJ, 3ª T., AgInt nos EDcl no REsp 2.032.567/SP, Rel. Min. Ricardo Villas Bôas Cueva, julg. 14.10.2024, publ. DJ 17.10.2024; STJ, 4ª T., AgInt no REsp 1.732.087/PR, Rel. Min. João Otávio de Noronha, julg. 7.10.2024, publ. DJ 9.10.2024; STJ, 3ª T., AgInt nos EDcl no AREsp 1.753.362/RJ, Rel. Min. Ricardo Villas Bôas Cueva, julg. 8.4.2024, publ. DJ 11.4.2024; STJ, 3ª T., REsp 1993896/SP, Rel. Min. Nancy Andrighi, julg. 17.5.2022, publ. *DJe* 19.5.2022.

40 João Quinelato de Queiroz, *Responsabilidade civil na rede*: danos e liberdade à luz do Marco Civil da Internet, cit., especialmente pp. 147-153.

Constituição, *caput* e § 2º, combinado com o art. 5º, IX e XIV, vedam qualquer tentativa de censura prévia que remonte à época ditatorial. Além disso, ainda a favor da constitucionalidade, costuma-se invocar o art. 5º, XXXV, da Constituição, que trata da inafastabilidade do controle jurisdicional (reserva de jurisdição) e do próprio princípio da legalidade (art. 5º, II, da Constituição).

Os defensores do Marco Civil da Internet indagam se realmente teria sido melhor prever a possibilidade de o provedor retirar prontamente o conteúdo ofensivo do ar – evitando, assim, a continuidade do dano –, alertando para o perigo dessa alternativa que reside "no empoderamento dos provedores para decidir o que deve e o que não deve ser exibido mediante critérios que não são apenas aqueles constates em seus termos de uso".[41] O Superior Tribunal de Justiça já manifestou esse receio, enfatizando que "há de se considerar a inviabilidade de se definirem critérios que autorizariam o veto ou o descarte de determinada página. Ante a subjetividade que cerca o dano psicológico e/ou à imagem, seria impossível delimitar parâmetros de que pudessem se valer os provedores para definir se um conteúdo é potencialmente ofensivo.[42] Por outro lado, seria temerário delegar esse juízo de discricionariedade aos provedores".[43]

A intensa subjetividade dos critérios que poderiam vir a ser utilizados pelos provedores para que o conteúdo fosse retirado da internet poderia comprometer, de certa forma, o desenvolvimento de novas alternativas de exploração e comunicação na rede. O receio de figurar no polo passivo de ações indenizatórias se as notificações extrajudiciais para a retirada de conteúdos não viessem a ser "imediatamente" cumpridas também poderia gerar insegurança e se constituir em entrave para o próprio desenvolvimento da internet. Nesse sentido, a intervenção do Poder Judiciário oferece maior segurança jurídica e controle sobre o que se posta na rede, diminuindo possíveis abusos, com forte impacto na proteção da liberdade de expressão.

Argumentos a favor da inconstitucionalidade do art. 19 do Marco Civil

No extremo oposto, parte da doutrina critica a opção legislativa de exigir ordem judicial para a deflagração da responsabilidade civil, notadamente nos casos de violação evidente de direitos da personalidade. Para fundamentar a inconstitucionalidade do art. 19 do Marco Civil da Internet, argumenta-se que o referido dispositivo viola o art. 5º, X, da Constituição, que consagra os direitos fundamentais à intimidade, à privacidade, à honra e à imagem, determinando que seja "assegurado o direito

[41] Carlos Affonso Souza; Ronaldo Lemos, *Marco Civil da Internet*: construção e aplicação, Juiz de Fora: Editar Editora Associada, 2016, p. 84 e s.

[42] A 4ª Turma do Superior Tribunal de Justiça reconheceu que não cabe aos provedores de internet realizar o juízo de valor acerca da natureza ofensiva das publicações na internet. A ementa do julgado destaca: "1. Constitui determinação impossível aquela que impõe ao provedor de internet, genericamente, suprimir termos ou expressão, fotos ou texto específico, ainda que relacionados àqueles que constam do URL da página em que inserida a publicação supostamente ofensiva. 2. Não é responsabilidade dos provedores de hospedagem realizar o juízo de valor prévio acerca da natureza ofensiva ou não das publicações da internet, por isso os pedidos de remoção de conteúdo devem ser chancelados pelo Judiciário por meio de ordem judicial que indique a localização inequívoca da postagem (URL)" (STJ, 4ª T., AgInt no REsp 1.732.087/PR, Rel. Min. João Otávio de Noronha, julg. 7.10.2024, publ. DJ 9.10.2024).

[43] STJ, 3ª T., REsp 1.316.921/RJ, Rel. Min. Nancy Andrighi, julg. 26.6.2012.

a indenização pelo dano material ou moral decorrente de sua violação". A favor da inconstitucionalidade, sustenta-se, ainda, que o art. 19 representa retrocesso na proteção dos direitos fundamentais, porque torna a propositura de ação judicial imprescindível à responsabilização do provedor, o que iria de encontro ao princípio de livre acesso à justiça (art. 5º, XXXV, da Constituição). Dessa forma, a opção do legislador confere inadmissível preferência geral e abstrata à liberdade de expressão, em detrimento de outros direitos fundamentais – como os direitos da personalidade, que também encontram guarida na Constituição –, e assim acaba deturpando a teoria do "*notice and takedown*", aplicada na *common law*.

Ainda na linha da inconstitucionalidade, o dispositivo privilegiaria a tutela patrimonial dos direitos autorais em detrimento da tutela do princípio da dignidade da pessoa humana daqueles que foram lesados por conteúdos gerados por terceiros. Com efeito, o § 2º do art. 19 "excepciona o regime de responsabilidade civil do provedor após descumprimento de ordem judicial para a matéria dos direitos autorais até que se edite norma específica – o que ainda não ocorreu – valendo, para os direitos autorais, o regime geral de responsabilidade civil, segundo o qual a responsabilidade é integral e não submetida ao regime da responsabilidade subjetiva".[44] Assim, ao contrário das demais hipóteses de violação de direito da personalidade, para a deflagração do dever de reparar do provedor pela não retirada do material que ofenda direitos autorais, basta o não atendimento de notificação extrajudicial. Tal orientação, estabelecida no regime especial contido no § 2º do art. 19, coaduna-se com o posicionamento que a jurisprudência vinha adotando antes da entrada em vigor do Marco Civil. Ao oferecer proteção mais intensa, célere e efetiva aos direitos autorais e conexos, a opção legislativa teria realizado, por assim dizer, verdadeira inversão axiológica, violando a cláusula geral de proteção da dignidade da pessoa humana, prevista no art. 1º, III, da Constituição, e os princípios da razoabilidade e da proporcionalidade.[45]

Controle difuso de constitucionalidade

Na jurisprudência, a inconstitucionalidade do art. 19 do Marco Civil da Internet foi declarada por meio do controle difuso de constitucionalidade. O Tribunal de Justiça de São Paulo, por exemplo, já declarou o dispositivo inconstitucional por violar o art. 5º, X e XXXV, da Constituição, ressaltando que ele acaba transformando a ação judicial em novo requisito para a responsabilidade civil do provedor, quer dizer, a ação judicial deixa de ser apenas um mecanismo para buscar a reparação dos danos já consumados e passa a ser requisito da própria responsabilidade civil.[46]

Em meio a essa controvérsia, dois recursos extraordinários foram interpostos e tiveram a sua repercussão geral reconhecida pelo Supremo Tribunal Federal. Ambos se encontram em debate. O primeiro deles foi o Recurso Extraordinário 1.0572.58/

---

44 João Quinelato de Queiroz, *Responsabilidade civil na rede*: danos e liberdade à luz do Marco Civil da Internet, cit., p. 148.

45 Para uma análise mais profunda dos argumentos a favor da inconstitucionalidade do art. 19 do Marco Civil, vale conferir: João Quinelato de Queiroz, *Responsabilidade civil na rede*: danos e liberdade à luz do Marco Civil da Internet, cit., pp. 147-153.

46 TJSP, 1ª CDPriv., AC 1011391-95.2015.8.26.0005, Rel. Des. Francisco Loureiro, julg. 7.6.2016.

MG, interposto em 2011, de relatoria do Ministro Luiz Fux, em que se discute o dever da empresa hospedeira de sítio na internet de fiscalizar o conteúdo publicado.[47] O segundo foi o Recurso Extraordinário 1.037.396/SP, interposto em 2016, de relatoria do Ministro Dias Toffoli, atinente à inconstitucionalidade do art. 19 do Marco Civil.[48]

Alterações legislativas em discussão

Em 12 de março de 2020, com fundamento na Resolução nº 663, o Supremo Tribunal Federal suspendeu as audiências públicas convocadas no âmbito desses dois recursos extraordinários, previstas inicialmente para os dias 23 e 24 de março de 2020, em razão da pandemia da Covid-19.[49] Em 2022, os casos chegaram a ser colocados em pauta, mas retirados em seguida. Em breve o assunto estará novamente na pauta do Supremo Tribunal Federal. Além desses casos que ganharam repercussão geral, há também algumas alterações legislativas em debate que têm por objetivo alterar o Marco Civil da Internet, e ainda darão muita margem para discussão.[50] Como algumas dessas propostas visam exatamente alterar o art. 19 do Marco Civil, a questão, portanto, ainda está longe de ser pacificada. É possível que o Supremo não declare a inconstitucionalidade do art. 19, mas faça apenas uma interpretação conforme a Constituição, estendendo a solução do art. 21 do Marco Civil a todos os casos que afetem diretamente a dignidade da pessoa humana.[51]

---

47 Nesse recurso discute-se o Tema 533, assim ementado: "Dever de empresa hospedeira de sítio na internet fiscalizar o conteúdo publicado e de retirá-lo do ar quando considerado ofensivo, sem intervenção do Judiciário".

48 Esse segundo recurso refere-se ao Tema 987, centrado na questão da constitucionalidade: "Discussão sobre a constitucionalidade do art. 19 da Lei n. 12.965/2014 (Marco Civil da Internet) que determina a necessidade de prévia e específica ordem judicial de exclusão de conteúdo para a responsabilização civil de provedor de internet, *websites* e gestores de aplicativos de redes sociais por danos decorrentes de atos ilícitos praticados por terceiros".

49 Nessa audiência pública, que acabou sendo suspensa, duas questões seriam debatidas: (i) "o regime de responsabilidade de provedores de aplicativos ou de ferramentas de internet por conteúdo gerado pelos usuários" e (ii) "a possibilidade de remoção de conteúdos que possam ofender direitos de personalidade, incitar o ódio ou difundir notícias fraudulentas a partir de notificação extrajudicial".

50 A exemplo dos Projetos de Lei nº 2.630/2020 e 2.927/2020, que pretendem regular a liberdade, a responsabilidade e a transparência na internet. Já o Projeto de Lei nº 3.573/2020 tem por objetivo alterar o Marco Civil da Internet para proibir a retirada de conteúdos pelas aplicações de internet nos casos em que especifica. Se esse último for promulgado, o art. 19 da Lei nº 12.965/2014 passará a ter a seguinte redação: "Art. 19. Com o intuito de assegurar a liberdade de expressão e impedir a censura, o provedor de aplicações de internet não poderá retirar conteúdo gerado por terceiro, exceto por ordem judicial ou com a indicação expressa do crime que se está cometendo mediante a divulgação do conteúdo retirado". E o seu § 1º: "A retirada de conteúdo em desacordo com o previsto no *caput* sujeita o provedor de aplicação à responsabilização civil nos termos do art. 927 da Lei nº 10.406, de 10 de janeiro de 2002 – Código Civil, e da Lei nº 8.078, de 11 de setembro de 1990 – Código de Defesa do Consumidor [...]". O Projeto de Lei nº 283/2020 limita-se a prever um rito sumário de retirada de conteúdo da Internet (o referido projeto encontra-se apenso ao Projeto de Lei 2712/2015, o qual, por sua vez, está apensado ao Projeto de Lei nº 1676/2015).

51 No julgamento do Recurso Especial 1.930.256/SP, a Terceira Turma do Superior Tribunal de Justiça entendeu, por maioria, que "[a]s imagens íntimas produzidas e cedidas com fins comerciais – a esvaziar por completo sua natureza privada e reservada – não se amoldam ao espectro normativo (e protetivo) do art. 21 do Marco Civil da Internet, que excepciona a regra de reserva da jurisdição" (STJ, 3ª T., REsp 1930256/SP, Rel. p/ acórdão Marco Aurélio Bellizze, julg. 7.12.2021, publ. *DJe* 17.12.2021). Dessa forma, a responsabilidade do provedor para promover a retirada do conteúdo não se iniciaria a partir da notificação extrajudicial, a atrair a incidência do art. 21 da Lei nº 12.965/2014,

Seja como for, o mecanismo adotado pelo Marco Civil revela que a responsabilidade do provedor de aplicações pela remoção de conteúdo gerado por terceiros é subjetiva e solidária. O provedor apenas responde se, uma vez notificado, deixar de excluir o conteúdo ofensivo do sítio eletrônico, porque a partir da notificação judicial é que surge o seu dever de agir (dever de remover o material lesivo).[52] Cuida-se, portanto, de responsabilidade por omissão. Embora a responsabilidade decorra da ausência de remoção de conteúdo gerado por terceiro, não se trata de hipótese de responsabilidade por fato de terceiro, mas por ato próprio, omissivo. Como a omissão gera responsabilidade quando há dever juridicamente relevante de agir, todo provedor de aplicação tem o dever de retirada de conteúdo diante de decisão judicial, à luz do art. 19 do Marco Civil da Internet.

Responsabilidade civil por omissão, subjetiva e solidária

Apesar de, em tese, o referido dispositivo ser aplicável a todos os provedores de aplicações (inclusive aos de busca), a jurisprudência não o tem aplicado da mesma forma. O Superior Tribunal de Justiça já reconheceu que provedores de busca não têm dever jurídico geral de retirada de conteúdo, salvo em hipóteses excepcionais (casos bem restritos de direito ao esquecimento, vinculação de conteúdo muito nocivo a pessoa a determinadas chaves de busca).[53] Assim, independentemente da discussão quanto à constitucionalidade do art. 19 do Marco Civil da Internet, a norma não trata do tema de forma suficiente, carecendo de aperfeiçoamento legislativo.

Insuficiência do art. 19 do Marco Civil da Internet

---

havendo a necessidade de ordem judicial, nos termos do art. 19 da citada lei. Segundo a Ministra Nancy Andrighi, que foi voto vencido: "(...) o art. 21 não tem sua aplicação restrita a tais situações, haja vista que o legislador não faz referência à motivação do agente. Por essa razão, defende-se que o termo mais adequado para caracterizar a hipótese retratada na norma é 'pornografia não consensual', que inclui tanto a veiculação de cenas íntimas obtidas sem o consentimento da vítima quanto com o seu consentimento, mas divulgadas sem a sua autorização".

52 Cf. STJ, 3ª T., REsp 1980014/SP, Rel. Min. Nancy Andrighi, julg. 14.6.2022, publ. *DJe* 21.6.2022: "A responsabilidade dos provedores de aplicações por conteúdos gerados por terceiros é subjetiva, tornando-se responsável solidariamente com aquele que gerou o conteúdo ofensivo a partir do conhecimento da lesão que determinada informação causa, se não tomar as providências necessárias para a sua remoção e caso o fato tenha se verificado quando não estava em vigor a Lei nº 12.965/14, ou a partir da notificação judicial para remoção do conteúdo, nos termos do art. 19 do MCI". Na mesma linha: STJ, 3ª T., REsp 1993896/SP, Rel. Min. Nancy Andrighi, julg. 17.5.2022, publ. *DJe* 19.05.2022.

53 Nesse sentido, confira-se a seguinte decisão do Superior Tribunal de Justiça, cuja ementa se transcreve aqui parcialmente: "(...) 3. A jurisprudência desta Corte Superior tem entendimento reiterado no sentido de afastar a responsabilidade de buscadores da internet pelos resultados de busca apresentados, reconhecendo a impossibilidade de lhe atribuir a função de censor e impondo ao prejudicado o direcionamento de sua pretensão contra os provedores de conteúdo, responsáveis pela disponibilização do conteúdo indevido na internet. Precedentes. 4. Há, todavia, circunstâncias excepcionalíssimas em que é necessária a intervenção pontual do Poder Judiciário para fazer cessar o vínculo criado, nos bancos de dados dos provedores de busca, entre dados pessoais e resultados da busca, que não guardam relevância para interesse público à informação, seja pelo conteúdo eminentemente privado, seja pelo decurso do tempo. 5. Nessas situações excepcionais, o direito à intimidade e ao esquecimento, bem como a proteção aos dados pessoais deverá preponderar, a fim de permitir que as pessoas envolvidas sigam suas vidas com razoável anonimato, não sendo o fato desabonador corriqueiramente rememorado e perenizado por sistemas automatizados de busca" (STJ, 3ª T., REsp 1.660.168/RJ, Rel. p/ Acórdão Marco Aurélio Bellizze, julg. 8.5.2018, publ. *DJe* 5.6.2018).

PROBLEMAS PRÁTICOS

1. Qual é a natureza da responsabilidade dos provedores de aplicações pela remoção de conteúdo gerado por terceiros? Trata-se de responsabilidade objetiva ou subjetiva?
2. Considerando o mecanismo adotado pelos arts. 19 e 21 do Marco Civil da Internet, quais são os requisitos para a responsabilização do provedor de aplicação pela veiculação de conteúdo gerado por terceiro?
3. Qual é o entendimento do Superior Tribunal de Justiça sobre a aplicabilidade do art. 21 do Marco Civil da Internet à hipótese de veiculação de fotografias de nudez, produzidas e cedidas com fins comerciais, em endereços eletrônicos da internet, sem a autorização do/da modelo fotografado/a?

Acesse o *QR Code* e veja a Casoteca.

> *https://uqr.to/1ofhs*

Capítulo XVII

RESPONSABILIDADE CIVIL NA LEI GERAL DE PROTEÇÃO DE DADOS PESSOAIS

Acesse o *QR Code* e assista ao vídeo sobre o tema.

> *https://uqr.to/1ofh8*

1. CONSIDERAÇÕES INICIAIS SOBRE A PROTEÇÃO DE DADOS PESSOAIS NO BRASIL

Proteção de dados e liberdade

A proteção dos dados pessoais coloca-se, na atualidade, como aspecto fundamental da liberdade em sua nova face – a liberdade informática, na feliz expressão de Vittorio Frosini. A privacidade não mais se limita ao "right to be let alone", forjado no final do séc. XIX por Warren e Brandeis, mas traduz, conforme argutamente afirmou o professor Stefano Rodotà, "o direito de manter o controle sobre suas próprias informações".[1] Abandona-se a perspectiva estática em favor da compreensão dinâmica da privacidade. Tais questões demandam a previsão de instrumentos específicos de controle que se afastem da lógica patrimonialista do direito civil clássico.

O desenvolvimento eletrônico das relações humanas – hoje considerada realidade irreversível – torna inafastável o fornecimento de informações pessoais. A ausência de instrumentos para disciplinar o uso e a integridade dos dados de cada pessoa, sobretudo aqueles considerados sensíveis, impede o pleno exercício da liberdade,

---

[1] Stefano Rodotà, *A vida na sociedade da vigilância – a privacidade hoje*. Rio de Janeiro: Renovar, 2008, p. 15.

diante do papel predominante da informação para as escolhas individuais. Uma lei geral de proteção de dados pessoais que leve em conta os diversos valores existenciais alcançados pela circulação das informações, prevendo ferramentas específicas de controle, afigurava-se, por isso mesmo, indispensável para garantir – e fomentar – essa nova face da privacidade.

Sancionada em 14 de agosto de 2018 e comumente chamada de "Lei Geral de Proteção de Dados" (ou "LGPD", sigla que já se incorporou no vocabulário dos especialistas),[2] a Lei n.º 13.709 dispõe sobre a proteção e o tratamento de dados pessoais, inclusive nos meios digitais, por pessoa natural ou por pessoa jurídica de direito público ou privado. Seu principal objetivo é a proteção dos direitos fundamentais de liberdade e de privacidade e o livre desenvolvimento da personalidade da pessoa natural.[3] Em 2022, a Emenda Constitucional nº 115 incluiu a proteção de dados no rol do art. 5º da Constituição, isto é, entre os direitos e garantias fundamentais.[4]

Fundamentos da LGPD

De acordo com o art. 2º da LGPD, a disciplina da proteção de dados pessoais tem como fundamentos: (i) o respeito à privacidade; (ii) a autodeterminação informativa; (iii) a liberdade de expressão, de informação, de comunicação e de opinião; (iv) a inviolabilidade da intimidade, da honra e da imagem; (v) o desenvolvimento econômico e tecnológico e a inovação; (vi) a livre-iniciativa, a livre concorrência e a defesa do consumidor; e (vii) os direitos humanos, o livre desenvolvimento da personalidade, a dignidade e o exercício da cidadania pelas pessoas naturais.

Modelo norte-americano

Em linhas gerais, pode-se dizer que, na experiência alienígena, dois modelos disputam o tratamento dos dados pessoais. No sistema norte-americano, a questão encontra disciplina difusa e casuística. As empresas se apropriam dos dados que lhe são fornecidos pelos particulares, deles podendo livremente dispor.

Modelo europeu

O modelo europeu, em contrapartida, regula de forma ampla e detalhada a proteção dos dados pessoais, considerando-se que "os sistemas de tratamento de dados estão ao serviço do Homem". A Diretiva que disciplina a questão (46/95/CE), ao lado da Diretiva 2002/58/CE, a qual estabelece regras acerca da privacidade e comunicações eletrônicas, sistematiza princípios que foram assimilados pela legislação interna dos países membros. Fixa-se, assim, padrão mínimo de proteção à divulgação dos dados.

Dentre as principais influências que inspiraram a LGPD, está o modelo europeu de proteção de dados, amparado na Convenção do Conselho da Europa 108 de 1981, na Diretiva 46/95/CE e, principalmente, no Regulamento 2016/679, conhecido como

---

2 A sigla "LGPD" já conquistou a comunidade científica, embora, em realidade, não se trate de uma lei "geral" de proteção de dados pessoais, mas, sim, de uma lei "específica", que deve ser interpretada e aplicada como tal.

3 Conforme aduz Stefano Rodotà: "Proteção de dados é uma expressão de liberdade e dignidade pessoais e, como tal, não se deve tolerar que um dado seja usado de modo a transformar um indivíduo em objeto de vigilância constante" (Stefano Rodotà, *A vida na sociedade da vigilância – a privacidade hoje*, cit., p. 19).

4 Constituição Federal, art. 5º: "LXXIX – é assegurado, nos termos da lei, o direito à proteção dos dados pessoais, inclusive nos meios digitais".

Regulamento Geral de Proteção de Dados ou "GDPR",[5] regulação que buscou unificar na União Europeia a proteção de dados pessoais e da privacidade dos indivíduos.

A promulgação da Lei n.º 13.709/2018, assim, coloca o Brasil em posição semelhante aos diversos outros países que já possuíam regras específicas sobre o tema da proteção de dados e traz, de forma expressa, a importância da aplicação da boa-fé no tratamento dos dados pessoais, estabelecendo as devidas sanções para os abusos por meio da regulamentação da responsabilidade civil e da reparação dos danos causados pelos agentes de tratamento.[6]

2. NATUREZA DA RESPONSABILIDADE CIVIL NA LEI DE PROTEÇÃO DE DADOS PESSOAIS

Sob o título "Da Responsabilidade e do Ressarcimento de Danos", a Seção III da LGPD traz as principais regras de responsabilidade civil que irão reger as relações que envolvem tratamento de dados pessoais e os chamados incidentes de segurança.[7] Inspirada no Regulamento Europeu, a seção é composta por apenas quatro dispositivos (arts. 42 a 45) que não deixam expresso qual foi a espécie de responsabilidade adotada pelo legislador na LGPD, se objetiva ou subjetiva, sendo esta, aliás, uma das principais críticas dirigidas à lei.[8]

---

5 Danilo Doneda e Laura Schertel Mendes, Reflexões iniciais sobre a nova lei geral de proteção de dados. *Revista de Direito do Consumidor*, vol. 120, São Paulo: Revista dos Tribunais, nov.-dez./2018, p. 469.

6 A Lei nº 13.853/2019, fruto da MP nº 869/2018, que altera a LGPD, foi publicada em julho de 2019 e teve como principal inovação a criação da chamada "Autoridade Nacional de Proteção de Dados" (ANPD), responsável por implementar e fiscalizar o cumprimento da legislação. A criação do órgão coloca o Brasil no grupo de países que possuem legislação específica sobre proteção de dados e também apresentam uma autoridade nacional independente, com autonomia em relação aos Procons.

7 De acordo com o art. 5º, inciso X, da LGPD, considera-se tratamento "toda operação realizada com dados pessoais, como as que se referem a coleta, produção, recepção, classificação, utilização, acesso, reprodução, transmissão, distribuição, processamento, arquivamento, armazenamento, eliminação, avaliação ou controle da informação, modificação, comunicação, transferência, difusão ou extração". Já dado pessoal é conceituado, pelo inciso I desse mesmo art. 5º, como "informação relacionada a pessoa natural identificada ou identificável".

8 Limitou-se o legislador a estabelecer, no art. 42, o seguinte: "Art. 42. O controlador ou o operador que, em razão do exercício de atividade de tratamento de dados pessoais, causar a outrem dano patrimonial, moral, individual ou coletivo, em violação à legislação de proteção de dados pessoais, é obrigado a repará-lo. § 1º A fim de assegurar a efetiva indenização ao titular dos dados: I – o operador responde solidariamente pelos danos causados pelo tratamento quando descumprir as obrigações da legislação de proteção de dados ou quando não tiver seguido as instruções lícitas do controlador, hipótese em que o operador equipara-se ao controlador, salvo nos casos de exclusão previstos no art. 43 desta Lei; II – os controladores que estiverem diretamente envolvidos no tratamento do qual decorreram danos ao titular dos dados respondem solidariamente, salvo nos casos de exclusão previstos no art. 43 desta Lei. § 2º O juiz, no processo civil, poderá inverter o ônus da prova a favor do titular dos dados quando, a seu juízo, for verossímil a alegação, houver hipossuficiência para fins de produção de prova ou quando a produção de prova pelo titular resultar-lhe excessivamente onerosa. § 3º As ações de reparação por danos coletivos que tenham por objeto a responsabilização nos termos do caput deste artigo podem ser exercidas coletivamente em juízo, observado o disposto na legislação pertinente. § 4º Aquele que reparar o dano ao titular tem direito de regresso contra os demais responsáveis, na medida de sua participação no evento danoso". E, no

Como a LGPD é recente, ainda não há, no Brasil, muitos trabalhos expressivos que se debruçaram sobre o tema, mas já se pode observar a formação de pelo menos duas correntes.

Argumentos a favor da responsabilidade objetiva

De um lado estão os defensores da responsabilidade objetiva, que argumentam, com base em analogias com o Código de Defesa do Consumidor, que a LGPD adotou o modelo de responsabilidade objetiva. De fato, a LGPD tem mesmo várias disposições que são inspiradas no Código de Defesa do Consumidor, a exemplo da possibilidade de o juiz inverter o ônus da prova (art. 42, § 2º, da LGPD). Além disso, o próprio texto do art. 43 da LGPD assemelha-se à redação do art. 12, § 3º, do Código de Defesa do Consumidor (e esta, por sua vez, é muito parecida com a do art. 14, § 3º, do Código de Defesa do Consumidor[9]).

Semelhanças com o CDC

São muitas as semelhanças, a começar pelo *caput* do art. 43 da LGPD, que é bastante parecido com o § 3º dos arts. 12 e 14 do Código de Defesa do Consumidor, já que os três dispositivos começam com uma redação na negativa ("só *não* serão responsáveis quando"). O inciso III do art. 43 da LGPD é quase idêntico ao inciso III, § 3º, do art. 12 do Código de Defesa do Consumidor, e o inciso I do art. 43 da LGPD é, no mínimo, inspirado no inciso I, § 3º, do art. 12 do Código de Defesa do Consumidor.

A analogia com o Código de Defesa do Consumidor é, portanto, compreensível e tentadora, tanto mais se se considerar a assimetria informacional entre os titulares dos dados e os agentes de tratamento. Comparando-se os dois dispositivos (art. 43 da LGPD e art. 12 do Código de Defesa do Consumidor), a diferença fundamental está no inciso II, cuja análise será feita mais à frente, sendo imprescindível para demonstrar a diversidade de regimes. A favor da responsabilidade objetiva, argumenta-se, ainda, que o escopo da LGPD foi limitar o tratamento dos dados para diminuir o risco de vazamentos, considerando que o próprio tratamento de dados, em si, apresenta "risco intrínseco aos seus titulares".[10]

---

art. 43: "Art. 43. Os agentes de tratamento só não serão responsabilizados quando provarem: I – que não realizaram o tratamento de dados pessoais que lhes é atribuído; II – que, embora tenham realizado o tratamento de dados pessoais que lhes é atribuído, não houve violação à legislação de proteção de dados; ou III – que o dano é decorrente de culpa exclusiva do titular dos dados ou de terceiro".

9 CDC, art. 14: "O fornecedor de serviços responde, independentemente da existência de culpa, pela reparação dos danos causados aos consumidores por defeitos relativos à prestação dos serviços, bem como por informações insuficientes ou inadequadas sobre sua fruição e riscos. (...) § 3º O fornecedor de serviços só não será responsabilizado quando provar: I – que, tendo prestado o serviço, o defeito inexiste; II – a culpa exclusiva do consumidor ou de terceiro".

10 Nesse sentido: "Essas limitações ao tratamento de dados, conjuntamente com a verificação de que a LGPD assume como regra a eliminação dos dados quando seu tratamento esteja encerrado (art. 16) e igualmente o aceno que faz em diversas oportunidades à necessidade de se levar em conta o risco presente no tratamento de dados, indicam que a Lei procura minimizar as hipóteses de tratamento àqueles que sejam, em um sentido geral, úteis e necessárias, e que mesmo estas possam ser limitadas quando da verificação de risco aos direitos e liberdades do titular de dados. Trata-se, dessa forma, de uma regulação que tem como um de seus fundamentos principais a diminuição do risco, levando-se em conta que o tratamento de dados apresenta risco intrínseco aos seus titulares" (Danilo Doneda e Laura Schertel Mendes, Reflexões iniciais sobre a nova lei geral de proteção de dados, cit., p. 473).

Argumentos a favor da responsabilidade subjetiva

De outro lado, no extremo oposto, estão os defensores da responsabilidade subjetiva e da culpa como fundamento do regime estabelecido pela LGPD.[11] Aqui também há argumentos consistentes, que se baseiam no fato de a estrutura da LGPD estar toda pautada na criação de deveres. De fato, não se justifica – nem do ponto de vista lógico, nem do jurídico –, o legislador criar uma série de deveres de cuidado se não for para implantar um regime de responsabilidade subjetiva. Se o que se pretende é responsabilizar os agentes independentemente de culpa, seria ocioso criar deveres a serem seguidos, tampouco responsabilizá-los quando tiverem cumprido perfeitamente todos esses deveres.

Nas raríssimas hipóteses em que o legislador estabelece deveres e, ao mesmo tempo, impõe a responsabilidade objetiva, há um propósito, uma razão de ser. Na Lei nº 12.846/2013 (Lei Anticorrupção), por exemplo, o legislador trata de responsabilidade civil e também da responsabilidade administrativa com viés sancionador. Nessa Lei, o legislador estabelece claramente que a responsabilidade civil é independente de culpa,[12] mas ao mesmo tempo estabelece uma série de deveres. Acontece que, nesse diploma, fica claro que o cumprimento desses deveres será levado em consideração na dosimetria da pena, o que faz sentido para a responsabilidade administrativa sancionadora, mas não para a responsabilidade civil, porque esta não exerce função punitiva, então não cabe falar em pena, mas, sim, em indenização, e indenização se mede pela extensão do dano.

A lógica da responsabilidade objetiva é outra: não cabe discutir cumprimento de deveres, porque a responsabilidade objetiva "não decorre do descumprimento de qualquer dever jurídico".[13] Quando se discute cumprimento de deveres, o que no

---

11 Nessa direção: Marcos Gomes da Silva Bruno. In: Viviane Nóbrega Maldonado e Renato Opice Blum, *LGPD*: Lei Geral de Proteção de Dados comentada. São Paulo: Revista dos Tribunais, 2019, p. 323. No mesmo sentido, Márcio Cots e Ricardo Oliveira estabelecem que: "A responsabilidade civil dos agentes de tratamento segue a regra geral estabelecida pelos arts. 186, 187 e 927 do Código Civil" (Márcio Cots e Ricardo Oliveira, *Lei Geral de Proteção de Dados comentada*, São Paulo: Revista dos Tribunais, 2019, 2ª ed., p. 175). Já Leonardo Corrêa defende que: "Com a necessidade de prova técnica sobre o vazamento de dados e suas causas, a boa exegese legal deverá afastar o automatismo da responsabilização objetiva pura, nesse caso. Pois, (...), a verificação da conduta ilícita imporá conhecimento técnico específico. Sem isso, a diligência pode ser mal compreendida, gerando insegurança jurídica profunda. O anseio da lei é buscar mais segurança aos usuários, mas isso tem de ser balanceado com a realidade do mundo digital. Espera-se, desta feita, que esse tipo de questão seja tratado cum *grano salis*. Caso contrário, a lei criará uma situação de profunda injustiça" (Leonardo Corrêa, *É importante não perder o foco da segurança jurídica no âmbito da LGPD*. Disponível em: https://www.conjur.com.br/2019-mar-03/leonardo-correa-seguranca-juridica-ambito-lgpd. Acesso em: 26.4.2019).

12 "Art. 2º As pessoas jurídicas serão responsabilizadas objetivamente, nos âmbitos administrativo e civil, pelos atos lesivos previstos nesta Lei praticados em seu interesse ou benefício, exclusivo ou não".

13 Gustavo Tepedino, A responsabilidade médica na experiência brasileira contemporânea. In: *Revista Trimestral de Direito Civil* – RTDC, vol. 2. Rio de Janeiro: Padma, abr./jun. 2000, p. 69. A doutrina explica, no que se refere à responsabilidade objetiva, que sua concretização "independe completamente de negligência, imprudência, imperícia *ou mesmo da violação de qualquer dever jurídico por parte do agente*. São danos (injustos) causados por atos lícitos, mas que, segundo o legislador, devem ser indenizados" (Maria Celina Bodin de Moraes, Risco, solidariedade e responsabilidade objetiva. In: *Revista dos Tribunais,* vol. 854. São Paulo: Revista dos Tribunais, dez. 2006, p. 25 – grifou-se).

fundo está sendo analisado é se o agente atuou ou não com culpa.[14] Assim, apesar de a LGPD não ser explícita em relação à natureza da responsabilidade dos agentes de tratamento de dados, como é o Código de Defesa do Consumidor ao adotar a responsabilidade objetiva, a interpretação sistemática da LGPD leva à conclusão de que o regime adotado por este diploma foi mesmo o da responsabilidade subjetiva.

Não obstante as semelhanças com o Código de Defesa do Consumidor, é essencial destacar que, enquanto o Código de Defesa do Consumidor tem pelo menos dois artigos expressamente indicando a natureza objetiva da responsabilidade (arts. 12 e 14 – ambos se valem da expressão "independentemente de culpa", que deixa clara a opção do legislador pela responsabilidade objetiva), não há qualquer norma análoga na LGPD. O art. 42 da LGPD não faz referência expressa à culpa como elemento da responsabilidade civil, mas também não faz qualquer alusão ao risco como fundamento da responsabilidade objetiva.

O único dispositivo da LGPD que remetia para a responsabilidade objetiva foi retirado no trâmite legislativo, o que é um dado significativo para a interpretação da lei. O próprio histórico de tramitação do projeto de lei que deu origem à LGPD evidencia, portanto, a opção do legislador pela responsabilidade subjetiva. A versão inicial do Projeto de Lei n.º 5276 trazia, no Capítulo sobre "Transferências internacionais de dados", uma regra geral expressa de responsabilidade solidária e objetiva desses agentes pelos danos causados em virtude do tratamento de dados (art. 35). Além disso, na Seção sobre "Responsabilidade e Ressarcimento de danos", havia uma abordagem ampla sobre os sujeitos obrigados a reparar o dano ("todo aquele que, em razão do exercício de atividade de tratamento de dados pessoais causar a outrem dano") (art. 42), e outra regra igualmente ampla prevendo a solidariedade entre todos os agentes da cadeia de tratamento, sem qualquer distinção entre controlador e operador ("[n]os casos que envolvem a transferência de dados pessoais, o cessionário ficará sujeito às mesma obrigações legais e regulamentares do cedente, com quem terá responsabilidade solidária pelos danos causados") (art. 44).

Histórico de tramitação do projeto

Diferentemente desse primeiro texto, todas as versões subsequentes do projeto, até a versão finalmente sancionada da LGPD, passaram a não mais mencionar, como regra geral, um regime de solidariedade ou objetividade na responsabilidade pelos danos decorrentes do tratamento de dados pessoais. A referência expressa à responsabilidade objetiva foi completamente eliminada do texto legal. Paralelamente a isso, ainda no período de tramitação do projeto, o *caput* do art. 42 da LGPD sofreu uma alteração importante: a expressão "em violação à legislação de proteção de dados pessoais" foi acrescentada, o que também evidencia a opção do legislador pela responsabilidade subjetiva. Os agentes de tratamento não responderão em toda e qualquer situação

[14] Nesse sentido, explica-se que: "O fundamento da responsabilidade subjetiva está no dever de agir com diligência ou cautela para não lesar ninguém (*noeminem laedere*). A não observância de deveres de diligência e cautela caracteriza a culpa" (Judith Martins-Costa, Entendendo problemas médico-jurídicos em ginecologia e obstetrícia. In: *Revista dos Tribunais*, vol. 831, São Paulo: Revista dos Tribunais, jan. 2005, p. 112).

em que causarem danos a terceiros, mas apenas quando isso ocorrer em violação à legislação de proteção de dados pessoais, ou seja, quando a sua conduta não se adequar ao *standard* estabelecido pelo próprio legislador.

Segurança e boas práticas na LGPD

Além disso, a LGPD tem todo um capítulo dedicado a "segurança e boas práticas". Trata-se do Capítulo VI, que é dividido em duas seções: (i) Seção I – Da segurança e do sigilo de dados e (ii) Seção II – Das Boas Práticas e da Governança. Nessas seções, a LGPD criou uma série de deveres que devem ser observados pelos agentes de tratamento de dados. O legislador estabeleceu, então, verdadeiro *standard* de conduta que deve ser seguido pelos agentes de tratamento de dados para evitar incidentes de segurança, chegando mesmo ao ponto de determinar, na Seção II, que os agentes poderão, no âmbito de suas competências, traçar as normas de boas práticas e de governança. Também na Seção II é possível notar a preocupação do legislador com a conduta dos agentes, assim como com o cumprimento de programas, políticas internas, procedimentos, mecanismos de supervisão (internos e externos), padrões técnicos etc.

Tudo isso está a indicar que, na sistemática da lei, o modelo adotado foi o da responsabilidade subjetiva. Afinal, como acima observado, não haveria razão para o legislador impor tantos deveres, fixando preciso padrão de conduta, se fosse para responsabilizar os agentes, independentemente de terem esses agido ou não com culpa. O próprio art. 6º da LGPD, ao estabelecer os princípios que deverão ser observados nas atividades de tratamento de dados, elegeu como princípios a "responsabilização" e a "prestação de contas". Segundo o art. 6º, inciso X, da LGPD, os agentes deverão demonstrar a "adoção de medidas eficazes e capazes de comprovar a observância e o cumprimento das normas de proteção de dados pessoais e, inclusive, da eficácia dessas medidas". Do ponto de vista do controlador, não adianta "prestar contas", se, ao final, ele for responsabilizado da mesma forma e independentemente de culpa.[15]

Com efeito, ao criar deveres de conduta, a LGPD se aproximou mais do regime de responsabilidade fundado na culpa.[16] Nos últimos tempos, a noção clássica de

---

15 A prestação de contas é normalmente exigida de quem age por conta ou em nome de outrem (a exemplo, do mandatário, do administrador, do tutor, do curador etc.), a fim de que se possa averiguar se o agente está observando todos os seus deveres legais (e contratuais, se for o caso), e a sua responsabilidade costuma seguir o modelo subjetivo.

16 Em razão das especificidades da LGPD, que exige inclusive que os agentes de tratamento de dados prestem contas, há quem defenda um terceiro modelo de responsabilidade civil, denominado "responsabilidade ativa ou proativa". Nesse sentido, veja-se a opinião de Maria Celina Bodin de Moraes, para quem a LGPD não adotou o modelo objetivo, mas também não adotou exatamente o subjetivo tradicional: "A nova lei, porém, introduz, secundando o regulamento europeu, uma mudança profunda em termos de responsabilização. Trata-se da sua união ao conceito de 'prestação de contas'. Esse novo sistema de responsabilidade, que vem sendo chamado de 'responsabilidade ativa', ou 'responsabilidade proativa' encontra-se indicado no inciso X do art. 6º, que determina que às empresas não é suficiente cumprir os artigos da lei; será necessário também comprovar a observância e o cumprimento das normas de proteção de dados pessoais e, inclusive, a eficácia dessas medidas. Portanto, 'não descumprir a lei não é mais suficiente" (Maria Celina Bodin de Moraes; João Quinelato de Queiroz. Autodeterminação informativa e responsabilização proativa: novos instrumentos de tutela da pessoa humana na LGPD, *Cadernos Adenauer*, nº 3 – Proteção de

culpa cedeu lugar para conceito mais objetivado, designado de culpa normativa. A culpa passou a ser analisada a partir da ideia de desvio de conduta, que leva em conta apenas o comportamento exigível diante das especiais circunstâncias do caso concreto.[17] Por outras palavras, significa dizer que não se investiga mais o direcionamento da vontade do agente para o descumprimento da ordem jurídica em termos abstrato, mas, sim, a sua adequação (ou não) ao padrão de comportamento esperado naquelas circunstâncias concretas.

A LGPD parece indicar qual é o padrão de conduta socialmente esperado – o *standard* –, que deve ser seguido pelos agentes de tratamento de dados, sob pena de virem a ser responsabilizados, seja por um tratamento irregular de dados, seja por incidentes de segurança. Tais profissionais precisam adotar uma série de medidas de segurança e mesmo preventivas.[18] Assim, se ocorrer algum incidente, a sua conduta não será examinada apenas no plano abstrato, mas em concreto, avaliando-se também o que tais agentes fizeram para evitar o dano bem como para conter os seus efeitos e, quando possível, remediá-los.

Para além disso, há mais um indicativo na LGPD que aponta para o regime de responsabilidade subjetiva: o inciso II do art. 43. De acordo com esse dispositivo, os agentes de tratamento só não serão responsabilizados quando provarem, entre outros fatores, "que, embora tenham realizado o tratamento de dados pessoais que lhes é atribuído, não houve violação à legislação de proteção de dados". Ao contrário dos incisos I e III do art. 43, que nitidamente se referem à relação de causalidade, o inciso II remete à ideia de culpa como fundamento da responsabilidade civil e sua redação é bem diferente da empregada pelo legislador no art. 12, § 3º, inciso II, do Código de Defesa do Consumidor.

Diferenças com o CDC

No inciso I do art. 43, o legislador isenta de responsabilidade os agentes que provarem que não realizaram o tratamento de dados pessoais que lhes é atribuído. Essa excludente de responsabilidade está, evidentemente, afastando o nexo de causalidade entre a conduta do agente e o dano. Como se refere à relação causal, é excludente que poderia existir ainda que a responsabilidade consagrada pela LGPD fosse a objetiva. É muito parecida com a hipótese prevista no art. 12, § 3º, inciso I, do Código de Defesa do Consumidor, que exclui a responsabilidade do fornecedor que provar "que não colocou o produto no mercado".

---

dados pessoais: privacidade *versus* avanço tecnológico, Rio de Janeiro, Fundação Konrad Adenauer, out./2019, p. 129).

17 Nesse sentido, explica-se o seguinte: "O conceito de culpa também se encontra em estado de indefinição no atual direito da responsabilidade civil. Originalmente, culpa era apenas a situação contrária ao direito, porque negligente, imprudente, imperita ou dolosa, que acarretava danos aos direitos de outrem. Modernamente, todavia, diversos autores abandonaram esta conceituação, preferindo considerar a culpa o descumprimento de um standard de diligência razoável, diferenciando esta noção, dita 'normativa' ou 'objetiva', da outra, dita 'psicológica'" (Maria Celina Bodin de Moraes, Risco, solidariedade e responsabilidade objetiva, cit., p. 21, nota de rodapé n.º 48).

18 Há, inclusive, deveres de conduta relacionados às bases legais para transferência de dados (art. 7º da LGPD) e até para transferências internacionais (art. 33 da LGPD).

No inciso III do art. 43, o legislador isenta de responsabilidade os agentes que provarem "que o dano é decorrente de culpa exclusiva do titular dos dados ou de terceiro". Embora o legislador tenha usado a expressão "culpa exclusiva", quando há fato exclusivo da vítima, ensina a doutrina, "o agente que causa diretamente o dano é apenas um instrumento do acidente, não se podendo, realmente, falar em liame de causalidade entre seu ato e o prejuízo por aquela experimentado".[19] A conduta da vítima absorve totalmente a atuação do agente, que funcionará como mera ferramenta na produção do evento danoso.[20]

A "culpa exclusiva da vítima" é, portanto, uma excludente de responsabilidade civil que interfere no liame que vincula a conduta do agente ao dano. Dessa forma, até mesmo na responsabilidade civil objetiva, com esta excludente o agente fica isento do dever de indenizar. Isto é assim porque, embora a responsabilidade objetiva independa de culpa, a ação exclusiva da vítima afeta, frise-se, o nexo causal que a associa ao dano. Exatamente por isso, compreende-se que a "culpa exclusiva do consumidor" também constitua causa de exclusão da obrigação de indenizar do fornecedor, tanto na responsabilidade pelo fato do produto (art. 12, § 3º, inciso III, do Código de Defesa do Consumidor), quanto na responsabilidade pelo fato do serviço (art. 14, § 3º, inciso II, do Código de Defesa do Consumidor), mesmo o Código de Defesa do Consumidor tendo adotado o modelo objetivo.

Diferentemente dos incisos I e III do art. 43 da LGPD, o inciso II nada tem a ver com nexo de causalidade. No inciso II do art. 43, o legislador isenta de responsabilidade os agentes que provarem "que, embora tenham realizado o tratamento de dados pessoais que lhes é atribuído, não houve violação à legislação de proteção de dados". Aqui está a evidência mais importante que indica o regime adotado pela LGPD em matéria de responsabilidade civil.

Sistema intermediário de presunção de culpa

Nesse inciso II, o legislador afirma, a grosso modo, que, ainda que exista nexo causal entre a conduta do agente e o dano, se ele conseguir provar que cumpriu todos

---

19 Silvio Rodrigues, *Direito civil*: responsabilidade civil, vol. 4, São Paulo: Saraiva, 2002, 19ª ed., p. 165.

20 Não se trata, em realidade, de culpa exclusiva da vítima, mas de ato ou fato exclusivo da vítima, conforme observa Aguiar Dias: "Admite-se como causa de isenção de responsabilidade o que se chama de culpa exclusiva da vítima. Com isso, na realidade, se alude a ato ou fato exclusivo da vítima, pela qual fica eliminada a causalidade em relação ao terceiro interveniente no ato danoso. É fácil de ver a vantagem que resulta de tal concepção, mais ampla que a da simples culpa, mediante um simples exemplo. Não responde, decerto, uma empresa de carris urbanos, pela morte do indivíduo que se atira voluntariamente sob um bonde. Aí, é possível menção à culpa da vítima. Suponhamos, entretanto, que esse indivíduo é louco. Não se pode cogitar de culpa de louco. Mas, por isso, responderá a empresa, quando o fato foi de todo estranho a sua atividade? É claro que não" (José de Aguiar Dias, *Da responsabilidade civil*, vol. 2, Rio de Janeiro: Forense, 1995, 10ª ed., pp. 693-694). Além disso, "referir-se à culpa da vítima já revela imprecisão técnica, pois a culpa supõe um ato ilícito para outrem" (Antonio Lindbergh C. Montenegro, *Responsabilidade civil*, Rio de Janeiro: Lumen Juris, 1996, 2ª ed., p. 327). No mesmo sentido: Jorge Joaquín Llambías, *Tratado de derecho civil*, tomo III. Buenos Aires: Editorial Perrot, 1973, p. 718. A expressão "culpa exclusiva da vítima" é imprópria, sobretudo, porque confunde dois elementos da responsabilidade civil absolutamente distintos: culpa e nexo causal. Quando ocorre "culpa exclusiva da vítima", a responsabilidade do agente é afastada por falta de nexo causal entre a sua conduta e o dano. Nesse sentido: Gisela Sampaio da Cruz, *O problema do nexo causal na responsabilidade civil*, Rio de Janeiro: Renovar, 2005, pp. 165-176.

os deveres impostos pela LGPD, tomando as medidas de segurança recomendadas (cumprindo programas, políticas internas, procedimentos, mecanismos de supervisão, internos e externos, padrões técnicos etc.), não será responsabilizado. Nessas circunstâncias, o agente terá demonstrado que observou o *standard* esperado e, se o incidente ocorreu, não foi em razão de sua conduta culposa.

O inciso II reflete, portanto, o regime subjetivo de responsabilidade, adotado pela LGPD, porque está intrinsecamente vinculado ao elemento culpa e, exatamente por isso, sua redação não se assemelha à do Código de Defesa do Consumidor. Enquanto o Código de Defesa do Consumidor isenta de responsabilidade o fornecedor que demonstrar que o defeito inexiste, que é um parâmetro mais objetivo, a LGPD exime do dever de indenizar o agente de tratamento que não tiver violado a lei.

Sistema intermediário de presunção de culpa

A redação com conotação negativa ("só não será responsável quando"), empregada pelo legislador no *caput* do art. 43 da LGPD, sugere a adoção de um sistema de culpa presumida. No art. 493, "2", do Código Civil português, e no art. 2.050 do Código Civil italiano, o legislador também se valeu de uma redação que parte de uma presunção de culpa. De acordo com o art. 493, "2", do Código Civil português, "[q]uem causar danos a outrem no exercício de uma actividade, perigosa por sua própria natureza ou pela natureza dos meios utilizados, é obrigado a repará-los, exceto se mostrar que empregou todas as providências exigidas pelas circunstâncias com o fim de os prevenir". De forma parecida, o art. 2.050 do Código Civil italiano estabelece que "[q]ualquer um que cause dano a outros no desenvolvimento de uma atividade perigosa, por sua natureza ou pela natureza dos meios utilizados, é obrigado ao ressarcimento se não provar ter adotado todas as medidas idôneas a evitar o dano".

Tanto no sistema português quanto no italiano, se o agente conseguir demonstrar que "empregou todas as providências exigidas" (redação do Código português) ou adotou "todas as medidas idôneas a evitar o dano" (redação do Código italiano), ele se exime do dever de indenizar. Afirma-se, por isso mesmo, que não há nesses sistemas uma cláusula geral de risco (cláusula geral de responsabilidade objetiva), mas apenas um sistema intermediário de presunção de culpa.[21] Presume-se a culpa do agente, mas esta pode ser afastada se ele conseguir demonstrar que observou o *standard* de conduta esperado, empregando medidas idôneas para evitar o dano. A presunção é, portanto, relativa. O art. 43 da LGPD seguiu exatamente esse caminho, preferindo estabelecer um sistema de presunção de culpa, do que adotar o modelo objetivo de responsabilidade e, nesse aspecto, afasta-se completamente do Código de Defesa do Consumidor.

O parágrafo único do art. 44, que trata dos incidentes de segurança, também seguiu o mesmo modelo de responsabilidade subjetiva, ao afirmar que "[r]esponde pelos danos decorrentes da violação da segurança dos dados o controlador ou o operador que, ao deixar de adotar as medidas de segurança previstas no art. 46 desta Lei,

---

[21] Gustavo Tepedino; Heloisa Helena Barboza; Maria Celina Bodin de Moraes, *Código Civil interpretado conforme a Constituição da República*, vol. III, Rio de Janeiro: Renovar, 2006, p. 809.

der causa ao dano". Assim, também na hipótese de incidente de segurança, a opção do legislador não foi a de responsabilizar o agente independentemente de culpa, mas apenas quando ele não conseguir demonstrar que adotou as medidas de segurança previstas em lei. Aqui também o legislador evidenciou a sua preocupação com a conduta dos agentes de tratamento, adotando redação semelhante à do art. 493, "2", do Código Civil português e do art. 2.050 do Código Civil italiano, que criaram sistemas de presunção de culpa.

Por fim, se a LGPD tivesse adotado o modelo objetivo de responsabilidade, então a remissão ao Código de Defesa do Consumidor no art. 45 seria inócua, para dizer o mínimo. Isso porque, nessa hipótese, a LGPD teria instituído um regime de responsabilidade até mais rigoroso do que o do próprio Código de Defesa do Consumidor, que pelo menos exige a existência de um "defeito" para a configuração da responsabilidade. Assim, diante de uma relação de consumo, a responsabilidade dos agentes de tratamento se submeteria a um regime, por assim dizer, menos rigoroso do que o instituído pela LGPD, que seria aplicável às relações paritárias, o que parece não fazer sentido.

3. RESPONSABILIDADE CIVIL DO CONTROLADOR E DO OPERADOR

Dentre as principais influências que inspiraram a LGPD, está o modelo europeu de proteção de dados, amparado na Convenção do Conselho da Europa 108 de 1981, na Diretiva 46/95/CE e no Regulamento 2016/679, conhecido como GDPR. Isso pode ser percebido em diversos aspectos da LGPD, em especial na edição de regras distintas de responsabilidade para os dois agentes da cadeia de tratamento de dados pessoais: o controlador e o operador.

Diferenças entre controlador e operador

De forma semelhante ao GDPR europeu, especialmente ao seu art. 82,[22] a regra de responsabilidade que prevaleceu na versão final da lei brasileira parece diferenciar

[22] "Art. 82. Direito de indemnização e responsabilidade 1. Qualquer pessoa que tenha sofrido danos materiais ou imateriais devido a uma violação do presente regulamento tem direito a receber uma indemnização do responsável pelo tratamento ou do subcontratante pelos danos sofridos. 2. Qualquer responsável pelo tratamento que esteja envolvido no tratamento é responsável pelos danos causados por um tratamento que viole o presente regulamento. O subcontratante é responsável pelos danos causados pelo tratamento apenas se não tiver cumprido as obrigações decorrentes do presente regulamento dirigidas especificamente aos subcontratantes ou se não tiver seguido as instruções lícitas do responsável pelo tratamento. 3. O responsável pelo tratamento ou o subcontratante fica isento de responsabilidade nos termos do n. 2, se provar que não é de modo algum responsável pelo evento que deu origem aos danos. 4. Quando mais do que um responsável pelo tratamento ou subcontratante, ou um responsável pelo tratamento e um subcontratante, estejam envolvidos no mesmo tratamento e sejam, nos termos dos n. 2 e 3, responsáveis por danos causados pelo tratamento, cada responsável pelo tratamento ou subcontratante é responsável pela totalidade dos danos, a fim de assegurar a efetiva indemnização do titular dos dados. 5. Quando tenha pago, em conformidade com o n. 4, uma indemnização integral pelos danos sofridos, um responsável pelo tratamento ou um subcontratante tem o direito de reclamar a outros responsáveis pelo tratamento ou subcontratantes envolvidos no mesmo tratamento a parte da indemnização correspondente à respetiva parte de responsabilidade pelo dano em conformidade com as condições previstas no n. 2. 6. Os processos judiciais para exercer o direito de receber uma indemnização são apresentados

a responsabilidade do controlador da do operador, tendo em vista as distinções que são feitas entre esses dois agentes de tratamento.[23] De fato, se as suas atribuições são diferentes, o legislador há de diferenciá-los também no plano da responsabilidade.

Indaga-se, então, se é possível extrair uma regra geral de responsabilidade principal do controlador, com hipóteses específicas e subsidiárias de solidariedade entre controlador e operador e entre controladores, ou se seria o caso de uma regra geral de responsabilidade solidária.

A relevância da questão é facilmente percebida. Caso se considere que o regime é de responsabilidade solidária entre controlador e operador, ambos responderão pela totalidade da reparação de qualquer dano que, devido ao tratamento de dados realizado, venha a ocorrer.[24] Dessa forma, o lesado poderá exigir tanto do controlador, quanto do operador a reparação por todo o dano sofrido, independentemente de quem realmente o tenha causado. Aqui, assegurar-se-ia, inicialmente, a reparação do titular dos dados e, posteriormente, controlador e operador poderiam discutir entre si a parcela de suas respectivas responsabilidades na causação do dano.

Por outro lado, se a conclusão for de que o regime geral não comporta solidariedade entre os agentes de tratamento de dados, cada um irá responder individualmente pelos danos que causar no limite de suas atribuições. Nesse caso, o lesado poderá buscar sua reparação apenas frente àquele que for o efetivo responsável pelo dano.

Sendo assim, para analisar o regime geral de responsabilidade civil que se pode extrair da LGPD – se solidário ou não –, deve-se, inicialmente, examinar quem são e quais são as obrigações dos agentes envolvidos no tratamento de dados e que poderão, de alguma forma, ser responsabilizados pelos danos que tal tratamento vier a causar.

---

perante os tribunais competentes nos termos do direito do Estado-Membro a que se refere o art. 79.º, n.º 2".

23 No que se refere ao GDPR, explica-se que: "O Regulamento fala em responsabilidade solidária, que é, em linhas gerais, a possibilidade do lesado exigir tanto do responsável quanto do subcontratante a indemnização por todos os danos sofridos. (...) A responsabilidade do subcontratante tem, no entanto, características particulares: o subcontratante é responsável pelos danos causados pelo tratamento apenas se não tiver cumprido as obrigações do Regulamento dirigidas especificamente aos subcontratantes ou se não tiver seguido as instruções lícitas do responsável pelo tratamento. Portanto, não temos aqui uma substituição das obrigações do responsável pelo subcontratante, mas sim, um rol de obrigações específicas aos subcontratantes. Responsável e subcontratantes deverão trabalhar juntos, cada qual no âmbito das suas responsabilidades, sem sobreposição de papéis" (Juliana Marcondes, *Neverending Story:* responsáveis e subcontratantes no RGPD. Disponível em: https://www.itchannel.pt/news/opiniao/neverending-story-responsaveis-e-subcontratantes-no-rgpd. Acesso em: 28.12.2018).

24 Infere-se tal consequência do art. 264 Código Civil, segundo o qual: "Há solidariedade, quando na mesma obrigação concorre mais de um credor, ou mais de um devedor, cada um com direito, ou obrigado, à dívida toda". Além disso, tratando especificamente da hipótese de solidariedade passiva, aplica-se a previsão do art. 275 do Código Civil, segundo a qual: "O credor tem direito a exigir e receber de um ou de alguns dos devedores, parcial ou totalmente, a dívida comum; se o pagamento tiver sido parcial, todos os demais devedores continuam obrigados solidariamente pelo resto". Pontes de Miranda, sobre o assunto, assevera que: "Se há devedores solidários é porque o credor pode exigir de qualquer deles toda a prestação. Qualquer deles continua devedor até que se solva inteiramente a dívida" (Pontes de Miranda. *Tratado de direito privado*, t. 22, São Paulo: Revista dos Tribunais, 1977, 4ª ed., p. 330).

De acordo com a LGPD, a cadeia de tratamento de dados pessoais encontra-se centralizada em dois agentes de tratamento que são definidos conforme as funções que desempenham.[25] Inicialmente, o inciso VI do art. 5° da Lei n.º 13.709/18 estabelece que o controlador é "a pessoa natural ou jurídica, de direito público ou privado, *a quem competem as decisões referentes ao tratamento de dados pessoais*".[26] Já o inciso VII do mesmo artigo determina que o operador é a "pessoa natural ou jurídica, de direito público ou privado, *que realiza o tratamento de dados pessoais em nome do controlador*". Sendo que, conforme se depreende do art. 39 da lei, "deverá realizar o tratamento *segundo as instruções fornecidas pelo controlador*, que verificará a observância das próprias instruções e das normas sobre a matéria".

Figuras do controlador e do operador

Observa-se que cada um desses agentes tem obrigações próprias. Assim, enquanto a obrigação principal dos operadores, como acima apontado, é realizar o tratamento de dados segundo as instruções fornecidas pelo controlador, é ao controlador a quem competem as decisões referentes ao tratamento de dados pessoais e a LGPD ainda destina especificamente ao controlador uma série de outras obrigações relevantes.

Obrigações do controlador

Assim, cabe ao controlador, dentre outras obrigações: (i) atender a determinadas requisições dos titulares dos dados pessoais por ele tratados, conforme previsão do art. 18 da LGPD; (ii) fornecer, sempre que solicitadas, informações claras e adequadas a respeito dos critérios e dos procedimentos utilizados para as decisões tomadas unicamente com base em tratamento automatizado de dados pessoais (art. 20 da LGPD); (iii) elaborar, mediante determinação da autoridade nacional de proteção de dados, relatório de impacto à proteção de dados pessoais referente a suas operações de tratamento de dados (art. 38 da LGPD); (iv) verificar a observância pelo operador das instruções que lhe forneceu e das demais normas sobre tratamento de dados (art. 39 da LGPD); (v) instituir um encarregado pelo tratamento de dados (art. 41 da LGPD); (vi) comunicar à autoridade nacional e aos titulares de dados a ocorrência de incidente de segurança que possa acarretar risco ou dano relevante aos titulares (art. 48 da LGPD).

Obrigações comuns ao controlador e ao operador

A LGPD estabelece, ainda, obrigações que cabem tanto ao controlador quanto ao operador. De acordo com a disciplina do art. 46, ambos os agentes de tratamento devem adotar medidas de segurança, técnicas e administrativas, aptas a proteger os dados pessoais de acessos não autorizados e de situações acidentais ou ilícitas de destruição, perda, alteração, comunicação ou qualquer forma de tratamento inadequado ou ilícito. E, além disso, de acordo com o art. 47, ficam obrigados a garantir a

---

25 "A lei introduz a figura do 'agente de tratamento' e, nesse conceito, enquadra-se tanto o controlador (aquele que tem a decisão acerca do tratamento de dados), quanto o operador (aquele efetua o tratamento, em nome e por conta do controlador). Por vezes, ambas as figuras podem se concentrar na mesma empresa" (Fabíola Meira de Almeida Santos e Rita Taliba, Lei geral de proteção de dados no brasil e os possíveis impactos. *Revista dos Tribunais*, vol. 998, São Paulo: Revista dos Tribunais, dez. 2018, p. 232).

26 Sobre o compartilhamento de dados pessoais entre órgãos e entidades da Administração Pública, vale conferir: STF, Tribunal Pleno, ADI 6.649 e ADPF 695, Rel. Min. Gilmar Mendes, j. 15.9.2022.

segurança da informação prevista na lei em relação aos dados pessoais, mesmo após o seu término.

Nota-se, assim, que a LGPD atribui obrigações específicas a cada um dos agentes de tratamento. Ou seja, controlador e operador deverão atuar dentro de suas respectivas atribuições, o que, naturalmente, lhes conferirá responsabilidades distintas. Além dessa constatação, que já deixa evidente que a regra de responsabilidade que a LGPD traz distingue a responsabilidade do controlador da do operador, há ainda outra importante questão que contribui para a aferição do regime de responsabilidade aplicável aos dois agentes da cadeia de tratamento de dados pessoais, de modo a se aferir se este será baseado na solidariedade ou não: segundo o art. 265 do Código Civil, "a solidariedade não se presume; resulta da lei ou da vontade das partes".

Ausência de solidariedade

Não há qualquer previsão de um regime geral de responsabilidade solidária entre os agentes de tratamento estipulada na LGPD, pelo contrário. Como se depreende do *caput* do art. 42 da LGPD, que introduz a seção da lei sobre "Responsabilidade e Ressarcimento de danos", serão obrigados a reparar os danos (patrimoniais, morais, individuais ou coletivos) gerados pelo exercício da atividade de tratamento de dados pessoais o controlador *ou* o operador. Ou seja, a LGPD traz previsão de atribuição individual de responsabilidade aos agentes de acordo com a suas específicas obrigações, já que o legislador se valeu da conjunção alternativa "ou", que exprime a ideia de exclusão.

Se a solidariedade não se presume, devendo resultar necessariamente de previsão legal ou da vontade das partes, não se mostra legítimo considerar o controlador e o operador solidariamente responsáveis no caso de danos provocados no âmbito de suas específicas atribuições. Diante das particulares obrigações previstas pela LGPD aos controladores e aos operadores e da ausência de regra de solidariedade geral entre esses agentes, é possível inferir um regime geral de responsabilidade não solidária, sendo que a solidariedade, como visto, existirá apenas quando a lei ou a vontade das partes a prever expressamente.[27]

Desse modo, pode-se dizer que, em regra, cada um dos agentes de tratamento responderá individualmente por aquilo que for de sua obrigação específica. Tendo em vista as atribuições previstas pela LGPD, a responsabilidade principal parece recair especialmente na figura do controlador, já que a este são conferidas, como visto, diversas obrigações específicas, ao mesmo tempo que ao operador se atribui a obrigação de realizar o tratamento de dados em nome e segundo as instruções fornecidas pelo próprio controlador.

Embora a LGPD não preveja o regime geral de solidariedade, a solidariedade é prevista em duas situações específicas. O mesmo art. 42 que, em seu *caput*, estabelece as espécies de danos que o controlador ou o operador serão obrigados a reparar de forma individual, também determina, em seu parágrafo 1º, duas hipóteses excep-

---

[27] Nesse sentido: Danilo Doneda e Laura Schertel Mendes, Reflexões iniciais sobre a nova Lei Geral de Proteção de Dados, cit., p. 477.

cionais de solidariedade, ao prever que: "I – o operador responde solidariamente pelos danos causados pelo tratamento quando descumprir as obrigações da legislação de proteção de dados ou quando não tiver seguido as instruções lícitas do controlador, hipótese em que o operador equipara-se ao controlador, salvo nos casos de exclusão previstos no art. 43 desta Lei; II – os controladores que estiverem diretamente envolvidos no tratamento do qual decorreram danos ao titular dos dados respondem solidariamente, salvo nos casos de exclusão previstos no art. 43 desta Lei". Hipóteses específicas de solidariedade

A LGPD ainda prevê o direito de regresso em seu art. 42, § 4º, segundo o qual "aquele que reparar o dano ao titular tem direito de regresso contra os demais responsáveis, na medida de sua participação no evento danoso". Nesse aspecto, diferentemente do Código Civil que, no art. 945, confunde "culpa" com "participação" (nexo causal),[28] a LGPD foi precisa ao estabelecer o regresso conforme a participação de cada agente no evento danoso, isto é, conforme a eficácia causal de cada conduta na produção do dano.

Diante desse cenário, as hipóteses de solidariedade referidas no art. 42, § 1º, são efetivamente as duas únicas previstas pela LGPD, que, portanto, não estabelece a solidariedade como regra.[29] Assim, segundo a Lei de Proteção de Dados Pessoais, haverá solidariedade (i) entre operador e controlador na específica hipótese de o operador causar danos quando descumprir as obrigações da legislação de proteção de dados; (ii) entre operador e controlador quando aquele não tiver seguido as instruções lícitas desse; (iii) entre os controladores que estiverem diretamente envolvidos no tratamento do qual decorreram danos ao titular dos dados.

Ao controlador, então, cabe a responsabilidade pelas obrigações que lhe são atribuídas de forma específica pela LGPD. Já o operador responde tão somente por atos próprios e que sejam contrários à LGPD ou às instruções que lhe sejam fornecidas pelo controlador. Eventualmente, em caso de haver mais de um controlador ("controladores conjuntos"), ambos respondem solidariamente perante o titular a fim de assegurar a indenização (art. 42, § 1º, II). Ir além disso é ultrapassar o texto da lei.

Por fim, a solidariedade entre controlador e operador pode decorrer da aplicação do art. 942 do Código Civil, caso seja comprovado, por exemplo, que ambos Art. 942 do Código Civil

[28] Na redação do art. 945, ora referido, torna-se a considerar a gravidade da culpa concorrente (no caso, da própria vítima) para determinar a participação na obrigação de indenizar, quando o melhor critério é o do nexo causal. Ao comentar tal dispositivo, já observava Aguiar Dias: "No art. 947 [o autor refere-se ao art. 947 do Projeto que, quando aprovado, passou a corresponder ao art. 945 do Código Civil de 2002], volta-se a considerar a gravidade da culpa concorrente, para determinar a participação na obrigação de indenizar, quando o melhor e mais exato critério, na espécie, é o da causalidade. Não é o grau de culpa, mas o grau de participação na produção do evento danoso, reduzindo-se ou até excluindo a responsabilidade dos demais, que deve indicar a quem toca contribuir com a cota maior ou até com toda a indenização" (José de Aguiar Dias, *Da responsabilidade civil*, vol. 1, Rio de Janeiro: Forense, 1994, 9ª ed., p. 38). Não obstante a lição de Aguiar Dias, parte da doutrina ainda confunde causalidade ("participação") com culpa. Nesse aspecto, a LGPD foi irretocável.

[29] Danilo Doneda e Laura Schertel Mendes, Reflexões iniciais sobre a nova lei geral de proteção de dados, cit., p. 477.

agiram em conluio para provocar o incidente. Segundo o *caput* do referido dispositivo, "os bens do responsável pela ofensa ou violação do direito de outrem ficam sujeitos à reparação do dano causado; e, se a ofensa tiver mais de um autor, todos responderão solidariamente pela reparação". E, nos termos do parágrafo único, "são solidariamente responsáveis com os autores os coautores e as pessoas designadas no art. 932".

4. DANO MORAL NA LEI GERAL DE PROTEÇÃO DE DADOS PESSOAIS

Dano moral *in re ipsa*

A reparação do dano moral adquire na LGPD contornos específicos, que corroboram a crítica à utilização da técnica *in re ipsa*.[30] Afirma-se, com frequência, que o dano moral não precisa ser provado, sendo antes *in re ipsa*. A expressão em latim significa que, ao contrário do dano patrimonial, cuja comprovação se exige em toda a sua extensão, o dano moral decorre do próprio fato ofensivo, de tal forma que, provada a ofensa, *ipso facto* está demonstrado o dano moral. Por isso, em numerosas hipóteses, a prova do dano moral tem cedido lugar à sua presunção, notadamente quando se trata de reparar danos à imagem.

A utilização do subterfúgio da presunção, sob o argumento de que o dano moral é *in re ipsa*, parte do conceito subjetivo (e, por isso mesmo, impreciso) de dano moral. Vale dizer, o caráter *in re ipsa* vem quase sempre associado a uma definição consequencialista de dano moral, preocupada com a repercussão da lesão no estado anímico do lesado. Nesse viés, dispensa-se a prova do dano moral, porque, de fato, não seria razoável exigir em juízo a prova da repercussão sentimental do evento danoso sobre a vítima, não só porque a dor e o sofrimento são fatos inteiramente subjetivos, difíceis de serem provados e mensurados, mas também porque são facilmente simuláveis.

Adotando-se, contudo, a concepção objetiva do dano moral, defendida nesta obra,[31] deve exigir-se não a prova da dor ou do sofrimento da vítima, mas, antes, a prova da lesão sofrida, como se exige a prova da lesão ao patrimônio no caso do dano patrimonial. É evidente que, em se tratando de dano moral, nem sempre a lesão deixará traços materiais, mas essa mesma dificuldade ocorre no campo patrimonial, quando a faceta do dano patrimonial que se quer reparar é a dos lucros cessantes (e nem por isso o lesado está liberado de fazer a prova do dano – ainda que não se exija "certeza absoluta", ao menos o lesado deve demonstrar a "probabilidade objetiva" que tinha de auferir o lucro frustrado).

Crítica ao subterfúgio do dano *in re ipsa*

O subterfúgio do dano *in re ipsa*, que dispensa a produção de prova concreta de afetação do interesse existencial da vítima, acaba atraindo o risco de a jurisprudência

[30] Para análise mais aprofundada do tema, cf. Gisela Sampaio da Cruz Guedes, Dano moral *in re ipsa* e a Lei Geral de Proteção de Dados Pessoais: "presunção e água benta, cada um toma a que quer". In: Felipe Palhares (coord.), *Estudos sobre privacidade e proteção de dados*, São Paulo: Thomson Reuters Brasil, 2021, pp. 227-245.

[31] Nesse sentido, cf. Maria Celina Bodin de Moraes, *Danos à pessoa humana*: uma leitura civil-constitucional dos danos morais, Rio de Janeiro: Renovar, 2003, p. 327.

adotar um tabelamento de indenizações – solução que necessariamente será injusta, porque não levará em consideração o aspecto particular do caso. Essa técnica estimula a propositura de ações sem fundamento, eximindo o autor da prova do único elemento da responsabilidade civil que não deveria ser dispensado, considerando-se a função reparatória que a responsabilidade civil inegavelmente exerce no nosso sistema. A construção do dano moral *in re ipsa* não deve afastar a essencial aferição em concreto do dano moral, a qual permite apurar a extensão do dano com base nas particularidades do caso concreto.

Além disso, o expediente *in re ipsa* acaba por restringir, no comum dos casos, o montante da liquidação, "sem exigir do julgador esforço específico para, ao avaliar as nuances do fato concreto, efetivar a reparação integral";[32] em outros casos, reconhece um dano moral inexistente, quando este sequer está configurado. Não basta a vítima provar o evento materialmente ocorrido, imputando a culpa ao agente causador do dano. O julgador precisa realizar a concreta avaliação, a fim de verificar se este desrespeitou injustamente interesses extrapatrimoniais tutelados pelo ordenamento jurídico. Se a resposta for positiva, com base nessa mesma operação hermenêutica qualificadora do fato lesivo, a extensão dos danos deve ser estabelecida observando-se as peculiaridades do caso concreto, "de modo compatível com a singularidade da hipótese em exame".[33]

Dano moral e LGPD

A aplicação de forma irrestrita das presunções no âmbito da LGPD, além de estimular o tabelamento de indenizações, deve ser afastada também por outras razões. Pense-se, por exemplo, no "cenário hipotético no qual uma organização sofresse um vazamento de dados cujos únicos dados vazados fossem o primeiro nome de seus clientes, sem qualquer outra informação". Nesse caso, "conceder uma indenização por dano moral na base da presunção desse dano poderia ser desproporcional".[34] E, de fato, seria mesmo desproporcional e contrário ao princípio da reparação integral. Afinal, fere-se tal princípio toda a vez em que o montante indenizatório fica *além* ou *aquém* do dano.[35]

---

32 Milena Donato Oliva, Dano moral e inadimplemento contratual nas relações de consumo. In: *Revista de Direito do Consumidor*, vol. 93, 2014, pp. 3-4.

33 Milena Donato Oliva, Dano moral e inadimplemento contratual nas relações de consumo, cit., pp. 3-4.

34 Felipe Palhares, O que a aplicação da LGPD já revela. In: Colégio Registral RS. Disponível em: https://www.colegioregistralrs.org.br/doutrinas/artigo-o-que-a-aplicacao-da-lgpd-ja-revela-por-felipe-palhares/. Acesso em: 25 nov. 2021.

35 Nem todos os casos de vazamento de dados gerarão, pela simples ocorrência do vazamento, dano moral, como tem reconhecido a jurisprudência: "Responsabilidade Civil. Demanda indenizatória. Vazamento de dados pessoais da consumidora. Responsabilidade objetiva da concessionária ré no tratamento dos dados. Inteligência do art. 42 da Lei Geral de Proteção de Dados. Situação que, por si só, não gera dano moral indenizável. Precedentes desta Corte. Dados não sensíveis. Ausência de comprovação da efetiva ocorrência de dano. Sentença de improcedência mantida. Recurso não provido" (TJSP, 35ª CDPriv., Ap. Cív. 1000251-26.2021.8.26.0176, Rel. Gilson Delgado Miranda, julg. 8.8.2022, publ. *DJ* 12.8.2022). No mesmo sentido: TJSP, Núcleo de Justiça 4.0, Ap. Cív. 1008677-95.2023.8.26.0066, Rel. Gilberto Franceschini, julg. 12.11.2024, publ. *DJ* 12.11.2024; TJSP, 19ª CDPriv., Ap. Cív. 1002559-49.2024.8.26.0008, Rel.ª Claudia Grieco Tabosa Pessoa, julg. 27.09.2024, publ. *DJ* 27.09.2024; TJSP, Núcleo de Justiça 4.0,

Dados pessoais públicos

Outro ponto de reflexão, do qual também não se pode descuidar, é que nem todo dado pessoal é, necessariamente, dado privado. O juízo de afetação de publicidade, que irá diferenciar o dado privado do dado público, nada tem a ver com a natureza pessoal do dado. O dado pode ser pessoal e, ao mesmo tempo, público.[36] Assim, se, em razão do exercício de atividade de tratamento de dados pessoais ou de incidente de segurança, a pessoa natural tiver algum dado pessoal *público* divulgado, não necessariamente sofrerá dano moral. Esta não pode ser uma conclusão automática, nem aferível por meio de presunções.[37]

Também merece atenção o conceito de incidente de segurança, que abrange um grande espectro de situações. Vale dizer, a LGPD não define o que são os chamados "incidentes de segurança", mas, na sistemática da lei, o conceito pode ser extraído do artigo 46. O incidente de segurança pode configurar-se a partir de qualquer situação, acidental ou dolosa, que envolva *perda*, *alteração*, *comunicação* ou *qualquer forma de tratamento inadequado ou ilícito*. Como se poderá extrair de um conjunto tão heterogêneo a conclusão, *ipso facto*, de que o titular do dado sofreu dano moral?

A *alteração* de dado pessoal, compreendida no conceito de incidente de segurança, tanto pode gerar um dano moral de grandes proporções, como pode não gerar qualquer tipo de dano, nem mesmo moral. Tome-se o exemplo da alteração de dado pessoal sensível que diga respeito à saúde do paciente ou a dado genético seu que revele certa propensão ao desenvolvimento de alguma doença grave, como o câncer. Nesse exemplo, o incidente de segurança (consubstanciado na *alteração* do dado pessoal) tem grande potencial de gerar dano moral.[38] Em outros exemplos,

---

Ap. Cív, 1002099-16.2023.8.26.0358, Rel. Marcos de Lima Porta, julg. 11.10.2024, publ. *DJ* 11.10.2024; TJSP, Núcleo de Justiça 4.0, Ap. Cív. 1009081-24.2023.8.26.0624, Rel. Marcos de Lima Porta, julg. 26.08.2024, publ. *DJ* 26.08.2024; TJSP, 18ª CDPriv., Ap. Cív, 1005735-80.2020.8.26.0362, Rel. Ernani Desco Filho, julg. 29.04.2024, publ. *DJ* 7.5.2024; TJSP, 27ª CDPriv., Ap. Cív. 1014245-32.2019.8.26.0196, Rel. Daise Fajardo Nogueira Jacot, julg. 26.11.2021, publ. *DJ* 26.11.2021.

36 Na jurisprudência, afirma-se que "é dispensada a exigência do consentimento para o tratamento de dados tornados manifestamente públicos pelo titular, observada a finalidade que justifica a sua disponibilização" (TJMG, 20ª C.C., A.I. 1.0000.22.026017-8/001, , Relª Lílian Maciel, julg. 19.10.2022, publ. *DJ* 20.10.2022). Da mesma forma: TJMG, 20ª C.C., Ap. Cív, 1.0000.22.026017-8/003, Rel.ª Lílian Maciel, julg. 13.12.2023, publ. *DJ* 14.12.2023.

37 O contraponto foi feito pela Ministra Nancy Andrighi: "O fato, por si só, de se tratarem de dados usualmente fornecidos pelos próprios consumidores quando da realização de qualquer compra no comércio, não afasta a responsabilidade do gestor do banco de dados, na medida em que, quando o consumidor o faz não está, implícita e automaticamente, autorizando o comerciante a divulgá-los no mercado; está apenas cumprindo as condições necessárias à concretização do respectivo negócio jurídico entabulado apenas entre as duas partes, confiando ao fornecedor a proteção de suas informações pessoais. 10. Do mesmo modo, o fato de alguém publicar em rede social uma informação de caráter pessoal não implica o consentimento, aos usuários que acessam o conteúdo, de utilização de seus dados para qualquer outra finalidade, ainda mais com fins lucrativos. 11. Hipótese em que se configura o dano moral *in re ipsa*. 12. Em virtude do exame do mérito, por meio do qual foram rejeitadas as teses sustentadas pela recorrente, fica prejudicada a análise da divergência jurisprudencial. 13. Recurso especial conhecido em parte e, nessa extensão, desprovido" (STJ, 3ª T., REsp 1758799/MG, Rel. Min. Nancy Andrighi, julg. 12.11.2019, publ. *DJe* 19.11.2019).

38 Quando há grande potencial de dano, "os agentes devem, assim, ajustar suas medidas de segurança para corresponder à probabilidade e à gravidade que violações podem assumirem face do

como na alteração de uma letra do endereço do titular do dado, que está seguida do CEP e, portanto, permite que se possa identificar perfeitamente o endereço correto, o incidente de segurança pode não causar qualquer dano.

Diante disso, torna-se difícil estabelecer, *a priori*, que qualquer incidente de segurança gera dano moral. Mais difícil ainda é concluir que o dano moral, nesses casos, será *in re ipsa*. O tema foi abordado pela 2ª Turma do Superior Tribunal de Justiça que, no julgamento do AI 2.130.619, acolheu a tese de que "[o] vazamento de dados pessoais, a despeito de se tratar de falha indesejável no tratamento de dados de pessoa natural por pessoa jurídica, não tem o condão, por si só, de gerar dano moral indenizável. Ou seja, o dano moral não é presumido, sendo necessário que o titular dos dados comprove eventual dano decorrente da exposição dessas informações".[39] No seu voto, o Ministro Francisco Falcão afirma que "[d]iferente seria se, de fato, estivéssemos diante de vazamento de dados sensíveis, que dizem respeito à intimidade da pessoa natural".

Apesar dessa afirmação, a LGPD não estabelece, em rigor, que o vazamento de dados sensíveis gera, necessariamente, dano moral, assim como também não determina que o vazamento de dados pessoais comuns não seria apto a gerar dano moral. Como de regra acontece na responsabilidade civil, tudo dependerá das circunstâncias do caso concreto, mas, independentemente disso, o fato é que o subterfúgio do dano *in re ipsa* não deve afastar a essencial aferição em concreto do dano moral.[40]

impacto a direitos e liberdades dos titulares dos dados. É, então, vital separar e estimar esses riscos variados e, em seguida, aplicar medidas de segurança correspondentes. A política legislativa da LGPD reconhece que seu objeto constitui uma plêiade de relações jurídicas que apresentam uma multiplicidade de efeitos colaterais distintos, devendo-se investigar a culpa do agente de tratamento de dados de forma casuística" (Bruno Bioni; Daniel Dias, Responsabilidade civil na proteção de dados pessoais: construindo pontes entre a Lei Geral de Proteção de Dados Pessoais e o Código de Defesa do Consumidor. In: *Civilistica.com*. Rio de Janeiro, a. 9, n. 3, 2020. Disponível em: <http://civilistica.com/responsabilidade-civil-na-protecao-de-dados-pessoais/>. Acesso em: 24 nov. 2021).

39 STJ, 2ª T., AREsp 2.130.619/SP, Rel. Min. Francisco Falcão, julg. 7.3.2023, v.u., publ. *DJe* 10.3.2023. No mesmo sentido: "Eventual vazamento de dados de per si não configuram prejuízo subjetivo indenizável. Hipótese que não se amolda ao conceito de dano moral *in re ipsa*" (TJSP, 18ª CDPriv., Ap. Cív, 1007772-80.2023.8.26.0037, Rel. Ernani Desco Filho, julg. 25.03.2024, publ. *DJ* 03.04.2024). Da mesma forma: TJSP. 15ª CDPriv., Ap. Cív, 1012837-61.2023.8.26.0100, Rel. Ramon Mateo Júnior, julg. 05.12.2023, publ. *DJ* 07.12.2023; TJSP, 25ª CDPriv., AC 1004516-31.2022.8.26.0566, Rel. Rodolfo Cesar Milano, julg. 16.06.2023, publ. *DJ* 16.06.2023; TJSP, 24ª CDPriv., Ap. Cív, 1015599-06.2019.8.26.0451, Rel. Plinio Novaes de Andrade Júnior, julg. 27.02.2023, publ. *DJ* 27.02.2023.

40 Em segunda instância, a indenização por danos morais decorrentes de vazamento de danos tem sido negada na maioria dos casos, mas já foi concedida em diversas oportunidades, a exemplo dos seguintes casos: TJSP, Núcleo de Justiça 4.0, Ap. Cív, 1026842-60.2023.8.26.0562, Rel. Gilberto Franceschini, julg. 13.11.2024, publ. *DJ* 13.11.2024; TJSP, 33ª CDPriv., Ap. Cív, 1020038-44.2022.8.26.0196, Rel.ª Ana Lucia Romanhole Martucci, julg 12.11.2024, publ. *DJ* 12.11.2024; TJSP, Núcleo de Justiça 4.0, Ap. Cív, 1000658-49.2024.8.26.0007, Rel. José Paulo Camargo Magano, julg. 12.11.2024, publ. *DJ* 12.11.2024; TJSP, Núcleo de Justiça 4.0, Ap. Cív 1000515-32.2024.8.26.0566, Rel.ª Léa Duarte, julg. 09.11.2024, publ. *DJ* 09.11.2024; TJSP, 22ª CDPriv., Ap. Cív. 1010111-81.2021.8.26.0554, Rel. Des. Edgard Rosa, julg. 8.8.2022, publ. *DJ* 8.8.2022; TJSP, 27ª CDPriv., Ap. Cív. 1009763-37.2020.8.26.0477, Rel. Des. Ricardo Chimenti, julg. 10.6.2022; TJSP, 34ª CDPriv., Ap. Cív. 1065936-51.2020.8.26.0002, Rel. Des. Costa Wagner, julg. 21.2.2022; TJSP, 12ª CDPriv., Ap. Cív. 1004066-82.2020.8.26.0526, Rel. Des. Tasso Duarte de Mello, julg. 23.2.2022; TJSP, 13ª CDPriv., Ap. Cív. 1004812-81.2019.8.26.0526,

5. RESPONSABILIDADE CIVIL NO ÂMBITO DAS RELAÇÕES DE CONSUMO

Responsabilidade civil pelo fato do produto e do serviço e responsabilidade civil pelo vício do produto e do serviço

No que tange às relações de consumo, o legislador remeteu as hipóteses de "violação do direito do titular (...) às regras de responsabilidade previstas na legislação pertinente" (art. 45 da LGPD), ou seja, ao Código de Defesa do Consumidor, que estabelece regime de responsabilidade *objetiva*.[41] Nesse cenário, o desafio do intérprete reside, precisamente, em atribuir ao art. 45 sentido condizente com todos os fundamentos da LGPD, de modo a garantir a máxima proteção aos direitos do consumidor sem conduzir à compressão ilegítima do desenvolvimento econômico e tecnológico.

Com efeito, se o tratamento de dados ocorrer no contexto de relação de consumo, cuide-se ou não da atividade fim desempenhada pelo fornecedor, sua responsabilidade pelos danos causados ao consumidor por acessos não autorizados a seus dados pessoais será apurada com base no regime da responsabilidade objetiva, previsto nos arts. 12 e 14 do Código de Defesa do Consumidor. Isso não significa, todavia, que se devam aplicar as regras da legislação consumerista isoladamente, apartadas das demais normas do ordenamento jurídico. A evolução da ciência e da tecnologia desde a edição do Código de Defesa do Consumidor, em 1991, produziu intenso impacto no mercado de consumo, a impor seu necessário cotejo com a regulamentação elaborada para setores específicos, a exemplo da LGPD.

O Código de Defesa do Consumidor atribui ao fornecedor responsabilidade objetiva, e dedica ao tema duas seções específicas: (i) a que regula a responsabilidade civil pelo fato do produto ou do serviço (arts. 12 a 17); e (ii) a que rege a responsabilidade

---

Rel. Des. Francisco Giaquinto, julg. 24.2.2022; TJSP, 20ª CDPriv., Ap. Cív. 1000065-20.2021.8.26.0526, Rel. Des. Roberto Maia, julg. 3.2.2022; TJSP, 30ª CDPriv., Ap. Cív. 1000144-71.2021.8.26.0405, Rel.ª Des.ª Maria Lúcia Pizzotti, julg. 25.8.2021; TJ/SP, 30ª CDPriv., Ap. Cív. 1006311-89.2020.8.26.0001, Rel.ª Des.ª Maria Lúcia Pizzotti, julg. 1.9.2021; TJMG, 17ª CC., Ap. Cív. 1.0000.23.051596-7/001, Rel. Des. Evandro Lopes da Costa Teixeira, julg. 13.9.2023, v.u., publ. *DJ* 13.9.2023; TJMG, 17ª CC., Ap. Cív. 1.0000.22.180531-0/002, Rel. Des. Evandro Lopes da Costa Teixeira, julg. 13.9.2023, publ. 13.9.2023; TJ/MG, 10ª CC., Ap. Cív. 1.0000.23.172922-9/001, Rel. Des. Amauri Pinto Ferreira, julg. 18.8.2023, publ. *DJ* 22.8.2023; TJMG, 19ª CC., Ap. Cív. 1.0000.23.085894-6/001, Rel. Des.Pedro Bitencourt Marcondes, julg. 6.7.2023, publ. *DJ* 12.7.2023; TJMG, 17ª CC., Ap. Cív. 1.0000.23.049671-3/001, Rel. Des. Evandro Lopes da Costa Teixeira, julg. 5.7.2023, publ. *DJ* 6.7.2023; TJMG, 13ª CC., Ap. Cív. 1.0000.22.115408-1/002, Rel. Des.Marco Aurélio Ferrara Marcolino, julg. 30.6.2023, publ. *DJ* 10.7.2023; TJMG, 14ª CC., Ap. Cív. 1.0000.23.081704-1/001, Rel. Des.Estevão Lucchesi, julg. 1.6.2023, publ. *DJ* 1.6.2023; TJMG, 17ª CC., Ap. Cív. 1.0000.22.262669-9/001, Rel. Des.Evandro Lopes da Costa Teixeira, julg. 1.3.2023, publ. *DJ* 2.3.2023; TJRS, 10ª CC. Ap. Cív. 50009258920218210073, Rel, Des. Jorge Alberto Schreiner Pestana, julg. 26.07.2022, publ. *DJ* 29.7.2022; TJRS, 9ª CC. Ap. Cív. 50025324220208210019, Rel, Des. Eugênio Facchini Neto, julg. 29.6.2022, publ. *DJ* 11.7.2022; TJRJ, 26ª CC., Ap. Cív. 0045559-71.2020.8.19.0002, Rela. Desa. Natacha Nascimento Gomes Tostes Gonçalves de Oliveira, julg. 3.2.2022, publ. *DJ* 4.2.2022.

[41] Nos casos de incidência do Código de Defesa do Consumidor, seguindo o comando do legislador, a jurisprudência tem aplicado o regime da responsabilidade objetiva: TJSP, Núcleo de Justiça 4.0, Ap. Cív, 1026842-60.2023.8.26.0562, Rel. Gilberto Franceschini, julg. 13.11.2024, publ. *DJ* 13.11.2024; TJSP, Núcleo de Justiça 4., Ap. Cív, 1008677-95.2023.8.26.0066, Rel. Gilberto Franceschini, julg. 12.11.2024, publ. *DJ* 12.11.2024; TJSP, 19ª CDPriv., Ap. Cív. 1022003-46.2021.8.26.0405, Rel. Daniela Menegatti Milano, julg. *DJ* 24.3.2022, publ. 24.03.2022; TJSP, 27ª CDPriv., Ap. Cív. 1008308-35.2020.8.26.0704, Rel. Alfredo Attié, julg. 16.11.2021, publ. *DJ* 16.11.2021.

civil pelo vício do produto ou do serviço (arts. 18 a 25). Em ambos os casos, o legislador estabeleceu a prescindibilidade da comprovação de culpa do responsável legal, dispensando a análise da concreta conduta do agente ofensor para que se imponha o dever de indenizar; para tanto, faz-se necessária apenas a presença de defeito, dano e nexo causal.

A responsabilidade pelo fato do produto ou do serviço pressupõe *acidente de consumo*, com danos efetivos para o consumidor (arts. 12 a 17 do CDC), como ocorre quando o motorista sofre lesões físicas porque o *airbag* do veículo não funcionou em caso de colisão. Trata-se de reflexo da imposição, ao fornecedor, de *dever de segurança* quanto aos produtos e serviços que coloca no mercado, associado à legítima expectativa de segurança decorrente do desempenho que se espera do produto ou do serviço. A responsabilidade pelo vício de qualidade ou quantidade, de outro lado, se verifica diante da inadequação do produto ou do serviço às suas finalidades e à sua função, hipótese em que se confere ao consumidor o direito de exigir o conserto do produto, a troca por outro em perfeitas condições ou a devolução do preço. Assim, por exemplo, se acende indevidamente luz no painel do veículo indicando algum problema no *airbag*, há vício do produto, e o proprietário tem direito ao reparo sem custos.

Vício de segurança no tratamento de dados pessoais

No âmbito do tratamento de dados, prevalece o mesmo modelo de incidência. Há vício (de qualidade) do serviço, por exemplo, quando o consumidor não consegue alterar seus dados em cadastro anteriormente realizado para compra *online* por falha do sistema. Há acidente de consumo (vício de segurança), por sua vez, quando certo hospital permite indiscriminado acesso, por sua página na *internet*, aos prontuários médicos de seus pacientes. Este último caso encontra-se abrangido na ampla definição de *incidente de segurança*, de que trata o art. 48 da LGPD, ao lado de disposições específicas atinentes à responsabilidade objetiva do fornecedor.

Defeito do produto ou do serviço

Como se sabe, o Código de Defesa do Consumidor exige a presença de requisito específico para a configuração da responsabilidade do fornecedor: o *defeito* do produto ou do serviço. Considera-se defeituoso o produto ou o serviço que *não oferece a segurança que dele legitimamente se espera*. Para a identificação do defeito do serviço, deve-se considerar: "I – o modo de seu fornecimento; II – o resultado e os riscos que razoavelmente dele se esperam; III – a época em que foi fornecido" (art. 14, § 1º, do CDC). Ademais, "o serviço não é considerado defeituoso pela adoção de novas técnicas" (art. 14, § 2º, do CDC).

Já para a aferição do defeito do produto, importa analisar: "I – a sua apresentação; II – o uso e os riscos que razoavelmente dele se esperam; III – a época em que foi colocado em circulação" (art. 12, § 1º, do CDC). Da mesma forma, "o produto não é considerado defeituoso pelo fato de outro de melhor qualidade ter sido colocado no mercado" (art. 12, § 2º, do CDC).

O defeito do produto ou do serviço se relaciona, portanto, à sua *desconformidade com a expectativa do consumidor*.[42] Não se trata, todavia, da expectativa subjetiva de

---

42 "Percebe-se, assim, que o conceito de defeito está relacionado não propriamente com a inaptidão do produto para seus fins, mas, antes, com a violação de uma legítima expectativa de segurança,

segurança daquele específico consumidor que sofreu os danos; o parâmetro a ser seguido é a expectativa de segurança coletiva da sociedade de consumo, isto é, do *consumidor médio* naquelas circunstâncias, tendo em vista as características do produto ou serviço e as informações transmitidas ao consumidor.[43]

Grau de segurança legitimamente esperado pelo consumidor

A propósito, cuida-se de *razoável* expectativa de segurança. Há graus de segurança, e apenas alguns deles podem ser legitimamente esperados pelo consumidor em relação a determinado produto ou serviço.[44] A dificuldade está, justamente, em identificar quais desses graus de segurança o consumidor pode legitimamente esperar, tarefa que se torna ainda mais árdua no âmbito de tratamento de dados pessoais por meio digital. Para essa análise, os dispositivos supra referidos oferecem alguns importantes parâmetros a serem considerados.

Expectativa de segurança do consumidor *v.* riscos próprios da atividade

Em primeiro lugar, deve-se analisar a expectativa de segurança do consumidor tendo em vista os riscos inerentes à atividade e ao meio empregado para o tratamento dos dados. Ou seja, há riscos próprios da atividade, insuscetíveis de serem contornados, e também os riscos suscitados pelo meio no qual o produto é distribuído ou o serviço é desempenhado. Tais riscos somente podem ser reduzidos pelo dever de informação do fornecedor, não já pelo desempenho do produto ou serviço. Evidentemente, os riscos do tratamento de dados por meio digital são maiores do que aqueles suscitados no tratamento fora desse ambiente. O consumidor que guarda seus documentos em papel não está exposto aos mesmos riscos em relação à segurança que o consumidor que os arquiva no computador. Tanto que, neste caso, ainda que o consumidor adquira o melhor programa antivírus disponível no mercado, não terá a legítima expectativa de que seus documentos estarão inteiramente invulneráveis a todo e qualquer ataque *hacker*, o que é evidenciado pelas permanentes atualizações do *software* voltadas justamente a combater os novos vírus, que se desenvolvem de modo permanente. Por esse motivo, tanto os riscos inerentes à atividade quanto os

---

que é capaz de provocar danos aos consumidores. Trata-se de conceito de origem norte-americana, acolhido pela Diretiva 85/374/CEE e que, por meio desta, passou para o Código de Defesa do Consumidor" (Marcelo Junqueira Calixto, *A responsabilidade civil do fornecedor de produtos pelos riscos do desenvolvimento*, Rio de Janeiro: Renovar, 2004, p. 134).

43 Antônio Herman V. Benjamin; Claudia Lima Marques; Leonardo Roscoe Bessa, *Manual de direito do consumidor*, São Paulo: Editora Revista dos Tribunais, 2010, 3ª ed., pp. 149-150.

44 "Já vimos que todo produto ou serviço apresenta uma margem de insegurança. Integraria ela o âmbito da periculosidade inerente. A dúvida aqui é: qual o grau de segurança que permite qualificar um produto como não defeituoso? O elemento central para a construção do conceito de defeito é a carência de segurança. É por isso mesmo que defeito e vício de qualidade por insegurança – para os objetivos modestos deste trabalho – vêm considerados como expressões que se equivalem. Mas não é qualquer insegurança que transforma o produto ou serviço em defeituoso. Cuida-se antes de graus de insegurança, e nem todos transformam um produto em defeituoso. Atrás foi observado que, ao lado da periculosidade inerente, existe a periculosidade adquirida e a periculosidade exagerada. Só estas últimas, por trazerem potencial danoso superior ao que 'legitimamente se espera', é que podem ser consideradas portadoras de vício de qualidade por insegurança ou defeito. Logo, o Código não estabelece um sistema de segurança absoluta para os produtos e serviços. O que se requer é uma *segurança dentro dos padrões da expectativa legítima dos consumidores*" (Antônio Herman V. Benjamin, Claudia Lima Marques, Leonardo Roscoe Bessa, *Manual de direito do consumidor*, cit., pp. 149-150).

vazamentos decorrentes de fontes externas devem ser razoavelmente conhecidos pelo consumidor, seja por informações atribuídas efetivamente ao fornecedor, seja por informações difusamente disponíveis e que o consumidor com razoável diligência pode obter.

Em definitivo, é da natureza desse específico meio pelo qual a atividade de tratamento de dados é implementada - o meio digital - certa suscetibilidade a violações em razão do acelerado e contínuo desenvolvimento tecnológico. E aí reside, precisamente, a pedra de toque da responsabilidade do agente de tratamento de dados no âmbito das relações de consumo, reconhecida expressamente pelo legislador no art. 44 da LGPD.

Qualifica-se como irregular, nos termos do art. 44, o tratamento que não oferece "a segurança que o titular dele pode esperar, consideradas as circunstâncias relevantes, entre as quais: I - o modo pelo qual é realizado; II - o resultado e os riscos que razoavelmente dele se esperam; III - as técnicas de tratamento de dados pessoais disponíveis à época em que foi realizado".

Cuidando-se de relação de consumo, forçoso reconhecer que os incisos do art. 44 devem servir de parâmetro para a configuração do defeito em relação aos incidentes de segurança, uma vez que se limitam a especificar o conceito de defeito do art. 14, § 1º, do Código de Defesa do Consumidor, tendo em conta as peculiaridades (internas e externas) inerentes ao tratamento de dados. Reconhece, assim, o legislador que, para a aferição do defeito, é fundamental verificar, em relação à época em que o tratamento é realizado (art. 14, § 1º, III do CDC), "as técnicas de tratamento de dados pessoais disponíveis" (art. 44, III, LGPD).

E mais, o § 1º do art. 46 prevê a possibilidade de a Autoridade Nacional de Proteção de Dados (ANPD) estabelecer padrões técnicos mínimos de segurança levando em consideração "as características específicas do tratamento" e "o estado atual da tecnologia". O dispositivo dialoga com o inciso III do art. 44 e reconhece que, ao menos no que tange a incidentes de segurança, o risco de desenvolvimento afasta a responsabilidade do fornecedor,[45] já que ausente o defeito do serviço.

---

[45] É o que também reconhece Bruno Miragem, ao analisar o art. 44 da LGPD: "Note-se que a regra coloca em destaque, assim como ocorre em relação à responsabilidade do fornecedor no CDC (LGL\1990\40), a questão relativa aos riscos do desenvolvimento, uma vez que delimita a extensão do dever de segurança àquela esperada em razão das 'técnicas de tratamento de dados disponíveis à época em que foi realizado'. Isso é especialmente relevante considerando a grande velocidade do desenvolvimento da tecnologia no tratamento de dados, e os riscos inerentes, em especial as situações de vazamento e acesso não autorizado de terceiros aos dados armazenados pelo controlador ou pelo operador. Nestas hipóteses trata-se de definir em relação ao controlador e operador dos dados, se seria possível identificar um dever de atualização técnica imputável, e nestes termos, eventual adoção de novas técnicas que permitam o uso indevido do dado, especialmente por terceiros, venha a caracterizar espécie de risco inerente (fortuito interno), que não exclui sua responsabilidade pelos danos que venham a suportar os titulares dos dados; ou se delimitação quanto às técnicas disponíveis à época em que foi realizado o tratamento exclui eventual responsabilização do controlador e do operador pelo desenvolvimento tecnológico que permita obtenção de dados ou tratamento indevido por terceiros, desviado da finalidade originalmente prevista. Em outros termos, trata-se de situar, em relação à responsabilidade pelos danos causados em relação ao tratamento indevido de dados, qual o lugar dos riscos do desenvolvimento, considerando, neste caso, a própria previsibilidade de

Risco de desenvolvimento

Isso é especialmente relevante tendo em vista a grande velocidade do desenvolvimento da tecnologia, que potencializa os riscos de vazamento e de acesso não autorizado de terceiros aos dados tratados pelo agente. Sabe-se, todavia, que o agente deve atualizar seu sistema periodicamente – assim como o próprio consumidor atualiza o seu programa antivírus – a fim de afastar a responsabilidade pelo vazamento de dados por atuação de terceiros. Desse modo, se o fornecedor adotar a tecnologia disponível naquela época no mercado e ainda assim sobrevier ataque *hacker* que, valendo-se de tecnologia nova, seja capaz de quebrar a segurança do seu sistema, restará configurado o *risco de desenvolvimento*, afastando-se a configuração do defeito do serviço e, consequentemente, o dever de indenizar.[46]

Da mesma forma, para além do risco de desenvolvimento, inexistirá defeito, mesmo na hipótese de serviço ou tecnologia sabidamente vulnerável, se essa vulnerabilidade do produto ou serviço, aquém dos dispositivos tecnológicos mais sofisticados no mundo atual, é previamente explicitada ao consumidor. Nesse caso, terá o fornecedor se desincumbido do seu dever de informar, a obstar a criação de expectativa *legítima* de segurança incompatível com a vulnerabilidade intrínseca do produto ou serviço, devidamente revelada.

Há de se registrar, a propósito, que embora a Seção III do Capítulo VI da LGPD cuide primordialmente do regime de responsabilidade subjetiva aplicável às violações dos direitos dos titulares de dados pessoais ocorridas fora das relações de consumo, isso não significa que seus dispositivos não se apliquem também à responsabilidade objetiva do fornecedor. Os dispositivos que não sejam ontologicamente incompatíveis com a responsabilidade objetiva devem ser aplicados em cotejo com as normas do Código de Defesa do Consumidor. Cuida-se de conclusão extraída da interpretação sistemática da LGPD. Os incisos do art. 44, bem como os incisos I e III do art. 43, preveem como excludentes de responsabilidade a ausência do tratamento de dados pessoais atribuído ao agente e a atuação exclusiva do titular dos dados ou de terceiro.

Em rigor, as situações previstas nos incisos I e III do art. 43 encontram-se igualmente contempladas nos arts. 12, § 3º, e 14, § 3º, do Código de Defesa do Consumidor. Com efeito, os incisos I e III do art. 43 encerram, mais uma vez, a explicitação das excludentes de responsabilidade diante das peculiaridades da LGPD. Resta, portanto,

---

uma atualização e avanço técnico em atividades vinculadas à tecnologia da informação, mais veloz do que em outras atividades econômicas" (Bruno Miragem, A Lei Geral de Proteção de Dados (Lei 13.709/2018) e o direito do consumidor, p. 199. In: *Revista dos Tribunais*, vol. 1009/2019, pp. 173-222).

46 Na mesma direção: "A partir da interpretação conjunta dos arts. 44 e 46, nos parece que, no âmbito de incidência da LGPD, caso seja demonstrado que as medidas de segurança que venham a ser estabelecidas pela Autoridade Nacional foram observadas, e tendo o controlador e o operador agido de acordo com a técnica e tecnologia disponível, os agentes de tratamento de dados não serão responsabilizados ainda que haja dano aos titulares dos dados. A nosso ver, com o dispositivo em referência a LGPD traz verdadeira inovação se comparada ao sistema de atribuição de responsabilidade civil tradicionalmente adotado, pois positiva no direito brasileiro o denominado 'state of the art', conhecido no Brasil como 'risco do desenvolvimento'" (Lucas Pinto Simão; Priscilla Martins de Freitas Almeida Costa, Regimes de responsabilidade civil no Código de Defesa do Consumidor (CDC) e na Lei Geral de Proteção de Dados (LGPD). In: *Revista Forense*, vol. 431, jun./2020).

Fato de terceiro

indiscutível que o fato de terceiro pode romper o nexo de causalidade entre a atividade de tratamento de dados e os danos causados ao titular no âmbito de relações de consumo, o que poderia se verificar, em tese, na hipótese de ataque *hacker* nas circunstâncias antes mencionadas.[47] Tudo depende, convém repisar, das circunstâncias fáticas e da disponibilização ao consumidor dos elementos técnicos propiciados pelo dever de informação. Há de se verificar, por exemplo, se o fato de terceiro rompe efetivamente o nexo de causalidade. Isso porque, conforme entendimento consolidado, para afastar o dever de indenizar, o fato de terceiro há de ser estranho à atividade exercida pelo agente, de modo a não se inserir no seu campo de influência e atuação.

Fato de terceiro interno

Cada pessoa, natural ou jurídica, atua em certa esfera em seu próprio benefício, no âmbito da qual deve exercer controle. Todos os efeitos deflagrados nesse contexto, ainda que inevitáveis e provenientes da atuação de terceiros, devem ser suportados pelo agente a cuja esfera de atuação se afiguram inerentes, respondendo pelos danos daí decorrentes. Cunhou-se, por isso mesmo, o conceito de fortuito interno, assim entendido o fato de terceiro que se liga à pessoa ou à organização da empresa, ou seja, aos riscos da atividade desenvolvida pelo agente. Os danos provenientes de eventos relacionados à pessoa ou à empresa do agente (ou, mais precisamente, ao espectro de atuação de sua atividade) a ele se conectam por nexo de causalidade, razão pela qual deve por eles responder.[48] Já o fortuito externo, por não se ligar "à pessoa ou à empresa por nenhum laço de conexidade",[49] rompe, efetivamente, com o nexo de causalidade, e exime o agente do dever de indenizar.[50]

Súmula 187 do Supremo Tribunal Federal

Pense-se, por exemplo, no transportador, cuja responsabilidade é objetiva, nos termos do art. 734 do Código Civil.[51] A despeito da expressa dicção do artigo 735 do Código Civil que, inspirado pela Súmula 187 do Supremo Tribunal Federal,[52] estabe-

---

47 "Nesse sentido, a partir do momento em que o controlador ou o operador adotam as melhores técnicas de proteção do seu ambiente, caso a invasão resulte de táticas inovadoras, comprovada a adoção de medidas de segurança eficientes e razoáveis, admite-se a excludente de responsabilidade por fato de terceiro, que pode exonerar integralmente a responsabilidade, ou mesmo mitigá-la" (Marcos Gomes da Silva Bruno, Dos Agentes de Tratamento de Dados Pessoais, p. 329. In: *LGPD*: Lei Geral de Proteção de Dados Comentada, Viviane Nóbrega Maldonado, Renato Opice Blum (coords.), São Paulo: Thomson Reuters Brasil, 2019, pp. 309-331).

48 Ao examinar a responsabilidade de instituição financeira pelo vazamento de dados que, posteriormente, foram utilizados para a prática de fraude por estelionatário, o Tribunal de Justiça de São Paulo entendeu que o "fato de terceiro (...), por si só, não exclui a responsabilidade da requerida por danos ocasionados a seus clientes, pois ela decorre da própria atividade comercial que desenvolve, devendo assumir os riscos a ela inerentes" (TJSP, 15ª CDPriv., Ap. Cív, 1112251-32.2023.8.26.0100, Rel. Ramon Mateo Júnior, julg. 30.06.2024, publ. DJ 30.06.2024).

49 Agostinho Alvim, *Da inexecução das obrigações e suas consequências*, São Paulo: Saraiva, 1965, p. 316.

50 Nesse sentido, o TJSP entendeu que não houve falha na prestação de serviço do Banco em decorrência de fortuito externo, caracterizado pela contribuição da própria vítima, que realizou transferências para terceiros desconhecidos, acreditando ser para a sua irmã (TJSP, 18ª CDPriv., Ap. Cív, 1004917-05.2024.8.26.0099, Rel. Israel Góes dos Anjos, julg. 15.10.2024, publ. DJ 17.10.2024).

51 "Art. 734. O transportador responde pelos danos causados às pessoas transportadas e suas bagagens, salvo motivo de força maior, sendo nula qualquer cláusula excludente da responsabilidade."

52 Enunciado n. 187 da Súmula do STF: "A responsabilidade contratual do transportador, pelo acidente com o passageiro, não é elidida por culpa de terceiro, contra o qual tem ação regressiva".

leceu que "a responsabilidade contratual do transportador por acidente com o passageiro não é elidida por culpa de terceiro, contra o qual tem ação regressiva", doutrina e jurisprudência afastam a responsabilidade quando se tratar de fato de terceiro estranho à atividade do transporte.

Fato de terceiro externo

Com efeito, embora não exonere o transportador de responsabilidade o acidente automobilístico causado por terceiro,[53] exoneram do dever de indenizar o arremesso de pedra por terceiros que atinge passageiro em composição ferroviária[54] e o assalto a passageiro no curso da viagem.[55] Em todos esses casos, o transporte é mera *ocasião*, mera *oportunidade* para a ocorrência dos danos, e não guarda qualquer conexão com a atividade do transportador.

Vazamento de dados por atuação de *hacker*

Nessa direção, parece possível reconhecer que no vazamento de dados dos passageiros de determinada concessionária de transporte interestadual por atuação *hacker*, a ação do terceiro poderá ser qualificada como fortuito externo. Aliás, pode-se afirmar que, de regra, se o fornecedor não presta serviço de tratamento de dados pessoais, mas o faz para poder prestar o serviço precípuo a que se destina, qualificar-se-á como fato de terceiro externo o vazamento de dados provocado por *hacker*, desde que não haja defeito no tratamento.[56]

Já no que diz respeito ao vazamento de dados ocorrido em instituição financeira, que enseja o conhecido "golpe do boleto", a Terceira Turma do Superior Tribunal de Justiça tem entendido que "não há como se afastar a responsabilidade da instituição financeira pela reparação dos danos decorrentes do famigerado 'golpe do boleto', uma

---

53 TJSP, 20ª CDPriv., Ap. Cív. 0028794-22.2009.8.26.0000, Rel. Des. Álvaro Torres Júnior, julg. 27.8.2012.

54 STJ, 4ª T., AgRg no REsp 1562554/RJ, Rel. Min. Antônio Carlos Ferreira, julg. 23.3.2020.

55 STJ, 2ª S., REsp. 435.865/RJ, Rel. Min. Barros Monteiro, julg. 9.10.2002. A 2ª Seção ratificou o entendimento ao apreciar, em 29.2.2012, a Rcl 4518/RJ, cujo Relator foi o Min. Ricardo Villas Bôas Cueva (STJ, 2ª S., Rcl 4518/RJ, Rel. Min. Ricardo Villas Bôas Cueva, julg. 19.2.2012). Na mesma direção: TJRJ, 2ª C.C., Ap. Cív. 0027175-10.2009.8.19.0001, Rel. Des. Leila Mariano, julg. 2.4.2012; e STJ, 4ª T., REsp 974.138/SP, Rel. Min. Raul Araújo, julg. 22.11.2016. Como se vê, a posição atual do STJ reformulou o anterior entendimento da Súmula n. 187 do STF (1963), segundo a qual "A responsabilidade contratual do transportador, pelo acidente com o passageiro, não é elidida por culpa de terceiro, contra o qual tem ação regressiva". A nova construção deve-se provavelmente à banalização desse tipo de incidente, com tal frequência que se tornam previsíveis, ou, ao menos, passíveis de ser considerados, por sua reiterada ocorrência, como risco da atividade, equiparável, portanto, a fortuito interno. Nesse sentido, já entendeu a 3ª Turma do STJ que, apesar de o roubo ser considerado, em geral, fortuito externo no transporte de pessoas, o fato de o trajeto ter sido feito de ônibus, e não de avião, por necessidade da transportadora, fez com que o risco agravasse e não se pudesse aplicar a excludente, "pois o transporte rodoviário é sabidamente muito mais suscetível de ocorrer crimes dessa natureza, ao contrário do transporte aéreo. Dessa forma, a conduta da transportadora concorreu para o evento danoso, pois ampliou significativamente o risco de ocorrência desse tipo de situação, não podendo, agora, se valer da excludente do fortuito externo para se eximir da responsabilidade" (STJ, 3ª T., REsp 1728068/SP, Rel. Min. Marco Aurélio Bellizze, julg. 5.6.2018).

56 Tenha-se sempre presente que a LGPD adota definição ampla de "tratamento de dados". Tratamento é, na dição legal, "toda operação realizada com dados pessoais, como as que se referem a coleta, produção, recepção, classificação, utilização, acesso, reprodução, transmissão, distribuição, processamento, arquivamento, armazenamento, eliminação, avaliação ou controle da informação, modificação, comunicação, transferência, difusão ou extração" (art. 5º, X, LGPD). Para a LGPD, portanto, a coleta ou o armazenamento dos dados, por si só, já configura tratamento.

vez que os criminosos têm conhecimento de informações e dados sigilosos a respeito das atividades bancárias do consumidor. Isto é, os estelionatários sabem que o consumidor é cliente da instituição e que encaminhou e-mail à entidade com a finalidade de quitar sua dívida, bem como possuem dados relativos ao próprio financiamento obtido (quantidade de parcelas em aberto e saldo devedor do financiamento)".[57]

Quando o golpe envolve cartão magnético e o uso de senha de uso exclusivo do correntista, a tendência da jurisprudência é reconhecer que o consumidor deve tomar as devidas cautelas para impedir que terceiros tenham acesso a essas informações. Assim, se as transações contestadas forem feitas com o cartão original e mediante uso de senha pessoal, entende-se que passa a ser do próprio consumidor a incumbência de comprovar que a instituição financeira agiu com negligência, imprudência ou imperícia ao efetivar a entrega de numerário a terceiros.

No entanto, ao examinar esse tipo de caso, a Terceira Turma do Superior Tribunal de Justiça também já observou que "cabe às administradoras, em parceria com o restante da cadeia de fornecedores do serviço (proprietárias das bandeiras, adquirentes e estabelecimentos comerciais), a verificação da idoneidade das compras realizadas com cartões magnéticos, utilizando-se de meios que dificultem ou impossibilitem fraudes e transações realizadas por estranhos em nome de seus clientes, independentemente de qualquer ato do consumidor, tenha ou não ocorrido roubo ou furto".[58] No julgamento do Recurso Especial n. 2015732/SP, a Terceira Turma entendeu, por isso mesmo, que "o banco deve responder objetivamente pelo dano sofrido pelas vítimas do golpe do motoboy quando restar demonstrada a falha de sua prestação de serviço, por ter admitido transações que fogem do padrão de consumo do correntista".[59]

Profissionais liberais

Ainda no que tange à natureza da responsabilidade do agente de tratamento de dados, o Código de Defesa do Consumidor prevê importante exceção à responsabilidade objetiva: os profissionais liberais, ainda que estejam diante de relação de consumo, respondem subjetivamente (art. 14, § 4º). Tome-se, então, o seguinte exemplo: o médico que esquece o seu prontuário no banco de uma praça causando dano a paciente responde, à luz do Código de Defesa do Consumidor, de forma subjetiva por esse incidente de segurança. O mesmo ocorre, portanto, se os dados do paciente estão armazenados em meio digital, e há incidente de segurança que os exponha a terceiros.

---

57 STJ, 3ª T., REsp 2.077.278/SP, Rel. Min. Nancy Andrighi, julg. 3.10.2023, publ. *DJe* 9.10.2023. No seu voto, a Ministra Nancy Andrighi ressaltou que, "[p]ara sustentar o nexo causal entre a atuação dos estelionatários e o vazamento de dados pessoais pelo responsável por seu tratamento, é imprescindível perquirir, com exatidão, quais dados estavam em poder dos criminosos, a fim de examinar a origem de eventual vazamento e, consequentemente, a responsabilidade dos agentes respectivos. Os nexos de causalidade e imputação, portanto, dependem da hipótese concretamente analisada".

58 STJ, 3ª T., REsp 2.015.732/SP, Rel. Min. Nancy Andrighi, julg. 20.6.2023, publ. *DJe* 26.6.2023.

59 STJ, 3ª T., REsp 2.015.732/SP, Rel. Min. Nancy Andrighi, julg. 20.06.2023, publ. *DJe* 26.6.2023. No mesmo sentido: STJ, 3ª T., REsp 2.077.278/SP, Rel.ª Min.ª Nancy Andrighi, julg. 3.10.2023, publ. *DJ* 9.10.2023.

PROBLEMAS PRÁTICOS

1. Nos incidentes de segurança, os agentes de tratamento de dados respondem objetivamente ou a sua responsabilidade depende de comprovação de culpa?
2. Qual a tese central utilizada por parte da doutrina para subsidiar o entendimento de que a responsabilidade civil na LGPD é de ordem subjetiva?
3. O controlador e o operador de dados respondem solidariamente pelos incidentes de segurança?

Acesse o *QR Code* e veja a Casoteca.

> https://uqr.to/1ofht

Acesse o *QR Code* e assista ao vídeo do Problema n. 1.

> https://uqr.to/ntob

Capítulo XVIII

EXCLUDENTES DE ILICITUDE

Acesse o *QR Code* e assista ao vídeo sobre o tema.

> *https://uqr.to/1ofh9*

Sumário: 1. As excludentes de ilicitude no Código Civil – 2. Legítima defesa – 3. Exercício regular de um direito – 4. Estado de necessidade – 5. Responsabilidade civil por ato lícito – Problemas práticos.

1. AS EXCLUDENTES DE ILICITUDE NO CÓDIGO CIVIL

Em certas situações, o ordenamento jurídico reconhece a existência de atos que, embora lícitos, causam danos injustos que devem ser reparados. Esta categoria é composta pelos atos praticados em legítima defesa, exercício regular de direito e estado de necessidade. Trata-se das chamadas "excludentes de ilicitude", previstas no art. 188 do Código Civil, segundo o qual "[n]ão constituem atos ilícitos: I – os praticados em legítima defesa ou no exercício regular de um direito reconhecido; II – a deterioração ou destruição da coisa alheia, ou a lesão a pessoa, a fim de remover perigo iminente". No parágrafo único deste dispositivo, o legislador ressalvou que, "[n]o caso do inciso II, o ato será legítimo somente quando as circunstâncias o tornarem absolutamente necessário, não excedendo os limites do indispensável para a remoção do perigo".

Embora parte da doutrina se refira a essas figuras como "excludentes de responsabilidade",[1] é preferível atribuir-lhes o nome de "excludentes de ilicitude", porque o próprio Código Civil contempla hipóteses em que há dever de indenizar. No art. 929 do Código Civil, por exemplo, o legislador estabeleceu que, no caso do estado de necessidade, se a pessoa lesada ou o dono da coisa "não forem culpados do perigo, assistir-lhes-á direito à indenização do prejuízo que sofreram". Além disso,

---

[1] Caio Mário da Silva Pereira, *Responsabilidade civil*, Rio de Janeiro: Forense, 2018, 12ª ed., atual. por Gustavo Tepedino, pp. 384-391.

apesar de não configurem ato ilícito, "nada indica que os atos praticados em legítima defesa, estado de necessidade ou exercício regular de um direito não sejam capazes de gerar responsabilidade objetiva, nos casos em que ela for aplicável".[2]

Todas essas excludentes de ilicitude já estavam previstas no Código Civil de 1916, mas o Código Civil de 2002 incluiu, no conceito de estado de necessidade, antes restrito à destruição ou deterioração dos bens, a lesão à pessoa. Além disso, em contraposição ao exercício regular de direito, o Código Civil de 2002 também previu, no art. 187, a figura do abuso do direito.

2. LEGÍTIMA DEFESA

Legítima defesa

Apesar de o ordenamento repudiar a autotutela,[3] restou assegurado ao indivíduo o direito de, excepcionalmente, utilizar a força para defender a si ou a outrem de agressões alheias, o que se convencionou denominar "legítima defesa". Isso porque, em determinadas situações, a necessidade de socorro é tão urgente que não há tempo sequer para se recorrer à autoridade estatal. O Código Civil não define a legítima defesa, deixando a cargo do legislador penal traçar seu sentido e alcance. Assim, nos termos do art. 25 do Código Penal: "Entende-se em legítima defesa quem, usando moderadamente dos meios necessários, repele injusta agressão, atual ou iminente, a direito seu ou de outrem".

Nessa situação, a ação de quem se defende ou acode outrem não infringe o ordenamento jurídico, mas se ajusta a seu comando. Nas palavras de San Tiago Dantas, "a todo homem compete, como uma emanação de sua personalidade, o direito de praticar os atos que preservem a sua vida e os seus bens. Isto é, como um complemento dos direitos da personalidade, os quais são direitos vivazes e devem, por conseguinte, autorizar ao homem certas atividades conservatórias".[4] Enfatiza, assim, o autor que a legítima defesa autoriza tais atos de conservação.

Os fundamentos da legítima defesa foram muito discutidos no campo do Direito Penal. As teorias subjetivas consideram-na causa excludente de culpabilidade, enquanto as teorias objetivas defendem que a legítima defesa é, em realidade, causa excludente de antijuridicidade. Enquanto as primeiras buscam seu fundamento na perturbação de ânimo da pessoa agredida ou nos motivos determinantes do agente, que conferem licitude ao ato de quem se defende, as segundas fundamentam-se na existência de um direito primário do homem de defender-se, na retomada pelo homem da faculdade de defesa que cedeu ao Estado, na colisão de bens em que o mais valioso deve sobreviver, na ausência de injuridicidade da ação agressiva, entre outras razões.[5]

---

2 Gustavo Tepedino; Heloisa Helena Barboza; Maria Celina Bodin de Moraes, *Código Civil interpretado*, vol. I, Rio de Janeiro: Renovar, 2014, 3ª ed., p. 348.

3 Com o fortalecimento do Estado ao longo da História, passou a autotutela a ser vedada e o Direito Penal a tipificar o crime de exercício arbitrário das próprias razões, previsto no art. 345 do Código Penal.

4 San Tiago Dantas, *Programa de direito civil:* teoria geral, Rio de Janeiro: Forense, 2001, atual. por Gustavo Tepedino et al., p. 313.

5 A favor das teorias objetivas: Nelson Hungria e Heleno Cláudio Fragoso, *Comentários ao Código Penal*, t. II, vol. II, Rio de Janeiro: Forense, 1976, 5ª ed., pp. 285-286; Julio Fabbrini Mirabete, *Manual de Direito Penal*, São Paulo: Atlas, 2000, 16ª ed., p. 182.

Requisitos da legítima defesa

No entanto, segundo o entendimento majoritário, assim como há elementos objetivos e subjetivos no tipo, nas excludentes de ilicitude há, igualmente, componentes objetivos e subjetivos. Dessa forma, para que fique caracterizada a legítima defesa, não basta que o agente tenha consciência de agir acobertado por uma excludente. Para ser qualificada como *legítima* defesa, a excludente precisa preencher certos requisitos, sem os quais não eliminará a ilicitude do ato: (i) a agressão precisa ser injusta;[6] (ii) a agressão deve ser inevitável por outro modo, tornando impossível o recurso oportuno ao Estado; (iii) a defesa deve ser imediata;[7] e, por fim, (iv) o uso da força não pode exceder o necessário[8] para efetuar a defesa.[9]

---

6 Afirma-se que injusta é a agressão não autorizada pelo Direito, isto é, ilícita ou abusiva. Dessa forma, não age em legítima defesa aquele que reage à agressão justa, como ao cumprimento de um mandado judicial.

7 Deve a agressão ser atual ou iminente e a reação imediata. Atual é a agressão que ainda está em curso; enquanto iminente é aquela que está prestes a ocorrer, apresentando um perigo concreto. Não há legítima defesa contra agressão futura, porém remota, que pode ser evitada por outro meio. Pela mesma razão, não atua em legítima defesa aquele que pratica o fato típico após uma agressão finda, que já cessou. A reação deve ser imediata à agressão ou tentativa dela, pois a demora desconfigura a descriminante. A legítima defesa deve também ser "(...) afastada em vista da premeditação da conduta, além da sua desproporcionalidade, o que não confronta o entendimento desta Corte, pois o reconhecimento da excludente está condicionado ao preenchimento dos seguintes requisitos: (i) agressão injusta, (ii) atual ou iminente, (iii) uso moderado dos meios necessários, (iv) proteção de direito próprio ou de outrem" (STJ, 5ª T., AgRg no AREsp 2060688/SP, Rel. Min. Joel Ilan Paciornik, julg. 27.9.2022, publ. *DJe* 30.9.2022). No mesmo sentido: STJ, 5ª T., AgRg no AREsp 1.926.069/MT, Rel. Min. Reynaldo Soares da Fonseca, julg. 9.11.2021, publ. *DJe* 12.11.2021.

8 Os meios necessários são o que causam o menor dano indispensável à defesa do direito. O agente responde, então, pelo excesso doloso ou culposo. Em princípio, a necessidade é determinada de acordo com a força real da agressão, mas, na prática, o conceito de meio necessário vai depender do que o agente dispunha no momento em que rechaçou a agressão, podendo mesmo ser desproporcional ao utilizado no ataque, desde que seja o único meio disponível na ocasião. A necessidade deve ser sempre valorada sob "o ponto de vista do sujeito no momento em que se defende" (Eugenio Raúl Zaffaroni; José Henrique Pierangel, *Manual de direito penal brasileiro*, São Paulo: Revista dos Tribunais, 1997, p. 596). Nesse sentido, veja-se o seguinte precedente: STJ, 3ª T., REsp 1615979/RS, Rel. Min. Paulo de Tarso Sanseverino, julg. 12.06.2018, publ. *DJe* 15.06.2018. No TJ/SP, também já se afirmou que, "[h]avendo agente, com consciência e vontade, extrapolado em muito o que seria necessário para atingir sua oponente e nela produzir lesões corporais graves, revidando mero tapa com golpe com pesado instrumento contundente, já não cabe falar em uso moderado dos meios necessários para repelir injusta agressão" (TJSP. 12ª CDCrim., ACrim. 1501790-81.2019.8.26.0291, Rel. Des. Sérgio Mazina Martins, julg. 13.10.2022, publ. *DJe* 13.10.2022). Da mesma forma: TJSP, 13ª CDCrim., ACrim., 1500003-28.2019.8.26.0352, Rel. Des. Renato Genzani Filho, julg. 7.8.2023, publ. *DJe* 7.8.2023; TJSP, 13ª CDCrim., ACrim., 1503894-58.2020.8.26.0405, Rel. Des. Luís Geraldo Lanfredi, julg. 20.9.2022, publ. *DJe* 20.9.2022; TJSP, 3ª CDCrim., ACrim., 1502059-76.2019.8.26.0047, Rel. Des. Ruy Alberto Leme Cavalheiro, julg. 24.4.2022, publ. *DJe* 24.4.2022; TJSP, 13ª CDCrim., Recurso em Sentido Estrito 1501707-06.2019.8.26.0052, Rel. Des. Xisto Albarelli Rangel Neto, julg. 3.3.2022, publ. *DJe* 3.3.2022.

9 Clóvis Beviláqua, *Código Civil dos Estados Unidos do Brasil*, vol. I, Rio de Janeiro: Liv. Francisco Alves, 1931, 4ª ed., p. 421. Como o uso da força não pode exceder o necessário, "O Supremo Tribunal Federal, no julgamento da ADPF n. 779/DF, considerou inconstitucional a tese da legítima defesa da honra, ainda que utilizada no Tribunal de Júri, em que vigora a plenitude de defesa, entendimento que também pode ser aplicado no âmbito das relações privadas e da responsabilidade civil" (STJ, 3ª T, REsp 1.671.344/RJ, Rel. Min. Marco Aurélio Bellizze, julg. 26.10.2021, publ. *DJe* 3.11.2021).

Essas são as principais características do instituto da legítima defesa. O agente que reage à agressão alheia, causando dano a outrem, em sua pessoa ou bens, para defender direito seu ou de terceiro, age licitamente, acobertado pela legítima defesa. Por essa razão, na esfera cível o agente não responde pelos danos que, em legítima defesa, causar *ao agressor*. De todo modo, conforme se explicará mais adiante, se ao agir em legítima defesa alheia, o agente acarretar danos *a terceiros, que não o agressor*, deverá reparar o prejuízo causado.

Admite-se também, no campo do Direito Civil, a figura da "legítima defesa putativa". O vocábulo "putativo" é empregado nessa expressão com sentido de "aparência de verdadeiro". Putativa é a legítima defesa do agente que, diante de certa situação fática, erroneamente acredita estar diante de uma realidade adversa e, com isso, se antecipa, com a finalidade de se proteger de um suposto perigo iminente. Na legítima defesa putativa, o indivíduo imagina estar atuando em legítima defesa, reagindo contra agressão que, em realidade, não existe. Se, porém, a legítima defesa derivar de erro inescusável, a tendência da jurisprudência é afastar a excludente.[10]

No Direito Civil, a legítima defesa foi concebida como a faculdade de proteção à pessoa da vítima de agressão injusta.[11] No entanto, o conceito foi estendido também à proteção dos bens do indivíduo, permitindo que, nos casos de turbação ou esbulho, o possuidor fizesse uso da força para manter-se na posse de seus bens (art. 502 do Código Civil de 1916). A norma foi reproduzida no art. 1.210 do Código Civil de 2002, preservando-se a possibilidade de defesa imediata do patrimônio nos limites ali estabelecidos.

3. EXERCÍCIO REGULAR DE UM DIREITO

Exercício regular de um direito

Assim como na legítima defesa, não pode o exercício regular de um direito conferido pelo ordenamento jurídico ser considerado ilícito, ainda que cause dano a

---

10 Nesse sentido: "A legítima defesa putativa derivada de erro inescusável, como a que é verificada na hipótese em exame, não é capaz de afastar o dever de indenizar, pois o erro na interpretação da situação fática decorre da imprudência do causador do dano. Na responsabilidade civil, só pode ser considerada causa aquela que é adequada à produção concreta do resultado, com interferência decisiva. *In casu*, os recorridos não comprovaram que a conduta do recorrente tenha concorrido para o erro na interpretação sobre os elementos fáticos da legítima defesa" (STJ, 3ª T., REsp 1.433.566/RS, Rel. Min. Nancy Andrighi, julg. 23.05.2017, publ. *DJe* 31.05.2017). O TJSP tem seguido o mesmo entendimento: TJ/SP, 1ª CDPubl., Ap. Cív. 1011425-91.2013.8.26.0053, Rel. Des. Vicente de Abreu Amadei, julg. 30.8.2023, publ. *DJe* 30.8.2023; TJSP, 1ª CDPubl., Ap. Cív. 1011149-60.2013.8.26.0053, Rel. Des. Vicente de Abreu Amadei, julg. 14.5.2020, publ. *DJe* 14.5.2020; TJSP, 3ª CDPubl., Ap. Cív. 1020980-14.2015.8.26.0005, Rel. Des. Nilton Santos Oliveira, julg. 14.9.2018, publ. *DJe* 14.09.2018.

11 Nos casos de responsabilidade civil em decorrência de homicídio, o Superior Tribunal de Justiça "(...) firmou o entendimento de ser possível afirmar que: 'a) em caso de sentença condenatória com trânsito em julgado, há incontornável dever de indenizar; e b) em caso de sentença absolutória em virtude do reconhecimento de inexistência do fato, da negativa de autoria, não haverá dever de indenizar' (REsp n. 1.829.682/SP, Rel. Min. Ricardo Villas Bôas Cueva, 3ª T., julg. em 2.6.2020, *DJe* 9.6.2020). 6. O Supremo Tribunal Federal, no julgamento da ADPF n. 779/DF, considerou inconstitucional a tese da legítima defesa da honra, ainda que utilizada no Tribunal de Júri, em que vigora a plenitude de defesa, entendimento que também pode ser aplicado no âmbito das relações privadas e da responsabilidade civil" (STJ, 3ª T., REsp 1642313/RJ, Rel. Min. Marco Aurélio Bellizze, julg. 26.10.2021, publ. *DJe* 3.11.2021).

outrem. Regular será o exercício que se contiver nos limites objetivos e subjetivos, formais e materiais, impostos pelos próprios fins do direito. O fundamento moral da escusativa encontra-se no enunciado: *nullus videtur dolo facere, qui iure suo utitur*.[12] Isto é, *não se considera agir com dolo aquele que usa de direito seu*. Não há ilícito quando não existe procedimento contra o Direito, daí o art. 188, inciso I, do Código Civil afirmar que não há ato ilícito quando o dano é causado no exercício regular de direito.

Desse modo, as intervenções médicas e cirúrgicas, a violência esportiva – quando o esporte é exercido nos estritos termos da disciplina que o regulamenta –, o protesto regular da duplicata e a execução de dívida vencida acarretam, sem dúvida, prejuízos, mas que são resultado do exercício regular de direitos, quando não de deveres, albergados pela ordem jurídica. O dano causado sem violação ao Direito é um dano justo e, como tal, não serve de elemento ao ato ilícito, pelo que não gera dever de indenizar.[13]

À noção de exercício regular do direito contrapõe-se, então, o exercício abusivo ou abuso do direito. Enquanto no ato ilícito o comportamento do agente conflita com proibições normativas concretas, no ato abusivo sua conduta, embora preencha a estrutura do ato lícito, não está de acordo com o valor normativo que o fundamenta. Assim, atua o agente em ambos os casos fora do direito, porque ultrapassa os limites que a ordem jurídica lhe impõe. No ato ilícito, os limites são lógico-formais; no abuso do direito, axiológico-materiais. Abuso do direito

Na vigência do Código Civil de 1916, a menção ao exercício regular do direito, como excludente de ilicitude, era extremamente relevante, porque, à falta de previsão expressa do abuso do direito, era daquela disposição que se extraía, *a contrario sensu*, a repressão ao exercício irregular do direito. Atualmente, essa construção mostra-se desnecessária, já que a noção de abuso do direito foi contemplada expressamente no art. 187 do Código Civil, segundo o qual "[t]ambém comete ato ilícito o titular de um direito que, ao exercê-lo, excede manifestamente os limites impostos pelo seu fim econômico ou social, pela boa-fé ou pelos bons costumes".

Intimamente ligado à boa-fé, sendo esta referida expressamente como um dos seus possíveis fundamentos,[14] o abuso aparece no art. 187 equiparado à figura do

---

12 O fragmento está em Gaio, D, 50, 17, 55.

13 Na doutrina clássica: "(...) O interesse legítimo é sempre excludente de qualquer responsabilidade. De sorte que deve ser permitido a quem exerce um direito provar que teve interesse legítimo em proceder pela forma que procedeu. E se isso conseguir provar desaparece qualquer ideia de abuso de direito, ainda que a pessoa que exerceu tivesse a consciência de que ia prejudicar os interesses de outrem" (J. M. Carvalho Santos, *Código Civil interpretado*, vol. III, Rio de Janeiro: Freitas Bastos, 1963, 9ª ed., pp. 355-357). V. tb. Caio Mário da Silva Pereira, *Instituições de direito civil*, vol. I, Rio de Janeiro: Editora Forense, 2009, p. 573: "prevê a lei o *exercício regular de um direito reconhecido*, e na existência deste está a própria escusativa da responsabilidade – *feci sed iure feci*, pois que, se no ilícito há um procedimento contrário a direito, a conduta do agente, subordinada ao exercício regular de um direito reconhecido, elimina da estrutura do ato a contravenção a um dever preexistente, neutralizando desta sorte os efeitos do dano causado".

14 Ao propósito do liame estabelecido entre a boa-fé objetiva e o abuso do direito, notadamente quanto à função restritiva do exercício abusivo de posições jurídicas exercida por aquela, já se assinalou em

"ato ilícito", como se fossem noções equivalentes. No entanto, o exercício abusivo supõe, necessariamente, a licitude do direito atribuído ao agente – que o exerce de modo disfuncional. Por isso, ao contrário da responsabilidade civil, que depende da configuração do dano e leva necessariamente ao dever de indenizar, lembra Barbosa Moreira que o abuso do direito é figura muito mais elástica e "(...) poderá ocorrer sem que o comportamento do agente cause dano a outrem. Dir-se-á que, inexistindo dano, é juridicamente irrelevante que o agente haja exercido o direito de forma irregular, e por conseguinte não há utilidade em considerar abusivo o exercício. Mas é esquecer que o ordenamento muitas vezes admite sanções distintas da obrigação de indenizar".[15]

Na sequência dessa passagem, o autor refere-se ao exemplo das empresas que pretenderam valer-se, abusivamente, da duplicação de prazo para contestar, apresentando defesas idênticas, ainda que subscritas por advogados de escritórios distintos, no último dia do prazo dobrado: "o abuso foi devidamente sancionado pela simples desaplicação da regra que as beneficiaria",[16] ou seja, as defesas foram consideradas intempestivas. A figura do abuso, como é fácil notar a partir desse exemplo, pode levar a consequências bem distintas da responsabilidade civil. São tantas as diferenças entre os dois institutos que já se sugeriu que o art. 187 seja "(...) interpretado como uma referência a uma ilicitude *lato sensu*, no sentido de contrariedade ao direito como um todo, e não como uma identificação entre a etiologia do ato ilícito e a do ato abusivo, que são claramente diversas".[17]

Na apreciação da abusividade, o julgador não deve considerar o elemento intencional ou as razões subjetivas que teriam determinado o exercício do direito (a corrente que prevaleceu no nosso sistema foi a objetiva,[18] de modo que a figura do abuso se configura independentemente de culpa)[19]. A sua tarefa consiste em exami-

---

outra sede que "[d]essa função decorre a proibição de exercício antifuncional de posições contratuais, vale dizer, o exercício de direitos de modo contrário à função dele pretendida pelo ordenamento" (Gustavo Tepedino, Prescrição do fundo de direito. Parecer, p. 79. In: Gustavo Tepedino, *Opiniões doutrinárias*, vol. III: novos problemas de direito privado, São Paulo: Thomson Reuters Brasil, 2021, pp. 69-81). Cfr., ainda, Eduardo Nunes, Abuso do direito: novas perspectivas entre a licitude e o merecimento de tutela. In: *Revista Trimestral de Direito Civil – RTDC*, vol. 50, abr.-jun. 2012, pp. 35-91.

15 José Carlos Barbosa Moreira, Abuso do Direito. In: *Revista Síntese de Direito Civil e Processo Civil*, ano 5, nº 26, nov.-dez./2003, p. 133.

16 José Carlos Barbosa Moreira, Abuso do Direito, op. cit., p. 133.

17 Ver, por todos, Gustavo Tepedino, Heloisa Helena Barboza, Maria Celina Bodin de Moraes *et. al.*, *Código Civil Interpretado conforme a Constituição da República*, 2. ed., Rio de Janeiro: Renovar, 2007, p. 346, vol. 1.

18 Cf. Gustavo Tepedino, Heloisa Helena Barboza, Maria Celina Bodin de Moraes *et. al.*, *Código Civil Interpretado conforme a Constituição da República*, vol. 1, op. cit., p. 346. E, na mesma direção: "O abuso do direito, nas suas múltiplas manifestações, é um instituto puramente objectivo. Quer isto dizer que ele não depende de culpa do agente nem, sequer, de qualquer específico elemento subjectivo" (António Menezes Cordeiro, Do abuso de direito: estado das questões perspectivas. In: *Revista da Ordem dos Advogados Portugueses*, vol. II, ano 65, set./2005. Disponível em: https://portal.oa.pt/publicacoes/revista-da-ordem-dos-advogados-roa/ano-2005/ano-65-vol-ii-set-2005/artigos-doutrinais/antonio-menezes-cordeiro-do-abuso-do-direito-estado-das-questoes-e-perspectivas-star/. Acesso em: 3.1.2023).

19 Veja-se, neste sentido, o Enunciado 37 da Jornada de Direito Civil promovida pelo Centro de Estudos do Conselho da Justiça Federal, em Brasília, setembro de 2002: "A responsabilidade civil

nar, à luz de dados materiais e objetivos, se o ato danoso transborda efetivamente a justa medida que o titular do direito deve observar por ocasião de seu exercício.[20] Em poucas palavras, para exercer legitimamente um direito é sempre necessário observar a finalidade pretendida pelo legislador para a respectiva situação jurídica e os valores que o fundamentam.[21]

Não é por outra razão que as diferentes doutrinas do abuso do direito caminham em direção à necessidade de valoração axiológica do exercício de uma determinada situação jurídica subjetiva – não apenas os direitos subjetivos, mas também os interesses potestativos ou supraindividuais –[22] à luz dos valores consagrados pelo ordenamento.

---

decorrente do abuso de direito independe de culpa, e fundamenta-se somente no critério objetivo--finalístico". Confira-se, ainda, a lição de Ruy Rosado de Aguiar Júnior: "O conceito de abuso de direito acolhido pelo Código não tem nenhum elemento intencional. Sabe-se que nossa antiga doutrina apenas admitia o abuso quando demonstrado que o titular do direito excedera-se com a intenção de prejudicar terceiro, com o propósito maligno de causar dano ao outro. Abandonou-se essa exigência meramente subjetiva para se dizer que o abuso de direito corresponde ao exercício de um direito além da boa-fé, dos limites impostos pelo seu fim econômico ou social, ou pelos bons costumes" (O novo Código Civil e o Código de Defesa do Consumido (pontos de convergência). In: *Revista da EMERJ*, Especial – EMERJ debate o novo Código Civil, parte II, jul./2002 a abr./2003, p. 239).

20 Em caso concernente ao ex-Presidente da República Luiz Inácio Lula da Silva, o STJ entendeu não haver extrapolação do exercício regular do direito de informar: "Civil e processual civil. Agravo interno no recurso especial. Ação de direito de resposta. Negativa de prestação jurisdicional. Inocorrência. Direito de resposta. Descabimento. Ausência de exercício abusivo do direito de imprensa. (...) 2. O direito à liberdade de imprensa não é absoluto, devendo sempre ser alicerçado na ética e na boa-fé, sob pena de caracterizar-se abusivo. Não há dúvidas de que a proteção aos direitos da personalidade é assegurada a todos os indivíduos. É certo, no entanto, que a esfera de proteção dos direitos da personalidade de pessoas públicas ou notórias é reduzida. (...) 4. O STF e o STJ entendem inexistir ato ilícito se os fatos divulgados forem verídicos ou verossímeis, ainda que eivados de opiniões severas, irônicas ou impiedosas, notadamente quando se tratar de figuras públicas que exerçam atividades típicas de estado, gerindo interesses da coletividade, e a notícia e a crítica dizerem respeito a fatos de interesse geral e conexos com a atividade desenvolvida pela pessoa noticiada. Além de verdadeira, a informação deve ser útil; isto é, deve haver interesse público no fato noticiado. (...) Somado à veracidade e ao interesse público, a mídia tem o dever de evitar que o conteúdo difundido afronte os direitos da personalidade de outrem. A liberdade de informação não pode ser exercida com o intuito de difamar, injuriar ou caluniar. 5. Se esses deveres forem inobservados, haverá extrapolação do exercício regular do direito de informar, restando caracterizada a abusividade. Então, surgirá para o ofendido o direito de resposta. 6. Na hipótese, o Tribunal estadual, por meio de exame do acervo fático-probatório presente nos autos, concluiu que a reportagem se restringiu a informar a população acerca da prolação de sentença condenatória contra o ex-Presidente da República Luiz Inácio Lula da Silva e dos meios de prova de que se valeu o julgador para fundamentá-la, não havendo que se falar em reconhecimento do direito de resposta. Assim, o acórdão recorrido está em conformidade com a jurisprudência desta Corte Superior acerca da matéria" (STJ, 3ª T, AgInt no REsp 1890611/SP, Rel. Min. Nancy Andrighi, julg. 11.05.2021, publ. *DJe* 14.5.2021).

21 Sobre o tema, leciona Pietro Perlingieri: "O abuso é o exercício contrário ou de qualquer modo estranho à função da situação subjetiva. Se o comportamento concreto não for justificado pelo interesse que impregna a função da relação jurídica da qual faz parte a situação, configura-se o seu abuso. (...) Em definitivo, tem-se abuso toda vez que um comportamento, ainda que coincidindo com o conteúdo do direito considerado de um ponto de vista formal, substancialmente constitui um seu desvio" (Pietro Perlingieri, *O direito civil na legalidade constitucional*, Rio de Janeiro: Renovar, 2008, p. 683-684).

22 V. Gustavo Tepedino, Abuso do direito potestativo, Editorial. In: *Revista Brasileira de Direito Civil – RBDCivil*, Belo Horizonte, v. 25, jul.-set./2020, pp. 13-15. Ilustrando a ocorrência de exercício abusivo do direito de resilição contratual, examinou-se caso em que uma das partes havia gerado

De fato, a teoria do abuso do direito aplica-se também a outras prerrogativas individuais, como as liberdades, faculdades, funções ou poderes, considerando que todas elas possuem fundamento axiológico. Aliás, o amplo espectro de incidência da figura do abuso do direito não se restringe ao domínio do Direito Civil.[23]

4. ESTADO DE NECESSIDADE

Estado de necessidade

Tal qual a legítima defesa, o "estado de necessidade" é definido pelo Código Penal, que considera, no art. 24, em estado de necessidade "quem pratica o fato para salvar de perigo atual, que não provocou por sua vontade, nem podia de outro modo evitar, direito próprio ou alheio, cujo sacrifício, nas circunstâncias, não era razoável exigir-se".

Estado de necessidade *vs.* Legítima defesa

Não obstante a similitude ontológica, o estado de necessidade afasta-se da legítima defesa em diversos aspectos: (i) só há legítima defesa contra *agressão humana* dirigida a uma pessoa ou a seus bens, enquanto no estado de necessidade não há que se falar em *agressão humana*, pois o perigo advém de situação fática que efetivamente ameaça a integridade da pessoa ou de um bem jurídico; (ii) na legítima defesa ocorre ataque ou ameaça de lesão a um bem jurídico e, no estado de necessidade, conflito entre bens jurídicos; (iii) na legítima defesa o bem sofre agressão ou ameaça de agressão, no estado de necessidade o bem é exposto a perigo; (iv) na legítima

---

na outra legítima expectativa de prosseguimento do plano acertado, surpreendendo-a, contudo, com o rompimento abrupto posterior do ajuste, causando-lhe sensíveis prejuízos, visto que inteiramente mobilizada, em seus recursos humanos e econômicos, em prol do plano, veja-se: "Na hipótese em exame, a abusividade no exercício do direito de resilir decorre da quebra da legítima confiança despertada pelos atos de Y no sentido da implementação e desenvolvimento do Plano Z, exaustivamente debatido com a sociedade francesa sem que esta apresentasse qualquer indício de rompimento. (...) A caracterização da abusividade, oriunda da ruptura contratual sucessiva ao desenvolvimento e implementação, por X, por solicitação de Y, do plano estratégico Z, identifica-se, tecnicamente, com a violação de limites éticos, morais e jurídicos extremamente caros ao ordenamento brasileiro, impostos pela cláusula geral da boa-fé objetiva" (Gustavo Tepedino, A resilição unilateral imotivada nos contratos sucessivos. In: *Soluções práticas de direito*: pareceres, relações obrigacionais e contratos, vol. 2, São Paulo: Revista dos Tribunais, 2012, pp. 173-198.)

[23] A jurisprudência encontra-se repleta de manifestações da figura do abuso no campo do Processo Civil. Basta lembrar dos casos de abuso do direito de recorrer (STJ, Corte Especial, AgInt no MS 28545/DF, Rel. Min. Paulo de Tarso Sanseverino, julg. 21.6.2022, publ. *DJe* 23.6.2022; STJ, 3ª Seção, EDcl nos EDcl nos EDcl no AgRg nos EDv nos EDcl no AgRg nos EAREsp 2.241.010/PI, Rel. Min. Reynaldo Soares da Fonseca, julg. 13.9.2023, publ. *DJe* 18.9.2023; STJ, 1ª T., EDcl nos EDcl nos EDcl no AgInt no AREsp 1.971.830/RJ, Rel. Min. Gurgel de Faria, julg. 11.9.2023, publ. *DJe* 15.9.2023; STJ, 5ª T., EDcl nos EDcl no AgRg no HC 809.115/GO, Rel. Min. Reynaldo Soares da Fonseca, julg. 22.8.2023, publ. *DJe* 28.8.2023; STJ, 6ª T., AgRg na PET no HC 746.427/SP, Rel. Min. Jesuíno Rissato julg. 14.8.2023, publ. *DJe* 17.8.2023; STJ, 5ª T., AgRg nos EDcl no AgRg no AREsp 2.268.678/SC, Rel. Min. Ribeiro Dantas, julg. 8.8.2023, publ. *DJe* 15.8.2023; STJ, Corte Especial, AgRg no AgRg nos EREsp 1.957.213/TO, Rel. Min. Humberto Martins, julg. 13.6.2023, publ. *DJe* 22.6.2023) ou de abuso do direito de defesa (STJ, 5ª T., EDcl nos EDcl no AgRg no HC 809.115/GO, Rel. Min. Reynaldo Soares da Fonseca, julg. 22.8.2023, publ. *DJe* 22.8.2023; STJ, 2ª T., EDcl nos EDcl no AREsp 1.254.617/RJ, Rel. Min. Humberto Martins, julg. 17.4.2023, publ. *DJe* 19.4.2023; STJ, 6ª T., EDcl nos EDcl no AgRg no AREsp 2.091.737/SC, Rel. Min. Jesuíno Rissato julg. 11.4.2023, publ. *DJe* 14.4.2023; STJ, 5ª T., EDcl nos EDcl no AgRg no AgRg no AREsp 1.883.043/DF, Rel. Min. Reynaldo Soares da Fonseca, julg. 7.3.2023, publ. *DJe* 16.3.2023; STJ, 5ª T., AgRg no RCD no AgRg no AREsp 2.147.829/SP, Rel. Min. Reynaldo Soares da Fonseca, julg. 25.10.2022, publ. *DJe* 4.11.2022; STJ, 4ª T., AgInt na TutPrv no AREsp 2.034.826/MT, Rel. Min. Maria Isabel Gallotti, julg. 17.10.2022, *DJe* 20.10.2022).

defesa o agredido deve dirigir sua conduta contra o agressor, mas no estado de necessidade o necessitado pode conduzir-se contra terceiros alheios ao fato; (v) na legítima defesa a agressão deve ser injusta e não há "legítima defesa de legítima defesa", enquanto no estado de necessidade pode ocorrer a hipótese de duas pessoas, titulares de bens juridicamente protegidos, causarem lesões recíprocas.[24]

No estado de necessidade, ao entrarem em conflito bens ou interesses que igualmente merecem a proteção jurídica, é concedida ao necessitado a faculdade[25] de agir, mesmo que de forma violenta, para salvar qualquer deles. É o caso do indivíduo que arromba uma porta para salvar a vida de outra pessoa, do motorista que lança seu veículo sobre outro de modo a evitar um atropelamento ou, ainda, do pai de família que furta peças de carne para alimentar os filhos que passavam fome.[26] Ao considerar lícito o ato praticado em estado de necessidade, o ordenamento autoriza a violação de um direito alheio para se evitar um mal maior.[27]

Requisitos do estado de necessidade

São requisitos objetivos do estado de necessidade: (i) perigo atual, não provocado voluntariamente pelo agente;[28] (ii) impossibilidade de evitar por outro modo o perigo;[29] (iii) razoável inexigibilidade de sacrifício do direito ameaçado.[30] Ao contrá-

---

24 Nesse sentido: Nelson Hungria e Heleno Cláudio Fragoso, *Comentários ao Código Penal*, tomo II, vol. II, cit., pp. 276-277.

25 No entendimento de Nelson Hungria: "Faculdade, e não propriamente direito, porque a este deve corresponder necessariamente uma obrigação (*jus et obligatio sunt correlata*) e, no caso, nenhum dos titulares dos bens ou interesses em colisão está obrigado a suportar o sacrifício do seu. A lei, aqui, assume uma atitude de neutralidade e declara sem crime o vencedor (seja este o mais forte ou o mais feliz)" (*Comentários ao Código Penal*, vol. 1, t. II, Rio de Janeiro: Forense, 1958, 4ª ed., p. 272).

26 Nessa direção: "Penal. Agravo regimental no agravo em recurso especial. Tentativa de subtração de alimento perecível (carne). Inexistência de acréscimo no patrimônio do acusado. Circunstâncias. Fome. Estado de necessidade. Exclusão da ilicitude. Agravo regimental não provido. (...) 3. Ocorre que, conquanto não se possa considerar a conduta perpetrada pelo acusado penalmente insignificante, o certo é que tentou subtrair gênero alimentício perecível, não tendo a *res furtiva* ensejado qualquer acréscimo ao seu patrimônio e prejuízo a vítima. 4. Dessa forma, de acordo com as declarações prestadas em juízo, o acusado tentou furtar a carne porque estava passando fome e seus filhos também e que encontrava-se arrependido da prática delitiva (e-STJ fl. 101), circunstâncias aptas a afastar a ilicitude da sua conduta, caracterizando sua conduta como manifesto estado de necessidade. (...) 6. Assim, no caso em análise, ante a existência de mínima ofensividade e reduzido grau de reprovabilidade do comportamento, independentemente dos antecedentes do recorrido e da capitulação qualificada do delito, tendo em vista as circunstâncias em que o delito foi praticado (tentativa de furto pela existência de situação de fome), a natureza do bem subtraído (produto alimentício – carne) e a ausência de qualquer ato mais grave, deve a ilicitude ser afastada" (STJ, 5ª T, AgRg no AREsp 1850772/SP, Rel. Min. Reynaldo Soares da Fonseca, julg. 17.8.2021, publ. *DJe* 20.8.2021).

27 Clóvis Beviláqua, *Código Civil dos Estados Unidos do Brasil*, vol. I, cit., p. 421.

28 O perigo atual é o presente, concreto e imediato. A probabilidade de o perigo tornar-se dano efetivo deve ser reconhecida de forma objetiva. A situação de perigo também deve ser alheia à vontade do agente: o agente não pode tê-la provocado intencionalmente ou por grosseira inadvertência.

29 Ao contrário da legítima defesa, o estado de necessidade é eminentemente subsidiário, não existindo se o agente podia conjeturar o perigo com o emprego de meio não ofensivo do direito de outrem. Assim, diante da possibilidade de fuga, não há estado de necessidade, como também não há, se o meio empregado for desproporcional ou excessivo, pois nesse caso o perigo, à evidência, podia ser evitado de outro modo.

30 Desse modo, a ação do necessitado não deixa de ser legítima – e, portanto, lícita – em razão dos interesses em conflito serem de valor idêntico ou aproximado. Mas a excludente deixará de existir,

rio das outras justificativas, o estado de necessidade impõe, ainda, requisito subjetivo. Assim, "se o sujeito age sem conhecimento do perigo, com outra finalidade, estará afastada a descriminante do estado de necessidade".[31]

No Código Civil de 1916, o estado de necessidade era referido no inciso II do art. 160, o qual só fazia menção expressa à destruição ou deterioração da coisa alheia. O Código Civil de 2002 fez constar, de forma expressa, do art. 188, inciso II, a expressão "lesão a pessoa", a indicar que, em situações de estado de necessidade, não apenas o patrimônio pode ser lesado, mas também a pessoa, contanto que outro indivíduo esteja, por outro modo, em risco iminente e inevitável.[32] Ampliou-se, assim, a excludente de ilicitude para a hipótese de lesão à pessoa humana nos casos em que se objetive a proteção de bens extrapatrimoniais de igual ou maior valor. Caberá ao magistrado, no caso concreto, "verificar se a lesão à pessoa foi perpetrada para remover perigo eminente a bem de valor igual ou superior ao atingido, não sendo lícito provocar intencionalmente lesão à pessoa para evitar dano a bem patrimonial".[33]

Atente-se, ainda, para o parágrafo único do dispositivo, que considera legítimo apenas o ato que não exceda os limites do indispensável para a remoção do perigo. O vocábulo *legítimo* é empregado pelo legislador no sentido de *lícito*. Além disso, não obstante o parágrafo único se referir apenas ao inciso II do art. 188, também nos atos praticados em legítima defesa se exige que sejam perpetrados nos limites do necessário para afastar a agressão alheia. A ideia é ínsita à própria noção de legítima defesa. No exercício regular do direito, da mesma forma, não se admite que o titular transcenda os limites impostos pelo ordenamento, sob pena de o exercício tornar-se irregular ou abusivo.

5. RESPONSABILIDADE CIVIL POR ATO LÍCITO

Desde que sem excessos, os atos praticados em legítima defesa, no exercício regular de um direito e em estado de necessidade não constituem, na esfera cível,

---

se o bem ou interesse posto a salvo, em comparação com o que foi sacrificado, apresentar, manifestamente, valor menor.

31 Celso Delmanto, *Código Penal comentado*, Rio de Janeiro: Renovar, 1991, 3ª ed., p. 43.

32 Confira-se, no regime anterior, a crítica de Aguiar Dias à jurisprudência, na hipótese em que, agindo em legítima defesa, certa pessoa matou terceiro, que não concorrera para a agressão. O Tribunal, baseado na legítima defesa, repeliu a ação proposta pela viúva da vítima. Para o autor, "A legítima defesa, que é, afinal, espécie do gênero estado de necessidade, não autoriza senão a isenção no crime, porque não se considera ato ilícito. Não estabelece exoneração no cível senão em relação ao agressor. Em relação à vítima inocente, há obrigação de reparar, com direito de regresso contra o causador da situação em que a legítima defesa foi imposta" (José de Aguiar Dias, *Responsabilidade Civil*, vol. II, 10. ed. Rio de Janeiro: Forense, 1995, p. 678). Do mesmo modo, ainda no regime anterior, motorista que, para salvar a própria vida, causou dano a terceiro, foi absolvido da obrigação de indenizá-lo, por acórdão do Supremo Tribunal Federal, relatado pelo ministro Temístocles Cavalcanti (RTJ, 49, 802), para quem o art. 929 (1519, CC16) do Código civil só se aplica às coisas e não às pessoas, o que seria confirmado pelo art. 188, II. O erro do julgado ora referido começa pelo fato de considerar os bens materiais mais dignos de proteção que os bens extrapatrimoniais" (José de Aguiar Dias, *Responsabilidade civil*, cit., pp. 677-678).

33 Gustavo Tepedino, Heloisa Helena Barboza e Maria Celina Bodin de Moraes, *Código Civil interpretado*, vol. I, cit., p. 349.

ato ilícito. À primeira vista, poderia parecer que nenhum ato praticado sob o manto dessas excludentes de ilicitude seria capaz de ensejar dever de reparação. Afinal, se o ato é lícito e, portanto, conforme o ordenamento jurídico, por que teria o agente de ressarcir o prejuízo causado?

Entretanto, embora os deveres de reparar tenham como fonte frequente o ato ilícito (*rectius*, dano injusto), também podem decorrer dos danos causados por atos lícitos, quando assim determinar a lei. É que os fundamentos jurídicos dos quais pode derivar o dever de indenizar são diversos, sendo mesmo possível a obrigação de reparar advir de um ato lícito, por imposição legal, exatamente como ocorre no estado de necessidade.

Estado de necessidade

O Código Civil, no art. 929, determina que "se a pessoa lesada, ou o dono da coisa, não forem culpados do perigo, assistir-lhes-á direito à indenização do prejuízo que sofreram". Por outras palavras, o dono da coisa que fosse deteriorada ou destruída ou a pessoa lesada na remoção do perigo iminente, contanto que não fossem culpados pelo perigo, devem ser indenizados, pelo autor do dano, do prejuízo que sofrera. Por sua vez, o art. 930, determina que "se o perigo ocorrer por culpa de terceiro, contra este terá o autor do dano ação regressiva para haver a importância que tiver ressarcido ao lesado".

Assim é que o ato praticado em estado de necessidade ensejará dever de reparação no caso de o perigo não ter sido causado pelo dono da coisa ou pessoa lesada, o que não é contraditório. Isso porque, embora o ato seja lícito, ao mesmo tempo provoca dano injusto, razão pela qual o ordenamento impõe o dever de indenizar o prejuízo dele decorrente.[34] Se por um lado a lei permite, excepcionalmente, que o necessitado sacrifique bem alheio na salvaguarda de seus interesses, por outro, impõe ao agente o dever de reparar o prejuízo a que deu causa. A indenização neste caso é justa, porque, afinal, a situação danosa estava dirigida, originalmente, ao necessitado.[35]

---

34 Vale conferir: "Civil. Ação de indenização. Acidente de trânsito. Ato de terceiro. Colisão. Estado de necessidade. Exclusão da ilicitude. Permanência, todavia, da obrigação de ressarcir os danos. Direito de regresso. I. A empresa cujo preposto, buscando evitar atropelamento, procede a manobra evasiva que culmina no abalroamento de outro veículo, causando danos, responde civilmente pela sua reparação, ainda que não se configure, na espécie, a ilicitude do ato, praticado em estado de necessidade. II. Direito de regresso assegurado contra o terceiro culpado pelo sinistro, nos termos do art. 1.520 c/c o art. 160, II, do Código Civil. III. Recurso especial conhecido pela divergência, mas improvido" (STJ, 4ª T., REsp 124527/SP, Rel. Min. Aldir Passarinho Junior, julg. 4.5.2000, publ. *DJ* 5.6.2000).

35 Segundo a Ministra Nancy Andrighi, a indenização deve observar o critério da proporcionalidade: "O estado de necessidade, embora não exclua o dever de indenizar, fundamenta a fixação das indenizações segundo o critério da proporcionalidade. A adoção da *restitutio in integrum* no âmbito da responsabilidade civil por danos, sejam materiais ou extrapatrimoniais, nos conduz à inafastabilidade do direito da vítima à reparação ou compensação do prejuízo, ainda que o agente se encontre amparado por excludentes de ilicitude, nos termos dos arts. 1.519 e 1.520 do CC/1916 (arts. 929 e 930 do CC/2002), situação que afetará apenas o valor da indenização fixado pelo critério da proporcionalidade" (STJ, 3ª T., REsp 1.292.141-SP, Rel. Min. Nancy Andrighi, julg. 4.12.2012). Da mesma forma, também já se decidiu no TJ/SP: "Acidente causado por um quarto veículo que havia realizado manobra de ultrapassagem sobre o caminhão do autor e invadido a pista contrária por onde seguia o réu, que, por sua vez, perdeu o controle da direção de seu veículo ao tentar evitar

O descumprimento dessa obrigação de reparar o dano constitui a responsabilidade civil por atos lícitos, que não se limita às hipóteses de excludentes de ilicitude.[36]

Fundamento da responsabilidade civil por ato lícito

A propósito do fundamento do dever de indenizar decorrente do estado de necessidade, são muitas as divergências na doutrina. Há autores que o justificam no princípio que veda o enriquecimento sem causa.[37] Considera-se, entretanto, esta teoria insuficiente "para a justificação do ressarcimento do dano causado pelo ato necessário, porque será impossível falar em enriquecimento no caso em que esse ato não tenha alcançado bom êxito".[38] Outra parte da doutrina entrevê na expropriação privada o embasamento da reparação,[39] o que também é insatisfatório, na medida em que não se consegue alcançar a hipótese do ato necessário em proveito de terceiro que, porventura, o obrigue. Mais acertado parece ser o entendimento que funda a reparação na ideia de equidade e solidariedade. Segundo esta construção, simplesmente não é justo que o terceiro, sobre o qual recai o resultado do ato necessário, sofra o prejuízo, "para permitir que dele se livre aquele a quem o dano foi dirigido".[40]

Outra questão que se põe é a que diz respeito ao fundamento da responsabilidade civil nessas hipóteses. Exceto se tiver provocado o perigo, a conduta do agente não é culposa e, ainda assim, deverá o necessitado responder pelos prejuízos a que deu causa. Trata-se, portanto, de responsabilidade objetiva. Se o perigo tiver sido provocado pelo próprio agente, sequer estará ele acobertado pela excludente de ilicitude, pois, conforme acima explicado, é requisito do estado de necessidade o perigo atual, não provocado voluntariamente pelo agente.

Na legítima defesa, à luz do art. 1.540 do Código Civil de 1916 (sem correspondência no Código Civil de 2002), não haveria dano a ressarcir, já que determinava que as disposições referentes às obrigações decorrentes de atos ilícitos se aplicam ainda ao caso em que a morte, ou lesão, resulte de ato considerado crime justificável, *se não foi perpetrado pelo ofensor em repulsa de agressão do ofendido.* Assim, como na legítima defesa o defensor repele agressão feita contra si ou contra outrem, no limite necessário para o afastamento do perigo, salvo a ocorrência de excesso, a princípio não há que se falar em indenização.

---

a colisão frontal e acabou por atingir o caminhão do autor, que, por sua vez, desgovernado com o impacto, invadiu a pista contrária e acabou por atingir um terceiro veículo (Kombi) – Estado de necessidade – Sem demonstração de excesso para remoção do perigo – Ato lícito – Contudo, obrigação de reparar, assegurado o direito de regresso contra o terceiro causador do perigo – Indenizações por danos materiais, morais e lucros cessantes devidas" (TJSP, 33ª CDPriv., Ap. Cív. 1003225-08.2020.8.26.0229, Rel. Des. Sá Moreira de Oliveira, julg. 1.6.2023, publ. *DJe* 1.6.2023).

36 Há responsabilidade civil por ato lícito também, por exemplo, na instituição de passagem forçada (CC/1916: art. 599; CC: art. 1.285).

37 Nesse sentido v. Diogo Leite de Campos, *A Subsidiariedade da obrigação de restituir o enriquecimento*, Coimbra: Almedina, 1974.

38 José de Aguiar Dias, *Da responsabilidade civil*, vol. 2, Rio de Janeiro: Forense, 1994, 9ª ed., p. 676.

39 Este é o entendimento de Demogue e Marton, conforme se vê da lição de José de Aguiar Dias (*Da responsabilidade civil*, cit., pp. 676 e 677).

40 José de Aguiar Dias, *Da responsabilidade civil*, cit., p. 677.

Ocorre que o art. 930 do Código Civil[41] contempla a hipótese de legítima defesa, possibilitando ação regressiva contra aquele em defesa de quem se praticou o dano. Dessa forma, se em legítima defesa de terceiro alguém causa dano a outra pessoa que não o agressor, fica obrigado a ressarcir o prejuízo, à semelhança do que ocorre no estado de necessidade. Nesta hipótese, o Código Civil atribui ao que agiu em legítima defesa ação regressiva contra aquele que foi beneficiado pelo ato, ou seja, aquele que foi defendido. Tal solução se justifica, porque a quem coube o proveito deve caber também a indenização pelos prejuízos.[42] Legítima defesa

Aliás, esta deveria ter sido também a solução adotada para a hipótese de estado de perigo. Com efeito, melhor teria sido se o Código Civil possibilitasse a ação regressiva também contra o favorecido pelo ato praticado em estado de perigo, e não apenas contra aquele que o provocou, exatamente como o fez na legítima defesa, em que a ação regressiva é cabível contra o beneficiado. É que o beneficiado, seja na legítima defesa, seja no estado de perigo, é mais facilmente identificável que o provocador do perigo. Além disso, ninguém melhor do que ele para aceitar ressarcir os prejuízos provocados em seu favor. Em razão disso, devem os tribunais conferir ao autor do dano, que agiu em estado de necessidade, o direito de intentar ação regressiva contra aquele que foi favorecido pelo ato, com base na aplicação analógica do parágrafo único do art. 930 do Código Civil.[43]

Quanto ao exercício regular de direito, nem o Código Civil de 1916, tampouco o Código Civil de 2002, fizeram referência a qualquer dever de indenizar. Para o legislador, os danos provocados no exercício regular de direito, ainda que possam caracterizar uma fatalidade, não são danos ressarcíveis.

PROBLEMAS PRÁTICOS

1. O art. 930 do Código Civil contempla a hipótese de legítima defesa, possibilitando ação regressiva contra aquele em defesa de quem se praticou o dano. Tal solução pode ser aplicada quando se trata de estado de necessidade, isto é, a ação regressiva poderia ser ajuizada contra o favorecido pelo ato praticado em estado de perigo, e não apenas contra aquele que o provocou?
2. No exercício regular de um direito, é relevante, para análise de eventual abusividade, o elemento intencional ou as razões subjetivas do agente?

---

41 "Art. 930. No caso do inciso II do art. 188, se o perigo ocorrer por culpa de terceiro, contra este terá o autor do dano ação regressiva para haver a importância que tiver ressarcido ao lesado. Parágrafo único. A mesma ação competirá contra aquele em defesa de quem se causou o dano (art. 188, inciso I)."

42 Clóvis Beviláqua, *Código Civil dos Estados Unidos do Brasil*, vol. I, cit., p. 299.

43 STJ, 4ª T., AgInt no AREsp 882.606/SC, Rel.ª Min.ª Maria Isabel Gallotti, julg. 10.10.2022, publ. *DJe* 17.10.2022; STJ, 3ª T., REsp 1713105/SP, Rel. Min. Marco Aurélio Bellizze, julg. 27.11.2018, publ. *DJe* 06.12.2018; STJ, 3ª T., REsp 1278627/SC, Rel. Min. Paulo de Tarso Sanseverino, julg. 18.12.2012, publ. *DJe* 04.02.2013.

3. Qual é o fundamento do dever de indenizar decorrente do estado de necessidade? Trata-se de responsabilidade subjetiva ou objetiva?

Acesse o *QR Code* e veja a Casoteca.

> *https://uqr.to/1ofhu*

Capítulo XIX

CLÁUSULA LIMITATIVA DO DEVER DE INDENIZAR

Acesse o *QR Code* e assista ao vídeo sobre o tema.

> https://uqr.to/1ofha

SUMÁRIO: 1. Função das cláusulas excludentes ou limitativas do dever de indenizar – 2. Delimitação perante figuras próximas – 3. Modalidades das cláusulas que limitam o dever de indenizar – 4. Requisitos de validade das cláusulas limitativas do dever de indenizar – 5. Limitação do dever de indenizar perante terceiros – 6. Cláusulas limitativas do dever de indenizar inseridas em contratos de adesão ou em relações de consumo – Problemas práticos.

1. FUNÇÃO DAS CLÁUSULAS EXCLUDENTES OU LIMITATIVAS DO DEVER DE INDENIZAR

Alocação de riscos

Na atividade negocial, antes de se proceder à celebração do contrato, deve-se avaliar os tipos de riscos envolvidos, com que frequência e intensidade incidem e como podem ser controlados ou, ao menos, minimizados. Procura-se a todo tempo minimizar riscos – quer com a introdução de medidas de proteção, quer com a contratação de seguros –, para que se possam prever custos com maior precisão, reduzindo-os quando possível, e, assim, otimizar os lucros.[1]

Na era do *project finance* e dos complexos contratos de EPC,[2] em que nem todas as medidas de proteção são eficazes, tampouco suficientes para evitar os riscos inerentes ao empreendimento, ganham relevância as chamadas cláusulas limitativas do

---

1 Georges Ripert, *Aspectos jurídicos do capitalismo moderno*, Campinas: Red Livros, 2002, pp. 99-100.

2 A sigla "EPC" é a abreviação de "Engineering, Procurement and Construction Contract", contrato de construção de obras de grande porte – geralmente financiados por estruturas denominadas "project finance" –, de origem anglo-saxã, que guarda alguns pontos em comum com o nosso contrato de empreitada global (cf. José Emilio Nunes Pinto, O contrato de EPC para construção

dever de indenizar. Trata-se de disposições que visam a restringir a indenização a que o causador do dano estaria sujeito em caso de descumprimento, funcionando como espécie de escudo limitador dos riscos que poderiam advir daquela relação contratual. Como exercício merecedor de tutela da autonomia negocial, firmam-se tais cláusulas como instrumentos comuns na prática contratual para a gestão positiva de riscos.[3]

Função das cláusulas limitativas do dever de indenizar

Historicamente, o desenvolvimento dessas cláusulas encontra-se ligado à expansão do comércio marítimo, por ação sobretudo dos armadores ingleses que precisavam equilibrar os riscos a que estavam sujeitos nos contratos de transporte. Na atualidade, em meio ao labirinto de dificuldades em que reside o direito contratual, indaga-se até que ponto a função dessas cláusulas não está sendo desvirtuada. Ao invés de operar no contrato como fator de equilíbrio, com o propósito de incentivar o negócio, as cláusulas limitativas têm sido muitas vezes utilizadas como forma de transferir todos os riscos para uma das partes da relação contratual. Essa prática não é necessariamente censurável, porque a limitação do dever de indenizar muitas vezes se encontra refletida no preço do contrato, razão pela qual vem sendo admitida na jurisprudência e, com mais frequência, nas decisões arbitrais; notadamente diante de relação paritária e desde que presentes certos requisitos de validade.

As cláusulas limitativas do dever de indenizar, embora não encontrem regulamentação específica no Código Civil brasileiro,[4] devem obedecer a certos parâmetros definidos pela doutrina e jurisprudência, sob pena de serem consideradas inválidas. Daí também a importância de as partes serem cuidadosas com a redação de cláusula desta espécie. Desde as transações mais simples às mais complexas, tais cláusulas aparecem frequentemente na atividade negocial, ora estabelecendo valor máximo para a indenização, ora excluindo de seu âmbito lucros cessantes e danos indiretos.

Tais estipulações negociais, destinadas a excluir ou a limitar, em certos termos, o dever de indenizar que, de outra forma, o devedor incorreria em razão do não cumprimento de suas obrigações, não afastam a exigibilidade das prestações. Diante do inadimplemento do devedor, dependendo do caso, tem o credor outros remédios que não são obstados pelas cláusulas limitativas do dever de indenizar. Em caso de inadimplemento absoluto de contratos bilaterais, pode o credor, com base no art. 475 do Código Civil,[5] ou obter a restituição da prestação já cumprida, se optar pela

---

de grandes obras de engenharia e o novo Código Civil. In: *Revista da Associação dos Advogados do Rio de Janeiro* – AARJ, n.º 3, Rio de Janeiro: Lumen Juris, jul./2003).

[3] A propósito, remeta-se ao Enunciado n. 631 da VIII Jornada de Direito Civil do CJF: "Como instrumento de gestão de riscos na prática negocial paritária, é lícita a estipulação de cláusula que exclui a reparação por perdas e danos decorrentes do inadimplemento (cláusula excludente do dever de indenizar) e de cláusula que fixa valor máximo de indenização (cláusula limitativa do dever de indenizar)".

[4] Embora estejam previstas em uma série de tratados internacionais ratificados pelo Brasil, como dá notícia Nilson Lautenschleger Jr., Limitação de responsabilidade na prática contratual brasileira - permite-se no Brasil a racionalização dos riscos do negócio empresarial? In: *Revista de Direito Mercantil, Industrial, Econômico e Financeiro*, n. 125, São Paulo: Malheiros, jan./mar. 2002, p. 15 e ss.

[5] Segundo o qual "[a] parte lesada pelo inadimplemento pode pedir a resolução do contrato, se não preferir exigir-lhe o cumprimento, cabendo, em qualquer dos casos, indenização por perdas e danos" (art. 475, CC/2002).

resolução do contrato, ou obter o valor da prestação devida, se preferir a execução do contrato pelo equivalente.[6] Já na hipótese de mora, pode o credor reclamar a exata prestação devida.[7] Da mesma forma, as cláusulas limitativas do dever de indenizar também não constituem, a priori, empecilho para que o credor exerça, se for o caso, seu direito de retenção ou outros meios coercitivos legais de realização da prestação.[8]

Função

A função das cláusulas limitativas do dever de indenizar não é outra senão a de, como seu próprio nome indica, restringir o dever de indenizar a que o devedor fica sujeito em caso de inadimplemento. Atuam, portanto, no momento patológico da relação, quando já restou configurado o inadimplemento, ao contrário das cláusulas que limitam antecipadamente o objeto do contrato, como se verá em seguida.

2. DELIMITAÇÃO PERANTE FIGURAS PRÓXIMAS

Cláusula limitativa do dever de indenizar *v.* cláusulas que afastam do contrato certas obrigações

As cláusulas limitativas do dever de indenizar não se confundem com as cláusulas que afastam do contrato certas obrigações[9] que, sem essa manifestação de vontade, dele fariam parte, por força de preceito legal ou por constituírem deveres acessórios da prestação principal ou do fim contratual.[10] Enquanto as primeiras atuam, conforme já se explicou, no momento patológico da relação, as cláusulas que delimitam o próprio objeto do contrato agem ainda no momento fisiológico da relação obrigacional, sendo muitas vezes usadas para contornar restrições impostas às cláusulas limitativas do dever de indenizar.[11] Com a não assunção da obrigação,

---

6 Sobre o tema, v. Aline de Miranda Valverde Terra, Execução pelo equivalente como alternativa à resolução: repercussões sobre a responsabilidade civil. *Revista Brasileira de Direito Civil – RBDCivil*, vol. 18, 2018, pp. 49-73, para quem "trata-se, em definitivo, a execução pelo equivalente, de tutela conservatória da relação obrigacional, com a manutenção de vínculo sinalagmático. A relação obrigacional não perde a sua identidade, não obstante a modificação do objeto do direito do credor" (p. 59)

7 Isso porque, uma vez configurada a mora do devedor, abre-se ao credor não só a possibilidade de pleitear perdas e danos, como também executar especificamente a prestação não cumprida para obter a exata prestação devida.

8 É o que explica, na doutrina portuguesa, António Pinto Monteiro: "A e B celebram, por hipótese, um contrato nos termos do qual o primeiro se obriga a entregar ao segundo determinado objeto, inserindo, ao mesmo tempo, uma cláusula de exclusão de responsabilidade. Poderá extrair-se desta cláusula que A não está obrigado à entrega do dito objeto? Ou que a obrigação de A não é mais do que uma obrigação natural, não sendo o seu cumprimento, por isso judicialmente exigível? De modo algum. O efeito desta cláusula resume-se em afastar a indemnização que A deverá entregar a B, no caso de uma hipotética violação do contrato ficar a dever-se a culpa leve. Daí que, persistindo A na recusa de entrega do objecto devido, ou seja, recusando-se o devedor a cumprir o contrato, B, credor, poderá, além do mais, e apesar daquela cláusula exoneratória, recorrer à execução específica, obtendo, desta forma, coactivamente, o bem devido" (*Cláusulas limitativas e de exclusão de responsabilidade civil* [1985], Coimbra: Almedina, 2003, pp. 190-191).

9 Massimo Franzoni, *Trattato della responsabilità civile*: il danno risarcibile, Milano: Giuffrè, 2004, pp. 696-697.

10 São exemplos desta última espécie: a cláusula que dispõe que o estacionamento não será responsável pelo desaparecimento de objetos deixados no interior dos veículos, a cláusula que determina que o comodatário não responderá pelas despesas de conservação e a cláusula que limita a cobertura de riscos no contrato de seguro.

11 As cláusulas limitativas do dever de indenizar sujeitam-se a uma série de requisitos, que serão estudados no próximo item deste trabalho, sem os quais não são consideradas válidas no Brasil.

restam excluídas todas as prestações materiais a que o credor teria direito, que, como visto, não desaparecem completamente no caso das cláusulas limitativas ou excludentes. Em síntese, a cláusula limitativa do objeto refere-se à não assunção de determinada obrigação por parte do devedor, enquanto as cláusulas de não indenizar servem para restringir ou mesmo excluir um específico efeito do inadimplemento da obrigação que o devedor assume, permanecendo hígidos outros direitos diante do descumprimento.

Outra característica importante das cláusulas limitativas do dever de indenizar é a imposição de balizas à indenização sem, contudo, retirar a ilicitude do ato, não se equiparando, portanto, às excludentes de antijuridicidade. Assim, se o devedor tem, por exemplo, o consentimento válido do credor para descumprir o contrato, o comportamento do devedor não é ilícito; ao passo que se existir, no contrato, cláusula limitativa do dever de indenizar, o devedor praticará ato ilícito se, apesar dessa cláusula, faltar ao cumprimento da obrigação contratual, ainda que o credor não possa, por força da cláusula limitativa, exigir-lhe indenização equivalente ao prejuízo. Poderá o credor, entretanto, exercer outras prerrogativas contratuais, como a resolução, a execução pelo equivalente ou a execução específica do contrato, a depender da modalidade de inadimplemento (absoluto ou relativo).

Cláusula limitativa do dever de indenizar *v.* seguro

O seguro de responsabilidade civil é outra figura próxima, mas que também não deve ser confundida com as cláusulas limitativas do dever de indenizar. O seguro de responsabilidade civil garante a indenização ao lesado, tornando mais sólida a posição do credor. Já a cláusula limitativa do dever de indenizar deixa-o sem reparação integral. Além disso, o seguro fundamenta-se no princípio de repartição social dos riscos e danos, ao contrário das cláusulas limitativas do dever de indenizar, que impõem que o dano seja suportado também pelo lesado, em benefício do lesante.

Tampouco se confunde a limitação de responsabilidade com a cláusula penal compensatória. Enquanto a cláusula limitativa fixa o limite máximo que a indenização poderá atingir – não podendo o credor receber mais do que o convencionado, mantendo-se o dever de indenizar o dano até o valor do teto estabelecido –, a cláusula penal, diversamente, estabelece valor fixo. É forma de liquidação do dano, ao contrário da cláusula limitativa, a qual não prescinde do cálculo da indenização.[12] Diante dessa distinção, compreende-se que a cláusula penal constitui-se em instrumento de garantia (em sentido amplo, porque reforça o vínculo contratual) e de defesa do credor, enquanto a cláusula limitativa serve aos interesses do devedor para circunscrever o

As tentativas de contornar tais restrições, por meio de reduções ao objeto do contrato, no mais das vezes malogram. Isso porque, na prática, cláusulas que tentam excluir do contrato obrigações previstas em normas imperativas (ex.: deveres laterais ligados à segurança e proteção do consumidor) ou outras obrigações que constituam a própria essência do negócio típico escolhido pelas partes (ex.: clínica psiquiátrica não pode afastar a obrigação de guardar e vigiar doentes) também não são consideradas válidas no Brasil.

[12] Sobre a distinção, veja-se ainda: STJ, 4ª T., REsp. 734520/MG, Rel. Min. Hélio Quaglia Barbosa, julg. 21.06.2007, publ. *DJ* 15.10.2007.

risco assumido com o contrato.[13] No entanto, em perspectiva funcional, tais distinções devem ser relativizadas a partir do exame concreto do regulamento contratual. Isso porque a cláusula penal também pode servir aos interesses do devedor, quando, por exemplo, não há a possibilidade de pleito dos prejuízos excedentes e o montante pré-fixado se revela inferior à extensão do dano causado.[14]

Outra figura próxima, a transação, também diverge da cláusula limitativa do dever de indenizar em vários aspectos. A transação é o acordo que, tendo por objetivo a prevenção de litígio futuro ou a extinção de litígio atual, consubstancia concessões recíprocas de ambas as partes. Sua característica distintiva em relação às cláusulas limitativas do dever de indenizar "é frequentemente operada pelo acentuar da diversidade de momentos em que cada um dos acordos intervém"[15]: a cláusula limitativa do dever de indenizar estabelece-se necessariamente antes da constituição do direito à indenização ou da verificação do dano, enquanto a transação, ao revés, surge obrigatoriamente após essa constituição ou verificação.

Cláusula limitativa do dever de indenizar *v.* transação

Por fim, não se deve confundir a cláusula limitativa do dever de indenizar com o instituto da renúncia de direitos. Apesar de existir, no caso das cláusulas limitativas, uma prévia exclusão ou limitação do direito de indenizar, não há uma renúncia propriamente dita, no sentido técnico do termo, a esse direito. Isso porque, na negociação das cláusulas limitativas operam-se concessões mútuas entre os estipulantes, as quais "não se compatibilizam com o negócio da renúncia, unilateral em sua natureza".[16]

3. MODALIDADES DAS CLÁUSULAS QUE LIMITAM O DEVER DE INDENIZAR

As cláusulas que limitam ou excluem o dever de indenizar podem apresentar-se nas suas mais diversas variantes e formas, desde a exclusão de toda e qualquer responsabilidade, passando por cláusulas que determinam teto para o montante indenizatório ou excluem determinados tipos de danos passíveis de serem indenizados,

Cláusula limitativa do dever de indenizar *v.* cláusula de exclusão do dever de indenizar

---

13 Ocorre que, se optar pela cláusula penal, o credor não poderá pleitear nada além do que foi ali estipulado, ainda que seu prejuízo exceda aquele valor, salvo se: (i) as partes tiverem expressamente acordado a possibilidade de o credor exigir uma indenização suplementar e (ii) o dano realmente ultrapasse o valor pré-fixado na cláusula penal (art. 416 do Código civil). Pode acontecer – e é até comum – de no mesmo contrato estarem inseridas as duas espécies de cláusulas, caso em que estas previsões deverão ser interpretadas sistematicamente. Significa dizer, por outras palavras, que, ainda que a indenização suplementar esteja prevista, o dano excedente, somado à cláusula penal, não poderá, em princípio, ultrapassar o montante estabelecido na cláusula limitativa do dever de indenizar.

14 Nesse sentido, a doutrina destaca o seguinte: "A diferença funcional entre as duas cláusulas esbater-se-á em muito se a cláusula penal for estipulada 'com o intuito de pôr um limite à responsabilidade, nos casos em que os danos possam atingir proporções exageradas em relação às previsões normais dos contraentes'" (Nuno Manuel Pinto Oliveira, *Cláusulas acessórias ao contrato*: cláusulas de exclusão e de limitação do dever de indemnizar e cláusulas penais, Coimbra: Almedina, 2008, pp. 43-45).

15 Ana Prata, *Cláusulas de exclusão e limitação da responsabilidade contratual*, Coimbra: Almedina, 1985, pp. 164-165.

16 Marcella Campinho Vaz, *Renúncia de direitos:* limites e parâmetros de aplicação no direito civil, Rio de Janeiro: Processo, 2022, p. 166.

tal como o lucro cessante.[17] Note-se que a diferença entre as cláusulas limitativas do dever de indenizar e as cláusulas de não indenizar reside apenas na intensidade da limitação, isto é, diz respeito à amplitude da limitação.[18] No ordenamento jurídico brasileiro, existem pelo menos seis modalidades de cláusulas limitativas que serão a seguir brevemente descritas, para que se possa compreender não só a sua importância prática, como também a sua flexibilidade nos ajustes contratuais.

Cláusula limitativa do dever de indenizar que fixa um montante máximo para a indenização

A primeira modalidade, e também a mais comum, estabelece o montante máximo para a indenização, quer por meio da simples declaração de determinado valor, quer por meio da fixação de percentual do dano, a partir do qual o devedor fica isento do dever de indenizar.[19]

Cláusula limitativa do dever de indenizar que exclui certa espécie de dano

A segunda modalidade exclui da indenização a parcela referente a espécies de danos que, de outra forma, seriam passíveis de indenização, como os lucros cessantes[20] (essa espécie de cláusula limitativa do dever de indenizar, que exclui da indenização os lucros cessantes,[21] é plenamente admitida pela doutrina nacional[22]) e, em alguns casos, até os chamados danos indiretos.

Cláusula limitativa do dever de indenizar que restringe o próprio fundamento da responsabilidade civil

As cláusulas limitativas do dever de indenizar também podem apresentar-se sob terceira modalidade, restringindo os fundamentos da responsabilidade. De acordo com tais cláusulas, o devedor só responderá em casos de dolo ou culpa grave. Ainda por meio destas cláusulas as partes podem também afastar a presunção de culpa que a lei, na responsabilidade contratual, faria recair sobre o devedor.[23]

---

17 Para um estudo mais profundo sobre as diversas modalidades de cláusulas de limitação de responsabilidade, cf.: Ana Prata, *Cláusulas de exclusão e limitação da responsabilidade contratual*, cit., pp. 86-103.

18 No Brasil, grande parte da doutrina refere-se às cláusulas de não indenizar como uma exacerbação das cláusulas limitativas, considerando-as inválidas, já que se equipar ariam à exclusão total da responsabilidade. No sentido contrário, a favor das cláusulas de não indenizar, cf. José de Aguiar Dias, *Cláusula de não indenizar*, 4ª ed., Rio de Janeiro: Forense, 1980, p. 128. Também a favor: STJ, 4ª T., AgInt no AREsp 2054403/RJ, Rel. Min. Luis Felipe Salomão, julg. 8.8.2022, publ. *DJe* 15.8.2022; e STJ, 2ª T., REsp 1169109/DF, Rel. Min. Eliana Calmon, julg. 22.6.2010, publ. *DJe* 1.7.2010.

19 Cf. Fábio Henrique Peres, *Cláusulas contratuais excludentes e limitativas do dever de indenizar*, São Paulo: Quartier Latin, 2009, pp. 86-91. Ainda sobre essa primeira modalidade: STJ, 4ª T., REsp. 1076465/SP, Rel. Min. Marco Buzzi, julg. 8.10.2013, publ. *DJe* 25.11.2013.

20 A exemplo da cláusula discutida na seguinte decisão: TJSP, 33ª CDPriv., Ap. Cív. 1098710-44.2014.8.26.0100, Rel. Des. Luiz Eurico, julg. 4.7.2016, publ. *DJ* 14.7.2016.

21 Nos contratos de seguro, as cláusulas que limitam a indenização, excluindo dela a parcela equivalente aos lucros cessantes, não configuram, propriamente, uma cláusula limitativa do dever de indenizar, mas, sim, uma cláusula que limita o próprio objeto do contrato – a cobertura dos riscos. Esta atua na fisiologia do contrato, na sua formação; aquela, ao contrário, começa a produzir efeitos já no momento patológico da relação, quando já houve o dano e é devida a indenização.

22 Cf. Fábio Henrique Peres, *Cláusulas contratuais excludentes e limitativas do dever de indenizar*, cit., pp. 92-94; Nilson Lautenschleger Jr., *Limitação de responsabilidade na prática contratual brasileira - permite-se no Brasil a racionalização dos riscos do negócio empresarial?*, cit., p. 11-12; José de Aguiar Dias, *Cláusula de não indenizar*, cit., p. 69. Na doutrina portuguesa, v. Ana Prata, *Cláusulas de exclusão e limitação da responsabilidade contratual*, cit., p. 77; António Pinto Monteiro, *Cláusulas limitativas e de exclusão de responsabilidade civil*, cit., pp. 104-105.

23 Fábio Henrique Peres, *Cláusulas contratuais excludentes e limitativas do dever de indenizar*, cit., pp. 94-96.

Também se consideram limitativas de responsabilidade as cláusulas que estabelecem situações equiparadas, por convenção, a casos de força maior que, sem o acordo das partes, não teriam o efeito liberatório. Nessa quarta modalidade, as situações cogitadas precisam ser suficientemente determinadas, não devendo ser vinculadas única e exclusivamente ao alvedrio do devedor, já que o risco da ocorrência dos fatos passa a ser assumido pelo credor. É possível, por exemplo, que, em contrato de compra e venda que não seja regido pelo Código de Defesa do Consumidor, as partes disponham, de comum acordo, que a vendedora não se responsabilizará pelos atrasos ou impossibilidade de efetuar os fornecimentos dentro dos prazos previstos por atrasos nos fornecimentos de seus fornecedores ou por qualquer hipótese, convencionalmente equiparada à força maior.[24]

Cláusula limitativa do dever de indenizar que restringe a responsabilidade no tempo

Há ainda duas outras modalidades – mais discutíveis e, por isso mesmo, menos comuns na prática – que não configuram propriamente cláusulas limitativas do dever de indenizar, porque não chegam a interferir diretamente no *quantum* da indenização. A quinta modalidade limita a responsabilidade no tempo.[25] Indagava-se, na vigência do Código Civil de 1916, se as partes podiam limitar no tempo a responsabilidade do devedor, com a redução, expressa no contrato, de determinado prazo prescricional. Doutrina e jurisprudência dividiam-se, mas a tendência dominante coibia esta estipulação. O Código Civil de 2002 tentou afastar a controvérsia, prevendo, em seu art. 192, que "os prazos de prescrição não podem ser alterados por acordo das partes", mas o dispositivo ainda gera questionamentos.[26]

Cláusula limitativa do dever de indenizar que limita o patrimônio do devedor como garantia geral dos credores

Por fim, a sexta modalidade de cláusula limitativa do dever de indenizar, passível de questionamentos, é a cláusula pela qual as partes acordam a limitação da garantia patrimonial, restringindo a responsabilidade do devedor a alguns de seus bens (limitação positiva) ou excluindo da garantia patrimonial determinados bens (limi-

---

24 Fábio Henrique Peres, *Cláusulas contratuais excludentes e limitativas do dever de indenizar*, cit., pp. 96-98.

25 Fábio Henrique Peres, *Cláusulas contratuais excludentes e limitativas do dever de indenizar*, cit., pp. 100-103.

26 Aline de Miranda Valverde Terra e Daniel Bucar Cervasio criticam a excessiva limitação da autonomia negocial prevista no art. 192: "Ao que parece, o art. 192 restringiu desproporcionalmente a liberdade das partes, já que seria possível tutelar a segurança jurídica e, ao mesmo tempo, prestigiar a autonomia privada, definindo-se prazos legais mínimos e máximos dentro dos quais os contratantes poderiam escolher aquele que melhor promovesse seus interesses privados patrimoniais. Nesse cenário, homenagear-se-ia a autonomia privada, sem descurar dos interesses resguardados pela prescrição. De todo modo, embora, de *lege lata*, a possibilidade de modificação dos prazos prescricionais pelas partes esteja vedada, cabe ao intérprete buscar soluções, dentro da legalidade constitucional, que prestigiem a autonomia privada legitimamente exercida. Nesse sentido, afigura-se possível permitir aos contratantes a dilação do prazo prescricional, após o termo *a quo*, até o dobro do prazo legal. Ora, se uma das partes pode, unilateralmente, interromper o curso da prescrição e reiniciá-la – o que pode, na prática, dobrar o prazo prescricional –, com muito mais razão deve-se admitir que os contratantes, de comum acordo, alcancem o mesmo resultado" (Autonomia privada e prazos prescricionais. In: Maria Celina Bodin de Moraes, Gisela Sampaio da Cruz Guedes e Eduardo Nunes de Souza, *A juízo do tempo*: estudos atuais sobre prescrição, Rio de Janeiro: Editora Processo, 2019, pp. 301-302).

tação negativa que pressupõe que o devedor não possa diminuir seu patrimônio), no caso de a obrigação não ser voluntariamente cumprida.[27]

4. REQUISITOS DE VALIDADE DAS CLÁUSULAS LIMITATIVAS DO DEVER DE INDENIZAR

Controle de validade

Apesar de as cláusulas limitativas do dever de indenizar não se encontrarem disciplinadas no Código Civil, coube à doutrina e, principalmente, à jurisprudência, conferir-lhes certas balizas que, quando ultrapassadas, acarretam a invalidade dessas estipulações. A disciplina destas cláusulas tem sido constantemente adaptada pela jurisprudência às necessidades da realidade social. A doutrina, por sua vez, também aceita a utilização de cláusulas dessa natureza, com algumas reservas que serão expostas a seguir.

Invalidade em caso de dolo ou culpa grave

Afirma-se, de modo geral, que são nulas as cláusulas que exonerem ou limitem o dever de indenizar em caso de dolo ou culpa grave.[28] No entanto, até mesmo essa afirmação corrente precisa ser revisitada, especialmente no que se refere aos argumentos utilizados para fundamentar a invalidade nessas hipóteses. Em teoria, o ato praticado com dolo é aquele em que a vontade do agente abrange também a realização do efeito nocivo do ato, diferentemente dos atos praticados com culpa, em que o resultado, apesar de causado pelo agente, não foi por este desejado. A culpa grave, por sua vez, "revela negligência extrema, grosseira ausência de vigilância, em que até o homem menos cuidadoso não incide nos seus próprios negócios".[29] Na prática, contudo, é muito difícil, diante do inadimplemento contratual, separar a culpa do dolo, de modo que, o dolo, para tornar ilegítima a cláusula limitativa, teria que ser aquele relacionado à consciência do dano (e da extrapolação do teto fixado) no momento da celebração da cláusula.

Dolosa é a cláusula redigida quando já se tem ciência de que haverá extrapolação do limite da responsabilidade. Tome-se o exemplo de uma operação de compra e venda de participações societárias em que o vendedor entrega, ao comprador, livros contábeis e relação de passivos que reflitam uma situação inverídica acerca da sociedade-alvo, que acabariam levando o comprador a precificar a sociedade com premissas que o vendedor sabe serem falsas. Nesse caso, a cláusula de indenização como remédio exclusivo não poderia ser utilizada para limitar a indenização.[30]

---

[27] Fábio Henrique Peres, *Cláusulas contratuais excludentes e limitativas do dever de indenizar*, cit., pp. 103-106.

[28] Do contrário, admitir a validade dessas cláusulas, de acordo com a doutrina, seria o mesmo que autorizar o ilícito. Como atesta Pontes de Miranda, veda-se "qualquer cláusula exonerativa de dolo ou culpa grave" (Das obrigações por atos ilícitos. In: Paulo Lacerda (Coord.), *Manual do Código Civil brasileiro*, vol. XVI, 3ª parte, t. I, Rio de Janeiro: Jacintho Ribeiro dos Santos, 1927, p. 502). No mesmo sentido: Antonio Junqueira de Azevedo, (Parecer) Nulidade de cláusula limitativa de responsabilidade em caso de culpa grave. Caso de equiparação entre dolo e culpa grave. Configuração da culpa grave em caso de responsabilidade profissional. In: *Novos estudos e pareceres de Direito Privado*, São Paulo: Saraiva, 2009, pp. 431-435.

[29] Sergio Cavalieri Filho, *Programa de responsabilidade civil*, São Paulo: Malheiros, 2004, 5ª ed., p. 508.

[30] Como Teresa Negreiros explica, a cláusula limitativa "deixará de poder ser invocada se comprovado o dolo do vendedor, isto é, na hipótese de o vendedor ter prestado declaração que sabia falsa, com

Há dois argumentos que, em regra, são utilizados para fundamentar a impossibilidade de ajustes limitativos em caso de dolo: (i) a convenção ficaria desnaturada porque o ajuste se equipararia a verdadeira condição puramente potestativa (vedada pelo art. 122 do Código Civil), na medida em que tal cláusula poderia ter o efeito prático de tornar o cumprimento da obrigação dependente apenas da vontade do devedor,[31] e (ii) a suposta necessidade de se punir a conduta do inadimplente.

Em relação ao primeiro, deve-se ponderar que esse argumento foi moldado para cláusulas que limitam o objeto contratual, e não para convenções excludentes de indenização, já que estas não afastam todos os efeitos do inadimplemento (não afastam, por exemplo, o direito do credor à execução específica do contrato). Assim, não deixaria o negócio jurídico de produzir efeitos, ainda que tivesse uma cláusula limitativa imune ao dolo. O segundo argumento, por sua vez, está relacionado a uma pretensa função punitiva que, no sistema brasileiro, a responsabilidade civil não tem. A indenização deve ser medida pela extensão do dano, como disposto pelo art. 944, *caput*, do Código Civil.[32]

No que concerne à culpa grave, são muitos os argumentos utilizados para fundamentar a invalidade das cláusulas limitativas nessa hipótese. Além dos já expostos (condição potestativa e função punitiva), invoca-se normalmente a irrelevância dos graus de culpa no direito brasileiro; a equiparação essencial entre dolo e culpa grave; a importação de previsões legislativas do direito estrangeiro que não admitem as cláusulas de não indenizar em casos de culpa grave etc.[33] No entanto, aqui também cabe reflexão sobre a incidência do princípio da boa-fé objetiva: "se os contraentes, na

---

o propósito justamente de enganar o comprador. Neste caso, uma vez caracterizado o dolo, então entrar-se-á no domínio dos defeitos do negócio jurídico e da responsabilidade extracontratual, impondo-se ao vendedor o dever de indenizar cabalmente o comprador pelos danos causados por este ter confiado na veracidade da declaração (Teresa Negreiros, Dos vícios redibitórios e da sua articulação com as cláusulas de declarações & garantias em contratos de compra e venda de empresas. In: Giovana Benetti et al (org.), *Direito, cultura, método*: leituras da obra de Judith Martins-Costa. Rio de Janeiro: LMJ Mundo Jurídico, 2019, p. 75).

31 António Pinto Monteiro, *Cláusulas limitativas e de exclusão de responsabilidade civil*, cit., p. 217.

32 "A indenização mede-se pela extensão do dano" (art. 944, CC/2002). Nesse sentido, cf. Diana Loureiro Paiva de Castro, *Potencialidades funcionais das cláusulas de não indenizar*: releitura dos requisitos tradicionais de validade. Dissertação apresentada ao Programa de Pós-Graduação da Faculdade de Direito da Universidade do Estado do Rio de Janeiro como requisito parcial para a obtenção do grau de Mestre em Direito Civil, sob a orientação do Professor Gustavo Tepedino. Rio de Janeiro, 2018, pp. 157-158; 228-229.

33 Em síntese, argumenta-se que: "(i) o direito brasileiro não admite a função punitiva da responsabilidade civil; (ii) as cláusulas de não indenizar não se confundem com as condições puramente potestativas; (iii) os graus de culpa se afiguram irrelevantes no direito brasileiro (art. 944, CC); (iv) há distinção essencial entre dolo e culpa no ordenamento pátrio (arts. 392,400, 762, CC); (v) mesmo no direito romano, do qual se extrai o brocardo *culpa lata dolo aequiparatur*, as cláusulas de não indenizar se afiguravam válidas diante de culpa grave; (vi) a diferenciação em termos de violação à ordem pública está entre a boa-fé inerente à culpa grave e a má-fé inerente ao dolo; (vii) a importação de previsões legais do direito estrangeiro que invalidam as cláusulas de não indenizar referentes à culpa grave se revela acrítica, porquanto a transposição de regras legais a realidades díspares viola a necessária observância da historicidade e da relatividade do fenômeno jurídico (...); (viii) a invalidade do ajuste referente à culpa grave geraria injustificada restrição à aplicabilidade prática das convenções de não indenizar e à autonomia das partes na gestão de riscos negociais, afigurando-se a natureza grave da culpa de difícil apreensão na responsabilidade contratual" (Diana

gestão de riscos negociais, voluntariamente optam por pactuar convenção relativa à culpa grave, a boa-fé objetiva deve se orientar no sentido da preservação da matriz de risco delineada pelas partes", devendo ser proibidas, por isso mesmo, somente aquelas condutas que se traduzam em patente ilicitude ou abusividade.[34]

Invalidade em caso de desrespeito a norma cogente ou de ordem pública

Inválidas são também as cláusulas que desrespeitem norma cogente ou de ordem pública.[35] O requisito da ordem pública pode ser concretizado em três principais hipóteses de aferição de validade dos pactos: (i) quando existir concreta vulnerabilidade do credor; (ii) quando atingir lesão a aspecto existencial;[36] e (iii) se em violação a regras que disciplinam a limitação do dever de indenizar.[37] Para se apurar se os ajustes excludentes e limitativos ferem a ordem pública deve-se investigar, sobretudo, se havia vulnerabilidade apta a nulificar a cláusula, se o pacto vai de encontro ao princípio da dignidade da pessoa humana ao se referir à reparação de danos morais a esta causada e se há dispositivo legal que rege a restrição ao dever de indenizar em específicos contratos e atividades. Imperativos de justiça social justificam, por exemplo, vedação a qualquer acordo para excluir ou limitar o dever de indenizar nas relações de trabalho e, em geral, também nas relações de consumo.

Além desses requisitos, as cláusulas limitativas do dever de indenizar não podem ser ajustadas para afastar, restringir ou transferir obrigações essenciais do contrato, como a obrigação de incolumidade no caso do contrato de transporte de pessoas. Justifica-se assim o art. 734 do Código Civil, segundo o qual, no âmbito dos contratos de transporte de pessoas, é "nula qualquer cláusula excludente da responsabilidade". Nota-se que, em relação ao transporte de coisas, o Código Civil não estabelece qualquer regra a respeito das cláusulas de não indenizar, então, em princípio, deveriam

---

Loureiro Paiva de Castro, *Potencialidades funcionais das cláusulas de não indenizar*: releitura dos requisitos tradicionais de validade, cit., p. 229).

34 Diana Loureiro Paiva de Castro, *Potencialidades funcionais das cláusulas de não indenizar*: releitura dos requisitos tradicionais de validade, cit., p. 176.

35 No ordenamento jurídico brasileiro, o requisito da ordem pública constitui pressuposto de validade de toda cláusula contratual: "Nenhuma convenção prevalecerá se contrariar preceitos de ordem pública, tais como os estabelecidos por este Código para assegurar a função social da propriedade e dos contratos" (art. 2.035 CC/2002).

36 Como exemplo de lesão a aspecto existencial, há os casos de incidentes com dados pessoais. Ainda que a consequência (dano) seja material, a lesão em jogo será existencial (à pessoa humana). Nesses termos, violaria a ordem pública na legalidade constitucional a exoneração ou a limitação da reparação em face de tais incidentes. Como ressalta a doutrina: "Não se admite, portanto, cláusula limitativa ou excludente quando está em jogo a proteção de dados pessoais, assim como não é permitida a cláusula na hipótese de lesão à integridade psicofísica de passageiro no contrato de transporte ou de paciente por intervenção médica. Se, nos termos da Constituição, as situações existenciais passam a gozar de prioridade axiológica, não será possível, sob pena de subversão hermenêutica, a prefixação de valor máximo ou a exclusão de reparação pecuniária por lesão à pessoa humana. Seja o dano material, seja moral, a solução é a mesma" (Carlos Edison do Rêgo Monteiro Filho e Diana Loureiro Paiva de Castro, Proteção de dados pessoais e cláusulas de não indenizar. *Migalhas*, 28.5.2021. Disponível em: https://www.migalhas.com.br/coluna/migalhas-de-protecao-de-dados/346273/protecao-de-dados-pessoais-e-clausulas-de-nao-indenizar. Acesso em: 6.10.2023).

37 Diana Loureiro Paiva de Castro, *Potencialidades funcionais das cláusulas de não indenizar*: releitura dos requisitos tradicionais de validade, cit., p. 66.

ser admitidos ajustes limitativos do dever de indenizar, mas essa questão também não é pacífica.[38]

Invalidade em caso de restringirem obrigações essenciais do contrato

Tome-se também, como exemplo, a cláusula mediante a qual o vendedor pretendesse excluir a garantia legal do comprador de obter a reparação do defeito ou a substituição da coisa que se traduziria no afastamento de uma obrigação essencial do contrato e, por consequência, descaracterizaria o próprio tipo contratual. É, como ressaltado em doutrina "extremamente contraditório, um verdadeiro contrassenso, assumir uma obrigação e furtar-se a ela".[39]

É por isso também que a cláusula limitativa do dever de indenizar, no geral, não autoriza o devedor a abandonar o projeto, mesmo que, financeiramente, lhe seja mais benéfico do que cumprir o contrato até o final. Do contrário, a cláusula limitativa equivaleria à autorização, dada ao devedor, para desistir do contrato com o pagamento do valor ali estipulado. Não é esta, em rigor, a função das cláusulas limitativas, que não representam cláusula de arrependimento, tanto é que sua previsão, no contrato, não afasta a possibilidade de o credor optar por sua execução específica. A cláusula limitativa do dever de indenizar existe, de ordinário, para que as partes se resguardem de indenizações inesperadas, e não para que se furtem de cumprir obrigações essenciais àquele tipo contratual, sendo geralmente incluídas em contratos cuja prestação recaia sobre objeto que possa, por exemplo, ser danificado, como é o caso dos serviços prestados nas plataformas de petróleo, ou para limitar a indenização dos lucros cessantes cujo valor pode ultrapassar em muito o próprio preço do contrato.

Invalidade em caso de danos à dignidade da pessoa humana

Essas espécies de cláusula também não podem limitar a indenização dos danos que interessem diretamente à vida e à integridade física das pessoas naturais, porque, neste caso, afrontariam o princípio da dignidade da pessoa humana, previsto no art. 1º, inciso III, da Constituição Federal. Sendo assim, se estiver em causa a incolumidade pessoal, não será admitida qualquer cláusula limitativa do dever de indenizar, por evidentes razões de ordem pública, como acima já adiantado.

Invalidade em caso de configurarem verdadeira lesão para o credor

Questiona-se, ainda, a validade destas disposições quando estabelecem valores irrisórios como teto da indenização. Afirma-se que a cláusula limitativa da responsabilidade deverá prever limitação compatível com o dano a ser reparado. Entende parte da doutrina especializada que a cláusula limitativa não poderá resultar em "lesão para o credor".[40] Nesta razão de compatibilidade, também há que se ter em

---

38 "Assim sendo, no âmbito de transporte terrestre de mercadorias, tratando-se de relação paritária, não há, no ordenamento jurídico brasileiro, disposição legal que proíba a celebração de cláusula de não indenizar, sendo certo, contudo, que a jurisprudência majoritária dos tribunais estaduais, bem como dos superiores, nega, reiteradamente, a validade de tal pactuação" (Gustavo Tepedino, In: Sálvio de Figueiredo Teixeira (Coord.), *Comentários ao novo Código Civil*, vol. 10, Rio de Janeiro: Forense, 2008, pp. 593-595). Em sentido contrário: Vinicius Pereira, *Cláusula de não indenizar*: entre riscos e equilíbrio, Rio de Janeiro: Lumen Juris, 2015, p. 48.

39 Sergio Cavalieri Filho, *Programa de responsabilidade civil*, cit., pp. 509-510.

40 Nesse sentido, entre outros, cf. José de Aguiar Dias, *Cláusula de não indenizar*, cit., p. 129; Nilson Lautenschleger Jr., *Limitação de responsabilidade na prática contratual brasileira* - permite-se no Brasil a racionalização dos riscos do negócio empresarial?, cit., p. 14.

mente o valor pago, por exemplo, pelo contratante à prestadora de serviços e a razoabilidade em não se exigir menos do que este valor a título de indenização.

A doutrina já se pronunciou no sentido de estabelecer como *mínimo indenizatório* o valor cobrado pela execução do serviço ou da contraprestação.[41] No âmbito dos contratos de transporte de coisas, a 4ª Turma do Superior Tribunal de Justiça já reputou "sem valia" a cláusula limitativa da responsabilidade do transportador a montante correspondente a um pouco menos de um terço do valor das mercadorias transportadas.[42] Em outra ocasião – ainda no campo do contrato de transporte –, o Superior Tribunal de Justiça considerou irrisória a cláusula limitativa de responsabilidade que representava pouco mais de um décimo do valor das mercadorias. Nesse último caso, a 4ª Turma do Superior Tribunal de Justiça entendeu que tal limite desfigurava a cláusula de limitação da responsabilidade, transformando-a, na prática, em uma cláusula de exclusão de responsabilidade.[43]

Controle menos rígido nas relações paritárias

Embora se afirme que a cláusula limitativa do dever de indenizar não pode, simplesmente, reduzir a indenização a valor irrisório, o fato é que não há na legislação brasileira qualquer indicativo do que seria este valor irrisório. Na ausência de parâmetros legais, embora o valor da obrigação principal possa servir como norte para o julgador, isso não significa que qualquer cláusula de valor inferior seja considerada inválida, especialmente em relação paritária, em que as partes podem perfeitamente convencionar valores reduzidos. Afinal, como observou o Superior Tribunal de Justiça, "uma coisa é cláusula dessa natureza [cláusula de não indenizar], já vedada no direito brasileiro, e outra são cláusulas limitativas de responsabilidade em contratos firmados entre partes igualitárias, entre profissionais, que naturalmente têm a oportunidade de discuti-la ou, de alguma forma, têm a liberdade de contratar e a liberdade contratual amplamente assegurada".[44]

Além disso, é imprescindível que à cláusula limitativa correspondam vantagens ao credor (parte contratante que sofre os efeitos da limitação), que poderão consistir na eventual reciprocidade na limitação do dever de indenizar ou, ainda, na concessão de condições negociais mais benéficas, na redução do preço do bem ou do serviço objeto do contrato etc. Não se exige que haja equivalência total entre a limitação da responsabilidade e as vantagens daí derivadas, devendo apenas existir "uma real contrapartida à sua estipulação, de forma a assegurar a manutenção do equilíbrio econômico da relação entre as partes contratantes".[45]

---

41 Antonio Lindbergh C. Monteiro, *Ressarcimento de danos*, 7ª ed., Rio de Janeiro: Lumen Juris, 2001, pp. 236-237.

42 STJ, 4ª T., REsp 2.419/SP, Rel. Min. Fontes de Alencar, julg. 24.4.1990, publ. *DJ* 28.5.1990.

43 STJ, 4ª T., REsp 644/SP, Rel. Min. Barros Monteiro, julg. 17.10.1989, publ. 6.11.1989.

44 STJ, 2ª S., REsp 39.082/SP, Rel. p/ acórdão Min. Fontes de Alencar, julg. 9.11.1994, publ. *DJ* 20.03.1995 – trecho do voto-vista do Min. Cláudio Santos.

45 Fábio Henrique Peres, *Cláusulas contratuais excludentes e limitativas do dever de indenizar*, São Paulo: Quartier Latin, 2009, p. 139.

Em resumo, cláusulas válidas de limitação (i) devem ser mutuamente aceitas pelas partes; (ii) não devem representar violação a normas da ordem pública brasileira (por exemplo, a normas do Código de Defesa do Consumidor); (iii) devem levar em consideração o interesse econômico do credor (*e.g.*, redução de preços); (iv) não devem excluir os danos pessoais (inclusive danos morais); (v) não devem ser inseridas no contrato quando já se tem ciência de que haverá extrapolação do limite da responsabilidade. Em última análise, as cláusulas limitativas e de exclusão exigem, nas palavras de António Pinto Monteiro, "que se encontre um ponto de *equilíbrio* entre a liberdade individual e as necessidades sociais de protecção do lesado, entre a autonomia privada e a ordem pública, pendente o prato da balança (isto é, um regime de favor ou, ao invés, de desconfiança) para um ou outro lado, consoante o momento histórico que se considere".[46] Por isso mesmo, quanto maior for a igualdade e simetria informativa entre as partes, menor há de ser o controle a ser exercido pelo Judiciário. Resumo dos requisitos

5. LIMITAÇÃO DO DEVER DE INDENIZAR PERANTE TERCEIROS

Na prática negocial, muitas vezes são inseridas, no contrato, cláusulas que têm por escopo limitar a responsabilidade de uma das partes perante terceiros. Esse tipo de disposição contratual, ao restringir o dever de indenizar dos contratantes, gera apenas efeitos para as partes, não alcançando a esfera jurídica de terceiros. Nessa trilha, evoca-se o conhecido princípio da relatividade dos efeitos dos contratos. Via de regra, não pode um acordo bilateral de vontades produzir efeitos para além daquele círculo de vontades, especialmente limitando o direito legítimo de terceiros à indenização, cujo fundamento não é o contrato, mas, sim, a própria lei que lhes assegura a indenização em se tratando de responsabilidade extracontratual ou aquiliana.

Dito de outra forma, o referido dispositivo contratual não poderá ser oposto a terceiros que objetivem o ressarcimento dos danos que lhe forem causados. Perante terceiros, a responsabilidade das partes não sofrerá qualquer limitação, não obstante eventuais disposições contratuais nesse sentido.

6. CLÁUSULAS LIMITATIVAS DO DEVER DE INDENIZAR INSERIDAS EM CONTRATOS DE ADESÃO OU EM RELAÇÕES DE CONSUMO

Por contrato de adesão entende-se o pacto negocial cujo conteúdo – geral e uniforme – foi previamente elaborado por uma das partes, destinando-se a uma pluralidade de indivíduos, a quem cabe apenas aceitar – aderir – ou recusar a celebração do contrato, nas condições unilateralmente pré-estabelecidas. Neste processo, suprime-se a discussão quanto às cláusulas contratuais, que passam a não ser mais livremente negociadas.

---

46 António Pinto Monteiro, *Cláusulas limitativas e de exclusão de responsabilidade civil*, cit., p. 69.

Cláusula limitativa do dever de indenizar em contrato de adesão

Nos contratos de adesão, as cláusulas limitativas do dever de indenizar sofrem maior controle por parte do Judiciário. No Superior Tribunal de Justiça, por exemplo, já se considerou não escrita a cláusula limitativa que não fora "bilateralmente ajustada".[47] Além disso, estabelecida a premissa acerca da dubiedade da cláusula limitativa inserta em contrato de adesão, os tribunais costumam interpretá-la a favor do aderente,[48] conforme o disposto no art. 423 do Código Civil.

Cláusula limitativa do dever de indenizar em relação de consumo: cláusula abusiva

Em relação à incidência dessas cláusulas nas relações de consumo, deve-se atentar para o fato de que o escopo do Código de Defesa do Consumidor, no que tange à atividade negocial, é o estabelecimento do equilíbrio nas relações de consumo, de modo a diminuir os possíveis abusos decorrentes da posição econômica vantajosa de fornecedores de bens ou prestadores de serviços. Dentre os principais mecanismos para se alcançar este desiderato, há alguns que poderiam repercutir de forma relevante nos contratos, como é o caso das restrições à limitação do dever de indenizar. Exatamente por isso, nos termos do art. 51, inciso I, do Código de Defesa do Consumidor: "São nulas de pleno direito, entre outras, as cláusulas contratuais relativas ao fornecimento de produtos e serviços que: I - impossibilitem, exonerem ou atenuem a responsabilidade do fornecedor por vícios de qualquer natureza dos produtos e serviços ou impliquem renúncia ou disposição de direitos". Também nessa linha, o art. 25, do mesmo regulamento, estabelece o seguinte: "É vedada a estipulação contratual de cláusula que impossibilite, exonere ou atenue a obrigação de indenizar prevista nesta e nas seções anteriores".

Exceção do CDC: consumidor pessoa jurídica

Há, ainda, importante regra prevista na parte final do inciso I, do art. 51 do Código de Defesa do Consumidor, que determina que: "nas relações de consumo entre o fornecedor e o consumidor-pessoa jurídica, a indenização poderá ser limitada, em situações justificáveis". A partir deste dispositivo, entende-se que a cláusula de limitação será válida quando o consumidor for pessoa jurídica, desde que fiquem evidenciadas as razões de sua existência.[49] A expressão "situações justificáveis", no dizer da doutrina, possibilitaria a limitação da responsabilidade especialmente para os setores de risco, nos quais a potencialidade e a proporção dos danos é elevada.[50] A esse propósito, cumpre observar que a avaliação da legitimidade das cláusulas limitativas nos contratos de consumo – ou seja, a apreciação do que é ou deixa de ser uma

47 STJ, 4ª T., AGA 523760/RJ, Rel. Min. Jorge Scartezzini, julg. 14.09.2004, publ. *DJ* 08.11.2004.

48 STJ, 4ª T., RESP 435241/SP, Rel. Min. Cesar Asfor Rocha, julg. 01.04.2003, publ. *DJ* 30.06.2003; STJ, 4ª T., AgInt no AREsp n. 372.772/RJ, Rel. Min. Marco Buzzi, julg. 9.5.2022, publ. 13.5.2022.

49 "A segunda parte do próprio art. 51 permite a limitação da responsabilidade 'em situações justificáveis', quando se tratar de relação entre fornecedor e consumidor pessoa jurídica. A exceção tem perfeita justificativa: assim como nas relações de transporte, as relações de consumo se mostram, na maioria das vezes, desequilibradas, vindo a legislação a proteger o consumidor hipossuficiente, como forma de dotar a relação jurídica da necessária paridade de armas. Tal desequilíbrio, em relações envolvendo pessoas jurídicas, é menos acentuado, e quiçá inexistente, daí a permissão legal" (Arnoldo Wald, A cláusula de limitação de responsabilidade no direito brasileiro. *Revista de Direito Civil Contemporâneo,* vol. 4, Revistas dos Tribunais Online, 2015, p. 3).

50 Nilson Lautenschleger Jr., Limitação de responsabilidade na prática contratual brasileira – Permite-se no Brasil a racionalização dos riscos do negócio empresarial?, cit., p. 17.

"situação justificável" – deve ser levada a efeito pelo juiz, diante dos conflitos concretos instalados.[51]

Nas relações paritárias, embora o Código Civil não contenha previsão específica dirigida às cláusulas limitativas de responsabilidade, o art. 424 do Código Civil dispõe que "nos contratos de adesão, são nulas as cláusulas que estipulem a renúncia antecipada do aderente a direito resultante da natureza do negócio". Por "natureza do negócio", à míngua de construção doutrinária ou jurisprudencial consolidada sobre o tema, entende-se a resultante dos elementos naturais do contrato, com a incidência de normas dispositivas do Código Civil para cada tipo negocial, e de práticas negociais em certo setor da economia. Incide, portanto, a invalidade prevista no art. 424 quando os contratantes, ao celebrarem o negócio por meio de contrato de adesão, afastam a aplicação de normas costumeiras em certo domínio econômico, as quais têm função integrativa,[52] ou normas previstas no Código Civil (elementos naturais do contrato). Neste caso, renuncia uma das partes a recorrer a determinados dispositivos que, de outro modo, seriam aplicáveis (*v.g.*, a renúncia pelo fiador ao benefício de ordem, *ex vi* do art. 827, Código Civil).[53] Por isso mesmo, essa renúncia a prerrogativas asseguradas pela lei ou pelos costumes, em se tratando de contratos de adesão, encontra-se vedada pelo aludido art. 424 do Código Civil.[54]

---

[51] É o que anota um dos coautores do Código de Defesa do Consumidor: "Fica ao juiz a tarefa de dizer quando é que a situação é justificável, para que se dê eficácia à cláusula limitadora. O caso concreto é que vai ensejar ao magistrado a integração desse conceito jurídico indeterminado. Quando, por exemplo, determinada indústria vende um computador de médio para grande porte a consumidor-pessoa jurídica, pode ser que seja razoável estabelecer-se limitação da responsabilidade civil do fornecedor, desde que seja observado o critério de proporcionalidade entre custo-benefício" (Nelson Nery Júnior. In: Ada Pellegrini Grinover *et al.*, *Código Brasileiro de Defesa do Consumidor comentado pelos autores do anteprojeto*, Rio de Janeiro: Forense Universitária, 1995, 4ª ed., pp. 347-348). A doutrina mais recente também explica o seguinte: "O controle deverá ser, assim, de verificação concreta do equilíbrio contratual, sem que se incorra em vedação apriorística. Em outras palavras, a solução deve se voltar (não para a averiguação de requisitos abstratos, restritivos à autonomia negocial ou ineficientes, mas) para a apreciação concreta da equânime repartição de riscos no bojo da relação complexa, atentando-se para o grau de vulnerabilidade daquela pessoa jurídica" (Diana Loureiro Paiva de Castro e Milena Donato Oliva, As cláusulas de não indenizar nas relações de consumo e nos contratos de adesão em relações civis. In: *Revista de Direito do Consumidor*, v. 129. São Paulo: Revista dos Tribunais, mai./jun. 2020, pp. 223-245).

[52] Sobre a função prescritiva dos usos comerciais, como norma integrativa, já se afirmou em outra sede: "os usos negociais revelam, no curso da relação contratual, modelos prescritivos de integração e de interpretação da vontade dos contratantes, de tal sorte que se torna possível aquilatar o sentido das normas contratuais consensualmente aceitas a partir da sua prática pregressa, que integra o conteúdo da avença ao lado das cláusulas escritas" (Gustavo Tepedino, *Parecer*. Rio de Janeiro, jul. 2017, p. 20 – original não publicado).

[53] Nesse sentido, o Enunciado n. 364 da IV Jornada de Direito Civil do Conselho de Justiça Federal: "No contrato de fiança é nula a cláusula de renúncia antecipada ao benefício de ordem quando inserida em contrato de adesão". Além dessa impossibilidade, "apesar de ser aceita a renúncia prévia ao direito de indenização e retenção por benfeitorias necessárias em contrato de locação predial urbano, esta revela-se nula se for realizada nos moldes do contrato de adesão" (Marcella Campinho Vaz, *Renúncia de direitos*: limites e parâmetros de aplicação no Direito Civil, cit., p. 97).

[54] Comparando o art. 424 do Código Civil com a proibição do CDC, "o dispositivo em análise [art. 424 do CC], sendo oriundo de projeto legislativo cronologicamente anterior ao CDC, revela-se bem mais tímido que este, limitando-se a coibir uma espécie de cláusula claramente abusiva, que

A previsão contida no art. 424 do Código Civil revela-se, assim, menos abrangente do que a proibição expressa do Código de Defesa do Consumidor, embora com relevante espectro de incidência. Assim, embora o art. 424 não proíba, expressamente, a convenção de cláusulas limitativas, tais disposições não poderão comprometer direitos decorrentes da natureza do negócio.[55]

Discute-se a admissão da cláusula de não indenizar em contratos de adesão, questão subordinada à caracterização (ou não) do dever de indenizar como direito decorrente da natureza do negócio. Na doutrina, há quem entenda que "a definição da responsabilidade é essencial à preservação da natureza do contrato, pois de pouco adianta conferir a titularidade do direito se à parte não é dada a possibilidade de responsabilizar a outra pela inobservância da conduta devida".[56] Para essa corrente, "rever as regras de responsabilidade tende a alterar o equilíbrio inerente a cada negócio, o que, por força do art. 424 do Código Civil, não é de ser admitido nos contratos por adesão, como regra".[57]

Por outro lado, há quem pondere que "a consequência indenizatória não é "da 'natureza' dos contratos formados por adesão: ela é eficácia do inadimplemento de

---

se afigurava cada vez mais comum na praxe negocial. Como se sabe, o diploma consumerista introduziu uma série de dispositivos que, lidos em conjunto, transmitem sua contrariedade no que diz com as cláusulas abusivas. Deste conjunto, destaque-se o rol - exemplificativo - do art. 51, no qual assume especial relevo o recurso à boa-fé, nos termos do inciso IV, como critério para averiguação de abusividade. Aproxima-se do dispositivo ora comentado a dicção do inciso I do supracitado art. 51, do CDC, que estabelece a nulidade das cláusulas que "impossibilitem, exonerem ou atenuem a responsabilidade do fornecedor por vícios de qualquer natureza dos produtos ou serviços ou impliquem renúncia ou disposição de direitos". A eloquência do art. 51 faz com que em seus incisos surjam outras situações de certas maneiras já alcançadas pelo inciso I, como no caso do inciso XXVI, que veda a cláusula que possibilite a renúncia do direito de indenização por benfeitoria necessária. Como explica Nelson Nery Júnior, "na verdade, a proibição já está contida na norma geral do inciso I, que veda a cláusula que implique renúncia ou disposição de direitos. O Código [CDC], entretanto, não quis deixar margem a dúvidas e proibiu expressamente a cláusula que estipule renúncia à indenização por benfeitorias necessárias" (Código, p. 430). A utilidade do exemplo para a exegese do CC reside na amplificação do espectro de incidência do art. 424, a despeito da timidez do codificador" (Gustavo Tepedino, Heloisa Helena Barboza e Maria Celina Bodin de Moraes, *Código Civil interpretado*, vol. II, Rio de Janeiro: Renovar, 2006, pp. 30-31).

55 Nesse sentido: "o art. 424 não veda a convenção de cláusulas de limitação ou de exoneração de responsabilidade; porém, sua validade não poderá comprometer direitos decorrentes da natureza do negócio" (Wanderley Fernandes, *Cláusulas de exoneração e de limitação de responsabilidade*, São Paulo: Saraiva, 2013, p. 208).

56 Cristiano de Sousa Zanetti, *Direito contratual contemporâneo*: a liberdade contratual e a sua fragmentação, vol. 5, Rio de Janeiro: Forense, 2008, p. 252. Em sentido semelhante, Alberto do Amaral Junior disciplina que: "Tais cláusulas [de não indenizar] privam a obrigação de qualquer sanção jurídica, fator que a transforma em obrigação moral, destituída de garantia. Desaparece a faculdade de o credor exigir que o devedor cumpra a obrigação. Atentam contra o princípio da força obrigatória dos contratos porque não há risco a suportar quando o fornecedor exclui a obrigação que sobreviria como resultado de um fato a ele imputável" (Alberto do Amaral Junior, O Código de Defesa do Consumidor e as cláusulas de limitação da responsabilidade nos contratos de transporte aéreo nacional e internacional. In: *Revista dos Tribunais*, vol. 759, São Paulo: Revista dos Tribunais, jan./1999, p. 68).

57 Cristiano de Sousa Zanetti, *Direito contratual contemporâneo*, a liberdade contratual e a sua fragmentação, cit., p. 252.

quaisquer contratos, formados por adesão ou não".[58] Para essa corrente, portanto, a cláusula de não indenizar não seria, *a priori*, atingida pelo art. 424 do Código Civil.[59]

Dessa forma, ao analisar a validade ou licitude das cláusulas limitativas em contratos de adesão, a doutrina acaba atribuindo o seu efetivo exame à análise do caso concreto.[60] No entanto, dificilmente se encontram na jurisprudência casos em que essa análise foi devidamente efetuada,[61] o que dificulta a correta compreensão da matéria.

Para a adequada interpretação da questão, parece ser necessário ponderar que em contratos de adesão paritários, a menos que tenha havido, entre as partes, discussão específica sobre a inserção de cláusula limitativa da responsabilidade, dificilmente se poderá admitir a sua validade. Isso porque, apenas nas situações em que as partes constroem, conjuntamente, o conteúdo negocial, pode-se falar em relação jurídica equilibrada, que seguiu processo equitativo, capaz de legitimá-la. Em termos práticos, a interrupção do dever de indenizar, no caso de descumprimento, depende de expressa previsão contratual, o que não ocorre sem a atuação da autonomia privada, alterando o curso normal da relação obrigacional. Em consequência, se há simples adesão, não houve discussão específica entre as partes acerca de tal intervenção limitativa dos efeitos decorrentes do inadimplemento, restando o aderente protegido, nesses casos, pela previsão do art. 424 do Código Civil.

---

58 Judith Martins-Costa, In: Sálvio de Figueiredo Teixeira (coord.), *Comentários ao novo Código Civil*, vol. 5, t. 2. Rio de Janeiro: Forense, 2009, p. 319. Também nesse sentido, explica-se que: "Os direitos que integram a natureza do negócio devem ser identificados na fisiologia da relação contratual, não em seu momento patológico, consistindo nos direitos que integram a causa e sem os quais o programa negocial é frustrado. A responsabilidade por perdas e danos, contudo, não constitui característica peculiar da natureza de determinado contrato, mas um dos efeitos do inadimplemento de qualquer negócio. Com efeito, a compra e venda não deixa de ser compra e venda se a parte só puder pleitear execução específica ou se também puder perseguir perdas e danos. De mais a mais, os pactos de não indenizar não privam o aderente de se valer de outros direitos diante do inadimplemento, havendo o recebimento de perdas e danos pelo valor máximo fixado no ajuste limitativo, bem como permanecendo hígidos os direitos à exata prestação devida, ao equivalente ao devido e à restituição do já cumprido, nas cláusulas excludentes e limitativas" (Diana Loureiro Paiva de Castro, *Potencialidades funcionais das cláusulas de não indenizar*: releitura dos requisitos tradicionais de validade, cit., p. 76).

59 Assim entendendo, Vinicius Pereira explica que: "Partindo dos ensinamentos de Pietro Perlingieri, não enxergamos que a cláusula de não indenizar, em regra, tenha como efeito essencial ou função alterar a natureza do negócio jurídico em concreto. Como a qualificação ocorre a partir dos efeitos e o efeito daquele ajuste é alterar a repartição dos riscos elaborada pelo legislador, reforça-se o entendimento de que o dever de indenizar não integra a natureza do negócio, porquanto não tem como efeito alterar o tipo contratual. Por isso, a cláusula de não indenizar não é atingida pelo art. 424 do Código Civil" (Vinicius Pereira, *Cláusula de não indenizar*, Rio de Janeiro: Lumen Juris, 2015, pp. 113-114).

60 Judith Martins-Costa. In: Sálvio de Figueiredo Teixeira (coord.), *Comentários ao novo Código Civil*, cit., p. 321.

61 Em pesquisa realizada, apenas em uma situação específica já se analisou a validade de uma cláusula limitativa da responsabilidade inserida em contrato de adesão. Trata-se de caso envolvendo contrato de transporte marítimo. O STJ (4ª T., REsp 1076465/SP, Rel. Min. Marco Buzzi, julg. 8.10.2013, publ. *DJe* 25.11.2013), por meio da análise da situação concreta, considerou a previsão de cláusula limitativa do dever de indenizar em contrato de adesão como válida, pois, de acordo com o relator, Ministro Marco Buzzi: "Considera-se válida a cláusula do contrato de transporte marítimo que estipula limite máximo indenizatório em caso de avaria na carga transportada, quando manifesta a igualdade dos sujeitos integrantes da relação jurídica, cuja liberdade contratual revelar-se amplamente assegurada".

PROBLEMAS PRÁTICOS

1. Quais são os requisitos de validade das cláusulas limitativas do dever de indenizar?
2. Quais são as diferenças entre a cláusula limitativa do dever de indenizar e a cláusula penal compensatória?
3. É válida a estipulação de cláusula limitativa do dever de indenizar em contratos de adesão?

Acesse o *QR Code* e veja a Casoteca.

> *https://uqr.to/1ofhv*

Acesse o *QR Code* e assista ao vídeo do Problema n. 1.

> *https://uqr.to/ntoc*

Capítulo XX

REPERCUSSÕES DA RESPONSABILIDADE CRIMINAL NA CÍVEL

Acesse o *QR Code* e assista ao vídeo sobre o tema.

> *https://uqr.to/1ofhb*

1. INDEPENDÊNCIA DOS JUÍZOS CÍVEL E CRIMINAL

Diferença entre responsabilidade civil e criminal

Os sistemas de responsabilidade civil e criminal situam-se em campos bem diferentes, respondendo, conseguintemente, a lógicas distintas. Tradicionalmente, afirma-se que ao direito penal cabe a proteção dos interesses públicos mais relevantes, como a vida e a liberdade, enquanto o direito civil se ocuparia daqueles interesses meramente privados e patrimoniais, de que é principal exemplo o crédito. Essa afirmação, que já pareceu tão evidente, não é mais verdadeira, sobretudo depois do século XX, em que se assistiu à crescente intervenção pública em domínios antes considerados estritamente privados.[1]

Paralelamente a isso, o Estado também tem se valido cada vez mais de instrumentos típicos de direito privado para a gestão de recursos públicos, chegando mesmo a atuar por meio de pessoas jurídicas de natureza privada. Com essa crescente interpenetração entre o direito público e o direito privado, não é mais aceitável que

[1] Tome-se como exemplo a própria Constituição de 1988, que tem inúmeras normas que regulam o direito de família, o direito contratual, estabelecem a função social da propriedade etc., evidenciando a interferência direta do Estado nas relações privadas.

se use como critério central da distinção entre responsabilidade civil e criminal a diferença entre interesse público e privado. Se há prevalência do interesse público na responsabilidade criminal, isto se dá apenas em abstrato e de forma quantitativa, de modo que não pode ser invocada como critério preciso para a distinção entre as duas esferas de responsabilidade.

Há critérios de diferenciação mais relevantes: enquanto a responsabilidade criminal tem sempre como fonte um fato típico, previsto no Código Penal ou em lei especial, a responsabilidade civil tem como fonte principal o dano injusto; a responsabilidade penal tem por objetivo punir o agente por sua conduta ilícita, ao passo que a responsabilidade civil visa tão somente à reparação do dano injustamente causado a outrem. Há, portanto, não apenas uma diferença estrutural, mas também de função.

Responsabilidades civil e criminal são cumulativas

Não obstante essa discrepância funcional, o fato é que a responsabilidade civil e a criminal são cumulativas, o que significa dizer, por outras palavras, que o mesmo ato pode gerar ambas as espécies de responsabilidade. Assim é que aquele que imputa a alguém fato ofensivo se sujeita à responsabilidade civil, mas, ao mesmo tempo, também à criminal, comprovados os elementos do tipo da difamação. Em casos assim, o agente pode vir a figurar, simultaneamente, no polo passivo de duas ações – ação criminal e ação cível.[2] Nesse cenário, então, é que vem à tona o problema da concorrência entre o juízo cível e o juízo criminal.

Independência entre responsabilidade civil e criminal não é absoluta

O Código Civil consagra, no art. 935, a independência entre as responsabilidades civil e criminal, nos seguintes termos: "A responsabilidade civil é independente da criminal, não se podendo questionar mais sobre a existência do fato, ou sobre quem seja o seu autor, quando estas questões se acharem decididas no juízo criminal". Assim, pode-se dizer que, a princípio, nem a sentença cível limita a atuação do juízo criminal, nem a sentença criminal pode limitar a atuação do juízo cível.

Exceções à independência

Diz-se "a princípio" porque não há uma absoluta independência entre os dois juízos. Não fosse assim, graves distorções poderiam ocorrer, comprometendo os valores do ordenamento, como sistema que deve funcionar sem contradições. Não teria cabimento, por exemplo, admitir-se a ocorrência de um fato da esfera criminal, negando-o em seguida na cível. Exatamente por isso, a regra da independência dos juízos não é absoluta, comportando, portanto, hipóteses em que a sentença criminal vincula o juízo cível, como a decisão relacionada à existência de fato criminoso, à

---

[2] De acordo com a Quarta Turma do STJ: "Em razão da independência das esferas cível e criminal, não há obrigatoriedade da suspensão do curso da ação civil até julgamento definitivo daquela de natureza penal" (STJ, 4ª T., AgInt no AREsp 2454037/SP, Rel. Min. Antonio Carlos Ferreira, julg. 26.8.2024, publ. DJe 30.8.2024).

comprovação de autoria, à prova emprestada etc.[3] Tais decisões, que vinculam ambos os juízos, devem ser interpretadas restritivamente.[4]

2. INFLUÊNCIA DA SENTENÇA CRIMINAL SOBRE O JUÍZO CÍVEL

Sentença criminal condenatória

Quando a sentença criminal tem natureza condenatória, reconhece-se a existência de determinado fato, atribuindo-se a autoria ao réu. Sendo assim, referidos elementos (existência de fato e autoria) já devidamente reconhecidos e atribuídos pelo juízo criminal não serão mais discutíveis perante o juízo cível, o qual ficará limitado ao exame da existência e da extensão do dano sofrido pela vítima. Nesse sentido, o art. 91, inciso I, do Código Penal, prevê, como efeito da condenação penal, tornar certa a obrigação de indenizar o dano resultante do crime.

Além disso, conforme disposto no art. 63 do Código de Processo Penal, transitada em julgado a sentença condenatória, poderão promover-lhe a execução no juízo cível, para efeito de reparação do dano, o ofendido, seu representante legal ou seus herdeiros. Nesse caso, figurando a sentença penal condenatória como um título executivo judicial,[5] não há necessidade de se propor ação para obtenção da reparação do dano, iniciando-se de imediato o processo de execução. Desta forma, com o trânsito

---

3 Nesse sentido, o STJ "(...) possui jurisprudência firme e consolidada no sentido de que a responsabilidade civil é independente da criminal, não interferindo no andamento da ação de reparação de danos que tramita no juízo cível eventual absolvição por sentença criminal. Assim, devido à relativa independência entre as instâncias, a absolvição no juízo criminal somente vincula o cível quando reconhecida a inexistência do fato ou declarada a negativa de autoria (...)" (STJ, 2ª T., REsp 1.407.649, Rel. Min. Herman Benjamin, julg. 19.4.2016, publ. *DJe* 27.5.2016). Da mesma forma: STJ, Corte Especial, AgInt nos EAREsp 1.469.104/DF, Rel. Min. Maria Isabel Gallotti, julg. 21.9.2021, publ. *DJe* 21.9.2021; STJ, 2ª T., AgInt no AREsp 1.541.054/SP, Rel. Min. Francisco Falcão, julg. 18.5.2020, publ. *DJe* 18.5.2020; STJ,4ª T., AgRg no AREsp 293.036/SP, Rel. Min. Raul Araújo, julg. 12.5.2015, publ. *DJe* 11.6.2015; STJ, 4ª T., REsp n. 860.591/PR, Rel. Min. Luis Felipe Salomão, julg. 20.4.2010, publ. *DJe* 04.5.2010).

4 Nessa direção, cf. Gustavo Tepedino, Heloisa Helena Barboza e Maria Celina Bodin de Moraes, *Código Civil interpretado*, vol. II, Rio de Janeiro: Renovar, 2006, p. 840; Miguel Maria De Serpa Lopes, *Curso de Direito Civil*, vol. 5, São Paulo: Livraria Freitas Bastos S.A, 1959, 4ª ed., pp. 161-162. Ao discorrer a respeito da influência recíproca das jurisdições civil e criminal, explica Orlando Gomes: "A decisão proferida no Juízo criminal tranca o Juízo civil toda vez que declarar inexistente o fato imputado ou disser que o acusado não o praticou. Quando, porém, como bem esclareceu Mendes Pimentel, 'a absolvição criminal teve motivo peculiar ao direito ou ao processo penal, como a inimputabilidade do delinquente ou a prescrição da ação penal, a sentença criminal não obsta ao pronunciamento civil sobre a reparação do dano'. Foi esta a doutrina aceita pelo legislador pátrio ao declarar que não se pode mais questionar sobre a existência do fato, ou quem seja seu autor, quando estas questões se acharem decididas no crime. Voltando à errônea técnica espalhada por Merlin, o Código de Processo Penal dispõe que faz coisa julgada no cível a sentença penal que reconhecer ter sido o ato praticado em estado de necessidade, em legítima defesa, em estrito cumprimento de dever legal ou no exercício regular de direito. Dir-se-ia mais corretamente, como disse Aguiar Dias, que, nesses casos, a sentença criminal produz efeito preclusivo sobre a reparação do dano. Quando a sentença penal condena, sua influência sobre a ação civil é peremptória. A própria sentença criminal pode ser executada no Juízo civil, se do crime resultou dano. A sentença civil não exerce qualquer influência no Juízo criminal, condene ou não o réu na ação da reparação" (Orlando Gomes, *Responsabilidade civil*, Rio de Janeiro: Forense, 2011, atual. de Edvaldo Brito, pp. 65-66).

5 Cf. o art. 515, inc. VI do CPC/2015: "São títulos executivos judiciais, cujo cumprimento dar-se-á de acordo com os artigos previstos neste Título: (...) VI – a sentença penal condenatória transitada em julgado".

em julgado, a sentença poderá ser levada ao juízo cível para que a vítima obtenha a devida reparação do dano.

A discussão não versará sobre se determinada reparação é devida, mas sim, sobre o valor da indenização devida pelo réu, que deve ser fixada tendo em conta a extensão do dano sofrido pela vítima. De acordo com o art. 68 do Código de Processo Penal, quando o titular do direito à reparação do dano for, nas palavras do legislador, "pobre" (nos termos do art. 32, §§ 1º e 2º do Código de Processo Penal), a execução da sentença condenatória ou a ação civil para ressarcimento do dano será promovida, a seu requerimento, pelo Ministério Público.

Sentença criminal absolutória

Por outro lado, caso a sentença criminal seja absolutória, deve-se, para fins de se averiguar sua influência na esfera cível, investigar a sua fundamentação,[6] já que a sentença absolutória, por si só, não impede a reparação civil.[7]

De modo geral, pode-se dizer que, caso a decisão absolutória do réu pelo juízo criminal seja fundada (i) no reconhecimento da inexistência do fato; (ii) na declaração de ausência de autoria; ou, ainda, (iii) no reconhecimento de uma excludente de ilicitude (Código de Processo Penal, art. 65), não será possível propor ou prosseguir com a ação reparatória no juízo cível, tendo em vista a necessidade de se seguir uma coerência no exercício da jurisdição. Se, ao contrário, a absolvição tiver sido determinada por falta de provas, a ação na esfera cível não será afetada.[8]

Da mesma forma, sendo a absolvição fundada em qualquer outra motivação que não a inexistência do fato ou a sua não autoria (*e.g.*, extinção da punibilidade, atipicidade da conduta), a proposição ou prosseguimento da ação civil também não será afetada.[9] Isso porque, como resulta dos próprios termos do art. 935 do Código

---

6 O art. 386 do Código de Processo Penal determina expressamente quais serão as possíveis causas de absolvição: "O juiz absolverá o réu, mencionando a causa na parte dispositiva, desde que reconheça: I – estar provada a inexistência do fato; II – não haver prova da existência do fato; III – não constituir o fato infração penal; IV – estar provado que o réu não concorreu para a infração penal; V - não existir prova de ter o réu concorrido para a infração penal; VI – existirem circunstâncias que excluam o crime ou isentem o réu de pena (arts., 20, 21, 22, 23, 26 e § 1º do art. 28, todos do Código Penal), ou mesmo se houver fundada dúvida sobre sua existência; VII – não existir prova suficiente para a condenação".

7 STJ, 4ª T., AgRg no Ag. 1069357/RS, Rel. Min. Carlos Fernando Mathias, julg. 3.2.2009, publ. *DJe* 16.2.2009; STJ, 3ª T., REsp 1.117.131/SC, Rel. Min. Nancy Andrighi, julg. 1.6.2010, publ. *DJe* 22.6.2010. Da mesma forma: TJ/SP, 3ª CDPubl., AC 0018370-48.2012.8.26.0053, Rel. Des. Camargo Pereira, julg. 3.10.2023, publ. *DJe* 03.10.2023; TJ/SP, 2ª Câmara Reservada ao Meio Ambiente, Ap. Cív. 1001357-78.2020.8.26.0363, Rel. Des. Luis Fernando Nishi, julg. 28.09.2023, publ. *DJe* 29.9.2023; TJ/SP, 2ª Câmara Reservada ao Meio Ambiente, AC 1001047-14.2016.8.26.0363, Rel. Des. Luis Fernando Nishi, julg. 28.09.2023, publ. *DJe* 29.09.2023; TJSP, 4ª CRDEmpr., AC 1000543-09.2019.8.26.0070, Rel.ª Des.ª Marcia Dalla Déa Barone, julg. 29.5.2023, publ. *DJe* 29.5.2023.

8 STJ, 1ª T., AgRg no AREsp 359.962/SP, Rel. Min. Sérgio Kukina, julg. 3.5.2016, publ. *DJe* 16.5.2016; STJ, 3ª T., AgRg no AREsp 525.016/SP, Rel. Min. Marco Aurélio Bellizze, julg. 23.10.2014, publ. *DJe* 4.11.2014; STJ, 2ª T., REsp 1.386.018/RS, Rel. Min. Eliana Calmon, julg. 24.9.2013, publ. *DJe* 1.10.2013. Da mesma forma: TJSP, 6ª CDPriv., Ap. Cív. 0006803-53.2023.8.26.0564, Rel.ª Des.ª Maria do Carmo Honorio, julg. 16.9.2023, publ. *DJe* 16.9.2023.

9 Nesse sentido: "Conforme reiterada jurisprudência do STJ, a responsabilidade civil é independente da criminal, não interferindo no andamento da ação de reparação de danos que tramita no juízo cível eventual absolvição por sentença criminal, que só vincula o cível quando reconhecida a inexistência

Civil, é vedado o reexame da existência do fato ou de sua autoria quando estas questões se acharem decididas no juízo criminal. Ou seja, de modo contrário, caso não sejam decididas, não sendo afirmadas ou negadas expressamente pelo juízo criminal, não haverá repercussão no juízo cível. Tal entendimento também pode ser extraído dos arts. 66 e 67 do Código de Processo Penal.

Em caso de sentença absolutória proferida por Tribunal do Júri, dependendo dos quesitos formulados e das respostas aos mesmos, pode ser inviável determinar o motivo específico da absolvição. Nessa hipótese, nenhuma influência terá a decisão sobre o juízo cível. Da mesma forma, a transação penal realizada em Juizado Especial Criminal também não afetará a ação civil.[10]

Sentença proferida por Tribunal do Júri

3. EXCLUDENTES DE ILICITUDE

Embora o art. 935 do Código Civil não tenha feito qualquer referência às excludentes de ilicitude, o art. 65 do Código de Processo Penal estabelece: "Faz coisa julgada no cível a sentença penal que reconhece ter sido o ato praticado em estado de necessidade, em legítima defesa, em estrito cumprimento de dever legal ou no exercício regular de direito". Apesar da redação do dispositivo, o reconhecimento da excludente de ilicitude pelo juízo criminal não impede a propositura ou a continuidade da própria ação civil (apenas impede que a questão seja rediscutida). Afinal, o ato lícito praticado em estado de necessidade, legítima defesa ou exercício regular de direito, dependendo das circunstâncias, pode ensejar dever de indenizar.

Como já adiantado em capítulos anteriores, embora os deveres de reparar tenham como fonte frequente o ato ilícito (*rectius*, dano injusto), também podem decorrer dos danos causados por atos lícitos, quando assim determinar a lei. É que os fundamentos jurídicos dos quais podem derivar os deveres jurídicos de indenizar são diversos, sendo mesmo possível a obrigação de reparar advir de um ato lícito, por imposição legal. Nesse sentido, é correta a assertiva de que o ato lícito pode ensejar, excepcionalmente, obrigação de indenizar.

No que diz respeito ao estado de necessidade, por exemplo, o Código Civil determina, no art. 929, que "se a pessoa lesada, ou o dono da coisa, não forem culpados do perigo, assistir-lhes-á direito à indenização do prejuízo que sofreram". Significa dizer, em outros termos, que o dono da coisa que fosse deteriorada ou destruída ou a pessoa lesada na remoção do perigo iminente, contanto que não fossem culpados pelo perigo, devem ser indenizados, pelo autor do dano, do prejuízo que sofrera. Já o art. 930 esta-

Estado de necessidade

---

do fato ou declarada a negativa de autoria" (STJ, Corte Especial, AgIn nos Emb. de Div. em Ag. em REsp. 1469104/DF, Rel. Min. Maria Isabel Gallotti, julg. 21.9.2021). Da mesma forma: STJ, 2ª T., AgInt no AREsp 1.541.054/SP, Rel. Min. Francisco Falcão, julg. 18.5.2020, publ. *DJe* 18.5.2020; STJ, 2ª T., REsp 1.407.649, Rel. Min. Herman Benjamin, julg. 19.4.2016, publ. *DJe* 27.5.2016; STJ, 4ª T., AgRg no AREsp 293.036/SP, Rel. Min. Raul Araújo, julg. 12.5.2015, publ. *DJe* 11.6.2015.

[10] De fato, na jurisprudência, "(...) impera o entendimento de que eventuais punições na esfera administrativa não impedem o prosseguimento de Ação que busca a responsabilização civil pelos danos provocados, ante a independência das instâncias penal, civil e administrativa" (STJ, 2ª T., REsp 1.407.649/CE, Rel. Min. Herman Benjamin, julg. 19.4.2016, publ. *DJe* 27.5.2016).

belece que "se o perigo ocorrer por culpa de terceiro, contra este terá o autor do dano ação regressiva para haver a importância que tiver ressarcido ao lesado".

Assim é que, mesmo o ato praticado em estado de necessidade sendo lícito, ensejará dever de reparação no caso de o perigo não ter sido causado pelo dono da coisa ou pessoa lesada, o que não é contraditório. Isso porque, embora o ato seja lícito, ao mesmo tempo provoca um dano injusto, razão pela qual o ordenamento impõe o dever de indenizar o prejuízo dele decorrente. O legislador permitiu, excepcionalmente, que o necessitado sacrifique bem alheio na salvaguarda de seus interesses, mas, ao mesmo tempo, impôs ao agente o dever de reparar o prejuízo a que deu causa. A indenização neste caso é justa, porque, afinal, a situação danosa estava dirigida, originalmente, ao necessitado.

Trata-se de hipótese de responsabilidade objetiva. Salvo se tiver provocado o perigo, a conduta do agente não é culposa e, ainda assim, deverá o necessitado responder pelos prejuízos a que deu causa. Se o perigo tiver sido provocado pelo próprio agente, sequer estará ele acobertado pela excludente de ilicitude, porque é requisito do estado de necessidade o perigo atual, não provocado voluntariamente pelo agente.

Legítima defesa

Em se tratando de legítima defesa, o art. 930 do Código Civil dispõe que, "No caso do inciso II do art. 188, se o perigo ocorrer por culpa de terceiro, contra este terá o autor do dano ação regressiva para haver a importância que tiver ressarcido ao lesado". E, no parágrafo único, que "A mesma ação competirá contra aquele em defesa de quem se causou o dano (art. 188, inciso I). Assim é que, se em legítima defesa de terceiro, alguém causa dano a outra pessoa que não o agressor, fica obrigado a ressarcir o prejuízo, à semelhança do que ocorre no estado de necessidade. Nesta hipótese, o Código Civil atribui ao que agiu em legítima defesa ação regressiva contra aquele que foi beneficiado pelo ato, ou seja, aquele que foi defendido. Tal solução se justifica, porque a quem coube o proveito deve caber também eventual indenização pelos prejuízos.[11]

Inexigibilidade de conduta diversa

O art. 65 do Código de Processo Penal prevê uma única hipótese de contenção da independência de juízos, a qual, contudo, deve ser interpretada de modo restritivo, justamente por reduzir a liberdade de valoração que é própria do magistrado. Por este motivo, não se costuma atribuir sobre o juízo cível qualquer efeito à decisão criminal que reconhece a inexigibilidade de conduta diversa. Cuida-se de causa supralegal de exclusão de ilicitude, que não está referida no art. 65 do Código de Processo Penal, afastando-se, por isso mesmo, sua repercussão na esfera civil.

4. INFLUÊNCIA DA SENTENÇA CIVIL SOBRE O JUÍZO CRIMINAL

A sentença civil não produz os mesmos efeitos com relação ao juízo criminal. Tal entendimento resulta da prevalência – quantitativa – do interesse público em matéria penal, o qual torna mais amplos os poderes investigatórios do juízo criminal, sendo

---

11 Clóvis Beviláqua, *Código Civil dos Estados Unidos do Brasil*, vol. I, Rio de Janeiro: Livraria Francisco Alves, 1931, 4ª ed., p. 299.

admissíveis, por exemplo, meios de prova que, a princípio, não seriam admitidos na esfera cível.

No entanto, em determinadas matérias de natureza essencialmente vinculada ao âmbito civil, a lei estabelece expressamente a suspensão do curso da ação penal para que se discuta no cível a questão. Exemplo disso é verificado na determinação do art. 92 do Código de Processo Penal acerca da controvérsia fundada no estado civil das pessoas, ao estabelecer que "se a decisão sobre a existência da infração depender da solução de controvérsia, que o juiz repute séria e fundada, sobre o estado civil das pessoas, o curso da ação penal ficará suspenso até que no juízo cível seja a controvérsia dirimida por sentença passada em julgado, sem prejuízo, entretanto, da inquirição das testemunhas e de outras provas de natureza urgente". Nota-se que a jurisprudência, nessas hipóteses, tem reconhecido efeitos da sentença civil sobre o juízo criminal.[12]

5. SOBRESTAMENTO DA AÇÃO CIVIL ATÉ O JULGAMENTO DEFINITIVO DA AÇÃO PENAL

Diante da independência dos juízos expressamente consagrada pelo art. 935 do Código Civil, não há impedimento para que as ações civis e criminais que tratem sobre os mesmos fatos corram simultaneamente. Apesar disso, o art. 64 do Código de Processo Civil, em seu parágrafo único, dispõe que o juiz, uma vez intentada a ação penal, pode determinar, de maneira facultativa, a suspensão do curso da ação civil para aguardar o julgamento definitivo daquela.

Recomenda-se, por vezes, que o sobrestamento da ação civil deva ser admitido apenas restritivamente, quando o conhecimento da lide dependa necessariamente da verificação da existência do fato delituoso ou quando houver questionamento sobre a autoria ou a existência do fato. Em jurisprudência anterior, o STJ conferia interpretação ampliada ao dispositivo, já havendo acolhido, por exemplo, a sustação do curso do processo civil para "aguardar o desfecho do processo criminal, se a defesa se funda na alegação de legítima defesa, admissível em tese".[13]

Posteriormente, contudo, adotou-se posição restritiva. No caso de acidente de trânsito, por exemplo, proclamou-se a inaplicabilidade da regra do art. 200 do Código Civil.[14] Na mesma linha de entendimento, o STJ entendeu que "a eventual apuração no âmbito criminal do fato que ensejou o falecimento do irmão do ora recorrente, no caso um atropelamento em via pública, não era questão prejudicial ao ingresso de pedido reparatório na esfera civil".[15]

---

[12] STJ, 5ª T., RHC 74.028/RJ, Rel. Min. Reynaldo Soares da Fonseca, julg. 20.06.2017, publ. *DJe* 30.6.2017.

[13] STJ, 3ª T., REsp 122.573, Rel. Min. Eduardo Ribeiro, julg. 23.6.1998; STJ, 3ª T., REsp 282.235, Rel. Min. Nancy Andrighi, julg. 19.12.2000.

[14] STJ, 3ª T., REsp 1180237/MT, Rel. Min. Paulo de Tarso Sanseverino, julg. 19.6.2012. Da mesma forma: STJ, 3ª T., REsp 1.879.137/SP, Rel. Min. Ricardo Villas Bôas Cueva, julg. 17.8.2021, publ. *DJe* 20.8.2021; STJ, 3ª T., REsp 1.660.182/GO, Rel. Min. Nancy Andrighi, julg. 20.3.2018, publ. *DJe* 23.3.2018.

[15] STJ, 3ª T., REsp 1131125/RJ, Rel. Ministro Massami Uyeda, julg. 3.5.2011.

6. SENTENÇA CRIMINAL POSTERIOR

Caso o juiz não suspenda o curso da ação civil ou se, por qualquer outro motivo, a sentença criminal acabar sendo emitida após a sentença civil, pode vir a ocorrer contradição entre as decisões, configurando exatamente a situação que o legislador buscou evitar. Sendo assim, deve-se refletir acerca dos efeitos e consequências que a sentença criminal posterior pode produzir em relação à sentença no juízo cível.

Embora já se tenha cogitado do cabimento de ação rescisória contra a decisão civil, o STJ tem negado esta possibilidade, afirmando que "a ocorrência de decisões contraditórias no cível e no juízo criminal não induzem necessariamente a uma ação rescisória, ausentes as hipóteses mencionadas no art. 485 do Código de Processo Civil/1973 (art. 966 do CPC/2015)".[16]

7. PRESCRIÇÃO

Como a independência dos juízos é relativa, pode ocorrer que a vítima tenha que aguardar o trânsito em julgado da sentença penal condenatória, antes de propor a ação cível de reparação de danos, no caso em que a sua pretensão dependa necessariamente da apuração de fato ilícito pelo juízo criminal.[17] Nesta hipótese, se a vítima aguardar mais de três anos para a propositura da ação de reparação civil (prazo previsto no art. 206, § 3º, inciso V, do Código Civil), não se poderia, sem cometer grave injustiça, considerar prescrita a sua pretensão durante o curso do processo penal. Por tal circunstância, o Código Civil brasileiro estabeleceu, em seu art. 200, que "*Quando a ação se originar de fato que deve ser apurado no juízo criminal, não correrá a prescrição antes da respectiva sentença definitiva*". Apesar de a redação da norma indicar que se trata de causa impeditiva do início da fluência do prazo prescricional, o art. 200 esconde, em seu bojo, mais uma causa suspensiva da prescrição, como já observou parte da doutrina.[18]

Art. 200 do Código Civil: causa suspensiva de prescrição

---

16 STJ, 2ª T., REsp 1645864/MS, Rel. Min. Herman Benjamin, julg. 7.3.2017, publ. *DJe* 20.4.2017.

17 Se não houver dependência necessária da apuração do fato e da autoria, o STJ afasta a incidência do referido dispositivo: "No caso dos autos, não se aplica o artigo 200 do Código Civil porque (i) a causa de pedir da ação de indenização está fundada em uma série de atos, apontados como desabonadores à conduta do autor, perfeitamente delimitados no tempo; (ii) os réus eram, desde os primeiros atos narrados na petição inicial, perfeitamente identificáveis e (iii) o pedido indenizatório cível, calcado na ofensa à honra pessoal e profissional do autor, não dependia da verificação de nenhum fato no juízo criminal" (STJ, 3ª T., REsp 1879137/SP, Rel. Min. Ricardo Villas Bôas Cueva, julg. 17.8.2021, publ. DJe 20.8.2021).

18 Rui Stoco, *Tratado de responsabilidade civil*: doutrina e jurisprudência, São Paulo: Revista dos Tribunais, 8ª ed., p. 245; Carlos Roberto Gonçalves, *Direito civil brasileiro*, vol. 1, São Paulo: Saraiva, 2010, 8ª ed., p. 524; Cláudio Luiz Bueno de Godoy, Prescrição e decadência no novo Código Civil. In: *RDL – Revista de Direito e Legislação*, vol. 4, 2005, p. 21; Louise Vago Matieli, "Análise funcional do art. 200 do Código Civil", Dissertação de Mestrado (orientadora Profa. Gisela Sampaio da Cruz Guedes), Faculdade de Direito da Universidade do Estado do Rio de Janeiro (UERJ), Rio de Janeiro, 2016. Contra, considerando tratar-se de verdadeira causa impeditiva da prescrição: "A norma transcrita prevê causa impeditiva do início do curso do prazo prescricional, quando necessária à apuração penal do fato ensejador do dano e de sua autoria, por serem tais questões prejudiciais ao exercício da pretensão indenizatória civil. A fluência do prazo prescricional é simplesmente impedida, não inicia, nem ocorre, por força do obstáculo preexistente ao vencimento da obrigação: a inexistência de sentença penal com trânsito em julgado" (STJ, 4ª T., AgInt no AREsp 1982122/RJ, Rel. Min. Raul Araújo, julg. 11.04.2022, publ. *DJe* 13.5.2022).

A suspensão do prazo "quando a ação se originar de fato que deve ser apurado no juízo criminal" é tão importante que está presente não só no Código Civil, mas também na Lei n.º 6.404/1976 – "Lei das S.A.", que regula as sociedades por ações. Dispõe o art. 288 da Lei das S.A., com redação um pouco mais acurada, que "*[q]uando a ação se originar de fato que deva ser apurado no juízo criminal, não ocorrerá a prescrição antes da respectiva sentença definitiva, ou antes da prescrição da ação penal*".[19]

Tanto o art. 200 do Código Civil como o art. 288 da Lei das S.A. foram incluídos pelo legislador por uma razão específica. É que esses dois diplomas legais – Código Civil e Lei das S.A. – ostentam prazos prescricionais bastante curtos. Na Lei das S.A., o prazo prescricional mais longo é o trienal (art. 287, inciso II, da Lei das S.A.); no Código Civil, há o prazo trienal para a pretensão de reparação civil (art. 206, § 3º, inciso V), e o prazo geral de dez anos (art. 205). Art. 288 da Lei das S.A.

A doutrina tem alardeado como o Código Civil de 2002 reduziu os prazos prescricionais, se comparado com o seu antecessor. De fato, no Código Civil de 1916 as pretensões de direito pessoal, inclusive as relativas à responsabilização civil, prescreviam em 20 anos[20], na falta de prazo específico (art. 177 do Código Civil de 1916). Não havia necessidade, então, de artigo análogo ao atual art. 200 do Código Civil, na medida em que a prescrição no âmbito cível era, grosso modo, compatível com os prazos prescricionais na esfera criminal. No Código Civil de 2002, a prescrição da pretensão de reparação civil diminuiu drasticamente, passando a gerar certa incompatibilidade com os prazos criminais.

Assim, para neutralizar a incompatibilidade que passou a existir entre os prazos prescricionais nas esferas cível e criminal que artigos como o 200 do Código Civil e 288 da Lei das S.A. foram incluídos na legislação, incidindo nas situações concretas em que um fato que deva ser apurado no juízo criminal tenha reflexos, também, na esfera cível. Este escopo fica ainda mais evidente no art. 288 da Lei das S.A., ao dispor que, quando a ação se originar de fato que deva ser apurado no juízo criminal, a prescrição não ocorrerá antes da sentença definitiva, ou da prescrição da ação penal.

A mera existência de ação penal ou de inquérito policial não é, porém, suficiente para obstar o início do prazo prescricional da ação cível, exigindo-se a verificação de "relação de subordinação entre o fato a ser provado na ação penal e o desenvolvimento regular da ação cível".[21] Presente essa relação de subordinação ou de prejudicialidade com o juízo criminal, é que se justifica suspender o prazo prescricional na esfera cível.

---

[19] Como destacado no volume I destes Fundamentos, a mera existência de ação penal não é suficiente para obstar o início do prazo prescricional da ação cível, exigindo-se a verificação de "relação de subordinação entre o fato a ser provado na ação penal e o desenvolvimento regular da ação cível". Com efeito, figure-se hipótese em que tenha havido atropelamento por ônibus pertencente a determinada concessionária. A vítima pode pleitear reparação em face da concessionária com base na responsabilidade objetiva do Código de Defesa do Consumidor, não havendo relação de prejudicialidade com o deslinde do eventual processo penal envolvendo o motorista" (Gustavo Tepedino; Milena Donato Oliva, *Fundamentos do direito civil:* teoria geral do direito civil, Rio de Janeiro: Forense, 2022, 3ª ed., p. 406).

[20] Na redação original, em realidade, prescreviam em 30 anos.

[21] STJ, 2ª T., A.Rg. no REsp 1.474.840/MS, Rel. Min. Mauro Campbell Marques, julg. 3.9.2015, publ. *DJe* 17.9.2015. No mesmo sentido: STJ, 3ª T., REsp n. 1.631.870/SE, Rel. Min. Ricardo Villas Bôas

Para incidência do art. 200 do Código Civil, faz-se necessário que o fato, ou conjunto de fatos, seja qualificável, em tese, como ilícito penal, mas o próprio Superior Tribunal de Justiça já reconheceu que o ajuizamento de ação penal não é pressuposto de aplicação do art. 200 do Código Civil, bastando que haja inquérito criminal já instaurado.[22] Se a ação penal tiver sido proposta, a prescrição volta a correr na esfera cível na data do trânsito em julgado da sentença criminal; se o inquérito tiver sido arquivado e a ação penal sequer tiver sido ajuizada, a prescrição volta a correr na data em que o inquérito criminal fora arquivado.[23] Tal previsão, evidentemente, diz respeito à suspenção dos prazos prescricionais, e não dos decadenciais.[24]

PROBLEMAS PRÁTICOS

1. O mesmo fato pode gerar consequências cíveis e criminais. O Código Civil consagra, no art. 935, a independência entre as responsabilidades civil e criminal. Essa independência é absoluta?
2. Em que medida o juízo cível pode sofrer influência da sentença criminal?
3. Quais são os requisitos necessários para que uma sentença absolutória de juízo criminal influencie a cognição do juízo cível?

Acesse o *QR Code* e veja a Casoteca.

> *https://uqr.to/1ofhw*

Cueva, julg. 10.10.2017, publ. *DJe* 24.10.2017; STJ, 4ª T., AgInt no AREsp n. 1.039.519/SP, Rel.ª Min.ª Maria Isabel Gallotti, julg. 18.2.2020, julg. *DJe* 26.2.2020; STJ, 3ª T., REsp 1.747.913/SP, Rel.ª Min.ª Nancy Andrighi, julg. 4.8.2020, publ. *DJe* 7.8.2020; STJ, 3ª T., AgInt no AREsp 1.607.936/SP, Rel. Min. Ricardo Villas Bôas Cueva, julg. 28.9.2020, publ. *DJe* 1.10.2020; STJ, 3ª T, AgInt no AREsp 1994197/MT, Rel. Min. Ricardo Villas Bôas Cueva, julg. 24.10.2022, publ. *DJe* 28.10.2022; STJ, 4ª T., AgInt nos EDcl no AREsp 1982859/SP, Rel. Min. Raul Araújo, julg. 9.5.2022, publ. *DJe* 10.6.2022; e STJ, 3ª T., REsp 1987108/MG, Rel. Min. Nancy Andrighi, julg. 29.3.2022, publ. *DJe* 1.4.2022; STJ, 2ª T., AgInt no REsp 1.799.097/SP, Rel. Min. Assusete Magalhães, julg. 22.8.2022, publ. *DJe* 29.8.2022.

22 Nessa direção: "A aplicação do art. 200 do CC/02 tem valia quando houver relação de prejudicialidade entre as esferas cível e penal - isto é, quando a conduta originar-se de fato também a ser apurado no juízo criminal –, sendo fundamental a existência de ação penal em curso (ou ao menos inquérito policial em trâmite)" (REsp 1.135.988/SP). A finalidade, pois, dessa norma, é evitar a possibilidade de soluções contraditórias entre as duas searas, especialmente quando a solução do processo penal seja determinante do resultado do processo cível" (STJ, 3ª T., REsp 1987108/MG, Rel. Min. Nancy Andrighi, julg. 29.3.2022, publ. *DJe* 1.4.2022).

23 STJ, 1ª T., REsp 591.419/RS, Rel. Min. Luiz Fux, julg. 5.10.2004, publ. *DJ* 25.10.2004. Da mesma forma: STJ, 3ª T., AgInt no REsp 1.887.913/SP, Rel. Min. Marco Aurélio Bellizze, julg. 11.9.2023, publ. *DJe* 13.9.2023; STJ, 3ª T., REsp 1.919.294/MG, Rel. Min. Nancy Andrighi, julg 13.4.2021, publ. *DJe* 15.4.2021; STJ, 4ª T., AgInt no REsp. 1.831.298/CE, Rel. Min. Raul Araújo, julg. 10.12.2019, publ. *DJe* 19.12.2019.

24 Em comentário ao art. 200 do CC que, como dito, tem redação semelhante ao art. 288 da Lei das S.A., esclarece a jurisprudência que tal dispositivo impede apenas a fluência da prescrição, e não da decadência: TJSP, 2ª CDPriv., AP 9176364-53.2009.8.26.0000, Rel. Des. José Carlos Ferreira Alves, julg. 16.7.2013, publ. *DJ* 18.7.2013.

Capítulo XXI

SEGURO DE RESPONSABILIDADE CIVIL

Acesse o *QR Code* e assista ao vídeo sobre o tema.

> *https://uqr.to/1ofhc*

Sumário: 1. Seguro de responsabilidade civil e socialização dos danos – 2. Seguros privados obrigatórios e seguros facultativos de responsabilidade civil, e seguridade social – 3. Seguro de responsabilidade civil do profissional liberal – 4. Seguro de responsabilidade civil no âmbito da indústria do entretenimento – Problemas práticos.

1. SEGURO DE RESPONSABILIDADE CIVIL E SOCIALIZAÇÃO DOS DANOS

Função da responsabilidade civil

Como já se apontou no Capítulo I, a responsabilidade civil assume, contemporaneamente, a função primordial de reparar o dano injusto, abandonando qualquer viés sancionatório outrora existente. Nesse contexto, atribui-se cada vez menos importância à identificação do responsável pelo dano, e voltam-se as atenções para o desenvolvimento de instrumentos que garantam a proteção da vítima. Assume especial relevância, ao propósito, o seguro de responsabilidade civil, que tem se revelado mecanismo vocacionado à tutela da vítima, garantindo-lhe ressarcimento pelos danos sofridos. A propósito, emblemática é a observação de Ernesto Tzirulnik: "o futuro do seguro de responsabilidade civil é o próprio futuro do seguro, o futuro do direito como um todo e, de certo modo, o futuro das sociedades contemporâneas".[1]

Seguro e desenvolvimento econômico

Em rigor, o incremento de mecanismos mais eficazes de proteção da vítima afigura-se imprescindível para o próprio desenvolvimento da atividade econômica. Se, de um lado, o seguro de responsabilidade civil assegura o ressarcimento da vítima,

---

1 Ernesto Tzirulnik. *O futuro do seguro de responsabilidade civil.* Disponível em: http://www.ibds.com.br/artigos/OFuturodoSegurodeResponsabilidadeCivil.pdf. Acesso em: 2.10.2019.

resguardando-a de possível indisponibilidade financeira do ofensor, de outro, estimula o avanço científico e tecnológico, ao permitir que o valor das indenizações seja suportado por todos os agentes envolvidos na atividade causadora do dano.

Seguro e solidariedade

O seguro de responsabilidade civil substitui, assim, o sistema de responsabilidade individual, por um sistema de responsabilidade social, alicerçado no princípio da solidariedade, em que os atores econômicos são chamados a arcar com os efeitos nocivos da atividade por eles desenvolvida. Cuida-se de "socialização dos danos por meio da distribuição dos riscos".[2] Nesse cenário, importa reconhecer que o seguro não é um ajuste sobre responsabilidade, mas sim um acordo sobre reparação, vale dizer, sobre o aspecto econômico do fato.

Críticas

A ampla coletivização dos danos mediante a contratação de seguros não é, todavia, imune a críticas. Afirma-se que semelhante prática incentivaria a conduta negligente, uma vez que o responsável pelo pagamento da indenização seria o segurador, não já o verdadeiro causador do dano, cujo custeio acabaria por ser suportado de forma equânime pelo agente diligente e aquele negligente.[3] O argumento, contudo, não colhe. Não é possível afirmar, matematicamente, que a adoção de comportamentos diligentes é inversamente proporcional ao crescimento da contratação de seguros de responsabilidade civil. Ademais, o próprio setor de seguros dispõe de mecanismos próprios capazes de controlar o suposto risco de aumento de condutas deliberadamente menos cautelosas, como as chamadas sanções positivas, das quais são exemplos os bônus e as alíquotas diferenciadas, oferecidas ao segurado diligente.[4]

Previsão legal

No Brasil, o Código Civil de 2002 regulou o seguro de responsabilidade civil no art. 787, que o definiu como o contrato por meio do qual "o segurador garante o pagamento de perdas e danos devidos pelo segurado a terceiro".

Em 9 de dezembro de 2024 foi publicada a Lei nº 15.040, que alterou normas de seguro privado e revogou dispositivos do Código Civil.[5] O art. 134 da referida lei previu o prazo de 1 (um) ano de *vacatio legis*, pelo que, até o dia 9 de dezembro de 2025, permanecem em vigor as regras constantes do Código Civil. Nos termos do art. 98 da referida lei, "o seguro de responsabilidade civil garante o interesse do segurado contra os efeitos da imputação de responsabilidade e do seu reconhecimento, assim como o dos terceiros prejudicados à indenização". A despeito da alteração redacional, ambos os dispositivos preveem que o segurador se obriga a cobrir o risco de nascimento da obrigação de indenizar terceiros pelos danos decorrentes de fatos previstos

---

2 Gustavo Tepedino, O problema da causalidade no seguro obrigatório por danos pessoais causados por veículos automotores de via terrestre (DPVAT), In: Luiz Tavares Pereira Filho (Coord.). *DPVAT*: um seguro em evolução – O Seguro DPVAT visto por seus administradores e pelos juristas, Rio de Janeiro: Renovar, 2013, pp. 311-312.

3 Confira-se, nesse sentido, Fernando Noronha, *Direito das obrigações,* São Paulo: Saraiva, 2003, pp. 547-548.

4 Anderson Schreiber, *Novos paradigmas da responsabilidade civil*: da erosão dos filtros da responsabilidade civil à diluição dos danos, São Paulo: Atlas, 2007, pp. 230-231.

5 Para análise das alterações, cfr. o cap. 11 – Parte II (dedicado ao 'Contrato de Seguro') do volume 3 destes Fundamentos do Direito Civil.

no contrato, por cujas consequências é o segurado civilmente responsável. Trata-se de subespécie de seguro de dano,[6] cujo elemento essencial é a assunção, pelo segurador, do risco que gravita o segurado de ser obrigado a indenizar terceiros pelos danos provenientes de certo fato contratualmente previsto.

Danos intencionalmente causados

As apólices costumam excluir o risco relacionado a danos intencionalmente causados a terceiro.[7] Em verdade, ainda que tal cobertura seja pactuada pelas partes, dispôs o Código Civil que o contrato será nulo, por previsão do art. 762, regra mantida no inciso II do parágrafo único do art. 10 da Lei nº 15.040/2024.[8] E está correto que assim o seja: não se pode admitir a contratação de seguro para dar cobertura a danos causados por dolo, a uma porque o objeto é ilícito, a duas por falta-lhe o elemento aleatório, essencial a todo contrato de seguro.

A nulidade não alcança, todavia, o seguro relativo a ato culposo, qualquer que seja o grau de culpa incorrido. Posto "a distinção entre dolo e culpa esteja superada para fins de configuração da responsabilidade civil, aqui, a diferença importa. De fato, as regras do art. 762 do Código Civil, bem como do art. 10, parágrafo único, inciso II da Lei nº 15.040/2024 são precisas ao definir que não se pode celebrar seguro para cobrir risco proveniente de *ato doloso* do segurado, figura que com a culpa grave não se confunde".[9] E faz sentido que assim o seja, afinal, "a culpa grave não interfere na aleatoriedade ou incerteza que deve caracterizar o risco no contrato de seguro".

Dever de informar do segurado

Os parágrafos do art. 787 do Código Civil especificaram regra genericamente prevista no art. 771, que impõe ao segurado o dever de participar ao segurador o sinistro, logo que o saiba, sob pena de perder o direito à indenização. A regra, a toda

---

6 Sobre seguro de dano, remete-se o leitor para o Capítulo XII do Volume de Contratos em espécie, destes *Fundamentos.*

7 Destaca-se em doutrina a existência de diversos tipos de apólices possíveis ao seguro de responsabilidade civil, veja-se: "a) à base de ocorrência (*occurence-basis*): o contrato cobre as consequências patrimoniais advindas de danos ocorridos durante a vigência do contrato e reclamadas dentro de determinado prazo (ou mesmo a qualquer tempo, conforme o contrato); b) à base de reclamação feita *(claims made*): o contrato cobre as consequências patrimoniais, advindas de reclamações de terceiros, apresentadas durante a vigência do contrato (ainda que os danos tenham ocorrido anteriormente à vigência do contrato no limite de tempo convencionado pelas partes); c) Há ainda, em mercados mais desenvolvidos, contratos do tipo 'ato cometido'. Por meio deles o segurador se compromete a indenizar o segurado pelos prejuízos relativos a reparações patrimoniais decorrentes de responsabilidade civil por ações ou omissões praticadas durante a vigência do contrato (assim, pouco importa que o dano ocorra durante a vigência do contrato)" (Frederico Eduardo Zenedin Glitz, In: Antonio Carlos Teixeira (coord.*), Responsabilidade civil, garantia,* Universidade Federal do Paraná. Faculdade de Direito. Núcleo de Estudos do Direito Civil do Seguro, Rio de Janeiro: Funenseg, 2001, pp. 49-50).

8 "Art. 10. O contrato pode ser celebrado para toda classe de risco, salvo vedação legal. Parágrafo único. São nulas as garantias, sem prejuízo de outras vedadas em lei: I – de interesses patrimoniais relativos aos valores das multas e outras penalidades aplicadas em virtude de atos cometidos pessoalmente pelo segurado que caracterizem ilícito criminal; e II – contra risco de ato doloso do segurado, do beneficiário ou de representante de um ou de outro, salvo o dolo do representante do segurado ou do beneficiário em prejuízo desses."

9 Aline de Miranda Valverde Terra, Bernardo Salgado, Comentários ao art. 762 do Código Civil. In: Ilan Goldberg, Thiago Junqueira (coord.), *Direito dos seguros:* comentários ao Código Civil, Rio de Janeiro: Forense, 2023, p. 189.

evidência, concretiza o dever do informar do segurado, e visa permitir que o segurador acautele seus interesses, adotando as medidas necessárias à minimização das consequências danosas do sinistro. A Lei nº 15.040/2024, a seu turno, previu no *caput* do art. 100, o dever de o segurado colaborar com a seguradora e não praticar atos em detrimento dela, sob pena de responder pelos prejuízos a que der causa. Os incisos do referido dispositivo preveem especificações do referido dever de colaborar, impondo ao segurado; "informar prontamente a seguradora das comunicações recebidas que possam gerar reclamação futura"; "fornecer os documentos e outros elementos a que tiver acesso e que lhe forem solicitados pela seguradora"; "comparecer aos atos processuais para os quais for intimado"; e "abster-se de agir em detrimento dos direitos e das pretensões da seguradora".[10]

Confissão, transação ou pagamento pelo segurado

Além disso, deve o segurado dar ciência ao segurador da ação eventualmente proposta com vistas à indenização da vítima. O § 2º do art. 787 do Código Civil proíbe o segurado de "reconhecer sua responsabilidade ou confessar a ação, bem como transigir com o terceiro prejudicado, ou indenizá-lo diretamente, sem anuência expressa do segurador" que, afinal de contas, é quem efetivamente deve responder; se o fizer, perde o segurado o direito à indenização securitária, ficando pessoalmente responsável perante o terceiro, sem direito a reembolsar-se do que despender. A jurisprudência do Superior Tribunal de Justiça, no entanto, vinha cuidado de mitigar o rigor da norma, entendendo que a melhor interpretação do referido parágrafo 2º é aquela segundo a qual o segurado não perderá o direito à indenização securitária ou ao reembolso "se tiver agido com probidade e de boa-fé".[11] Nessa direção, "a perda da garantia securitária apenas se dará em caso de prejuízo efetivo ao ente segurador, a exemplo de fraude (conluio entre segurado e terceiro) ou de ressarcimento de valor exagerado (superfaturamento) ou indevido, resultantes de má-fé do próprio segurado".[12]

---

[10] "Art. 100. O responsável garantido pelo seguro que não colaborar com a seguradora ou praticar atos em detrimento dela responderá pelos prejuízos a que der causa, cabendo-lhe: I – informar prontamente a seguradora das comunicações recebidas que possam gerar reclamação futura; II – fornecer os documentos e outros elementos a que tiver acesso e que lhe forem solicitados pela seguradora; III – comparecer aos atos processuais para os quais for intimado; IV – abster-se de agir em detrimento dos direitos e das pretensões da seguradora."

[11] STJ, 3ª T., REsp 1.604.048/RS, Rel. Min. Nancy Andrighi, julg. 25.5.2021. Lê-se, ainda, na ementa: "Apesar do caráter protetor da norma, a sua inobservância, por si só, não implicará perda automática da garantia/reembolso para o segurado, porque além de o dispositivo legal em questão não prever, expressamente, a consequência jurídica ao segurado pelo descumprimento do que foi estabelecido, os contratos de seguro devem ser interpretados com base nos princípios da função social do contrato e da boa-fé objetiva". Sobre o tema, veja-se: Renata Steiner, Seguro de responsabilidade civil: efeitos do acordo entre segurado e vítima sem participação do segurador, n. 4, 2022. In: *AGIRE | Direito Privado em Ação*. Disponível em: https://agiredireitoprivado.substack.com/p/4-seguro-de-responsabilidade-civil?utm_source=publication-search. Acesso em 18.nov.2024.

[12] STJ, 3ª T., REsp 1.133.459/RS, Rel. Min. Ricardo Villas Bôas Cueva, julg. 21.8.2014. Lê-se, ainda, na ementa: "Se não há demonstração de que a transação feita pelo segurado e pela vítima do acidente de trânsito foi abusiva, infundada ou desnecessária, mas, ao contrário, sendo evidente que o sinistro de fato aconteceu e o acordo realizado foi em termos favoráveis tanto ao segurado quanto à seguradora, não há razão para erigir a regra do art. 787, § 2º, do CC em direito absoluto a afastar o ressarcimento do segurado". No mesmo sentido: TJSP, 35ª CDPriv., Ap. Cív. 1026514-27.2018.8.26.0071, Rel. Des. Guilherme Leme, julg. 24.1.2020.

Ao propósito, a Lei nº 15.040/2024 repetiu a proibição constate do Código Civil, e se limitou a estabelecer, no art. 101, que "quando a pretensão do prejudicado for exercida exclusivamente contra o segurado, este será obrigado a cientificar a seguradora, tão logo seja citado para responder à demanda, e a disponibilizar os elementos necessários para o conhecimento do processo". O parágrafo único do mesmo dispositivo, a seu turno, previu a possibilidade de o segurado "chamar a seguradora a integrar o processo, na condição de litisconsorte, sem responsabilidade solidária".[13] Destaque-se, ainda, o art. 106 da Lei nº 15.040/2024, que dispôs sobre a possibilidade de a seguradora praticar transação com os prejudicados, o que não implicará, contudo, o reconhecimento de responsabilidade do segurado.[14]

Insolvência do segurador

Seja como for, importa ressaltar que, nos termos do § 4º do art. 787 do Código Civil, o seguro de responsabilidade civil não exclui a responsabilidade do segurado perante o terceiro na hipótese de o segurador tornar-se insolvente.

Por fim, cumpre pontuar que o Código Civil estabeleceu que a pretensão do segurado contra o segurador no caso de seguro de responsabilidade civil prescreve em 1 (um) ano, contado o prazo da data em que é citado para responder à ação de indenização proposta pelo terceiro prejudicado. Na hipótese de o segurado indenizar o terceiro, conta-se o prazo desta data, com anuência da seguradora (CC, art. 206, § 1º, II). Por outro lado, determinou o Código de 2002 que prescreve 3 (três) anos a pretensão do beneficiário contra o segurador, e a do terceiro prejudicado, no caso de seguro de responsabilidade civil obrigatório (CC, art. 206, § 3º, IX).

Quanto aos prazos prescricionais, contudo, cumpre mencionar que a Lei nº 15.040/2024 trouxe alterações importantes, que impactam o seguro de responsabilidade civil. Em síntese, a Lei de 2024 revoga o art. 206, § 1º, II, do Código Civil, e prevê novas regras sobre a matéria. Em especial, sobre a pretensão do segurado para exigir indenização, capital, ou quaisquer quantias da seguradora, manteve-se o prazo prescricional de 1 (um) ano e previu-se que o termo *a quo* é a "ciência da recepção da recusa expressa e motivada da seguradora", nos termos do inciso II do art. 126. O inciso I do mesmo dispositivo também previu o prazo prescricional de 1 (um) ano para: "a) a pretensão da seguradora para a cobrança do prêmio ou qualquer outra pretensão contra o segurado e o estipulante do seguro; b) a pretensão dos intervenientes corretores de seguro, agentes ou representantes de seguro e estipulantes para a cobrança de suas remunerações; c) as pretensões das cosseguradoras entre si; d) as pretensões entre seguradoras, resseguradoras e retrocessionárias". Nesses casos, todavia, o termo *a quo* do prazo é a "ciência do respectivo fato gerador". Por fim, o

[13] "Art. 101. Quando a pretensão do prejudicado for exercida exclusivamente contra o segurado, este será obrigado a cientificar a seguradora, tão logo seja citado para responder à demanda, e a disponibilizar os elementos necessários para o conhecimento do processo. Parágrafo único. O segurado poderá chamar a seguradora a integrar o processo, na condição de litisconsorte, sem responsabilidade solidária."

[14] "Art. 106. Salvo disposição em contrário, a seguradora poderá celebrar transação com os prejudicados, o que não implicará o reconhecimento de responsabilidade do segurado nem prejudicará aqueles a quem é imputada a responsabilidade."

art. 126, inciso III estabeleceu que prescreve em "3 (três) anos, contados da ciência do respectivo fato gerador, a pretensão dos beneficiários ou terceiros prejudicados para exigir da seguradora indenização, capital, reserva matemática e prestações vencidas de rendas temporárias ou vitalícias".[15]

2. SEGUROS PRIVADOS OBRIGATÓRIOS E SEGUROS FACULTATIVOS DE RESPONSABILIDADE CIVIL, E SEGURIDADE SOCIAL

Seguro obrigatório

Considerando-se a liberdade de contratar, os seguros de responsabilidade civil podem ser classificados em obrigatórios ou facultativos. Não se confundam os seguros obrigatórios com os seguros sociais. Mesmo os seguros privados podem ser obrigatórios, sendo sua contratação imposta por lei. Isso ocorre, sobretudo, quando o Estado deseja oferecer proteção qualificada a terceiros diante de certa atividade exercida pelo segurado, normalmente caracterizada por seu elevado potencial danoso, seja no que tange à maior quantidade de danos infligidos, seja em razão de sua especial gravidade, seja em razão da relevância do bem jurídico lesionado. Nessas situações, entendeu o legislador que atribuir à autonomia privada a opção de contratar, ou não, seguros privados, implicaria deixar parte das vítimas irressarcidas, ou inadequadamente ressarcidas, pelo que passou a impor ao agente a obrigação de contratá-lo. Nota-se, com efeito, que a obrigatoriedade do seguro é estabelecida no interesse de terceiros, não já do causador do dano.

Previsão legal

Sem prejuízo de legislação especial – exemplo da Lei nº 6.453/77, que prevê a obrigatoriedade do seguro de responsabilidade civil do operador de instalação nuclear – o art. 20 do Decreto-lei nº 73/66, o qual dispõe sobre o Sistema Nacional de Seguros Privados, impõe a contratação de diversos seguros, dentre os quais merecem destaque os seguros de: "a) danos pessoais a passageiros de aeronaves comerciais; b) responsabilidade civil do proprietário de aeronaves e do transportador aéreo; c) responsabilidade civil do construtor de imóveis em zonas urbanas por danos a pessoas ou coisas; (...) h) incêndio e transporte de bens pertencentes a pessoas jurídicas, situados no País ou nele transportados; (...) m) responsabilidade civil dos transportadores terrestres, marítimos, fluviais e lacustres, por danos à carga transportada".

[15] "Art. 126. Prescrevem: I – em 1 (um) ano, contado da ciência do respectivo fato gerador: a) a pretensão da seguradora para a cobrança do prêmio ou qualquer outra pretensão contra o segurado e o estipulante do seguro; b) a pretensão dos intervenientes corretores de seguro, agentes ou representantes de seguro e estipulantes para a cobrança de suas remunerações; c) as pretensões das cosseguradoras entre si; d) as pretensões entre seguradoras, resseguradoras e retrocessionárias; II – em 1 (um) ano, contado da ciência da recepção da recusa expressa e motivada da seguradora, a pretensão do segurado para exigir indenização, capital, reserva matemática, prestações vencidas de rendas temporárias ou vitalícias e restituição de prêmio em seu favor; III – em 3 (três) anos, contados da ciência do respectivo fato gerador, a pretensão dos beneficiários ou terceiros prejudicados para exigir da seguradora indenização, capital, reserva matemática e prestações vencidas de rendas temporárias ou vitalícias.".

Merece nota, em especial, modalidade específica de seguro obrigatório praticado no Brasil por longo período, denominada "Seguro de Danos Pessoais por Veículos Automotores Terrestres" – DPVAT, objeto da revogada alínea "l" do art. 20 do Decreto-lei nº 73/66, que impunha a contratação de seguro de "danos pessoais causados por veículos automotores de vias terrestres e por embarcações, ou por sua carga, a pessoas transportadas ou não". Tratava-se de seguro com finalidade social, que transferia para o segurador os efeitos econômicos do risco da responsabilidade civil do proprietário de veículo automotor, independentemente da perquirição da culpa. Bastava, portanto, a prova do dano e do nexo de causalidade que o ligava ao acidente de trânsito para que se autorizasse o pagamento de indenização. Entendia a jurisprudência que referida modalidade de seguro obrigatório garantia indenização mínima à vítima, pelo que não lhe impedia de pleitear indenização suplementar ao causador do dano.[16]

Desde que extinto o seguro DPVAT em 2019, por Medida Provisória do então presidente Jair Bolsonaro, houve uma sucessão de leis voltadas a regular o seguro de danos por veículos automotores. Em maio de 2024, a Lei Complementar n. 207 revogou expressamente a Lei nº 6.194/1974 (Lei do DPVAT) e previu a volta do seguro obrigatório em 2025, sob a denominação "Seguro Obrigatório para Proteção de Vítimas de Acidentes de Trânsito" – SPVAT. Em dezembro de 2024, contudo, o presidente Luiz Inácio Lula da Silva sancionou a Lei Complementar n. 211/2024 que, revogando a Lei Complementar n. 207/2024, impediu o retorno do seguro obrigatório SPVAT.

Nesse sentido, já decidiu a 2ª Seção do STJ a respeito do DPVAT, "a configuração de um fato como acidente de trabalho, a possibilitar eventual indenização previdenciária, não impede a sua caracterização como sinistro coberto pelo seguro obrigatório DPVAT, desde que também estejam presentes seus elementos constituintes: acidente causado por veículo automotor terrestre, dano pessoal e relação de causalidade" (STJ, 2ª S., REsp 1.936.665, Rel. Min. Ricardo Villas Bôas Cueva, julg. 29.9.2022).

Os seguros facultativos de responsabilidade civil, por sua vez, são aqueles contratados espontaneamente pelos agentes potencialmente lesivos, que buscam repartir os riscos de sua atividade entre todos aqueles que atuam na mesma área. À seguradora, com efeito, é transferido de forma quase automática o ônus econômico da reparação que, ao fim e ao cabo, é diluído entre os demais atores sociais. Maximiza-se, assim, concepção que enxerga a responsabilidade civil como "técnica de

Seguro facultativo

[16] Nesse sentido, já decidiu a 2ª Seção do STJ a respeito do DPVAT, "a configuração de um fato como acidente de trabalho, a possibilitar eventual indenização previdenciária, não impede a sua caracterização como sinistro coberto pelo seguro obrigatório DPVAT, desde que também estejam presentes seus elementos constituintes: acidente causado por veículo automotor terrestre, dano pessoal e relação de causalidade" (STJ, 2ª S., REsp 1.936.665, Rel. Min. Ricardo Villas Bôas Cueva, julg. 29.9.2022).

administração justa (e não apenas eficiente) dos danos produzidos em sociedade".[17] Destaca-se, sobre a modalidade facultativa do contrato, o enunciado nº 544 aprovado na VI Jornada de Direito Civil, realizada pelo Conselho da Justiça Federal/STJ: "O seguro de responsabilidade civil facultativo garante dois interesses, o do segurado contra os efeitos patrimoniais da imputação de responsabilidade e o da vítima à indenização, ambos destinatários da garantia, com pretensão própria e independente contra a seguradora."

Normas éticas

Embora alguns agentes tenham a liberdade de contratar, ou não, seguro de responsabilidade civil, por vezes normas éticas da classe o impõem, impedindo o exercício da atividade sem a contratação do seguro. É o que ocorre, por exemplo, no âmbito de ensaios clínicos com seres humanos,[18] uma vez que, a depender da pesquisa e dos riscos envolvidos, a Comissão de Ética em Pesquisa exige a contratação do seguro como uma das condições para aprovação do protocolo de pesquisa e, consequentemente, para realização do ensaio.[19]

O contrato de seguro sofre de forma particularmente intensa os influxos do princípio da função social dos contratos, que tutela os interesses juridicamente relevantes de terceiros eventualmente atingidos pelo contrato. Consequência emblemática da função social do contrato é a flexibilização do princípio da relatividade, a permitir que o contrato produza efeitos para além das partes contratantes. Nessa direção, o Superior Tribunal de Justiça, com fundamento na função social, admitiu que terceiro prejudicado em acidente de trânsito acionasse diretamente a seguradora para pleitear a indenização securitária, a denotar a produção de efeitos do contrato de seguro para além dos contratantes em proteção aos interesses do terceiro.[20] Em 2015,

---

17 Anderson Schreiber, *Novos paradigmas da responsabilidade civil*: da erosão dos filtros da responsabilidade civil à diluição dos danos, cit., p. 222.

18 Sobre o tema, v. Paula Moura Francesconi Lemos Pereira, *Responsabilidade civil nos ensaios clínicos*, São Paulo: Foco, 2019, para quem a obrigatoriedade da contratação de seguro, nessas circunstâncias, representaria resposta adequada, à luz dos princípios constitucionais da dignidade da pessoa humana e da solidariedade social, no âmbito dos ensaios clínicos: "O seguro privado obrigatório acaba sendo a opção mais realista, pois mantém, no âmbito privado, o ônus de garantir a reparação, a despeito de o poder público manter o controle e regular esse tipo de seguro. (...) No Brasil, sugere-se a criação, por lei, de um sistema de seguro obrigatório para pesquisa clínica, mas até que este seja implementado, que haja obrigatoriedade de contratação pelos patrocinadores de seguro privado de responsabilidade civil para cobrir todos os danos decorrentes da pesquisa, independentemente se o evento danoso resultou de ato dos pesquisadores e/ou das instituições de pesquisa. Na ausência de lei específica, a contratação de seguro de responsabilidade civil deve ser uma preocupação primária do patrocinador do estudo, cabendo aos demais agentes, pesquisador e instituição de pesquisa, avaliarem também a contratação direta para cobertura de atos próprios e/ou de outros eventos adicionais. O seguro de responsabilidade civil no âmbito das pesquisas clínicas serve, portanto, para assegurar os participantes, garantindo que a vítima não fique irressarcida, além de não desestimular a pesquisa por parte dos patrocinadores, das indústrias farmacêuticas" (pp. 160 e 163).

19 A exigência decorre da Resolução nº 466/2012 do Conselho Nacional de Saúde, cujo item IV.3, "h" determina que Termo de Consentimento Livre e Esclarecido deverá conter, obrigatoriamente, "explicitação da garantia de indenização diante de eventuais danos decorrentes da pesquisa".

20 "O credor pode obter o pagamento da indenização diretamente da seguradora, desde que respeitado o limite do valor da apólice do seguro" (STJ, Decisão Monocrática, REsp. 814.437, Rel. Des. João Otávio de Noronha, julg. 29.10.2009). Havia, entretanto, decisões que apenas permitiam o

todavia, a Corte sumulou seu posicionamento por meio do enunciado 529, afastando a possibilidade de ajuizamento direto na hipótese de seguro facultativo: "no seguro de responsabilidade civil facultativo, não cabe o ajuizamento de ação pelo terceiro prejudicado direta e exclusivamente em face da seguradora do apontado causador do dano". Na mesma direção, a Lei nº 15.040/2024 dispõe que "os prejudicados poderão exercer seu direito de ação contra a seguradora, desde que em litisconsórcio passivo com o segurado" (art. 102, *caput*), dispensando-se o litisconsórcio quando o segurado não tiver domicílio no Brasil (art. 102, parágrafo único).

Apesar dos avanços recentes, fato é que o seguro privado obrigatório e o seguro facultativo de responsabilidade civil não dão conta de proteger as vítimas em todos os casos, assim como não são capazes de diluir completamente os danos entre todos aqueles que exercem a mesma atividade potencialmente lesiva. Ao que parece, apenas a adoção de um seguro social, amplo e universal, gerido pelo poder público, seria capaz de tutelar amplamente as vítimas e partilhar os efeitos patrimoniais dos danos não apenas entre os agentes econômicos, mas entre toda a sociedade, que, em verdade, é quem efetivamente se beneficia com todas as atividades desenvolvidas.[21]

Dificuldades de implementação

Evidentemente, a grande dificuldade para a implementação de semelhante solução é de ordem política e orçamentária. Por essa razão, alguns países adotam parcialmente referido sistema, restringindo-o a determinadas áreas com maior potencial danoso, a exemplo dos Estados Unidos, em que há um fundo nacional para garantir compensação financeira relativa aos danos sofridos por vítimas de efeitos colaterais de vacinas cuja administração seja recomendada pelos Centros de Controle e Prevenção de Doenças.[22]

No que tange especificamente aos eventos adversos decorrentes da vacinação contra a Covid-19, editou-se no Brasil a Lei nº 14.125/2021, cujo art. 1º autorizou a União, os Estados, o Distrito Federal e os Municípios a assumirem a responsabilidade pelos danos deles decorrentes "nos termos do instrumento de aquisição ou fornecimento de vacina celebrado, (...) desde que a Agência Nacional de Vigilância Sanitária (Anvisa) tenha concedido o respectivo registro ou autorização temporária de uso emergencial". Além disso, o § 1º do referido dispositivo previu expressamente a possibilidade de o ente federativo "constituir garantias ou contratar seguro privado, nacional ou internacional, em uma ou mais apólices, para cobertura dos riscos de que trata o *caput* deste artigo".

---

ajuizamento de ação diretamente contra a seguradora se também figurasse no polo passivo o segurado: "I. Diversamente do DPVAT, o seguro voluntário é contratado em favor do segurado, não de terceiro, de sorte que sem a sua presença concomitante no polo passivo da lide, não se afigura possível a demanda intentada diretamente pela vítima contra a seguradora. II. A condenação da seguradora somente surgirá se comprovado que o segurado agiu com culpa ou dolo no acidente, daí a necessidade de integração do contratante, sob pena, inclusive, de cerceamento de defesa. III. Recurso especial não conhecido" (STJ, 4ª T., REsp 256.424, Rel. Min. Fernando Gonçalves, julg. 29.11.2005).

21 Anderson Schreiber, *Novos paradigmas da responsabilidade civil*: da erosão dos filtros da responsabilidade civil à diluição dos danos, cit., p. 225.

22 Confira-se em: https://www.hrsa.gov/vaccinecompensation/. Acesso em: 2.10.2019.

A referida lei foi revogada em novembro de 2022 pela Lei nº 14.466. De todo modo, cumpre registrar que a eventual assunção de responsabilidade contratual pelos entes da federação e consequente exoneração do fabricante contratado seria inoponível às eventuais vítimas dos eventos adversos, que poderiam buscar reparação pelos danos sofridos tanto dos entes da federação quanto do respectivo fabricante da vacina lesiva. A cláusula contratual é *res inter alios*, e poderia apenas ser utilizada para fins de eventual exercício de direito de regresso pelo fabricante contra o ente da federação caso pagasse a indenização devida.

3. SEGURO DE RESPONSABILIDADE CIVIL DO PROFISSIONAL LIBERAL

Assiste-se, nos últimos anos, a aumento considerável de ações judiciais de responsabilidade civil ajuizadas contra profissionais liberais, a exemplo de médicos, dentistas, engenheiros, advogados, contabilistas, jornalistas,[23] dentre outros. Por essa razão, referidos profissionais têm buscado, no seguro de responsabilidade civil, também chamado de Seguro de Erros e Omissões (E&O), certa blindagem ao seu patrimônio em face de eventuais danos causados no exercício de sua atividade.

Seguro de Erros e Omissões

Sinistro

O sinistro, gatilho para o acionamento do seguro, requer, evidentemente, a configuração da responsabilidade do profissional. Cuidando-se de profissionais

[23] Conforme noticia Pedro Canário, "A imprensa brasileira tem sentido 'na pele' a profusão de ações por danos morais no país. Jornais, sites e revistas costumam ser a parte prejudicada pelo que se convencionou chamar de indústria do dano moral. Por isso, veículos de comunicação passam a se proteger por meio de seguradoras que garantam o pagamento de suas defesas judiciais e que cubram os gastos com possíveis condenações. São os seguros por responsabilidade civil para jornalistas e empresas de jornalismo, formas de garantir que erros ou omissões cometidas por repórteres e editores não causem prejuízos financeiros irreparáveis. É um segmento crescente dentro do crescente mercado de seguros de responsabilidade civil profissionais, ou seguros RC. Segundo dados da Superintendência de Seguros Privados (Susep), do Ministério da Fazenda, entre 2003 e 2012 o valor do prêmio anual desse mercado, que é o quanto as seguradoras arrecadaram, cresceu R$ 100 milhões, um salto de quase 400%. Nos mesmos dez anos, o valor dos sinistros, que é quanto as seguradoras desembolsaram, subiu de R$ 567 mil para R$ 49 milhões" (Pedro Canário, Indenizações levam jornalistas a procurar seguradoras. Consultor Jurídico, 2013. Disponível em: http://www.conjur.com.br/2013-jun-18/indenizacoes-levam-empresas-jornalismo-procurar-seguradoras. Acesso em: 2.10.2019). Recentemente, o STJ proferiu relevante decisão sobre a responsabilidade civil dos profissionais da imprensa: "Não caracteriza hipótese de responsabilidade civil a publicação de matéria jornalística que narre fatos verídicos ou verossímeis, embora eivados de opiniões severas, irônicas ou impiedosas, sobretudo quando se trate de figuras públicas que exerçam atividades tipicamente estatais, gerindo interesses da coletividade, e a notícia e crítica referirem-se a fatos de interesse geral relacionados à atividade pública desenvolvida pela pessoa noticiada. Pessoas públicas estão submetidas à exposição de sua vida e de sua personalidade e, por conseguinte, são obrigadas a tolerar críticas que, para o cidadão comum, poderiam significar uma séria lesão à honra. Assim, a crítica a pessoas públicas somente pode gerar responsabilidade civil em situações nas quais é imputada, injustamente e sem a necessária diligência, a prática de atos concretos que resvalem na criminalidade" (STJ, 4ª T., REsp. 1.729.550/SP, Rel. Min. Luis Felipe Salomão, julg. 14.5.2021). Na mesma direção, a 4ª Turma do Superior Tribunal de Justiça afirmou que "a pessoa pública deve arcar com o ônus da crítica, ainda que mais acintosa, o que pode ser até mesmo desagradável, mas que não configura crime contra a honra quando a crítica é exercida dentro dos limites da proporcionalidade e razoabilidade" (STJ, 3ª T., AgInt no AREsp 1.275.011, Rel. Min. Marco Aurélio Bellizze, julg. 8.8.2022).

liberais, impõe-se que o dano decorra de culpa do segurado, uma vez que se inserem no regime da responsabilidade subjetiva (art. 14, § 4º, do Código de Defesa do Consumidor). A conduta culposa abrange não apenas a falta técnica, mas também a violação do dever de informar bem como do dever de sigilo, ainda que não expressos no contrato, mas decorrentes da boa-fé objetiva.

Ato profissional

Verificado o sinistro, impõe-se analisar se o seguro de responsabilidade civil oferece, efetivamente, a cobertura necessária. É possível que se tenha ajustado cobertura apenas para o ato do profissional, ligado à sua área de atuação. Nessa direção, o seguro cobrirá os danos causados por desabamento da construção por má edificação e erro de projeto do engenheiro;[24] por não ter o contador efetuado a regular escrituração contábil ou os pagamentos de tributos e obrigações fiscais;[25] pela perda de prazo[26] ou prestação de contas inadequada[27] pelo advogado; pelo laudo emitido pelo psiquiatra sem que jamais tivesse tido contato com o paciente;[28] ou

---

[24] A propósito, confira-se a seguinte decisão do Superior Tribunal de Justiça: "Civil. Responsabilidade civil. Desabamento de edificação. Construção por etapas. Concorrência de culpas entre quem edificou mal uma parte da obra e quem se responsabilizou pela obra inteira perante a autoridade municipal. Quem contrata um engenheiro para levantar uma parede, ao invés de contratar um operário para empilhar tijolos, espera que esse profissional use conhecimentos técnicos e experiências para cumprir a empreitada. A lei exige que uma obra tenha responsável técnico, arquiteto ou engenheiro, na suposição de que será edificada segundo regras técnicas que garantam a segurança de pessoas e a conservação de bens. O trabalho humano tem sempre uma finalidade, que é projetada antes de ser alcançada, ou nas magníficas palavras de Marx: 'Uma aranha executa operações semelhantes às do tecelão, e a abelha envergonha mais de um arquiteto humano com a construção dos favos de suas colmeias. Mas o que distingue, de antemão, o pior arquiteto da melhor abelha é que ele construiu o favo em sua cabeça, antes de construí-lo em cera. No fim do processo de trabalho, obtém-se um resultado que já no início deste existiu na imaginação do trabalhador, e, portanto, idealmente. Ele não apenas efetua uma transformação da forma da matéria natural; realiza, ao mesmo tempo, na matéria natural seu objetivo, que ele sabe que determina, como lei, a espécie e o modo de sua atividade e ao qual tem de subordinar sua vontade' (Karl Marx. *O Capital*, vol. I, Nova Cultural: São Paulo, 1985, pp. 149-150). Consequentemente, quem quer que seja, e especialmente um engenheiro, só pode levantar uma parede se estiver convencido de que ela suportará as intempéries normais; construindo por instinto, sem estudo prévio da respectiva resistência, incorre em culpa, com a consequente responsabilidade pelo evento danoso – outro tanto ocorrendo com quem firmou perante a Municipalidade o compromisso resultante do Alvará de Construção da obra inteira. Recurso especial conhecido e provido em parte" (STJ, 3ª T., REsp 650603/MG, Rel. Min. Nancy Andrighi, Rel. p/ Acórdão Ministro Ari Pargendler, julg. 3.4.2007).

[25] No sentido de responsabilizar o contador por não ter efetuado a regular escrituração contábil nem os pagamentos de tributos e obrigações fiscais do cliente: TJRS, 9ª C.C., Ap. Cív. n. 70020527602, Rel. Des. Marilene Bonzanini Bernardi, julg. 23.4.2008.

[26] Reconhece a responsabilidade do advogado pela perda de prazo: TJRJ: 18ª C.C., Ap. Cív. 2009.001.64551, Rel. Des. Pedro Freire Raguenet, julg. 10.11.2009; TJRJ, 8ª C.C., Ap. Cív. 2005.001.31000, Rel. Des. Custódio Tostes, julg. 14.2.2006.

[27] Para as hipóteses de atraso, ausência ou apropriação de valores, veja-se: TJRJ, 17ª C.C., Ap. Cív. 2008.001.00005, Rel. Des. Henrique de Andrade Figueira, julg. 02.4.2008. Para prestação insuficiente de contas: TJRS, 12ª C.C., Ap. Cív. 70010636827, Des. Naele Ochoa Piazzeta, julg. 19.5.2005. Para apropriação de valores do mandante: TJRS, 10ª C.C., Ap. Cív. 70000481762, Rel. Des. Luiz Ary Vessini de Lima, julg. 18.5.2000.

[28] O Tribunal de Justiça do Estado do Rio Grande do Sul apreciou demanda em que o autor alegava que um médico psiquiatra havia emitido laudo psiquiátrico a seu respeito com "comentários caluniosos, injuriosos e difamatórios acerca da sua personalidade, causando-lhe constrangimento e humilhação", sendo que ele jamais havia tido qualquer contato com o profissional. O médico alegou

pela ausência de supervisão pelo engenheiro-agrônomo da execução de transplante vegetal.[29]

Imóvel e equipamentos

Afigura-se possível, ainda, que a cobertura se refira exclusivamente a acidentes relacionados ao imóvel no qual o profissional liberal exerce suas atividades, a exemplo de clínicas, consultórios e escritórios, podendo abarcar os equipamentos utilizados para a prestação dos serviços.[30]

Custos de restituição de imagem

Uma última possibilidade de cobertura resguarda o segurado dos danos que lhe *são causados em razão de sua própria prática lesiva.* Trata-se da cobertura referente aos chamados custos de *gerenciamento de crise,*[31] ou *custos de restituição de imagem*, assim entendidos, por exemplo, "os honorários, gastos e outras despesas razoáveis que o Segurado tenha incorrido, com o prévio consentimento por escrito da Seguradora, para a contratação de serviços profissionais externos de relações públicas (incluindo o custo de eventuais comunicados ou publicações), com o objetivo de reparar os danos causados à reputação do Segurado como consequência

---

que o laudo fora elaborado com base em fatos narrados pela tia do autor da demanda judicial, esta sim sua paciente. O Tribunal entendeu que "age de forma ilícita, e deve responder pelos danos causados por seu ato, o médico psiquiatra que, sem qualquer contato com a parte, que não era sua paciente, emite parecer em laudo psiquiátrico fornecido a terceiro, que é seu paciente, no qual faz afirmações que agridem a honra de outrem" (TJRS, 10ª C.C., Ap. Cív. 70015018351, Rel. Des. Paulo Roberto Lessa Franz, julg. 26.10.2006).

29 Foi, precisamente, o que se reconheceu no seguinte julgado: TJRS, 6ª C.C., Ap. Cív. 70040669921, Rel. Des. Ney Wiedemann Neto, julg. 28.4.2011.

30 Destaque-se, a propósito, que a responsabilidade do profissional liberal pelo fato da coisa é objetiva, como se reconheceu no Enunciado 460, do Conselho da Justiça Federal: "A responsabilidade subjetiva do profissional da área da saúde, nos termos do art. 951 do Código Civil e do art. 14, § 4º, do Código de Defesa do Consumidor, não afasta a sua responsabilidade objetiva pelo fato da coisa da qual tem a guarda, em caso de uso de aparelhos ou instrumentos que, por eventual disfunção, venham a causar danos a pacientes, sem prejuízo do direito regressivo do profissional em relação ao fornecedor do aparelho e sem prejuízo da ação direta do paciente, na condição de consumidor, contra tal fornecedor".

31 Fernanda Nunes Barbosa, O seguro de responsabilidade civil do profissional liberal: desenvolvimento e atualidades, p. 368. In: Gisela Sampaio da Cruz Guedes; Maria Celina Bodin de Moraes (coord.), *Responsabilidade civil dos profissionais liberais,* Rio de Janeiro: Forense, 2016, pp. 349-379. "O ressarcimento coberto pelo seguro de responsabilidade abrange não apenas a reparação do dano, mas de todos os seus acessórios atinentes ao fato, assim como despesas para reclamação da indenização, sejam judiciais ou extrajudiciais, nos limites ajustados na apólice" (Pontes de Miranda, *Tratado de direito privado,* t. XLVI, São Paulo: Editora Revista dos Tribunais, 2012, p. 116). Sobre a matéria, prossegue o autor: "A introdução do segurador na relação jurídica processual acarreta a vinculação a custas e despesas. De regra, as custas e despesas judiciais correm por conta do contraente, quer êsse se afaste, de fato, do processo, quer outorgue todos os podêres ao segurador; salvo se foi o segurador que causou, com atos inúteis ou contra-indicados, o excesso de custas e despesas. Se houve cláusula quanto a correrem por conta do segurador as custas e despesas, apenas há relação jurídica com o contraente e o segurador. Se a demanda do terceiro é julgada improcedente, no todo ou em parte, com res iudicata, as despesas e custas que advierem da entrada do segurador na relação processual, são do segurador, porque então é caso de aplicação do art. 1.461" (p. 126). Tal risco decorre diretamente do papel preponderantemente social exercido pelo contrato de seguro, quer em sua concepção obrigatória, quer em sua concepção facultativa, ostentando função dupla: "evita a quebra do causador do dano, em se tratando de uma empresa (o segurado), e ressarce a vítima de maneira garantida" (Walter A. Polido, *Contrato de seguro:* novos paradigmas, São Paulo: Editora Roncarati, 2010, p. 222).

de uma Reclamação, sempre que o referido dano tenha objetivamente ocorrido na sequência de informações divulgadas através de meios de comunicação ou de dados divulgados em qualquer outro meio de acesso público".[32]

Exclusões

Como ocorre em todas as modalidades de seguro, das apólices de cada espécie de seguro de responsabilidade civil consta rol de exclusões de cobertura, o que não viola os arts. 25 e 51 do Código de Defesa do Consumidor e tampouco os arts. 423 e 424 do Código Civil, desde que referidas limitações não desvirtuem a natureza específica do negócio.[33]

Exclusões genéricas

De forma geral, alguns riscos costumam ser excluídos das apólices de seguro de profissionais liberais, tais como erros por dolo, ou seja, com intenção de prejudicar; fraude ou má-fé; descumprimento do código de conduta da atividade profissional; erros ou omissões cometidos no exterior ou submetidos à legislação estrangeira; reconhecimento da responsabilidade ou acordos com a parte prejudicada, sem a concordância da seguradora; reclamações decorrentes de assédio sexual; quebra de sigilo profissional; e reclamações relacionadas a qualquer tipo de discriminação, como racial ou sexual.

---

32 Condições gerais do seguro de responsabilidade civil profissional para escritórios de advocacia (https://www.aig.com.br/content/dam/aig/lac/brazil/documents/brochure/condicoes-gerais-linhas-financeiras-advocacia-rcpsolutions-brochure.pdf. Acesso em 02.10.2019). Na mesma direção, sobre os custos de restituição de imagem (item 2.11): https://www.portoseguro.com.br/NovoInstitucional/static_files/CGs/responsabilidade_civil/Profissional/CG%20ESPECIAL%20AGENTES%20DE%20VIAGENS.pdf. Acesso em 21.10.2019. No exemplo, não constituem situações passíveis de restituição de imagem a mera "publicação do nome, razão social, nome fantasia, CPF ou CNPJ do segurado associado a uma Reclamação em diários oficiais, boletins, sítios físicos ou eletrônicos de consulta de andamento de trâmites do judiciário".

33 A propósito, a Quarta Turma do Superior Tribunal de Justiça proferiu decisão segundo a qual a restrição da cobertura do seguro às situações específicas de invalidez por acidente decorrente de "qualquer tipo de hérnia e suas consequências", "parto ou aborto e suas consequências", "perturbações e intoxicações alimentares de qualquer espécie, bem como as intoxicações decorrentes da ação de produtos químicos, drogas ou medicamentos, salvo quando prescritos por médico devidamente habilitado, em decorrência de acidente coberto" e "choque anafilático e suas consequências" não contraria a natureza do contrato de seguro nem esvazia seu objeto, apenas delimita as hipóteses de não pagamento do prêmio. Relator do recurso, o ministro Antonio Carlos Ferreira afirmou que é da própria natureza do contrato de seguro que sejam previamente estabelecidos os riscos cobertos, a fim de que exista o equilíbrio atuarial entre o valor pago pelo consumidor e a indenização de responsabilidade da seguradora, caso ocorra o sinistro (STJ, 4ª T., REsp 1.358.159/SP, Rel. Min. Antonio Carlos Ferreira, julg. 8.6.2021). Confira-se, de outro lado, decisão da Terceira Turma, que considerou abusiva a exclusão do seguro de acidentes pessoais em contrato de adesão para hipóteses de gravidez, parto ou aborto; perturbações e intoxicações alimentares; intercorrências e complicações da realização de exames e tratamentos clínicos ou cirúrgicos. Na ocasião, afirmou-se que "inserir cláusula de exclusão de risco em contrato padrão, cuja abstração e generalidade abarquem até mesmo as situações de legítimo interesse do segurado quando da contratação da proposta, representa imposição de desvantagem exagerada ao consumidor, por confiscar-lhe justamente o conteúdo para o qual se dispôs ao pagamento do prêmio" (STJ, 3ª T., REsp 1635238/SP, Rel. Min. Nancy Andrighi, julg. 11.12.2018, publ. *DJe* 33.12.2018). Nessa direção, interessante destacar que o STJ tem entendimento de que as cláusulas limitativas do direito do segurado devem constar em destaque (STJ, 3ª T., REsp 774.035/MG, Rel. Min. Humberto Gomes de Barrosm, julg. 21.11.2006, publ. *DJ* 5.2.2007).

Profissionais da saúde

Ao lado das referidas exclusões genéricas, há aquelas relativas aos seguros de cada profissional liberal. Nessa direção, no que tange aos profissionais da área de saúde, observa-se a exclusão dos riscos relativos a danos estéticos; danos decorrentes de uso incorreto de equipamentos ou de equipamentos defeituosos e de medicamentos com data de validade vencida; danos causados por recusa de atendimento a pacientes ou acidentados em situações de emergência; decorrentes de contaminação provocada por transfusão de sangue, quando não forem tomados todos os cuidados exigidos; reclamações fundamentadas em danos genéticos.

Engenheiros, arquitetos e geólogos

Em relação aos profissionais das áreas de engenharia, arquitetura e geologia, excluem-se, de regra, os riscos ligados a reclamações baseadas na infração de direitos autorais, títulos, slogans, patentes, marcas registradas, segredos comerciais ou industriais; acidentes causados pela ação contínua de temperatura, umidade, infiltração, vibração, poluição, contaminação e vazamento; projetos proibidos por leis ou regulamentos; atraso de cronogramas físicos ou financeiros; danos decorrentes do uso de equipamentos defeituosos; obras, instalações e montagens em plataformas de petróleo (existem coberturas específicas para esse risco); e desrespeito ao mapeamento da região.

Profissionais jurídicos

No que tange aos profissionais da área jurídica, destacam-se as seguintes exclusões: atos ilícitos dolosos ou por culpa grave equiparável ao dolo, praticados pelo segurado, pelo beneficiário ou pelo representante de um ou de outro; reclamações decorrentes de falhas por parte do segurado relativas à prévia avaliação de custos e honorários dos serviços profissionais; perdas de prazo, perda de chance, quebra de sigilo profissional, extravio de documentos; reclamações por descumprimento de obrigações trabalhistas; responsabilização em *due deligence* para tomadas de decisão estratégicas, erros de pareceres; reclamações baseadas em infrações de direitos autorais, direitos sobre banco de dados e direitos de propriedade intelectual, de modo geral; calúnia, difamação e injúria, dentre outros.[34]

Agravamento do risco

Há, ainda, previsões que afastam ou restringem a cobertura diante do agravamento do risco. Nessa direção, uma das questões mais delicadas é identificar em que situações o uso de novas técnicas pode caracterizar referido agravamento, a afastar a cobertura.[35] No âmbito dos seguros de profissionais da área de saúde, por

---

34 Sobre o tema, v. Fernanda Nunes Barbosa, *O seguro de responsabilidade civil do profissional liberal: desenvolvimento e atualidades*, cit., p. 371.

35 Hipóteses corriqueiramente consideradas agravamento do risco associado ao uso de novas técnicas são as decorrentes da prestação de serviços e tratamentos da área médica não reconhecidos pela ciência médica ou não permitidos conforme os padrões aceitos para a prática da especialidade segurada: "7.23. atos médicos, odontológicos ou demais atividades da área da saúde praticadas com técnica, medicamentos e/ou equipamentos não reconhecidos pela ciência médica e/ou órgãos competentes e, ainda, os atos médicos envolvendo técnicas experimentais (...)" (Apólice Uimed, Unimed RCP – Seguro de Responsabilidade Civil Profissional para médicos, dentistas e outros profissionais da saúde, versão 17.7.2019). No caso dos advogados, é possível destacar danos causados pela utilização de técnicas de serviços que estejam em fase de experiência ou que tenham sido testados de acordo com normas específicas em vigor. Disponível em: https://www.allianz.com.br/documents/11001446/11553900/Especifica%C3%A7%C3%A3o+ADVOGADOS+Padr%C3%A3o.

exemplo, as apólices tendem a excluir os riscos ligados a testes com medicamentos ainda não aprovados pelos órgãos competentes, assim como ocorre nos contratos celebrados por profissionais das áreas de engenharia e arquitetura, em que se afasta a cobertura pelos riscos decorrentes do emprego de materiais experimentais nas construções.[36]

4. SEGURO DE RESPONSABILIDADE CIVIL NO ÂMBITO DA INDÚSTRIA DO ENTRETENIMENTO

Ao lado do seguro de responsabilidade civil dos profissionais liberais, outro nicho em que o mercado securitário tem se desenvolvido significativamente[37] é o da indústria do entretenimento. Financiadores, investidores e distribuidores de filmes frequentemente exigem o Seguro de Erros e Omissões, a fim de se resguardarem contra reclamações por violação de patentes ou direitos autorais, dano à privacidade,

---

pdf/2737c711-434d-427b-f89c-f285a3e5da80, em cujo item 6.26 se destaca como risco excluído: "danos causados por inobservância voluntária às normas da associação brasileira de normas técnicas, e/ou disposições específicas de outros órgãos competentes que se apliquem à *atividade profissional* do *segurado*, assim como o uso de técnicas experimentais não aprovadas pelos órgãos competentes" (Apólice Allianz, Allianz Responsabilidade Civil Profissional-Advogados, Nov/2016). Em jurisprudência, v.: TJMG, 18ª C.C., Ap. Cív. 1.0000.18.011922-4/001, Rel. Des. Sérgio André da Fonseca Xavier, julg. 10.4.2018, publ. *DJe* 11.4.2018; TJMG, C.C., Ap. Cív. 2.0000.00.349290-8/000, Rel. Des. Nepomuceno Silva, j. 21.5.2002, *DJe* 8.6.2002.

36 "Despesas com a substituição parcial ou integral do produto utilizado pelo segurado para a realização dos trabalhos, serviços ou obras. Também, estão excluídos os danos decorrentes da utilização de produtos que se encontrem em fase de experiência ou por métodos de trabalho ainda não experimentados ou aprovados" (Apólice Zurich, Condições Contratuais Zurich – Responsabilidade Civil Geral – Seguro a base de ocorrência, versão junho/2015. Disponível em: https://www.zurich.com.br/_/media/dbe/brazil/docs/rc-geral/condio-geral-processo-susep-15414900746201353-vigncia--de-25062015-at-25082015.pdf?la=pt-br&hash=CD6387793A4E6A113F7FD676D7658EB686D1794C).

37 O desenvolvimento do nicho securitário voltado à responsabilidade civil é tamanho que as discussões se renovam, inclusive em termos de proteção autoral de ideias, projetos e planos de criação de novos seguros. A título de exemplo, destaque-se decisão do STJ em que se discutia a possibilidade de incidência da Lei de Direitos Autorais em situação que envolveu a recusa da seguradora de parceria com a corretora de seguros que havia desenvolvido seguro inédito (ambiental) para fins de comercializar apólice similar àquela nova e recém inventada. A controvérsia girou em torno de ter ou não havido concorrência desleal por desvio de clientela e uso de conhecimentos e informações sigilosas. Na ocasião, amparando-se no princípio da liberdade de ideias, afirmou a Terceira Turma que: "Não há proteção autoral ao contrato por mais inovador e original que seja; no máximo, ao texto das cláusulas contido em determinada avença (isto é, à expressão das ideias, sua forma literária ou artística), nunca aos conceitos, dispositivos, dados ou materiais em si mesmos (que são o conteúdo científico ou técnico do Direito). A Lei de Direitos Autorais não pode tolher a criatividade e a livre iniciativa, nem o avanço das relações comerciais e da ciência jurídica, a qual ficaria estagnada com o direito de exclusividade de certos tipos contratuais. É possível a coexistência de contratos de seguro com a mesma temática (seguro de responsabilidade civil com cobertura para danos ambientais em transporte de cargas), comercializados por corretoras e seguradoras distintas sem haver violação do direito de autor. Licitude do aproveitamento industrial ou comercial das ideias contidas nas obras sem ocorrer infração à legislação autoral, sendo livre o uso, por terceiros, de ideias, métodos operacionais, temas, projetos, esquemas e planos de negócio, ainda que postos em prática, para compor novo produto individualizado, não podendo ser exceção a exploração de determinado nicho no mercado securitário, que ficaria refém de eventual monopólio" (STJ, 3ª T., REsp 1627606, Rel. Min. Ricardo Villas Bôas Cueva, julg. 2.5.2017, publ. *DJe* 5.5.2017).

difamação, plágio e outras violação especificadas nas apólices ligadas ao uso de obras literárias, musicais ou de outros materiais na produção.[38]

Para a celebração do contrato de seguro e assunção dos respectivos riscos, as seguradoras exigem que todas as autorizações e liberações, principalmente de titularidade, sejam previamente obtidas pelo segurado.[39] Recomenda-se a contratação desse seguro antes da primeira exibição da produção. São comuns também cláusulas que obrigam as apólices de seguro a manter todos os coprodutores como beneficiários da cobertura contratada. A título de exemplo, o seguro de erros e omissões seria acionado no caso de "o filme coproduzido ser distribuído por meio de comercialização proibida em contrato estabelecido com o ator principal da obra, e quando tal proibição não for do conhecimento do coprodutor que autorizou a distribuição por aquela modalidade".[40]

Entre os riscos excluídos normalmente de contratos de seguro de responsabilidade no âmbito da indústria do entretenimento, encontram-se: reclamações resultantes de danos ambientais; de falha ou mau funcionamento de qualquer equipamento de tecnologia, programa de computador, sistema de computação e/ou transferência eletrônica de dados, armazenamento de dados, ataques cibernéticos, hackers, trojans, malwares e vírus; bem como de quebra de confidencialidade de dados pessoais ou informações confidenciais ou sigilosas que sejam de responsabilidade do Segurado.

---

38 Sobre o Seguro de Erros e Omissões para Produtores de Audiovisuais, a apólice normalmente cobre filmes publicitários, comerciais, industriais, institucionais; educacionais, corporativos, apresentações, videoclipes musicais, curtas-metragens, pequenas produções, *webisodes*. De modo geral, esse tipo de seguro protege a empresa de produção de filme publicitário de processos judiciais que envolvem o uso não autorizado de nomes, nomes comerciais, marcas, títulos, formatos, ideias, personagens, nomes de personagens, caracterizações, gráficos, composições musicais, performances, *slogans*. Além disso, cobrem reclamações que envolvam a violação de contrato implícito ou implícito decorrente da alegada submissão de material literário, dramático, musical ou outro material similar ou violação de confiança ou privacidade, calúnia ou outras formas de difamação e violação de direitos autorais (Disponível em: http://www.affinite.com.br/audiovisual/#1517947960067-0085e12a-40d8. Acesso em: 23.10.2019).

39 "Além das cláusulas determinando o compartilhamento de informação e de decisões em contratos com terceiros que contenham cláusulas que possam ser prejudiciais aos coprodutores, ou à comercialização do filme, uma outra alternativa comumente adotada é a obrigação dos coprodutores contratarem certos seguros de responsabilidade civil que amparem acidentes e outros sinistros havidos durante o processo de produção, incluindo seguros que resguardem os coprodutores no caso de problemas envolvendo direitos autorais incidentes sobre o conteúdo da obra audiovisual até direitos da personalidade relacionados a terceiros no caso de obras baseadas em fatos reais. Esses últimos são seguros conhecidos como 'erros e omissões'" (Rodrigo Kopke Salinas, *O contrato de coprodução audiovisual*. Dissertação apresentada à Escola de Direito de São Paulo da Fundação Getúlio Vargas, São Paulo, 2016, p. 149. Disponível em: https://bibliotecadigital.fgv.br/dspace/bitstream/handle/10438/17256/Vers%C3%A3o%20Depositada%20Corrigida.pdf. Acesso em: 22.10.2019).

40 Rodrigo Kopke Salinas, *O contrato de coprodução audiovisual*, cit., p. 150. Acesso em 22.10.2019.

PROBLEMAS PRÁTICOS

1. No que consiste a "socialização dos danos por meio da distribuição dos riscos"?
2. É válido o contrato para garantia de risco proveniente de ato doloso do segurado? Justifique.
3. A vítima do dano pode acionar diretamente a seguradora, no âmbito de seguro de responsabilidade civil, a fim de obter a indenização devida?

Acesse o *QR Code* e veja a Casoteca.

> *https://uqr.to/1ofhx*

REFERÊNCIAS BIBLIOGRÁFICAS

Adriano De Cupis, *Il danno*, vol. I, Milano: Giuffrè, 1979.

Agostinho Alvim, *Da inexecução das obrigações* e *suas consequências*, São Paulo: Saraiva, 1972, 4ª ed.

Alberto do Amaral Junior, O Código de Defesa do Consumidor e as cláusulas de limitação da responsabilidade nos contratos de transporte aéreo nacional e internacional. *Revista dos Tribunais*, vol. 759, São Paulo: Revista dos Tribunais, jan./1999.

Alberto Trabucchi, *Istituzioni di diritto civile*, Padova: Cedam, 2013, 46ª ed. a cura di Giuseppe Trabucchi.

Aline de Miranda Valverde Terra, *Cláusula resolutiva expressa*, Belo Horizonte: Fórum, 2017.

Aline de Miranda Valverde Terra, Bernardo Salgado, Comentários ao art. 762 do Código Civil. In: Ilan Goldberg, Thiago Junqueira (coord.), *Direito dos seguros:* comentários ao Código Civil, Rio de Janeiro: Forense, 2023, pp. 185-195.

Aline de Miranda Valverde Terra, Covid-19 e os contratos de locação em shopping center. *Migalhas*, Publicado em 20.3.2020. Disponível em: www.migalhas.com.br/depeso/322241/covid-19-e-os-contratos-de-locacao-em-shopping-center.

Aline de Miranda Valverde Terra, Execução pelo equivalente como alternativa à resolução: repercussões sobre a responsabilidade civil. *Revista Brasileira de Direito Civil – RBDCivil*, vol. 18, 2018.

Aline de Miranda Valverde Terra; Mariana Siqueira, A impossibilidade superveniente da prestação e os remédios aplicáveis. In: Heloisa Helena Barboza; Cleyson de Moraes Mello; Gustavo Silveira Siqueira (Coordenação Geral). Heloisa Helena Barboza; Gustavo Tepedino; Carlos Edison do Rêgo Monteiro Filho (Coordenação Acadêmica). (Org.). *Direito civil. O futuro do Direito.* Rio de Janeiro: Processo, 2022, vol. 2, pp. 19-39.

Aline de Miranda Valverde Terra, Na pauta do STJ: "Você & Eu & Eu & Você". In: *AGIRE | Direito Privado em Ação,* n.º 128, 2024. Disponível em: https://agiredireitoprivado.substack.com/p/agire128. Acesso em 12.11.2024.

Aline de Miranda Valverde Terra, Nem tudo o que reluz é ouro: os riscos de inadimplemento em tempos de pandemia, *Folha de São Paulo*. Blog do Fausto, Publicado em 11.6.2020. Disponível em: https://politica.estadao.com.br/blogs/fausto-macedo/nem-tudo-o-que-reluz-e-ouro--os-riscos-de-inadimplemento-em-tempos-de-pandemia/.

Aline de Miranda Valverde Terra e Ana Carla Harmatiuk Matos, Violência obstétrica contra a gestante com deficiência. *Pensar*, Fortaleza, vol. 24, n. 1, jan./mar. 2019.

Aline de Miranda Valverde Terra e Daniel Bucar Cervasio, Autonomia privada e prazos prescricionais. In: Maria Celina Bodin de Moraes, Gisela Sampaio da Cruz Guedes e Eduardo Nunes de Souza, *A juízo do tempo*: estudos atuais sobre prescrição, Rio de Janeiro: Editora Processo, 2019.

Aline de Miranda Valverde Terra e Gisela Sampaio da Cruz Guedes, Considerações acerca da exclusão do lucro ilícito do patrimônio do ofensor. *Revista da Faculdade de Direito – RFD--UERJ*, Rio de Janeiro, n. 28, dez. 2015.

Aline de Miranda Valverde Terra e Paula Greco Bandeira, A cláusula resolutiva expressa e o contrato incompleto como instrumentos de gestão de risco nos contratos, *Revista Brasileira de Direito Civil – RBDCivil*, Belo Horizonte, v. 6, out./dez. 2015.

Alvino Lima, *Culpa e risco*, São Paulo: Revista dos Tribunais, 1999, 2ª ed.

Ana Lucia Porto de Barros et al., *Código Civil comentado*, Rio de Janeiro: Livraria Freitas Bastos Editora S.A., 2004, 2ª ed.

Ana Prata, *Cláusulas de exclusão e limitação da responsabilidade contratual*, Coimbra: Almedina, 1985.

Ana Prata, *Notas sobre responsabilidade pré-contratual*, Coimbra: Almedina, 2002.

Anderson Schreiber, A responsabilidade civil por dano derivado de conteúdo geral por terceiro. In: Newton de Lucca; Adalberto Simão Filho; Cíntia Rosa Pereira Lima. (org.). *Direito e internet III*: Marco Civil da Internet (Lei 12.965/2014) – Tomo II, vol. 1, São Paulo: Quartier Latin, 2015.

Anderson Schreiber, *Direitos da personalidade*, São Paulo: Atlas, 2012.

Anderson Schreiber, *Novos paradigmas da responsabilidade civil*: da erosão dos filtros da reparação à diluição dos danos, São Paulo: Atlas, 2015, 6ª ed.

Antonino Procida Mirabelli di Lauro e Maria Feola, *La responsabilità civile*: contratto e torto, Torino: Giappichelli, 2014.

Antonino Procida Mirabelli di Lauro, *La riparazione dei danni alla persona*, Napoli: ESI, 1993.

Antonio Lindbergh C. Montenegro, *Responsabilidade civil*, Rio de Janeiro: Lumen Juris, 1996, 2ª ed.

Antonio Lindberg C. Montenegro, *Ressarcimento de danos*, 8. ed., Rio de Janeiro: Lumen Iuris, 2005.

Antônio Herman V. Benjamin, *Comentários ao Código de Proteção ao Consumidor*, São Paulo: Saraiva, 1991.

Antônio Herman V. Benjamin; Claudia Lima Marques; Leonardo Roscoe Bessa, *Manual de direito do consumidor*, São Paulo: Editora Revista dos Tribunais, 2010, 3ª ed.

Antonio Junqueira de Azevedo, Nulidade de cláusula limitativa de responsabilidade em caso de culpa grave. Caso de equiparação entre dolo e culpa grave. Configuração da culpa grave em caso de responsabilidade profissional. *Novos estudos e pareceres de Direito Privado*, São Paulo: Saraiva, 2009.

Antonio Lindbergh C. Monteiro, *Ressarcimento de danos*, Rio de Janeiro: Lumen Juris, 2001, 7ª ed.

António Menezes Cordeiro, Do abuso de direito: estado das questões perspectivas. In: *Revista da Ordem dos Advogados Portugueses*, vol. II, ano 65, set./2005. Disponível em: https://portal.oa.pt/publicacoes/revista-da-ordem-dos-advogados-roa/ano-2005/ano-65-vol-ii-set-2005/artigos-doutrinais/antonio-menezes-cordeiro-do-abuso-do-direito-estado-das-questoes-e--perspectivas-star/. Acesso em: 3.1.2023.

António Pinto Monteiro; Júlio Gomes, A "hardship clause" e o problema da alteração das circunstâncias. In: Manuel Afonso Vaz; J. A. Azeredo Lopes (coord.). Juris et de jure: nos vinte anos da Faculdade de Direito da Universidade Católica Portuguesa, Porto, Coimbra: Coimbra Editora, 1998.

Araken de Assis, Dano positivo e negativo na dissolução do contrato. *Revista do Advogado*, n. 44, out. 1994.

Arnaldo Rizzardo, *Contratos*, Rio de Janeiro: Forense, 2006, 6ª ed.

Arnaldo Rizzardo, *Responsabilidade Civil*, Rio de Janeiro: Forense, 2019, 8ª ed.

Arnaldo Rizzardo, *Responsabilidade civil*, Rio de Janeiro: Forense, 2011, 5ª ed.

Arnoldo Medeiros da Fonseca, *Caso fortuito e teoria da imprevisão*, Rio de Janeiro: Forense, 1958, 3ª ed.

Arnoldo Wald, *Direito civil*: responsabilidade civil, vol. 7, São Paulo: Saraiva, 2015, 3ª ed. totalmente reformulada por Brunno Pandori Giancoli.

Arnoldo Wald, A cláusula de limitação de responsabilidade no direito brasileiro. *Revista de Direito Civil Contemporâneo*, vol. 4, Revistas dos Tribunais On-line, 2015.

Arnoldo Wald, *Curso de direito civil brasileiro, obrigações e contratos*, São Paulo: Editora Revista dos Tribunais, 1998, 13ª ed.

Bruno Bioni; Daniel Dias, Responsabilidade civil na proteção de dados pessoais: construindo pontes entre a Lei Geral de Proteção de Dados Pessoais e o Código de Defesa do Consumidor. In: *Civilistica.com*. Rio de Janeiro, a. 9, n. 3, 2020. Disponível em: <http://civilistica.com/responsabilidade-civil-na-protecao-de-dados-pessoais/>. Acesso em: 24.11.2023.

Bruno Miragem, A Lei Geral de Proteção de Dados (Lei 13.709/2018) e o direito do consumidor. In: *Revista dos Tribunais*, vol. 1009/2019.

Bruno Miragem, *Curso de Direito do Consumidor*, São Paulo: Revista dos Tribunais, 2016, 6ª ed.

Caio Mário da Silva Pereira, *Instituições de direito civil*, vol. I, Rio de Janeiro: Forense, 2009.

Caio Mário da Silva Pereira, *Instituições de direito civil*, vol. II, Rio de Janeiro: Forense, 2016, 28ª ed. rev. e atual.

Caio Mário da Silva Pereira, *Obrigações e contratos*: pareceres, Rio de Janeiro: Forense, 2011.

Caio Mário da Silva Pereira. *Responsabilidade civil*, São Paulo: Forense, 2016, 11ª ed. atual. por Gustavo Tepedino.

Caio Tácito, Tendências atuais sobre a responsabilidade civil do Estado. *Revista de Direito Administrativo*, vol. 55, 1959.

Caitlin Sampaio Mulholland, Dados pessoais sensíveis e a tutela de Direitos Fundamentais: uma análise à Luz da Lei Geral de Proteção de Dados (Lei 13.709/18). *Revista de Direitos e Garantias Fundamentais*. Vitória: FDV publicações, vol. 19, set.-dez./2018.

Carlos Affonso Souza e Ronaldo Lemos, *Marco Civil da Internet*: construção e aplicação, Juiz de Fora: Editar Editora Associada, 2016.

Carlos Alberto Menezes Direito e Sergio Cavalieri, *Comentários ao novo Código Civil*, vol. 13, Rio de Janeiro: Forense, 2007.

Carlos Edison do Rêgo Monteiro Filho, *Danos extrapatrimoniais na responsabilidade civil contratual*. Tese apresentada ao Programa de Pós-graduação da Faculdade de Direito da Universidade do Estado do Rio de Janeiro. Orientador: Gustavo Tepedino, 2005.

Carlos Edison do Rêgo Monteiro Filho, Lesão ao tempo: configuração e reparação nas relações de consumo, *Revista da AJURIS*, Porto Alegre, v. 43, n. 141, dez./2016, pp. 88-113. Disponível em: https://www.mpsp.mp.br/portal/page/portal/documentacao_e_divulgacao/doc_biblioteca/bibli_servicos_produtos/bibli_informativo/bibli_inf_2006/Rev-AJURIS_141.04.pdf. Acesso em: 19.10.2023.

Carlos Edison do Rêgo Monteiro Filho, Limites ao princípio da reparação integral no direito brasileiro. *Civilistica.com*, Rio de Janeiro, a. 7, n. 1, 2018, pp. 21-22. Disponível em: http://civilistica.com/wp-content/uploads/2018/05/Monteiro-Filho-civilistica.com-a.7.n.1.2018.pdf. Acesso em: 26.6.2019.

Carlos Edison do Rêgo Monteiro Filho, *Responsabilidade contratual e extracontratual*: contrastes e convergências no direito civil contemporâneo, Rio de Janeiro: Processo, 2016.

Carlos Edison do Rêgo Monteiro Filho, O conceito de dano moral e as relações de trabalho. *Civilistica.com*, Rio de Janeiro, a. 3, n. 1, jan.-jun./2014, pp. 10-11. Disponível em: http://civilistica.com/o-conceito-de-dano-moral-nas-relacoes-de-trabalho/. Acesso em: 26.6.2019.

Carlos Edison do Rêgo Monteiro Filho, O princípio da reparação integral e sua exceção no direito brasileiro. *Rumos contemporâneos do direito civil*: estudos em perspectiva civil-constitucional, Belo Horizonte: Fórum, 2017.

Carlos Edison do Rêgo Monteiro Filho, Terceiros e responsabilidade civil do Estado no ordenamento brasileiro. In: *Revista de Direito da Responsabilidade*, a. 4, 2022.

Carlos Edison do Rêgo Monteiro Filho e Vynicius Pereira Guimarães, Teoria da responsabilidade civil pela perda da chance: natureza do dano e aplicabilidade à seara médica. In: *Revista IBERC*, v. 5, n. 1, jan.-abr. 2022.

Carlos Nelson Konder, A redução equitativa da indenização em virtude do grau de culpa: apontamentos acerca do parágrafo único do art. 944 do Código Civil. *Revista Trimestral de Direito Civil*, vol. 29, jan./mar. 2007.

Carlos Nelson de Paula Konder; Cíntia Muniz de Souza Konder, A contratualização do fortuito: reflexões sobre a alocação negocial do risco de força maior. In. Aline de Miranda Valverde Terra; Gisela Sampaio da Cruz Guedes, *Inexecução das Obrigações,* vol. II, Rio de Janeiro: Processo, 2021.

Carlos Roberto Gonçalves, *Direito civil brasileiro*, vol. I, São Paulo: Saraiva, 2010, 8ª ed.

Carlos Roberto Gonçalves, *Direito Civil brasileiro*, vol. III, São Paulo: Saraiva, 2012, 9ª ed.

Carlos Roberto Gonçalves, *Direito Civil brasileiro*, vol. IV, São Paulo: Saraiva, 2016, 11ª ed.

Carlos Roberto Gonçalves, *Responsabilidade civil,* São Paulo: Saraiva, 2012.

Cassio Scarpinella, *Comentários ao Código de Processo Civil*, vol. 1, São Paulo: Saraiva, 2017.

Celso Antônio Bandeira de Mello, *Curso de direito administrativo*, São Paulo: Malheiros Editora, 2014, 31ª ed.

Celso Delmanto, *Código Penal comentado*, Rio de Janeiro: Renovar, 1991, 3ª ed.

Claudia Lima Marques, *Contratos no Código de Defesa do Consumidor:* o novo regime das relações contratuais, São Paulo: Revista dos Tribunais, 2005, 5ª ed. rev. atual e ampl.

Cláudio Luiz Bueno de Godoy, Prescrição e decadência no novo Código Civil. *RDL – Revista de Direito e Legislação*, vol. 4, 2005.

Claudio Luiz Bueno de Godoy. In: Cezar Peluso (coord.), *Código Civil comentado,* Barueri: Manole, 2008.

Clóvis Beviláqua, *Código Civil dos Estados Unidos do Brasil comentado*, vol. V, Rio de Janeiro: Livraria Francisco Alves, 1957, 12ª ed.

Clóvis Beviláqua, *Código Civil dos Estados Unidos do Brasil*, vol. I, Rio de Janeiro: Liv. Francisco Alves, 1931, 4ª ed.

Clóvis Beviláqua, *Código Civil dos Estados Unidos do Brasil*, vol. IV, Rio de Janeiro: Ed. Rio, 1980.

Clóvis do Couto e Silva, *A obrigação como processo,* Rio de Janeiro: Editora FGV, 2006.

Clóvis V. do Couto e Silva, O conceito de dano no direito brasileiro e comparado. *Revista dos Tribunais*, v. 667, São Paulo: RT, mai./1991.

Daniel Amaral Carnaúba, *Responsabilidade civil pela perda de uma chance*: a álea e a técnica, São Paulo: Método, 2013.

Daniel Bucar, *Superendividamento*: reabilitação patrimonial da pessoa humana, São Paulo: Saraiva, 2017.

Danielle de Andrade Moreira, *Responsabilidade ambiental pós-consumo:* prevenção e reparação à luz do princípio do poluidor-pagador, Rio de Janeiro: Ed. PUC-Rio, 2015.

Danilo Doneda e Laura Schertel Mendes, Reflexões iniciais sobre a nova lei geral de proteção de dados. *Revista de Direito do Consumidor*, vol. 120, São Paulo: Revista dos Tribunais, nov.-dez./2018.

Dário Moura Vicente, *Da responsabilidade pré-contratual em direito internacional privado*, Coimbra: Almedina, 2001.

Diana Loureiro Paiva de Castro, *Potencialidades funcionais das cláusulas de não indenizar*: releitura dos requisitos tradicionais de validade. Dissertação apresentada ao Programa de Pós-Graduação da Faculdade de Direito da Universidade do Estado do Rio de Janeiro como requisito parcial para a obtenção do grau de Mestre em Direito Civil, sob a orientação do Professor Gustavo Tepedino. Rio de Janeiro, 2018.

Diogo Leite de Campos, *A subsidiariedade da obrigação de restituir o enriquecimento*, Coimbra: Almedina, 1974.

Eduardo Nunes, Abuso do direito: novas perspectivas entre a licitude e o merecimento de tutela. In: *Revista Trimestral de Direito Civil – RTDC*, vol. 50, abr./jun. 2012, pp. 35-91.

Eduardo Nunes de Souza, Considerações sobre a aplicação da teoria da perda de uma chance na responsabilidade civil do médico. *Revista Pensar*, vol. 20, n. 3. Fortaleza, set./dez. 2015.

Enzo Roppo, *O contrato*, tradução Ana Coimbra e M. Januário C. Gomes, Coimbra: Almedina, 1988.

Ernesto Tzirulnik. *O futuro do seguro de responsabilidade civil*. Disponível em: http://www.ibds.com.br/artigos/OFuturodoSegurodeResponsabilidadeCivil.pdf. Acesso em: 2.10.2019.

Eugenio Raúl Zaffaroni e José Henrique Pierangel, *Manual de Direito Penal brasileiro*, São Paulo: Revista dos Tribunais, 1997.

Eugesse Cremonesi (coord), *Temas de anestesiologia*, São Paulo, Sarvier-Editora de Livros Médicos, 1987.

Fábio Henrique Peres, *Cláusulas contratuais excludentes e limitativas do dever de indenizar*, São Paulo: Quartier Latin, 2009.

Fabíola Meira de Almeida Santos e Rita Taliba, Lei geral de proteção de dados no Brasil e os possíveis impactos. *Revista dos Tribunais*, vol. 998, São Paulo: Revista dos Tribunais, dez. 2018.

Felipe Palhares, O que a aplicação da LGPD já revela. In: *Colégio Registral RS*. Disponível em: https://www.colegioregistralrs.org.br/doutrinas/artigo-o-que-a-aplicacao-da-lgpd-ja-revela-por-felipe-palhares/. Acesso em: 25.11.2021.

Felipe Peixoto Braga Netto; Cristiano Chaves de Farias; Nelson Rosenvald, *Curso de direito civil*: responsabilidade civil, 4ª ed. Salvador: JusPodivm, 2017, v. 3.

Felipe Peixoto Braga Netto; Cristiano Chaves de Farias; Nelson Rosenvald, *Novo tratado de responsabilidade civil*, São Paulo: Saraiva Educação, 2019.

Felipe Schvartzman, Responsabilidade civil de empresas jornalísticas por comentários de terceiros na internet: análise da distinção entre provedores de conteúdo feita pelo STJ no julgamento do REsp 1.352.053. In: Anderson Schereiber (coord,), *Direito e Mídia*, vol. 2, Rio de Janeiro: Foco, 2022, 2ª ed.

Fernanda Nunes Barbosa, O seguro de responsabilidade civil do profissional liberal: desenvolvimento e atualidades, p. 368. In: Gisela Sampaio da Cruz Guedes e Maria Celina Bodin de Moraes (coord.), *Responsabilidade civil dos profissionais liberais*, Rio de Janeiro: Forense, 2016.

Fernando Noronha, *Direito das obrigações*, São Paulo: Saraiva, 2013, 4ª ed. rev. e atual.

Fernando de Sandy Lopes Pessoa Jorge, *Ensaio sobre os pressupostos da responsabilidade civil*, Coimbra: Almedina, 1999.

Flávio Olimpio de Azevedo, *Comentários às infrações disciplinares do Estatuto da Advocacia*, São Paulo: Juarez de Oliveira, 2002.

Flávio Willeman, A responsabilidade civil das pessoas jurídicas de direito público e o Código Civil de 2002. *Revista da EMERJ*, vol. 10, n. 37, 2007.

François Chabas, *Leçons de droit civil*, vol. 1, t. II, Paris: Montchrestien, 1998, 9ª ed.

Frederico Eduardo Zenedin Glitz. In: Antonio Carlos Teixeira (coord.), *Responsabilidade civil, garantia,* Universidade Federal do Paraná. Faculdade de Direito. Núcleo de Estudos do Direito Civil do Seguro, Rio de Janeiro: Funenseg, 2001.

G. P. Chironi, *La colpa nel diritto civile odierno*, Torino: Fratelli Bocca Editori, 1897.

Georges Ripert, *Aspectos jurídicos do capitalismo moderno*, Campinas: Red Livros, 2002.

Georges Ripert e Jean Boulanger, *Traité de droit civil d'apres le traite de Planiol*, t. II, Paris: Libraire Générale de Droit et de Jurisprudence, 1957.

Georges Ripert e Jean Boulanger, *Tratado de derecho civil*: según el tratado de Planiol, t. V, tradução de Délia Garcia Daireaux, Buenos Aires: La Ley, 2002.

Georges Ripert, *O regímen democrático e o direito civil moderno*, São Paulo: Editora Saraiva, trad. J. Cortezão, 1937.

Gisela Sampaio da Cruz Guedes, Dano moral *in re ipsa* e a Lei Geral de Proteção de Dados Pessoais: "presunção e água benta, cada um toma a que quer". In: Felipe Palhares (coord.), *Estudos sobre privacidade e proteção de dados*, São Paulo: Thomson Reuters Brasil, 2021.

Gisela Sampaio da Cruz Guedes, *Lucros cessantes*: do bom-senso ao postulado normativo da razoabilidade. São Paulo: Revista dos Tribunais, 2011.

Gisela Sampaio da Cruz, *O problema do nexo causal na responsabilidade civil*, Rio de Janeiro: Renovar, 2005.

Gisela Sampaio da Cruz Guedes, Os advogados sob a mira da responsabilidade civil: a teoria da perda de uma chance aplicada às hipóteses de perda de prazos processuais. In: *Boletim AASP*, ed. 3190, abr., 2024.

Gisela Sampaio da Cruz Guedes, Reponsabilidade Civil da companhia por falha informacional: (IN)suficiência do estudo de eventos como parâmetro para a determinação do nexo causal. *Revista Brasileira de Direito Civil* – RBDCivil. Belo Horizonte, v. 33, n. 1, jan./mar., 2024.

Gisela Sampaio da Cruz Guedes e Naomi Fiszon Zagarodny, 'Atrasos concorrentes e simultâneos' em disputas de construção: um problema de causalidade. In: Gustavo Ventura, Mario Godoy, Cleodon Fonseca e Roberto Paulino (coords.), *Direito civil na contemporaneidade*: estudos em homenagem a Sílvio Neves Baptista, t. 1, Recife: Editora Império, 2024.

Guilherme Calmon Nogueira da Gama; Rafael Viola. Perspectivas sobre o nexo de causalidade: passado, presente e futuro. *Revista de Direito Civil Contemporâneo*, v. 29, out.-dez. 2021.

Gustavo Tepedino, Abuso do direito potestativo. Editorial. In: *Revista Brasileira de Direito Civil – RBDCivil*, Belo Horizonte, vol. 25, jul./set. 2020.

Gustavo Tepedino, A cláusula de melhores esforços e a lealdade contratual. *Soluções práticas*, vol. 2, São Paulo: Revista dos Tribunais, nov./2011.

Gustavo Tepedino, A resilição unilateral imotivada nos contratos sucessivos. In: *Soluções práticas de direito: pareceres, relações obrigacionais e contratos*, vol. 2, São Paulo: Revista dos Tribunais, 2012.

Gustavo Tepedino, A Responsabilidade Civil por Acidentes de Consumo na Ótica Civil-constitucional. In: Ana Frazão; Ricardo Villas Bôas Cueva (orgs.). *Direito Privado: estudos em homenagem ao Min. Paulo de Tarso Sanseverino*, São Paulo: Quartier Latin, 2024.

Gustavo Tepedino, A responsabilidade civil por acidentes de consumo na ótica civil-constitucional. *Temas de direito civil*, t. 1, Rio de Janeiro: Renovar, 2008, 4ª ed.

Gustavo Tepedino, A responsabilidade médica na experiência brasileira contemporânea. *Revista Trimestral de Direito Civil – RTDC*, vol. 2. Rio de Janeiro: Padma, abr./jun. 2000.

Gustavo Tepedino, A responsabilidade civil por acidentes de consumo na ótica civil-constitucional. *Temas de Direito Civil*, t. I, Rio de Janeiro: Renovar, 2004, 3ª ed.

Gustavo Tepedino, Evolução da autonomia privada e o papel da vontade na atividade contratual. In: Erasmo Valladão Azevedo e Novaes França e Marcelo Vieira von Adamek (orgs.), *Temas de direito empresarial e outros estudos: em homenagem ao Professor Luiz Gastão Paes de Barros Leães*, São Paulo: Malheiros, 2014.

Gustavo Tepedino, Formação progressiva dos contratos e responsabilidade pré-contratual: notas para uma sistematização. *Direito, Cultura, Método: Leituras da obra de Judith Martins Costa*, Rio de Janeiro: Editora GZ, 2019.

Gustavo Tepedino, Nexo de causalidade e o dano indireto no direito brasileiro. In: Fernanda Ivo Pires (org.), *Da estrutura à função da responsabilidade civil*: uma homenagem do Instituto Brasileiro de Estudos de Responsabilidade Civil (IBERC) ao Professor Renan Lotufo, São Paulo: Editora Foco, 2021.

Gustavo Tepedino, Notas sobre o nexo de causalidade. *Revista Trimestral de Direito Civil – RTDC*, n. 6, 2001.

Gustavo Tepedino, O art. 931 do Código Civil e a antijuridicidade do dano injusto. Editorial. In: *Revista Brasileira de Direito Civil – RBDCivil*, Belo Horizonte, vol. 22, out./dez. 2019, pp. 11-13.

Gustavo Tepedino, O inquietante retorno de doutrinas maximalistas. Editorial. In: *Revista Brasileira de Direito Civil - RBDCivil*, vol. 33, n. 2, abr./jun. 2024.

Gustavo Tepedino, O Mercosul e as relações de consumo: o papel das normas constitucionais na construção de um direito privado comunitário. *Temas de Direito Civil*, Rio de Janeiro: Renovar, 2004, 3ª ed.

Gustavo Tepedino, Os contratos de consumo no Brasil. *Temas de Direito Civil*, t. II., Rio de Janeiro: Renovar, 2006.

Gustavo Tepedino, O problema da causalidade no seguro obrigatório por danos pessoais causados por veículos automotores de via terrestre (DPVAT). In: Luiz Tavares Pereira Filho (Coord.). *DPVAT*: um seguro em evolução – O Seguro DPVAT Visto por seus Administradores e pelos Juristas, Rio de Janeiro: Renovar, 2013.

Gustavo Tepedino, Prescrição do fundo de direito. Parecer, p. 79. In: Gustavo Tepedino, *Opiniões doutrinárias: novos problemas de direito privado, vol. III*, São Paulo: Thomson Reuters Brasil, 2021.

Gustavo Tepedino, Prefácio à Alexandre Assumpção, *A Pessoa Jurídica e os Direitos da Personalidade*, Rio de Janeiro: Editora Renovar, 1998.

Gustavo Tepedino, Regime jurídico dos bens no Código Civil. In: Sílvio de Salvo Venosa; Rafael Villar Gagliardi; Paulo Magalhães Nasser (org.), *Dez anos do Código Civil*: desafios e perspectivas, São Paulo: Atlas, 2012.

Gustavo Tepedino e Rodrigo da Guia Silva, Desafios atuais em matéria de dano moral. In: Gustavo Tepedino; Rodrigo da Guia Silva (orgs.), *Relações Patrimoniais: contratos, titularidades e responsabilidade civil*, São Paulo: Editora Fórum, 2021.

Gustavo Tepedino; Rodrigo da Guia Silva, Notas sobre o dano moral no direito brasileiro. In: *Revista Brasileira de Direito Civil – RBDCivil*, Belo Horizonte, vol. 30, out./dez. 2021, pp. 33-60.

Gustavo Tepedino e Rodrigo da Guia Silva, Novos danos em cotejo com as categorias fundamentais da responsabilidade civil: o caso da privação do uso. In: Rodrigo Rocha Monteiro de Castro; Luis Andre Azevedo; e Marcus de Freitas Henriques (org.). *Direito societário, mercado de capitais, arbitragem e outros temas*: homenagem a Nelson Eizirik, São Paulo: Quartier Latin, 2020, v. 3.

Gustavo Tepedino e Anderson Schreiber, As penas privadas no direito brasileiro. In: Flávio Galdino e Daniel Sarmento (Org.), *Direitos Fundamentais*: estudos em homenagem ao Professor Ricardo Lobo Torres, Rio de Janeiro: Renovar, 2006.

Gustavo Tepedino e Anderson Schreiber, *Código Civil comentado*, vol. IV, São Paulo: Atlas, 2008.

Gustavo Tepedino; Heloisa Helena Barboza; Maria Celina Bodin de Moraes, *Código Civil interpretado*, vol. I, Rio de Janeiro: Renovar, 2014, 3ª ed.

Gustavo Tepedino, Heloisa Helena e Maria Celina Bodin de Moraes, *Código Civil interpretado*, vol. II, Rio de Janeiro: Renovar, 2006.

Gustavo Tepedino; Milena Donato Oliva; Antônio Pedro Dias, Contratos, força maior, excessiva onerosidade e desequilíbrio patrimonial. *Conjur*, Publicado em 20.4.2020. Disponível em: https://www.conjur.com.br/2020-abr-20/opiniao-efeitos-pandemia-covid-19-relacoes-patrimoniais.

Gustavo Tepedino, Milena Donato Oliva e André Brandão Nery Costa. Responsabilidade civil pela perda da chance: uma questão de dano ou causalidade? In: *Revista da Faculdade de Direito da UFPR*, Curitiba, v. 68, n. 2, maio-ago./2023.

Gustavo Tepedino, Paula Greco Bandeira. A necessariedade causal na responsabilidade civil. In: Paulo Dias de Moura Ribeiro, Thereza Alvim, Carlos Eduardo Maul Moreira Alves, Sonia Regina Maul Moreira Alves (coords.), *Obra em homenagem ao Ministro Moreira Alves*, 2024, no prelo.

Heloísa Carpena, O abuso do direito no Código de 2002. Relativização de direitos na ótica civil-constitucional. In: Gustavo Tepedino (coord.), *A parte geral do novo Código Civil*: estudos na perspectiva civil-constitucional, Rio de Janeiro: Renovar, 2003.

Heloisa Helena Barboza e Vitor Almeida, A capacidade civil à luz do Estatuto da Pessoa com Deficiência. In: Joyceane Bezerra de Menezes (org.), *Direito das pessoas com deficiência psíquica e intelectual nas relações privadas:* convenção sobre os direitos da pessoa com deficiência e Lei Brasileira de Inclusão, Rio de Janeiro: Processo, 2016.

Hely Lopes Meirelles, *Direito administrativo brasileiro*, São Paulo: Malheiros, 2016, 42ª ed. (1ª ed., 1964).

Humberto Theodoro Júnior. In: Sálvio de Figueiredo Teixeira (Coord.), *Comentários ao novo código civil*, vol. 3, t. 2, Rio de Janeiro: Editora Forense, 2003.

Inocêncio Galvão Telles, *Direito das obrigações*, Coimbra: Coimbra Editora, 1982, 4ª ed.

James Marins, *Responsabilidade da Empresa pelo Fato do Produto*, São Paulo: Ed. Revista dos Tribunais, 1993.

J. M. Carvalho Santos, *Código Civil Brasileiro interpretado*, vol. XIV, Rio de Janeiro: Freitas Bastos, 1961.

J. M. Carvalho Santos, *Código Civil Brasileiro interpretado*, vol. XX, Rio de Janeiro: Freitas Bastos, 1978, 9ª ed.

J. M. Carvalho Santos, *Código Civil interpretado*, vol. III, Rio de Janeiro: Freitas Bastos, 1963, 9ª ed.

João Álvaro Dias, *Procriação assistida e responsabilidade médica*, Coimbra: Coimbra Editora, 1996.

João António Álvaro Dias, *Dano corporal*: quadro epistemológico e aspectos ressarcitórios, Coimbra: Almedina, 2004, reimpressão da 1ª ed.

João Calvão da Silva, *Responsabilidade civil do produtor*, Coimbra: Almedina, 1990.

João da Gama Cerqueira. *Tratado da propriedade industrial*, vol. I, São Paulo: Revista dos Tribunais, 1982, 2ª ed.

João Quinelato Queiroz, *Responsabilidade civil na rede*: danos e liberdade à luz do Marco Civil da Internet, Rio de Janeiro: Editora Processo, 2019.

José Carlos Barbosa Moreira, Abuso do Direito. In: *Revista Síntese de Direito Civil e Processo Civil*, ano 5, nº 26, nov./dez. 2003.

José Carlos Brandão Proença, *A resolução do contrato no direito civil*: do enquadramento e do regime, Coimbra: Coimbra Editora, 2006.

José de Aguiar Dias, *Cláusula de não indenizar*, Rio de Janeiro: Forense, 1976, 3ª ed.

José de Aguiar Dias, *Da responsabilidade civil*, Rio de Janeiro: Renovar, 2006, 11ª ed.

José Emilio Nunes Pinto, O contrato de EPC para construção de grandes obras de engenharia e o novo Código Civil. *Revista da Associação dos Advogados do Rio de Janeiro* – AARJ, n.º 3, Rio de Janeiro: Lumen Juris, jul./2003.

José Joaquim Gomes Canotilho, *O problema da responsabilidade do Estado por actos lícitos*, Coimbra: Almedina, 1974.

Joyceane Bezerra de Menezes, Tomada de decisão apoiada: instrumento de apoio ao exercício da capacidade civil da pessoa com deficiência instituído pela Lei Brasileira de Inclusão (Lei n. 13.146/2015). *Revista Brasileira de Direito Civil*, vol. 9, jul./set. 2016.

Judith Martins-Costa, *A boa-fé no direito privado*: critérios para a sua aplicação, São Paulo: Marcial Pons, 2015.

Judith Martins-Costa, Entendendo problemas médico-jurídicos em ginecologia e obstetrícia. *Revista dos Tribunais*, vol. 831, São Paulo: Revista dos Tribunais, jan. 2005.

Judith Martins-Costa, Os danos à pessoa no direito brasileiro e a natureza da sua reparação. *Reconstrução do Direito Privado*, São Paulo: Revista dos Tribunais, 2002.

Judith Martins-Costa, Responsabilidade civil contratual. Lucros cessantes. Interesse positivo e interesse negativo. Distinção entre lucros cessantes e lucros hipotéticos. Dever de mitigar o próprio dano. Dano moral e pessoa jurídica. In: Renan Lotufo, Giovanni Ettore Nanni e Fernando Rodrigues Martins, *Temas relevantes do direito civil contemporâneo*: reflexões sobre os 10 anos do Código Civil, São Paulo: Atlas, 2012.

Judith Martins-Costa, *Comentários ao novo Código Civil*: do inadimplemento das obrigações, v. 5, t. II, Sálvio de Figueiredo Teixeira (coord.), Rio de Janeiro: Forense, 2003.

Judith Martins-Costa, Impossibilidade de prestar e a excessiva onerosidade superveniente na relação entre shopping center e seus lojistas, In: Modesto Carvalhosa e Fernando Kuyven (coord.), *Impactos jurídicos e econômicos da COVID-19* [livro eletrônico], São Paulo: Thomson Reuters Brasil, 2020.

Juliana Marcondes, *Neverending story*: responsáveis e subcontratantes no *RGPD*. Disponível em: https://www.itchannel.pt/news/opiniao/neverending-story-responsaveis-e-subcontratantes-no-rgpd. Acesso em: 28.12.2018.

Juliana Pedreira da Silva, *Contratos sem negócio jurídico*: crítica das relações contratuais de fato, São Paulo: Atlas, 2011.

Karl Larenz, O estabelecimento de relações obrigacionais por meio de comportamento social típico (texto original de 1956). *Revista Direito GV*, São Paulo: FGV Direito SP, vol. 2, nº 1, 2006.

Karl Larenz, *Obligaciones*, vol. I, Madrid, Revista de Derecho Privado, 1958.

Karl Marx. *O capital*, vol. I, Nova Cultural: São Paulo, 1985.

Leonardo Corrêa, *É importante não perder o foco da segurança jurídica no âmbito da LGPD*. Disponível em https://www.conjur.com.br/2019-mar-03/leonardo-correa-seguranca-juridica-ambito-lgpd. Acesso em: 26.4.2019.

Leonardo Roscoe Bessa, *Aplicação do Código de Defesa do Consumidor*: análise crítica da relação de consumo, Brasília: Brasília Jurídica, 2007.

Leonardo Roscoe Bessa, Responsabilidade pelo fato do produto: questões polêmicas. *Revista de Direito do Consumidor*, vol. 89, São Paulo: RT, set.-out./2013.

Leonardo Roscoe Bessa, Vícios os produtos e as três garantias do consumidor: um cenário de desinformação. *Revista do Direito do Consumidor*, vol. 100, ano 24, São Paulo: RT, jul.-ago./2015.

Louis Josserand, Evolução da responsabilidade civil. *Revista Forense*, vol. 86, Rio de Janeiro: Forense, 1941.

Lucas Pinto Simão, Priscilla Martins de Freitas Almeida Costa, Regimes de responsabilidade civil no Código de Defesa do Consumidor (CDC) e na Lei Geral de Proteção de Dados (LGPD). In: *Revista Forense*, vol. 431, jun./2020.

Luis Camargo Pinto de Camargo, O Código do Consumidor e o Direito Aeronáutico. *Revista dos Tribunais,* n. 673, nov. 1991.

Luis Díez-Picazo, *Derecho de daños*, Madrid: Civitas, 1999.

Luís Manuel Teles de Menezes Leitão, *Direito das obrigações*, vol. I, Coimbra: Almedina, 2006, 5ª ed.

Luís Roberto Barroso, *Constituição da República Federativa do Brasil anotada*, São Paulo: Saraiva, 1998.

Luiz Antonio Rizzatto Nunes, *Curso de direito do consumidor*, São Paulo: Saraiva, 2005.

Luiz Edson Fachin. *Estatuto jurídico do patrimônio mínimo,* Rio de Janeiro: Renovar, 2001.

Luiz Edson Fachin; Carlos Eduardo Pianovski Ruzyk, A dignidade da pessoa humana no direito contemporâneo: uma contribuição à crítica da raiz dogmática do neopositivismo constitucionalista. *Revista Trimestral de Direito Civil*, v. 35, Rio de Janeiro: Padma, jul.-set. 2008.

Manuel Inácio Carvalho de Mendonça, *Doutrina e prática das obrigações*, t. II, Rio de Janeiro: Forense, 1956, 4ª ed. aum. e atual por José de Aguiar Dias.

Marçal Justen Filho, *Curso de direito administrativo*, São Paulo: Editora Revista dos Tribunais, 2013, 9ª ed.

Marcella Campinho Vaz, A reparação pela perda de uma chance. In: Eduardo Nunes de Souza e Rodrigo da Guia Silva, *Controvérsias atuais em responsabilidade civil*, Rio de Janeiro: Almedina, 2018.

Marcella Campinho Vaz, *Renúncia de direitos*: limites e parâmetros de aplicação no direito civil. Dissertação apresentada ao Programa de Pós-Graduação da Faculdade de Direito da Universidade do Estado do Rio de Janeiro como requisito parcial para a obtenção do grau de Mestre em Direito Civil, sob a orientação da Professora Gisela Sampaio da Cruz Costa Guedes, Rio de Janeiro, 2019.

Marcelo Junqueira Calixto, *A culpa na responsabilidade civil*: estrutura e função, Rio de Janeiro: Renovar, 2008.

Marcelo Junqueira Calixto, *A responsabilidade civil do fornecedor de produtos pelos riscos do desenvolvimento*, Rio de Janeiro: Renovar, 2004.

Marcelo Junqueira Calixto, O artigo 931 do Código Civil de 2002 e os riscos do desenvolvimento. *Revista Trimestral de Direito Civil*, vol. 21, Rio de Janeiro: Padma, 2005.

Márcio Cots e Ricardo Oliveira, *Lei Geral de Proteção de Dados comentada*, São Paulo: Revista dos Tribunais, 2019, 2ª ed.

Marcos Gomes da Silva Bruno, Dos Agentes de Tratamento de Dados Pessoais. In: Viviane Nóbrega Maldonado e Renato Opice Blum, *LGPD*: Lei Geral de Proteção de Dados comentada. São Paulo: Revista dos Tribunais, 2019.

Maria Celina Bodin de Moraes, Risco, solidariedade e responsabilidade objetiva. *Revista dos Tribunais*, vol. 854, São Paulo: Revista dos Tribunais, dez./2006.

Maria Helena Diniz, *Curso de direito civil brasileiro*, vol. 7, São Paulo: Saraiva, 2018, 32ª ed.

Maria Luiza Pereira de Alencar Mayer Feitosa, O contrato como regulador e como produtor de riscos, *Prima Facie – Direito, História e Política*, v. 12, n. 22, 2013. Disponível em: http://periodicos.ufpb.br/ojs/index.php/primafacie/article/view/4507. Acesso em: 3.8.2020.

Maria Sylvia Zanella Di Pietro, *Direito administrativo*, Rio de Janeiro: Forense, 2016, 29ª ed.

Mariano Yzquierdo Tolsada, *Sistema de responsabilidad contractual y extracontractual*, Madrid: Dykinson, 2001.

Mário Júlio de Almeida Costa, *Direito das obrigações*, Coimbra: Almedina, 2009, 12ª ed.

Mário Moacyr Porto, O caso da culpa como fundamento da responsabilidade civil, *Doutrinas essenciais*: responsabilidade civil, Nelson Nery Junior e Rosa Maria de Andrade Nery (coord.), vol. I, São Paulo: Revista dos Tribunais.

Mário Moacyr Porto, Responsabilidade civil do construtor. *Revista da Ajuris*, n. 41, Porto Alegre: Ajuris, nov. 1987.

Massimo Franzoni, *Trattato della responsabilità civile*: il danno risarcibile, Milano: Giuffrè, 2004.

Maurício Jorge Pereira Mota, A pós-eficácia das obrigações. In: Gustavo Tepedino (org.), *Problemas de direito civil constitucional*, Rio de Janeiro: Renovar, 2000.

Mazeaud e Mazeaud, *Traité theorique et pratique de la responsabilite civile delictuelle et contractuelle*, t. I, Paris: Librairie du Recueil Sirey, 1947.

Melania Amorim, A retomada do protagonismo feminino no parto. *Revista do Instituto Humanitas Unisinos*, Porto Alegre, n. 396, 2012.

Menezes Cordeiro, *A boa-fé como regra de conduta*, Lisboa: Almedina, 2001.

Menezes Cordeiro, *Da boa-fé no direito civil*, Coimbra: Almedina, 2001.

Miguel Maria de Serpa Lopes, *Curso de direito civil*, vol. II, Obrigações em geral, Rio de Janeiro: Freitas Bastos, 1995, 6ª ed.

Miguel Maria de Serpa Lopes, *Curso de direito civil*, vol. V, Rio de Janeiro: Freitas Bastos, 1962.

Milena Donato Oliva, Desafios contemporâneos da proteção do consumidor: codificação e pluralidade de fontes normativas. *Revista Brasileira de Direito Civil – RBDCivil*, Belo Horizonte, vol. 16, abr./jun.2018.

Milena Donato Oliva, André Brandão Nery Costa, Notas sobre a responsabilidade civil pela perda da chance como dano autônomo. In: Fábio Ulhoa Coelho; Gustavo Tepedino; Selma Ferreira Lemes (Org.). *A Evolução do Direito no século XXI. Seus princípios e valores (ESG, Liberdade, Regulação, Igualdade e Segurança Jurídica)*. Homenagem ao Professor Arnoldo Wald, vol. 2, São Paulo: IASP, 2022, pp. 423-434.

Milena Donato Oliva, Diana Loureiro Paiva de Castro, As cláusulas de não indenizar nas relações de consumo e nos contratos de adesão em relações civis. In: *Revista de Direito do Consumidor*, v. 129. São Paulo: Revista dos Tribunais, mai./jun. 2020.

Milena Donato Oliva; Isabela Reimão Gentile, A proteção quanto aos vícios ocultos e o critério da vida útil. *Revista de Direito Privado*, vol. 88, São Paulo: RT, 2018.

Milena Donato Oliva, Dano moral e inadimplemento contratual nas relações de consumo. *Revista de Direito do Consumidor*, vol. 93, São Paulo: Revista dos Tribunais, mai./jun. 2014.

Milena Donato Oliva; Pablo Renteria; Obrigações de meios e assunção de riscos pelo consumidor". *Revista de Direito do Consumidor*, vol. 11, São Paulo: RT, 2017.

Nagib Slaibi Filho, A obrigação de diligência e a responsabilidade civil do profissional liberal. *Revista Jurídica*, n. 348, São Paulo: Fontes do Direito, out. 2006.

Nagib Slaibi Filho, Responsabilidade civil dos profissionais liberais: a obrigação de diligência. In: Otávio Luiz Rodrigues Junior, Gladston Mamede e Maria Vital da Rocha (coords.), *Responsabilidade civil contemporânea*: em homenagem a Sílvio de Salvo Venosa, São Paulo: Atlas, 2011.

Nelson Hungria e Heleno Cláudio Fragoso, *Comentários ao Código Penal*, t. II, vol. II, Rio de Janeiro: Forense, 1976, 5ª ed.

Nelson Nery Junior, Os princípios gerais do Código Brasileiro de Defesa do Consumidor. *Revista de Direito do Consumidor*, vol. 3, São Paulo: RT, set.-dez./1992.

Nilson Lautenschleger Jr., Limitação de responsabilidade na prática contratual brasileira – permite-se no Brasil a racionalização dos riscos do negócio empresarial? *Revista de direito mercantil, industrial, econômico e financeiro*, n. 125, São Paulo: Malheiros, jan./mar. 2002.

Nuno Manuel Pinto Oliveira, *Cláusulas acessórias ao contrato*: cláusulas de exclusão e de limitação do dever de indemnizar e cláusulas penais, Coimbra: Almedina, 2008.

Orlando Gomes, *Contratos*, Rio de Janeiro: Forense, 2001, 23ª ed. atualizada por Humberto Theodoro Junior.

Orlando Gomes, *Introdução ao direito civil*, Rio de Janeiro: Forense, 2007.

Orlando Gomes, *Responsabilidade civil*, Rio de Janeiro: Forense, 2011, atual. de Edvaldo Brito.

Orlando Gomes, Tendências modernas da reparação de danos. In: José Roberto Pacheco di Francesco (org.), *Estudos em Homenagem ao Professor Silvio Rodrigues*, Rio de Janeiro: Forense, 1980.

Orlando Gomes, *Obrigações*, Rio de Janeiro: Forense, 2019, 19ª ed.

Pablo Renteria, *Obrigações de meios e de resultado*: análise crítica, Rio de Janeiro: Forense, 2011.

Pablo Renteria; Marcus Dantas, Notas sobre os bens comuns. In: Gustavo Tepedino, Ana Carolina Brochado Teixeira e Vitor Almeida (org.), *O direito civil entre o sujeito e a pessoa: estudos em homenagem ao professor Stefano Rodotà*, Belo Horizonte: Fórum, 2016.

Paula Greco Bandeira, A evolução do conceito de culpa e o artigo 944 do Código Civil. *Revista da EMERJ*, vol. 11, nº 42, 2008.

Paula Greco Bandeira, *Contrato incompleto*, São Paulo: Atlas, 2015.

Paula Moura Francesconi Lemos Pereira, *Responsabilidade civil nos ensaios clínicos*, São Paulo: Foco, 2019.

Paulo de Bessa Antunes, O conceito de poluidor indireto e a distribuição de combustíveis. In: *Revista SJRJ*, vol. 21, nº 40, Rio de Janeiro, ago. 2014. Disponível em: https://www.jfrj.jus.br/sites/default/files/revista-sjrj/arquivo/581-2427-1-pb.pdf. Acesso em: 15.12.2022

Paulo de Tarso Vieira Sanseverino, *Princípio da reparação integral*, São Paulo: Saraiva, 2010.

Paulo de Tarso Vieira Sanseverino, *Responsabilidade civil no Código do Consumidor e a defesa do fornecedor*, São Paulo: Saraiva, 2002.

Paulo Lôbo, *Comentários ao Estatuto da Advocacia e da OAB*, São Paulo: Saraiva, 2013, 7ª ed.

Paulo Luiz Netto Lôbo, Responsabilidade civil dos profissionais liberais e o ônus da prova. *Revista de Direito do Consumidor*, n. 26, Porto Alegre: Magister, abr./jun. 1998.

Paulo Mota Pinto, *Interesse contratual negativo e interesse contratual positivo*, vol. II, Coimbra: Coimbra Editora, 2008.

Pedro Canário, Indenizações levam jornalistas a procurar seguradoras. *Consultor* Jurídico, 2013. Disponível em: http://www.conjur.com.br/2013-jun-18/indenizacoes-levam-empresas--jornalismo-procurar-seguradoras. Acesso em: 2.10.2019.

Pietro Perlingieri, *Manuale di diritto civile*, Napoli: Edizioni Scientifiche Italiane, 2005.

Pietro Perlingieri, *O direito civil na legalidade constitucional*, tradução Maria Cristina De Cicco, Rio de Janeiro: Renovar, 2008.

Pietro Perlingieri, *Perfis de direito civil*, Rio de Janeiro: Renovar, 1997, 3ª ed.

Pietro Trimarchi, Interesse positivo e interesse negativo nella risoluzione del contratto per inadempimento. *Rivista di Diritto Civille*, Padova, vol. 48, n. 5, p. 644, set./out. 2002; Marco Rossetti, *La risoluzione per inadempimento*. Milano: Giuffrè, 2012.

Pontes de Miranda, Das obrigações por atos ilícitos. In: Paulo Lacerda (Coord.), *Manual do Código Civil brasileiro*, vol. XVI, 3ª parte, t. I, Rio de Janeiro: Jacintho Ribeiro dos Santos, 1927.

Pontes de Miranda. *Tratado de direito privado*, t. XXII, São Paulo: Revista dos Tribunais, 1977, 4ª ed.

Pontes de Miranda, *Tratado de direito privado*, t. LIII, São Paulo: Revista dos Tribunais, 1984, 3ª ed.

Pontes de Miranda, *Tratado de direito privado*, t. XLIII, São Paulo: Revista dos Tribunais, 1984, 3ª ed.

Pontes de Miranda, *Tratado de direito privado*, t. XXIII, São Paulo: Editora Revista dos Tribunais, 2012.

Pontes de Miranda, *Tratado de direito privado*, t. XLV, atualizado por Bruno Miragem, São Paulo: Revista dos Tribunais, 2012.

Pontes de Miranda, *Tratado de direito privado*, t. XLVI, São Paulo: Editora Revista dos Tribunais, 2012.

Pontes de Miranda, *Tratado de direito privado*, t. XXV, Rio de Janeiro: Borsoi, 1959, 2ª ed.

Rafael Peteffi da Silva, *Responsabilidade civil pela perda de uma chance*, São Paulo: Atlas, 2013, 3ª ed.

Renata Steiner, *Reparação de danos:* interesse positivo e interesse negativo, São Paulo: Quartier Latin, 2018.

Renata Steiner, Responsabilidade pré-contratual: método para definição do dano indenizável. In: *AGIRE – Direito Privado em Ação*, n. 62, 2023.

Renata Steiner,. Seguro de responsabilidade civil: efeitos do acordo entre segurado e vítima sem participação do segurador. In: *AGIRE - Direito Privado em Ação*, n. 4, 2022.

Raymond Saleilles, *Les acidentes du travail et la responsabilité civile.* Essai d'une théorie objetive de la responsabilité délictuekke, Paris:Librairie Nouvelle de Droit et de Jurisprudence, Arthur Rousseau Éditeur, 1897.

Renan Miguel Saad, *O ato ilícito e a responsabilidade civil do estado*, Rio de Janeiro: Lumen Iuris, 1994.

René Savatier, *Traité de la responsabilité civile en droit français*, t. II, Paris: LGDJ, 1951, 2ª ed.

René Savatier, *Une faute peut-elle engedrer la responsabilité d'un dommage sans l'avoir causé?* Paris: Recueill Dalloz, 1970.

Ricardo Lorenzetti, *Responsabilidad civil de los médicos*, t. I, Santa Fe: Rubinzal-Culzoni, 1997.

Roberto Brebbia, *La relación de causalidad en derecho civil*, Rosario: Juris, 1975.

Rodrigo Kopke Salinas, *O contrato de coprodução audiovisual.* Dissertação apresentada à Escola de Direito de São Paulo da Fundação Getúlio Vargas, São Paulo, 2016. Disponível em: https://bibliotecadigital.fgv.br/dspace/bitstream/handle/10438/17256/Vers%C3%A3o%20Depositada%20Corrigida.pdf. Acesso em: 22.10.2019.

Rui Celso Reale Fragoso, *O Novo Código Civil* – Estudos em homenagem ao Professor Miguel Reale, São Paulo: LTR, 2002, 1ª ed.

Rui Stoco, *Tratado de responsabilidade civil*, t. I, São Paulo: RT, 9ª ed.

Ruy Rosado Aguiar Júnior, *Comentários ao novo Código Civil*: da extinção do contrato, vol. 6, t. 2, Coordenação de Sálvio de Figueiredo Teixeira, Rio de Janeiro: Forense, 2011.

Ruy Rosado de Aguiar Júnior, O novo Código Civil e o Código de Defesa do Consumido (pontos de convergência). In: *Revista da EMERJ, Especial – EMERJ debate o novo Código Civil*, parte II, jul. 2002 a abr. 2003.

San Tiago Dantas, *Programa de direito civil*: teoria geral, Rio de Janeiro: Forense, 2001.

Sergio Cavalieri Filho, *Programa de responsabilidade civil*, São Paulo: Malheiros, 2004, 5ª ed.

Sérgio Luiz Junkes, A culpa e a punição não podem servir de critério para a fixação da indenização por dano moral. In: Nagib Slaibi Filho e Sergio Couto (coords.), *Responsabilidade civil*: estudos e depoimentos no centenário do nascimento de José Aguiar Dias (1906-2006), Rio de Janeiro: Forense, 2006.

Sérgio Savi, *Responsabilidade civil por perda de uma chance*, São Paulo: Atlas, 2006.

Serpa Lopes, *Curso de direito civil*, vol. V, Rio de Janeiro: Freitas Bastos, 1962, 2ª ed.

Sílvio de Salvo Venosa, *Direito civil.* Contratos em espécie, São Paulo: Atlas, 2006, 6ª ed. atualizada de acordo com o Código Civil de 2002.

Sílvio de Salvo Venosa, *Direito civil:* responsabilidade civil, vol. 4, São Paulo: Atlas, 2003, 3ª ed.

Simone Cohn Dana, O "quase" na visão do Direito brasileiro e italiano: os chamados novos danos e a chance como bem jurídico passível de tutela. In: Anderson Motta, Carla Moutinho e Marcelo Cabral, *Responsabilidade Civil e seus Rumos Contemporâneos*: estudos em homenagem ao Professor Carlos Edison do Rêgo Monteiro Filho, São Paulo: Foco, 2024.

Stefano Rodotà, *A vida na sociedade da vigilância – a privacidade hoje.* Rio de Janeiro: Renovar, 2008.

Stefano Rodotà, *Il diritto di avere diritti*, Roma: Laterza, 2012.

Stefano Rodotà, *Il problema della responsabilità civile*, Milano: Giuffrè, 1967.

Teresa Ancona Lopez, *O dano estético – responsabilidade civil*, São Paulo: Editora Revista dos Tribunais, 1999, 2ª ed.

Teresa Ancona Lopez, Responsabilidade civil na sociedade de risco. In: *Revista da Faculdade de Direito da Universidade de São Paulo*, v. 105, jan/dez. 2010, pp. 1123-1234.

Teresa Negreiros, Dos vícios redibitórios e da sua articulação com as cláusulas de declarações & garantias em contratos de compra e venda de empresas. In: Giovana Benetti *et al.* (org.), *Direito, cultura, método*: leituras da obra de Judith Martins-Costa. Rio de Janeiro: LMJ Mundo Jurídico, 2019.

Thais Lazzarei, Vítimas da violência obstétrica: o lado invisível do parto. Época, São Paulo, 4.8.2015. Disponível em: https://epoca.globo.com/vida/noticia/2015/08/vitimas-da-violencia-obstetrica-o-lado-invisivel-do-parto.html. Acesso em: 7.10.2019.

Thaita Campos Trevizan, *A responsabilidade civil do advogado sob a perspectiva civil-constitucional*, Vitória: EDUFES, 2013.

Thamis Dalsenter Viveiros de Castro (coord.), *Violência obstétrica em debate*: diálogos interdisciplinares, Rio de Janeiro: Lumen Juris, 2019.

Thiago Guimarães Moraes, Responsabilidade civil de provedores de conteúdo da internet. *Revista Brasileira de Direito Civil*, vol. 4, abr.-jun. 2015.

Thomas Bustamante e Denis Franco Silva, *Neminem laedere*: o novo Código Civil brasileiro e a integral reparabilidade dos danos materiais decorrentes de ato ilícito. *Revista trimestral de direito civil*, vol. 20.

Vaneska Donato Araújo, A perda de uma chance. In: Flávio Tartuce e Ricardo Castilho (coord.), *Direito civil*: direito patrimonial e direito existencial – estudos em homenagem à professora Giselda Maria Fernandes Novaes Hironaka, São Paulo: Método, 2006.

Vinicius Pereira, *Cláusula de não indenizar*: entre riscos e equilíbrio, Rio de Janeiro: Lumen Juris, 2015.

Viviane Coêlho de Sêllos, Responsabilidade do profissional liberal pelo fato do serviço no Código de Proteção e Defesa do Consumidor. *Revista de Direito do Consumidor*, n. 10, Porto Alegre: Magister, abr./jun. 1994.

Walter A. Polido, *Contrato de seguro: novos paradigmas*, São Paulo: Editora Roncarati, 2010.

Wanderley Fernandes, *Cláusulas de exoneração e de limitação de responsabilidade*, São Paulo: Saraiva, 2013.

1 2 3 4 5 6 7 8 9 10
2025